BEITRÄGE ZUM AUSLÄNDISCHEN UND INTERNATIONALEN PRIVATRECHT

HERAUSGEGEBEN VOM

MAX-PLANCK-INSTITUT FÜR AUSLÄNDISCHES UND INTERNATIONALES PRIVATRECHT

Direktor: Professor Dr. Konrad Zweigert

32

1965

WALTER DE GRUYTER & CO.
BERLIN

J. C. B. MOHR (PAUL SIEBECK)
TÜBINGEN

VORVERTRAG, OPTIONSVERTRAG, VORRECHTSVERTRAG

Eine dogmatisch-systematische Untersuchung
der vertraglichen Bindungen vor und zu einem Vertragsschluß

von

DIETER HENRICH

Marburg

1965

WALTER DE GRUYTER & CO.
BERLIN

J. C. B. MOHR (PAUL SIEBECK)
TÜBINGEN

Gedruckt mit Unterstützung der Deutschen Forschungsgemeinschaft

Printed in Germany
Satz und Druck: Buchdruckerei Eugen Göbel, Tübingen
Einband: Großbuchbinderei Heinr. Koch, Tübingen

VORWORT

Als bei den Beratungen zum Bürgerlichen Gesetzbuch darüber diskutiert wurde, ob man den Vorvertrag gesetzlich regeln solle, meinte die Kommission, es bestehe für eine solche Regelung kein zureichendes Bedürfnis. Einer Regelung des Optionsvertrags glaubte man sich durch die gesetzliche Fixierung des langfristigen Angebots enthoben und den Vorrechtsvertrag wollte man auf seinem Hauptanwendungsgebiet, dem Kaufrecht, sogar bewußt durch die Einführung des Vorkaufsrechts verdrängen.

Die Praxis hat sich an diese Vorstellungen aber nicht gehalten. Nach wie vor werden Vorverträge geschlossen, Optionsrechte vertraglich vereinbart und Vorzugsrechte eingeräumt. Die fehlende gesetzliche Regelung hat jedoch dazu geführt, daß über den Anwendungsbereich dieser Verträge, ihre Gültigkeitsvoraussetzungen und die Art und Weise, wie die Parteien mit ihrer Hilfe ihre Absichten verwirklichen können, ziemliche Verwirrung herrscht.

Die vorliegende Arbeit versucht, die bestehenden Unklarheiten zu klären, die verschiedenen Verträge zu systematisieren und ihnen eine dogmatische Grundlage zu geben. Sie bedient sich dabei der rechtsvergleichenden Methode, nicht nur deshalb, weil sich in verschiedenen ausländischen Rechten eine gesetzliche Regelung dieser Verträge findet, sondern vor allem, weil die ausländischen Rechte durch eine Fülle von Entscheidungen die Zusammenhänge besser erkennen lassen und den Kreis der Lösungsmöglichkeiten beträchtlich erweitern.

Die Arbeit ist entstanden während meiner Tätigkeit am Max-Planck-Institut für ausländisches und internationales Privatrecht in Hamburg. Sie hat im Sommersemester 1962 der Juristischen Fakultät der Universität München als Habilitationsschrift vorgelegen. Es ist mir ein besonderes Bedürfnis, sowohl dem damaligen Direktor des Max-Planck-Instituts, Herrn Professor Hans Dölle, als auch meinem verehrten Lehrer, Herrn Professor M. Ferid, und dem Korreferenten, Herrn Professor E. Ulmer, an dieser Stelle meinen Dank für ihre verständnisvolle Förderung auszusprechen.

Marburg, im Januar 1965 — Dieter Henrich

INHALTSVERZEICHNIS

II. Teil: Der Vorvertrag

III. Teil: Der Optionsvertrag

IV. Teil: Der Vorrechtsvertrag

ABKÜRZUNGEN

a. A.	=	anderer Ansicht
aaO	=	am angegebenen Ort
ABGB	=	Allgemeines bürgerliches Gesetzbuch
A. C.	=	[Appeal Cases] The Law Reports, House of Lords
AcP	=	Archiv für die civilistische Praxis
A. D.	=	Appellate Division
AG	=	Aktiengesellschaft; Amtsgericht
AktG	=	Aktiengesetz
All E. R.	=	The All England Law Reports
allg.	=	allgemein
ALR	=	Allgemeines Landrecht für die preußischen Staaten
Anh.	=	Anhang
Anm.	=	Anmerkung, Urteilsanmerkung
AP	=	Arbeitsrechtliche Praxis, jetzt: Nachschlagewerk des Bundesarbeitsgerichts
App.	=	Corte d'Appello
App. Cas.	=	siehe A. C.
App. H.	=	Appellationshof
App.kamm.	=	Appellationskammer
ArbG	=	Arbeitsgericht
ArchBürgR	=	Archiv für bürgerliches Recht
arg.	=	argumentum
Austr. L. J.	=	Australian Law Journal
Banca, borsa, ecc.	=	Banca, borsa e titoli di credito
BAG	=	Bundesarbeitsgericht
BayJMBl.	=	Bayerisches Justizministerialblatt
BayObLG	=	Bayerisches Oberstes Landesgericht; Entscheidungen des ... in Zivilsachen
BB	=	Betriebs-Berater
Beav.	=	Beavan (engl. Entscheidungssammlung)
Bem.	=	Bemerkung
bern.	=	bernisch
bestr.	=	bestritten
BGB	=	Bürgerliches Gesetzbuch
BG	=	Bundesgericht
BGE	=	Entscheidungen des schweizerischen Bundesgerichts, Amtliche Sammlung
BGH	=	Bundesgerichtshof
Bing.	=	Bingham (engl. Entscheidungssammlung)

BlStA	= Blätter für Steuerrecht, Sozialversicherung und Arbeitsrecht
Bl.Zü.Rspr.	= Blätter für Zürcherische Rechtsprechung
Bro. C. C.	= Brown's Chancery Cases
brZ	= britische Zone
Bull. civ.	= Bulletin des arrêts de la Cour de cassation, chambres civiles
BZP	= Bundeszivilprozeß
C.	= Codex
C. A.	= Court of Appeal
Can. Bar Rev.	= The Canadian Bar Review
Cass.	= Corte di Cassazione
Cass. civ.	= Cour de cassation, chambre civile
Cass. req.	= Cour de cassation, chambre des requêtes
Cass. soc.	= Cour de cassation, chambre sociale
C. c.	= Codice civile
C. civ.	= Code civil
C. com.	= Code de commerce
Ch.; Ch. D.	= Chancery Division; The Law Reports
Ch. réunies	= Chambres réunies
Chron.	= Chronique
Cl. & F.	= Clark & Finnelly (engl. Entscheidungssammlung)
C. L. J.	= Cambridge Law Journal
Co.	= Company
coll.	= collectif
comr.	= commissioner
contr.	= contratti
contr. prel.	= contratto preliminare
D.	= Recueil Dalloz; Digesten
D. A.	= Dalloz, Recueil analytique
DB	= Der Betrieb
D. C.	= Dalloz, Recueil critique
ders.	= derselbe
D. H.	= Dalloz, Recueil hebdomadaire
DHausbes.Z	= Deutsche Haus- und Grundbesitzerzeitung
Dir. civ.	= Diritto civile
Dir. e giur.	= Diritto e giurisprudenza
Dir. maritt.	= Il diritto marittimo
Diss.	= Dissertation
DJZ	= Deutsche Juristenzeitung
DNotZ	= Deutsche Notar-Zeitschrift
D. P.	= Dalloz, Recueil périodique et critique
D. Rép. Dr. civ.	= Dalloz, Répertoire de Droit civil
D. Rép. Prat.	= Dalloz, Recueil périodique et critique
DR	= Deutsches Recht
DRiZ	= Deutsche Richterzeitung
DRZ	= Deutsche Rechts-Zeitschrift
DStZ (A)	= Deutsche Steuerzeitung – Ausgabe A –

East	=	East (engl. Entscheidungssammlung)
Eidg. Justizdep.	=	Eidgenössisches Justiz- und Polizeidepartement
Einf.	=	Einführung
Einl.	=	Einleitung
Enc. for.	=	Enciclopedia forense
Entsch.	=	Entscheidung
Eq.	=	Equity Cases
E.R.	=	English Reports
Erl.	=	Erläuterung
Fasc.	=	Fascicule
Foro it.	=	Il Foro italiano
Foro pad.	=	Il Foro Padano
Gaz. Pal.	=	Gazette du Palais
Gaz. Trib.	=	Gazette des Tribunaux
Giur. (compl.) Cass. civ.	=	Giurisprudenza completa della Corte Suprema di Cassazione, Sezioni civili
Giur. it.	=	Giurisprudenza italiana
Giust. civ.	=	Giustizia civile
Glaser-Unger	=	Sammlung von zivilrechtlichen Entscheidungen des Obersten Gerichtshofs
GmbH-Ges.	=	Gesetz, betreffend die Gesellschaften mit beschränkter Haftung
GmbHRdsch.	=	Rundschau für GmbH
GrEStG	=	Grunderwerbssteuergesetz
Gruch. Beitr.	=	(Gruchots) Beiträge zur Erläuterung des Deutschen Rechts
GRUR	=	Gewerblicher Rechtsschutz und Urheberrecht
GWB	=	Gesetz gegen Wettbewerbsbeschränkungen
Hdb.	=	Handbuch
HEZ	=	Höchstrichterliche Entscheidungen
HG	=	Handelsgericht
HGB	=	Handelsgesetzbuch
H.L.	=	House of Lords
h.M.	=	herrschende Meinung
HRR	=	Höchstrichterliche Rechtsprechung
HW	=	Haus und Wohnung
JheringsJ	=	Jherings Jahrbücher für die Dogmatik des bürgerlichen Rechts
J.	=	Justice
J.A.	=	Judge of Appeal
JBl.	=	Juristische Blätter
J.B.L.	=	The Journal of Business Law
J.-Cl.	=	Juris-Classeur
J.C.P.	=	Jurisclasseur Périodique, La semaine juridique
J.d.T.	=	Journal des Tribunaux
JR	=	Juristische Rundschau
J.Soc.	=	Journal des Sociétés

Jur. Mitt.	=	(Basler) Juristische Mitteilungen
JW	=	Juristische Wochenschrift
JZ	=	Juristenzeitung
K. B.	=	King's Bench Division; The Law Reports
KG	=	Kammergericht
KGJ	=	Jahrbuch für Entscheidungen des Kammergerichts
K. & J.	=	Kay & Johnson (engl. Entscheidungssammlung)
KO	=	Konkursordnung
KostO	=	Kostenordnung
KrVJSchr.	=	Kritische Vierteljahresschrift für Gesetzgebung und Rechtswissenschaft
Legge fall.	=	Legge fallimentare
LG	=	Landgericht
L. J.	=	Lord Justice
L. J. Ch.	=	Law Journal Reports, Chancery
Ll. List L. R.	=	Lloyd's List Law Reports
LM	=	Lindenmaier-Möhring, Nachschlagewerk des Bundesgerichtshofs
L. R.	=	Law Reports
L. T.	=	The Law Times
LZ	=	Leipziger Zeitschrift für Deutsches Recht
Mass.	=	Il massimario del Foro italiano
MDR	=	Monatsschrift für Deutsches Recht
Mietger.	=	Das Mietgericht
MietSlg.	=	Heller-Radl, Mietrechtliche Entscheidungen
Mon. trib.	=	Monitore dei tribunali
M. R.	=	Master of the Rolls
N.	=	Fußnote
NJW	=	Neue Juristische Wochenschrift
Nov. Dig. it.	=	Novissimo Digesto italiano
obbl.	=	obbligazioni
ÖJZ	=	Österreichische Juristenzeitung
OG	=	Obergericht
OGH	=	Oberster Gerichtshof
OHG	=	Offene Handelsgesellschaft
OLG	=	Oberlandesgericht; Die Rechtsprechung der Oberlandesgerichte
OR	=	Obligationenrecht
Paul.	=	Paulus
Q. B.; Q. B. D.	=	Queen's Bench Division; The Law Reports
RabelsZ	=	Rabels Zeitschrift für ausländisches und internationales Privatrecht
RAG	=	Reichsarbeitsgericht

rappr.	=	rapprochement
RdL	=	Recht der Landwirtschaft
Rec. de Jurisprudence comm. et marit. Du Havre	=	Recueil de Jurisprudence commerciale et maritime Du Havre
Rep.	=	Repertorio
Resp. lim.	=	Responsabilité limitée
Rev. Als.-Lorr.	=	Revue juridique d'Alsace et de Lorraine
Rev. Soc.	=	Revue des Sociétés
Rev. trim. dr. civ.	=	Revue trimestrielle de droit civil
RFH	=	Reichsfinanzhof
RG	=	Reichsgericht
RGBl.	=	Reichsgesetzblatt
RGRK	=	Kommentar, herausgegeben von Reichsgerichtsräten und Bundesrichtern
RGZ	=	Entscheidungen des Reichsgerichts in Zivilsachen
Riv. dir. civ.	=	Rivista di diritto civile
Riv. dir. comm.	=	Rivista del diritto commerciale
Riv. soc.	=	Rivista delle società
Riv. trim. dir. proc. civ.	=	Rivista trimestrale di diritto e procedura civile
RJA	=	Entscheidungen in Angelegenheiten der freiwilligen Gerichtsbarkeit und des Grundbuchrechts, zusammengestellt im Reichsjustizamte
ROHG	=	Reichsoberhandelsgericht
Rpfleger	=	Der Deutsche Rechtspfleger
Rspr.	=	Rechtsprechung
s.	=	siehe; section
S.	=	Satz; Seite;Recueil Sirey
SAG	=	Die Schweizerische Aktiengesellschaft
S. A. L. R.	=	The South African Law Reports
SchKG	=	Bundesgesetz über Schuldbetreibung und Konkurs
SchlHA	=	Schleswig-Holsteinische Anzeigen
Sec.	=	Section
Sem. Jud.	=	La Semaine Judiciaire
SeuffA	=	Seufferts Archiv für Entscheidungen der obersten Gerichte in den deutschen Staaten
SeuffBl.	=	Seufferts Blätter für Rechtsanwendung
Sez. un.	=	Sezioni uniti
SJZ	=	Schweizerische Juristenzeitung
Somm.	=	Sommaire
st. Rspr.	=	ständige Rechtsprechung
StuW	=	Steuer und Wirtschaft
SZ	=	[Sammlung der] Entscheidungen des österreichischen Obersten Gerichtshofs in Zivil- und Justizverwaltungssachen
T. L. R.	=	The Times Law Reports
Trib.	=	Tribunale
Trib. cant.	=	Tribunal cantonal
Trib. civ.	=	Tribunal civil
Trib. com.	=	Tribunal de commerce

Ufita	=	Archiv für Urheber-, Film-, Funk- und Theaterrecht
UmwG	=	Umwandlungsgesetz
UrkStG	=	Urkundensteuergesetz
Urt.	=	Urteil
v.	=	vom; versus; verbum (Stichwort)
Ves. Jun.	=	Vesey, Junior (engl. Entscheidungssammlung)
Ves. Sen.	=	Vesey, Senior (engl. Entscheidungssammlung)
vgl.	=	vergleiche
VO	=	Verordnung
Vorbem.	=	Vorbemerkung
VRS	=	Verkehrsrechts-Sammlung
WarnRspr.	=	Warneyers Rechtsprechung des Reichsgerichts auf dem Gebiet des Zivilrechts
W. L. R.	=	The Weekly Law Reports
WM	=	Wertpapier-Mitteilungen, Teil IV B
Z.	=	Zahl; Ziffer
z.	=	zum
ZBGR	=	Schweizerische Zeitschrift für Beurkundungs- und Grundbuchrecht
ZBJV	=	Zeitschrift des Bernischen Juristenvereins
ZBlHR	=	Zentralblatt für Handelsrecht
ZGB	=	Zivilgesetzbuch
ZgGenW	=	Zeitschrift für das gesamte Genossenschaftswesen
ZPO	=	Zivilprozeßordnung
ZSR	=	Zeitschrift für Schweizerisches Recht
ZVG	=	Zwangsversteigerungsgesetz

§ 1: EINLEITUNG

Der Rechtsverkehr schafft sich seine Formen selbst. Er akzeptiert die allgemeinen Lehren des gesetzten Rechts nur solange und soweit sie ihm zweckmäßig scheinen. Der Grundsatz der Vertragsfreiheit gibt ihm dazu weitgehend das Recht. Die Anlässe für die autonome Vertragsgestaltung sind von der verschiedenartigsten Natur. Die Lösung des Gesetzes mag lückenhaft oder zu umständlich sein, ein Partner fühlt sich zu wenig geschützt und verlangt bessere Sicherung, ein anderer möchte seine wirtschaftliche Machtstellung besser nutzen und dergleichen mehr. Schließlich bringt auch der Rechtsverkehr über die Grenzen hinweg Rechtsinstitutionen „in Mode", die dem Inländer fremd sind, ihm aber sinnvoll dünken.

Die allgemeinen Lehren des Bürgerlichen Rechts enthalten keine Vorschriften über vertragliche Bindungen der Parteien vor dem endgültigen Vertragsschluß. Die Lehre von der culpa in contrahendo hat die Wissenschaft praeter legem entwickelt. Während die culpa in contrahendo aber eine Haftung nach Vertragsgrundsätzen ohne Vertrag gewährt, gibt es auch vorvertragliche Stadien, in denen die Parteien bereits durch einen Vertrag gebunden sind. Diese Verträge richten sich meist auf den Abschluß eines künftigen Vertrages. Zum Teil binden sie beide Parteien, zum Teil aber nur einen der Partner. Einige verpflichten die oder einen Vertragspartner zum Abschluß eines Vertrages, andere binden nur einen Vertragspartner für den Fall eines Vertragsschlusses. Einige begründen ein Forderungsrecht, andere ein Gestaltungsrecht. Versucht man, diese Fallgruppen zu ordnen, so ergibt sich folgende Dreiteilung:

1. Verträge, die zum Abschluß eines Vertrages verpflichten *(Vorverträge)*;
   a) Verträge, die beide Parteien zum Abschluß eines Vertrages verpflichten,
   b) Verträge, die nur eine Partei zum Abschluß eines Vertrages verpflichten;
2. Verträge, die einer Partei das Recht einräumen, einen Vertrag durch einseitige Erklärung zustande zu bringen *(Optionsverträge)*;

3. Verträge, die einen Partner verpflichten, für den Fall, daß er sich zum Abschluß eines bestimmten Vertrages entschließen sollte, den anderen Partner dritten Personen vorzuziehen *(Vorrechtsverträge).*

Von diesen Verträgen wird im folgenden die Rede sein. Die Vielzahl ihrer Erscheinungsformen soll untersucht, die Unterschiede sollen hervorgehoben und die Gemeinsamkeiten zu allgemeinen Lehren verdichtet werden. Für die Herausarbeitung der allgemeinen Lehren ist es nützlich und sinnvoll, auf vorhandene gesetzliche Ausprägungen dieser Verträge zurückzugreifen, insbes. auf das Vorkaufs- und Wiederkaufsrecht, aber auch auf das Schenkungs- und Darlehensversprechen[1]. Eine bedeutsame Rolle werden in unserer Erörterung auch gesetzliche Regelungen des Auslands spielen, die von dem Inhalt und den Wirkungen des Vorvertrags und der Option handeln.

[1] Nicht dagegen auf das Verlöbnis (als „Ehevorvertrag"), weil dieses zu große Besonderheiten aufweist.

I. Teil

Geschichte und Rechtsvergleichung

§ 2: GESCHICHTE

I. 1. Wann immer einem Vertragsschluß Verhandlungen vorausgehen, stellt sich die Frage, von welchem Zeitpunkt an die Parteien gebunden sind. Daß die zweiseitigen Verhandlungen vor der Perfektion des Vertrages noch nicht der Vertrag sind, ist eine alte Erkenntnis. Ebenso alt ist aber die Einsicht, daß die Handlungen der Parteien vor dem Vertragsabschluß durchaus von verschiedener rechtlicher Bedeutung sein können. Sind sie vollkommen unverbindlich, spricht man von „*Traktaten*" oder Vertragsunterhandlungen[1]. Die Parteien haben sich hier noch nicht zum Vertragsschluß entschlossen. Solche Verhandlungen können sich nicht nur auf das „Ob" eines Vertragsangebotes beziehen, sondern auch auf dessen Inhalt. Man bezeichnet darum auch die gemeinsame Festlegung verschiedener Vertragspunkte als Traktat, wenn die beabsichtigte Einigung über weitere Haupt- oder Nebenpunkte des Vertrages noch aussteht. Auch hier haben sich die Parteien noch nicht über den Abschluß des endgültigen Vertrages geeinigt[2]. Ein anderes gilt lediglich dann, wenn die Parteien einen Nebenpunkt des Vertrages für so unwichtig halten, daß sie den Vertrag auch ohne Einigung über diesen Nebenpunkt zu schließen bereit sind[3].

Werden einzelne vorbereitende Punkte, über welche die Parteien sich geeinigt haben, durch besondere Verträge festgestellt und unwiderruflich gemacht, so sprach man im gemeinen Recht von *pacta praeparatoria*. Zu

---

[1] Vgl. REGELSBERGER, 128; DERS. in Endemanns Handbuch des deutschen Handels-, See- und Wechselrechts II (1882), 417.

[2] C. 18, 1, 9, pr.: Sive in ipsa emtione dissentiant sive in pretio sive *in quo alio*, emtio imperfecta est.

[3] REGELSBERGER 129; DERS. in Endemanns Handbuch II, 417.

den pacta praeparatoria rechnete man auch das *pactum de contrahendo*, den Vorvertrag: als unwiderrufliche vertragliche Einigung darüber, daß ein Vertrag abgeschlossen werden solle[4]. Daß den Römern der Vorvertrag wohl bekannt war, wenn er auch wegen der Unverbindlichkeit der sogenannten nuda pacta keine große Rolle spielte, hat REGELSBERGER bereits nachgewiesen[5]. Die Entwicklung des gemeinrechtlichen Schrifttums hat A. BLOMEYER in seinem Beitrag zur Festschrift für Leo Raape eingehend gewürdigt[6], so daß hier auf eine erneute Darstellung verzichtet werden kann. Es muß die Feststellung genügen, daß zwei Auffassungen einander gegenüberstanden: Die eine hielt sich an die Lehre der Postglossatoren, die Vorvertrag und Hauptvertrag zwar begrifflich unterschieden, aber hinsichtlich ihrer Wirkungen gleichstellten. Im Anschluß an eine Bemerkung des JOANNES ANDREAE[7] bezeichneten sie den Abschluß eines Hauptvertrages für unnütz und gewährten darum den Partnern des Vorvertrages einen klagbaren Anspruch auf den Leistungsgegenstand des Hauptvertrages[8]. Die andere Meinung ist im Zeitalter des Naturrechts entwickelt worden. Sie fußt auf dem damals entwickelten Prinzip der Vertragsfreiheit. Der Wille der Parteien sollte über den Inhalt des Vertrages entscheiden. Eine Erklärung der Parteien, künftig einen Vertrag schließen zu wollen, mußte darum respektiert werden. Aus einer solchen Erklärung auf einen gegenwärtigen Vertragswillen zu schließen, hielt man nicht für zulässig[9]. Dem Vorvertrag mußte ein Hauptvertrag nachfolgen, „ut contractus ad maturitatem perveniat" [10].

2. Diese beiden Meinungen standen sich auch im 19. Jahrhundert noch gegenüber. „Zwischen dem unvollständigen, unverbindlichen Traktat auf der einen und dem vollständigen Vertrag auf der anderen Seite ist kein

---

[4] PUCHTA, Vorlesungen über das heutige römische Recht[4] II (1855) 75; DEGENKOLB 2.

[5] REGELSBERGER 129 ff. Später noch ausführlicher DEGENKOLB 58 ff.

[6] A. BLOMEYER, La promesse de vente vaut vente, in: Festschrift für Leo Raape zu seinem siebzigsten Geburtstag (1948) 269 ff., 275 ff. Neuerdings sehr eingehend auch WABNITZ, Der Vorvertrag in rechtsgeschichtlicher und rechtsvergleichender Betrachtung (Diss. Münster 1962), 29 ff.

[7] Additio zur Rubrica de obligationibus et solutionibus im Speculum Guilelmi Durandi, pars III und IV, S. 339: „Quaestio de illo qui se obligavit se obligaturum ad dandum mihi decem. Tenet Albertus Gallottus quod sine alia obligatione mihi ad illa tenetur, ut evitetur circuitus."

[8] Ein Beispiel für viele: ULRICH ZASIUS, Responsa (1539) 201: „Paria sunt, aliquem de praesenti esse obligatum aut promisisse quod obligavi debeat." Weitere Beispiele bei WABNITZ aaO 38.

[9] Vgl. GRASSUS, De pacto futuri contractus praeparatorio (1688) § 24.

[10] PUFENDORF, De jure naturae et gentium (1744), Lib. III, Cap. V, § VIII und Fußn. VIII.

Platz für einen Vorvertrag", sagten die einen[11]. „Der Vorvertrag hat selbständige Bedeutung", sagten die anderen.

Die Befürworter des Vorvertrags waren allerdings in sich uneins über dessen Wesen und Inhalt. Teilweise bezeichneten sie als Vorvertrag die formlose Verabredung eines formbedürftigen Vertrages – mit der Folge, daß aus dem Vorvertrag auf Erfüllung der Form geklagt werden konnte[12], teilweise setzten sie den Vorvertrag mit dem inhaltlich noch unvollständigen, also dem unbestimmten Vertrag gleich[13]. Aus einem solchen unvollständigen Vertrag konnte natürlich nicht auf Abschluß des Vertrages, sondern nur auf Ersatz des Interesses geklagt werden[14].

Gesetzlich anerkannt wurde der Vorvertrag im deutschen Rechtskreis zuerst in Österreich. § 936 ABGB erklärte die Verabredung, künftig erst einen Vertrag schließen zu wollen, dann und nur dann für verbindlich, „wenn sowohl die Zeit der Abschließung als die wesentlichen Stücke des Vertrages bestimmt und die Umstände inzwischen nicht dergestalt verändert worden sind, daß dadurch der ausdrücklich bestimmte, oder aus den Umständen hervorleuchtende Zweck vereitelt, oder das Zutrauen des einen oder anderen Teils verloren wird." Überhaupt müsse auf die Vollziehung solcher Zusagen längstens in einem Jahr nach dem bedungenen Zeitpunkt gedrungen werden; widrigenfalls sei das Recht erloschen. Auf der österreichischen Regelung fußte der Entwurf eines bayerischen BGB vom Jahre 1861, der allerdings nicht Gesetz geworden ist. Dort waren nämlich folgende Bestimmungen vorgesehen:

> Art. 18:
> Die Übereinkunft über künftige Abschließung eines Vertrages hat bindende Kraft und begründet einen Anspruch auf Abschließung und im Weigerungsfalle auf Entschädigung, wenn in derselben die wesentlichen Bestimmungen des abzuschließenden Vertrages nebst der Zeit seines Abschlusses ohne Vorbehalt nachträglicher Einigung über Nebenbestimmungen festgelegt sind.
>
> Die Klage aus einer solchen Übereinkunft verjährt mit dem Ablaufe eines Jahres von dem Endpunkt des Zeitraumes an gerechnet, innerhalb dessen der Vertrag der Übereinkunft gemäß abgeschlossen werden sollte.

---

[11] Namentlich SAVIGNY, Das Obligationenrecht als Theil des heutigen römischen Rechts, II (1853) 245 und HOLZSCHUHER, Theorie und Casuistik des gemeinen Civilrechts [2]III (1858) 270. Anerkannt wurde lediglich der Vorvertrag zu Realverträgen. Ähnlich auch noch BECHMANN 281 ff. und FÖRSTER-ECCIUS, Preußisches Privatrecht [7]I (1896) 444.

[12] MAURENBRECHER, Lehrbuch des heutigen gemeinen deutschen Rechts (1834) § 320; GERBER, System des deutschen Privatrechts [6](1858) § 164.

[13] So z. B. PUCHTA, Pandekten[3] (1845) § 252; ARNDTS, Lehrbuch der Pandecten (1852) 389; WENDT, Lehrbuch der Pandekten (1888) 495.

[14] ARNDTS aaO.

Art. 19:

Ist die künftige Abschließung eines Vertrages verabredet, für dessen Eingehung im Gesetz eine besondere Form vorbestimmt ist, und ist diese Form bei dem vorbereitenden Vertrage nicht eingehalten, so kann weder auf förmliche Abschließung noch auf Entschädigung geklagt werden.

3. Auf eine gänzlich neue Grundlage wurde die Lehre vom Vorvertrag gestellt durch die fundamentalen Untersuchungen DEGENKOLBS. Auf seinen Thesen beruht auch heute noch die gesamte Vorvertragstheorie. Sein Ausgangspunkt ist die „Entwicklung der rein begrifflichen Folgesätze aus dem abstracten Begriff des Vorvertrages“ [15]. Er schließt also aus dem Begriff auf das Wesen. Von einem pactum, so meint er, könne nur die Rede sein, wo die erklärte Absicht dahingeht, den Versprechenden zu binden [16]. Die Verpflichtung richte sich auf ein contrahere, genauer auf das dem gewollten Vertrag entsprechende Mitwirken zum Vertragsschluß [17]. Der Vorvertrag bestehe nur, „wenn er *Vertrag*, also in ***bindender*** Absicht geschlossen und wenn die durch ihn zu begründende Verbindlichkeit auf contrahere gerichtet ist“ [18]. Der Abschluß des Hauptvertrages sei die Erfüllung des Vorvertrages. Gegen den Vorwurf der logischen Unmöglichkeit [19] stellt DEGENKOLB folgende Thesen auf [20]:

1. Die bindende Zusage, eine künftige Willenserklärung abzugeben, ist mit dieser letzteren nicht identisch.
2. Die Erklärung, sich zu künftigem Vertragsschluß zu verpflichten, ist logisch nicht schon dieser Vertragsschluß.
3. Der Abschluß eines Vertrages verträgt seine Wiederholung durch nochmaliges contrahere.

Dieser „logischen Grundlage des Vorvertrages“ stellt DEGENKOLB dann die „Wirklichkeit“ gegenüber und fragt: In welchen Fällen ist ein pactum de contrahendo als solches im Gegensatz zum Hauptvertrag wirklich gewollt? [21] Dabei scheidet er alle Fälle aus, in denen von dem Abschluß

[15] AcP 71, 18. Der Begriff „Vorvertrag“ ist von THÖL geprägt worden, der in der Vorrede zur 3. Auflage seines Handelsrechtlehrbuches (1854) den Vorschlag machte, „statt des schwerfälligen und undeutschen Ausdrucks pactum de contrahendo das Wort Vorvertrag zu brauchen“.

[16] AaO 7. [17] AaO 17 f. [18] AaO 53.

[19] Neben SAVIGNY und HOLZSCHUHER (N. 11) vgl. auch STORCH, Der heutige, insbesondere landrechtliche Darlehensvertrag und die Bedeutung der 1.20 D XII, 1 (1878) 60 ff. und GELLER, Vorvertrag und Punktation, Versuch einer Überprüfung der Lehre von den vorbereitenden Verträgen, Oesterr. Centralblatt für die juristische Praxis I (1883) 133 ff.

[20] AaO 71. [21] AaO 30.

eines künftigen Vertrages überhaupt nicht die Rede ist, sondern nur von gewissen Modifikationen des bereits geschlossenen Vertrages, ferner die sog. bedingten Verträge und zwar auch, wenn die Bedingung auf eine einseitige Handlung oder Erklärung eines Kontrahenten gestellt ist, und schließlich die Fälle, in denen zwar auf ein sog. pactum de contrahendo ein Vertragsschluß folgt, jedoch nicht als Erfüllung einer aus jenem sog. pactum hervorgehenden Verpflichtung. Zu der ersteren Gruppe zählt er die römisch-rechtliche Gestaltung des vertragsmäßigen Vorbehalts des Wiederkaufs und die Verabredung feierlicher „Vollziehung" bereits gültig geschlossener Verträge[22], zu der zweiten Gruppe den Kauf auf Probe oder auf Besicht[23] und zu der dritten Gruppe die widerruflichen pacta praeparatoria und die sog. unvollständigen, unvollkommenen Verträge[24].

Dagegen sind echte Vorverträge nach Ansicht Degenkolbs u. a. auch die Verträge auf Abschluß von Verträgen des Verpflichteten mit einem Dritten[25]. Ob ein Vorvertrag vorliegt, entscheidet nicht die von den Parteien gewählte Bezeichnung, vielmehr kommt es darauf an, ob die Zwischenschiebung des Vorvertrages vor einen Konsensualvertrag auf einem *sachlich vernünftigen Motiv* ruht[26].

Damit verbunden ist die Frage nach der Brauchbarkeit des Vorvertrages für das Verkehrsleben. Degenkolb meint, man könne zwar die unbedingte Notwendigkeit des Vorvertrages auf dem Gebiet der Konsensualverträge bezweifeln. Damit sei aber die in einem Verkehrsbedürfnis wurzelnde und aus ihm abzuleitende praktische Daseinsberechtigung des Vorvertrags noch nicht widerlegt. Obenan sei zu stellen die durch den Vorvertrag erreichbare Vereinfachung der Formulierung und die damit gegebene Sicherung gegen Unvollständigkeit und Irrtum. Ferner ergebe sich aus der Unsicherheit der Lehre von der Bindungswirkung der Offerte ein Bedürfnis zumindest für einseitige Vorverträge[27].

Die Frage nach der rechtlichen *Anerkennung* von Vorverträgen beantwortet Degenkolb mit dem Hinweis, daß Vorverträge in vielen Fällen wenn nicht unmittelbar sachlich geboten, so doch subjektiv genügend motiviert seien. Damit entfalle aber für den Gesetzgeber das Motiv, sie zu negieren[28]. Zur Frage der *Form* der Vorverträge sagt Degenkolb, daß man unterscheiden müsse zwischen Formvorschriften, welche „zur Verhütung von Übereilung" ergangen sind, und allen anderen. Jene sollen

---

[22] AaO 25. [23] AaO 27.
[24] AaO 27 f.; s. dazu oben N. 13.
[25] AaO 33. [26] AaO 31.
[27] AaO 88 f. [28] AaO 33.

gemeinsam für Haupt- und Vorverträge gelten, diese aber nicht ohne weiteres von dem Hauptvertrag auf den Vorvertrag übertragen werden können[29].

Daß der Vorvertrag nach Ansicht DEGENKOLBS „begriffsnotwendig" einen Anspruch auf Abschluß des Hauptvertrages erzeugt, ist schon erwähnt worden. DEGENKOLB setzt sich in diesem Zusammenhang mit der damals wohl herrschenden Auffassung[30] auseinander, der Vorvertrag gebe lediglich einen Anspruch auf Ersatz des Interesses am contrahere, nicht einen Anspruch auf das contrahere selbst. Den Satz: nemo ad faciendum praecise cogi potest, versucht er durch den Nachweis zu entkräften, daß das römische Recht die zwangsweise Herbeiführung eines Vertrages durchaus gekannt und bejaht habe. Er erinnert an die prätorischen Stipulationen, an die Folge der verweigerten cautio damni infecti, an den (indirekten) Zwang zur Eingehung superficiarischer Verträge bei erfolgtem Bau auf öffentlichem Grund und Boden und insbesondere auch an das Legat, das als Rechtsgeschäft die Pflicht auf ein contrahere begründet habe, und an die vertragsmäßige Pflicht zum Abschluß von Darlehensverträgen[31].

4. Nach dem Erscheinen der Degenkolbschen Abhandlung wandte sich die Diskussion zunächst den *Vorverträgen zu Realverträgen* zu. Hier sind zwei Aufsätze zu nennen: ADLERS „Realcontract und Vorvertrag" [32] und SCHLOSSMANNS „Über den Vorvertrag und die rechtliche Natur der sog. Realkontrakte" [33].

ADLER wendet sich zunächst gegen die Auffassung[34], nach der alle wesentlichen Erfordernisse der Gültigkeit des Ausführungsvertrages (Hauptvertrages) auch Bedingungen der Gültigkeit des Vorvertrages seien[35]. Es bestehe „eine geradezu classische Unabhängigkeit der Gültigkeits- sowie der übrigen Erfordernisse von Vor- und Hauptvertrag" [36]. Nichts lasse sich leichter zeigen, als daß der Vorvertrag strengerer, geringerer, schlechthin anderer, aber auch der gleichen Erfordernisse bedürfen könne wie der Hauptvertrag, hierbei aber immer seinen besonderen, von denen des Hauptvertrages unabhängigen Regeln folge. Bei der Einteilung

---

29 AaO 37, 39.

30 Vgl. GÖPPERT, Zur Lehre von dem pacta de contrahendo, KrVJSchr 14 (1872) 400 ff., 421; BRINZ-LOTMAR, Lehrbuch der Pandekten ²IV (1892) 324 ff.

31 AaO 46, 58 ff., 63 ff.; vgl. zum römischen Recht aber auch WINDSCHEID-KIPP 272, Anm. 2 und SCHLOSSMANN 19 ff.

32 S. Literaturverzeichnis.

33 S. Literaturverzeichnis.

34 Vgl. z. B. § 824 des sächsischen BGB.

35 ADLER 223.

36 AaO 224.

der Vorverträge unterscheidet ADLER *einseitig* und *zweiseitig* bindende Vorverträge. Die einseitig bindenden Vorverträge zerfallen wieder in Vorverträge zu Einzelleistungsverträgen und Vorverträge zu Zweileistungsverträgen. Die zweiseitig bindenden Vorverträge haben stets Zweileistungsverträge zum Gegenstand, da sich niemand zum Abschluß eines Vertrages verbinden kann, bei welchem er nichts zu leisten hat[37].

Die einseitig bindenden Vorverträge zu Zweileistungsverträgen stehen unter der Bedingung *si volet*[38]. Vorverträge dieser Art enthalten darum häufig die Klausel „auf Verlangen". „Sie borgen am 1. Jänner auf Verlangen" heißt: „Sie borgen nicht, wenn es nicht verlangt wird"[39]. ADLER hat darum keine Schwierigkeiten – entgegen DEGENKOLB –, auch den Kauf auf Probe als Vorvertrag zu qualifizieren[40]. Mit dem si-volet-Vorvertrag ist nach Ansicht ADLERS stets eine Offerte auf Abschluß des Hauptvertrages verbunden, so daß dieser mit der bloßen Annahme zustande kommt. Der einseitig bindende Vorvertrag zu einem Zweileistungsvertrag ist dann nichts anderes als ein Vertrag, der die Offerte unwiderruflich macht[41]. Einer aktiven Mitwirkung des Offerenten (Promittenten) beim Abschluß des Hauptvertrages bedarf es in diesem Fall nicht.

SCHLOSSMANN wendet sich in seiner Abhandlung *gegen die Existenz* des Vorvertrages. Die Zwecklosigkeit eines zweiseitigen Vorvertrages liege auf der Hand. Sollte eine solche Abrede trotzdem einmal geschlossen werden, so würde sie unbedenklich als fertiger Vertrag anzusprechen sein. Zwar bestehe die Möglichkeit, einem solchen Vertrage die von den Parteien gewünschte rechtliche Folge zu geben, die Rechtsordnung brauche sich aber nicht zur Dienerin der Launen und absonderlichen Wünsche der Parteien herzugeben und die Möglichkeit einer doppelten Behelligung der Gerichte zu schaffen, wo der Streitfall in einem einzigen Prozeß abgetan werden könne[42]. Ein Interesse an einem einseitigen Vorvertrag sei nicht gegeben, weil ein zuverlässiger Weg zum gleichen Ziele führe, nämlich die sog. *bindende Vertragsofferte*. Aus der Zulässigkeit der bindenden Vertragsofferte ergebe sich auch die Möglichkeit, synallagmatische Verträge abzuschließen, die eine solche bindende Vertragsofferte enthalten. Unbestrittene Fälle dieser Art seien der Kauf auf Probe und der Kauf mit Wiederkaufsklausel[43]. Von großer praktischer Bedeutung sei das Versprechen einer Partei, mit einem Dritten kontrahieren zu wollen. Tatbestände dieser Art böten viel begründeteren Anlaß zu besonderer wissen-

[37] AaO 239.
[38] AaO 242 ff.; ebenso FÖRSTER-ECCIUS (N. 11) 444.
[39] AaO 252.
[40] AaO 253.
[41] AaO 272 f.
[42] SCHLOSSMANN 6 f.
[43] AaO 8 ff.

schaftlicher Betrachtung als die regelmäßig bei der Darstellung des Vorvertrages behandelten Tatbestände[44]. Im Hauptteil seiner Arbeit setzt sich SCHLOSSMANN mit den sog. *Vorverträgen zu den Realkontrakten* auseinander. Er kommt zu dem Ergebnis, daß die Verträge, in denen jemand einem anderen die Gewährung eines Darlehens, die Leihe einer Sache, die Hingabe einer Sache als Faustpfand oder die Verwahrung einer Sache zusage, *nicht* als Vorverträge zu diesen Realkontrakten aufzufassen seien. Eine solche Auffassung beruhe auf einer unrichtigen Anschauung von der Natur der sog. Realkontrakte. Die Tatbestände, die man so nenne, würden vom römischen Recht, an das jene Theorie sich anlehne, nicht als besondere Gattung von Verträgen behandelt. Sie seien komplexe Tatbestände, die sich zusammensetzten aus einem Konsensualkontrakt und dem Hingeben der Sache. Was man hier als Vorvertrag bezeichne, sei nichts anderes als der in jenen Tatbeständen immer auftretende Konsensualvertrag ohne das ihm entsprechende reale Moment. Die Frage, ob Vorverträge zu Realkontrakten bindend seien, falle zusammen mit der Frage, ob Darlehen, Leihe, Verwahrungs- und Pfandvertrag Konsensualkontrakte seien. Diese Frage werde im römischen Recht verneint. Demnach sei nach römischem Recht auch die Möglichkeit bindender Vorverträge zu solchen Realverträgen zu verneinen. Für das geltende Recht folge die Unverbindlichkeit der bloßen Zusage bei dem unentgeltlichen Darlehen, der Leihe und der unentgeltlichen Verwahrung daraus, daß bei diesen dieselben, ihrer Natur entnommenen Gründe gegen ihre Klagbarkeit sprechen wie bei den Römern, während nichts im Wege stehe, die Zusage eines entgeltlichen Darlehens, die Verwahrung gegen Entgelt oder die Bestellung eines Faustpfandes im geltenden Recht als klagbar anzuerkennen. Da mit den Bestimmungen des BGB bei ihrem zweideutigen Wortlaut beide entgegengesetzte Auffassungen vereinbar seien, sei es gestattet und geboten, auch nach geltendem Recht den Anspruch aus dem Versprechen der erstgenannten Geschäfte zu versagen, aus dem Versprechen der letztgenannten Geschäfte dagegen zuzulassen[45].

5. Die Abhandlung SCHLOSSMANNS bestimmte STINTZING zur Veröffentlichung seiner Schrift über die *Vorverpflichtung*[46]. Die Lehre vom Vorvertrag hängt nach Stintzings Auffassung eng mit dem Dogma von der allgemeinen Erzwingbarkeit der Verpflichtungserklärung zusammen, mit dem Glauben an die Kraft des menschlichen Willens, aus sich selbst heraus subjektive Rechte, überhaupt Rechtsverhältnisse zu erzeugen. Dieses Dogma sei dem römischen Recht fremd gewesen und erst geraume

[44] AaO 14 f. [45] AaO 89 ff. [46] S. Literaturverzeichnis.

Zeit nach der Rezeption unter dem Einfluß kanonistischer und besonders naturrechtlicher Anschauungen entstanden. Das BGB kenne das Willensdogma ebensowenig wie das römische Recht. Ein pactum de contrahendo, selbständig, ohne Formalkontrakt, finde sich in den Quellen nicht. Abstrakt entstehe eine solche Verpflichtung nur durch Formalkontrakt, und hier sei es noch fraglich, ob der Vertrag selbst in obligatione sei oder nur das negative Vertragsinteresse. Von dem Fall des Formalkontraktes abgesehen werde die Verpflichtung, in einen Vertrag einzutreten, nur im Zusammenhang mit einem umfassenderen Rechtsverhältnis anerkannt. Wenn aber die Verpflichtung, in einen Vertrag mit dem Gläubiger einzutreten, nicht alleinstehe, sondern Bestandteil eines weiteren Schuldverhältnisses sei, so sei es richtiger, nicht von dem *Vorvertrag*, sondern von der *Vorverpflichtung* auszugehen. Der sog. Vorvertrag sei kein Vertrag sui generis, die Lehre vom Vorvertrag gehöre nicht in die Lehre vom Vertrag, sondern in die Lehre von den Gegenständen obligatorischer Leistungen[47].

Den sog. *doppelseitigen* Vorvertrag, also den Vertrag, in dem sich beide Parteien verpflichten, einen dem Vorvertrag inhaltsgleichen Hauptvertrag abzuschließen, lehnt STINTZING von vornherein ab: hier sei bereits ein perfekter Hauptvertrag zustande gekommen[48]. Unter Vorverpflichtung versteht STINTZING darum nur die Verpflichtung *eines* Teils, auf Verlangen des Berechtigten einen Vertrag abzuschließen. Allerdings genüge es nicht, daß der Verpflichtete im gegebenen Fall durch ein einfaches Ja in den Hauptvertrag eintrete. Es bestehe vielmehr von Anfang an die Verpflichtung zur *Leistungsbereitschaft*, die sich dann auf Verlangen des Berechtigten in eine Erfüllungspflicht verwandle[49]. Diese Leistungsbereitschaft tritt, nach Ansicht STINTZINGS, als selbständige Leistung auf. Sie ergibt sich also nicht aus einem aufschiebend bedingten Schuldverhältnis. Die Qualifizierung des Vorvertrages als si-volet-Vertrag lehnt STINTZING ab[50]. Die Vorverpflichtung nimmt die Erfüllungspflicht in sich auf. Solange der Verpflichtete den sog. Hauptvertrag nicht erfüllt hat, hat er auch die Vorverpflichtung nicht erfüllt. Durch den bloßen Abschluß des Hauptvertrages wird also der Vorvertrag nicht aufgehoben[51]. Schließt die Vorverpflichtung aber die Erfüllungspflicht ein, so ist ein besonderer Abschluß des Hauptvertrages zwar möglich, aber nicht erforderlich. Die entscheidende Willenserklärung hat der Schuldner schon abgegeben, indem er die Vorverpflichtung übernommen hat. „Ich verpflichte mich, mich

[47] STINTZING 2 ff.
[48] AaO 11.
[49] AaO 29 ff.
[50] AaO 26 ff.
[51] AaO 30; a. A. BECHMANN 270.

verpflichten zu wollen, wenn Du es verlangst", bedeutet nach Treu und Glauben: „Ich bin verpflichtet zu leisten, sobald Du es verlangst." [52] Die Verurteilung zur Abgabe einer Willenserklärung ist deshalb nach Ansicht STINTZINGS gänzlich *überflüssig*. Angesichts der Rechtskraftfrist würde sie eine völlig unnötige Verzögerung herbeiführen, die in jedem Fall gegen Treu und Glauben verstoßen und häufig erst eine Unmöglichkeit herbeiführen würde. Der Verpflichtete kann deshalb auf Leistung der Sache verklagt werden. Daneben ist aber auch die Verpflichtung zur Bereitschaft des Urteils und der Vollstreckung fähig. Der Verpflichtete kann verklagt werden, bestimmte Verfügungen zu unterlassen, die seine Leistungsunfähigkeit herbeiführen würden [53]. Insoweit sind auch einstweilige Verfügungen zulässig [54].

Aus diesem Rechtsinhalt der Vorverpflichtung ergibt sich für STINTZING auch ihre *Unverjährbarkeit*. Die Bereitschaft zur Lieferung ist ein dauerndes Verhalten: ein solches verjährt nicht. Es verjähren lediglich die aus der Verletzung der Bereitschaftspflicht sich ergebenden Ansprüche [55].

Wird über das Vermögen des *Berechtigten* der *Konkurs* eröffnet, so endet die Vorverpflichtung nicht ohne weiteres. Bezieht sich die Vorverpflichtung auf das zur Konkursmasse gehörige Vermögen, so wird häufig ein Widerruf zulässig sein, etwa bei der Verpflichtung, zu kreditieren (arg. e § 610 BGB). Dagegen wird das Versprechen, eine Sache auf Verlangen zu leisten, durch die Eröffnung des Konkurses über das Vermögen des Berechtigten nicht notwendig beeinflußt [56].

Wird über das Vermögen des *Vorverpflichteten* der Konkurs eröffnet, so ergibt sich die Frage der Anfechtungsmöglichkeit. Da der sog. Hauptvertrag nicht erst durch eine besondere Willenserklärung des Vorverpflichteten, sondern durch das einfache Anfordern des Berechtigten entsteht, ist der Abschluß eines solchen Vertrages eine Sicherung des Gläubigers i. S. des § 30 Ziff. 2 KO [57].

Nach dem Gesagten ergibt es sich für STINTZING von selbst, daß die Vorverpflichtung nur in der für die Hauptverpflichtung erforderlichen *Form* übernommen werden kann [58].

6. Die Kritik SCHLOSSMANNS und STINTZINGS [59] an der Vorvertragslehre blieb ohne Nachhall. Inzwischen waren nämlich die Thesen DEGENKOLBS zu herrschender Meinung geworden. Die Väter des Bürgerlichen Gesetzbuches haben zwar von einer allgemeinen Regelung des Vorvertrages

---

[52] AaO 32 f. [53] AaO 36 ff. [54] AaO 39.
[55] AaO 40 f. [56] AaO 41 ff. [57] AaO 43 ff.
[58] AaO 45 f. [59] S. o.

„mangels zureichenden Bedürfnisses" abgesehen. Daß ein Vorvertrag aber sowohl bei Realverträgen als auch bei Konsensualverträgen möglich und zulässig sei, schien ihnen nicht zweifelhaft. Auch die These DEGENKOLBS, daß ein Vorvertrag nur gültig sei, wenn sich aus ihm der Inhalt des Hauptvertrages mit genügender Bestimmtheit ermitteln lasse, haben sie übernommen[60]. Den gleichen Standpunkt vertraten von Anfang an auch das Reichsoberhandelsgericht und das Reichsgericht. Grundlage dieser Rechtsprechung bildete die unbedingte Anerkennung des Grundsatzes der Vertragsfreiheit[61].

II. 1. Die vertragliche Vereinbarung, die einer Partei das Recht (Optionsrecht) einräumt, durch einseitige Erklärung einen weiteren Vertrag zustande zu bringen, hat ihre besondere Geschichte. Wie schon die vorstehenden Darlegungen zeigen, ist diese Geschichte eng mit der Geschichte des einseitig bindenden Vorvertrages verknüpft. Man kann wohl sagen, daß sich der Optionsvertrag aus dem einseitig bindenden Vorvertrag entwickelt hat. Aus dem Versprechen, eine Sache auf Verlangen zu verkaufen, wurde das Versprechen, eine Sache auf Verlangen zu liefern. Die Geschichte dieser Entwicklung hat A. BLOMEYER in seiner bereits erwähnten Studie „La promesse de vente vaut vente" erzählt[62], ich kann darum auf ihn verweisen.

2. Im modernen Schrifttum ist der Unterschied von Optionsvertrag und Vorvertrag schon früh erkannt worden. BRINZ sprach noch in den Fällen, „wo man Aufrechterhaltung eines Offerts binnen einer gewissen Zeit verspricht", von einem pactum de contrahendo[63]. Dagegen stellt GÖPPERT bereits heraus, daß in einem solchen Fall die Parteien „die mit dem Wesen des p. d. c. unvereinbare Absicht" haben, daß der Hauptvertrag durch die bloße Erklärung des Optionsberechtigten ohne weitere Rückäußerung des

---

[60] Motive I 178; vgl. auch WINDSCHEID-KIPP 273; ENDEMANN, Lehrbuch des Bürgerlichen Rechts I 616; REHBEIN, Das Bürgerliche Gesetzbuch mit Erläuterungen I (1898) 206 f.

[61] ROHG 7, 38 (Vorvertrag zur Eingehung einer Handelsgesellschaft; nicht genügend bestimmt); ROHG 11, 1 (pactum de vendendo; nicht genügend bestimmt); RG 46, 259 (Verpflichtung zum Abschluß von Kaufverträgen; nicht genügend bestimmt); RG 66, 116 (Vorvertrag über die Abschließung eines Gesellschaftsvertrages; formgültig und bestimmt): „Das Bürgerliche Gesetzbuch enthält zwar keine allgemeinen Bestimmungen über den Vorvertrag. Aber es steht auf dem Boden der Vertragsfreiheit und daraus folgt, daß ein Vorvertrag möglich ist, soweit nicht besondere Gründe entgegenstehen" (S. 120).

[62] N. 6.

[63] An diesem Standpunkt hielt auch LOTMAR in der zweiten Aufl. noch fest: BRINZ-LOTMAR (N. 30) 308, 327 f.

Offerenten unmittelbar perfekt wird[64]. STINTZINGS „Vorverpflichtung" schließlich umgreift beide Vertragsarten: den einseitig bindenden Vorvertrag und den Optionsvertrag. Kann aus dem einseitig bindenden Vorvertrag unmittelbar auf die Leistung geklagt werden, ist ein Hauptvertrag zwar möglich, aber überflüssig[65], dann kann man zwischen dem einseitig bindenden Vorvertrag und dem Optionsvertrag nicht mehr unterscheiden. Den entschiedensten Schritt tut STAMPE, der sich nicht damit begnügt, die Optionsverträge den Vorverträgen zuzurechnen, sondern alle Vorverträge als Optionsverträge qualifiziert: Vorverträge sind „selbständige Grundgeschäfte, durch die eine Offerte mit langer Acceptfrist gestellt wird, oder (anders ausgedrückt) das Recht eingeräumt wird, eine offerierte Wertbewegung auch noch nach längerem Zeitablauf anzunehmen. Der Vorvertrag erzeugt also ein Gestaltungsrecht zum selbständigen Zustandebringen des Hauptvertrages, keinen Anspruch auf eine Abschlußtätigkeit des Gegners." [66]

Im übrigen sind Untersuchungen zum Recht des Optionsvertrages sehr selten. Es hat dies seinen Grund nicht zuletzt darin, daß das Bürgerliche Gesetzbuch nicht nur der Offerte grundsätzlich eine Bindungswirkung zuerkannt hat, sondern darüber hinaus auch eine besondere Vorschrift über die befristete (und damit auch über die langfristige) Offerte enthält, nämlich § 148 BGB. Die langfristige Selbstbindung des Offerenten an sein Angebot ist aber der vertraglichen Bindung in ihren Wirkungen so ähnlich, daß die Möglichkeit der vertraglichen Bindung in der Rechtsliteratur meist übersehen wurde.

Soweit Optionsverträge in älteren Entscheidungen auftauchen, werden sie gewöhnlich als Vorverträge bezeichnet[67]. Gelegentlich findet sich auch die Bezeichnung „Kaufrecht" [68]. In der (älteren) Notariatspraxis ist meist von Offertverträgen die Rede[69]. Der Begriff „Option" erscheint in der Gerichtspraxis zuerst in den Fällen, in denen der Mieter das Recht hat,

---

[64] GÖPPERT (N. 30) 406; ebenso BECHMANN 280; SCHLOSSMANN 8 f.; dagegen reiht ADLER 272, die von ihm sog. „Offertenverträge" unter die einseitig bindenden Vorverträge (si-volet-Verträge) ein. Dabei ist allerdings ADLERS besondere Konzeption dieser Vorverträge zu berücksichtigen; s. o. Text zu Note 41; ähnlich auch BREIT, Die Willenserklärung als Äußerung und Leistungsgegenstand nach dem deutschen Bürgerlichen Gesetzbuche: Gruchots Beitr. 55 (1911) 1 ff., 24 ff.

[65] STINTZING 32 f.

[66] STAMPE, Aus einem Freirechtslehrbuch: AcP 108 (1912) 69, Anm. 21.

[67] Vgl. z. B. RG 62, 411.

[68] OLG (KG) 6, 122; RG Recht 1908, Nr. 3777.

[69] Vgl. RAAPE, Die Wollensbedingung (1912) 36; RAAPE selbst spricht von Angebotsverträgen.

den Mietvertrag durch einseitige Erklärung zu verlängern[70]. Aber auch, wo zwischen Vorverträgen und Optionsverträgen unterschieden wird, zieht man die vertraute Kategorie des bedingten Vertrages der neuartigen Konstruktion der vertraglichen Bindung an das Angebot vor[71].

III. 1. Ebenso wie die dogmatische Untersuchung des Optionsvertrages durch die gesetzliche Fixierung des langfristigen Angebots beeinträchtigt worden ist, stand auch die systematische Klärung des Vorrechtsvertrages im Schatten des *Vorkaufsrechts.*

In der geschichtlichen Entwicklung steht das Vorrecht (die Vorhand) *vor* dem Vorkaufsrecht. Im römischen Recht war der Erbpächter gesetzlich verpflichtet, dem Grundherrn eine beabsichtigte Veräußerung anzuzeigen, der Grundherr hatte dann das sogenannte jus protimiseos. Er konnte, wenn er bereit war, dem Erbpächter den gleichen Preis zu zahlen, den dieser von einem Dritten erlangen konnte, verlangen, dem Dritten vorgezogen zu werden. Machte er aber innerhalb einer Frist von zwei Monaten von diesem Vorrecht keinen Gebrauch, dann „licentia emphyteuta detur, ubi voluerit, et sine consensu domini meliorationes suas vendere“ (C. IV, 66, 3). BALDUS umschreibt in einer Glosse dieses Rechtsinstitut mit folgenden Worten: „Emphyteuta potest jus suum vendere vel non, secundum tenorem pactorum, cessante autem super hoc pacto, dominus est requirendus, an velit emere pro tali pretio, quod ab alio invenitur, et expectandus est per duos menses.“ [72]

Es ist darum nicht richtig, wenn in der neueren Literatur zum römischen Recht die zitierte Kodexstelle dahin ausgelegt wird, daß der emphyteuta eine beabsichtigte Veräußerung dem Grundherrn mitteilen müsse, damit dieser im *Vorkaufsfall* von seinem *Vorkaufsrecht* Gebrauch machen könne[73]. Freilich handelt es sich hier nur um eine terminologische Unklarheit wie eine Gegenprobe erweist: in der deutschen Pandektenliteratur wird das „Vorkaufsrecht“ unter Berufung auf C. IV, 66, 3 dahin umschrieben, daß jemand, wenn er verkaufen will, einer bestimmten Person die *Vorhand* lassen muß, vorausgesetzt, daß dieselbe gleiche Bedingungen bietet, wie sie ein dritter *Kauflustiger* geboten hat[74].

---

[70] Vgl. z. B. OLG (KG) 8, 396.

[71] N. 68 und 70.

[72] Codicis DN. Iustiniani Sacratissimi Principis PP. Augusti Repetitae Praelectionis Libri XII, Accursii Commentarius, Paris 1566: Glosse hinter C. IV, 66, 2.

[73] Vgl. SOHM-MITTEIS-WENGER, Institutionen, Geschichte und System des römischen Privatrechts [17](1928) 337; KASER, Das römische Privatrecht, 2. Abschnitt: Die nachklassische Entwicklung (1959) 225. S. aber auch SINTENIS I 553.

[74] WINDSCHEID-KIPP 646.

Ein eindeutiger Vorrechtsfall, der ebenfalls meist als Vorkaufsfall bezeichnet wird, findet sich bei dem Verkauf mit Vorbehalt eines besseren Angebotes *(in diem addictio).* Hier hat nämlich der ursprüngliche Käufer das Recht, in das bessere Angebot des Dritten einzutreten. „Licet autem venditori, meliore allata conditione, addicere posteriori: nisi prior paratus sit plus adjicere." [75] Der Kauf mit Vorbehalt eines besseren Angebots einschließlich des Eintrittsrechts ist sowohl im preußischen Allgemeinen Landrecht als auch im sächsischen Bürgerlichen Gesetzbuch gesetzlich geregelt[76]. In das Bürgerliche Gesetzbuch sollte zunächst zwar der Kauf mit Vorbehalt eines besseren Angebots, nicht aber das Eintrittsrecht aufgenommen werden[77]. Schließlich verzichtete man aber auf das ganze Rechtsinstitut. Das preußische Allgemeine Landrecht bezeichnete das Eintrittsrecht des ersten Käufers als „Vorkaufsrecht". Auch das mag dazu beigetragen haben, daß nicht nur die Pandektenliteratur, sondern auch die Rechtsprechung vor Inkrafttreten des BGB das Vorkaufsrecht als Vorrecht beschreibt[78].

2. Bei der Redaktion des Bürgerlichen Gesetzbuches ist man bewußt von dieser gemeinrechtlichen Praxis abgewichen. Man führte dafür praktische Gründe ins Feld: Vor dem Abschluß des Kaufvertrages fehle es an einem sicheren Anhaltspunkt für den Entschluß des Vorkaufsberechtigten, ob er sein Recht ausüben will[79]. Diese Ansicht der ersten Kommission blieb

---

[75] Paul. D. 18, 2, 7. Der frühere Kontrahent muß das Angebot des Dritten nicht überbieten; str. Sintenis II 332.

[76] Preuß. ALR I, 11, § 286: „Hat wirklich ein besserer Käufer sich gemeldet, so muß ihn der Verkäufer dem ersten Käufer namhaft machen, und die gebotenen Bedingungen vollständig anzeigen." § 287: „Der erste Käufer hat, wenn er sich eben diese Bedingungen gefallen läßt, das Vorkaufsrecht."

Sächs. BGB § 1114: „Der Verkäufer ist, wenn ein besseres Angebot zeitig erfolgt, verpflichtet, dem Käufer ohne Verzögerung davon Anzeige zu machen, und der Käufer hat sich innerhalb acht Tagen bei Verlust seines Rechtes zu erklären, ob er in das bessere Angebot treten will oder nicht."

[77] Motive II 337 f.

[78] Vgl. z. B. Sintenis II 649 f.: „Der Vorkauf begreift das Recht, daß, wenn der eine von beiden Paciscenten eine gewisse Sache verkaufen würde, der andere vor jedem Kauflustigen den Vorzug eingeräumt erhalten solle ... Um dieses Recht geltend machen zu können, ist einmal vorausgesetzt, daß der Eigenthümer der Sache sie einem Dritten zu verkaufen beabsichtige; ohne diese Gelegenheit also kann von der Möglichkeit dazu nicht die Rede sein; sodann muß der Berechtigte bereit sein, in dieselben Bedingungen einzutreten, welche der Dritte geboten hat." Ferner RG 16, 155, 158: „Die einzige Verpflichtung, welche (der Vorkaufsverpflichtete) übernimmt, besteht darin, daß, wenn er demnächst einem Dritten verkaufen will, er vor Abschluß dieses Kaufs die Sache zu denselben Bedingungen, zu welchen er bereit ist, sie dem Dritten zu verkaufen, seinem Mitkontrahenten zum Kauf anbieten muß."

[79] Motive II 345.

allerdings nicht unangefochten. Die zweite Kommission hatte über eine Reihe von Anträgen zu beraten, die im wesentlichen übereinstimmend das Vorkaufsrecht um ein Vorrecht (Vorhand) erweitern wollten. Die Anträge, über die die Kommission abstimmen mußte, waren die folgenden[80]:

a) Die Regelung des Vorkaufsrechts um folgende Vorschrift zu ergänzen: „Der Verpflichtete ist berechtigt, vor Schließung des Vertrags mit einem Dritten den Vorkaufsberechtigten unter Mittheilung der in Aussicht genommenen Vertragsbestimmungen zur Schließung eines Kaufvertrages unter den mitgetheilten Bestimmungen aufzufordern. Erklärt der Vorkaufsberechtigte sich nicht innerhalb der für die Ausübung des Vorkaufsrechts bestimmten Frist dem Verpflichteten gegenüber zur Schließung des Vertrages bereit, so ist das Vorkaufsrecht gegenüber einem Kaufvertrage, welcher innerhalb eines Monats nach Ablauf der Frist unter den mitgetheilten Vertragsbestimmungen zu Stande kommt, ausgeschlossen. Unwesentliche Änderungen der Vertragsbestimmungen kommen nicht in Betracht."

b) Die grundlegenden Vorschriften über das Vorkaufsrecht durch folgende Vorschrift zu ersetzen: „Ist jemand verpflichtet, einem Anderen bezüglich eines Gegenstandes den Vorkauf zu gewähren, so hat er, wenn ein Dritter zum Kauf des Gegenstandes bereit ist, dem Vorkaufsberechtigten hiervon unter Angabe der mit dem Dritten verabredeten Verkaufsbedingungen Anzeige zu machen und, sofern ein Grundstück den Gegenstand des Vorkaufs bildet, sich in gerichtlicher oder notarieller Form für den Fall der Ausübung des Vorkaufsrechts zur Übertragung des Eigenthums an ihn zu denselben Bedingungen zu verpflichten.

Mit der darauf dem Verpflichteten gegenüber unter Beobachtung der für Verträge dieser Art geltenden Form abgegebenen Erklärung des Vorkaufsberechtigten, daß er das Vorkaufsrecht ausübe, gelangt der Kaufvertrag zwischen ihm und dem Verpflichteten unter den zwischen diesem und dem Dritten verabredeten Bedingungen zum Abschluß. Hat der Verpflichtete mit dem Dritten einen Kaufvertrag über den Gegenstand in rechtsverbindlicher Form bereits geschlossen, so ist der Vorkaufsberechtigte auch ohne vorgängige Anzeige des Verpflichteten die bezeichnete Erklärung abzugeben befugt. In diesem Fall ersetzt die Mittheilung einer gerichtlich oder notariell beglaubigten Abschrift des Kaufvertrages die Anzeige des Verpflichteten und die förmliche dem Vorkaufsberechtigten gegenüber sonst zu erklärende Verpflichtung zum Verkauf."

c) Vorschlag a) mit folgenden Modifikationen:

„Am Schlusse des zweiten Satzes zu setzen, ‚so ist das Vorkaufsrecht erloschen';

---

[80] Protokolle 93 f.

anstelle des dritten Satzes folgenden Satz zu beschließen: ‚Hat auf erfolgte Anzeige der Vorkaufsberechtigte die Ausübung des Vorkaufsrechts abgelehnt oder die Frist versäumt, kommt jedoch der Verkauf nicht zustande, so gilt das Vorkaufsrecht als nicht erloschen.“

Die Antragsteller hatten u. a. folgendes vorgetragen[81]: Den natürlichen Anschauungen des Verkehrs wie dem gemeinen Rechte entspreche es, eine Entscheidung des Berechtigten über die Ausübung des ihm zustehenden Vorkaufsrechts bereits vor dem Abschluß eines Kaufvertrags mit einem Dritten herbeizuführen. In der Regel lehne jeder Kaufliebhaber die Abgabe einer bindenden Erklärung vor der Beseitigung des Vorkaufsrechts ab. Insbesondere sei dies der Fall, wenn der Kauf eines Grundstücks in Frage stehe, weil bei einem solchen Geschäfte die Kosten der notariellen oder gerichtlichen Beurkundung des Vertrags dem Käufer zur Last fallen, diese Kosten aber nutzlos aufgewendet seien, wenn der Berechtigte demnächst von seinem Vorkaufsrechte Gebrauch mache. Der Inhalt des Vorkaufsrechts bestehe darin, daß der Verpflichtete während der Dauer des Vorkaufsrechts eine bestimmte Sache nicht verkaufen dürfe, ohne sie vorher dem Vorkaufsberechtigten unter den gleichen Bedingungen zum Kauf anzubieten. Daraus ergebe sich, daß der mit dem Vorkaufsrecht belastete Eigentümer nicht nur berechtigt, sondern auch verpflichtet sei, den Vorkaufsberechtigten vor dem Abschluß des Vorkaufs unter Mitteilung der Vertragsbedingungen zu einer Erklärung über die Ausübung des Vorkaufsrechts aufzufordern. Für den Berechtigten sei dies insofern von Bedeutung, als er, wenn die Sache ohne sein Wissen an einen Dritten verkauft werde, nach dem Entwurf nur das Recht habe, in den noch nicht erfüllten Vertrag einzutreten, während ihm, wenn er die vorherige Anzeige verlangen dürfe, ein Anspruch auf Schadensersatz zustehe.

Ein anderer Antragsteller hielt diesen Vorschlag für zuweitgehend. Der Verpflichtete müsse – so meinte er – solange es noch von seinem Belieben abhänge, ob er die Sache behalten oder an einen Dritten verkaufen wolle, auch dem Vorkaufsberechtigten gegenüber freie Hand haben. Dagegen müsse er, wenn ein Dritter sich zum Abschluß eines Kaufvertrages bereit erkläre, befugt sein, dem Berechtigten von der in Aussicht genommenen Vertragsschließung mit der Wirkung Anzeige zu machen, daß dieser sich nunmehr über die Ausübung des Vorkaufsrechts schlüssig zu äußern habe. Die Anzeige solle keine bindende Vertragsofferte enthalten und bedürfe deswegen nicht der für den Vertrag vorgeschriebenen Form.

---

[81] Protokolle 95 f.

Erkläre der Berechtigte auf die Mitteilung hin, von seinem Vorkaufsrecht Gebrauch machen zu wollen, so entstehe zwar kein bindendes pactum de contrahendo, der Berechtigte verliere aber sein Vorkaufsrecht, wenn er auf Ersuchen des Verpflichteten seine Mitwirkung beim Abschluß des Vertrages verweigere. Lehne der Berechtigte auf Mitteilung hin den Abschluß des Vertrages ab, so könne der Verpflichtete den Kauf mit jedem Dritten unter den mitgeteilten Bedingungen abschließen. Gegenüber einem unter veränderten Bedingungen geschlossenen Kaufvertrage bleibe jedoch das Vorkaufsrecht bestehen.

Von anderer Seite wurde befürwortet, für die Anzeige des Verpflichteten und die auf Ausübung des Vorkaufsrechts gerichtete Erklärung des Berechtigten, soweit es sich um Grundstücke handle, die gerichtliche oder notarielle Form vorzuschreiben. Der Berechtigte dürfe zu einer Entscheidung über sein Vorkaufsrecht nur dann gedrängt werden, wenn ihm eine bindende Offerte gemacht werde. Die Ausübung des Vorkaufsrechts sei dann die Annahme dieser Offerte. Das Vorkaufsrecht dürfe ferner nicht erlöschen, wenn der Berechtigte sich zwar auf die Mitteilung des Verpflichteten überhaupt nicht oder in ablehnendem Sinn erklärt habe, der Vertrag jedoch unter den mitgeteilten Bedingungen mit einer anderen als der in der Offerte genannten Person abgeschlossen werde.

Die Kommission lehnte diese Anträge *ab*. Sie führte zur Begründung u. a. aus[82], solange ein bindender Vertrag mit einem Dritten noch nicht abgeschlossen sei, laufe auch der Berechtigte noch keine Gefahr, sein Vorkaufsrecht zu verlieren und könne deswegen zu einer Entscheidung über die Ausübung seines Vorkaufsrechts nicht genötigt werden. Wollte man ihn dazu nötigen, so ergebe sich auch die Gefahr, daß der Eigentümer einen Scheininteressenten vorschiebe und den Berechtigten dadurch zwänge, entweder den Kauf unter den mitgeteilten Bedingungen abzuschließen oder auf sein Vorkaufsrecht zu verzichten.

3. Die Inhaltsänderung des Vorkaufsrechts, wie sie im Bürgerlichen Gesetzbuch vollzogen wurde, hat zu einer ziemlichen *Begriffsverwirrung* geführt. Teilweise nannte man das gemeinrechtliche Vorkaufsrecht (Vorrecht, Vorhand) noch mit seinem alten Namen, teilweise sprach man von einem Ankaufsrecht und teilweise reihte man es unter die Vorverträge ein[83]. Diese Begriffsverwirrung besteht noch heute.

[82] Protokolle 96 f.
[83] Siehe z. B. RG WarnRspr. 1909, 72.

§ 3: DAS FRANZÖSISCHE RECHT

I. Der Vorvertrag

1. Jede französische Stellungnahme zur Zulässigkeit und den Folgen eines Vorvertrags knüpft sich an Art. 1589 Abs. 1 C. civ. Diese Vorschrift, die nicht die Vorverträge insgesamt, sondern nur den praktisch wichtigsten Fall, nämlich den Vorvertrag zu einem Kaufvertrag behandelt, hat folgenden Wortlaut:

> La promesse de vente vaut vente, lorsqu'il y a consentement réciproque des deux parties sur la chose et sur le prix.

An dieser Vorschrift ist zunächst bemerkenswert, daß sie von einem *Verkaufsversprechen* spricht und nicht den Ausdruck *avant-contrat* gebraucht, der dem deutschen Begriff „Vorvertrag" entsprechen würde. Der Ausdruck avant-contrat findet sich zwar gelegentlich in der Literatur[1], die überwiegende Doktrin lehnt ihn jedoch ab, weil er nicht präzis genug sei. Man sagt, es könnten darunter auch Vorbesprechungen *(pourparlers)* gefaßt werden oder das Ergebnis von Vorbesprechungen[2].

Der Ausdruck *promesse de vente* ist aber nicht nur in seiner sprachlichen Formulierung, sondern auch in seinem sachlichen Gehalt von dem Begriff des Vorvertrags verschieden, insoweit er nämlich – nimmt man ihn wörtlich – nur die Erklärung des Versprechenden bezeichnet, nicht auch die korrespondierende Erklärung des Versprechensempfängers, die *promesse d'achat.* Erst beide zusammen machen den Begriff des Vorvertrages aus. Die französische Rechtsterminologie unterscheidet demgemäß zwischen der *promesse unilatérale de vente* und der *promesse synallagmatique de vente.* Die letztere bezeichnet die korrespondierenden Versprechen, die erstere das einseitige Verkaufsversprechen. Da der Gesetzgeber in Art. 1589 C. civ. diese Unterscheidung nicht getroffen hat, ist die Frage, ob Art. 1589 C. civ. von dem einen oder dem anderen handelt. Die in der Praxis überwiegende Auffassung schließt aus dem zweiten Halbsatz: *lorsqu'il y a consentement réciproque des deux parties,* daß nur die

---

[1] Meist aber nicht beschränkt auf den Vorvertrag i. S. des deutschen Rechts, sondern als Gattungsbezeichnung für alle vertraglich begründeten Anrechte zum Kauf; vgl. z. B. COLIN-CAPITANT(-JULLIOT DE LA MORANDIÈRE) II 338; MAZEAUD 674 oder VERDIER, Les droits éventuels (1955) 97 ff.

[2] PLANIOL-RIPERT (-ESMEIN) VI, 168; RIPERT-BOULANGER II, 37. Der Vorwurf ist nicht ganz ungerechtfertigt, denkt man daran, daß auch nach der deutschen Rechtsterminologie „vorvertragliche" Rechtsverhältnisse bereits durch die Aufnahme von Vertragsverhandlungen begründet werden; vgl. etwa LARENZ I, 115.

promesse synallagmatique de vente gemeint sein könne, daß folglich die promesse unilatérale de vente im Gesetz *nicht* geregelt sei und darum eine gewohnheitsrechtliche Rechtsschöpfung darstelle[3].

Demgegenüber stehen andere Autoren auf dem Standpunkt, die promesses synallagmatiques de vente seien nichts anderes als ungenau bezeichnete wirkliche Kaufverträge, *„des ventes dans lesquels les contractants ont employé une terminologie défectueuse“* [4], nicht also Vorverträge[5]. Wozu soll eine Bestimmung gut sein, so fragen sie, die nichts anderes aussagt, als daß ein wechselseitiges Verkaufs- und Kaufsversprechen einem Kauf gleich erachtet werden soll? Man sollte dem Wort „promesse“ den in seinem Wesen beschlossenen einseitigen Charakter lassen und ihm nicht eine „promesse synallagmatique“ gegenüberstellen, sondern sogleich den dieser ohnehin gleichgestellten Vertrag[6].

Nach dieser Auffassung soll sich also Art. 1589 C. civ. nur auf das einseitige Verkaufsversprechen beziehen, das dann zu einem vollgültigen Kaufvertrag wird, wenn die Parteien sich über den Kaufgegenstand und den Preis einig geworden sind, der Käufer also das in dem Verkaufsversprechen enthaltene Angebot angenommen hat[7]. Wie gut begründet diese Theorie ist, erweist sich, wenn man den durch Gesetz vom 30. 7. 1930 eingefügten zweiten Absatz des Art. 1589 C. civ. liest. Dort heißt es:

> Si cette promesse s'applique à des terrains déjà lotis ou à lotir, son acceptation et la convention qui en résultera s'établiront par le paiement d'un acompte, et par la prise de possession du terrain.

Dem *Versprechen* (der promesse) wird demnach die *Annahme* (die acceptation) gegenübergestellt, aus der dann der Vertrag resultiert. Da nicht anzunehmen ist, daß der Begriff der promesse in den beiden Absätzen eine unterschiedliche Bedeutung haben soll, kann man demnach aus dem Wortlaut des Gesetzes schließen, daß Art. 1589 C. civ. sich in der Tat nur auf das einseitige Verkaufsversprechen, die promesse unilatérale de vente, bezieht.

Welche Theorie den Vorzug verdient, kann hier dahingestellt bleiben,

---

[3] Vgl. etwa Nancy, 13. 11. 1952: Gaz.Pal. 1953, 1, 208; in der Literatur insbes. AUBRY-RAU(-ESMEIN) V, 3 ff.; PLANIOL-RIPERT(-ESMEIN) VI, 169; JULLIOT DE LA MORANDIÈRE, Droit Civil III (1958) 9; weitere Nachweise bei BOYER 2.

[4] PLANIOL-RIPERT(-HAMEL) X, 200; ähnlich auch RIPERT-BOULANGER III, 462.

[5] COLIN-CAPITANT (-JULLIOT DE LA MORANDIÈRE) II, 338.

[6] RIPERT-BOULANGER II, 136; MAZEAUD 670, 672, 674.

[7] Ob die Berufung dieser Theorie auf die Entwicklungsgeschichte des Art. 1589 C. civ. gerechtfertigt ist, kann man mit guten Gründen bezweifeln, vgl. BLOMEYER, La promesse de vente vaut vente, Festschrift für Leo Raape (1948), 269, 272 ff. Sie scheint jedoch zumindest in der Rechtslehre allmählich die Oberhand zu gewinnen.

da beide Theorien die selbständige Bedeutung einer promesse synallagmatique de vente bestreiten. Nach der einen Meinung erklärt Art. 1589 C. civ., daß die promesse synallagmatique de vente einem endgültigen Kaufvertrag gleichstehe, nach der anderen Meinung ist die promesse synallagmatique de vente nichts anderes als ein ungenau bezeichneter Kaufvertrag und bezieht sich Art. 1589 C. civ. nur auf die einseitigen Verkaufsversprechen.

Art. 1589 C. civ. ist im Zusammenhang mit Art. 1108 und Art. 1583 C. civ. zu lesen. Art. 1108 C. civ. nennt als Gültigkeitsbedingungen eines Vertrages *„le consentement de la partie qui s'oblige, sa capacité de contracter, un objet certain qui forme la matière de l'engagement, une cause licite dans l'obligation"*. Nach Art. 1583 C. civ. ist der Kaufvertrag („la vente") *„parfaite entre les parties, et la propriété est acquise de droit à l'acheteur à l'égard du vendeur, dès qu'on est convenu de la chose et du prix, quoique la chose n'ait pas encore été livrée ni le prix payé"*. Nun gibt es aber Fälle, in denen zu den Gültigkeitsbedingungen der Einigung über Kaufgegenstand und Preis noch *weitere* Gültigkeitsbedingungen hinzutreten, sei es die Wahrung einer bestimmten *Form* oder eine behördliche *Genehmigung*. So bedurfte z. B. von 1940 (Gesetz vom 16. 11. 1940) bis 1945 (Gesetz vom 2. 11. 1945) jede Grundstücksveräußerung der behördlichen Genehmigung, und auch heute noch ist die Veräußerung bestimmter landwirtschaftlicher Grundstücke von einer behördlichen Genehmigung abhängig[8]. Die Rechtsprechung mußte sich darum mit der Frage auseinandersetzen: Welchen Inhalt und welche Rechtsfolgen hat eine Vereinbarung der Parteien über ein genehmigungsbedürftiges Geschäft vor der Erteilung der Genehmigung? Bis zur Erteilung der Genehmigung vergeht oft viel Zeit. Die Parteien sind aber häufig an einer sofortigen Bindung interessiert. Was können sie hier tun?

In einer berühmten Entscheidung *(arrêt Cotterau)* bezeichnete der Kassationshof die Vereinbarung der Parteien vor der Erteilung der Genehmigung als selbständige promesse synallagmatique de vente : *„Attendu ... que les parties étaient liées par les promesses synallagmatiques de vente dès juin 1923 ..., que les promesses de vente convenues entre les parties ne valaient pas ventes, lesdites ventes ne pouvant légalement intervenir qu'avec l'autorisation exigée..."*[9] Diese Entscheidung wurde so verstanden, daß die Parteien sich in der promesse synallagmatique de vente

[8] Vgl. Art. 34 Code rural i. d. F. des Gesetzes vom 27. 9. 1955.

[9] Cass. civ. 16. 6. 1943: D. C. 1944, 37 mit zustimmender Anm. Fréjaville; J. C. P. 1944, II, 2576 mit zustimmender Anm. Hébraud.

verpflichten, nach Erteilung der Genehmigung den Hauptvertrag *(contrat définitif)* zu den im Vorvertrag – die promesse de vente ist nach dieser Auffassung nichts anderes als ein Vorvertrag i. S. des deutschen Rechts – vereinbarten Bedingungen zu schließen. Die Nichterfüllung dieser Verpflichtung (etwas zu tun: *„obligation de faire")* soll die sich weigernde Partei schadensersatzpflichtig machen (Art. 1142 C. civ.)[10].

Das Problem stellte HÉBRAUD sehr klar heraus[11]: Der Genehmigungsvorbehalt berührt unmittelbar die *„principes traditionnels"* des Vertragsrechts. Entweder muß man das Prinzip der Einheit von Kaufvertrag und Eigentumsübergang aufgeben oder das Prinzip *„de la formation purement consensuelle du contrat"*. Der Kassationshof entschied sich für die Aufgabe des letzteren und für die Beibehaltung des ersteren Prinzips.

In einer zweiten Entscheidung wechselte der Kassationshof seinen Standpunkt[12]. Nunmehr erklärte er, die behördliche Genehmigung sei kein *„élément constitutif"* des Vertrages. Der Vertrag komme darum mit der bloßen Einigung der Parteien über Kaufgegenstand und Preis zustande, aufgeschoben werde lediglich der Eigentumsübergang: *Attendu ... que son* (des Gesetzes) *unique effet a été d'en retarder la réalisation en subordonnant la „mutation", c'est-à-dire le transfert de propriété, au contrôle, par l'autorité administrative, que ses clauses et conditions ne portaient aucun tort aux intérêts généraux de l'État."* Hier wird also das „Konsensualprinzip" gewahrt und das Prinzip der Einheit von Vertrag und Eigentumsübergang aufgegeben[13].

Mit dieser Entscheidung öffnete sich der Kassationshof den Weg für einen weiteren Schritt: Haben die Parteien eine promesse synallagmatique de vente unter einer aufschiebenden Bedingung abgeschlossen, so bewirkt grundsätzlich der Eintritt der Bedingung den Übergang des Eigentums ex tunc, *„à moins que les parties n'aient entendu retarder ce transfert jusqu'à la réalisation de l'événement prévu, date à laquelle il se produit alors ipso facto"* [14].

Eine gewisse Synthese der widersprechenden Auffassungen brachte die Entscheidung des Kassationshofs vom 22. 12. 1954[15]. Darin hob der Kas-

---

10 FRÉJAVILLE, vorige Note; DERS. in J. C. P. 1945. II, 2797.

11 HÉBRAUD N. 9.

12 In einer späteren Entscheidung spricht der Kassationshof von der behördlichen

13 In einer späteren Entscheidung spricht der Kassationshof von der behördlichen Genehmigung als einer „circonstance extérieure", die lediglich den Eigentumsübergang hinausschiebe, den Kaufvertrag aber nicht berühre: Cass. civ. 29. 3. 1949: J. C. P. 1949, II, 4961 mit Anm. ESMEIN.

14 Cass. civ. 24. 7. 1946: J. C. P. 1946, II, 3301 mit Anm. E. BECQUÉ.

15 D. 1955, 713 mit Anm. MALAURIE.

sationshof zunächst hervor, daß die behördliche Genehmigung kein élément constitutif des Vertrages sei, der Vertrag also in definitiver Form von den Parteien auch schon vor der Erteilung der Genehmigung habe geschlossen werden können. Die Parteien hätten aber nichtsdestoweniger das Recht gehabt, *„de retarder la conclusion de la vente jusqu'à l'arrivée d'un événement, qui pouvait en fait être l'obtention de l'autorisation alors exigée"*. Die Parteien hatten sich geeinigt über einen Kaufvertrag, der geschlossen werden sollte *„dès l'acceptation préfectorale"*. Die Vorinstanz hatte diese Vereinbarung als *„vente parfaite"* angesehen. Der Kassationshof hob diese Entscheidung auf, weil nicht geprüft war, *„quelle était ... la valeur et la portée de la clause litigieuse, ni si les parties n'avaient pas entendu soumettre leur convention à une condition suspensive"*. Danach haben die Parteien also, wenn der Eigentumsübergang von einer behördlichen Genehmigung abhängig ist, folgende Möglichkeiten: Sie können *„retarder la conclusion de la vente"*, also den Abschluß des Kaufvertrages selbst hinausschieben – indem sie eine promesse synallagmatique de vente ne valant pas vente abschließen. Sie können aber auch *„retarder le transfert de propriété"*, also den Eigentumsübergang verzögern. Das kann geschehen entweder von Gesetzes wegen, wenn nämlich bestimmt ist, daß das Eigentum erst mit der Erteilung der behördlichen Genehmigung übergehen kann, oder durch eine Vereinbarung der Parteien, die den Kaufvertrag einer aufschiebenden Bedingung unterstellen, dabei aber bestimmen, daß das Eigentum erst mit dem Eintritt der Bedingung, also nicht ex tunc, übergehen soll.

Diese Vielfalt von Möglichkeiten haben die Parteien aber nicht nur in den Fällen, in denen die Vollendung des Rechtsgeschäfts von einer behördlichen Genehmigung abhängig ist. Sie ist vielmehr auch in anderen Fällen gegeben, in denen der Gesetzgeber in die Parteiautonomie eingegriffen hat, etwa dort, wo die Gültigkeit eines Vertrages von der Wahrung einer bestimmten Form abhängt, also bei den sog. *contrats solennels.* Ob die Parteien aber auch dann, wenn ihre Autonomie nicht beschränkt ist, eine selbständige promesse synallagmatique de vente abschließen können, ist zweifelhaft. Die Rechtsprechung greift hier meist zu der Konstruktion eines *bedingten Vertrages*[16].

In der Doktrin hat namentlich BOYER sich für die Anerkennung des Kaufvorvertrages als eines selbständigen Vertrages eingesetzt[17]. Auch er

---

[16] Vgl. z. B. Cass. civ. 21. 7. 1958: J. C. P. 1958, II, 10843 mit Anm. E. BECQUÉ.

[17] Siehe Literaturverzeichnis. Für diese Anerkennung schon früher: PERROUD, S. 1912, 1, 217; BEUDANT et LEREBOURS-PIGEONNIÈRE(-BRETHE DE LA GRESSAYE) XI, 21 ff.

geht von den Rechtsgeschäften aus, die kraft Gesetzes einer behördlichen Genehmigung bedürfen. Er meint, es bestehe ein Bedürfnis für eine Bindung der Parteien auch schon vor der Erteilung der erforderlichen behördlichen Genehmigung. Für eine solche Bindung genügt ihm nicht der Abschluß eines durch die Erteilung der Genehmigung aufschiebend bedingten Vertrages. Häufig ist nämlich die Erteilung der Genehmigung von einem gemeinsamen Tun der Parteien abhängig. Zu einem solchen Tun werden die Parteien durch den Abschluß eines bedingten Vertrages nicht verpflichtet. Sie zu einem solchen Tun zu verpflichten, soll darum Gegenstand des Vorvertrages sein. Was Boyer will, ist also nicht die Anerkennung eines Vorvertrages im Sinne einer obligatio contrahendi, einer Verpflichtung, zu einem späteren Zeitpunkt einen Vertrag schließen zu wollen, sondern die *Verpflichtung zur gemeinsamen Verwirklichung aller Bedingungen, die zur Gültigkeit eines vereinbarten Vertrages noch erforderlich sind*[18].

Ein Bedürfnis für eine solche Verpflichtung besteht nach Meinung Boyers aber nicht nur im Bereich des Kaufrechts und auch dort wiederum nicht nur für die gemeinsame Herbeiführung einer erforderlichen behördlichen Genehmigung. Es besteht ebenso, wenn der Kaufvertrag, sei es nach dem Willen der Parteien oder nach dem Gesetz, in einer bestimmten Form abzuschließen ist oder die Parteien andere Leistungen noch vor Wirksamwerden des Vertrages erbringen sollen, und es besteht weiter auch im Bereich des sonstigen Vertragsrechts.

Der Vorschlag Boyers hatte, dogmatisch gesehen, den großen Vorzug, die einheitliche Behandlung eines Phänomens zu ermöglichen, das bis dahin unterschiedlich beurteilt worden war. Während man nämlich auf der einen Seite die Existenzberechtigung einer promesse synallagmatique de vente bestritt, anerkannte man auf der anderen Seite die selbständige Existenz beispielsweise einer promesse synallagmatique de prêt, einer promesse synallagmatique d'hypothèque, wohl auch einer promesse synallagmatique de donation und endlich einer promesse synallagmatique de société[19].

---

[18] Boyer 19; Mazeaud 670 f. bezeichnet diese Verpflichtung als den wesentlichen Inhalt des avant-contrat.

[19] Colin-Capitant(-Julliot de la Morandière) II, 339; Boyer 13; Planiol-Ripert(-Savatier) XI, 454; Planiol-Ripert(-Becqué) XII, 494; Planiol-Ripert (-Trasbot et Loussouarn) V: Donations et testaments [2](1957) 505; Friedel 83, 90; Blaise in J.-Cl. Civil: Art. 931, Nr. 23; Moreau, Les sociétés civiles (1957) 54. Mit dieser Anerkennung ist auch die Frage verneint, ob aus Art. 1589 C. civ. eine allgemeine Regel des Inhalts hergeleitet werden kann: ein wechselseitiges Vertragsversprechen gilt dem versprochenen Vertrag gleich. Eine analoge Anwendung im Einzelfall ist natürlich nicht ausgeschlossen.

Von den Thesen Boyers ist insbesondere die scharfsinnige Unterscheidung zwischen der obligatio contrahendi und der obligatio faciendi bemerkenswert: Mit dem Abschluß einer promesse synallagmatique de vente erklären die Parteien ihr Einverständnis zu einem Vertrag, über dessen Inhalt sie sich vollkommen einig sind, der aber nicht sofort, sondern erst zu einem späteren Zeitpunkt wirksam werden soll (etwa bei vereinbarter notarieller Beurkundung) oder kann (etwa bei einer erforderlichen behördlichen Genehmigung). Fehlt die erforderliche behördliche Genehmigung, so besteht auch noch kein Kaufvertrag, da die Genehmigung – nach der Meinung Boyers, die allerdings von der Rechtsprechung nicht (mehr) geteilt wird[20] – konstitutiven Charakter besitzt. Andererseits ist er doch schon „im Werden". Die Parteien haben bereits miteinander kontrahiert, ein neuer Vertragsschluß ist nicht notwendig. Was zur Wirksamkeit des Vertrages noch fehlt, muß durch ein gemeinsames Tätigwerden der Parteien realisiert werden, sei es, daß sie gemeinsam die Erteilung der behördlichen Genehmigung beantragen müssen, sei es, daß sie sich gemeinsam vor dem Notar einfinden müssen, um den Vertrag beurkunden zu lassen. Die Parteien müssen also etwas tun, „facere". Die Verpflichtung der Parteien zu einem gemeinsamen Tun *(„commune activité")* unterscheidet diese Fälle von den aufschiebend bedingten oder befristeten Verträgen, bei denen beispielsweise der Vertrag erst wirksam werden soll zu einem bestimmten Zeitpunkt oder nach Einholung eines Gutachtens, das die Vertragsmäßigkeit der Sache bestätigt, oder nach Erteilung der Zustimmung eines Dritten. In den Fällen der letztgenannten Art von einer promesse synallagmatique de vente zu sprechen, hat nach Meinung Boyers keinen Sinn. Mit dem Eintritt des Termins, der Erstattung des Gutachtens oder der Genehmigung durch den Dritten wird der Vertrag wirksam, ohne daß die Parteien noch einmal den Vertrag schließen müßten. Insoweit steht Boyer vollkommen auf dem Boden der herrschenden Lehre. Eine promesse synallagmatique de vente ist aber gegeben und hat auch eine Daseinsberechtigung, wenn die Wirksamkeit des von den Parteien vereinbarten Vertrages noch eine „commune activité" der Parteien verlangt, und die Parteien sich in der promesse de vente verpflichten, alles zu tun, was zur Wirksamkeit des Vertrages noch erforderlich ist.

Die Thesen Boyers haben die moderne Doktrin wesentlich beeinflußt. Die neueren Darstellungen des Kaufrechts stimmen darin überein, daß

---

[20] S. oben N. 12, 13, 15.

die Parteien ausdrücklich oder stillschweigend vereinbaren können, daß die *„promesse synallagmatique de vendre et d'acheter ne vaudra pas vente"* [21]. *„L'application de l'article 1589 ne peut être systématique. Tout dépend de l'intention réelle des parties qui ont pu convenir de ne pas s'engager immédiatement à titre définitif."* [22] Die Vorschrift des Art. 1589 C. civ. ist nicht *„d'ordre public* und darum abdingbar [23]. Die Parteien machen von dieser Möglichkeit Gebrauch, wenn sie zunächst schriftlich einen *„compromis"* schließen, aber gleichzeitig vereinbaren, daß der Vertrag nicht definitiv, realisierbar sein soll, bevor er nicht *„en forme authentique"* beurkundet worden ist [24]. Von vornherein als selbständige promesse synallagmatique de vente wird die Einigung der Parteien über einen Kaufabschluß angesehen, wenn der Gesetzgeber den Eintritt der Wirkungen dieses Kaufvertrages von der Beobachtung einer bestimmten Form oder von einer behördlichen Genehmigung abhängig gemacht hat [25]. Um *„ventes solennelles"* handelt es sich z. B. bei dem Verkauf eines „fonds de commerce" (Handelsgeschäfts) oder bei der Abtretung eines Patents („brevet d'invention") [26]. Nicht einig ist man sich über den Inhalt einer solchen selbständigen promesse synallagmatique de vente. Teils wird behauptet, sie verpflichte die Parteien zum Abschluß des definitiven Vertrages [27], teils wird aber auch – im Anschluß an Boyer – die Meinung vertreten, es bedürfe nicht des Abschlusses eines neuen Vertrages, die Parteien seien lediglich verpflichtet, die Form zu erfüllen, insbesondere also „de signer l'écrit" [28].

2. Es ist schon gesagt worden, daß Art. 1589 C. civ. die Möglichkeit eines Vorvertrages zu anderen Rechtsgeschäften nicht ausgeschlossen hat. Es war die Rede von der *promesse synallagmatique de prêt*, der *promesse synallagmatique d'hypothèque*, der *promesse synallagmatique de donation* und der *promesse synallagmatique de société*. Ehe jedoch auf diese Vorverträge näher eingegangen wird, ist noch ein Vorvertragsfall zu erwähnen, der in Analogie zu Art. 1589 C. civ. stets dem Hauptvertrag

---

[21] Colin-Capitant(-Julliot de la Morandière) II, 339.

[22] J.-Cl. Civil: Art. 1589, Nr. 17.

[23] Malaurie 269; M. & P. Chauveau in: J.-Cl. Commercial-Annexes: Des Ventes Commerciales, Fasc. VI, Nr. 25. Aus der neueren Rechtsprechung vgl. Paris, 5. 1. 1956: D. 1957, Somm. 27. Die gegenteilige Meinung Blomeyers wird man als überholt ansehen müssen (aaO 271).

[24] Colin-Capitant(-Julliot de la Morandière) II, 339; J.-Cl. Civil: Art. 1589, Nr. 15.

[25] J.-Cl. Civil: Art. 1589, Nr. 4, 15, 17; Mazeaud 670.

[26] Mazeaud 662.

[27] J.Cl. Civil: Art. 1589, Nr. 16.

[28] Mazeaud 670 f.; Sizaire, J. C. P. 1962, II, 12448.

gleichgesetzt wird: die *promesse synallagmatique de bail,* der Vorvertrag zu einem Mietvertrag. Enthält eine promesse synallagmatique de bail alle Elemente, die Bedingungen der Gültigkeit eines Mietvertrages sind, insbesondere also eine Einigung über Mietgegenstand und Mietpreis, so gilt sie einem endgültigen Mietvertrag gleich: *La promesse synallagmatique de bail équivaut à un bail!*[29]. Fehlt dagegen eines dieser Elemente, so steht nicht nur die promesse synallagmatique de bail nicht einem Mietvertrag gleich, sondern schafft überhaupt keine rechtliche Bindung zwischen den Parteien.

3. Die *promesse synallagmatique de prêt,* der Vorvertrag zur Leihe oder zum Darlehen, stellt insofern einen Sonderfall dar, als der Leih- oder Darlehensvertrag von der herrschenden Meinung als Realvertrag *(contrat réel)* angesehen wird[30].

Als solcher kommt er nicht schon mit der Willenseinigung der Parteien zustande, sondern erst durch die Übergabe der Sache. Die Willenseinigung der Parteien ist aber deswegen nicht ohne Bedeutung. Sie verpflichtet vielmehr die Parteien zum Abschluß des Vertrages, d. h. den Darlehensversprechenden zur Hingabe des Darlehens und den Versprechensempfänger, das Darlehen zu den vereinbarten Bedingungen abzunehmen[31].

4. Die *promesse synallagmatique d'hypothèque* und die *promesse de donation* sind weitere Sonderfälle. Es handelt sich sowohl bei der Hypothekenbestellung als auch bei der Schenkung um *contrats solennels*[32]. Beide müssen notariell beurkundet werden, andernfalls sind sie formungültig[33].

---

[29] Vgl. Cass. soc. 25. 10. 1956: J. C. P. 1956, 4, 161; PLANIOL-RIPERT(-GIVORD ET TUNC) X, 553; RIPERT-BOULANGER III, 552; MAZEAUD 892; HUBRECHT in J.-Cl. Civil: Art. 1708–1762, Fasc. 9, Nr. 19 mit zahlreichen Hinweisen.

[30] Man folgert dies aus dem Gesetzeswortlaut, der die Verpflichtung des Entleihers oder Darlehensnehmers erst mit der Übergabe der Sache entstehen läßt. Vgl. Art. 1875 C. civ.: Le prêt à usage ou commodat est un contrat par lequel l'une des parties *livre* une chose à l'autre pour s'en servir, à la charge par le preneur de la rendre après s'en être servi.-Art. 1892 C. civ.: Le prêt de consommation est un contrat par lequel l'une des parties livre à l'autre une certaine quantité de choses qui se consomment par l'usage, à la charge de cette dernière de lui rendre autant de même espèce et qualité.

Vgl. dazu PLANIOL-RIPERT(-ESMEIN) VI, 131; PLANIOL-RIPERT(-SAVATIER) XI, 445; COLIN-CAPITANT(-JULLIOT DE LA MORANDIÈRE) II, 339; MAZEAUD 1174; FRIEDEL 83; a. A. insbes. DEMOGUE II, 65 ff.; anscheinend auch AUBRY-RAU(-ESMEIN) VI, 142 f.

[31] COLIN-CAPITANT(-JULLIOT DE LA MORANDIÈRE) II, 339; MAZEAUD 1174; als besonders wichtiger und häufiger Fall der promesse synallagmatique de prêt wird die Zeichnung von Anleihen (la souscription d'obligations) angesehen: Vgl. SAVATIER, D. 1929, 2, 141; PLANIOL-RIPERT(-SAVATIER) XI, 454.

[32] PLANIOL-RIPERT(-BECQUÉ) XII, 484; PLANIOL-RIPERT(-TRASBOT ET LOUSSOUARN) V, 460.

[33] Art. 2127 C. civ.: L'hypothèque conventionnelle ne peut être consentie que par

Die Frage war auch hier, ähnlich wie bei der promesse synallagmatique de prêt, welche Bedeutung einer formlosen Einigung der Parteien über die Hypothekenbestellung oder die Schenkung zukommen sollte, wenn darin die spätere Beurkundung versprochen wurde.

Meist beschränkt man sich hier darauf, das Recht des Gläubigers festzustellen, vom Eigentümer die notarielle Beurkundung verlangen zu dürfen[34]. Es ist aber auch schon gesagt worden, daß der Eigentümer sich durch ein formloses Versprechen zur Bestellung einer Hypothek (also zum Abschluß eines contrat solennel) verpflichte[35].

5. Von besonderer Bedeutung ist schließlich noch die *promesse synallagmatique de société,* der Vorgründungsvertrag einer Gesellschaft. Man definiert dieses Versprechen als *„l'entente intervenue entre deux ou plusieurs contractants sur les éléments fondamentaux d'une société à créer entre eux"*[36] oder einfach als *l'engagement de constituer (plus tard) une société*[37]. Allgemein wird hier darauf hingewiesen, daß der Grundsatz des Art. 1589 C. civ., la promesse de vente vaut vente, im Bereich des Gesellschaftsrechts *nicht* analog angewendet werden könne[38].

6. Die Frage nach den *Wirkungen* einer promesse synallagmatique de contrat wird nicht einheitlich beantwortet.

Angesichts der allgemein geäußerten Meinung, die in einer promesse synallagmatique de contrat enthaltene Bindung verpflichte die Parteien zu einem Tun *(„faire"),* scheint die Antwort zunächst einfach zu sein. Art. 1142 C. civ. sagt klar und deutlich: *„Toute obligation de faire ou de ne pas faire se résout en dommages et intérêts, en cas d'inexécution de la part du débiteur."* Danach wäre die Folge also stets Schadensersatz. In der

---

acte passé en forme authentique devant deux notaires, ou devant un notaire et deux témoins.

Art. 931 C. civ.: Tous actes portant donation entre vifs seront passés devant notaires, dans la forme ordinaire des contrats; et il en restera minute, sous peine de nullité.

Nach dem Wortlart des Gesetzes sind formbedürftig nicht nur die Schenkungsversprechen – wie in Deutschland –, sondern alle Schenkungsverträge. Die Rechtsprechung hat aber, gestützt auf die Rechtsübung vor dem Inkrafttreten des Code civil, Ausnahmen von dieser Regel zugelassen. Danach ist Art. 931 nicht anzuwenden auf Handschenkungen (dons manuels), verschleierte Schenkungen (donations déguisées) und indirekte Schenkungen (donations indirectes), wie z. B. auf den Verzicht auf eine angefallene Erbschaft. Vgl. BLAISE (N. 19), Nr. 45 ff.

[34] PLANIOL-RIPERT(-BECQUÉ) XII, 494.

[35] Cass. req. 5. 11. 1860: D. P. 1861, 1, 300, 302.

[36] BISCHOFF in J.-Cl. des Sociétés, Fasc. 7 bis Nr. 2.

[37] PIC, D. Rép. Prat. XI (1925) v. Société, 91; HOUPIN-BOSVIEUX 113.

[38] PIC, vorige Note; HÉMARD, Théorie et pratique des nullités de sociétés et des sociétés de fait [2](1926) 179; PIC-KRÉHER 482; ESCARRA-RAULT II, 1, 109; RIPERT 334; J.-Cl. Commercial: Art. 39 à 41 C. com. Nr. 8.

Tat wird von einem Teil der französischen Rechtslehre bei verschiedenen Vorvertragsfällen die Meinung vertreten, daß derjenige, der sein Vertragsversprechen bricht, dem anderen Teil nur zum *Schadensersatz* verpflichtet sei. Dies gilt insbesondere für die promesse synallagmatique de société[39], dort auch zu Recht, soweit durch die Gesellschaftsgründung eine personenrechtliche Bindung geschaffen würde. Der affectus societatis ist nicht erzwingbar[40]. Die Frage, ob dabei nicht zwischen der Gründung einer Personalgesellschaft und der Gründung einer reinen Kapitalgesellschaft unterschieden werden muß, ist, soweit ersichtlich, bisher noch unerörtert geblieben. Die Gerichte machen hier offensichtlich keinen Unterschied[41].

Bei der promesse synallagmatique de prêt sind die Meinungen aber schon geteilt. Während auf der einen Seite auch hier die Auffassung vertreten wird, daß die Nichterfüllung des Versprechens den Versprechenden nur zum Schadensersatz verpflichte[42], scheint die überwiegende Auffassung ein Recht auf *Realerfüllung* zu bejahen, weil der Gegenstand des Versprechens auch ohne ein Dazutun des Versprechenden diesem weggenommen und dem Entleiher oder Darlehensnehmer verschafft werden kann[43]. Dazu wird man allerdings auf einer präzisen Umschreibung des zu verleihenden Gegenstandes bestehen müssen[44]. Eine besondere Rechtslage besteht bei der promesse synallagmatique d'hypothèque. Weigert sich hier der Eigentümer, die Hypothek zu bestellen, so hat der Versprechensempfänger nur eine *„action purement chirographaire"*, d. h. eine nicht bevorrechtigte Klage[45]. Das wiederum bedeutet, daß er gegenüber Dritten nicht die Stellung eines Hypothekengläubigers hat. Er kann aber die

[39] Cass. req. 19. 2. 1907: S. 1912, 1, 217 (Société en nom collectif); Bordeaux, 23. 3. 1895: J. Soc. 1896, 170 (société anonyme); Paris, 11. 11. 1905: Rev. Soc. 1906, 150 (société en nom coll.); Lyon, 13. 2. 1951: D. 1951, 502 (Société à resp. lim.); Trib. com. Seine, 29. 7. 1921: J. Soc. 1922, 402; PIC-KRÉHER482; ESCARRA, Cours de droit commercial (1952) 340; HAMEL ET LAGARDE, Traité de droit commercial I (1954) 537; MOREAU (N. 19) 54; RIPERT 334.

[40] Vgl. auch Art. 1865 (5) C. civ.: La société finit par la volonté qu'un seul ou plusieurs expriment de n'être plus en société.

[41] Vgl. einerseits Cass. req. 19. 2. 1907: S. 1912, 1, 217 und Paris, 11. 11. 1905: Rev. Soc. 1906, 150 (Vorvertrag zur Gründung einer société en nom collectif), andererseits Bordeaux, 23. 3. 1895: J. Soc. 1896, 170 (Vorvertrag zur Gründung einer société anonyme) und Lyon, 13. 2. 1951: D. 1951, 502 (Vorvertrag zur Gründung einer société à resp. lim.).

[42] J.-Cl. Civil: Art. 1892, Nr. 55.

[43] LAURENT, Principes de droit civil français ³XXVI (1878) 461; BAUDRY-LACANTINERIE ET WAHL, De la société, du prêt, du dépôt ³(1907) 360; PLANIOL-RIPERT(-ESMEIN) VI, 135.

[44] FRIEDEL 83.

[45] PLANIOL-RIPERT(-BECQUÉ) XII, 494.

notarielle Beurkundung verlangen und, wenn der Schuldner sie verweigert, ein Urteil erwirken, das die Eintragung einer hypothèque judiciaire anordnet[46]. Das Gericht kann allerdings nicht anordnen, daß dann, wenn der Schuldner die versprochene hypothèque conventionnelle nicht in einer bestimmten Frist bestellt, das Urteil an die Stelle der Errichtungsurkunde tritt[47]. Im Ergebnis spielt dies aber keine Rolle, weil dem Gläubiger mit der hypothèque judiciaire ebenso gedient ist, wie mit einer hypothèque conventionnelle.

Im Bereich der promesse synallagmatique de vente ist es insofern schwierig, ein klares Bild zu gewinnen, weil Judikatur und Literatur überwiegend das beiderseitige Versprechen dem Kaufvertrag selbst gleichstellen und aus diesem Grunde weder eine Klage auf Vertragsabschluß noch auf Schadensersatz, sondern auf die Leistung geben, die Gegenstand des versprochenen Vertrages ist. Unter den Befürwortern des selbständigen Kaufvorvertrages sind die Meinungen geteilt. FRÉJAVILLE hält es für selbstverständlich, daß ein nicht erfülltes Versprechen, einen Kaufvertrag zu schließen, nach Art. 1142 C. civ. zum Schadensersatz verpflichtet[48]. In der Tat ist die Einwilligung zu einem Vertrag nach französischer Rechtsauffassung nicht erzwingbar, da sie eine Freiheit der Wahl voraussetzt. BOYER begegnet dieser These mit seiner Konzeption, nach der die Einwilligung in den Vertrag im Vorvertrag bereits erklärt ist. Die noch ausstehende Handlung des Verpflichteten, etwa seine Mitwirkung bei der notariellen Beurkundung, von der an nach dem Willen der Parteien der Vertrag datieren soll, ist aber nicht in einem solchen Maße höchstpersönlich, daß sie nicht erzwungen oder ersetzt werden kann[49].

Es ist darum auch unbestritten, daß die Richter in einem solchen Fall etwa erklären können, daß das Urteil an die Stelle des Vertrages tritt[50]. Die Parteien – sagt BOYER – haben sich nicht verpflichtet, einen Vertrag mit beliebigem Inhalt, sondern einen bestimmten oder doch bestimmbaren Vertrag zu schließen. Verlangt man von ihnen den Abschluß dieses

---

[46] PLANIOL-RIPERT(-BECQUÉ) aaO; AUBRY-RAU(-BARTIN) III, 384; dagegen kritisch MAZEAUD 231.

[47] PLANIOL-RIPERT(-BECQUÉ) aaO; BAUDRY-LACANTINERIE ET DE LOYNES, Du nantissement des privilèges & hypothèques et de l'expropriation forcée [3]II (1906) 528; RAYNAUD, D. Rép. Dr. civ. II (1952) v. Hypothèque conventionnelle 957.

[48] FRÉJAVILLE, D. C. 1944, J, 36 und J. C. P. 1945, II, 2797.

[49] Ebenso MAZEAUD 670 f.; SIZAIRE, J. C. P. 1962, II, 12448.

[50] PLANIOL-RIPERT(-HAMEL) X, 215, hält die von den Gerichten in Optionsfällen häufig gebrauchte Wendung, daß das Urteil an die Stelle des Vertrages tritt, zwar für überflüssig, aber durchaus für zulässig. Vgl. ferner BEUDANT ET LEREBOURS-PIGEONNIÈRE(-BRETHE DE LA GRESSAYE) XI, 27.

Vertrages, so werden sie vor keine weitere Willensentscheidung gestellt. Sie haben auch nicht mehr die Wahl, den Hauptvertrag zu schließen oder nicht zu schließen, da sie sich zum Abschluß des Hauptvertrages verpflichtet haben. Es kommt darum allein darauf an, wozu die Parteien sich in dem Vorvertrag verpflichtet haben. Besteht ihre Verpflichtung in einer Leistung, so ist nicht einzusehen, warum diese Leistung nicht durch ein Gerichtsurteil sollte erzwungen oder ersetzt werden können. Anders ist es, wenn der Vorvertrag die Parteien zu einem bestimmten Verhalten verpflichten soll, wie dies etwa bei einem Vorvertrag zur Gründung einer Personalgesellschaft der Fall ist. Kann der Verpflichtete zu diesem Verhalten nicht gezwungen werden, so wäre es auch sinnlos, ihn zum Abschluß des Gesellschaftsvertrags zu zwingen. Die Weigerung, einen Gesellschaftsvertrag zu schließen, kann darum nur eine Schadensersatzpflicht zur Folge haben.

II. Der Optionsvertrag

1. So selten und ungebräuchlich die promesses synallagmatiques de contrat im französischen Recht sind, so unerforscht ihre rechtliche Problematik ist, so häufig und so gründlich erörtert sind die *promesses unilatérales de vente,* die einseitigen Verkaufsversprechen, im allgemeinen Sprachgebrauch häufig auch als *options de vente* bezeichnet. Rechtsprechung und Doktrin sind sich über die Zulässigkeit und die dogmatische Fundierung des einseitigen Verkaufsversprechens durchaus einig. POTHIER definiert: *„Une promesse de vendre est une convention par laquelle quelqu'un s'oblige envers un autre de lui vendre une chose.“* [51] Er bringt auch gleich ein Beispiel: „Par exemple, si, dans le contrat de vente que je vous ai fait de ma bibliothèque, il y a cette clause, ‚que je m'oblige de vous vendre aussi les tablettes, si elles vous conviennent, et si vous voulez les acheter‘: cette clause renferme une promesse de vous vendre les tablettes.“

Damit ergibt sich für das *Wesen* der promesse unilatérale de vente:

1. Die promesse unilatérale de vente ist ein Vertrag.
2. Verpflichtet wird nur der Versprechende, nicht der Versprechensempfänger.
3. Der Verkauf kommt zustande, wenn der Versprechensempfänger das in dem Versprechen enthaltene Angebot annimmt.

---

[51] Oeuvres de Pothier, herausgegeben und mit Anmerkungen versehen von M. BUGUET III (1847) 190 ff.

Diese Definition der promesse unilatérale de vente ist heute allgemein anerkannt[52]. Sie soll im folgenden jedoch noch näher spezifiziert werden.

Die promesse unilatérale de vente ist ein *Vertrag*, also nicht nur – worauf der Wortlaut hinzudeuten scheint – eine Vertragsofferte. Diese Unterscheidung ist höchst bedeutsam für die Frage der Bindung an das Angebot. Zumindest die französische Rechtsprechung erkennt nämlich der bloßen Offerte keinerlei bindende Wirkung zu[53]. Die Theorie von der bindenden Wirkung der volonté unilatérale, wie sie im Anschluß an die deutsche Rechtslehre gelegentlich befürwortet worden ist[54], hat in der französischen Praxis keine Nachfolge gefunden. Die Gerichte halten vielmehr an dem gemeinrechtlichen Standpunkt fest, wonach die Offerte nichts weiter ist als der unselbständige Teil eines zu schließenden Vertrages und daher bis zur Annahme allein auf dem fortdauernden Willen des Offerenten beruht. Man begründet dies mit dem logischen Argument, daß, wenn durch eine einseitige Willenserklärung eine obligatorische Beziehung zwischen zwei Personen begründet werden könnte, eine solche obligatorische Beziehung durch eine einseitige Willenserklärung auch wieder müßte beseitigt werden können. Sei dies aber der Fall, so bestehe keine wirksame Bindung[55]. Eine Bindung des Offerenten an sein Angebot kann nur auf vertraglichem Wege herbeigeführt werden. Hat der Offerent erklärt, sich für eine bestimmte Zeit an sein Angebot für gebunden zu halten, oder entspricht eine solche Bindung dem Handelsbrauch (hier wird eine stillschweigende Erklärung angenommen), so liegt in dieser Erklärung ein Sekundärangebot („proposition secondaire“), das angenommen werden kann, ohne daß sich die Annahme auch auf das eigentliche Vertragsangebot („proposition principale“) zu erstrecken braucht[56]. Da das Angebot des Offerenten, sich an sein Angebot für gebunden zu halten, dem Empfänger

---

[52] Planiol-Ripert(-Hamel) X, 203; Ripert-Boulanger III, 462; Beudant et Lerebours-Pigeonnière(-Brethe de la Gressaye) XI, 20; Malaurie 269; J.-Cl. Civil: Art. 1589, Nr. 2; Cass. req. 22. 1. 1868: D. 1868, 1, 170; Cass. req. 10. 12. 1883: D. 1884, 1, 134.

[53] Cass. civ. 3. 2. 1919: D. P. 1923, 1, 126.

[54] Vgl. dazu Baudry-Lacantinerie et Barde, Des obligations[3] I (1906) 50 ff.; Demogue I 59; Colin-Capitant(-Julliot de la Morandière), Cours élémentaire de droit civil français [10]II (1948) 195. Julliot de la Morandière hat diese Auffassung inzwischen aber dahin abgeschwächt, daß die Bindung nur für den zur Annahme notwendigen Zeitraum gelten soll: s. u. Anm. 58. Ebenso Mazeaud 673.

[55] Ripert-Boulanger II 453; Planiol-Ripert(-Esmein) VI 152: „Ce qu'on a fait seul, on peut le défaire seul.“ Beudant et Lerebours-Pigeonnière(-Lagarde) VIII: Les contrats et les obligations (1936) 58 f.

[56] Sie kann es natürlich: Cass. civ. 1. 6. 1953: J. C. P. 1953, IV, éd. G., 110.

nur Vorteile, aber keinerlei Verpflichtungen bringt, braucht die Annahme dieses Angebots nicht erklärt zu werden. Die französische Rechtswissenschaft wertet in solchen Fällen Schweigen als Annahme[57]. Bedient man sich dieser Konstruktion, wie es Rechtsprechung und Literatur zur Zeit überwiegend tun[58], so kann man sagen, daß eine Bindung des Offerenten an sein Angebot nur durch eine promesse unilatérale de vente möglich ist[59]. Ist aber andererseits eine Bindung gewollt – der Offerent hat erklärt, sich an sein Angebot gebunden zu halten – so trägt die französische Praxis kein Bedenken, eine promesse unilatérale de vente anzunehmen. Da die Bindungserklärung auch durch Schweigen akzeptiert werden kann, besteht praktisch kein Unterschied zwischen einer vertraglichen Bindungsvereinbarung und einer einseitigen Bindungserklärung, die der Offerte beigegeben ist. Es ist dies der wesentlichste Grund für die außerordentliche Häufigkeit der promesse unilatérale de vente.

Die promesse unilatérale de vente ist ein Vertrag besonderer Art *(„contrat spécial")*, nicht ein befristeter oder bedingter Kaufvertrag. Zur Annahme eines definitiven Kaufvertrages fehlt ein wesentliches Element: die Einigung über den Inhalt[60]. Die Annahme eines bedingten Kaufvertrages scheitert zwar nicht daran, daß ein zweiseitig verpflichtender Vertrag nicht bedingt werden kann durch eine Handlung, die im freien Belieben des sich bindenden Partners steht (Art. 1174 C. civ.)[61]. Verpflichtet ist vor der Ausübung des Optionsrechts nur der Optionsgeber.

---

[57] Baudry-Lacantinerie et Barde (N. 54) 77; Demogue II 175; Planiol-Ripert (-Esmein) VI 122; Cass. req. 29. 3. 1938: D. 1939, 1, 5; Colmar, 4. 2. 1936: D. H. 1936, 187.

[58] Planiol-Ripert(-Esmein) VI 151 f.; Colin-Capitant(-Julliot de la Morandière) II 356. Vereinzelt wird neben den beiden genannten Theorien noch eine dritte Auffassung vertreten, wonach zwar nicht das Angebot den Offerenten bindet, wohl aber der Widerruf zur unrechten Zeit als „fautif" angesehen wird. Der Offerent haftet dann aus „délit civil" (Art. 1382 C. civ.). Vgl. etwa Ripert-Boulanger II 133, 453; D. Rép. Dr. civ. II (1952) v. Engagement par volonté unilatérale, 494.

[59] Darauf hat mit Recht Biquez, Les promesses de vente de fonds de commerce (1958) 15, hingewiesen. Vgl. dazu insbes. Nancy, 13. 11. 1952: D. 1953, 12. Siehe aber auch Mazeaud 673, der diese Analyse für anfechtbar hält. Mazeaud weist darauf hin, daß es bei einer promesse de vente nicht darauf ankomme, ob die Annahme innerhalb einer dem Handelsbrauch entsprechenden oder „vernünftigen" Überlegungsfrist erfolge (aaO, 674). Der Gleichsetzung von Offerte und Vertragsversprechen stehe auch entgegen, daß die Offerte bei Tod oder Geschäftsunfähigkeit des Offerenten erlösche, während das Vertragsversprechen (als Vertrag) bestehen bleibe (aaO 674).

[60] Planiol-Ripert(-Hamel) X 203 f.; Josserand, Cours de droit civil positif français [3]II (1939) 638.

[61] Art. 1174 C. civ.: Toute obligation est nulle lorsqu'elle a été contractée sous une condition potestative de la part de celui qui s'oblige.

Seine Bindung ist aber nicht in Frage gestellt[62]. Eine Bedingung ist aber stets nur eine Modalität des Vertrages, der auch ohne sie bestehen können muß. Ein Wesensmerkmal des Vertrages (hier: die Annahme) kann nicht Bedingung sein[63]. Die Annahme des Bindungsangebots durch den Versprechensempfänger hat nur eine Wirkung: Sie macht das Angebot für eine bestimmte Zeit unwiderruflich. Der Versprechensempfänger bleibt in seinen Entschlüssen frei[64]. Der Verkauf kommt erst zustande, wenn der Versprechensempfänger seine Einwilligung erteilt. Da die promesse unilatérale de vente nichts anderes ist als eine *in einen Vertrag eingekleidete Offerte,* stellt sich diese Einwilligung als Annahme einer Offerte dar. Vor der Annahme behält der Versprechende das Eigentum an dem angebotenen Kaufgegenstand. Auch die Gefahr kann vor der Annahme nicht auf den Versprechensempfänger übergehen[65].

Mit der Ausübung des Optionsrechts kommt der Kaufvertrag zustande. Der Käufer, der mit dem Zustandekommen des Kaufvertrages auch das Eigentum an der Sache erlangt hat, kann vom Verkäufer die Lieferung der verkauften Ware verlangen. Weigert sich der Verkäufer, die Ware herauszugeben, so kann der Käufer ihn auf Herausgabe der Ware verklagen. Das Gericht stellt dann fest, daß der Kaufvertrag zustandegekommen ist und ordnet seinen Vollzug an. Der Käufer braucht sich also nicht mit Schadensersatzansprüchen zu bescheiden[66].

Der Grundsatz: nemo potest cogi ad factum gilt hier nicht; die Verpflichtung des Verkäufers besteht nach der Ausübung des Optionsrechts durch den Erwerber nicht mehr darin, etwas zu tun, sondern dem Eigentümer eine bestimmte Sache herauszugeben.

2. Neben dem einseitigen Verkaufsversprechen kennt das französische Recht auch das einseitige Kaufsversprechen *(promesse d'achat).*

Um eine promesse d'achat handelt es sich, wenn jemand verspricht, eine bestimmte Sache zu einem bestimmten Preis zu kaufen, wenn der Eigentümer sie veräußern will[67]. Solche Kaufversprechen sind in der Praxis sehr selten. Verpflichtet wird allein der Versprechende. Der Eigentümer bleibt ungebunden. Insbesondere kann er die Sache auch, wenn er will,

---

62 Vgl. Demogue II 23 mit zahlreichen Hinweisen; Planiol-Ripert(-Esmein) VI 169; Planiol-Ripert(-Hamel) X 203.

63 Mazeaud 674 f.

64 Paris, 22. 6. 1950: J. C. P. 1950 II, 5918; Nancy, 13. 11. 1952; Gaz. Pal. 1953, 208.

65 Ripert-Boulanger III 464.

66 Planiol-Ripert(-Hamel) X 215; Aubry-Rau(-Esmein) V 5 f.; Josserand (N. 60) 641; J.Cl. Civil: Art. 1589, Nr. 105.

67 J.-Cl. Civil: Art. 1589, Nr. 118.

jemand anderem verkaufen[68]. Verlangt er vom Versprechenden die Abnahme der Sache, so kommt der Kaufvertrag zu den im Versprechen enthaltenen Bedingungen zustande[69].

Die gleichen Grundsätze, die für die promesse unilatérale de vente entwickelt worden sind, gelten auch für die *promesse unilatérale de bail*[70], die *promesse unilatérale de prêt*[71] und die *promesse unilatérale d'hypothèque*. Anerkannt ist auch eine *promesse unilatérale de contrat de travail*, die von besonderer Bedeutung ist, wenn ein Arbeitgeber sich nach einem Streik verpflichtet, die streikenden Arbeitnehmer auf ihr Verlangen wieder einzustellen. Allerdings kann in einem solchen Fall der Arbeitgeber zur Erfüllung dieses Versprechens, d. h. zur Wiedereinstellung der Arbeitnehmer, nicht gezwungen werden (Art. 1142 C. civ.). Er macht sich aber *schadensersatzpflichtig*, wenn er die Wiedereinstellung verweigert[72]. Schließlich gibt es auch eine *promesse unilatérale de société*, wenngleich ein solches Versprechen ungleich seltener ist als der synallagmatische Vorgründungsvertrag. Entschieden worden ist der Fall, in dem sich ein Darlehensgeber im Darlehensvertrag das Optionsrecht einräumen ließ, statt der Rückzahlung des Darlehens die Umwandlung der Darlehenssumme in einen Kommanditanteil verlangen zu können[73]. Ist die damit in Aussicht genommene Kommanditgesellschaft in dem Vertrag genügend bestimmt, so kommt mit der Ausübung des Optionsrechts die Gesellschaft zustande. Eine Weigerung des Darlehensnehmers (mit Schadensersatzfolge) bleibt, anders als bei der promesse synallagmatique de société, unbeachtlich. Macht seine Weigerung allerdings den Betrieb der Gesellschaft unmöglich, so ist sie zu liquidieren[74].

Eine Abart der promesse unilatérale de société findet sich recht häufig: Es ist die Abrede, daß nach dem *Tode* eines Gesellschafters seine Erben

---

[68] PLANIOL-RIPERT(-HAMEL) X 216; BAUDRY-LACANTINERIE ET SEIGNAT 56; J.-Cl. Civil: Art. 1589, Nr. 120.

[69] BAUDRY-LACANTINERIE ET SEIGNAT 57; J.-Cl. Civil: Art. 1589, Nr. 121.

[70] RIPERT-BOULANGER III 552; MAZEAUD 892.

[71] AUBRY-RAU(-ESMEIN) VI 143; COLIN-CAPITANT(-JULLIOT DE LA MORANDIÈRE) II 338.

[72] Cass. civ. 16. 11. 1927: D. P. 1928, 1, 33 mit zust. Anm. ROUAST; PLANIOL-RIPERT (-ROUAST) XI 33.

[73] Paris, 29. 6. 1932: D. P. 1934, 2, 129 mit Anm. PIC.

[74] Paris (vorige Note); PIC qualifiziert in seiner Anmerkung zu diesem Urteil den Optionsvertrag noch als aufschiebend bedingten Vertrag. Ebenso auch ESCARRA-RAULT II 1, 110. Daß eine solche Qualifikation nicht haltbar ist, ist oben bereits dargelegt worden. Vgl. auch PIC-KRÉHER 482: „Le fonctionnement est subordonné à une simple manifestation de volonté du bénéficiaire de la promesse, autrement dit à la levée d'une option..."

oder ein bestimmter Erbe das Recht haben soll, *in die Gesellschaft einzutreten*[75]. Es handelt sich hier um eine stipulation pour autrui, um einen Vertrag zugunsten Dritter. Einem Dritten, der im Zeitpunkt des Vertragsschlusses noch nicht unbedingt bekannt sein muß, wird das Optionsrecht eingeräumt, in die Gesellschaft einzutreten, wenn er dies will. Macht der Dritte von diesem Optionsrecht Gebrauch, so können die Gesellschafter, die das Optionsrecht eingeräumt haben, dem Eintritt des Dritten in die Gesellschaft nicht widersprechen[76].

III. Der Vorrechtsvertrag

1. Als Vorrechtsvertrag oder *pacte de préférence* wird die Vereinbarung bezeichnet, in welcher der Eigentümer sich verpflichtet, für den Fall, daß er einen bestimmten Gegenstand veräußern oder sonst über ihn verfügen möchte, ihn zuerst dem Vertragsgegner oder einer anderen im Vertrag bestimmten Person anzubieten und diesem bzw. dieser den Vorrang vor anderen Interessenten zu geben[77]. Ein vertragliches Vorkaufsrecht im Sinne des deutschen Rechts kennt der Code civil nicht. Zwar wird der Vorrechtsvertrag, der für den Fall eines beabsichtigten Verkaufs geschlossen wird, häufig auch als vertragliche Vereinbarung eines *„droit de préemption"* bezeichnet. Die Rechtswirkung eines solchen „Vorkaufsrechts" ist aber die gleiche wie die eines „pacte de préférence"[78]. Die Rechtsnatur des pacte de préférence ist umstritten. Eine weit verbreitete Auffassung sieht in ihm ein *bedingtes einseitiges Vertragsversprechen*[79]. Dieser Auffassung hat man vorgeworfen, ein bedingter Vertrag könne deswegen nicht vorliegen, weil der sich Verpflichtende seine Entschließungsfreiheit behalte. Außerdem handle es sich bei dem Willen, zu verkaufen und zu kaufen, um wesentliche Elemente des Kaufvertrages, die als solche nicht Bedingungen sein könnten[80]. Neuere Auffassungen

---

[75] Vgl. etwa Paris 21. 2. 1930: D. P. 1931, 2, 1.

[76] Vgl. Pic, D. P. 1934, 2, 130.

[77] Aubry-Rau(-Esmein) V 11; Voirin, Le pacte de préférence, J. C. P. 1954, I, 1192; Vasseur 3; Malaurie, D. Rép. Dr. civ. V (1955) v. Vente, 643; Planiol-Ripert (-Hamel) X 217; J.-Cl. Civil: Art. 1589, Nr. 127; P. E., J. C. P. 1960, II, 11494; Mazeaud 657, 673.

[78] Vasseur 1 ff.

[79] Cass. req. 12. 11. 1928: Gaz. Trib. 1929, 1, 53; Aix, 20. 2. 1950: J. C. P. 1950, II, 5501 mit zust. Anm. von E. Becqué; Baudry-Lacantinerie et Seignat 52 f.; Vasseur 2; Planiol-Ripert(-Hamel) X 217; Ripert-Boulanger III 463.

[80] Malaurie 643; Groslière, Le droit de préemption, J. C. P. 1963, I, 1769, s. auch oben N. 63.

halten den pacte de préférence für einen *Vertrag sui generis*[81]. Am häufigsten kommt der pacte de préférence im Kaufrecht und im Verlagsrecht, sowie im Gesellschaftsrecht vor.

2. Durch den Vorrechtsvertrag wird das *Eigentum* des Versprechenden ebenso wenig berührt, wie durch ein Verkaufsversprechen[82]. Daraus folgt, daß der Eigentümer unter Nichtachtung des versprochenen Vorrechts das Eigentum an der Sache an einen Dritten rechtswirksam übertragen kann. In einem solchen Fall hat der Vorberechtigte lediglich *Schadensersatzansprüche* gegen seinen Partner aus dem Vorrechtsvertrag[83].

Unter bestimmten Voraussetzungen kann er auch gegen den Dritterwerber Schadensersatzansprüche geltend machen. Die *Annullierung* des Kaufvertrages kann er jedoch nur dann verlangen, wenn der Verpflichtete und der Dritte in der Absicht, ihn zu schädigen, zusammengewirkt haben (collusion pour faire fraude aux droits du bénéficiaire)[84]. Hat der Dritterwerber zwar in Kenntnis des Vorrechtsvertrages, aber ohne Schädigungsabsicht die Sache erworben, so kann das Gericht den Kaufvertrag annullieren, muß es aber nicht[85].

3. Im Bereich des *Verlagsrechts* hat der Vorrechtsvertrag einen gesetzlichen Niederschlag gefunden. Art. 34 des Gesetzes vom 11. 3. 1957 „Sur la propriété littéraire et artistique" bestimmt:

> „En ce qui concerne l'édition, est licite la stipulation par laquelle l'auteur s'engage à accorder un droit de préférence à un éditeur pour l'édition de ses oeuvres futures de genres nettement déterminés.
>
> Ce droit est limité pour chaque genre à cinq ouvrages nouveaux, à compter du jour de la signature du contrat d'édition conclu pour la première oeuvre ou à la production de l'auteur réalisée dans un délai de cinq années à compter du même jour.
>
> L'éditeur doit exercer le droit qui lui est reconnu en faisant connaître par écrit sa décision à l'auteur, dans le délai de trois mois à dater du jour de la remise par celui-ci de chaque manuscrit définitif.
>
> Lorsque l'éditeur bénéficiant du droit de préférence aura refusé successivement deux ouvrages nouveaux présentés par l'auteur dans le genre déterminé

---

[81] So insbes. VOIRIN aaO.

[82] Wer einen Vorrechtsvertrag abschließt, muß darum auch nur die „capacité relative à la conclusion des contrats", also die allgemeine Geschäftsfähigkeit (Art. 1123 C. civ.) besitzen, nicht die besondere Veräußerungsfähigkeit (Art. 1594 C. civ.); VASSEUR 2.

[83] Art. 1142 C. civ.: Verletzung einer obligation de faire; VASSEUR 5; PLANIOL-RIPERT (-HAMEL) X 218 f.

[84] Lyon, 16. 2. 1959, Gaz. Pal. 1959, Table analytique, v. Vente (en général) Nr. 7.

[85] Cass. civ. 12. 6. 1954: J. C. P. 1954, II, 8225; VASSEUR 5; dazu auch GROSLIÈRE aaO.

au contrat, l'auteur pourra reprendre immédiatement et de plein droit sa liberté quant aux oeuvres futures qu'il produira dans ce genre. Il devra toutefois, au cas où il aurait reçu sur ses oeuvres futures des avances du premier éditeur, effectuer préalablement le remboursement de celles-ci."

Bis zum Inkrafttreten dieser Bestimmung waren Vorrechtsverträge grundsätzlich unbeschränkt zulässig, auch wenn der Autor dem Verleger an sämtlichen Werken zum gleichen Preis ein Vorrecht eingeräumt hatte (oder hatte einräumen müssen)[86].

Dieser Rechtszustand wurde aber als unbefriedigend empfunden. Zum Schutz des Autors gegen eine mögliche Ausbeutung durch den Verleger hat man dann die oben wiedergegebene Regelung getroffen[87].

4. a) Vorrechtsklauseln finden sich auch häufig in den Statuten von *Kapitalgesellschaften* und zwar sowohl bei Gesellschaften mit beschränkter Haftung als auch bei Aktiengesellschaften *(sociétés anonymes)*. Es gehört – auch nach französischer Rechtsauffassung – zum Wesen der Aktie – im Gegensatz zum Geschäftsanteil an einer GmbH –, daß sie grundsätzlich frei veräußert werden kann. Das Recht, seine Aktien zu verkaufen, kann dem Aktionär darum nicht entzogen werden. Es gibt jedoch Fälle (Familiengesellschaften, Gesellschaften halbpolitischen Charakters, z. B. Zeitungs- oder Zeitschriftenverlage), in denen ein Schutz gegen eine Überfremdung gerechtfertigt erscheint oder in denen ein berechtigtes Interesse besteht, bestimmte Personen oder Interessenten von dem Eintritt in die Gesellschaft auszuschließen. Die Rechtsprechung hat darum Satzungsklauseln für gültig erklärt, welche die Veräußerung von (Namens-)Aktien von der vorherigen Zustimmung des Verwaltungsrats (conseil d'administration) oder der Hauptversammlung (assemblée générale) abhängig machen, sogenannte *clauses d'agrément*[88]. Die Verweigerung der Zustimmung kann von den Gerichten nachgeprüft werden und muß darum begründet werden[89]. Um dieser Begründungspflicht auszuweichen, wird der Zustimmungsklausel in der Regel eine „Vorkaufsrechtsklausel" *(„clause de préemption")* zugunsten des Verwaltungsrats angefügt. Will ein Aktionär seine Aktien veräußern, so hat er seine Veräußerungsabsicht und das ihm gemachte Kaufangebot dem Verwaltungsrat mitzuteilen. Der Verwaltungsrat kann dann die Aktie auf Rechnung

[86] Trib. civ. Seine, 11. 5. 1870, Ann. 70, 204; 29. 7. 1892; ibid. 93, 123; 6. 6. 1897, ibid. 1900, 60, nachgewiesen bei Desbois, D. Rép. Dr. civ. IV, v. Propriété littéraire et artistique, 334.

[87] Huguet, D. 1957, Chron. 150.

[88] Vgl. nur Rouen, 18. 11. 1958: D. 1959, 286.

[89] Vgl. dazu Ripert 536 f. mit zahlreichen Nachweisen.

eines interessierten Aktionärs zu den gleichen Bedingungen erwerben, zu denen der dritte Interessent willens war, die Aktie zu kaufen. Ein gleiches Vorkaufsrecht kann auch zugunsten aller oder einzelner Aktionäre vereinbart werden. Die Gültigkeit einer solchen Klausel ist unbestritten[90].

Bei dieser „Vorkaufsrechtsklausel" handelt es sich um nichts anderes als um die Vereinbarung eines Vorrechts zugunsten eines Aktionärs oder bestimmter Aktionäre, möglicherweise auch zugunsten des Verwaltungsrats.

b) Geschäftsanteile einer GmbH *(société à responsabilité limitée)* können an gesellschaftsfremde Personen grundsätzlich nur übertragen werden, wenn die Mehrheit der Gesellschafter, die wenigstens drei Viertel des Kapitals repräsentiert, dieser Übertragung zustimmt (Loi du 7 mars 1925, tendant à instituer des sociétés à responsabilité limitée, Art. 22). Wird die Zustimmung verweigert, so muß der Gesellschafter seinen Anteil behalten. Die genannte Gesetzesvorschrift darf nicht wegbedungen werden[91]. Eine Satzungsbestimmung, welche den Gesellschaftern die freie Abtretbarkeit ihrer Anteile zusichern würde, wäre darum ebenso nichtig, wie eine im voraus erteilte Blanko-Einwilligung aller Gesellschafter zur Veräußerung von Geschäftsanteilen[92]. Dagegen ist eine Klausel zulässig, wonach den Gesellschaftern oder einigen von ihnen ein Vorrecht (das hier, ebenso wie bei der Aktiengesellschaft als droit de préemption bezeichnet wird) eingeräumt wird. Dieses Vorrecht wird wirksam, wenn ein Gesellschafter seinen Anteil veräußern will und den Mitgesellschaftern einen Interessenten präsentiert. Die Gesellschafter können dann, je nach Satzungsvorschrift, den Anteil zu dem von dem Kaufinteressenten angebotenen Preis erwerben oder aber zu einem Preis, der von der Gesellschaft für einen solchen Fall festgesetzt worden ist[93]. Die Klausel kann, muß aber nicht, die Gesellschafter verpflichten, im Fall der Verweigerung der Aufnahme des Kaufinteressenten in die Gesellschaft das Vorrecht auszuüben oder im Fall der Nichtausübung des Vorrechts den vorgeschlagenen Interessenten zu akzeptieren[94].

---

[90] Cass. req. 14. 5. 1895 D: 1895, 1, 467; Cass. civ. 9. 2. 1937 (deux arrêts): D. P. 1937, 1, 73; Rouen, 18. 11. 1958: D. 1959, 286; Paris, 19. 12. 1958: Gaz. Pal. 1959, 2, 51; Douai, 10. 7. 1959: D. 1960, 618 mit krit. Anm. DALSACE 541 f.; ESCARRA-RAULT II 3, 303; RIPERT 537. Die Zulässigkeit einer „Vorkaufsrechtsklausel" zugunsten des *Verwaltungsrats* bezweifelt DALSACE, Anm. zu Rouen: D. 1959, 286.

[91] RIPERT 415; Paris, 21. 11. 1951: S. 1952, 2, 105.

[92] RIPERT 415; Cass. req. 9. 10. 1940: D. C. 1942, 115; Angers, 9. 11. 1949: D. 1950, 146.

[93] MOREAU, Manuel pratique de la société à responsabilité limitée (o. J. [1955]) 46.

[94] MOREAU vorige Note.

c) Was hier für die Gesellschaft mit beschränkter Haftung gesagt wurde, gilt naturgemäß in verstärktem Maße für die reinen *Personalgesellschaften*, insbesondere also für die *société particulière*[95] und für die *société en nom collectif*[96]. Wird hier die Abtretbarkeit von Anteilen ausnahmsweise zugelassen, so wird sie entweder an die Zustimmung aller Mitgesellschafter geknüpft oder doch den Mitgesellschaftern ein Vorrecht an den Anteilen eingeräumt, wonach jeder Gesellschafter, der seinen Anteil veräußern möchte, diesen zunächst den Mitgesellschaftern anzubieten hat.

§ 4: DAS ITALIENISCHE RECHT

I. Der Vorvertrag

1. Art. 1351 des italienischen Codice civile von 1942 bestimmt unter der Überschrift „*Contratto preliminare*“:

> „Il contratto preliminare è nullo, se non è fatto nella stessa forma che la legge prescrive per il contratto definitivo.“

Diese Vorschrift setzt die Existenz und die selbständige Bedeutung des Vorvertrags gegenüber dem Hauptvertrag stillschweigend voraus.

Die begriffliche *Selbständigkeit* des Vorvertrages war in Italien unter der Herrschaft des Codice civile von 1865 lange Zeit bestritten. Zunächst übte auch hier der Code napoléon bestimmenden Einfluß aus, der in seinem Art. 1589 das Verkaufsversprechen dem Verkauf selbst gleichsetzt, wenn die Parteien über den Kaufgegenstand und den Preis einig sind. Die Vorgänger des Codice civile von 1865 hatten diese Bestimmung teilweise übernommen, so das Gesetzbuch beider Sizilien von 1819 (Art. 1434), der Codice parmense von 1820 (Art. 1394), der Codice Albertino von Sardinien von 1837 (Art. 1595) und der Codice Estense von Modena von 1851 (Art. 1474). Dagegen fehlt eine entsprechende Vorschrift im Codice civile von 1865, anscheinend aber nur deshalb, weil man sie für selbstverständlich hielt[1]. In Rechtsprechung und Lehre war man sich denn auch lange Zeit hindurch einig, daß jede Einigung über Kaufgegenstand und Preis einen endgültigen Kaufvertrag bedeute und hielt Vorverträge für

---

[95] HOUPIN et BOSVIEUX 223 f., 271.

[96] HOUPIN et BOSVIEUX 314 f.

[1] PACIFICI-MAZZONI(-VENZI), Il Codice Civile Italiano commentato [6–8]XII (1929) 47. Vgl. dazu auch BLOMEYER, La promesse de vente vaut vente, Festschrift für Leo Raape (1948), 269 ff., 291.

ausgeschlossen[2]. Eine entscheidende Änderung in dieser Auffassung trat erst ein mit dem Urteil der Sezioni unite des römischen Kassationshofs vom 28. Nov. 1921[3]. In dieser Entscheidung brach der Kassationshof mit der bisher überwiegenden Auffassung und hob den Unterschied zwischen zweiseitigem Verkaufsversprechen und endgültigem Kaufvertrag klar hervor: Während der Wille der Parteien bei dem endgültigen Kaufvertrag auf die Übertragung des Eigentums an der verkauften Sache gerichtet sei, soll bei dem zweiseitigen Verkaufsversprechen diese Eigentumsübertragung erst nach einer weiteren Willenserklärung der Parteien erfolgen („in virtù di una nuova posteriore dichiarazione di volontà, che attua l'obbligazione assunta"). Vorangegangen waren dieser Entscheidung klärende Beiträge der Doktrin, an erster Stelle die bekannte Darstellung von L. Coviello in der Enciclopedia giuridica[4]. Heute wird die selbständige Bedeutung und die Wesensverschiedenheit des Vorvertrags vom Hauptvertrage von niemand mehr bestritten.

Der *Unterschied* zwischen Vorvertrag und Hauptvertrag ist in der zitierten Entscheidung der Sezioni unite des römischen Kassationshofs bereits klar herausgestellt worden. Die Rechtsprechung hat bis heute an den Grundsätzen dieser Entscheidung festgehalten. Bei einem endgültigen Kaufvertrag – so sagt der Kassationshof in ständiger Rechtsprechung – wollen die Parteien die unmittelbare Übertragung des Eigentums (oder eines anderen Rechts)[5], bei einem Kaufvorvertrag soll die Übertragung des Eigentums dagegen von einer späteren Willenserklärung der Parteien abhängig gemacht werden, zu der sie sich im Vorvertrag verpflichten[6]. Im Vorvertrag einigen sich die Parteien nur über den Gegenstand und den Preis, aber noch nicht über den Eigentumsübergang; die Einigung darüber bleibt dem endgültigen Vertrag vorbehalten[7]. Im endgültigen Kaufvertrag wollen die Parteien unmittelbar und endgültig den im Vertrag

[2] Vgl. nur für die Rechtsprechung Cass. Roma 19. 12. 1919, Riv. dir. com., 1919, II, 238; für die Doktrin Giorgi, Foro it. 1903, I, 798.

[3] Foro it. 1922, I, 97.

[4] Enciclopedia giuridica III, 3, 2 (1902), v. Contratto peliminare.

[5] Art. 1470 c. c.: „La vendita è il contratto che a per oggetto il trasferimento della proprietà di una cosa o il trasferimento di un altro diritto verso il corrispettivo di un prezzo." Das italienische Recht kennt nicht die Unterscheidung zwischen obligatorischem Kaufvertrag und dinglicher Übereignung. Das Eigentum wird grundsätzlich mit dem Abschluß des Kaufvertrages übertragen.

[6] Cass. 6. 6. 1949, n. 1413, Giur. Cass. civ. 1949, II, 506; Cass. 13. 6. 1958, n. 1999, Foro it., 1959, I, 92.

[7] Trib. Genova, 29. 1. 1955, Giur. it., Rep. 1955, v. Vendita, n. 26; Trib. Crotone, 28. 12. 1957, Giur. it., Rep. 1958, v. Vendita, n. 286.

vorgesehenen wirtschaftlichen Erfolg (il risultato economico), im Vorvertrag vereinbaren sie lediglich den zukünftigen Abschluß eines anderen, nämlich des endgültigen Vertrages, den der Vorvertrag somit vorbereitet[8]. Der Vorvertrag ist charakterisiert durch die „mediatezza" oder „strumentalità", er vermittelt den Hauptvertrag, der aber erst perfekt wird durch einen weiteren Rechtsakt, sei es ein weiteres Rechtsgeschäft, sei es ein Richterspruch[9].

Einige ältere Entscheidungen sahen das Kriterium des Hauptvertrages in der Übergabe der Sache[10]. Nach der neueren Rechtsprechung kommt es aber auf das Geben, insbesondere also auf die Besitzübertragung, nicht an. Ebensowenig spielt die Zahlung des Kaufpreises eine Rolle oder die Übernahme von Lasten, die mit der versprochenen Sache verbunden sind. Allein entscheidend ist vielmehr der auf die *Rechtsübertragung* gerichtete *Wille der Parteien*[11]. Der Richter kann also nicht nur eine Vereinbarung der Parteien als endgültigen Kaufvertrag qualifizieren, obgleich der Kaufpreis noch nicht bezahlt und die Sache noch nicht übergeben ist, der Käufer sich noch nicht bereit erklärt hat, die Lasten der Sache zu übernehmen usw.[12], er kann vielmehr eine entsprechende Vereinbarung der Parteien auch als Vorvertrag qualifizieren, obgleich die Kaufsache bereits übergeben und bezahlt ist[13]. Ist *zweifelhaft*, ob ein Vorvertrag oder ein Hauptvertrag vorliegt, so wird er sich allerdings grundsätzlich für die Annahme eines *Hauptvertrages* entscheiden[14].

Für die Frage nach dem Wesen des Vorvertrages und seiner Abgrenzung gegenüber dem Hauptvertrag spielt aber nicht nur sein charakteristischer Inhalt eine Rolle, sondern auch seine *Durchsetzbarkeit*. Sein Inhalt besteht nach der h. M., wie gezeigt worden ist, darin, daß er die

---

[8] App. L'Aquila, 26. 4. 1955, Giur. it., Rep. 1955, v. Obbl. e Contr., n. 154; App. Lecce, 30. 6. 1958, Giur. it., Rep. 1959, v. Obbl. e Contr., n. 227.

[9] App. Napoli, 9. 8. 1955, Giust. civ., 1956, I, 326.

[10] App. Genova, 15. 1. 1946, Temi 1946, 648; App. Venezia, 7. 5. 1947, Temi 1947, 528.

[11] Cass. 6. 6. 1949, n. 1413, Giur. Cass. civ., 1949, II, 506; App. Bari, 10. 6. 1952, Giust. civ., 1953, 3541.

[12] Cass. 8. 1. 1953, Giust. civ. 1953, 12.

[13] App. Reggio Calabria, 18. 10. 1957, Giust. civ., Rep. 1958, v. Vendita, n. 146; App. Firenze, 21. 6. 1958, Foro it., Rep. 1958, v. Vendita, n. 43; App. Roma, 19. 2. 1959, Giur, it., Rep. 1959, v. Vendita, n. 78; Trib. Avellino, 14. 7. 1952, Dir. e giur., 1953, 204, mit zust. Anm. Campagnoli; Trib. Crotone, Giust. civ., Rep. 1958, v. Vendita, n. 143; a. A. anscheinend noch App. Catanzaro, 23. 12. 1953, Foro it., Rep. 1954, v. Vendita, n. 32; möglicherweise auch App. Firenze, 2. 8. 1955, Foro it., Rep. 1956, v. Vendita, n. 25.

[14] Rubino 32.

Parteien zum Abschluß des Hauptvertrages verpflichtet[15]. Zu prüfen bleibt daher, ob und wie diese Verpflichtung erzwungen werden kann.

Unter der Herrschaft des Codice civile von 1865 galt für die Frage der Erzwingbarkeit von Vorverträgen der Grundsatz: nemo praecise cogi potest ad factum (Art. 1220 c. c. 1865). Man hielt die Parteien zwar für verpflichtet, den Hauptvertrag abzuschließen; diese Verpflichtung war jedoch nicht erzwingbar. Weigerte sich eine Partei, den Hauptvertrag abzuschließen, so machte sie sich lediglich schadensersatzpflichtig. Sie konnte zwar verurteilt werden, den Vertrag abzuschließen, der Urteilsspruch konnte jedoch die Vertragserklärung nicht ersetzen[16].

In diesem Rechtszustand ist mit dem Inkrafttreten des Codice civile von 1942 eine grundlegende Änderung eingetreten. Gemäß Art. 2932 Abs. 1 c. c. 1942, kann, wenn der Hauptvertrag nicht abgeschlossen wird, ein Urteil ergehen, das die Wirkungen des nicht geschlossenen Vertrages „produziert": „Se colui che è obbligato a concludere un contratto non adempie l'obbligazione, l'altra parte, qualora sia possibile e non sia escluso dal titolo, può ottenere *una sentenza che produca gli effetti del contratto non concluso.*"

Diese gesetzliche Regelung hat Anlaß gegeben, das Wesen des Vorvertrages und sein Verhältnis zum Hauptvertrag neu zu durchdenken. Eingeleitet wurde diese neue Auseinandersetzung mit dem Vorvertrag durch eine Abhandlung von MONTESANO über das Verhältnis von Vorvertrag und konstitutivem Urteil[17].

MONTESANO stellte dabei folgende Thesen auf:

1. Geht man davon aus, daß in einem Vorvertrag die Parteien sich zum Abschluß des Hauptvertrages verpflichten, dann wäre der Abschluß des Hauptvertrages die Erfüllung des Vorvertrages.

2. Der Begriff des Rechtsgeschäfts ist gegründet auf das Dogma von der Rechtserheblichkeit des menschlichen Willens (dogma della volontà). Der Abschluß eines Vertrages ist die Ausübung einer Rechtsmacht (potere giuridico)[18].

---

[15] Vgl. neben der bereits zitierten Rechtsprechung MESSINEO, Manuale III, 607; RUBINO 30. Davon ist auch der Gesetzgeber bei der Formulierung des Art. 2932 C. c. ausgegangen, von dem sogleich die Rede sein wird.

[16] Vgl. nur RUGGIERO, Istituzioni di diritto civile [7]III (1935) 275; BLOMEYER (N. 1) 292 f.; Cass. 28. 3. 1947, n. 452, Foro it., Rep. 1947, v. Vendita, n. 43.

[17] S. Literaturverzeichnis. Vor Montesano hatte schon SATTA, L'esecuzione forzata [2](1952) die Frage gestellt, ob Art. 2932 c. c. nicht das Wesen und den Inhalt des Vorvertrags beeinflusse (aaO 253).

[18] MONTESANO 35 ff.

3. Ist der Abschluß eines Vertrages die Ausübung einer Rechtsmacht, treten seine Folgen also ein, weil sie gewollt sind, dann kann der Vertragsabschluß nicht zugleich Gegenstand einer Verpflichtung sein[19].

4. In einem Zwangsvollstreckungsverfahren tritt nicht das Gericht an die Stelle des Schuldners. Unvertretbare Handlungen des Schuldners kann es nicht ersetzen[20].

5. Der Inhalt der vorvertraglichen Verpflichtung besteht darin, daß jeder Vertragspartner vom anderen die spätere (wiederholte) Fixierung des Vertrages verlangen kann, wenn die Wirksamkeit des Vertrages von den Parteien an diese Fixierung geknüpft worden ist. Diese Verpflichtung hat ein nicht vertretbares Handeln der Parteien zum Gegenstand und ist darum im Wege der Zwangsvollstreckung nicht ersetzbar[21]. Der Urteilsspruch gemäß Art. 2932 c. c. ist darum nur zu verstehen als die gerichtliche Teilaufhebung des zwischen den Parteien geschlossenen Vertrages, nämlich als die Beseitigung der von den Parteien gesetzten aufschiebenden Bedingung[22].

Auf Grund dieser Thesen kommt der Verfasser zu folgender Definition des Hauptvertrages: Der Hauptvertrag (contratto definitivo) ist kein Vertrag, sondern eine *„prova confessoria documentata"*, welche den Eintritt der Wirkungen eines schon geschlossenen Vertrages *bedingt*. Das Urteil gemäß Art. 2932 c. c. beseitigt die Bedingung, indem es die Verpflichtung aufhebt, „di concludere il contratto definitivo", und führt damit den Eintritt der bis dahin aufschiebend bedingten Vertragswirkungen herbei[23].

Die Thesen MONTESANOS sind zwar von der Doktrin überwiegend abgelehnt worden; immerhin haben sie aber auch zu einem Teil gewisse Beachtung gefunden. Angegriffen wird insbesondere die These, die Parteien machten den Eintritt der Vertragswirkungen von einem nicht vertretbaren erneuten Handeln abhängig[24]. Eine solche Bedingung, so sagt man, wäre nichts anderes als eine reine Potestativbedingung. Ein Vertrag kann aber nicht unter einer Potestativbedingung geschlossen werden[25]. Bei Annahme einer Bedingung müßte man außerdem zu der von den Parteien sicher nicht gewollten grundsätzlichen Rückwirkung des Bedingungseintritts kommen[26]. Aber auch die Grundthese des Verfassers

---

[19] DERS. 39 ff. [20] DERS. 56 ff. [21] DERS. 71 ff.

[22] DERS. 124 ff. [23] DERS. 126. [24] CARUSI 871.

[25] MENGONI, Riv. dir. comm. 1953, I, 411; MIRABELLI 149; MESSINEO, Manuale III, 615 und Enciclopedia del diritto X, 189; Vignale, Dir. e Giur. 1960, 532.

[26] CARUSI 870.

wird abgelehnt: daß nämlich ein Vertragsschluß niemals Gegenstand einer Verpflichtung sein könne. Dabei wird hingewiesen insbesondere auf die Fälle des gesetzlichen Kontrahierungszwangs, der Verpflichtung zum Vertragsschluß durch letztwillige Verfügung, aber auch auf das Rechtsverhältnis des Auftrags[27].

Auf der anderen Seite wird aber nicht verkannt, daß durch die Gesetzgebung vom Jahre 1942 eine *Schwerpunktsverlagerung* vom Hauptvertrag zum Vorvertrag stattgefunden hat. Der Vorvertrag muß in der gleichen Form abgeschlossen werden, die für den Hauptvertrag vorgeschrieben ist (Art. 1351 c. c.), unterscheidet sich also äußerlich nicht mehr wesentlich vom Hauptvertrag. Andererseits kann ein Vorvertrag auch ohne Abschluß eines Hauptvertrages verwirklicht werden, nämlich durch ein Urteil, das kraft Gesetzes die Wirkungen des nicht abgeschlossenen Hauptvertrages hat (Art. 2932 c. c.). Daß die Wirksamkeit eines solchen Urteils nicht von der Geschäftsfähigkeit des Schuldners abhängt, ist herrschende Meinung[28]. Man kann darum fragen, ob grundsätzlich für den Hauptvertrag noch die Geschäftsfähigkeit der Vertragspartner zu fordern ist, oder ob nicht auf sie, wie bei einer normalen Erfüllungshandlung, verzichtet werden kann. Damit wird aber die Vorstellung von einem selbständigen Hauptvertrag in Frage gestellt[29].

Außerdem gibt man zu erwägen, daß Art. 2932 c. c. weniger darauf gerichtet ist, einen definitiven „Vertrag" zustande zu bringen, als darauf, dem Vertragspartner die *Leistung* zu verschaffen. Würde das Urteil nach Art. 2932 c. c. nur an Stelle eines „obbligo preliminare" ein „obbligo definitivo" setzen, so wäre damit nichts erreicht, wenn der Schuldner die Leistung verweigert. Darum sollte man nicht sagen, daß das Urteil an die Stelle des nicht abgeschlossenen Vertrages trete, sondern vielmehr, daß es lediglich einen Rechtstitel schafft, kraft dessen der geschuldete Gegenstand von dem bisherigen Eigentümer auf den Berechtigten übertragen wird. *Das Urteil macht* also, indem es die Zwangsvollstreckung ermöglicht, *den Vorvertrag „definitiv"*. Quelle aller Vertragsansprüche ist nicht das Urteil, sondern der Vorvertrag. Das zeigt sich insbesondere darin, daß in den wichtigsten Fällen ein Urteil nach Art. 2932 c. c.

---

[27] CARUSI 864; MENGONI (N. 25) 411 f.

[28] MIRABELLI 148. Ob man unter diesen Umständen noch sagen kann, Gegenstand des Vorvertrags sei „una prestazione di volontà", hält SATTA (N. 17) 253, für zweifelhaft.

[29] So insbes. MIRABELLI 149; kritisch aber MESSINEO, Manuale III, 611 f. und Enciclopedia del diritto X 187 f.

grundsätzlich erst ergehen kann, wenn die nach dem verabredeten Hauptvertrag geschuldete Gegenleistung bezahlt oder zumindest angeboten ist[30]. Das Urteil kann darum nicht Grundlage für diese Verpflichtung sein. Die Zahlung ist also keine Erfüllung einer aus dem Urteil resultierenden Verbindlichkeit, die Pflicht zur Zahlung ergibt sich vielmehr aus dem Vertrag[31].

2. Nach der wohl herrschenden Meinung sind Vorverträge denkbar und zulässig zu *allen Vertragsarten*[33]. Wenn sie auch im Bereich des Kaufrechts ihre größte praktische Bedeutung haben, so sollen sie doch auch zu anderen Verträgen möglich sein, insbesondere auch zu Realverträgen. Das gilt vor allem für den Darlehensvorvertrag[34], wohl auch für den Leihvertrag[35]. Allerdings spielt bei den letztgenannten Verträgen der zweiseitige Vorvertrag keine große Rolle. Häufiger ist das einseitige Vertragsversprechen, auf das später noch einzugehen sein wird. Die Rechtsprechung zum Vorvertrag behandelt fast ausschließlich Vorverträge zu Kaufverträgen. Es finden sich aber auch Urteile, die Vorverträge zu Tauschverträgen[36], zu Mietverträgen[37], zu Arbeitsverträgen[38] oder zu

---

[30] Art. 2932 Abs. 2 c. c.: „Se si tratta di contratti che hanno per oggetto il trasferimento della proprietà di una cosa determinata o la costituzione o il trasferimento di un altro diritto, la domanda non può essere accolta, se la parte che l'ha proposta non esegue la sua prestazione, o non ne fa offerta nei modi di legge, a meno che la prestazione non sia ancora esigibile."

[31] Giorgianni, Contratto preliminare, esecuzione in forma specificia, e forma del mandato: Giust. civ. 1961, I, 64 ff., 69 f.

[33] Cass., 29. 10. 1953, n. 3508, Foro it., Rep. 1953, v. Obbl. e Contr., n. 48; Torrente 404; Forchielli 685; Rubino 29; Messineo, Manuale III, 607.

[34] Arg. e Art. 1822 c. c.: „(Promessa di mutuo). – Chi a promesso di dare a mutuo può rifiutare l'adempimento della sua obbligazione, se le condizioni patrimoniali dell'altro contraente sono divenute tali da rendere notevolmente difficile la restituzione e non gli sono offerte idonee garanzie."

Für die Zulässigkeit eines Darlehensvorvertrages vgl. insbes. auch Messineo, Manuale V, 130; Fragali 377.

[35] Sehr entschieden dagegen: Carresi, Il Comodato. Il Mutuo ²(Neudruck 1957) 18 f.; ders., Novissimo Digesto Italiano III (1959) v. Comodato (Diritto Civile) 692; dafür (allerdings mit Einschränkungen hinsichtlich der Erzwingbarkeit): Fragali 148 ff.; Messineo, Dottrina generale 203; Tamburrino, Enciclopedia del diritto VII (1960) v. Comodato (dir. civ.) 996.

[36] Cass. 30. 7. 1958, n. 2784, Foro it., Rep. 1958, v. Permuta, n. 1; Trib. Ferrara 30. 6. 1952, Foro it., 1953, I, 460.

[37] App. Potenza, 14. 1. 1952, Foro it., Rep. 1953, v. Obbl. e Contr. n. 49; App. Venezia 15. 5. 1954, Foro it., 1955, I, 408.

[38] App. Firenze 16. 3. 1952, Foro it., 1952, I, 240. Diese Entscheidung behandelt zwar nicht einen echten Vorvertragsfall, sondern die testamentarische Auflage an den Erben, mit einem Dritten einen Arbeitsvertrag zu schließen. Die Problematik ist aber ähnlich. S. auch Cass. 13. 10. 1953, n. 3330, Foro it., Rep. 1953, v. Medico e Chirurgo, n. 66.

Gesellschaftsverträgen[39] zum Gegenstand haben. In der Doktrin ausführlicher dargestellt ist noch der Vorvertrag zum Abschluß eines Erbpachtvertrages (promessa di enfiteusi)[40].

Die Zulässigkeit und Möglichkeit der vorvertraglichen Bindung vor allen Vertragsarten bedeutet allerdings nicht, daß bei all diesen Vorverträgen ein Urteil gemäß Art. 2932 c. c. begehrt werden kann. So ist beispielsweise ein Urteil gemäß Art. 2932 c. c. von vornherein ausgeschlossen in den Fällen, in denen ein nicht vertretbares Handeln erzwungen werden soll, insbesondere also bei Dienstleistungen. Ein Dienst- oder Arbeitsvertrag hat persönlichen Charakter und ist auf gegenseitiges Vertrauen gegründet. Mit Zwang läßt sich dergleichen nicht erreichen. Kann aber die Erfüllung des Hauptvertrages nicht mit Zwang durchgesetzt werden, so hat ein Urteil, das sich die Wirkungen des Hauptvertrages beilegt, keinen Sinn. Die Weigerung, einen Dienst- oder Arbeitsvertrag zu erfüllen, gibt darum nur einen Anspruch auf *Schadensersatz*[41].

Vorverträge werden aus den verschiedensten *Gründen* geschlossen. Der wesentlichste Grund ist der, daß die Parteien sich binden möchten, aus tatsächlichen oder rechtlichen Gründen aber den endgültigen Vertrag noch nicht schließen können, sei es, daß (bei einem Grundstück) die Katasterunterlagen noch nicht vorliegen, oder daß (bei einem Vertrag, der viele Einzelheiten regeln soll) die Parteien nicht die Muße haben, alle Einzelheiten des Vertrages schon zu fixieren, oder daß über eine zukünftige Sache (z. B. über ein im Bau befindliches Gebäude) verfügt werden soll. Es können aber auch steuerliche Gründe eine Rolle spielen[42].

In einem Vorvertrag können sich die Parteien nicht nur verpflichten, miteinander den Hauptvertrag abzuschließen; vielmehr kann sich eine Partei auch verpflichten, den Hauptvertrag mit einem *Dritten* abzuschließen[43]. Die Person des Dritten muß nicht notwendig schon im Vorvertrag bestimmt werden, es kann sich der Sacheigentümer beispielsweise auch verpflichten, die Sache an eine vom Vorvertragspartner zu

---

[39] Cass. 5. 10. 1955, n. 2825, Giur. it., 1957, I, 1, 615; Trib. Cuneo 15. 12. 1950, Foro pad., 1951, I, 417.

[40] Cariota-Ferrara, L'enfiteusi ²(Neudruck 1951) 269. Weitere Beispiele bei Messineo, Enciclopedia del diritto X, 170 f.

[41] App. Firenze, 16. 3. 1952, Foro it., 1952, I, 240; Moscone 549; für alle Verträge „di carattere personalissimo": Micheli, in: Commentario del Codice civile a cura di A. Scialoja e G. Branca VI, Art. 2900–2969 (1953) 537.

[42] Messineo, Enciclopedia del diritto X, 169 f.; Rubino 32.

[43] Rubino 33; Messineo, Enciclopedia del diritto X, 171.

benennende Person zu veräußern[44]. Der Vertragsabschluß *„per persona da nominare"* ist bei Vorverträgen sogar recht häufig[45].

3. Der Anspruch auf Abschluß des Hauptvertrages ist nicht dinglicher Natur, sondern obligatorisch. Der Versprechende bleibt bis zum Abschluß des Hauptvertrages Eigentümer der Sache. Verfügungen, die er über die Sache trifft, sind darum dem Versprechensempfänger gegenüber wirksam. Hat der Eigentümer zwei Personen den Verkauf ein und derselben Sache versprochen, so können beide auf Abschluß des Hauptvertrages klagen. Bevorzugt wird in einem solchen Fall derjenige, dessen Klage zuerst Erfolg hat, da das Urteil die Wirkung eines (Eigentum übertragenden) Vertrages hat. Handelt es sich um ein Grundstück, so entscheidet die Eintragung (Transkription) der Klage[46], welche in diesem Fall die Wirkung einer Vormerkung (i. S. des deutschen Rechts) hat[47]. Veräußert der Versprechende seinem Versprechen zuwider die versprochene Sache an einen Dritten, so hat der geschädigte Versprechensempfänger gegen diesen Dritten grundsätzlich keine Rechte. Eine Ausnahme gilt lediglich dann, wenn die Voraussetzungen einer „azione revocatoria", einer Widerrufsklage (Art. 2901 c. c.) vorliegen, d. h. wenn das Rechtsgeschäft mit dem Dritten „in frode al creditore" abgeschlossen wurde[48]. Dies ist der Fall, wenn die Parteien des Rechtsgeschäfts bewußt zusammenwirkten (consilium fraudis), um den Anspruch des Gläubigers zu vereiteln[49]. Das Bewußtsein einer möglichen Schädigung des Gläubigers genügt, eine Schädigungsabsicht ist nicht erforderlich[50].

---

[44] Cass. 23. 3. 1953, n. 812, Giust. civ., 1953, 1110; Cass. 11. 11. 1959, n. 3331, Giur. it., 1960, I, 1, 788; App. Catanzaro, 17. 2. 1955, Giur. it., Rep. 1955, v. Vendita, n. 23.

[45] Vgl. Enrietti, Nov. Dig. it. IV (1959) v. Contratto per persona da nominare 666 ff., 675.

[46] Cass. 24. 9. 1954, n. 3120, Foro it., 1955, I, 459. Verträge, die das Eigentum an Grundstücken übertragen, müssen vermittels Eintragung publiziert werden (Art. 2643 c. c.). Ein gleiches gilt für Klagen auf Abschluß des Hauptvertrages, wenn sein Gegenstand ein Grundstück ist (Art. 2652 c. c.). Vgl. dazu auch Messineo, Enciclopedia del diritto X, 183 f.

[47] Cass. 21. 3. 1952, Foro it., Rep. 1952, v. Trascrizione, n. 13.

[48] Cass. 16. 6. 1955, n. 1862, Giur. it., Rep. 1955, v. Vendita, n. 355.

[49] ... 1) che il debitore conoscesse il pregiudizio che l'atto arrecava alle ragioni del creditore ... 2) che ... il terzo fosse consapevole del pregiudizio (Art. 2901 c. c.).

[50] Torrente 393.

II. Der Optionsvertrag

1. Art. 1331 c. c. bestimmt unter der Überschrift *„opzione“*:

> „Quando le parti convengono che una di esse rimanga vincolata alla propria dichiarazione e l'altra abbia facoltà di accetarla o meno, la dichiarazione della prima si considera quale proposta irrevocabile per gli effetti previsti dall'art. 1329.
> Se per l'accettazione non è stato fissato un termine, questo può essere stabilito dal giudice.“

Aus diesem Wortlaut ergibt sich für das Wesen des Optionsrechts, daß es die Möglichkeit darstellt, die Erklärung einer anderen Partei, an welche diese nach der Vereinbarung der Parteien gebunden bleiben soll, anzunehmen oder nicht. Vorliegen muß demnach ein Angebot und eine Vereinbarung, wonach der Offerent an dieses Angebot gebunden bleiben soll. Das Angebot hat in diesem Fall die gleichen Wirkungen wie ein unwiderrufliches Angebot.

Von dem *unwiderruflichen Angebot* handelt Art. 1329 c. c., der folgendermaßen lautet:

> „Se il proponente si è obbligato a mantenere la proposta per un certo tempo, la revoca è senza effetto.
> Nell'ipotesi prevista dal comma precedente, la morte o la sopravvenuta incapacità del proponente non toglie efficacia alla proposta, salvo che la natura dell'affare o altre circostanze escludano tale efficacia.“

Zum Verständnis dieser Regelung ist wichtig zu wissen, daß nach italienischem, ebenso wie nach französischem Recht ein Angebot grundsätzlich solange widerrufen werden kann, wie der Vertrag nicht geschlossen ist (Art. 1328 Abs. 1 S. 1 c. c.). Die Rechtsnatur des unwiderruflichen Angebots ist umstritten. Meist wird gesagt, das unwiderrufliche Angebot enthalte „un implicita rinunzia al diritto di revoca“, einen stillschweigenden Verzicht auf das Widerrufsrecht[51] oder es sei von einem solchen Verzicht begleitet („accompagnata“)[52]. In der Doktrin hat man aber darauf hingewiesen, daß sich das unwiderrufliche Angebot nicht als Summe eines einfachen Angebots und eines Verzichts auf dessen Widerruf darstellt. Vielmehr folgt daraus, daß das unwiderrufliche Angebot auch

---

[51] Cass. 19. 8. 1950, n. 2479, Foro it., Rep. 1950, v. Obbl. e Contr., n. 102; App. Messina, 30. 1. 1956, Giur. it., Rep. 1956, v. Obbl. e Contr., n. 164; MESSINEO, Dottrina generale 178.

[52] Cass. 18. 5. 1953, n. 1427, Giust. civ., 1953, II, 1641.

den Tod oder die Geschäftsunfähigkeit des Proponenten überdauert, eine Wesensänderung des Angebots selbst[53].

Aus der Gleichstellung der Option mit dem unwiderruflichen Angebot hinsichtlich der *Wirkungen* darf nicht gefolgert werden, daß es sich bei beiden um ein und dasselbe handle[54]. Bereits in der Begründung („relazione") zum Codice civile von 1942 wird die Wesensgleichheit verneint, „perchè l'opzione è una *convenzione*, mentre la proposta irrevocabile è un atto unilaterale" (§ 760)[55]. Diese Unterscheidung hat sich die herrschende Meinung zueigen gemacht[56]. Gleich sind nur die Wirkungen, die Begründungsweise ist verschieden[57]. Diese Unterscheidung ist von praktischer Bedeutung insbesondere für die Frage, von welchem Zeitpunkt an das Angebot unwiderruflich ist. Bei der proposta irrevocabile ist es der Zeitpunkt, zu dem das Angebot dem Adressaten bekannt geworden ist, bei dem Optionsvertrag der Zeitpunkt, zu dem der Proponent von der Annahme seines (Options-)Angebots durch den Adressaten Kenntnis erlangt (Art. 1326 c. c.)[58]. Die Gleichheit der Wirkungen bedeutet insbesondere, daß das in dem Optionsvertrag enthaltene Angebot von dem Optionsberechtigten angenommen werden kann, ohne daß es hierzu eines nochmaligen Handelns des Proponenten bedürfte. Es wird also nicht, wie bei einem Vorvertrag, ein besonderer Vertragsschluß vereinbart, auf den

---

[53] Darauf hat insbesondere MIRABELLI 52 f., hingewiesen; vgl. dazu auch TAMBURRINO 23 ff.

[54] So aber SEGRÈ, Il c. d. diritto d'opzione e l'azione di rescissione per lesione enorme: Riv. dir. comm. 1928, II, 559; MOSSA, Diritto commerciale I (1957) 300. Auch FORCHIELLI, Patto d'opzione e condizione potestativa: Riv. trim. dir. proc. civ. 1948, 796 ff., 799, meint, die Erklärung sollte nicht wie ein unwiderrufliches Angebot behandelt werden, sondern sei ein unwiderrufliches Angebot. Ebenso TORRENTE 413.

[55] Die Aussage, daß die Option ein Vertrag sei (Cass. 24. 2. 1958, n. 616, Foro it., Rep. 1958, v. Obbl. e Contr., n. 89; App. Brescia, 12. 5. 1956, Foro it., Rep. 1956, v. Obbl. e Contr., n. 109) ist insofern nicht präzis, als die Option selbst nicht ein Vertrag ist, sondern auf einem Vertrag beruht. Man spricht darum besser davon, daß der „patto di opzione" ein Vertrag sei (richtig Cass. 28. 8. 1952, Foro it., 1953, I, 1296; Cass. 22. 2. 1955, Foro it., Rep. 1955, v. Vendita, n. 88; App. Milano, 29. 1. 1957, Mon. trib., 1957, 293).

[56] Cass. 22. 2. 1955 (Note 5); DE MARTINI, Opzione etc. 403; JANUZZI, Proposta irrevocabile e patto di opzione: Foro it., 1949, I, 179; TALASSANO, Proposta irrevocabile di contratto e patto di opzione: Foro pad. 1949, 761; TEOFILATO, Intorno alla natura giuridica del patto di riscatto e del patto di opzione: Giur. Cass. civ. 1951, III, 492 ff., 501; RUBINO 45; TAMBURRINO 37 f., 47 f.

[57] Cass. 21. 7. 1949, n. 1917, Giur. it., 1950, I, 1, 36; Cass. 20. 10. 1954, n. 3933, Giur. Cass. civ., 1954, VI, 350.

[58] Vgl. MIRABELLI 58. Eine andere praktische Bedeutung des Unterschiedes ist die, daß bei dem Optionsvertrag eine Gegenleistung vereinbart werden kann, was bei dem (einseitigen) unwiderruflichen Angebot naturgemäß ausscheidet.

notfalls geklagt werden könnte. Ist die Annahme des Angebots erklärt, dann ist der Vertrag zustande gekommen. Die Pflicht des Proponenten besteht dann lediglich in einem „dare", nicht in einem „fare"[59]. Die immer noch häufig vertretene Auffassung, der Optionsvertrag sei ein einseitiger Vorvertrag, aus dem auf Abschluß eines Hauptvertrages geklagt werden könne[60], muß darum als unrichtig angesehen werden. Überholt ist auch die Meinung, die den Optionsvertrag als aufschiebend bedingten Vertrag wertete, bedingt nämlich durch die Annahmeerklärung des Berechtigten[61]. Eine solche Bedingung wäre (zumindest in der Regel) eine reine Potestativbedingung, die mit dem Wesen eines bilateralen Vertrages, der eine Bindung beider Parteien voraussetzt, unvereinbar ist[62]. Man kann aber auch nicht, wie verschiedentlich behauptet worden ist[63], die Annahme des

---

[59] Cass. 21. 7. 1949 (Note 7); Cass. 10. 5. 1952, n. 1333, Giur. Cass. civ., 1952, II, 1067; Cass. 20. 10. 1954, n. 3933, Giur. Cass. civ., 1954, VI, 350; Cass. 24. 2. 1958, n. 616, Foro it., Rep. 1958, v. Obbl. e Contr., n. 89; App. Perugia, 4. 7. 1956, Foro it., Rep. 1956, v. Obbl. e Contr., n. 106, 107; PALANDRI, Appunti in tema di formazione dei negozi giuridici: Giur. Cass. civ., 1948, II, 670 ff., 678; JANUZZI (N. 56) 179; TEOFILATO (N. 56) 502; RUBINO 46; TAMBURRINO 44, 52; FORCHIELLI 685; MOSCONE 672; TORRENTE 413.

[60] MESSINEO, Dottrina generale 200 (richtig aber in Manuale III, 609); als *contratto preliminare* wird der Optionsvertrag auch bezeichnet von CANDIAN, Nozioni istituzionali di diritto privato ²(1949) 211; RUGGIERO-MAROI, Istituzioni di diritto privato ⁸II (1951) 180; Cass. 21. 5. 1948, n. 701, Giur. Cass. civ. 1948, II, 667; Cass. 27. 3. 1952, n. 826, Giur. Cass. civ., 1952, II, 271; Cass. 19. 10. 1957, n. 3994, Foro it., Rep. 1957, v. Vendita, n. 181. Der Begriff „contratto preliminare" scheint in den zitierten Urteilen aber nicht als terminus technicus verwendet worden zu sein. Vielmehr wollte man nur den vorläufigen Charakter des Optionsvertrages betonen. Ein Urteil gemäß Art. 2932 c. c. ist bei einem Optionsvertrag in keiner der zitierten Entscheidungen ausgesprochen worden. Für möglich halten ein solches Urteil Trib. Verbania, 8. 10. 1947, Giur. it., 1948, I, 2, 88; App. Firenze, 9. 6. 1954, Foro it., Rep. 1955, v. Obbl. e Contr., n. 96; Trib. Napoli, 16. 11. 1959, Foro pad., 1960, I, 761; ebenso anscheinend (wenn auch unklar) Cass. 27. 10. 1948, n. 1786, Giur. Cass. civ., 1948, III, 758 und Cass. 28. 8. 1952, n. 2778, Giur. it., 1953, I, 1, 176. DE MARTINI, der auch die Bezeichnung contratto preliminare verwendet, unterscheidet zwischen Vorverträgen, welche eine Verpflichtung zum Vertragsschluß begründen, und solchen, welche die Parteien nur verpflichten, die Vollendung des Vertrages nicht zu verhindern, ohne gleichzeitig eine Verpflichtung zum Vertragsschluß auszusprechen. Unter die letztere Gruppe, meint DE MARTINI (Rassegna di giurisprudenza sul codice civile IV, 2, 72 f., 75 f.), sei auch der Optionsvertrag einzureihen. Dagegen RUBINO, 46: Die Konstruktion eines besonderen Vorvertrages zum Schutz des Optionsberechtigten ist nicht notwendig. Er wird auch so hinreichend geschützt.

[61] In diesem Sinn insbesondere PACCHIONI, Delle promesse di vendita con la cosidetta clausola di opzione e di alcuni limiti di ammissibilità dell'azione di rescissione per lesione: Foro it. 1927, I, 1111.

[62] Ausdrücklich abgelehnt wird die These vom Optionsvertrag als bedingtem Vertrag in Cass. 21. 7. 1949 (N. 57) und Cass. 20. 10. 1954 (N. 57).

[63] BONFANTE, L'opzione nei contratti di vendita: Riv. dir. comm. 1930, I, 129.

Vertragsangebots als condicio juris des beabsichtigten Vertrages bezeichnen. Unter einer Rechtsbedingung hat man die Abhängigkeit des Rechtsgeschäfts von gesetzlichen Erfordernissen zu verstehen, die neben die Essentialia des Vertrages hinzutreten. Die Essentialia selbst, also Angebot und Annahme, sind keine Rechtsbedingungen des Vertrages[64].

Zusammenfassend kann man demnach sagen: Der Optionsvertrag ist weder ein unwiderrufliches Angebot noch ein Vorvertrag. Die Parteien des Optionsvertrages schließen nicht einen Vertrag unter einer aufschiebenden Bedingung, und die Ausübung des Optionsrechts ist auch nicht eine condicio juris des gewollten Vertrages. Wesentlich für den Optionsvertrag ist vielmehr die *Einigung der Parteien über die Unwiderruflichkeit des von einer Partei gemachten Angebots*[65], der vertragliche Verzicht auf den Widerruf[66]. Der Optionsvertrag ist die *vertragliche Vereinbarung*, in der *eine Partei* sich *unmittelbar, unbedingt* und *definitiv an ein Angebot bindet,* welches sie damit also nicht mehr widerrufen kann, während die andere Partei keinerlei Verpflichtung übernimmt, somit das Angebot nach ihrem Gutdünken annehmen kann oder nicht[67].

2. Der Optionsvertrag ist in seiner praktischen Anwendbarkeit nicht auf bestimmte Vertragstypen beschränkt, sondern grundsätzlich bei *allen Verträgen* anwendbar[68]. Besonders häufig wird ein Optionsrecht verein-

---

[64] So mit Recht Tamburrino 43. Die beiden letztgenannten Ansichten sehen zu sehr auf den gewollten Vertrag und übersehen dabei die besondere Natur des Optionsvertrages. Vgl. Mirabelli 57. Der Optionsvertrag ist nicht, wie gelegentlich behauptet wird (vgl. z. B. Messineo, Enciclopedia del Diritto X, 193), nur eine Phase des definitiven Vertrages, sondern hat eine selbständige Bedeutung. Das folgt allein schon aus dem Wortlaut des Art. 1331 c. c.

[65] Cass. 24. 2. 1958, n. 616, Foro it., Rep. 1958, v. Obbl. e Contr., n. 89; Forchielli (N. 54) 799; Rubino 46; Branca, Contratto condizionato e patto d'opzione, Foro it., 1961, I, 1642, 1644.

[66] Cass. 27. 3. 1952 (Nr. 60); App. Brescia, 12. 5. 1956, Foro it., Rep. 1956, v. Obbl. e Contr., n. 111; Trib. Roma, 18. 6. 1953, Foro it., Rep. 1955, v. Obbl. e Contr., n. 97; Tamburrino 46 ff.

[67] Cass. 24. 2. 1958 (vorletzte Note). In einer früheren Entscheidung hatte der Kassationshof das Vorliegen eines Optionsvertrages auch in dem Fall bejaht, in dem sich der Proponent das Recht vorbehalten hatte, günstigere Angebote zu akzeptieren (Cass. 26. 7. 1946, Foro it., 1946, I, 842). Hier ist die grundsätzliche Unwiderruflichkeit bedingt durch das Eingehen günstigerer Angebote. Ob die Annahme eines Optionsvertrages in solchen Fällen durch die neuere Entscheidung des Kassationshofs ausgeschlossen werden soll („unbedingt"), ist fraglich. Ein gleiches gilt für die Entscheidung des Trib. Milano, 29. 10. 1948, Foro pad., 1949, I, 38, das die Gewährung eines Optionsrechts auf Abtretung des Übersetzungs- und ausschließlichen Reproduktionsrechts der Werke eines Autors unter der Bedingung, daß der optionsberechtigte Verlag alljährlich ein Werk des Autors publiziere, für gültig hielt.

[68] Ausgenommen sind lediglich die Verträge, in denen nur der Proponent durch den

bart im Kaufrecht, insbesondere im Handelsverkehr und im Grundstücksrecht, sowie im Mietrecht. Im täglichen Leben spielt es eine Rolle beispielsweise bei der Vorbestellung von Theater- oder Kinoplätzen. Einige Besonderheiten, von denen später noch die Rede sein wird, gelten für das Optionsrecht im Gesellschaftsrecht.

Vereinbart werden kann auch ein Optionsrecht auf Abschluß eines Vorvertrages[69] (wie umgekehrt auch ein Vorvertrag auf Abschluß eines Optionsvertrages möglich ist[70]).

Ein Optionsrecht kann auch *„per persona da nominare"*, zugunsten einer noch zu benennenden Person, vereinbart werden. Hier hat die Frage zu Zweifeln Anlaß gegeben, ob der Optionsvertrag selbst nicht nur von dem ursprünglich in Aussicht genommenen Partner des Optionsvertrages, sondern auch unmittelbar von dem begünstigten Dritten angenommen werden kann. Der Kassationshof hat diese Frage bejaht. Voraussetzung dafür ist allerdings, daß der Dritte noch vor Ablauf der für die Annahme vorgesehenen Frist benannt worden ist[71]. Das in dem Optionsvertrag enthaltene Angebot kann dagegen immer nur von dem begünstigten Dritten angenommen werden[72].

3. Aus der Gleichsetzung von Option und unwiderruflichem Angebot hinsichtlich der Wirkungen folgt, daß bei beiden die bloße Annahme den Vertrag zustande bringen muß. Das setzt wiederum voraus, daß die Option inhaltlich so *bestimmt* ist, daß bei Annahme des Angebots über den Vertragsinhalt Klarheit herrscht.

Nimmt der Optionsberechtigte das Angebot an, dann ist der Vertrag zustande gekommen. Bis zu diesem Zeitpunkt ist der Proponent noch dinglich berechtigt, kann also die Sache an Dritte wirksam veräußern. Hat er die Sache veräußert und ist er darum zur Erfüllung des Vertrages nicht mehr im Stande, so haftet er nach den Regeln über die schuldhafte Nichterfüllung von Verträgen auf Schadensersatz.

Vertrag verpflichtet wird (die sog. contratti unilaterali), da das Angebot zu solchen Verträgen schon kraft Gesetzes unwiderruflich ist (Art. 1333 c. c.).

[69] Cass. 28. 10. 1955, n. 3538, Foro it., Rep. 1955, v. Obbl. e Contr., n. 100; Cass. 14. 12. 1960, n. 3247, Giust. civ. 1961, 1, 853; App. Napoli, 25. 8. 1956, Foro it., Rep. 1957, v. Obbl. e Contr., n. 90; TAMBURRINO 49; CANDIAN, Temi 1960, 490; a. A. anscheinend App. Venezia, 25. 7. 1959, Temi 1960, 488.

[70] Cass. 30. 7. 1947, n. 1284, Giur. Cass. civ. 1947, III, 401 mit zust. Anm. DE MARTINI; FORCHIELLI, Giur. it., 1948, I, 1, 109.

[71] Cass. 28. 2. 1947, n. 293, Giur. Cass. civ. 1947, III, 334 mit zust. Anm. GIANNATTASIO, L'opzione per persona da nominare; STOLFI, In tema di opzione per persona da nominare: Foro it., 1947, I, 439 ff.; App. Brescia, 12. 5. 1956, Foro it., Rep. 1956, v. Obbl. e Contr., n. 112.

[72] TAMBURRINO 50 f.

III. Der einseitig bindende Vorvertrag

Nicht alle Vereinbarungen, in denen eine Partei einer anderen Partei einen Vertrag verspricht, können in die erörterten Gruppen (zweiseitig verpflichtender Vorvertrag und Optionsvertrag) eingereiht werden. Es gibt Vereinbarungen, die nur eine Partei verpflichten, aber doch kein annahmefähiges Angebot enthalten. Es sind dies die sogenannten *contratti preliminari unilaterali*. Die Unterscheidung zwischen Optionsverträgen und solchen einseitig verpflichtenden Vorverträgen, die dem französischen Recht fremd ist, beruht auf folgenden Erwägungen: Der Vorvertrag verpflichtet die Parteien zum Abschluß eines neuen Vertrages. Der Optionsvertrag stellt die Vollendung des Vertrages allein dem Optionsberechtigten anheim. Nimmt dieser das in dem Optionsvertrag enthaltene Angebot an, so ist der Vertrag zustande gekommen, ohne daß es einer nochmaligen Willenserklärung des Optionsgebers bedürfte. Es kann nun Verträge geben, bei denen sich eine Partei zum Abschluß eines Vertrages verpflichtet (ohne bereits ein annahmefähiges Angebot zu machen) und die andere Partei (ohne Übernahme einer eigenen Verpflichtung) lediglich das Recht erwirbt, von dem Vertragspartner den Abschluß des versprochenen Vertrages zu verlangen. Solche Vereinbarungen kommen vor bei den Vertragsarten, die ihrem Wesen nach oder doch in der Regel nur eine Partei verpflichten, insbesondere also bei den Schenkungen und bei dem Darlehensversprechen[73]. Bei dem einseitigen Darlehensversprechen (promessa di mutuo) sichert eine Partei einer anderen zu, ihr ein Darlehen zu geben. Ein solches Versprechen enthält kein Angebot zum Abschluß eines Darlehensvertrages, das die andere Partei nur anzunehmen braucht, wenn sie den Darlehensvertrag zustande bringen will. Eine solche Annahme hätte nämlich nicht die Wirkung, einen Darlehensvertrag ins Leben zu rufen, da dieser ein Realvertrag ist, d. h. erst mit der Übergabe der Darlehenssumme zustande kommt[74].

Das Wesen des Darlehensversprechens liegt vielmehr darin, daß sich der Versprechende zum Abschluß eines Darlehensvertrages, d. h. zur Hingabe der Darlehenssumme, verpflichtet. Wer sich aber vertraglich zum

[73] Zweifeln begegnet die Definition, wonach der contratto preliminare unilaterale „consiste in una proposta irrevocabile diretta alla conclusione di un preliminare". (App. Venezia, Temi 1960, 488 mit kritischer Anmerkung von Aurelio CANDIAN.) Hier scheint eine Verwechslung mit dem Optionsvertrag auf Abschluß eines Vorvertrages geschehen zu sein.

[74] Art. 1813 c. c.: Il mutuo è il contratto col quale una parte consegna all'altra una determinata quantità di danaro o di altre cose fungibili, e l'altra si obbliga a restituire altrettante cose della stessa specie e qualità.

Abschluß eines weiteren (Haupt-)Vertrages verpflichtet, geht damit einen Vorvertrag ein, nicht einen Optionsvertrag[75]. Ein Optionsvertrag ist in diesem Bereich allerdings nicht vollkommen ausgeschlossen. Es ist denkbar, daß jemand einem anderen ein Optionsrecht auf Abschluß eines Darlehensvorvertrages einräumt[76]. Möglich ist dies aber nur bei zweiseitig bindenden Darlehensvorverträgen. Das Angebot zum Abschluß eines nur einseitig bindenden Darlehensversprechens ist kraft Gesetzes (Art. 1333 c. c.) unwiderruflich. Für die Annahme einer vertraglichen Vereinbarung der Unwiderruflichkeit des Angebots ist darum in solchen Fällen kein Raum. Das *Darlehensversprechen* ist insofern bemerkenswert, als es eine *gesetzliche Ausprägung* erfahren hat. Art. 1822 c. c. bestimmt:

> Chi ha promesso di dare a mutuo può rifiutare l'adempimento della sua obbligazione, se le condizioni patrimoniali dell'altro contraente sono divenute tali da rendere notevolmente difficile la restituzione, e non gli sono offerte idonee garanzie.

Der Versprechende kann somit die Erfüllung seiner Verpflichtung, d. h. den Abschluß des Darlehensvertrages, verweigern, wenn in den Vermögensverhältnissen des Versprechensempfängers eine solche Verschlechterung eingetreten ist, daß die Rückerstattung des Darlehens zweifelhaft erscheint und der Versprechensempfänger ihm keine geeigneten Sicherungen angeboten hat.

Die Zulässigkeit eines *Schenkungsversprechens* ist früher allgemein abgelehnt worden. Man hat dies damit begründet, daß bei einem Schenkungsversprechen die „liberalità" und die „spontaneità", die Wesenselemente der Schenkung seien, beeinträchtigt würden[77]. Dagegen ist aber neuerdings geltend gemacht worden, daß die freie Willensbildung durch ein Schenkungsversprechen nicht beeinträchtigt, sondern nur vorverlegt wird. Die Zulässigkeit eines Schenkungsversprechens wird damit, wenn z. T. auch noch mit einigem Zögern, heute zugegeben[78].

---

[75] Fragali 377; Messineo, Manuale V 130; Avanzato, in: Enciclopedia forense IV (1959) v. Mutuo 1192.

[76] Deswegen ist der Optionsvertrag aber noch nicht ein einfaches einseitiges Vertragsversprechen, wie Fragali aaO meint.

[77] Cass. 25. 7. 1935, Foro it., 1935, I, 1306; Maroi, in: Codice civile, Commentario diretto da M. D'Amelio, Libro delle Successioni per causa di morte e delle Donazioni (1941) 720; auch heute noch: Mirabelli 155; Torrente 789.

[78] Messineo, Manuale III, 1, 1, 20 f.; ders., Enciclopedia del diritto X, 172; Tamburrino 71 f.; Moscone 672; Forchielli 688.

IV. Der Vorrechtsvertrag (patto di prelazione)

1. Verpflichtet sich jemand für den Fall, daß er sich zum Abschluß eines bestimmten Vertrages entschließen sollte, unter mehreren Interessenten, die ihm das gleiche Angebot machen, einem bestimmten den Vorrang zu geben, so spricht man von einem patto di prelazione[79]. Die Gleichheit der Bedingungen ist dabei allerdings kein unabdingbares Wesensmerkmal des Vorrechtsvertrages, sondern nur ein regelmäßiger Bestandteil. Vereinzelt finden sich auch Vorrechtsverträge, in denen die Bedingungen, zu denen der Vorberechtigte im gegebenen Fall den Vertrag soll abschließen können, von vornherein genau festgelegt sind[80]. In der Definition des Vorrechtsvertrages durch die Doktrin fehlt darum meist der Passus: „die ihm das gleiche Angebot machen" („a parità di condizioni") oder ist durch den Passus ersetzt: „a certe condizioni"[81].

Die *Rechtsnatur* des Vorrechtsvertrages ist außerordentlich bestritten. Meist wird gesagt, der patto di prelazione sei ein *Vorvertrag*[82], ein einseitiger Vorvertrag (contratto preliminare unilaterale)[83] oder – vorsichtiger – er unterscheide sich nicht in seiner Struktur und seiner Funktion von einem Vorvertrag[84], er sei ein einseitiger Vertrag „a carattere preliminare"[85] oder er habe den Charakter eines einseitigen Vorvertrages[86]. Den Vorvertragscharakter des patto di prelazione hat lediglich eine einzige der bekannt gewordenen Entscheidungen geleugnet. Nach ihr

---

[79] Vgl. für den Fall des Vorrechtsvertrages zu einem Kaufvertrag Cass. 20. 6. 1953, Giust. civ. 1953, 2096: Der Vorrechtsvertrag begründet für den Eigentümer die Pflicht, „di preferire, a parità di condizioni, il titolare del beneficio stesso, nel caso che il primo si induca a vendere la propria cosa, che della prelazione è stata oggetto". Ebenso Cass. 5. 3. 1954, Giust. civ. 1954, 469; App. Napoli, 15. 2. 1956, Foro it., Rep. 1956, v. Vendita, n. 48; Trib. Lecco, 8. 7. 1958, Riv. dir. comm., 1959, 464.

[80] Cass. 30. 7. 1954, n. 2783, Giust. civ., 1955, I, 435; Torrente 445.

[81] De Martini, Opzione etc. 407; Rubino 55; Tamburrino 126 f.; Fissotti, Patto di prelazione e negozi di cortesia: Riv. dir. comm. 1956, II, 1 f. In der Rechtsprechung ebenso Cass. 18. 7. 1952, n. 2263, Foro it., 1953, I, 1297.

[82] App. Milano, 26. 6. 1953, Foro it., 1954, I, 81; Chiariello, In tema di prelazione (forma): Giur. Cass. civ. 1952, II, 807.

[83] Cass. 28. 8. 1952, Foro it., 1953, I, 1296; Cass. 15. 1. 1957, Foro it., Rep. 1957, v. Obbl. e Contr., n. 51; App. Firenze, 12. 10. 1951, Foro pad., 1951, I, 1229; Trib. Aosta, 20. 4. 1951, Foro it., 1952, I, 144; Rubino 55; De Martini, Adempimento etc. 240 ff.; Messineo, Enciclopedia del Diritto X, 172.

[84] Cass. 28. 6. 1952, Foro it., 1953, I, 1652.

[85] Cass. 20. 6. 1951, n. 1635, Giust. civ., 1953, 125; Cass. 20. 6. 1953, n. 1889, Giust. civ., 1953, 2096; Trib. Firenze, 20. 4. 1954, Giur. it., Rep. 1954, v. Obbl. e Contr., n. 108.

[86] Cass. 5. 3. 1954, n. 617, Giust. civ. 1954, 469; App. Napoli, 15. 2. 1956, Foro it., Rep. 1956, v. Vendita, n. 48.

führt die besondere Funktion des Vorrechtsvertrages, der lediglich auf eine Bevorzugung des Begünstigten hinausläuft, nicht aber die Parteien zum Abschluß eines Vertrages verpflichtet, dazu, daß der Vorrechtsvertrag nicht als eine besondere Ausprägung des Vorvertrages angesehen werden kann, sondern vielmehr als *Vertrag sui generis* angesehen werden muß[87]. Dieser Argumentation begegnen die Verfechter der Ansicht, daß es sich bei dem Vorrechtsvertrag um einen Vorvertrag handle, damit, daß sie den Vorvertrag als unter der *aufschiebenden Bedingung* geschlossen erklären, daß der Versprechende sich entschließt, die Sache zu verkaufen usw.[88]. Obgleich für den Eintritt der Bedingung weitgehend der Wille des Verpflichteten maßgebend sei, handle es sich doch nicht um eine reine Potestativbedingung. Gegen sie spreche, daß eine reine Potestativbedingung nur vorliege, wenn ihr Eintritt allein vom Willen des Verpflichteten abhänge, d. h. von einem Umstand, „che è dal tutto indifferente compiere o non compiere, non importando alcun sacrificio ed alcuna valutazione d'interesse". Das sei aber bei einem Vorrechtsvertrag nicht der Fall „non essendo indifferente per la parte la risoluzione di alienare la cosa"[89]. Zum Teil wird argumentiert, der Eintritt der Bedingung hänge auch davon ab, ob der Vorberechtigte zu den Bedingungen des Drittangebotes kaufen wolle[90].

In der Regel sind Parteien des Vorrechtsvertrages der Vorrechtsgeber und der Vorberechtigte. Die Parteien können jedoch auch vereinbaren, daß das Vorrecht einem *Dritten* zustehen soll[91]. Ebenso können sie vereinbaren, daß der Vertragspartner das Vorrecht nur gemeinsam mit einem

---

[87] App. Bologna, 30. 3. 1950, Foro pad., 1950, II, 56 (aufgehoben durch Cass. 28. 6. 1952 (N. 84). Ebenso De Martini, Opzione 407, der inzwischen aber seine Meinung geändert hat (N. 83). Miele, Sulla distinzione fra opzione e prelazione: Giur. Cass. civ. 1952, III, 978 ff., reiht den Vorrechtsvertrag in die Gruppe der contratti normativi ein, stellt ihn also in gewisser Weise der Punktation gleich. Tamburrino 129 f. zählt ihn zur Gattung der negozi preparatori und lehnt den Vorvertragscharakter mit der Begründung ab, das Wesen des Vorvertrages sei die Bindung, das Wesen des Vorrechtsvertrages die fehlende Bindung. Beide Verträge seien darum wesensverschieden und könnten nicht durch die Einführung einer Potestativbedingung miteinander verbunden werden. Ähnlich auch Mirabelli, in: Commentario del Codice civile IV, 3, Dei singoli contratti (1960) 235.

[88] App. Firenze (N. 83); App. Napoli (N. 86).

[89] Cass. 20. 6. 1951 (N. 85); Cass. 16. 10. 1954, n. 3791, Foro it., 1955, I, 328; Cass. 17. 3. 1952, n. 711, Giust. civ., 1953, I, 125 (der Verkauf eines Grundstücks erfolgt nicht aus einer bloßen Laune); Rubino 55 f.; Fissotti (N. 81) 2.

[90] Trib. Aosta, 20. 4. 1951 (N. 83); D'Orazi, La prelazione legale e volontaria (1950) 302 ff.; Rubino 59; dagegen De Martini (N. 83).

[91] Hier gelten die Regeln über den Vertrag zugunsten Dritter (Art. 1411 c. c.).

Dritten ausüben kann oder daß das Vorrecht sowohl dem Vertragspartner als auch einem Dritten eingeräumt wird[92].

2. *Inhalt* des Vorrechtsvertrages ist die Verpflichtung des Vorrechtsgebers, den Vorberechtigten bei sonst gleichen Bedingungen vor anderen Interessenten zu bevorzugen. Die Verwirklichung dieses Inhalts setzt voraus, daß der Vorberechtigte in die Lage versetzt wird, von seinem Vorrecht Gebrauch zu machen. Das bedeutet, daß der Vorrechtsgeber dem Vorberechtigten nicht nur seine Absicht mitteilen muß, den Vertrag nunmehr schließen zu wollen, sondern auch die Bedingungen, zu denen der Vertrag zustande kommen soll, also in der Regel das konkrete Angebot des Dritten.

Der Vorberechtigte hat zunächst nur *obligatorische Ansprüche.* Veräußert der Eigentümer die Sache, die den Gegenstand des Vorrechtsvertrages bildet, an einen Dritten, ohne den Vorberechtigten zu berücksichtigen, so kann dieser gegen den Dritten grundsätzlich keine Rechte geltend machen. Der Dritterwerber hat vom Eigentümer und darum wirksam erworben, selbst wenn er den Vorrechtsvertrag kannte[93]. Der Vorrechtsgeber hat aber eine schuldrechtliche Verpflichtung, nämlich die Verpflichtung zu einem „fare", verletzt und ist darum *schadensersatzpflichtig*[94].

§ 5: DAS SCHWEIZERISCHE RECHT

I. Der Vorvertrag

1. Von dem Vorvertrag ist an zwei Stellen des schweizerischen Obligationenrechts ausdrücklich die Rede. Art. 22 OR bestimmt:

> „Durch Vertrag kann die Verpflichtung zum Abschluß eines künftigen Vertrages begründet werden. Wo das Gesetz zum Schutz der Vertragsschließenden für die Gültigkeit des künftigen Vertrages eine Form vorschreibt, gilt diese auch für den Vorvertrag."

Und in Art. 216 Abs. 2 OR heißt es:

> „Vorverträge sowie Verträge, die ein Kaufsrecht oder Rückkaufsrecht an einem Grundstück begründen, bedürfen zu ihrer Gültigkeit der öffentlichen Beurkundung."

---

[92] TAMBURRINO 136.

[93] Trib. Firenze, 20. 4. 1954, Giur. it., Rep. 1954, v. Obbl. e Contr., n. 116; RUBINO 59; CORRADO 270 ff.; dagegen schließt DE MARTINI (N. 83) 249 ff. Ansprüche gegen den Dritterwerber nicht grundsätzlich aus.

[94] Cass. 28. 8. 1952, n. 2778, Foro it., 1953, I, 1296; Trib. Rieti, 23. 2. 1952, Giust. civ., 1953, 152; Trib. Firenze, 20. 4. 1954, Giur. it., Rep. 1954, v. Obbl. e Contr., n. 108; Trib. Palermo, 25. 2. 1955, Foro it., Rep. 1955, v. Vendita, n. 85.

Zu erwähnen ist ferner Art. 493 Abs. 6 S. 1 OR:

„Der gleichen Form wie die Bürgschaft bedürfen auch die Erteilung einer besonderen Vollmacht zur Eingehung einer Bürgschaft und das Versprechen, dem Vertragsgegner oder einem Dritten Bürgschaft zu leisten.“

Der Vorvertrag stellt sich sonach dar als die *durch Vertrag begründete Verpflichtung zum Abschluß eines künftigen Vertrages.*

Dank dieser weiten Formulierung wird der *Anwendungsbereich* des Vorvertrages sehr weit gezogen. Als Vorvertrag wird sowohl die Verpflichtung beider Parteien zur künftigen Eingehung eines Vertrages bezeichnet[1] als auch die Verpflichtung nur einer Partei[2], ferner sowohl die Verpflichtung der Parteien, miteinander einen Vertrag zu schließen, als auch die Verpflichtung einer Partei, einen Vertrag mit einem Dritten zu schließen, z. B. mit einer noch zu gründenden Aktiengesellschaft[3].

Die Verpflichtung der Parteien, *miteinander* einen Vertrag zu schließen, wird – insbesondere in der deutschen Schweiz – häufig als *definitiver Vertrag* qualifiziert. Man sagt, dadurch, daß A dem B verspreche, ihm eine Leistung zu versprechen, sei er in der Regel dem B zu dieser Leistung bereits verpflichtet und das nochmalige Versprechen erscheine in den meisten Fällen als überflüssiger Umweg[4]. In verschiedenen Kantonen (namentlich in Zürich) sind Vorverträge dieser Art darum fast unbekannt. Bemerkenswert ist aber, daß in den Kantonen der französischen (z. B. in Waadt und Freiburg) und der italienischen Schweiz (insbesondere im Tessin) solche Vorverträge außerordentlich häufig geschlossen werden. Aeby, von dem diese Untersuchung stammt, hat hier sicher zu Recht auf die historischen Gründe dieses erstaunlichen Unterschieds hingewiesen[5].

In älteren Entscheidungen ist häufig von einem Vorvertrag die Rede, wenn der wesentliche Inhalt des Vertrages noch nicht feststeht, die Parteien sich z. B. über Kaufsache und Kaufpreis noch nicht geeinigt haben[6].

---

[1] BGE 15, 760.

[2] BG Bl. Zü. R. 6 (1907), 157, 161; App. kamm. Zürich, Bl. Zü. R. 7 (1908), 109.

[3] BGE 57 II 502, 505; 58 II 362, 365.

[4] Vgl. z. B. OG Zürich, Bl. Zü. R. 37 (1938) 261. Vgl. auch v. Tuhr-Siegwart 252 f.; Guhl 94; auf die Ausdrucksweise der Parteien soll es hierbei nicht ankommen: BGE 42 II 494; Oser-Schönenberger, Art. 22 Bem. 6; insbesondere für das Bürgschaftsversprechen: Schönenberger, Obligationenrecht [2](Bd. V, 3 des [Züricher] Kommentars zum Schweiz. Zivilgesetzbuch, 21. Lief. 1943), Art. 492 Bem. 90.

[5] Aeby, Les divers aspects de la promesse de vente, J. d. T. 1948, I, 546.

[6] BGE 25 II 450 (Verkauf der Produktion einer Fabrik zu Preisen, die sich nach den künftigen Umständen richten sollen); HG Zürich Bl. Zü. R. 6 (1907), 345. Zuweilen wird auch der Dauerlieferungsvertrag (Sukzessivlieferungsvertrag) als Vorvertrag bezeichnet, wenn für den Hauptvertrag die erforderliche Bestimmtheit der Einzellieferun-

Nach dem heute geltenden Recht ist aber nicht nur die feste Verabredung der Leistungen nicht mehr Gültigkeitsvoraussetzung des Hauptvertrages[7], sondern die Bestimmbarkeit des Inhalts auch für die Gültigkeit des Vorvertrages notwendig[8].

Die größte praktische Bedeutung hat der Vorvertrag in den Fällen, in denen A dem B verspricht, einen Vertrag mit X zu schließen[9]. Hier macht auch die Abgrenzung von Vorvertrag und definitivem Vertrag keine Schwierigkeiten.

2. Der Vorvertrag gibt den Parteien einen *Anspruch auf Abschluß des Hauptvertrages*. Die Konsenserteilung zum Hauptvertrag ist aber nur dann richtige Erfüllung, wenn der Verpflichtete sich bereit und fähig erhalten hat, das zu leisten, was er nach dem Hauptvertrag schuldet. Der Verpflichtete hat daher den zu leistenden Gegenstand in Obhut zu nehmen und alles zu unterlassen, was die richtige Erfüllung hindern könnte. Eine schuldhafte Verletzung dieser *Bereitschaftspflicht* macht schadensersatzpflichtig[10]. Die in dem Vorvertrag versprochene *Leistung* besteht im Abschluß des Hauptvertrages, d. h. in einer Willensäußerung. Da zu einer Willensäußerung niemand gezwungen werden kann, ist die Erklärung durch *Urteil* zu ersetzen[11]. Daß die Willenserklärung, zu deren Abgabe eine Person durch richterliches Urteil verpflichtet wird, als abgegeben gilt, sobald das Urteil in Rechtskraft erwachsen ist, ist in dem Bundeszivilprozeßgesetz[12] und in einzelnen kantonalen Prozeßgesetzen[13] ausdrücklich festgelegt. Aber auch soweit die kantonalen Prozeßgesetze

---

gen noch mangelt, z. B. wenn der im einzelnen noch nicht übersehbare Bedarf des Bezugsverpflichteten Vertragsgegenstand ist: BECKER, Art. 22, Bem. 1; OG Zürich, Bl. Zü. R. 40 (1941), 293; siehe dagegen aber v. TUHR-SIEGWART 253.

[7] Bestimmbarkeit genügt: vgl. Art. 184 Abs. 3 OR: „Der Preis ist genügend bestimmt, wenn er nach den Umständen bestimmbar ist." Dasselbe gilt für die Kaufsache: v. TUHR-SIEGWART 182; BG Sem. Jud. 1952, 197.

[8] v. TUHR-SIEGWART 253; BG Sem. Jud. 1952, 197, 200.

[9] BGE 57 II 505: „... ja in der Literatur wird die Berechtigung des Vorvertrages geradezu in der Hauptsache auf die Fälle begrenzt, wo der Hauptvertrag mit einem Dritten einzugehen ist, der Vorvertrag unter den gleichen Parteien aber nur in Ausnahmefällen als sinnvoll bezeichnet." Ebenso BGE 58 II 365; v. TUHR-SIEGWART 252; OSER-SCHÖNENBERGER, Art. 22 Bem. 6; SCHÖNENBERGER (N. 4), Art. 492 Bem. 90 f.

[10] BECKER, Art. 22 Bem. 13.

[11] GUHL 94 f.; OSER-SCHÖNENBERGER, Art. 22 Bem. 9. Zu klagen ist also auf Abschluß des Hauptvertrages, d. h. auf Abgabe einer Willenserklärung, nicht auf Feststellung, daß der Hauptvertrag als abgeschlossen anzusehen sei: so BECKER, Art. 22 Bem. 13 unter Aufgabe seiner früheren Auffassung.

[12] Art. 78 Abs. 1 BZP: „Ist der Beklagte zur Abgabe einer Willenserklärung verurteilt, so wird die Erklärung durch das Urteil ersetzt."

[13] Vgl. etwa Art. 356 ZPO Freiburg (insbes. zum Vorvertrag: DESCHENAUX-CASTELLE, La Nouvelle Procédure Civile Fribourgeoise [1960] 194); Art. 407 S. 1 ZPO Bern.

schweigen, dürfte das Ergebnis dasselbe sein[14]. Ist im Vorvertrag die Abgabe der Willenserklärung von dem Eintritt einer Bedingung oder einer Gegenleistung abhängig gemacht worden, so gilt die Erklärung nicht mit dem Eintritt der Rechtskraft des Urteils als abgegeben, sondern erst mit der Feststellung des Gerichts, daß die Bedingung eingetreten oder die Gegenleistung erbracht ist[15].

Statt auf Erfüllung (Abschluß des Hauptvertrages) kann auch auf *Schadensersatz wegen Nichterfüllung* des Vorvertrages geklagt werden. Die Schadensersatzklage ist die alleinige Hilfe in den Fällen, in denen eine Verpflichtung zu einem Tun nicht erzwingbar[16] oder die Leistung dem Verpflichteten durch sein Verschulden unmöglich geworden ist[17].

3. Besondere Regeln sind für den *Vorgründungsvertrag* von Gesellschaften entwickelt worden. Hier unterscheidet man nämlich zwischen dem eigentlichen Gründungsvorvertrag und der Gründung einer einfachen Gesellschaft, die sich die Gründung einer bestimmten Handelsgesellschaft zum Ziel gesetzt hat. Der Unterschied liegt in der Konkretisierung der beabsichtigten Gesellschaft. Eine *einfache Gesellschaft*, das ist eine Gesellschaft bürgerlichen Rechts im Sinne von § 705 BGB, liegt bereits dann vor, wenn die Parteien – ausdrücklich oder konkludent – erklärt haben, die Gründung einer Aktiengesellschaft, einer GmbH oder einer Genossenschaft anzustreben[18]. Von einem *Gründungsvorvertrag* wird dagegen erst dann gesprochen, wenn die Gesellschafter die zu gründende Gesellschaft genau umschrieben haben[19]. Nur im letzteren Fall kann auf Abgabe einer

---

[14] GULDENER, Schweizerisches Zivilprozeßrecht, 2. Aufl. (1958) 609; ferner LEUCH, Die Zivilprozeßordnung für den Kanton Bern, 3. Aufl. (1956) 414.

[15] Art. 78 Abs. 1 S. 2 i. Verb. mit Art. 74 Abs. 2 BZP; Art. 342 ZPO Freiburg; Art. 407 S. 2 i. Verb. mit Art. 397 Abs. 2 ZPO Bern.

[16] Etwa bei der Verurteilung zum Abschluß eines Dienstvertrages, wenn die zu leistenden Dienste nur von dem Dienstverpflichteten geleistet werden können. Vgl. dazu Art. 76 BZP, Art. 404 ZPO Bern: Das zu einem Tun verurteilende Erkenntnis enthält zugleich die Bestimmung einer Frist, binnen welcher der Verurteilte seine Verbindlichkeit zu erfüllen hat. Die Nichterfüllung binnen der gesetzten Frist berechtigt den Obsiegenden, entweder beim Richter die Vornahme der Handlung durch einen Dritten, falls dies möglich ist, nebst Schadensersatz oder Schadensersatz allein zu beantragen.

[17] OSER-SCHÖNENBERGER, Art. 22 Bem. 9; BECKER, Art. 22 Bem. 13; GUHL 94 f.; Cour de Justice civile Genf, Sem. Jud. 1957, 234.

[18] Einhellige Meinung, vgl. GUHL 495; SIEGWART, Vorbem. 40 vor Art. 629–639; SCHUCANY, Art. 643, Bem. 1; v. STEIGER, Art. 779, Bem. 13; JANGGEN-BECKER, Die Gesellschaft mit beschränkter Haftung (Bd. VII, 3 des [Berner] Kommentars zum Schweiz. Zivilgesetzbuch) (1939), Art. 779, Bem. 2; Art. 783, Bem. 2; GERWIG, Schweizerisches Genossenschaftsrecht (1957) 163.

[19] Vgl. SIEGWART, Vorbem. 42, 43 vor Art. 629–639; JANGGEN-BECKER (N. 18), Art. 779, Bem. 3; v. STEIGER, Art. 779, Bem. 14.

Willenserklärung geklagt und diese durch ein Urteil ersetzt werden[20]. Besteht zwischen den Beteiligten kein Gründungsvorvertrag, sondern nur eine einfache Gesellschaft, so können sich nur Schadensersatzansprüche ergeben, dann nämlich, wenn ein Gesellschafter die beabsichtigte Gründung in unsachlicher Weise hintertreibt[21].

II. Der Optionsvertrag

1. Der Optionsvertrag ist dem schweizerischen Recht weniger dem Namen nach als der Sache nach bekannt. Man versteht darunter die (oft vorkommende) *Verabredung*, durch welche *einem der Kontrahenten* die *Befugnis* eingeräumt wird, *durch seinen Willen ein dem Inhalt nach verabredetes Schuldverhältnis mit dem Gegner herzustellen*[22]. Die wichtigsten Befugnisse dieser Art sind das *Kaufsrecht*, das *Rückkaufsrecht* und das *Vorkaufsrecht*. Diese Rechte werden zwar vom Gesetz nur im Zusammenhang mit Grundstücken genannt (Art. 216 OR, 681 ZGB). Sie können aber auch bei Mobilien vereinbart werden[23]. Neben diesen Vereinbarungen zählt zu den Optionsverträgen auch der Vertrag, durch den einem Kontrahenten das Recht eingeräumt wird, ein Schuldverhältnis anderer Art, z. B. eine *Miete*, zu begründen oder zu verlängern[24].

Über die *rechtliche Qualifikation* sowohl der Vereinbarung, durch die ein Optionsrecht begründet wird, als auch des Optionsrechts selbst ist man sich nicht einig. Eine Auffassung sieht den Optionsvertrag als einen *bedingten definitiven Vertrag* an[25]. Eine andere Meinung geht dahin, daß durch den Optionsvertrag (ein *Vertrag besonderer Art*) einer Partei ein be-

---

[20] Ob auf diese Weise allerdings einem widerstrebenden Beteiligten die Mitgliedschaft in einer Gesellschaft oder in einer Genossenschaft aufgezwungen werden kann, ist bestritten: dafür SIEGWART, Vorbem. 47 vor Art. 629–639; v. STEIGER, Art. 779, Bem. 14; dagegen F. v. STEIGER, Pactum de ineundo societate (Vorgründungsvertrag), SAG 30 (1957/58), 174, 182; SCHUCANY, Art. 643, Bem. 1.

[21] SIEGWART, Vorbem. 47 vor Art. 629–639.

[22] v. TUHR-SIEGWART 254.

[23] OSER-SCHÖNENBERGER, Art. 216 Bem. 17; v. TUHR-SIEGWART 254 f.; GUHL 263.

[24] v. TUHR-SIEGWART 255.

[25] BGE 86 II 33 u. 88 II 158 (durch die Gestaltungserklärung des Berechtigten bedingter Kaufvertrag); vorsichtiger Bern. App. H. ZBJV 1954, 462, 464: „Er ist als bedingter Verkauf ... zu betrachten oder einem solchen bedingten Verkauf doch gleichzustellen“ (aufgegeben in der in der folgenden Note zitierten Entscheidung); Regierungsrat des Kantons Bern, SJZ 1925/26, 12; OSER-SCHÖNENBERGER, Art. 216 Bem. 18 ff.; GUHL 32 f.; 263: derjenige, gegen den das „Gestaltungsrecht“ ausgeübt wird, hat seinem Willen schon zum voraus Ausdruck gegeben und versprochen, die Handlung des Gläubigers zu dulden. Der Rechtserfolg wird also nicht durch den „alleinigen Willen“ des Berechtigten herbeigeführt.

gründendes *Gestaltungsrecht* eingeräumt wird[26]. Der gestaltungsberechtigte Kontrahent hat keinen Anspruch auf Abschluß eines Vertrages und braucht auch keinen solchen Anspruch, da er das gewünschte Schuldverhältnis durch seine einseitige Willenserklärung begründen kann[27]. Darin liegt der wesentliche Unterschied zwischen Optionsvertrag und Vorvertrag[28]. Der Optionsvertrag ist schließlich ein *Vertrag* und unterliegt als solcher den Regeln des Vertragsrechts[29]. Das ist unbestritten in den Fällen, in denen der Promissar für das Optionsrecht eine besondere Gegenleistung bewilligen soll. In diesem Fall ist der Promittent nur gebunden, wenn der Promissar die Bedingungen annimmt[30]. Wird das Optionsrecht ohne eine Gegenleistung des Promissars bewilligt, so ist ein Unterschied zwischen dem Versprechen, ein Optionsrecht zu gewähren, und einer befristeten Offerte kaum ersichtlich, da anders als im französischen Recht eine befristete Offerte für den Offerenten verbindlich ist, also nicht einseitig widerrufen werden kann[31]. Immerhin liegt ein Unterschied – wenn auch nicht in den Rechtsfolgen, so doch – in der Art des praktischen Zustandekommens. Der Promissar, der sich das Kaufsrecht zusichern läßt, nimmt das Versprechen, zu der Offerte zu stehen, an (théorie de la convention de maintien)[32].

2. Das in der juristischen Literatur eingehend erörterte *Kaufsrecht* eignet sich zur Verwirklichung der verschiedenartigsten *Zwecke*. Oft wird es in Spekulationsabsicht begründet. Praktisch ist es auch in den Fällen, wo jemand sich eine Sache sichern will, deren er im Moment nicht bedarf oder die gegenwärtig zu erwerben ihm die Möglichkeit fehlt. Sodann bildet es – wenn der vom Berechtigten zu zahlende Preis erheblich unter

---

[26] Bern. App. H. ZBJV 1960, 21, 24: Ob er von seinem Optionsrecht Gebrauch machen will, steht im Belieben des Berechtigten. Man kann darum nicht von einem bedingten Vertrag sprechen, sondern allenfalls von einer Wollensbedingung; HAAB, Art. 681/82, Bem. 4; Art. 683, Bem. 1; HOMBERGER, Das Sachenrecht (IV. Bd. Teil 3 des [Züricher] Kommentars zum Schweiz. Zivilgesetzbuch) ²(1938), Art. 959 Bem. 27; v. TUHR-SIEGWART 255.

[27] BGE 56 I 195, 198; v. TUHR-SIEGWART 255; PIOTET, Des effets de l'annotation au registre foncier de rapports de droit personnels: ZSR 1960, 401 ff., 404.

[28] Es ist darum nicht richtig, wenn das Bundesgericht in Bl. Zü. R. 6 (1907) 157 die Gewährung eines Kaufsrechts als Vorvertrag bezeichnet; vgl. dazu v. TUHR-SIEGWART 255.

[29] v. TUHR-SIEGWART 255.

[30] BECKER, Bem. 25 vor Art. 184.

[31] Art. 3 Abs. 1 OR: Wer einem Anderen den Antrag zum Abschluß eines Vertrages stellt und für die Annahme eine Frist setzt, bleibt bis zu deren Ablauf an den Antrag gebunden. Vgl. dazu BECKER aaO.

[32] BECKER, Art. 216 Bem. 3 und Bem. 25 vor Art. 184; gegen diese Theorie OSER-SCHÖNENBERGER, Art. 216 Bem. 23.

dem Wert der Sache angesetzt wird – ein sehr wirksames Mittel des indirekten Zwanges. Als solches kann es überall da, wo Dienstbarkeit und Grundlast, ihres zwingend umschriebenen Inhalts wegen, versagen, zur indirekten dinglichen Sicherstellung mannigfaltigster Leistungs- und Unterlassungspflichten verwendet werden. In dieser Form ist es namentlich für das Kartellwesen von nicht zu unterschätzender Bedeutung, indem die Erfüllung der Kartellpflichten sich dadurch sicherstellen läßt, daß auf der Fabrikliegenschaft des einzelnen Mitgliedes zugunsten des Kartells ein Kaufsrecht mit niedrigem Kaufpreis vorgemerkt wird, das allerdings nach interner persönlicher Abmachung nur ausgeübt werden darf, wenn der Eigentümer die Kartellpflichten nicht erfüllt oder die Liegenschaft ohne Überbürdung dieser Pflichten an einen Dritten veräußert[33]. Ebenso dient es auch zur Sicherung der Ansprüche des aus einem Vorvertrag oder einem Auftrag Berechtigten[34]. In Verbindung mit einem Pfandrecht endlich gestattet es dem Pfandgläubiger, im Falle schlechter Bewirtschaftung das Pfand an sich zu ziehen[35]. Eine große Rolle spielt das Kaufsrecht auch im Bereich der Aktiengesellschaft, wenngleich es dort an Bedeutung von den Vorkaufs- und Vorhandrechten übertroffen wird[36]. Auf eine interessante praktische Verwertbarkeit im internationalen Bereich hat Oppikofer[37] hingewiesen. Ihm geht es dabei um den Schutz schweizerischen Vermögens im Ausland vor einer Beschlagnahme in Konfliktsfällen als feindliches oder vom Feinde kontrolliertes Eigentum. Er bringt folgendes Beispiel:

> Eine schweizerische Gesellschaft besitzt (z. B.) in den USA eine Tochtergesellschaft. Von deren 100 000 Aktien sind 99 900 als stimmrechtslose Aktien im Besitz der Hauptgesellschaft. Die restlichen 100 Aktien sind reine Stimmrechtsaktien. Sie gehören den 5 Verwaltungsräten der Tochtergesellschaft. Solange das amerikanische Geschäft noch von der schweizerischen Gesellschaft betrieben wird und betrieben werden kann, ist die Bedeutung der Tochtergesellschaft relativ klein. Sie ist eine reine Auffanggesellschaft. Jedoch besitzen die 5 Verwaltungsräte eine Option, das gesamte amerikanische Geschäft zu erwerben. Die Option wird folgendermaßen ausgeübt: In einem Option-

---

[33] Vgl. zum Ganzen Haab, Art. 683 Bem. 1.

[34] Wer jemanden beauftragt, einem Dritten ein Grundstück abzukaufen, läßt sich häufig – zur Sicherung seines Anspruchs aus dem Auftrag – vom Beauftragten ein Kaufsrecht an dem Grundstück einräumen: vgl. BGE 54 II 429; 86 II 33.

[35] Haab aaO.

[36] Vgl. dazu F. v. Steiger, Das Vorkaufsrecht und Kaufsrecht an Aktien, SAG 16 (1943/44) 1 ff.

[37] Maßnahmen zum Schutze schweizerischer Auslandswerte in Fällen internationaler Konflikte: SAG 31 (1958/59) 225 ff., 234.

Agreement zwischen der schweizerischen und der Tochtergesellschaft wird festgelegt, daß die Tochtergesellschaft gegen eine Summe von 100 Dollar eine Option besitzt, die sie unter zwei Voraussetzungen ausüben kann: entweder wird sie von der schweizerischen Gesellschaft dazu aufgefordert oder die 5 Verwaltungsräte entscheiden selbständig mit einfacher Mehrheit, daß ein sog. Emergency-Fall vorliegt. Der Emergency-Fall wird so umschrieben: Die Schweiz wurde von einem Feind militärisch besetzt, oder: Die verfassungsmäßige Gewalt wird nicht mehr durch das richtige Organ oder unter Druck ausgeübt, oder: Die Kontrolle über die schweizerische Gesellschaft entspricht nicht mehr den bisherigen freiheitlichen Grundsätzen. Wird die Option ausgeübt, so ist die schweizerische Gesellschaft verpflichtet, ihre gesamten Werte in den USA, das gesamte Geschäft (inklusive goodwill), der Tochtergesellschaft zu übertragen. Ist sie dazu nicht mehr im Stande, so kann die Tochtergesellschaft die Übertragung selbst vornehmen. Als Kaufpreis wird der von den Verwaltungsräten der Tochtergesellschaft angenommene angemessene Wert berechnet, der natürlich gestundet werden muß.

Der Grundzug dieses Planes ist also: Die Übertragung der Aktiven der schweizerischen Gesellschaft an eine ausländische Tochtergesellschaft im Moment der Emergency, ausgelöst durch eine Option. Die Verfügungsberechtigung kommt alsdann der Leitung der Tochtergesellschaft zu, die mehrheitlich aus ausländischen Mitgliedern bestehen wird. Das setzt natürlich ein großes Vertrauen in die maßgeblichen Leute voraus, die als zuverlässig erprobt sein müssen. Insbesondere muß die Muttergesellschaft darauf vertrauen können, daß das Unternehmen nach der Emergency wieder an sie zurückerstattet wird.

3. Das Kaufsrecht kann sowohl durch ein Rechtsgeschäft unter Lebenden als auch von Todes wegen begründet werden. Der Bestellungsakt muß neben der Bezeichnung der Parteien und des Gegenstandes auch die Bedingungen enthalten, zu denen der Berechtigte im Falle der Ausübung seines Rechts den Gegenstand erwirbt. Die Angabe eines ziffernmäßig bestimmten Kaufpreises ist nicht nötig. Es genügt die Bestimmbarkeit des Kaufpreises. Macht der Optionsberechtigte von seinem Optionsrecht Gebrauch, so kommt damit der Vertrag zustande. Der Optionsberechtigte hat dann sofort die Möglichkeit der Realexekution. Hat der Verpflichtete über die Sache inzwischen anderweitig verfügt, so ist er schadensersatzpflichtig[38]. Gegen den Erwerber der Sache hat der Optionsberechtigte die Möglichkeit der Realexekution nur dann, wenn es sich um ein vorgemerktes Kaufsrecht an einem Grundstück handelte[39].

---

[38] Haab, Art. 683 Bem. 5.

[39] Haab aaO; Homberger (N. 26), Art. 959 Bem. 32; Tuor, Das Schweizerische Zivilgesetzbuch [6](1953) 503.

4. Das *Rückkaufsrecht (Wiederkaufsrecht, droit de réméré)* ist ein *Gestaltungsrecht,* kraft dessen der Verkäufer auf Grund einer einseitigen Erklärung die verkaufte Sache zurückerwerben kann. Von allen auf den Erwerb einer Sache gerichteten Gestaltungsrechten das älteste – der Verkauf mit dem Vorbehalt des Wiederkaufs diente früher als Ersatz für das Pfandrecht – erscheint es bei dogmatischer Betrachtung als *Spezialfall des Kaufsrechts.* So finden denn auch alle Regeln über das Kaufsrecht Anwendung mit folgenden Abweichungen: Das Rückkaufsrecht kann nur begründet werden im Verhältnis zwischen Verkäufer und Käufer[40]. Der Bestellungsvertrag braucht im Gegensatz zu dem Kaufrechtsvertrag die Bedingungen der Ausübung des Rückkaufsrechts nicht zu bezeichnen. Schweigt der Vertrag, so gelten für die Ausübung die Bedingungen des Kaufvertrages, kraft dessen der Verpflichtete die Sache erworben hat[41]. Die praktische Bedeutung des – zu legalen Zwecken bestellten – Rückkaufsrechts ist verhältnismäßig gering[42]. Es dient als Mittel zur Sicherung der Kaufpreisforderung und zur wirksamen Ausgestaltung von Auflagen bei Verkäufen. Erheblich häufiger wird es freilich als Umgehungsgeschäft zur Verschleierung von Pfandbestellungen und zu wucherischen Zwecken verwendet. Aus diesem Grund stellt Art. 914 ZGB den gewerbsmäßigen Kauf und Rückkauf dem Versatzpfand (Pfandleihgewerbe) gleich[43].

5. Durch das *Rückverkaufsrecht* erhält der Käufer das Recht, innerhalb einer bestimmten Frist vom Verkäufer zu verlangen, daß er die Sache zu dem vereinbarten Preise zurückkaufe. Das Rückverkaufsrecht wird von den schweizerischen Gesetzen nicht erwähnt, doch steht nach dem Grundsatz der rechtsgeschäftlichen Gestaltungsfreiheit der Begründung eines solchen Rechts nichts entgegen.

III. Der Vorrechtsvertrag

1. Das Rechtsinstitut des Vorrechtsvertrages ist im schweizerischen Recht nur unvollkommen ausgebildet. Im Gesetz wird es an keiner Stelle erwähnt[43a]. Auch in der Literatur finden sich nur spärliche Hinweise. Bei der Abgrenzung des Vorkaufsrechts gegenüber anderen Rechtsinstituten wird gelegentlich auf die sogenannte *„Vorhand"* hingeweisen. Als solche

---

[40] Vgl. PIOTET (N. 27) 404: „Le droit de réméré est le droit d'emption du vendeur."
[41] OSER-SCHÖNENBERGER, Art. 216 Bem. 35.
[42] Vgl. als Anwendungsfall BGE 86 III 106.
[43] Vgl. zum Ganzen HAAB, Art. 683, Bem. 12.
[43a] Das *Vorkaufs*recht zählt, wie erwähnt, zu den Optionsrechten.

wird eine Verabredung des Inhalts bezeichnet, daß der Verpflichtete dem Berechtigten eine bestimmte Sache zum Kauf anzubieten hat, sofern er sie zu veräußern beabsichtigt. Rechtlich qualifiziert man die Einräumung der Vorhand meist als *bedingten Vorvertrag*[44].

2. Seine besondere *Bedeutung* hat das Recht der Vorhand im Recht der *Aktiengesellschaft*.

Unter den statutarischen Einschränkungen der freien Aktienübertragung finden sich in den Statuten, insbesondere von Familien-Aktiengesellschaften, häufig Bestimmungen, wonach dem Verwaltungsrat oder einer bestimmten Aktionärsgruppe Vorrechte für den Erwerb von Aktien, die zum Verkauf oder zur Veräußerung gelangen, eingeräumt werden. Diese Vorrechte werden meist als Vorkaufsrechte bezeichnet, häufig handelt es sich jedoch nicht um echte Vorkaufsrechte, sondern um die Einräumung einer Vorhand, die hier auch als *unechtes Vorkaufsrecht* bezeichnet wird[45]. Gegenstand des Vorrechtsvertrages ist die Pflicht des Aktionärs, seine Aktien im Vorhandfall bestimmten Personen, meist dem Verwaltungsrat, zum Kauf anzubieten. Der Vorhandfall ist in der Regel dann gegeben, wenn der Aktionär seine *Absicht erklärt, seine Aktien verkaufen zu wollen.* In eindeutiger Weise liegt eine derartige Willenserklärung vor, wenn der Aktionär dem Verwaltungsrat die Erklärung abgibt, er beabsichtige, die Aktien zu verkaufen. In gleicher Weise muß aber auch dann der Verkaufswille als gegeben erachtet werden, wenn der Aktionär mit Dritten über den Verkauf seiner Aktien verhandelt. Die bloße Äußerung, gelegentlich verkaufen zu wollen, die Sondierung, was die Aktien im Verkaufsfall wert sind, oder ob im Falle eines Verkaufs Interessenten da sind, kann allerdings nicht als Vorhandfall betrachtet werden. Der Aktionär darf nicht in die Zwangslage versetzt werden, die Aktien dem Verwaltungsrat abgeben zu müssen, solange bei ihm die Frage, ob er die Aktien überhaupt veräußern will, nicht entschieden ist. Anzubieten sind alle, aber auch nur diejenigen Aktien, die der Aktionär veräußern will. Wenn in den Statuten der Aktiengesellschaft nichts anderes bestimmt ist, kann der Aktionär den Preis der Aktien innerhalb der durch Treu und Glauben gesetzten Grenzen frei bestimmen. In der Regel enthalten aber die Statuten, wenn nicht schon den Preis selbst, so doch bestimmte Wertermittlungsvorschriften.

---

[44] Bern. App. H. ZBJV 93 (1957) 323 ff.; HAAB, Art. 681/82, Bem. 33; LEHNER, Die rechtliche Struktur und die Hauptarten der aktienrechtlichen Vorkaufsrechte, SJZ 1954, 73 ff., 77; MEIER-HAYOZ, Vom Vorkaufsrecht, ZBJV 92 (1956) 297 ff., 332. JÄGGI umschreibt es als bedingtes Kaufsrecht: Über das vertragliche Vorkaufsrecht, ZBGR 39 (1958), 65 ff., 70. Zuweilen wird allerdings auch zwischen Vorkaufsrecht und Vorhand nicht unterschieden: Vgl. BGE 78 II 354. Abzulehnen ist die Entscheidung des Basler Appellationsgerichtsausschusses, Basler Jur. Mitt. 1961, 306 ff., wonach der Bezeichnung durch die Parteien („Vorkaufsrecht") eine größere Bedeutung zukommt als der rechtlichen Ausgestaltung, die eindeutig einen Vorhandvertrag als gewollt erkennen läßt.

[45] Vgl. (auch zum folgenden) LEHNER (N. 44) 77 ff.

Lehnt der Verwaltungsrat die Offerte ab, so kann der Aktionär seine Aktien an Dritte veräußern. Zu welchen Bedingungen er die Aktien dann veräußert, spielt im Fall des limitierten Vorhandverhältnisses keine Rolle. Bei einem nicht limitierten Vorhandverhältnis darf er dagegen seine Aktien den Dritten nicht zu günstigeren Bedingungen anbieten, als er sie dem Verwaltungsrat gegenüber gestellt hat.

Der Vorhandfall kann nicht nur mit der Erklärung der Veräußerungsabsicht gekoppelt werden. Das Vorhandverhältnis kann auch so ausgestaltet sein, daß die Offerte an den Verwaltungsrat nur eine *Voraussetzung der Veräußerung an einen Dritten* ist. Hier muß der Vorhandgeber also seine Aktien nicht schon dann dem Verwaltungsrat anbieten, wenn er – beispielsweise – mit Interessenten in Vertragsverhandlungen tritt. Er kann seine Aktien den Drittinteressenten nur nicht wirksam verkaufen, wenn er sie nicht zuvor dem Verwaltungsrat angeboten hat[46].

§ 6: DAS ENGLISCHE RECHT

I. Der Vorvertrag

Eine vertragliche Bindung zweier Parteien, miteinander zu einem späteren Zeitpunkt einen Vertrag schließen zu wollen, wird vom englischen Recht nicht anerkannt. *„The law does not recognize a contract to enter into a contract"*, *„a mere agreement to make an agreement in future."*[1] Das bedeutet nicht, daß dem englischen Recht Vereinbarungen der Parteien vor dem definitiven Vertragsschluß gänzlich unbekannt wären. Nicht selten ist insbesondere die Abrede späterer schriftlicher Fixierung einer getroffenen Vereinbarung. Eine solche Abrede kann aber nach englischer Auffassung nur zweierlei bedeuten: Entweder ist der Vertrag bereits mit der mündlichen Vereinbarung zustande gekommen und die Parteien sind lediglich zur schriftlichen Fixierung des bereits geschlossenen Vertrages verpflichtet oder die Parteien wollten vor der schriftlichen Fixierung des Vertrages überhaupt noch nicht gebunden sein. In keinem Fall kann man aber von einem Vorvertrag sprechen. Im ersten Fall ist der mündliche Vertrag bereits ein definitiver Vertrag, im zweiten Fall überhaupt noch

---

[46] Bei einer solchen Ausgestaltung des Vorhandrechts kann übrigens auch von einem bedingten Vorvertrag keine Rede mehr sein.

[1] PARKER J. in: Von Hatzfeld-Wildenburg v. Alexander, [1912] 1 Ch. 284, 289; Rossdale v. Denny [1921], 1 Ch. 57; Berry, Ltd. v. Brighton & Sussex Bldg. Soc., [1939] 3 All E. R. 217; Brilliant v. Michaels, [1945] 1 All E. R. 121; ANSON(-GUEST), Principles of the English Law of Contract [22](1964) 23; CHITTY(-SMART), On Contracts [22]I (1961) Nr. 67.

kein Vertrag. In diese zweite Kategorie gehören Erscheinungen wie z. B. die „letters of intent“, in denen eine Vertragspartei ihre grundsätzliche Bereitschaft erklärt, unter bestimmten Voraussetzungen einen Vertrag schließen zu wollen. Solche letters of intent werden insbesondere vor größeren Vertragswerken häufig ausgetauscht. Sie binden nicht, weil sie noch kein Versprechen enthalten[2].

Die Notwendigkeit von Vorverträgen im eigentlichen Sinn will dem praktischen Sinn des englischen Juristen nicht einleuchten. Entweder, so sagt er, haben sich die Parteien noch nicht über alle Punkte geeinigt, über die sie sich einigen wollten, dann liegt eine vertragliche Bindung noch nicht vor, oder die Einigung umfaßt alle von den Parteien für wichtig gehaltene Punkte, dann ist der – endgültig gewollte – Vertrag geschlossen[2a].

Nur in einer Form gibt es auch im englischen Recht vertragliche Bindungen zu einem weiteren Vertragsschluß: Jemand kann sich einem anderen gegenüber verpflichten, mit einem *Dritten* einen Vertrag zu schließen („agreement to agree with a third person“ [2b]). Verträge dieser Art werden als „collateral contracts“ bezeichnet[3]. Meist handelt es sich allerdings bei den collateral contracts, die gelegentlich auch als „preliminary contracts“ bezeichnet werden[4], nicht um das Versprechen, mit einem Dritten einen Vertrag abzuschließen, sondern darum, daß ein Vertrag mit einem Dritten abgeschlossen wird im Vertrauen auf eine bestimmte Zusage oder Versicherung des ursprünglichen Partners.

Die häufigsten Fälle dieser Art sind die, daß ein Interessent eine Sache, z. B. ein Auto, kaufen möchte, der Händler ihm die einwandfreie Erhaltung garantiert (darin liegt der sogenannte preliminary contract) und dann der Kaufvertrag nicht mit dem Händler, sondern mit einer Finanzierungsgesellschaft geschlossen wird, welcher der Händler die Sache zum Zwecke der Veräußerung an den Interessenten übereignet hat[5].

---

[2] Williston(-Jaeger), A Treatise on the Law of Contracts [3]I (1957) 59.

[2a] Hillas & Co., Ltd. v. Arcos, Ltd. (1932), 147 L. T. 503, 515; Pollock(-Winfield), The Principles of Contract [13](1950) 35.

[2b] Foster v. Wheeler (1888), 38 Ch. D. 130.

[3] Vgl. Cheshire and Fifoot, The Law of Contract [6](1964) 53. „If you will make such and such a contract I will give you one hundred pounds“, is in every sense of the word a complete legal contract. It is collateral to the main contract, but each has an independent existence: Lord Moulton in Heilbut v. Buckleton, [1913] A. C. 30, 47.

[4] So von Cheshire and Fifoot 54.

[5] Brown v. Sheen and Richmond Car Sales, Ltd., [1950] 1 All E. R. 1102; Andrews v. Hopkinson, [1957] 1 Q. B. 229; Wedderburn, Collateral Contracts, C. L. J. 1959, 58 ff., 68 f.

Hat sich jemand vertraglich verpflichtet, mit einem Dritten einen Vertrag zu schließen, so kann der Abschluß dieses Vertrages nicht von dem *Dritten verlangt* werden. Das ergibt sich aus dem Grundsatz der *„privity of contracts"*, wonach aus einem Vertrag nur die Vertragspartner berechtigt und verpflichtet werden können, nicht aber dritte Personen (strangers)[6]. Jedoch kann der *Vertragspartner* den Abschluß des Vertrages und im Weigerungsfall Schadensersatz wegen Vertragsbruch verlangen[7].

„Leading case" hierfür ist die Entscheidung des Court of Appeal in Sachen Foster v. Wheeler aus dem Jahre 1888. In diesem Fall hatten die Parteien u. a. folgendes vereinbart: „Within seven days from the date hereof Miss Wheeler is to enter into a binding agreement with Dr. George B. Ord, the lessor of Cedar Lodge, Queen's Road, Clapham Park, for a lease from Dr. Ord of the said premises at a rental of £ 140 per annum for such a term (to commence from the 24th day of June next) and subject to such conditions as Dr. Ord shall approve and Miss Wheeler shall accept and take up such lease when ready and if so required execute a counterpart thereof."

Der Vertrag kam weder mit Dr. Ord noch – nach seinem Tode – mit seinen executors zustande. Das Gericht hielt die daraufhin geltend gemachten Schadensersatzansprüche des Klägers für begründet. Wichtig sind folgende Feststellungen des Gerichts:

a) Wäre der Vertrag zwischen Miss Wheeler und Dr. Ord abgeschlossen worden, so könnte es sein, daß er wegen mangelnder Bestimmtheit nicht erzwingbar gewesen wäre.
b) Die Unbestimmtheit des abzuschließenden Vertrages („subject to such conditions as Dr. Ord shall approve") spielt im Verhältnis zwischen den Parteien keine Rolle.
c) Der Tod Dr. Ords hat auf die Verpflichtung der Beklagten keinen Einfluß. Sie hätte den Vertrag mit seinen executors abschließen müssen.
d) Die Schadensersatzansprüche des Klägers sind gerechtfertigt[8].

II. Der Optionsvertrag

Ein einseitiges Angebot zum Abschluß eines Vertrages ist nach englischem Recht jederzeit frei widerruflich. Dies gilt auch dann, wenn der Offerent erklärt hat „to keep the offer open for a given period"[9].

---

[6] Dunlop Pneumatic Tyre Co., Ltd. v. Selfridge, [1915] A. C. 847; Midland Silicones, Ltd. v. Scruttons, Ltd., [1960] 2 All E. R. 737; vgl. auch KÄSER, Der Vertrag zugunsten Dritter im englischen Recht, RabelsZ 21 (1956) 418 ff.

[7] Foster v. Wheeler (N. 2). Im deutschen Recht würde man diese Verträge als „unechte" Verträge zugunsten Dritter bezeichnen.

[8] Foster v. Wheeler (N. 2).

[9] Routledge v. Grant (1828), 4 Bing. 653; 130 E. R. 920; Dickinson v. Dodds (1876),

Eine *Bindung* an das Angebot kann nur durch einen besonderen *Vertrag* erreicht werden, für dessen Gültigkeit jedoch eine *consideration* erforderlich ist[10]. Diese Regel ist kritisiert worden. Das Law Revision Committee äußerte sich dazu wie folgt:

„It appears to us to be undesirable and contrary to business practice that a man who has been promised a period, either expressly defined or until the happening of a certain event, in which to decide whether to accept or to decline an offer cannot rely upon being able to accept it at any time within that period. If the offeror wants a consideration for keeping it open, he can stipulate for it and his offer is than usually called an „option". Merely because he does not so stipulate, he ought not to be allowed to revoke his offer with impunity. We consider that the fixing of a definite period should be regarded as evidence of his intention to make a binding promise to keep his offer open, and that his promise should be enforceable. If no period of time is fixed, we think it may be assumed that no contractual obligation was intended." [11]

Bisher hat die Empfehlung des Law Revision Committee aber keinen gesetzlichen Niederschlag gefunden. Die Auffassung, daß ein Angebot grundsätzlich nur dann unwiderruflich ist, wenn der Offerent für seine Bindung eine consideration erhält, ist immer noch geltendes Recht.

In einem Law Dictionary wird die Option definiert als „the privilege (acquired for a consideration) of calling for delivery or of making delivery of or both, within a specified time, of some particular stock or article at a specified price to a specified amount" [12]. Diese Definition sieht in dem Optionsvertrag offensichtlich einen *einheitlichen, bedingten Vertrag*: X verspricht „under seal" oder gegen consideration, einen bestimmten Gegenstand zu einem bestimmten Preis auf Verlangen von Y auf diesen zu übertragen, unter der Bedingung, daß dieser innerhalb einer bestimmten Frist sein Optionsrecht ausübt, sei es durch eine entsprechende Mitteilung, sei es durch Zahlung des vereinbarten Preises. Ein Optionsvertrag kann aber auch so geschlossen werden, daß X dem Y ein *formelles Angebot* macht, ihm einen bestimmten Gegenstand zu einem bestimmten Preis zu verkaufen und daß entweder gleichzeitig oder später X dem Y *verspricht*, gegen eine consideration oder under seal, sein *Angebot* 30 Tage *aufrecht-*

2 Ch. D. 463; Bristol, Cardiff, and Swansea Aërated Bread Co. v. Maggs (1890), 44 Ch. D. 616.

[10] Routledge v. Grant (N. 9); Dickinson v. Dodds (N. 9). Auf die consideration kann verzichtet werden, wenn der Offerent ein bindendes Angebot „under seal" macht, was aber selten der Fall sein wird.

[11] Sixth Interim Report (1937) 22 f.

[12] Earl Jowitt, The Dictionary of English Law (1959) 1271.

zuerhalten. Hier handelt es sich um *zwei* Transaktionen und nicht, wie im ersten Fall, um einen einzigen bedingten Vertrag[13]. Die rechtlichen Auswirkungen der gewährten Option sind jedoch in beiden Fällen die gleichen.

Die zweite Theorie (Angebot plus Vertrag, das Angebot für eine bestimmte Zeit aufrechtzuerhalten) kann allerdings zu rechtlichen Schwierigkeiten führen und ist darum in der englischen Doktrin auch bekämpft worden[14]. Man kann nämlich den Standpunkt vertreten, daß der Optionsgeber hier das (einfache) Angebot widerrufen kann. Ein solcher Widerruf wäre ein Bruch des Vertrages, das Angebot aufrechtzuerhalten. Der Optionsberechtigte könnte dann lediglich auf Schadensersatz klagen, aber nicht mehr den Vertrag zustandebringen. Gerade die Möglichkeit, einen bestimmten Vertrag mit Sicherheit zustandezubringen, ist aber der Sinn des Optionsrechts. Die dem Optionsgeber gegebene consideration nimmt diesem nicht nur das Recht „to revoke the option lawfully", sondern auch seine Macht „to revoke it effectively". Wer jemandem eine Option gewährt, sagt damit nicht: „I promise for good consideration hereafter to enter into such and such a contract with you if within a certain time you demand that I do so", sondern „I here and now for good consideration contract with you on such and such terms, subject to the condition that within a certain time you give me notice that you intend to demand fulfilment of my contract." [15]

Optionsverträge haben in dem modernen Wirtschaftsleben eine außerordentlich große *Bedeutung.* Gesellschaften bedienen sich häufig der Hilfe von Vertretern zum Erwerb geeigneten Grundbesitzes (dies gilt insbeson-

[13] Diese Unterscheidung hat sehr scharf der Amerikaner CORBIN getroffen (On Contracts I [1950] 865). Ebenso Fox, Options, Austr. L. J. 24 (1950/51) 7 ff. Nach einer neueren englischen Definition ist die Option nichts anderes als ein Angebot, das unwiderruflich ist, weil es entweder gegen eine consideration gewährt oder under seal, d. h. in einer „deed", gegeben wurde: Danckwerts J. in Stromdale & Ball Ltd. v. Burden, [1952] 1 Ch. 223, 235. Als conditional contract bezeichnet die Option Jenkins L. J. in Griffith v. Pelton, [1958] Ch. 205, 225. Dagegen definiert Buckley J. die Option als „offer ... which the lessor was contractually precluded from withdrawing so long as the option remained exercisable": Beesley v. Hallwood Estates Ltd., [1960] 1 W. L. R. 549, 556. In einer neueren südafrikanischen Entscheidung wird die Optionsvereinbarung definiert als „an undertaking to keep open an offer: Brandt v. Spies, 1960 (4) S. A. L. R. 14 (E). Mit der Ausübung des Optionsrechts entsteht zwischen den Parteien der endgültige Vertrag: „The contract is a unilateral one and becomes bilateral only when the offer is accepted": van Pletsen v. Henning, 1913 A. D. 82, 98 per Solomon J. A. Daß es sich bei der Gewährung eines Optionsrechts nicht lediglich um ein Angebot handelt, sondern um eine vertragliche Bindung, hat Villiers J. A. sehr klar herausgestellt: Boyd v. Nel, 1922 A. D. 414, 421. Die Ausübung des Optionsrechts umschreibt der Privy Council als „some act or event which is to fix the right of the appellant to take over the purchase items and the right of the respondent to have cash in exchange for them": Australian Hardwoods Pty. Ltd. v. Comr. for Railways, [1961] 1 W. L. R. 425.

[14] SALMOND and WINFIELD, Principles of the Law of Contracts ²(1945) 133 f.

[15] SALMOND and WINFIELD aaO 134.

dere für mining companies). Diese Agenten pflegen meist Land, das sie für geeignet halten, nicht sofort zu kaufen, sondern lassen sich gegen eine consideration ein unwiderrufliches Angebot einräumen, in welchem der Grundeigentümer sich verpflichtet, das Land an die Gesellschaft zu einem bestimmten Preis zu verkaufen, wenn die Gesellschaft sich innerhalb einer kurzen Frist (meist einige Wochen oder einige Monate) zu dem Ankauf entschließen sollte. Ist der Grundeigentümer zum alsbaldigen Verkauf nicht bereit, so versuchen die Agenten, sich ein „Vorkaufsrecht" (right of pre-emption) an dem Land einräumen zu lassen [16].

Das *Abzahlungsgeschäft* wird seit der Entscheidung Helby v. Matthews [16a] meist als Miete, verbunden mit einem Optionsrecht des Mieters auf käuflichen Erwerb der Mietsache, konstruiert (hire-purchase) [16b]. Das Optionsrecht kann ausgeübt werden nach Ablauf der Mietzeit, d. h. wenn der gezahlte Mietzins die Höhe des Kaufpreises erreicht hat, durch Zahlung eines zusätzlichen (nominellen) Betrages [16c].

Häufig ist die Vereinbarung eines Optionsrechts auch bei *Börsengeschäften*. Wird jemandem das Recht eingeräumt, bestimmte Papiere zu einem bestimmten Kurs bis zu einem festgesetzten Zeitpunkt erwerben zu können, so spricht man von einer option to call. Verpflichtet sich jemand, eine bestimmte Anzahl von Papieren zu einem bestimmten Kurs einem anderen auf dessen Wunsch abzukaufen, so hat dieser eine sogenannte option to put [16d].

Seine weiteste Verbreitung hat das Optionsrecht im Bereich des Miet- und Pachtrechts, der sog. *„lease"*. In einer lease wird dem Mieter oder Pächter („lessee") häufig ein Optionsrecht eingeräumt entweder auf käuf-

---

[16] Vgl. G. V. La Forest, Can. B. R. 38 (1960) 595.

[16a] [1895] A. C. 471 (H. L.).

[16b] Gegensatz: credit-sale. Der credit-sale ist nach der Definition des Hire-Purchase Act, 1938 „an agreement for the sale of goods under which the purchase price is payable by five or more instalments" (s. 21). Das Eigentum geht grundsätzlich, d. h., wenn die Parteien nichts anderes vereinbart haben, mit dem Abschluß des Kaufvertrages über, also nicht erst mit der Zahlung der letzten Rate: Sale of Goods Act, 1893, s. 18, r. 1; Goode, Hire-Purchase, Law and Practice (1962) 438. Demgegenüber ist der hire-purchase zunächst nur eine Sachmiete, wobei der Mieter aber das Recht hat, durch eine einseitige Erklärung – nach Erfüllung bestimmter Bedingungen – die Sache käuflich zu erwerben, ohne jedoch dazu verpflichtet zu sein: Vgl. Goode, aaO 10.

[16c] Eine solche Optionsvereinbarung lautet etwa folgendermaßen (vgl. Fox-Smith, Hire-Purchase, Credit and Finance [1962] 108): „If the Hirer shall duly make the said payments and strictly observe and perform all the terms and conditions on his part herein contained then the Hirer shall thereupon have the option of purchasing the vehicle for the sum of Ten Shillings."

[16d] Halsbury's Laws of England XXXVI 509.

lichen *Erwerb* des Grundstücks (genauer: auf Übertragung des Resteigentums, des „fee simple" oder des „freehold") oder auf eine *Erneuerung* der lease nach deren Ablauf.

III. Der Vorrechtsvertrag

Vorrechtsverträge finden sich im englischen Recht unter der Bezeichnung „right of pre-emption" als das Recht „of having the *first opportunity* of purchasing"[17].

Gelegentlich ist auch von *„first chance"* oder *„first refusal"* die Rede.

In dem leading case, nämlich in Manchester Ship Canal Company v. Manchester Racecourse Company[18] hatten die Parteien eine Vereinbarung geschlossen, in der es u. a. hieß: „If and whenever the lands and hereditaments belonging to the racecourse company ... should ... be at any time proposed to be used for dock purposes, then ... the racecourse company shall give to the Canal Company the first refusal of the aforesaid lands and hereditaments en bloc..." In der Folge machte eine dritte Gesellschaft ein Kaufangebot über 250 000 £. Die Vorrechtsgeberin forderte daraufhin von der Vorberechtigten 350 000 £. Diese war jedoch nur bereit, 200 000 £ zu bezahlen. Daraufhin verkaufte die Vorrechtsgeberin das Land an die dritte Gesellschaft für 280 000 £, nachdem sie zunächst 300 000 £ verlangt hatte. VAUGHAN WILLIAMS, L. J., führte in der Urteilsbegründung aus, der Begriff „first refusal" könne zwei Meinungen haben, einmal die, daß der vorberechtigten Gesellschaft Gelegenheit gegeben werden müsse, ein „fair and reasonable offer" abzulehnen, und zum anderen die, daß sie Gelegenheit haben müsse, »of refusing the land at the price acceptable to the racecourse company offered by some person other than the Canal Company"[19]. Die letzte Möglichkeit werde, so sagte der Richter, unter dem Begriff „right of pre-emption" verstanden. Im vorliegenden Fall sei von den Parteien keine Vereinbarung darüber getroffen worden, daß das Angebot zu einem bestimmten oder durch arbitration festzusetzenden Preis erfolgen sollte. Es sei darum im Interesse der Beklagten davon auszugehen, daß sie lediglich verpflichtet war, unter den gegebenen Voraussetzungen der vorberechtigten Gesellschaft *„a fair and reasonable offer"* zu machen. Das Angebot von 350 000 £ sei nicht „fair and reasonable" gewesen, da die Gesellschaft nicht erwartet habe, das Land zu diesem Preise verkaufen zu können. Das Angebot sei auch deswegen nicht „fair and reasonable" gewesen, weil die Gesellschaft, als sie das Angebot machte, bereits entschlossen war, es der späteren Käuferin

---

[17] Fox, Options, Austr. L. J. 24 (1950/51) 50. In einer südafrikanischen Entscheidung heißt es sehr richtig, daß ein Vorkaufsrecht („voorkeur van koop") „does not compel the grantor to sell, it only compels him to give the grantee the preference in case he sells at all." (Innes J. A. in Van Pletsen v. Henning, 1913 A. D. 82, 95).

[18] [1901] 2 Ch. 37.

[19] AaO 46.

um 300 000 £ anzubieten. Als „fair and reasonable" könne nur das Angebot angesehen werden, das die Gesellschaft, wenn sich die Verhandlungen mit der Vorberechtigten zerschlagen sollten, weiteren Interessenten zu machen entschlossen war, ein Angebot zu einem Preis „at which the racecourse company will offer the land to other would-be buyers in the event of the refusal of the Canal Company to buy at that price" [20]. Was die Wirkung gegenüber Dritterwerbern angeht, sagte der Richter, daß durch die vertragliche Gewährung des Vorkaufs kein „interest in land" begründet werde, daß aber der Dritte keine specific performance verlangen könne, „if that sale would be a breach of a prior contract with a third person". Daraus folge, daß man diesen Fall auf der Basis einer „action to restrain a breach of a contract threatened to be carried out in persuance of a subsequent contract by the defendant with a third person having full knowledge of the first contract" behandeln müsse [21]. Die vorberechtigte Gesellschaft habe darum ein „right of injunction".

In einem späteren Fall hatten die Parteien vereinbart: „the tenant ... shall have the option of renting the refreshment rooms ... at the rent ... to be ... fixed by the committee ... of the Carlisle Joint Station in preference to any other party." [22] In der ersten Instanz hatte McCardie J. aus dieser Vereinbarung ein unbedingtes Optionsrecht zugunsten der Klägerin entnommen [23].

Diese Auffassung wurde aber sowohl vom Court of Appeal als auch vom House of Lords abgelehnt. In beiden Instanzen wurde der Klägerin nur ein Recht zugestanden „to have the first refusal". Sollte die Beklagte ihre Erfrischungsräume verpachten wollen, so mußte sie zunächst der Klägerin ein dem Vertrag entsprechendes Angebot machen. Die Erfrischungsräume in eigener Regie zu betreiben, war sie nicht gehindert und in einem solchen Fall konnte die Klägerin auch kein Optionsrecht geltend machen.

Eine große Rolle spielen Vorrechtsverträge im Bereich des *Gesellschaftsrechts*, insbesondere im Bereich der private company, deren Wesensmerkmal darin besteht, daß die Mitglieder in der Veräußerung ihrer Anteile beschränkt sind.

§ 7: ZUSAMMENFASSUNG

I. 1. Die klassischen deutschen Abhandlungen zur Rechtsfigur des *Vorvertrages* geben auf die Frage nach der *Existenzberechtigung* und der *rechtlichen Zulässigkeit* des Vorvertrages keine einheitliche Antwort. Ein gleiches läßt sich von der Rechtsvergleichung sagen. Immerhin ist ein

---

[20] Vaughan Williams, L. J. aaO 48. [21] AaO 51.

[22] County Hotel and Wine Company v. London and North Western Railway, [1919] 2 K. B. 29 (C. A.); [1921] 1 A. C. 85 (H. L.).

[23] [1918] 2 K. B. 251.

Ergebnis der rechtsvergleichenden Überschau bemerkenswert: Daß der Vorvertrag in bestimmten Fällen von praktischer Bedeutung sein kann und darum auch seine rechtliche Zulässigkeit nicht negiert werden sollte, wird heute fast überall anerkannt. Das bemerkenswerteste Beispiel dieser Entwicklung ist Italien, das zunächst unter dem Einfluß des Code Napoléon Vorverträge zu Kaufverträgen den definitiven Kaufverträgen gleichsetzte, dann, nach der bahnbrechenden Arbeit COVIELLOS[1], den Vorvertrag zu einem Kaufvertrag zwar anerkannte, bei einem Bruch des gegebenen Vertragsversprechens aber nur Schadensersatz gewährte, schließlich aber in Art. 2932 des Codice civile von 1942 die Möglichkeit schuf, die geschuldete, aber nicht abgegebene Willenserklärung durch ein Urteil zu ersetzen. In Frankreich, wo man bereits frühzeitig erkannt hatte, daß aus dem Satz: „La promesse de vente vaut vente" nicht auf einen Satz: „La promesse de contrat vaut contrat" geschlossen werden kann, beginnt sich seit der grundlegenden Abhandlung BOYERS[2] die Erkenntnis durchzusetzen, daß selbst Vorverträge zu Kaufverträgen nicht in allen Fällen definitiven Kaufverträgen gleichzusetzen sind.

Auf der anderen Seite qualifizieren die Gerichte wohl überall und auch mit Recht Verträge, deren Rechtsnatur umstritten ist, im Zweifel als definitive Verträge. Der definitive Vertrag ist die Regel, der Vorvertrag die Ausnahme. Aber auch hier dürfen die mahnenden Stimmen nicht überhört werden, welche die Gerichte davor warnen, sich über den ausdrücklich erklärten Willen der Parteien hinwegzusetzen[3].

Diese Grundsätze (praktische Bedeutung des Vorvertrags in bestimmten Fällen, rechtliche Zulässigkeit, Ausnahmecharakter) beherrschen auch das heutige deutsche Recht[4]. Zwar wird von Zeit zu Zeit immer wieder darauf hingewiesen, daß in zahlreichen Fällen der Abschluß eines Vorvertrages unnötig ist, nämlich immer dann, wenn Vorvertrag und Hauptvertrag formgleich sind[5]. Das ist vollkommen richtig. Es wäre aber verfehlt, aus der Unnötigkeit des Vorvertrages in gewissen Fällen auf seine Unzulässigkeit zu schließen. Die Vertragsfreiheit gestattet es den Par-

---

[1] Enciclopedia Giuridica III, 3, 2 (1902), v. Contratto preliminare.

[2] Les promesses synallagmatiques de vente: Rev. trim. dir. civ. 1949, 1 ff.

[3] Vgl. insbes. AEBY, Les divers aspects de la promesse de vente, J. d. T. 1948, I, 546 ff.

[4] Vgl. zur Zulässigkeit des Vorvertrages: Motive I, 178; RG 66, 116; PLANCK(-FLAD), Bem. 4 vor § 145; STAUDINGER(-COING) Vorbem. 20 b vor § 145; KRÜGER-NIELAND in BGB – RGRK Anm. 13 vor § 145.

Zum Ausnahmecharakter RG 86, 30; BGH LM § 256 ZPO (40) = WM 1956, 1518; BGH NJW 1962, 1812, 1813.

[5] Siehe insbesondere BLOMEYER, La promesse de vente vaut vente, Festschrift für Leo Raape (1948), 269 ff.; DERS., Schuldrecht 77; LARENZ I, 75.

teien, auch „unnötige" Verträge abzuschließen. Allerdings werden die Gerichte unnötige Vorverträge im Zweifel als definitive Verträge qualifizieren. Die Gerichte sind ja bekanntlich bei der Auslegung von Willenserklärungen nicht an den buchstäblichen Sinn des Ausdrucks gebunden, sondern haben nach dem wirklichen Willen zu forschen (§ 133 BGB). Hatten die Parteien keinen Grund, statt eines definitiven Vertrages zunächst einen Vorvertrag abzuschließen, so wird die Behauptung einer Partei, es sei kein definitiver Vertrag, sondern ein Vorvertrag beabsichtigt gewesen, schwerlich Gehör finden[6]. Der Grund, der die Parteien zum Abschluß eines Vorvertrages bestimmte, braucht allerdings kein praktischer oder rechtlich relevanter gewesen zu sein. Oft sind es psychologische Gründe, welche die Parteien zum Abschluß eines Vorvertrages veranlassen. Auch sie können die Annahme eines Vorvertrages rechtfertigen[7]. Das Gericht darf darum nicht die vorgetragenen Gründe auf ihre rechtliche Tragfähigkeit untersuchen. Die Ermittlung des Parteiwillens gehört in den Bereich der Tatsachenfeststellung. Das Gericht hat darum nur zu fragen: Kann der vorgetragene Grund einen vernünftigen Menschen zum Abschluß eines Vorvertrages bestimmt haben?

2. Die Frage, ob Vorverträge zu *allen Vertragstypen* denkbar sind, ist theoretischer Natur. Es ist wenig sinnvoll, darüber zu streiten, ob beispielsweise Vorverträge zu einem Leih- oder Verwahrungsvertrag zulässig sind, denn solche Verträge werden in der Praxis nicht geschlossen. Den wichtigsten und praktisch bedeutsamsten Fall dieser Gruppe (der Vorverträge zu den sog. Realverträgen), nämlich das Darlehensversprechen, regelt in Deutschland das Gesetz ausdrücklich (§ 610 BGB). Nach der orthodoxen Auffassung handelt es sich bei diesem Versprechen um einen Vorvertrag, der gerichtet ist auf Abschluß eines Handgeschäfts, eines Realvertrages. Diese Auffassung beherrscht heute noch das französische[8] und das italienische Recht[9], hat aber auch in Deutschland noch

[6] Siehe dazu das in N. 4 zitierte Urteil des BGH.

[7] Darauf haben insbes. Aeby (N. 3) und Messineo, Enciclopedia del diritto X, 169 hingewiesen. Dasselbe meint Degenkolb, wenn er sagt, der Vorvertrag sei zwar in vielen Fällen nicht unmittelbar sachlich geboten, aber subjektiv genügend motiviert (oben § 2, Text zu N. 28).

[8] S. o. § 3, Text zu N. 30.

[9] S. o. § 4, Text zu N. 34, 74. In der italienischen Doktrin hat man sich Gedanken gemacht, ob das reale Element, nämlich die Hingabe der Darlehenssumme, überhaupt durch einen Urteilsspruch ersetzt werden kann. Eine weit verbreitete Auffassung hält ein Urteil nach Art. 2932 c. c. bei Vorverträgen zu Realverträgen für ausgeschlossen: So z. B. Satta, L'esecuzione forzata ²(1952), 255 f.; Carraro, La Mediazione (1952) 227; Fragali 380 f.; dagegen allerdings Messineo, Dottrina generale 207 f.; Tamburrino 82; Moscone 549; Forchielli 690, N. 2.

gewichtige Vertreter[10]. Nach einer modernen Auffassung, die im Schweizerischen Obligationenrecht einen gesetzlichen Niederschlag gefunden hat[11], ist das Darlehensversprechen kein Vorvertrag, sondern ein definitiver Vertrag. Die Parteien verpflichten sich nicht zum Abschluß eines neuen Vertrages, sondern zur Auszahlung bzw. Abnahme und Rückzahlung der Darlehenssumme[12]. Schließt man sich der zweiten Auffassung an, die allein unserer heutigen Auffassung von der Natur des Vertrages entspricht, so fällt der Darlehensvorvertrag in der Mehrzahl der Fälle dahin. Die Parteien wollen, wenn sie ernstlich ein Darlehen versprechen, keinen Vorvertrag, sondern sogleich den definitiven Vertrag schließen. Freilich sind auch Vorverträge zu einem Konsensualdarlehen denkbar, etwa wenn über die Bedingungen noch verhandelt werden soll[13].

In Deutschland ebenfalls gesetzlich geregelt ist das Schenkungsversprechen (§ 518 BGB). Der Streit, der in der italienischen Rechtswissenschaft über die Zulässigkeit des Schenkungsversprechens herrscht[14], ist damit für uns uninteressant.

Kein echter Vorvertrag ist nach deutscher Auffassung die Verpflichtung zur Hypothekenbestellung, die „promesse synallagmatique d'hypothèque"[15]. Die Verpflichtung zur Hypothekenbestellung steht zur Hypothekenbestellung im selben Verhältnis wie der Kaufvertrag zur Übereignung. Die Verpflichtung ist der obligatorische, die Bestellung der dingliche Vertrag[16].

3. Eine besondere Erwähnung verdient der *Vorvertrag zugunsten Dritter.* In der deutschen Rechtsliteratur wird er eigentümlicherweise fast nirgendwo genannt, geschweige denn erörtert, obgleich schon SCHLOSS-

---

[10] RG 71, 113, 117; 86, 323, 324; RG Recht 1930 Nr. 2217; ACHILLES-GREIFF-BRÜGGEMANN [21](1958) Vorbem. 1 vor § 607; WILDE in BGB-RGRK Anm. 3 vor § 607; PALANDT-GRAMM Einf. 1 a vor § 607.

[11] § 312 OR: Durch den Darlehensvertrag verpflichtet sich der Darleiher zur Übertragung des Eigentums an einer Summe Geldes oder an anderen vertretbaren Sachen, der Borger dagegen zur Rückerstattung von Sachen der nämlichen Art in gleicher Menge und Güte.

[12] STAUDINGER-RIEDEL Vorbem. 2 vor § 607; BLOMEYER, Schuldrecht 97; ZUNFT, Werkförderungsverträge, NJW 1958, 1330, 1331; ESSER 644; LARENZ II 178; SOERGEL-SIEBERT-ERDSIEK-MÜHL, Bem. 2 vor § 607; vermittelnd: ENNECCERUS-LEHMANN 592 f. Siehe auch schon KOHLER, Über das Konsensualdarlehn, ArchBürgR 2 (1889) 211 ff. und SCHLOSSMANN oben § 2 I 4.

[13] LARENZ II 179. S. auch BGH WM 1962, 114.

[14] S. o. § 4, Text zu N. 77 u. 78.

[15] S. o. § 3, Text zu N. 32, 33, 45–47.

[16] PALANDT(-DANCKELMANN) Einf. 4 vor § 145; ERMAN(-HEFERMEHL) Bem. VI 2 vor § 145. Das meint auch das RG in SeuffA 58, 18 (Nr. 9), wenn es auch in irreführender Weise von einem Vorvertrag spricht.

MANN auf seine große praktische Bedeutung hingewiesen und betont hat, Tatbestände dieser Art böten viel begründeteren Anlaß zu besonderer wissenschaftlicher Betrachtung als die regelmäßig bei der Darstellung des Vorvertrages behandelten Tatbestände[17]. In Italien ist der Vorvertrag zugunsten Dritter, insbesondere in der Gestalt des Vertragsversprechens „per persona da nominare" recht häufig[18], in der Schweiz ist er der Hauptfall[19] und in England der einzig zulässige Fall des Vorvertrages[20]. In der deutschen Rechtsliteratur ist verschiedentlich behauptet worden, bei dem Vorvertrag zugunsten Dritter handle es sich nicht um einen Vorvertrag im eigentlichen Sinn, vielmehr sei in der Regel hier ein Auftrag oder ein Geschäftsbesorgungsvertrag gegeben[21]. In Wahrheit ist der Vorvertrag aber mit dem Auftrag nicht gleichzusetzen. Das ergibt sich deutlich aus der Gegenüberstellung zweier typmäßiger Fälle:

1 A erteilt B den Auftrag, von C ein Grundstück zu kaufen und an ihn zu übertragen;

2. A gibt dem B ein Grundstück zur Parzellierung an die Hand und verpflichtet sich, die einzelnen Parzellen an die von B zu benennenden Käufer zu verkaufen. Im ersten Fall handelt es sich um einen Auftrag[22], im zweiten Fall um einen Vorvertrag zugunsten Dritter[23]. Worin liegt der Unterschied? Bei einem Auftrag handelt derjenige, der sich verpflichtet, mit einem Dritten zu kontrahieren, also der Beauftragte, als Vertreter des Auftraggebers, der auch den Nutzen aus dem Vertrag zieht. Bei einem Vorvertrag zugunsten Dritter handelt derjenige, der sich verpflichtet, einen Vertrag zu schließen, zu eigenem Nutzen und in eigenem Interesse, also nicht als Vertreter. Bei dem Auftrag hat derjenige, mit dem der Beauftragte einen Vertrag schließen soll, kein selbständiges Forderungsrecht, wohl aber bei dem Vorvertrag zugunsten Dritter. Hätte A in dem ersten Fall den B beauftragt, das von C zu kaufende Grundstück

---

[17] S. o. § 2, Text zu N. 44. Auch DEGENKOLB sah in Vorverträgen zugunsten Dritter echte Vorverträge: oben § 2, Text zu N. 25.

[18] S. o. § 4, Text zu N. 43–45.

[19] S. o. § 5, Text zu N. 9.

[20] S. o. § 6, Text zu N. 2.

[21] So z. B. LEVINSOHN, Der Vorvertrag (1931) 51 und die dort zitierten Autoren; KRESS, Lehrbuch des Allgemeinen Schuldrechts (1929) 98.

[22] S. die sehr instruktive Entscheidung des Schweizerischen Bundesgerichts in BGE 65 II 161.

[23] LEHMANN, Allgemeiner Teil [14](1963) 229. Den Vorvertrag zugunsten eines Dritten zählen auch v. TUHR II, 1 494 und OERTMANN § 154 Bem. 4 zu den eigentlichen Vorvertragsfällen. Häufig übernimmt in solchen Fällen der Vorvertragspartner die Garantie des Kaufpreises. Beispiel: „Gegen Garantie des Kaufpreises in Höhe von 100 000 DM durch B (den Vorvertragspartner) verpflichtet sich A, sein in Hamburg belegenes Grundstück XY an einen von B zu benennenden Käufer zu verkaufen."

an D zu übertragen, so wäre die Vereinbarung zwischen A und B ein Vorvertrag gewesen, nicht zu dem Kauf des Grundstücks von C, wohl aber zu dem Verkauf des Grundstücks an D[24]. Zu den Vorverträgen zugunsten Dritter zählt auch die Verpflichtung einer Partei, mit anderen Personen einen Gesellschaftsvertrag abzuschließen[25] oder die Verpflichtung der Gesellschafter einer OHG, einen Dritten in die Gesellschaft aufzunehmen[26].

4. Die Frage nach dem *Inhalt* und den *Wirkungen* des Vorvertrages wird in den einzelnen Rechtsordnungen verschieden beantwortet. Nach der in Frankreich herrschenden Rechtsauffassung verpflichten sich die Parteien in dem Vorvertrag zur Abgabe einer Willenserklärung, d. h. zu einem Tun, und sind infolgedessen, wenn sie dieses Tun verweigern, zum Schadensersatz verpflichtet[27]. Dagegen steht die These BOYERS, wonach der Vorvertrag keine obligatio contrahendi ist, sondern die Verpflichtung zur gemeinsamen Verwirklichung aller Bedingungen, die zur Gültigkeit eines vereinbarten Vertrages noch erforderlich sind[28]. Wird der danach geschuldete Beitrag von einer Partei gefordert, so wird damit nicht deren Entschließungsfreiheit gefährdet. Der Entschluß ist ja bereits – im Vorvertrag – gefaßt worden. Nur die Entschließungsfreiheit will aber Art. 1142 C. civ. schützen. Das bedeutet aber, daß der geschuldete Beitrag zur Verwirklichung eines versprochenen Vertrages in aller Regel durch ein Urteil ersetzt werden kann. Anders ist es freilich, wenn der geschuldete Beitrag zur Verwirklichung des versprochenen Vertrages in einem persönlichen Verhalten besteht, beispielsweise in einer notwendig auf Vertrauen basierenden gesellschaftlichen Zusammenarbeit. Vertrauen ist weder erzwingbar noch ersetzbar. Hier bleibt nur die Klage auf Schadensersatz[29].

In Italien ist die Folge einer Weigerung, den versprochenen Vertrag zu schließen, klar: „L'altra parte, qualora sia possibile e non sia escluso dal titolo, può ottenere una sentenza che produca gli effetti del contratto non concluso" (Art. 2932 c. c.). Bemerkenswert sind die Rückschlüsse,

---

[24] So BGE 57 II 502.

[25] SUDHOFF, Der Gesellschaftsvertrag der Personengesellschaften (1959) 208.

[26] RG 30, 147; STAUDINGER-GEILER-KESSLER § 705 Bem. 41.

[27] Vgl. Art. 1142 C. civ. S. o. § 3, Text zu N. 39 ff. Daß bei einem Darlehensversprechen – wenigstens nach h. M. – auf Zahlung der Darlehenssumme geklagt werden kann (Text zu N. 43), ist von der Konzeption des Darlehens als Realvertrag her gesehen inkonsequent, im Ergebnis aber richtig. Gegenstand dieses scheinbaren Vorvertrages ist nicht der Abschluß eines Hauptvertrages, sondern eine Leistung.

[28] S. o. § 3, Text zu N. 18.

[29] BOYER (N. 2) 33 ff.

die von dieser zentralen Wirkung des Vorvertrages auf seinen Inhalt gezogen worden sind. Ist der Hauptvertrag, der durch Urteilsspruch ersetzt werden kann, überhaupt noch ein Vertrag? Ist Gegenstand des Vorvertrages in Wahrheit eine „prestazione di volontà" oder nicht nur eine bloße Erfüllungshandlung? Die Wirksamkeit des Urteils hängt von der Geschäftsfähigkeit des Schuldners nicht ab. Kann diese für den „Hauptvertrag" gefordert werden? MONTESANO hält den Hauptvertrag für eine „prova confessoria documentata", welche den Eintritt der Wirkungen eines schon geschlossenen Vertrages bedingt, und den Richterspruch für die Beseitigung der Bedingung[30].

Da diese Thesen auf einem Rechtszustand basieren, der dem deutschen Recht praktisch gleich ist, werden sie uns dazu zwingen, auch für das deutsche Recht das Verhältnis von Vorvertrag und Hauptvertrag neu zu durchdenken.

II. Die praktische Bedeutung des *Optionsvertrages* und seine rechtliche Durchleuchtung stehen in Deutschland in einem merkwürdigen Mißverhältnis. Nicht so im ausländischen Recht: Die promesses unilatérales de contrat (insbesondere: de vente) und der patto di opzione werden in einer Fülle von Entscheidungen untersucht und in ihrem rechtlichen Gehalt geklärt. In der Schweiz nimmt das Kaufsrecht in der Rechtsprechung und der Literatur einen breiten Raum ein, und das englische Recht steuert insbesondere zu der Option im Bereich der „lease" zahlreiche Entscheidungen bei. Die Vielzahl von Entscheidungen hat allerdings einen besonderen Grund. Im französischen, im italienischen und im englischen Recht kann ein Angebot grundsätzlich solange widerrufen werden, als der Vertrag nicht geschlossen ist[31]. Das Bedürfnis, den Offerenten an sein Angebot zu binden, ist darum in diesen Ländern größer als in Deutschland.

Das bemerkenswerteste Ergebnis der rechtsvergleichenden Betrachtung ist die allerorts anzutreffende Unsicherheit über die *rechtliche Qualifikation* des Optionsvertrages. In der italienischen Doktrin, die sich am eingehendsten mit dieser Frage beschäftigt hat, wird der Optionsvertrag teils als unwiderrufliches Angebot, teils als einseitiger Vorvertrag, teils als bedingter Vertrag und teils als Einigung über die Unwiderruflichkeit eines Angebots, als vertraglicher Verzicht auf den Widerruf eines Angebots angesehen[32]. In Frankreich hält die überwiegende Meinung den Optionsvertrag für einen „contrat special", nicht für einen bedingten oder

[30] Vgl. dazu oben § 4, Text zu N. 17–29.
[31] S. o. § 3, Text zu N. 53 ff.; § 4, Text zu N. 51; § 6, Text zu N. 9.
[32] S. o. § 4, Text zu N. 54–67.

befristeten Vertrag[33]. Im Ergebnis stellt sich die promesse unilatérale de contrat dar als eine in einen Vertrag eingekleidete Offerte. In der Schweiz hält eine Auffassung den Optionsvertrag für einen bedingten definitiven Vertrag, eine andere für einen Vertrag besonderer Art, durch den einer Partei ein begründendes Gestaltungsrecht eingeräumt wird[34]. Schließlich spricht man auch in England im Zusammenhang mit den Optionsverträgen teils von einem bedingten Vertrag, teils von einem „undertaking to keep open an offer“[35]. Daß die Qualifikation des Optionsvertrages nicht nur von theoretischem, sondern auch von erheblichem praktischen Interesse ist, zeigt sich beispielsweise daran, daß die Ausübung des Optionsrechts im einen Fall die (möglicherweise formbedürftige) Annahme eines Angebots darstellt, im anderen Falle dagegen die (formlos gültige) Erklärung, daß die Wirkungen des (formgültig geschlossenen) Vertrages eintreten sollen.

III. Der *Vorrechtsvertrag* ist im Ausland stärker verbreitet als in Deutschland, weil den ausländischen Rechtsordnungen ein vertragliches Vorkaufsrecht meist fremd ist. Das erklärt, daß der Vorrechtsvertrag in der ausländischen Judikatur und Doktrin auch z. T. eingehender gewürdigt und untersucht worden ist, als dies in Deutschland der Fall ist. Zur Aufklärung der Problematik des Vorrechtsvertrages wird darum mit Nutzen auf die zahlreichen ausländischen Erörterungen zurückgegriffen werden können. Dies gilt insbesondere für das Problem der rechtlichen Qualifikation des Vorrechtsvertrages. Ebenso wie die rechtliche Natur des Optionsvertrages ist auch die *rechtliche Natur* des Vorrechtsvertrages *umstritten.*

In Frankreich sieht eine weit verbreitete Auffassung in ihm ein bedingtes einseitiges Vertragsversprechen. Andere halten den pacte de préférence dagegen für einen Vertrag sui generis[36]. Der gleiche Streit herrscht auch in Italien[37]. In der Schweiz wird sowohl die Auffassung vertreten, daß es sich bei der Einräumung einer Vorhand um den Abschluß eines bedingten Vorvertrags handle, als auch die Meinung, daß der Vorrechtsvertrag ein bedingtes Kaufsrecht sei. Zuweilen wird zwischen Vorkaufsrecht und Vorhand überhaupt nicht unterschieden[38].

---

[33] S. o. § 3, Text zu N. 60.
[34] S. o. § 5, Text zu N. 25, 26.
[35] S. o. § 6, Text zu N. 13.
[36] S. o. § 3, Text zu N. 79–81.
[37] S. o. § 4, Text zu N. 82–90.
[38] S. o. § 5, Text zu N. 44.

II. Teil

Der Vorvertrag

§ 8: AKTUELLE ERSCHEINUNGSFORMEN

Vorverträge sind denkbar zu allen Vertragstypen. In der Praxis treten sie jedoch nur in wenigen Erscheinungsformen auf. Zu nennen sind hier insbesondere die Vorverträge zu Kaufverträgen, die Vorverträge zu Miet- oder Pachtverträgen und die Vorverträge zu Gesellschaftsverträgen. Auf diese drei Vorvertragstypen soll sich darum unsere Untersuchung zunächst konzentrieren. Sie soll erweisen, ob die rechtliche Problematik dieser verschiedenen Vorvertragstypen die gleiche ist, so daß einheitliche Regeln für alle Vorverträge aufgestellt werden können, oder ob die Rechtsprobleme, welche die einzelnen Vorvertragstypen aufwerfen, so verschieden sind, daß nach differenzierten Lösungen gesucht werden muß.

I. Vorverträge zu Kaufverträgen

1. Einer Entscheidung des OLG Nürnberg von 17. 11. 1959 [1] lag folgender Sachverhalt zugrunde: Der Beklagte, der ein Filmtheater erbauen wollte, schloß mit dem Kläger, der eine Firma „Tonfilm-Technik" betrieb, im Mai 1953 folgende als „Vorvertrag" bezeichnete Vereinbarung: „Herr J. H. beauftragt heute die Firma H. B. mit einer Gesamteinrichtung seines im Bau befindlichen Neubau-Filmtheaters. Ein Vertragsabschluß für die in Frage kommenden Tonfilmgeräte und Apparaturen wird noch gesondert in einem Bestellbrief aufgegeben und vertraglich abgeschlossen. Ebenso werden Liefertermin und Zahlungsbedingungen im Bestellbrief festgelegt.

Die Firma H. B. übernimmt mit diesem Vertrag die kostenlose Ausarbeitung der technischen Pläne und die mit dem Baumeister und Architekten vorzusehenden Planungsarbeiten. Dieser Vorvertrag ist eine freiwillige ungezwungene Fest-

---

[1] OLG Nürnberg, BayJMBl 1960, 47.

abmachung für beide Teile, und somit auch rechtsverbindlich, auch dann, wenn für beide Teile Nachfolger eingesetzt werden müssen."

Die Lieferung der Einrichtung scheiterte daran, daß der Beklagte dem Kläger mitteilte, er habe eine Einrichtung gemietet, da er zum Kauf nicht das nötige Geld habe. Das Landgericht wies die Klage des Klägers auf Schadensersatz (Verdienstentgang) ab mit der Begründung, die Parteien hätten den Inhalt der Leistungen, zu denen sie sich verpflichten wollten, nicht festgelegt, ein Vorvertrag sei darum nicht zustande gekommen. Die Berufung des Klägers blieb erfolglos.

2. In einem Urteil des Schleswig-Holsteinischen Oberlandesgerichts vom 14. 11. 1958[2] ging es um die Beurteilung folgenden Sachverhalts: Die Beklagte hatte in den Jahren 1954 und 1955 auf einem Grundstück, an dem sie das Erbbaurecht erworben hatte, Reihenhäuser errichtet. Das gesamte Grundstück war in eine Reihe von Parzellen aufgeteilt worden, zu denen jeweils ein Reihenhaus gehörte. Über diese Parzellen hatte die Beklagte mit verschiedenen Bewerbern, darunter auch mit der Klägerin, privatschriftlich „Kaufanwartschaftsverträge" unter Verwendung eines Vordrucks abgeschlossen. Der von der Klägerin nach dem Kostenvoranschlag voraussichtlich zu zahlende Kaufpreis war mit 29 850 DM eingesetzt. Die Parteien hatten sich verpflichtet zum Abschluß des nach Fertigstellung des Eigenheims erforderlichen Kaufvertrages. Am 28. 10. 1955 teilte die Beklagte der Klägerin mit, daß sich der Kaufpreis für das Reihenhaus wegen der allgemeinen Baukostenverteuerung um bis zu 10 v. H. erhöhen werde. Am 4. 11. 1955 übergab die Beklagte der Klägerin das Reihenhaus, und die Klägerin zog an diesem Tage in das Eigenheim ein. Am 25. 6. 1956 teilte die Beklagte der Klägerin mit, daß der endgültige Kaufpreis für das Eigenheim 37 700 DM betrage. Die Klägerin klagte daraufhin auf Feststellung, daß die Beklagte nicht berechtigt sei, für die Übertragung des Erbbaurechts einen höheren Kaufpreis als 29 850 DM zu fordern. Das OLG wies die auf den Kaufanwartschaftsvertrag gestützte Klage ab, weil der Kaufanwartschaftsvertrag nicht in der nach § 313 S. 1 BGB erforderlichen Form beurkundet und darum nichtig sei.

3. Über einen ähnlichen Fall hatte der OGH für die Britische Zone zu entscheiden[3]: Die Klägerin, ein auf Grund des Reichssiedlungsgesetzes gegründetes gemeinnütziges Siedlungsunternehmen, hatte zu Siedlungszwecken das Gut Schl. erworben und dieses zunächst an Angehörige der SS aufgesiedelt. Nach dem Zusammenbruch mußten diese Siedler die Siedlerstellen räumen. Daraufhin übergab die Klägerin die Stellen neuen Siedlern. Notarielle Verträge wurden mit den neuen Siedlern zunächst nicht geschlossen, ihnen jedoch zugesagt, sobald ihre Eignung in einer zweijährigen Probezeit festgestellt worden sei. Zu den Neusiedlern gehörte auch der Beklagte. Er war früher bei der Firma J. angestellt gewesen, die in der Ostzone einen Samenzuchtbetrieb gehabt hatte, der ihr nach der Besetzung durch die Russen enteignet worden war. Der Beklagte

[2] SchlHOLG, SchlHA 1959, 48.

[3] Urt. v. 21. 9. 1949, RdL 1950, 31.

hatte mit Dr. W., dem damaligen Geschäftsführer der Klägerin, die Bedingungen für den Erwerb der Siedlung besprochen. Als Kaufpreis wurde ihm ein Betrag von 60 000 RM angegeben, und zwar unter Zugrundelegung der mit den alten Siedlern vereinbarten Preise zuzüglich 50 RM je Morgen und 24 000 RM für die Gebäude. Die genaue Höhe des Kaufpreises war auf Grund einer vorzunehmenden Vermessung des überlassenen Landes festzustellen. Das auf der Siedlung befindliche Inventar sollte der Beklagte von dem Altsiedler zum Schätzwert übernehmen. Der bar zu zahlende Kaufpreis sollte durch Aufnahme eines hypothekarisch gesicherten Kredits beschafft werden. Im übrigen sollten die Kaufbedingungen gelten, wie sie mit den alten Siedlern vereinbart waren.

Außer dem Beklagten hatte sich auch die neu gegründete Firma J. & Co., Samenzucht GmbH, um eine Siedlerstelle bei dem Geschäftsführer der Klägerin beworben. Dieser war auch geneigt, der Firma eine Siedlerstelle zu geben. Da jedoch die der Militärregierung vorzulegenden Fragebögen für diese Firma nicht schnell genug beschafft werden konnten, auch Schwierigkeiten für die Vergebung einer Siedlerstelle an eine juristische Person bestanden, hatte W. der Militärregierung den Beklagten vorgeschlagen. Hierbei rechnete er damit, daß der Beklagte, wenn er eine Siedlung erhalte, sich mit der Firma über die Abgabe von Land verständigen würde.

Dem Beklagten wurde ebenso wie den übrigen 10 Neusiedlern am 17. 1. 1946 die in Aussicht genommene Siedlerstelle zur verantwortlichen Bewirtschaftung übergeben. Das Inventar der Stelle wurde mit 7266,57 RM abgeschätzt. Der Beklagte ließ daraufhin seine Familie kommen und nahm die Bewirtschaftung auf. Er verwendete dazu eigene Geldmittel, legte verschiedene auf die Dauer berechnete Anlagen, wie u. a. einen Zuckerrübenzuchtgarten von 8 Morgen, an und hat unstreitig die Stelle ordnungsmäßig bewirtschaftet.

Nachdem Mitte Juni 1946 eine Besichtigung der Siedlungen durch die Kreisbauernschaft und die Militärregierung stattgefunden hatte, erteilte diese mit Schreiben vom 27. 5. 1946 der Klägerin die Anweisung, mit den Siedlern notarielle Verträge abzuschließen oder binnen 7 Tagen der Militärregierung einen anderen Plan zu unterbreiten. Die Klägerin schloß daraufhin mit sämtlichen Siedlern, mit Ausnahme des Beklagten, notarielle Verträge ab. Hinsichtlich des Beklagten vertrat sie den Standpunkt, daß dieser nur Strohmann der Firma J. & Co. sei, die als juristische Person für die Siedlerstelle nicht in Frage komme, und daß sie deshalb nicht verpflichtet sei, dem Beklagten die Siedlerstelle zu belassen. Auf Grund ihres Eigentums verlangte sie Herausgabe der Siedlerstelle. Während das Landgericht die Klage abwies, gab das OLG (Braunschweig) ihr statt. Der OGH stellte das Urteil des Landgerichts wieder her. Er stützte seine Entscheidung u. a. darauf, daß zwischen den Parteien ein Vorvertrag geschlossen worden sei, der den Beklagten berechtige, die Herausgabe zu verweigern. Zwar sei der Vorvertrag formungültig, doch stehe der Berufung der Klägerin auf die Formungültigkeit die Einrede der Arglist entgegen.

4. Zu den Kaufverträgen im weiteren Sinne darf man auch die Bezugsverträge, namentlich den Tankstellenvertrag, rechnen. Über einen Vorvertrag zu einem solchen Tankstellenvertrag hatte der BGH in einem Urteil vom 25. 5. 1961 zu entscheiden[3a]. Der Vorvertrag lautete folgendermaßen:

„Zwischen Herrn H. und der Firma W. wird folgender Vertrag geschlossen:

1. Die Firma W. verpflichtet sich, Herrn H. eine Tankstelle am Ortseingang R. zu errichten... Zur Abgabe kommen Benzin, Super und Gasöl. Die Firma W. übernimmt die Kosten des Einbaus und der Montage der Anlage; die Ausschachtung sowie die eventuelle Verlegung der Erdkabel bis zu den Zapfsäulen gehen zu Lasten des Herrn H.
2. Die Anlage bleibt Eigentum der Firma W.
3. Die Vertragsdauer wird noch festgelegt.
4. Die Lieferungen erfolgen zu den von den Preisfestsetzungs- und Überwachungsstellen festgelegten oder genehmigten Preisen und Bedingungen.
5. ...
6. Der endgültige Vertrag kann jedoch erst abgeschlossen werden, wenn seitens der Regierung und der Baupolizei keine Einsprüche gegen dieses Tankstellenprojekt erhoben werden.
7. ...
8. Herr H. verpflichtet sich, einen Vertrag mit einer anderen Treibstoffirma nicht einzugehen, solange dieser Vorvertrag besteht.

Zu einem endgültigen Vertrag kam es nicht. Nachdem die in Ziff. 6 erwähnten Genehmigungen erteilt worden waren, kündigte H. die Abrede mit der Firma W. und errichtete auf dem von ihm erworbenen Gelände selbst eine Tankstelle, nachdem er mit der Treibstoffirma D. einen entsprechenden Vertrag geschlossen hatte. Daraufhin erhob die Firma W. Klage gegen H. auf Abschluß eines Vertrages zu den im Vorvertrag genannten Bedingungen. Als Vertragsdauer nannte sie einen Zeitraum von 20 Jahren. H. stellte sich auf den Standpunkt, der Vorvertrag sei nicht verbindlich gewesen, weil ein wesentlicher Punkt des künftigen Hauptvertrages, nämlich die Vertragsdauer, ungeregelt geblieben sei. Das Landgericht und das Oberlandesgericht wiesen die Klage ab. Die Revision führte zur Aufhebung und Zurückverweisung.

Der BGH führte aus, Vorverträge unterstünden zwar mit Bezug auf ihren Inhalt grundsätzlich den allgemeinen Rechtsregeln. Es sei auch denkbar, daß einer als Vorvertrag bezeichneten Vereinbarung nach § 154 BGB die rechtliche Wirkung abzusprechen sei, weil die Vertragsteile sich nicht über alles geeinigt hätten, was nach ihrer Erklärung Gegenstand des Vorvertrages sein sollte. Im vorliegenden Falle hätten jedoch die Parteien von einer Regelung der Vertragsdauer im Vorvertrag bewußt abgesehen und sie einem späteren Zeitpunkt vorbehalten. Das sei keineswegs gleichbedeutend mit einer gescheiterten Einigung

[3a] BGH WM 1961, 1052.

über einen Punkt des Vorvertrages. Daß ein Vertrag geschlossen und dieser oder jener Punkt bewußt offengelassen werde, komme im Rechtsleben häufig vor. Besonders gelte das von Vorverträgen, deren Merkmal gerade darin bestehe, daß eine zu regelnde Angelegenheit aus rechtlichen oder tatsächlichen Gründen noch nicht in allen Punkten festgelegt werden könne, die Beteiligten aber trotzdem eine Bindung alsbald begründen wollten. Es liege in der Natur der Sache, daß an den notwendigen Inhalt eines solchen Vorvertrages nicht die gleichen Anforderungen gestellt werden könnten, wie an ein die Angelegenheit endgültig regelndes Abkommen.

Die von den Parteien bewußt gelassene Lücke könne im Wege der ergänzenden Vertragsauslegung geschlossen werden. Für die Vertragsdauer seien wirtschaftliche Gesichtspunkte maßgebend. Das Berufungsgericht müsse prüfen, welche Aufwendungen für den Bau der geplanten Tankstelle erforderlich gewesen wären und in welcher Höhe sich die Klägerin daran beteiligt hätte; ferner, welche Zeit der Beklagte unter Berücksichtigung der voraussichtlichen Umsätze und der für ihn tragbaren Abzahlungssätze benötigt haben würde, um die Leistungen der Klägerin in für ihn zumutbarer Weise zu verzinsen und zu tilgen. Daraus könne dann auf die von den Parteien mutmaßlich gewollte Vertragsdauer geschlossen werden.

II. Vorverträge zu Miet- oder Pachtverträgen

1. Bis zum BGH gelangte folgender Rechtsstreit (Urteil vom 14. 6. 1961)[4]: Die Klägerin wollte in einem Haus, das der Beklagte errichtete, Geschäftsräume für den Betrieb eines Selbstbedienungsladens mieten. Es kam zu einer Besprechung, in deren Verlauf die Parteien übereinstimmend erklärten, daß an ein nur kurzfristiges Mietverhältnis nicht zu denken sei. Im Anschluß an die Besprechung richtete die Klägerin an den Beklagten ein Schreiben, in dem es u. a. hieß: „... Gestatten Sie uns, daß wir nachstehend die Absprache bestätigen, die heute vormittag zur Debatte stand. Sie vermieten uns in Ihrem z. Z. im Bau befindlichen Projekt (es folgt die Aufzählung und Beschreibung der Räume) zum monatlichen Mietpreis von 1425 DM netto... Die o. a. Miete wird erstmals dann fällig, wenn die Räume bezugsfertig sind. Ein endgültiger Vertrag wird nach Fertigstellung der gesamten Räume abgeschlossen. Dieses ... Schreiben gilt als Vorvertrag."

Der Beklagte bestätigte dieses Schreiben und erklärte, er gehe im wesentlichen mit dessen Ausführungen einig, lediglich hinsichtlich der Ausstattung möchte er noch einige Punkte präzisieren.

Einige Monate später teilte der Beklagte der Klägerin mit, daß er „von der seinerzeitigen Absprache Abstand nehme".

---

[4] BGH WM 1961, 1053.

Die Klägerin begehrt nun mit der Behauptung, man habe sich bei der mündlichen Besprechung auf eine Mietdauer von 10 Jahren geeinigt, die Verurteilung des Beklagten zum Abschluß eines der mündlichen Vereinbarung entsprechenden schriftlichen Mietvertrages.

Das Berufungsgericht meinte, die Klägerin habe zwar die Vereinbarung einer 10jährigen Mietzeit nicht bewiesen, doch sei dies ohne Bedeutung. Diese Lücke könne nämlich durch Auslegung geschlossen werden. Bei der erforderlichen Ermittlung des hypothetischen Parteiwillens sei zu berücksichtigen, eine wie lange Zeit vernünftige, nach Treu und Glauben handelnde Vertragspartner unter den geschilderten Verhältnissen vereinbart haben würden. Danach liege die von der Klägerin für richtig gehaltene 10jährige Vertragsdauer an der unteren Grenze. Nur bei einer mindestens diese Zeitspanne umfassenden Dauer seien, wie der Beklagte als Kaufmann ohne weiteres habe erkennen können, die von der Klägerin vorzunehmenden notwendigen Investitionen in einer zwischen 30 000 und 50 000 DM liegenden Höhe wirtschaftlich zu vertreten. Das werde auch dadurch bestätigt, daß der Beklagte die Räume inzwischen einer anderen Gesellschaft sogar für 20 Jahre vermietet habe.

Der BGH bestätigte die Verurteilung des Beklagten. Es fehle nicht an der erforderlichen Bestimmtheit, so erklärte das Gericht. Es genüge, daß eine Einigung erzielt worden sei, nach der der Inhalt des abzuschließenden Mietvertrages hinreichend bestimmbar sei. Der Vorvertrag müsse nicht ebenso vollständig sein, wie der vorgesehene Hauptvertrag. Vielmehr reiche es aus, daß die notwendige Ergänzung nach dem mutmaßlichen Parteiwillen möglich sei. Der Leistungsantrag der Klägerin enthalte alles das, was mindestens zum Inhalt eines Mietvertrages überhaupt gehöre, und was darüber hinaus – vom Standpunkt der Klägerin betrachtet – genüge, um den Inhalt der Verpflichtung des Beklagten zum Abschluß des Vertrages zu beschreiben.

2. Von den Wirkungen eines Vorvertrages zu einem Mietvertrag handelt die Entscheidung des LG Itzehoe vom 4. 12. 1958[4a]: Die Klägerin, ein Wohnungsbauunternehmen, ist Eigentümerin eines von ihr erbauten Hausgrundstücks, in dem der Beklagte seit dem Spätsommer 1956 gegen eine „Nutzungsentschädigung" und nach Zahlung eines Aufbaudarlehens eine $3^1/_2$-Zimmerwohnung bewohnt. Vor dem Einzug schlossen die Parteien einen „Vorvertrag zum Mietvertrag". Im Herbst 1957 übersandte die Klägerin dem Beklagten den Entwurf eines Mietvertrages zur Unterschrift. Der Beklagte versuchte mehrfach vergeblich, mit der Klägerin wegen der Abänderung einiger – ihm nicht zusagender oder ihm nach seiner Meinung nicht zumutbarer – Vertragsbestimmungen zu verhandeln, und schickte den Entwurf schließlich ohne Unterschrift zurück.

Die Klägerin verlangte vom Beklagten die Herausgabe der Wohnung. Ihre Klage und die Berufung waren ohne Erfolg. Das Landgericht entschied, auch ein Vorvertrag zu einem Mietvertrag gebe dem Mieter grundsätzlich ein Recht zum

[4a] LG Itzehoe SchlHA 1960, 89.

Besitz, selbst dann, wenn er den Abschluß des vom Vermieter verlangten Hauptvertrages wegen ihm nicht genehmer, im Vorvertrag nicht vorgesehener Einzelbestimmungen ablehne.

3. Mit Urteil vom 21. 1. 1958[5] entschied der Bundesgerichtshof über folgenden Sachverhalt:

Die Beklagte ist eine eingetragene Genossenschaft. Sie wurde am 23. 2. 1946 errichtet und am 5. 2. 1947 eingetragen. Der Gegenstand des Unternehmens besteht u. a. in dem gemeinschaftlichen Abbau und der Verwertung von Torf, der gemeinschaftlichen Kultivierung abgetorfter Ländereien und der anschließenden Besiedlung dieser Gebiete. Für diesen Zweck wurden der Beklagten vom Land Niedersachsen Moorgrundstücke überlassen. Vertragliche Vereinbarungen zwischen der Beklagten und dem Land, insbesondere ausdrückliche Bestimmungen über die Dauer des Nutzungsrechts, sind schriftlich nicht niedergelegt worden. Auf der Gründungsversammlung hatte der damalige Regierungsrat X namens des Regierungspräsidenten erklärt, das Land werde das Domänenland solange verpachten, bis es verkauft werden dürfe. Ein schriftlicher Vertrag solle darüber später abgeschlossen werden. Ob schon vor der Eintragung der Beklagten zwischen dem Land und den für die noch einzutragende Beklagte handelnden Vorstandsmitgliedern Vereinbarungen über die Abtorfung mit der Abrede späterer Beurkundung zustande gekommen waren, war nicht aufgeklärt. Der BGH bezeichnete diese Annahme als naheliegend, zumal unstreitig die Moorarbeiten mit Billigung und Förderung des Landes alsbald in Angriff genommen wurden. Da nach der Darstellung der Beklagten alle Beteiligten davon ausgingen, die Abtorfung und Besiedlung werde etwa 20 Jahre dauern, meinte der BGH, daß hinsichtlich der Dauer des Pachtvertrages der übereinstimmende Wille dahin gegangen sein könnte, das Land auf 20 Jahre, längstens bis zur Veräußerung an die Siedler, zu verpachten.

Im Herbst 1946 hatte der Regierungspräsident als Vertreter des Landes der Beklagten einen Pachtvertrag zugeleitet, der eine 20jährige Pachtdauer vorsah. Dieser Pachtvertrag war vom Vorstand der Beklagten abgelehnt worden. Das Berufungsgericht zog daraus den Schluß, daß die Beklagte sich nicht mehr darauf berufen könne, daß das Land ihr den Abschluß eines langjährigen Pachtvertrages zugesagt habe. Demgegenüber stellte der BGH fest, die Ablehnung des Entwurfes führe nicht notwendig zum Erlöschen der vertraglichen Bedingungen. Ein Vorvertrag[6] verpflichte beide Parteien zum Abschluß eines Vertrages, also zur Abgabe eines eigenen Angebots, aber auch zur Annahme eines vom Vertragsgegner gemachten Angebots. Die auf Grund eines Vorvertrags geschuldete Leistung beschränke sich daher nicht auf die Abgabe einer Angebotserklärung. Das bloße Angebot der einen Partei bedeute noch keine vollständige Erfüllung der

[5] BGH LM § 305 BGB (3) (= WM 1958, 491).

[6] Die Meinung des Berufungsgerichts, vor der Eintragung der Beklagten in das Genossenschaftsregister habe ein verbindlicher Vorvertrag nicht zustande kommen können, hielt der BGH nicht für stichhaltig.

für sie durch den Vorvertrag begründeten Verpflichtung mit der Folge, daß nach § 362 Abs. 1 BGB das Schuldverhältnis erloschen wäre. Denkbar sei allerdings, daß im Einzelfall in der Ablehnung des Antrags zum Abschluß eines Vertrages zugleich die Erklärung liege, einen endgültigen Vertrag nicht mehr schließen zu wollen und daß der Gegner sich damit einverstanden erkläre. Dann seien die vorvertraglichen Bindungen durch übereinstimmende Willenserklärungen wieder aufgehoben worden. Daß dies im vorliegenden Fall geschehen sei, habe das Berufungsgericht nicht festgestellt. Zu prüfen sei auch, ob die Beklagte, wenn sie nach der Ablehnung des Antrages ihrerseits den Abschluß des Hauptvertrages verlangt, nicht gegen Treu und Glauben verstößt, etwa weil sie sich in untragbaren Widerspruch zu ihrem eigenen früheren Verhalten setzt. Im übrigen – meinte der BGH – sei es fraglich, ob es sich hier überhaupt um einen Vorvertrag handle und nicht vielmehr um einen mündlich abgeschlossenen Pachtvertrag mit der Abrede späterer schriftlicher Fixierung.

4. Das Schleswig-Holsteinische Oberlandesgericht (Urt. vom 7. 5. 1957)[7] mußte über die Frage entscheiden, ob ein Vorvertrag zu einem Pachtvertrag den Anspruch auf Maklerlohn begründet. Es stellte fest, die Parteien hätten sich nur gegenseitig verpflichtet, einen Pachtvertrag des grundsätzlich zwischen ihnen vereinbarten Inhalts abzuschließen, also nur einen Vorvertrag geschlossen. Ein solcher Vorvertrag begründe aber noch nicht den Anspruch des Maklers auf Maklerlohn; denn der Vorvertrag sei nach seinem wirtschaftlichen Wert für die Vertragsbeteiligten noch nicht dem endgültigen Vertrag gleich. Er sei auch noch nicht der Vertrag, dessen Vermittlung Auftrag des Maklers war.

5. In einem vom Bundesgerichtshof (Urteil vom 9. 4. 1957)[8] entschiedenen Fall hatte der Mieter einer Wohnung an den Vermieter auf Grund eines mündlich abgeschlossenen „vorläufigen Mietvertrages" einen verlorenen Baukostenzuschuß von 15 000 DM gezahlt. Die Vertragsparteien hatten ferner vereinbart, daß ein schriftlicher Mietvertrag für 10 Jahre zwischen ihnen abgeschlossen werden sollte und daß der Mieter das Recht haben sollte, bei vorzeitigem Auszug dem Vermieter einen geeigneten neuen Mieter für die Wohnung zu benennen und sich von diesem eine Abstandssumme zahlen zu lassen. Zum Abschluß des schriftlichen Mietvertrages kam es jedoch nicht. Vielmehr zog der Mieter vorzeitig wieder aus. Da sich der Vermieter bereits vorher geweigert hatte, sich vom Mieter einen neuen Mieter benennen zu lassen, verlangte der Mieter die Rückzahlung des Baukostenzuschusses. Der BGH hielt den Anspruch auf Rückzahlung des Zuschusses – abzüglich einer Amortisation für die Dauer der tatsächlichen Benutzung der Wohnung – für begründet: Die Vereinbarung, welche die Vertragsparteien außer dem „vorläufigen Mietvertrag" getroffen haben, sei als ein Vorvertrag auf Abschluß eines zehnjährigen Mietvertrages zu werten. Ein solcher Vorvertrag bedürfe nicht der Schriftform. Der Vermieter müsse den Mieter nach Treu und Glauben so stellen, als ob dieser die ihm durch den Vor-

[7] SchlHOLG SchlHA 1957, 303.

[8] BB 1957, 494.

vertrag eröffnete Möglichkeit ausgenutzt hätte, einen zur Zahlung einer Abstandssumme in Höhe des nicht abgewohnten Baukostenzuschusses bereiten Nachfolger zu benennen (und darum den Baukostenzuschuß an den Mieter zurückzahlen).

III. Vorverträge zu Gesellschaftsverträgen

1. Von einem Vorvertrag zum Abschluß eines Gesellschaftsvertrages (OHG) handelt das Urteil des OLG Koblenz vom 10. 10. 1958[9]. Das Gericht entschied, ein solcher Vorvertrag sei auch dann wirksam, wenn er die Einigung über einzelne Nebenpunkte des abzuschließenden Vertrages nicht enthalte. Es müßten in einem solchen Fall nur die Bestimmungen des Vorvertrages Anhaltspunkte dafür bieten, die fehlende Einigung der Parteien in diesen Punkten zu ergänzen. Die Bedingungen des Eintritts und die Rechtsstellung des Neueintretenden in der Gesellschaft könnten auch dem billigen Ermessen einer Vertragspartei oder einem Dritten überlassen werden. Demzufolge könne auch ein Schiedsgericht eine solche Vertragsergänzung vornehmen. Es könne auch weitgehend rechtsgestaltend tätig werden, wenn dies, wie im vorliegenden Fall, ausdrücklich in dem Schiedsgerichtsvertrag vereinbart worden sei. Ein Vorvertrag zum Abschluß eines Gesellschaftsvertrages begründe für die Vertragsschließenden die schuldrechtliche Verpflichtung zum Abschluß des Gesellschaftsvertrages. Weigere sich ein Teil grundlos, dieser Verpflichtung nachzukommen, so könne der andere Teil auf Feststellung oder auf Leistung klagen. Habe sich jedoch ein Partner eine positive Vertragsverletzung zuschulden kommen lassen, dann könne der andere Teil, weil es sich bei dem abzuschließenden Vertrag um ein Dauerschuldverhältnis handelt, von dem Vorvertrag zurücktreten. Einer Auflösungsklage nach § 133 HGB bedürfe es in einem solchen Fall nicht.

2. In einem Fall, über den das OLG München zu entscheiden hatte (Urteil vom 16. 5. 1958)[10], war es unklar, ob die Parteien sich zur Gründung einer GmbH verpflichtet hatten, oder ob sie sich nur darüber einig waren, daß sie in Form einer Gesellschaft zusammenarbeiten wollten. Das Gericht konnte diese Frage dahingestellt sein lassen. In beiden Fällen, so führte das Gericht aus, sei nämlich der Vorvertrag unwirksam: War der Vorvertrag auf die Gründung einer GmbH gerichtet, so sei er wegen Formmangels nichtig, weil er nicht in gerichtlicher oder notarieller Form geschlossen wurde. Bestand dagegen noch keine Einigung über die zu wählende Gesellschaftsform, so sei der Vorvertrag wegen fehlender Bestimmtheit unwirksam. Ein Vorvertrag müsse, um wirksam zu sein, die wesentlichen Punkte des zu schließenden Hauptvertrages so klar bestimmen, daß eine Klage auf Abschluß des Hauptvertrages möglich und ein ergehendes Urteil nach § 894 ZPO vollstreckbar sei. Dies setze voraus, daß im Vorvertrag etwa offengebliebene Punkte entweder durch Auslegung der übrigen

[9] MDR 1959, 130.

[10] GmbH Rdsch 1958, 195.

Vertragsbestimmungen oder durch dispositive Rechtssätze ergänzt werden können. Eine solche richterliche Ergänzung sei nicht möglich bei einem Vorvertrag, der zwar eine Vereinbarung über eine Zusammenarbeit der Parteien in Form einer Gesellschaft enthält, in dem aber eine Einigung über die Rechtsform der Gesellschaft fehlt.

3. Von der Bestimmtheit des Vorvertrages zu einem Gesellschaftsvertrag handelt auch das Urteil des Bundesgerichtshofs vom 17. 12. 1952[11]. Das Berufungsgericht hatte festgestellt, die Parteien hätten einen Vorvertrag über die Gründung einer Kommanditgesellschaft geschlossen und sich darin über die wesentlichen Bestimmungen für den Abschluß des Hauptvertrages geeinigt. Die Revision griff diese Feststellungen an und wies insbesondere darauf hin, daß in der Vereinbarung keine Bestimmung über die Firma der vorgesehenen KG getroffen sei und des weiteren auch die Bestimmung darüber, daß die Beklagte die Verbindlichkeiten Dritter aus der Errichtung der Lichtspiele zu übernehmen habe, nicht die erforderliche Bestimmtheit aufweise. Außerdem sei der Vorvertrag nicht in der für den endgültigen Vertrag vorgesehenen Beurkundungsform geschlossen worden. Der Bundesgerichtshof entschied, daß in den Fällen, in denen die Parteien für den Hauptvertrag die Beurkundungsform vereinbart haben, es allein von ihrem Willen abhänge, ob sie durch einen formlos geschlossenen Vorvertrag schuldrechtlich gebunden sein wollten oder nicht. Hier habe das Berufungsgericht einen Bindungswillen der Parteien ausdrücklich festgestellt. Zur inhaltlichen Bestimmtheit des Vorvertrages sagte der BGH, der Vorvertrag müsse so vollständig sein, daß der Inhalt des demnächst abzuschließenden Gesellschaftsvertrages hinreichend bestimmt oder doch wenigstens bestimmbar sei. Damit sei jedoch keineswegs gesagt, daß der Vorvertrag unter allen Umständen die gleiche Vollständigkeit aufweisen müsse, die nach den gesetzlichen Vorschriften für den vorgesehenen Gesellschaftsvertrag zu verlangen ist. Es müsse vielmehr genügen, daß der Vorvertrag ein solches Maß an Bestimmtheit enthalte, daß im Streitfall der Inhalt des Vertrages richterlich festgesetzt werden könne. Diesem Erfordernis sei genügt, wenn die Bestimmungen des Vorvertrages den notwendigen Anhalt dafür bieten, um eine etwa fehlende Einigung der Parteien in einem einzelnen Punkt zu ergänzen. Dabei sei es aus Rechtsgründen nicht ausgeschlossen, daß eine solche Ergänzung unter Berücksichtigung des vermutlichen Parteiwillens nach Maßgabe des § 287 ZPO vorgenommen wird. Es sei darum nicht zu beanstanden, daß die Vorinstanzen die Vereinbarung dahin ergänzt haben, daß sie in den abzuschließenden Gesellschaftsvertrag die Bestimmungen über die Führung der gemeinsamen Firma unter Berücksichtigung des § 19 HGB aufgenommen haben.

4. In die Problematik der Vorgesellschaft führt schließlich ein Beschluß des LG Würzburg vom 7. 10. 1949[12], wonach ein privatschriftlicher Vorvertrag zur

---

[11] BGH LM § 705 BGB (3) (= DB 1953, 124).

[12] DRZ 1950, 88.

Errichtung einer GmbH nichtig ist und auch nicht dadurch geheilt wird, daß die Gesellschaft längere Zeit als GmbH im Geschäftsleben in Erscheinung getreten ist und nach den Regeln der GmbH lebt.

IV. Andere Fälle

Daß die Erscheinungsform des Vorvertrages nicht auf die genannten drei in der Praxis hauptsächlich vorkommenden Vorvertragstypen beschränkt ist, zeigen die folgenden Beispiele aus der neueren Judikatur.

1. In einer Entscheidung des Bundesgerichtshofs vom 20. 6. 1958 [13] ging es um einen Vorvertrag zu einem Subverlagsvertrag. Die Klägerin war Musikverlegerin in Berlin, der Beklagte Musikverleger in Kopenhagen. Die Parteien schlossen am 11. 6. 1954 einen Vertrag, durch den sich die Klägerin verpflichtete, an den Beklagten zehn ihrer Verlagswerke im Subverlagsrecht für Skandinavien zu übertragen und dem Beklagten innerhalb von sechs Wochen geeignete Vertragsvorschläge zu unterbreiten. In Ausführung dieses Vertrages übersandte die Klägerin dem Beklagten den Entwurf eines Subverlagsvertrages über ein Musikwerk. Dieser Vertragsentwurf wich jedoch in einigen Punkten von den Bedingungen ab, die in dem Vorvertrag für die Vergabe der Subverlagsrechte an den Beklagten vorgesehen waren. Der Beklagte lehnte den Abschluß von Subverlagsverträgen gemäß dem Vertragsangebot der Klägerin ab, weigerte sich aber zugleich, entgegen den für den Vorvertrag maßgebenden Abmachungen, eine Verpflichtung zu Vorschußzahlungen in dem abzuschließenden Subverlagsvertrag zu übernehmen. Die Klägerin erklärte hierauf nach einer Rücktrittsandrohung die Vertragsverhandlungen für gescheitert. Mit der Klage begehrte sie die Feststellung, daß sie nicht verpflichtet sei, dem Beklagten auf Grund der Vereinbarung vom 11. 6. 1954 Subverlagsrechte einzuräumen. Die Klage war in allen drei Instanzen erfolgreich.

Das Berufungsgericht (KG) qualifizierte den Vertrag vom 11. 6. 1954 als Vorvertrag, der die Übertragung von Subverlagsrechten auf den Beklagten zum Gegenstand habe. Dieser Vorvertrag, so meinte das Kammergericht, sei auch rechtswirksam zustande gekommen. Entgegen der Auffassung des Landgerichts fehle es nicht etwa an einer Einigung über den näheren Inhalt der abzuschließenden Subverlagsverträge. Die Vertragserklärungen beider Parteien seien vielmehr dahin zu deuten, daß die Subverlagsverträge zu den gleichen Bedingungen abgeschlossen werden sollten, wie sie der aufgehobene Vertrag vom 4. 1. 1950 vorgesehen habe. Der von der Klägerin dem Beklagten mit Schreiben vom 12. 8. 1954 übersandte Vertragsentwurf weiche in wesentlichen Punkten von diesen Bedingungen ab. Die Ablehnung des Beklagten, Subverlagsverträge gemäß diesem Vertragsentwurf abzuschließen, habe deshalb die Klägerin nicht berechtigt, sich vom Vorvertrag loszusagen. Wohl aber habe die Weigerung des

[13] Ufita 26 (1958), 331 (= NJW 1958, 1531).

Beklagten, in den abzuschließenden Subverlagsverträgen die Zahlung eines Garantievorschusses zu übernehmen, wozu der Beklagte nach den im Vertrag vom 4. 1. 1950 niedergelegten Bedingungen verpflichtet gewesen sei, ein Rücktrittsrecht der Klägerin ausgelöst. Ein solches Rücktrittsrecht sei in dem Vorvertrag vom 11. 6. 1954 zwar nicht ausdrücklich, wohl aber stillschweigend vereinbart worden; denn es verstehe sich angesichts der für die Klägerin als Verlegerin bestehenden Vertriebsverpflichtungen gegenüber ihren Verlaggebern von selbst, daß die Klägerin, falls der Beklagte sein Recht auf Abschluß der vorgesehenen Subverlagsverträge nicht innerhalb angemessener Frist ausübe, nicht auf unbegrenzte Zeit an ihre Vorvertragsverpflichtungen gebunden sein sollte. Da die Klägerin von diesem Rücktrittsrecht Gebrauch gemacht habe, sei sie nicht mehr verpflichtet, mit dem Beklagten Subverlagsverträge abzuschließen.

Der BGH ließ dahingestellt, ob das Berufungsgericht zu Recht den Vorvertrag als rechtswirksam zustande gekommen angesehen habe. Denn selbst wenn zugunsten des Beklagten unterstellt werde, daß dieser Vorvertrag eine ausreichende Festlegung der Bedingungen der abzuschließenden Subverlagsverträge enthalte, weil insoweit die in dem Vertrag vom 4. 1. 1950 vorgesehenen Bestimmungen maßgebend sein sollten, sei dem Berufungsgericht beizupflichten, daß die Klägerin berechtigt gewesen sei, von diesem Vorvertrag zurückzutreten. Dabei könne offenbleiben, ob der Klägerin ein vertragliches Rücktrittsrecht zugestanden habe. Denn selbst wenn dem Vertrag vom 11. 6. 1954 die vertragliche Vereinbarung eines Rücktrittsrechts nicht entnommen werden könnte, würde das Recht der Klägerin, sich von den Verpflichtungen aus dem Vorvertrag loszusagen, aus allgemeinen Rechtsgrundsätzen folgen. Die ernstliche und ausdrückliche Weigerung einer der Parteien, Subverlagsverträge zu den in dem Vorvertrag vorgesehenen Bedingungen abzuschließen, stelle eine positive Vertragsverletzung dar. Eine solche positive Vertragsverletzung könne aber in entsprechender Anwendung des in § 326 BGB zum Ausdruck gekommenen Rechtsgedankens ein Rücktrittsrecht auslösen. Dieses Rücktrittsrecht sei der Klägerin nicht schon deshalb versagt gewesen, weil sie selbst sich nicht vertragsgetreu verhalten hat, indem sie dem Beklagten einen Vertragsentwurf übersandte, der in mehreren Punkten von dem nach dem Vorvertrag vorgesehenen Inhalt abwich. Es sei zwar richtig, daß bei einfachen Güterumsatzgeschäften in der Regel davon auszugehen ist, daß die positive Vertragsverletzung eines Vertragsbeteiligten nur den selbst vertragsgetreuen Vertragspartner berechtigt, sich von dem Vertrag loszusagen. Hier ziele aber der Vorvertrag auf den Abschluß von Verträgen, die ein Dauerschuldverhältnis zwischen den Parteien begründen sollten, das infolge der damit verbundenen engen Interessenverknüpfung der Parteien im besonderen Maße gegenseitiges Vertrauen voraussetzte. Es sei darum die Frage, ob das Verhalten des Beklagten die Klägerin berechtigte, sich von ihren in dem Vorvertrag übernommenen Verpflichtungen zu lösen, nach den Grundsätzen zu entscheiden, die im Anschluß an die Kündigung von Gesellschaftsverträgen aus wichtigem Grund für die fristlose Lösung anderer Dauerschuldverhältnisse entwickelt worden sind. Hiernach könne ein wichtiger Grund zur Lösung der Vertragsbeziehungen auch gegeben sein, wenn es an einem Verschulden fehlt oder beiden Vertragsparteien ein Verschulden zur Last fällt.

2. Ein anderes Urteil des Bundesgerichtshofs (Urteil vom 3. 6. 1958[14]) handelt von den Voraussetzungen für die Annahme eines gültigen Lizenzvorvertrags. Der Schlossermeister L., der verstorbene Ehemann und Vater der Beklagten, war Inhaber zweier Patente für Baustützen. Die Klägerin hatte Interesse an der Auswertung der Patente in der Form einer ausschließlichen Lizenz. Im Oktober 1952 traf die Klägerin mit dem Patentinhaber L. eine mündliche Vereinbarung, die von der Klägerin in der ersten Instanz des Rechtsstreits als Vorvertrag bezeichnet wurde, während die Beklagten in dieser Vereinbarung den Abschluß des endgültigen ausschließlichen Lizenzvertrages sehen. Auf Grund dieser Vereinbarung zahlte die Klägerin 3000 DM an L. Weitere 3000 DM sollten gezahlt werden, sobald der Lizenzvertrag durch einen von der Klägerin zu beauftragenden Patentanwalt schriftlich fixiert sein würde. Zur Abfassung des in Aussicht genommenen schriftlichen Vertrages ist es nicht gekommen. Zwar hat die Klägerin mit der – nach ihrer Darstellung nur probeweisen – Herstellung der Baustützen begonnen; die Zahlung der restlichen 3000 DM hat sie jedoch mit der Begründung abgelehnt, eine Firma H. in St. bringe ähnliche Baustützen, die eine Benutzung der Patente darstellten, auf den Markt, während L. ihr wiederholt erklärt habe, bei den ihm patentierten Baustützen handle es sich um eine erstmalige und einmalige Sache. Nachdem die Beklagten mehrfach den Restbetrag von 3000 DM angemahnt hatten, hat die Klägerin die Beklagten auf Rückzahlung des gezahlten Teilbetrages von 3000 DM verklagt. Zur Begründung hat sie u. a. geltend gemacht, ein Lizenzvertrag oder auch nur ein Vorvertrag sei mangels Einhaltung der vereinbarten Schriftform und mangels Einigung über wesentliche Punkte, nämlich über die Höhe der Lizenzgebühr und den Umfang des dem Lizenzgeber vorbehaltenen Gebiets, nicht zustande gekommen. Die von ihr geleistete Zahlung von 3000 DM sei somit ohne Rechtsgrund getätigt. Jedenfalls aber sei der Rechtsgrund für die Zahlung weggefallen und der mit der Leistung bezweckte Erfolg ausgeblieben. Das Landgericht hat die Klage abgewiesen. Berufung und Revision blieben ohne Erfolg.

Das Berufungsgericht (OLG Düsseldorf) hielt das Vorbringen der Klägerin, ein Vertrag sei mangels Schriftform und mangels Einigung über zwei wesentliche Punkte nicht zustande gekommen, nicht für zutreffend. Es möge zwar sein, so meinte das Berufungsgericht, daß aus den von der Klägerin genannten Gründen ein Lizenzvertrag nicht zustande gekommen sei. Die Klägerin übersehe aber, daß zwischen ihr und dem Patentinhaber im Oktober 1952 ein bindender Vorvertrag abgeschlossen worden sei, der noch in Kraft sei und auf Grund dessen die im Streit befindlichen 3000 DM gezahlt worden seien. Diese Zahlung stelle

---

[14] LM § 154 BGB (4) (= GRUR 1958, 564 mit Anm. Schramm).

die Gegenleistung für die durch den Vorvertrag erzeugte Bindung des Patentinhabers dar. Die Leistung sei somit nicht ohne Rechtsgrund erfolgt.

Zur Frage der Rechtswirksamkeit des Vorvertrags führte das Berufungsgericht im einzelnen aus, die für den in Aussicht genommenen Lizenzvertrag vereinbarte Schriftform habe für den Vorvertrag nicht beachtet zu werden brauchen. Die in der Rechtslehre vertretene Auffassung, daß ein Vorvertrag der Form des Hauptvertrags bedürfe, könne allgemeine Gültigkeit nur in den Fällen beanspruchen, in denen es sich um eine gesetzlich vorgeschriebene Form handle. Hier beruhe die Formbedürftigkeit des Lizenzvertrages jedoch auf Parteiwillen. In solchen Fällen müsse es nach dem Grundsatz der Vertragsfreiheit im Belieben der Parteien stehen, ob sie das für den Hauptvertrag vereinbarte Formerfordernis auf den Vorvertrag erstrecken oder auf den Hauptvertrag beschränken wollten. Hier ergebe sich aus den Umständen, daß die Vertragsparteien die Schriftform nur für den Lizenzvertrag, nicht aber für den Vorvertrag gewählt hätten. Das Berufungsgericht vertrat weiter die Auffassung, die Rechtswirksamkeit des Vorvertrags werde auch nicht dadurch berührt, daß über zwei Punkte des in Aussicht genommenen Lizenzvertrages eine bestimmte Vereinbarung nicht getroffen worden sei. Es genüge, wenn in einem Vorvertrag die von den Parteien übernommenen Pflichten in einer Weise bestimmbar seien, daß der Inhalt des versprochenen Vertrages richterlich festgesetzt werden könne. Diese Voraussetzungen seien hier erfüllt. Wie hoch die übliche Stücklizenzgebühr für Baustützen der in Rede stehenden Art sei, lasse sich unschwer ermitteln. Über das dem Lizenzgeber vorbehaltene räumliche Gebiet habe insofern Einigkeit bestanden, als dieses Gebiet den eng umgrenzten Raum seines Heimatbezirks habe umfassen sollen. Wenn dieser Bezirk auch nicht genau festgelegt worden sei, so könne doch diese Vertragslücke ebenfalls durch richterliche Ergänzung ausgefüllt werden.

Die gegen diese Ausführungen des Berufungsgerichts gerichteten Revisionsangriffe hatten keinen Erfolg. Der BGH meinte zwar, es ließe sich mit dem Landgericht auch die Auffassung vertreten, daß im Oktober 1952 zwischen den damaligen Vertragsparteien bereits ein – zu Beweiszwecken später noch schriftlich zu fixierender – Lizenzvertrag zustande gekommen sei, die Auslegung des Berufungsgerichts, daß es sich um einen Vorvertrag handle, sei jedoch denk- und erfahrungsgesetzlich möglich, sie widerspreche nicht den gesetzlichen Auslegungsregeln und berücksichtige alle wesentlichen Tatsachen. Das Revisionsgericht sei daher an diese Auslegung gebunden. Keinesfalls könne der Revision darin beigestimmt werden, wenn sie meint, die Vertragsparteien hätten sich im Oktober 1952 überhaupt noch nicht fest binden wollen. Dieser Bindungswille ergebe sich eindeutig aus den gesamten Umständen des Falles. Er sei insbesondere sinnfällig dadurch zum Ausdruck gekommen, daß die Klägerin sofort bei Abschluß des Vorvertrags 3000 DM gezahlt hat. Es sei daher davon auszugehen, daß die Vertragsparteien die Pflicht zum Abschluß des Hauptvertrages begründen und sich schon vor Regelung aller Punkte und ihrer schriftlichen Festlegung fest binden wollten.

Zur Frage der Bestimmbarkeit meinte der BGH, ein Vorvertrag müsse inhaltlich den Bestimmungen genügen, die für den eigentlichen Vertrag gelten. Er müsse mithin so vollständig sein, daß der Inhalt des demnächst abzuschließenden Hauptvertrages hinreichend bestimmt oder doch wenigstens bestimmbar sei. Es genüge dabei, daß der Vorvertrag ein solches Maß an Bestimmtheit enthalte, daß im Streitfall der Inhalt des Hauptvertrages im Wege der Auslegung des Vorvertrages richterlich festgelegt werden könne. Diesem Erfordernis sei genügt, wenn die Bestimmungen des Vorvertrags den notwendigen Anhalt dafür bieten, um eine fehlende Einigung der Parteien in einzelnen Punkten zu ergänzen.

Diese Rechtsgrundsätze träfen nicht nur für den Fall zu, daß es sich bei den offengebliebenen Fragen um Dinge handelt, die nach Meinung beider Parteien nicht ausdrücklich geregelt werden sollten oder bei denen doch wenigstens Einigkeit darüber bestand, daß eine Bestimmung der Leistung nach billigem Ermessen erfolgen solle. Ein rechtsgültiger, die Parteien bindender Vorvertrag könne vielmehr gerade auch dann gegeben sein, wenn die Parteien den einen oder anderen wesentlichen Punkt bewußt offenlassen, weil sie glauben, darüber noch eine Einigung erzielen zu können. Es würde in einem solchen Fall, falls eine Einigung später wider Erwarten nicht gelingt, dem Parteiwillen in der Regel nicht entsprechen, den Vertrag an dieser Nichteinigung scheitern zu lassen. Vielmehr habe auch in solchem Fall, falls nicht die ergänzende Bestimmung durch einen Vertragsteil gemäß den §§ 315, 316 BGB in Betracht kommt, die ergänzende Vertragsauslegung einzugreifen.

Bedenken gegen die Rechtsgültigkeit des Vorvertrags ergäben sich auch nicht daraus, daß die Vertragspartner der Vereinbarung vom Oktober 1952 für den in Aussicht genommenen endgültigen Vertrag die Schriftform vereinbart haben. In Rechtsprechung und Rechtslehre werde zwar mit Recht die Auffassung vertreten, daß die Gültigkeit eines Vorvertrags auch davon abhängt, daß die Form des Hauptvertrages gewahrt wird, sofern diese Form zumindest auch den Zweck hat, die Vertragsparteien vor übereilter endgültiger Bindung zu warnen. Hierbei sei jedoch die gesetzlich vorgeschriebene Form gemeint. Soweit die Formbedürftigkeit des Hauptvertrages auf Parteiwillen beruht, sei es Frage der Auslegung, ob sich das vereinbarte Formerfordernis auch auf den Vorvertrag erstreckt oder auf den Hauptvertrag beschränkt sein soll.

Soweit der Wille der Vertragsparteien erkennbar dahin geht, nur den endgültigen Vertrag der Formbedürftigkeit zu unterwerfen, seien die §§ 154 Abs. 2, 125 S. 2 BGB für den Vorvertrag ohne Bedeutung.

V. Zusammenfassung

Zieht man das Fazit aus diesen wenigen Beispielen, so zeigt sich ein ganzes Bündel von Problemen: Wollten sich die Parteien überhaupt binden? Wollten sie einen Vorvertrag oder einen Hauptvertrag schließen? War der Vorvertrag genügend bestimmt? Wann bedarf er der gesetzlich vorgeschriebenen oder der vereinbarten Form des Hauptvertrages? Kann ein formnichtiger Vorvertrag geheilt werden? Wann kann der Geltendmachung der Formnichtigkeit der Arglisteinwand entgegengehalten werden? Wann ist ein Rücktritt vom Vorvertrag möglich? Welches ist sein Inhalt? Worauf kann geklagt werden? Wie ist er vollstreckbar? Gibt es einen Vorvertrag auch zugunsten dritter Personen, insbesondere zugunsten einer zu gründenden oder noch nicht eingetragenen Gesellschaft? Wann kann der Abschluß des Hauptvertrages verweigert werden? Welche Wirkungen hat eine solche Verweigerung? Welche Nebenwirkungen hat ein Vorvertrag? Gibt er ein Recht zum Besitz? Entsteht ein Anspruch auf Maklerlohn bereits mit Abschluß eines Vorvertrages?

Die meisten genannten Probleme sind allen Vorvertragstypen gemeinsam, mögen auch der Akzent und möglicherweise auch die Lösung verschieden sein. Einige Ausnahmen ergeben sich weniger aus der Natur eines bestimmten Vorvertragstyps, sondern aus der Natur des abzuschließenden Hauptvertrages. Das rechtfertigt es, zunächst einheitliche Regeln für alle Vorvertragstypen aufzustellen und erst danach nach möglichen Differenzierungen zu forschen.

§ 9: ABGRENZUNGSFRAGEN

I. Vorvertrag und unverbindliche Abrede

1. Das Vorfeld des Vertrages ist weit, und der Vorvertrag ist nur eine von mehreren Beziehungen, die zwischen den Parteien, die zum Abschluß eines Vertrages kommen wollen, entstehen können. Der Aufforderung zur Abgabe eines Angebots folgt ein Angebot, diesem ein Gegenangebot, die Parteien verhandeln über Punkte, über die sie sich nicht einig sind, aus dem Briefwechsel ergibt sich, daß man sich zum Teil bereits einig ist, zunächst nicht über alle wesentlichen Punkte, dann über alle wesentlichen, aber noch nicht über verschiedene unwesentliche Punkte, ein Vertragsentwurf wird aufgesetzt, von den Parteien unterschrieben mit dem

Vorbehalt der Einigung über verschiedene Nebenpunkte, man ist sich einig, daß ein Vertrag geschlossen werden soll – und dann bricht eine Partei die Verhandlungen ab. Der Richter, der vor die Frage gestellt wird, ob hier ein Vertrag, ein Vorvertrag oder andere Rechtsbeziehungen zwischen den Parteien entstanden sind, hat in einem solchen Fall häufig keine leichte Aufgabe. Die Schwierigkeiten, denen er sich gegenüber sieht, liegen aber meist auf tatsächlichem Gebiet. Die Begriffe, die ihm für die rechtliche Subsumtion zur Verfügung stehen, liegen ziemlich fest.

2. Das Gesetz spricht vom Angebot und von der Annahme. Es sagt auch, daß eine Annahme unter Erweiterungen, Einschränkungen oder sonstigen Änderungen als Ablehnung gilt, verbunden mit einem neuen Antrag (§ 150 Abs. 2 BGB). Über die Verhandlungen, die dem Abschluß des endgültigen Vertrages oder eines Vorvertrages vorausgehen und sich nicht als Angebot oder Annahme darstellen, schweigt das Gesetz. Solche *Vorverhandlungen (Traktate)* sind nach einhelliger Meinung unverbindlich, begründen also keine Leistungspflicht. Was nur besprochen und beredet ist, ist nicht versprochen und verabredet, dictum ist nicht promissum[1]. Das bedeutet jedoch nicht, daß sie rechtlich ohne jede Bedeutung sind. Mit dem Eintritt in Vertragsverhandlungen wird ein „vertragsähnliches Vertrauensverhältnis"[2] geschaffen, bei dessen Verletzung die Parteien schadensersatzpflichtig werden. Von der Schadensersatzpflicht wegen culpa in contrahendo zu reden, ist aber nicht Sinn und Aufgabe dieser Untersuchung. Hier genügt die Feststellung, daß die Haftung für Verschulden vor und bei dem Vertragsschluß mit dem Vorvertrag nichts zu tun hat[3]. Traktate begründen keinen Vorvertrag[4]. Im Stadium der Vorverhandlungen ist darum jeder Teil berechtigt, die Verhandlungen abzubrechen, und zwar auch dann, wenn dies wirtschaftlich unvernünftig ist, begründete Hoffnungen des anderen enttäuscht oder ihn schädigt, weil er sich andere Gelegenheiten im Vertrauen auf das Zustandekommen des Vertrages hat entgehen lassen[5]. Ein anderes mag lediglich dann gelten, wenn in dem Abbruch der Verhandlungen zugleich eine von vornherein

[1] Thöl, Das Handelsrecht [6]I (1879) 777; Motive I 163; RGZ 48, 133, 134; Staudinger(-Coing), Vorbem. 16 vor § 145. Vgl. auch § 861 S. 2 ABGB: Solange die Unterhandlungen dauern, und das Versprechen noch nicht gemacht oder weder zum voraus, noch nachher angenommen ist, entsteht kein Vertrag.

[2] RGZ 120, 249, 251.

[3] Staudinger(-Coing), Vorbem. 19 vor § 145.

[4] RGZ 48, 134.

[5] Nirk, Rechtsvergleichendes zur Haftung für culpa in contrahendo, RabelsZ 18 (1953) 310 ff., 346 f.; Klang(-Gschnitzer), § 861, Bem. III; BGE 77 II 135, 137; Planiol-Ripert(-Esmein) VI, 154; Cass. 18. 6. 1953, Giur. compl. Cass. civ., 1954, II, 158.

beabsichtigte (sittenwidrige) Schädigung des Vertragspartners liegt. Eine solche sittenwidrige Schädigung wird man annehmen können, wenn beispielsweise ein Vertragspartner den anderen Teil zu umfangreichen und kostspieligen Vorbereitungen des Vertrags veranlaßte und dabei niemals ernstlich willens war, mit ihm zu kontrahieren[6], oder wenn er die Vorbesprechungen nur deshalb führte, um den anderen Teil als Konkurrenten hinzuhalten oder vom Markt abzudrängen[7]. Die rechtliche Bedeutung der Vorverhandlungen erschöpft sich aber nicht in der Schaffung eines Vertrauensverhältnisses. Als „Materialien" des späteren Vertrages können sie auch zu dessen *Auslegung* herangezogen werden[8].

3. a) Von den Vorverhandlungen oder Traktaten zu unterscheiden ist die *Punktation*. Von einer Punktation wird meist dann gesprochen, wenn die Parteien den in wesentlichen Bestandteilen vereinbarten, in anderen Teilen aber noch unfertigen Vertrag aufgezeichnet haben[9]. Von der Punktation handelt, ohne sie beim Namen zu nennen, § 154 Abs. 1 S. 2 BGB: Die Verständigung über einzelne Punkte ist (im Zweifel: Vgl. § 154 Abs. 1 S. 1 BGB) auch dann nicht bindend, wenn eine Aufzeichnung stattgefunden hat. Solange die Einigung über auch nur einen einzigen Punkt des Vertrages nicht vorliegt, über den nach der Erklärung auch nur einer Partei eine Vereinbarung getroffen werden sollte, liegt im Zweifel noch kein Vertrag vor (§ 154 Abs. 1 S. 1 BGB)[10]. Die Punktation ist somit im

---

[6] SOERGEL-SIEBERT(-REIMER SCHMIDT), Vorbem. 6 vor § 275; BGE 77 II 135, 137; PLANIOL-RIPERT(-ESMEIN) VI, 155; vgl. auch GALLO, Trattative precontrattuali e perfezionamento del contratto, Giur. compl. Cass. civ. 1954, II, 160.

[7] NIRK (N. 5), 347. Wer bei den Vertragsverhandlungen zu dem Schluß kommt, mit dem Verhandlungspartner nicht kontrahieren zu wollen, muß ihm seinen Entschluß mitteilen. Tut er dies nicht, so muß er ihm den Schaden ersetzen, der dadurch entstanden ist, daß der Verhandlungspartner im Vertrauen auf das Zustandekommen des Vertrages Aufwendungen gemacht hat oder Verbindlichkeiten eingegangen ist: OLG Nürnberg BayJMBl. 1960, 47.

[8] RGZ 79, 418, 422; STAUDINGER(-COING), Vorbem. 16 vor § 145; ERMAN(-HEFERMEHL), Bem. VI 4 vor § 145; KLANG(-GSCHNITZER), N. 5.

[9] Motive I 163. Der Begriff wird allerdings nicht einheitlich gebraucht. So bezeichnet beispielsweise Oertmann, § 154, Vorbem., als Punktation die vorläufige Einigung vorbehaltlich weiterer Vereinbarung oder endgültiger formeller Redaktion des Geschäfts. Bereits die Einigung über einzelne Punkte (also nicht erst die schriftliche Fixierung) bezeichnet auch KRÜGER-NIELAND als Punktation: BGB-RGRK, § 154, Anm. 1; ebenso auch LEVINSOHN 22 f. Wie hier aber v. TUHR, 482; STAUDINGER(-COING), Vorbem. 16 vor § 145; LEHMANN, Allgemeiner Teil des Bürgerlichen Gesetzbuches [14](1963) 231.

[10] Dies ist auch die Auffassung des italienischen Rechts: Cass. 28. 3. 1955, Giur. it., Rep. 1957, v. Obbl. e Contr., n. 148; OSTI, Novissimo Digesto Italiano IV (1959), v. Contratto, n. 513. Ob sich der betreffende Punkt objektiv als wesentlich darstellt, ist nicht entscheidend. Es ist vielmehr nur zu fragen, ob die Parteien einer Einigung

deutschen Recht nichts anderes als eine Fixierung eines bestimmten Stadiums der Vorverhandlungen. Sie ist selbst nicht Vorverhandlung[11], sie erfolgt nur im Rahmen der Vorverhandlungen. Die Vorverhandlungen werden durch die Punktation im Zweifel noch nicht abgeschlossen. Das in einer Punktation Zugestandene kann darum von jeder Partei nach Belieben zurückgezogen werden[12], ohne daß sie sich dadurch schadensersatzpflichtig macht. Ob davon Ausnahmen zu machen sind, ob also in bestimmten Fällen Schadensersatz aus dem Gesichtspunkt der culpa in contrahendo oder der sittenwidrigen Schädigung verlangt werden kann, ist nach den gleichen Gesichtspunkten zu beurteilen, die für den Rücktritt von Vertragsverhandlungen entwickelt worden sind[13].

b) Diese Konzeption der Punktation als die regelmäßig unverbindliche Fixierung von Vorverhandlungen wird nicht von allen Rechtsordnungen geteilt. Sie wird es beispielsweise vom *italienischen* Recht[14]. Dagegen bestimmt § 885 ABGB: „Ist zwar noch nicht die förmliche Urkunde, aber doch ein Aufsatz über die Hauptpunkte errichtet und von den Parteien unterfertigt worden (Punktation), so gründet auch schon ein solcher Aufsatz diejenigen Rechte und Verbindlichkeiten, welche darin ausgedrückt sind". Diese Formulierung steht der deutschen Regelung aber nur scheinbar entgegen. Ein Widerspruch bestünde nur dann, wenn als „Hauptpunkte" nur die essentialia negotii verstanden würden. In diesem Fall wäre die vorbehaltene Einigung über Nebenpunkte unbeachtlich. Indessen versteht die *österreichische* Rechtslehre unter „Hauptpunkten" nicht nur diejenigen Punkte, „worauf die vorzügliche Absicht gerichtet ist"[15], sondern auch jene Punkte, die sich nur eine Partei vorbehalten hat, mögen

---

über diesen Punkt für ihre Verhandlungen wesentliches Gewicht beigemessen haben: BGH LM § 154 BGB (2).

[11] Ungenau darum die Gleichsetzung von Punktation und Traktat in STAUB(-GADOW), Kommentar zum HGB [14]III (1953), Anhang zu § 361, Anm. 87a und von v. GODIN in RGR-Komm. z. HGB [2]III (Lief. 3, 1956), § 361 Anhang (§ 154 BGB), Anm. 87a.

[12] STAUDINGER(-COING), Vorbem. 17 vor § 145.

[13] Oben N. 6, 7. Wer bei Verhandlungen über den Abschluß eines Mietvertrages einen von ihm entworfenen Mustermietvertrag unklaren Inhalts vorlegt, dem Bewerber den Ausbau kriegszerstörter Gebäude auf dem zu vermietenden Grundstück vor Abschluß des Mietvertrages gestattet und ihm im Zusammenhang damit Verpflichtungen auferlegt, ist in der Regel verpflichtet, dem anderen die Aufwendungen zu ersetzen, die in der Erwartung gemacht sind, es werde zum Abschluß eines Mietvertrages entsprechend dem Mustermietvertrag kommen, wenn er das Zustandekommen des Mietvertrages aus sachfremden Erwägungen scheitern läßt: BGH WM 1960, 1384.

[14] Cass. 28. 3. 1955 (N. 10); Cass. 25. 3. 1959, Foro it., Rep. 1959, v. Obbl. e Contr., n. 48; App. Milano, 17. 1. 1961, Temi 1961, 129; MESSINEO, Dottrina generale 175.

[15] ZEILLER, Commentar über das allgemeine bürgerliche Gesetzbuch III, 1 (1812), § 885, Z. 2, b.

sie auch noch so nebensächlich erscheinen [16]. Eine rechtsverbindliche „Punktation“ liegt demnach solange nicht vor, als die Parteien sich nicht über alle Punkte des Vertrages geeinigt haben, über die sie sich einigen wollten. Das entspricht aber völlig der Vorschrift des § 154 Abs. 1 BGB. Eine Punktation im Sinne des deutschen Rechts ist auch nach österreichischem Recht unverbindlich. Die Punktation des österreichischen Rechts darf darum nicht im Lichte des § 154 Abs. 1 BGB, sie muß vielmehr im Licht des § 154 Abs. 2 BGB gewürdigt werden. Die Regelung des § 154 Abs. 2 BGB ist im ABGB aufgeteilt: Nach § 884 ABGB wird vermutet, daß die Parteien, wenn sie für einen Vertrag die Anwendung einer bestimmten Form vorbehalten haben, vor Erfüllung dieser Form nicht gebunden sein wollen. § 885 ABGB durchbricht diese Vermutung für den Fall, daß zwar noch nicht die verabredete [17] Urkunde, aber doch schon ein schriftlicher unterschriebener Vertragsentwurf errichtet worden ist. Das deutsche Recht kennt nur die Regel, aber nicht eine gesetzliche Ausnahme. Der Richter entscheidet in freier Beweiswürdigung, ob entgegen der Auslegungsregel des § 154 Abs. 2 BGB der Vertrag schon vor der Beurkundung zustande gekommen ist.

Das *schweizerische* Recht versteht unter Punktation sowohl die Punktation im Sinne des deutschen Rechts als auch die Punktation im Sinne des österreichischen Rechts. Eine Punktation ist nach schweizerischer Auffassung die beurkundete Einigung über einzelne Punkte, die je nachdem, was vorbehalten ist (Einigung über Nebenpunkte, Erfüllung der gewillkürten oder der gesetzlich vorgeschriebenen Form) einen verschiedenen juristischen Inhalt hat [18]. Haben sich die Parteien über alle wesentlichen Punkte geeinigt, so wird vermutet, daß der Vorbehalt von Nebenpunkten die Verbindlichkeit des Vertrages nicht hindern solle. Kommt über die vorbehaltenen Nebenpunkte eine Vereinbarung nicht zustande, so hat der Richter über diese nach der Natur des Geschäfts zu entscheiden (Art. 2 Abs. 1 und 2 OR). Haben die Parteien für den Vertrag eine bestimmte Form vereinbart, so wird vermutet, daß sie vor Erfüllung der Form nicht

---

[16] KLANG(-GSCHNITZER), § 885, Bem. II, 2.

[17] Ist für den beabsichtigten Vertrag eine bestimmte Form gesetzlich vorgeschrieben, kommt § 885 ABGB nicht zur Anwendung: KLANG(-GSCHNITZER), § 885, Bem. I. Vgl. zum Wesen der Punktation auch OGH ÖJZ 1958, 656.

[18] OSER-SCHÖNENBERGER, Art. 2, Bem. 1. Die Definition der Punktation ist allerdings in der schweizerischen Rechtslehre nicht einheitlich. Teilweise wird sie auch definiert (ähnlich wie in der deutschen Rechtslehre) als die schriftliche Fixierung des Inhalts des beabsichtigten Vertrages mit dem Vorbehalt, daß die Parteien sich noch frei entscheiden können, ob sie den Vertrag schließen wollen oder nicht: So etwa v. TUHR-SIEGWART 148 f.; ähnlich BECKER, Art. 22, Bem. 4.

verpflichtet sein wollten (Art. 16 Abs. 1 OR). Ist eine bestimmte Form von Gesetzes wegen vorgeschrieben, so entscheidet die Auslegung des jeweiligen Gesetzes über die Verbindlichkeit einer nicht in dieser Form geschlossenen Vereinbarung (Art. 2 Abs. 3 OR)[19].

Für die Frage, wie eine Punktation im Sinne des deutschen Rechts nach schweizerischem Recht zu beurteilen ist, kommt es darauf an, wie der Begriff „wesentliche Punkte" in Art. 2 Abs. 1 OR zu verstehen ist. Hier ist nur die Feststellung wichtig, daß es sich bei den „wesentlichen Punkten" ebenso wie im österreichischen Recht nicht nur um die essentialia negotii handelt. Ob andererseits das schweizerische Recht so weit geht wie das österreichische Recht, nach dem alle Punkte, über welche die Parteien sich einigen wollten, als wesentliche Punkte angesehen werden, ist zweifelhaft. BECKER versteht unter „wesentlichen Punkten" neben den begriffswesentlichen nur diejenigen Punkte, auf deren vertragliche Regelung die Parteien beim Vertragsabschluß nach Lage der Dinge, insbesondere wegen der wirtschaftlichen Bedeutung, vernünftigerweise Gewicht legen mußten, derart, daß anzunehmen ist, es würde eine Partei den Vertrag nicht abschließen, wenn über sie eine Einigung nicht zustande käme[20]. Er beurteilt also die Frage nach der „Wesentlichkeit" objektiv, nicht, wie das österreichische Recht, subjektiv. Die Ansicht Beckers wird aber vom schweizerischen Bundesgericht nicht geteilt. In einer Entscheidung aus dem Jahre 1945 heißt es: „Wesentliche Bestandteile eines Vertrages, über die eine Einigung der Parteien unumgänglich notwendig ist, können entweder schon vom Gesetz selbst oder dann auch bloß von den Parteien als solche charakterisiert werden. Im ersteren Fall ist die Frage, ob ein die Verbindlichkeit des Vertrages nicht hindernder Nebenpunkt vorliege, schlechthin Rechtsfrage. Im zweiten Falle dagegen steht die tatbeständliche Frage im Vordergrund, ob eine gegenseitige übereinstimmende Willenseinigung des Inhalts vorliege, daß an sich nach dem Gesetz nicht begriffsnotwendige und in diesem Sinne nicht wesentliche Punkte von den Parteien doch als wesentliche behandelt werden wollten."[21] Die Parteien können also sagen: „Diese Frage sehen wir als wesentlich an. Der Vertrag soll erst verbindlich sein, wenn wir uns über sie geeinigt haben." Oder: „Über diese Nebenfrage werden wir uns später einigen." Nur in diesem zweiten Fall kann der Richter zur Entscheidung über den Nebenpunkt nach Art. 2 Abs. 2 OR angerufen werden. Daß die Parteien einen Punkt als Nebenpunkt angesehen haben, wird man insbesondere dann annehmen können,

---

[19] BECKER, Art. 2, Bem. 11.
[20] BECKER, Art. 2, Bem. 4.
[21] BGE 71 II 267, 270.

wenn sie unmittelbar nach dem Vertragsabschluß ungeachtet der noch ausstehenden Einigung über den Nebenpunkt die in dem Vertrag versprochenen Leistungen erbringen[22].

So hat beispielsweise das Bundesgericht eine Vertragsklausel in einem Möbelkaufvertrag, wonach „spezielle Bestimmungen über einen allfälligen Abzahlungsvertrag in monatlichen Teilzahlungen für die Restkaufsumme" vorbehalten waren, in einem Fall als Nebenpunkt qualifiziert, in dem die Käufer bereits erhebliche Zahlungen geleistet hatten[23].

Haben sich die Parteien noch nicht über alle wesentlichen Punkte geeinigt, so greift die Vermutung des Art. 2 Abs. 1 OR nicht ein[24]. Hier ist im Zweifel der Vertrag noch nicht geschlossen, mag es auch den Parteien freistehen, auch über Hauptpunkte (sofern sie nicht Essentialia sind) die nachträgliche Verständigung vorzubehalten und den Vertrag schon vorher fest abzuschließen[25].

Damit ergibt sich: Eine Punktation im Sinne des deutschen Rechts ist im Zweifel auch in der Schweiz unverbindlich. § 154 Abs. 1 BGB und Art. 2 OR sind einander nicht entgegengesetzt, sondern komplementär. Die deutsche Vorschrift sagt (negativ): Haben sich die Parteien noch nicht über alle wesentlichen Punkte geeinigt, so ist im Zweifel der Vertrag noch nicht verbindlich. Dagegen bestimmt die schweizerische Vorschrift (positiv): Haben sich die Parteien über alle wesentlichen Punkte geeinigt, so ist im Zweifel der Vertrag verbindlich, auch wenn die Einigung über Nebenpunkte noch vorbehalten ist.

c) Sind die Parteien willens, die bereits getroffenen Vereinbarungen als bindend anzusehen[26], so stellt sich die Frage, wie *bewußt offengelassene Nebenpunkte* geregelt werden sollen, wenn sich die Parteien über sie später nicht einigen können. Hierzu werden verschiedene Meinungen ver-

---

[22] Vgl. auch v. TUHR 482 f.: Ein Indiz dafür, daß die Parteien, obgleich sie über gewisse Punkte noch nicht einig sind, den Vertrag als geschlossen betrachten, liegt dann vor, wenn sie mit der Ausführung des Vertrages beginnen. Zu weitgehend OLG Bremen VRS 1952, 81, 83, das in einem solchen Fall einen verbindlichen Vertragsschluß annehmen will, wenn die Parteien den Vertrag in wesentlichen Teilen vollzogen haben.

[23] BGE 84 II 266, 275; dagegen ließ das BG in einem früheren Fall den Vorvertrag an der fehlenden Einigung über die genauen Zahlungsbedingungen scheitern, obgleich der Käufer an den Makler bereits eine Anzahlung geleistet hatte: BGE 81 II 358.

[24] OSER-SCHÖNENBERGER, Art. 2, Bem. 2; BECKER, Art. 2, Bem. 3.

[25] BECKER aaO.

[26] In diesem Falle hat eine Punktation (ausnahmsweise) die Wirkung eines fertigen Vertrages. Dies zeigt, daß allein aus dem Begriff der Punktation noch nicht auf bestimmte Rechtswirkungen geschlossen werden darf. Welche Wirkungen eine Punktation hat, hängt allein von dem Willen der Parteien ab. Sie kann unverbindlicher Vertragsentwurf, Vorvertrag und definitiver Vertrag sein.

treten. Nach einer Auffassung sind die offengelassenen Punkte nach den für Verträge der fraglichen Art geltenden dispositiven Vorschriften zu entscheiden[27]. Andere stellen dagegen die Ergänzung stets[28] oder doch in bestimmten Fällen in das richterliche Ermessen[29]. STAUDINGER(-COING) bringt dafür das Beispiel, daß die Parteien eines Kaufvertrags sich bereits als gebunden betrachten, sich aber über die Verzinsung des Kaufpreises erst zu einem späteren Zeitpunkt einigen wollen. Der Verkäufer verlangt eine Verzinsung von 3½ %, der Käufer ist nur bereit, 3 % zu zahlen. Nähme man an, daß an die Stelle der unterbliebenen Parteieinigung die dispositive gesetzliche Norm träte, so müßte der Kaufpreis mit 4 % verzinst werden (§ 246 BGB). Eine solche Verzinsung war von keiner Partei gewollt. In einem solchen Fall, in dem beide Parteien erkennbar die gesetzliche Regelung ausschließen wollten, sollte der Richter dem Willen der Parteien Rechnung tragen und nicht auf das Gesetz zurückgreifen. Die Lösung, die STAUDINGER(-COING) vorschlägt, ist einleuchtend und wird auch in der Mehrzahl der Fälle akzeptiert werden können: Gelten soll weder die gesetzliche Dispositivregelung noch das „id quod minimum est" ULPIANS[30], sondern diejenige Zahlungsmodalität, die innerhalb der durch die Vorverhandlungen der Parteien bezeichneten Grenzpunkte der dispositiv-gesetzlichen Regelungen am nächsten kommt (hier also: 3½ %)[31]. Darin liegt keine „Überspitzung der Willensherrschaft"[32]. Das Schuldrecht wird beherrscht vom Grundsatz der Privatautonomie. Ist eine Lösung, die dem Willen beider Parteien entspricht, nicht möglich, so ist

---

[27] RGZ 60, 174, 178; PLANCK(-FLAD), § 154 Bem. 1; OERTMANN, § 154, Bem. 2 b γ; SCHLEGELBERGER-VOGELS(-BECKER), Vorbem. 27 vor § 145; KRÜGER-NIELAND in: BGB-RGRK, § 154 Bem. 2.

[28] OLG Stuttgart, SeuffBl 71, 167.

[29] Motive I 163; STAUDINGER(-COING), Vorbem. 17 vor § 145; wohl auch v. TUHR 483; SOERGEL-SIEBERT(-MEZGER) § 154 Bem. 6; WILDE in BGB-RGRK Vorbem. vor §§ 315–319; ERMAN(-HEFERMEHL) § 154 Bem. 3; PALANDT(-DANCKELMANN) § 154 Bem. 1: Ergänzende Vertragsauslegung. Ebenso BGH WM 1951, 1052.

[30] D. 50, 17, 34.

[31] STAUDINGER(-COING) aaO. Haben sich die Parteien über den Zeitpunkt der Leistung noch nicht geeinigt, hatte sich aber der Verkäufer bereiterklärt, innerhalb eines Jahres zu liefern, während der Schuldner die Lieferung innerhalb eines halben Jahres gewünscht hatte, so müßte nach dieser Lösung der Richter die Lieferung innerhalb eines halben Jahres anordnen (§ 271 BGB: „sofort"), wenn dies nach den Umständen möglich ist. Hier scheint mir jedoch die Festsetzung einer 9monatigen Lieferfrist den Interessen der beiden Parteien eher zu entsprechen. Siehe auch OSER-SCHÖNENBERGER, Art. 2, Bem. 25. Man sollte hier die Festsetzung einer angemessenen Frist dem Richter überlassen, der sich lediglich in den Grenzen halten muß, welche die Parteien gesetzt haben. So wohl auch v. TUHR 483.

[32] So aber SCHLEGELBERGER-VOGELS(-BECKER) N. 27.

nach einer Lösung zu suchen, die den Willen der Parteien wenigstens berücksichtigt. Man wird darum den Satz, daß, wenn die Parteien sich über Nebenpunkte nicht einigen können, stets die dispositiven Regeln des Gesetzes gelten sollen, ebenso ablehnen müssen, wie den Satz, daß der Richter die Lücken nach seinem freien Ermessen ausfüllen kann. Soll der Richter über die Ausfüllung der Lücken entscheiden, so werden die Dispositivsätze des Gesetzes, die naturalia negotii, wichtige Anhaltspunkte für seine Entscheidung sein. Er wird daneben aber auch die Absichten der Parteien und deren Äußerungen in den Vorverhandlungen berücksichtigen müssen[33].

d) Die Punktation tritt nicht immer unter diesem Namen auf. So werden die fixierten Grundlinien eines Kartellvertragswerks häufig als *„heads of agreement"* bezeichnet[34]. Diese „heads of agreement" sind nichts anderes als Punktationen. Ebenso wie diese können sie verschiedene Rechtswirkungen haben, je nachdem, was die Parteien bei ihrer Abfassung wollten. Zuweilen werden es Vertragsentwürfe sein, zuweilen bloße Richtlinien oder reine Feststellungen, zuweilen – wenn auch selten – kann es sich aber auch um Vorverträge handeln[35].

Häufig synonym mit den „haeds of agreement" wird von *„gentlemen's agreements"* gesprochen[36]. Auch sie spielen im Kartellrecht eine wichtige Rolle[36a]. Man versteht darunter meist schriftliche, mehr nach wirtschaftlichen Gesichtspunkten als nach rechtlichen Erwägungen getroffene Formulierungen von Vereinbarungen, insbesondere Kartellvereinbarungen, deren Beachtung allein durch das Interesse der Beteiligten gesichert werden soll, und für deren Nichtbeachtung darum keine Sanktionen angedroht werden[37]. In den „gentlemen's agreements" legen die Beteiligten meist Regeln für spätere Einzelrechtsgeschäfte fest oder nehmen Produktions- oder Absatzeinteilungen vor. Dabei sind sich die Beteiligten jedoch darüber einig, daß sie zur Anwendung der festgelegten Regeln oder zur Durchführung der Einteilung nicht rechtlich verpflichtet sein wollen[38]. Damit ergibt sich eine deutliche Unterscheidung gegenüber den „heads of

[33] OSER-SCHÖNENBERGER, Art. 2, Bem. 25; vgl. dazu auch BGH WM 1961, 1052.

[34] FRIEDLÄNDER, Die Rechtspraxis der Kartelle und Konzerne in Europa (Zürich 1938) 35.

[35] FRIEDLÄNDER aaO 36; BECKER, Art. 22, Bem. 4.

[36] Vgl. z. B. HAUSSMANN, Das Recht der Unternehmenzusammenfassungen II (1932) 48.

[36a] Aber nicht nur dort: vgl. REUSS, Die Intensitätsstufen der Abreden und die Gentlemen-Agreements, AcP 154, 485, 486.

[37] CALLMANN, Das deutsche Kartellrecht (1934) 155.

[38] LUKES, Der Kartellvertrag (1959) 303; OLG Hamburg, MDR 1953, 482.

agreement". Bei den „heads of agreement" ist es eine Frage des Einzelfalles, ob die Parteien eine Bindung (sei es moralischer oder rechtlicher Natur) anstrebten. Bei den „gentlemen's agreements" wollten die Parteien in keinem Fall eine rechtliche, aber stets eine moralische Bindung. Da sie nicht nur schriftlich, sondern auch mündlich getroffen werden können („Frühstückskartell") und meist einen Tatbestand definitiv regeln, also nicht ihrem Wesen nach lückenhaft sind, kann man sie nicht unter die Punktationen einreihen, wenn Punktationen im Einzelfall auch „gentlemen's agreements" sein können.

4. Neben den Vorverhandlungen und Punktationen steht als dritte Gruppe die *Abrede späterer Beurkundung*. Das Gesetz spricht von dieser Abrede an zwei Stellen. Nach § 125 S. 2 BGB hat der Mangel der durch Rechtsgeschäft bestimmten Form im Zweifel die Nichtigkeit des beabsichtigten Rechtsgeschäfts zur Folge und nach § 154 Abs. 2 BGB ist in den Fällen, in denen eine Beurkundung des beabsichtigten Vertrages verabredet worden ist, im Zweifel der Vertrag nicht geschlossen, bis die Beurkundung erfolgt. Von der überwiegenden Auffassung wird § 154 Abs. 2 BGB als Sonderfall des § 125 S. 2 BGB angesehen[39]. Dabei wird aber ein wesentlicher Punkt zu wenig beachtet: § 125 BGB handelt von der durch ein Rechtsgeschäft bestimmten Vertragsform, § 154 BGB von der im Stadium der Vorverhandlungen verabredeten Vertragsform[40]. In § 154 Abs. 2 BGB herrscht darum noch Unverbindlichkeit, in § 125 Abs. 2 BGB nicht mehr. Hier soll zunächst nur von den unverbindlichen Absprachen die Rede sein.

a) Daß § 154 Abs. 2 BGB nur von den Absprachen handelt, die vor Abschluß des Vertrages getroffen worden sind, ergibt sich aus der Formulierung des Gesetzes, das von dem „beabsichtigten Vertrag" spricht[41]. § 154 Abs. 2 BGB ist ferner nur anwendbar, wenn sich die Parteien über den Inhalt des beabsichtigten Vertrages vollkommen einig sind[42]. Vor dieser Einigung gilt nicht § 154 Abs. 2, sondern § 154 Abs. 1 BGB[43]. Die Willenseinigung vollzieht sich im Stadium der Vorverhandlungen. Spätestens bei ihrem Abschluß muß die Beurkundung von den Parteien verabredet worden sein. Bis zur Vornahme der Beurkundung ist der Vertrag

---

[39] Vgl. ENNECCERUS-NIPPERDEY 1004; RG 94, 333, 334; RG SeuffA 78, 97, 98.

[40] WINDSCHEID-KIPP 275 f.; OERTMANN § 154, Bem. 3 b.

[41] RG 62, 78; 94, 333, 334; PLANCK(-FLAD) § 154 Bem. 2.

[42] SCHLEGELBERGER-VOGELS(-BECKER) § 154 Bem. 3; PALANDT(-DANCKELMANN) § 154 Bem. 2.

[43] Hat nur eine Partei die Beurkundung gefordert, die andere ihr aber widersprochen, so ist im Zweifel der Vertrag gem. § 154 Abs. 1 BGB noch nicht geschlossen.

im Zweifel nicht geschlossen. Es wird also nicht nur der Eintritt der Vertragswirkungen hinausgeschoben. Der Vertrag ist durch die Beurkundung nicht aufschiebend bedingt, er ist vielmehr bis zur Beurkundung noch nicht existent[44]. Beurkundung bedeutet nicht „öffentliche Beurkundung", sondern umfaßt auch die privatschriftliche Beurkundung[45].

Die Auslegungsregel des § 154 Abs. 2 BGB gilt nur im Zweifel. Eine entgegenstehende Vereinbarung der Parteien ist zu beachten. Allerdings muß der Wille der Parteien, daß die verabredete Beurkundung keinen konstitutiven Charakter haben, sondern nur Beweiszwecken dienen soll, deutlich erkennbar sein[46]. Hier werden sich häufig Beweisschwierigkeiten ergeben. Erfüllen die Parteien später den Vertrag, obgleich die verabredete Beurkundung nicht erfolgte, so wird dies darauf hindeuten, daß sie entweder die Beurkundung nur zu Beweiszwecken wollten oder die Formverabredung stillschweigend wieder aufgehoben haben[47].

---

[44] Die Formulierung, daß die Beurkundung spätestens bei der Willenseinigung verabredet werden müsse, ist nur dann unbedenklich, wenn hinzugefügt wird, daß eine Verabredung (auch unmittelbar) nach der Willenseinigung nicht mehr unter § 154 Abs. 2 BGB fällt. Vgl. RG SeuffA 78, 97, 98. Dabei ist natürlich zu beachten, daß eine nachträgliche Vereinbarung nicht vorliegt, wenn die Beurkundung handelsüblich und der Beurkundungswille darum zu vermuten ist. Hier ist ein nach der Einigung ausgesprochener Hinweis auf die Beurkundung nichts anderes als ein Hinweis. Die nachträgliche ausdrückliche Vereinbarung der Schriftform hat keinen konstitutiven, sondern nur deklaratorischen Charakter. Vgl. BGH WM 1957, 1151 ff. Gelegentlich liest man, der Vertrag sei durch die Beurkundung bedingt. Wie sich aus dem Vorstehenden ergibt, handelt es sich dabei aber nicht um eine Bedingung im rechtstechnischen Sinn. Mit der Beurkundung kommt der Vertrag nicht rückwirkend, sondern ex nunc zustande. In diesem Sinn spricht auch das englische Recht von einer Bedingung: „It is a question of construction whether the execution of the further contract is a condition or term of the bargain or whether it is a mere expression of the desire of the parties as to the manner in which the transaction already agreed to will in fact go through": PARKER J. in Von Hatzfeld-Wildenburg v. Alexander, [1912] 1 Ch. 284, 289. Ein solcher „bedingter" Vertrag wird angenommen, wenn die Parteien eine Vereinbarung getroffen haben „subject to the preparation and approval of a formal contract". Kommt es nicht zum Abschluß des formellen Vertrages, so besteht zwischen den Parteien überhaupt keine vertragliche Beziehung. Winn v. Bull (1877), 7 Ch. D. 29; Santa Fé Land Co. v. Forestal Land Co. (1910), 26 T. L. R. 534; Rossdale v. Denny, [1921] 1 Ch. 57; Coope v. Ridout, [1921] 1 Ch. 291; Chillingworth v. Esche, [1924] 1 Ch. 97; Lockett v. Norman-Wright, [1925] 1 Ch. 56; Spottiswoode, Ballantyne & Co. v. Doreen Appliances, Ltd., [1942] 2 K. B. 32; Eccles v. Bryant and Pollock, [1948] 1 Ch. 93; Riley v. Troll, [1953] 1 All E. R. 966; CHITTY(-SMART) Nr. 67; CHESHIRE and FIFOOT 33.

[45] STAUDINGER(-COING) § 154 Bem. 5.

[46] STAUDINGER(-COING) § 154 Bem. 5; OLG Celle, MDR 1960, 398. Für das englische Recht s. Lewis v. Brass (1877), 3 Q. B. D. 667.

[47] RG JW 1911, 94; RG HRR 1930, 92; v. TUHR 530; DÜRINGER-HACHENBURG (-WERNER) Allg. Einl. Anm. 42; ENNECCERUS-NIPPERDEY 973; ebenso im schweizerischen Recht BGE 20, 129, 137; BECKER, Art. 16 Bem. 2; im österreichischen Recht KLANG

Die Beweisschwierigkeiten sind besonders groß, wenn die Parteien den beabsichtigten Vertrag in allen wesentlichen Punkten schriftlich fixiert und diesen „*Vertragsentwurf*" unterzeichnet haben. Das österreichische Recht nimmt, wie bereits gezeigt worden ist, in einem solchen Fall die Existenz eines definitiven Vertrages an. Die italienische Judikatur stellt zwar – ebenso wie das deutsche Recht – auf den Parteiwillen ab, scheint aber in der Praxis meist zur Annahme eines definitiven Vertrages zu kommen[48]. Die Annahme eines definitiven Vertrages ist nach Ansicht der italienischen Judikatur selbst dann nicht ausgeschlossen, wenn die Parteien in einem privatschriftlichen Vertrag vereinbart haben, daß die Wirkungen des Vertrages erst mit der notariellen Beurkundung eintreten sollen. Hier kommt es darauf an, ob erst die notarielle Beurkundung „fonte normativa" des Vertrages sein soll oder ob sich die Parteien bereits in dem privatschriftlichen Vertrag unmittelbar und endgültig verpflichten und nur den Eintritt der Vertragswirkungen zeitlich hinausschieben wollten[49]. Hier berührt sich – im deutschen Recht – der Anwendungsbereich des § 154 Abs. 2 BGB mit dem Anwendungsbereich des § 125 S. 2 BGB. Aus der Frage: Wollten die Parteien eine Bindung durch den definitiven Vertrag auch bei Nichtbeachtung der bei den Vorverhandlungen verabredeten Form? wird die Frage: Haben die Parteien schon vor der verabredeten Beurkundung einen Vertrag geschlossen und lediglich in diesem Vertrag die spätere Beurkundung vereinbart? Bejaht der Richter diese Frage, so scheidet § 154 Abs. 2 BGB aus seinen weiteren Betrachtungen aus. Möglicherweise, aber nicht notwendig, wird dann § 125 S. 2 BGB eine Rolle spielen.

b) Ist die Form eines beabsichtigten Rechtsgeschäfts in einem Vertrag vereinbart worden (§ 125 S. 2 BGB), so wird diese *Formvereinbarung*

(-Gschnitzer) § 884 Bem. II. Der Verzicht auf die Beurkundung kann auch auf andere Weise als durch die Erfüllung des Vertrages konkludent ausgedrückt werden, doch sind in einem solchen Fall an den Nachweis des Verzichts strenge Anforderungen zu stellen. Verzichte sind im allgemeinen nicht zu vermuten: BGH WM 1957, 1151; der auf Aufhebung der Schriftform gerichtete Parteiwille muß sich zweifelsfrei und unzweideutig ergeben: OLG Celle, MDR 1960, 398. Eine ausdrückliche Aufhebung der Formvereinbarung ist nicht erforderlich: a. A. OLG Königsberg HRR 1940, 349.

[48] Cass. 16. 7. 1956, n. 2702, Giur. it., Rep. 1957, v. Obbl. e Contr., n. 235; Cass. 17. 5. 1957, n. 1775, Giust. civ., Rep. 1957, v. Obbl. e Contr., n. 287; Cass. 13. 6. 1958, n. 1999, Foro it., 1959, I, 92; Cass. 20. 10. 1958, n. 3353, Giur. it., Rep. 1958, v. Obbl. e Contr., n. 300; App. Catanzaro, 17. 4. 1958, Giur. it., Rep. 1958, v. Vendita, n. 288. Für das englische Recht vgl. Gray v. Smith (1889), 43 Ch. D. 208.

[49] App. L'Aquila, 30. 4. 1953, Foro it., Rep. 1953, v. Vendita, n. 105; Trib. Firenze, 17. 11. 1959, Giur. it., 1960, I, 2, 566.

meist Bestandteil eines Vorvertrages sein, dann nämlich, wenn der Vertrag nicht nur die Form, sondern auch den Inhalt des Hauptvertrages fixiert[50]. Die nackte vertragliche Formvereinbarung dürfte in der Praxis kaum vorkommen und kann darum hier vernachlässigt werden.

c) Haben die Parteien in einem *definitiv* geschlossenen, d. h. durch Vertragsauslegung als definitiv ermittelten Vertrag die *Beurkundung* des Vertrages (aber nicht den Abschluß eines neuen Vertrages) vereinbart[51], so gibt weder § 125 S. 2 noch § 154 Abs. 2 BGB über die rechtliche Bedeutung der Beurkundung Aufschluß. Gewiß werden sie die Parteien meist zu Beweiszwecken gewollt haben. Was gilt aber, wenn die *beurkun-*

---

[50] Aus einem solchen Vorvertrag kann dann auf Abschluß des Geschäfts in der vereinbarten Form geklagt werden: ENNECCERUS-NIPPERDEY 972. Damit nicht zu verwechseln sind die Fälle, in denen eine formlose Vereinbarung nach dem erklärten Willen der Parteien nur vorläufigen Charakter haben soll, ihre Wirkungen also aufhören sollen, wenn der beabsichtigte förmliche Vertrag geschlossen ist. Hier handelt es sich nicht um einen Vorvertrag, sondern um zwei Hauptverträge. In einem Fall, über den der englische Court of Appeal zu entscheiden hatte, hatten die Parteien einer zwischen ihnen geschlossenen Vereinbarung den Zusatz beigefügt: „This is a provisional agreement until a fully legalized agreement, drawn up by a solicitor and embodying all the conditions herewith stated, is signed": Branca v. Cobarro, [1947] K. B. 854. Der Court of Appeal entnahm dem Wort „until", daß das provisional agreement solange wirksam bleibe und damit die Parteien solange binde, bis die formelle Vertragsurkunde ausgefertigt und von den Parteien unterzeichnet sei. Vgl. auch Bonnewell v. Jenkins (1878), 8 Ch. D. 70; Bolton Partners v. Lambert (1888), 41 Ch. D. 295; ähnlich auch Rossiter v. Miller (1878), 3 App. Cas. 1124. Im übrigen scheint die englische Judikatur in allen Fällen, in denen die schriftliche Vertragsfixierung von der mündlichen Vereinbarung abweicht, insbesondere, wenn sie zusätzliche Klauseln enthält (Freizeichnung!), sich an den schriftlichen Text zu halten, wenn beide Parteien die Urkunde unterzeichnet haben: J. H. Saphir (Merchants), Ltd. v. A. L. Zissimos, [1960] 1 Ll. L. R. 490; Lewis v. Brass (1877), 3 Q. B. D. 667.

[51] Diese Vereinbarung begründet für die Parteien die Pflicht, die Beurkundung zu vollziehen oder, wenn notarielle Beurkundung vereinbart wurde, sich an der Abfassung des notariellen Akts zu beteiligen und die notarielle Urkunde zu unterzeichnen: RG 104, 131; RG LZ 1931, 913; v. TUHR 529; ENNECCERUS-NIPPERDEY 973.

Der Vollzug oder die Mitwirkung bei der Beurkundung sind unvertretbare Handlungen, keine Willenserklärungen. Die Zwangsvollstreckung richtet sich darum nach § 888 Abs. 1 ZPO, nicht nach § 894 Abs. 1 ZPO: ROSENBERG 1077; ebenso im italienischen Recht Cass. 14. 11. 1955, Foro it., 1956, I, 331; Cass. 17. 1. 1958, Giust. civ., 1958, I, 882; a. A. aber (wohl zu Unrecht) Cass. 15. 3. 1960, Giust. civ., 1960, I, 912. Die Vollzugs- oder Mitwirkungspflicht ist ein „obbligo complementare ed esecutivo" neben den hauptsächlichen Vertragspflichten: App. Milano, 15. 11. 1957, Giur. it., Rep. 1958, v. Vendita, n. 35. Auch in Österreich kann bei Vorliegen einer „Punktation" i. S. des § 885 ABGB auf Mitwirkung bei der Errichtung einer förmlichen Urkunde geklagt werden, zumindest wenn der Vertrag, wie er sich nach der Punktation darstellt, noch ergänzungsbedürftig ist: OGH ÖJZ 1958, 656. Im französischen Recht ist man sich nicht einig, in welchen Fällen auf Abschluß eines förmlichen Hauptvertrages, und in welchen Fällen nur auf Vollzug der Beurkundung zu klagen ist: s. o. § 3, Text zu N. 28, 34, 35.

dete Fassung sich mit dem *ursprünglichen Vertragsinhalt nicht deckt*? Welche Fassung soll dann gelten? Ist, wenn die beurkundete Fassung gelten soll, sie dann nicht mehr als ein bloßes Beweisinstrument, nämlich ein Ausdruck eines geänderten Parteiwillens, ein neuer Vertrag? Bei der Beantwortung dieser Frage wird man unterscheiden müssen: Decken sich ursprüngliche und beurkundete Fassung nicht völlig, besteht aber zwischen ihnen kein Widerspruch, so können die Parteien im Zweifel alle Rechte geltend machen, die ihnen in einer der beiden Fassungen gewährt worden sind, wobei freilich eine Vermutung zugunsten der Vollständigkeit der Vertragsurkunde spricht [52]. Widerspricht dagegen die beurkundete Fassung dem ursprünglichen Vertragstext, so wird man im Zweifel eine von den Parteien gewollte *Vertragsänderung* unterstellen können [53]. Bei einseitigen Bestätigungsschreiben gelten besondere Regeln [54].

d) Haben die Parteien erst *nach der Einigung* die Beurkundung vereinbart, so kann diese Vereinbarung einen verschiedenen Sinn haben. Sie kann (und wird meist) bedeuten, daß sich die Parteien lediglich ein Beweismittel für ihre mündlichen Absprachen sichern wollten: In diesem Fall gilt, was oben unter Buchstabe c) gesagt worden ist. Es ist aber auch möglich, daß der Wille der Parteien dahin geht, durch die nachträgliche Beurkundung etwas Neues an die Stelle der ursprünglichen Vereinbarung zu setzen. Hier wollen die Parteien an ihre ursprüngliche Vereinbarung nicht mehr gebunden sein. Die Vereinbarung der späteren Beurkundung

---

[52] DÜRINGER-HACHENBURG(-WERNER) Allgem. Einl. 53; dazu v. TUHR 532 und ENNECCERUS-NIPPERDEY 973. In einem vom italienischen Kassationshof entschiedenen Fall hatten die Parteien privatschriftlich gleichzeitig mit dem Verkauf eines Grundstücks ein Rückkaufsrecht des Verkäufers vereinbart. Die notarielle Urkunde erwähnte jedoch das Rückkaufsrecht nicht. Von der Würdigung des Tatrichters ausgehend, wonach die privatschriftliche Fixierung bereits einen endgültigen Vertrag darstellte und das Wiederkaufsrecht im notariellen Akt nicht ausdrücklich widerrufen worden war, hielt der Kassationshof das Wiederkaufsrecht im Verhältnis zwischen den Parteien (für die Wirkung Dritten gegenüber mangelte es an der Eintragung) für wirksam: Cass. 27. 1. 1949, n. 111, Foro it., 1949, I, 859 mit krit. Anm. von M. STELLA-RICHTER: In tema di vendita con patto di riscatto.

[53] v. TUHR 532; App. Messina, 26. 11. 1956, Foro it., Rep. 1957, v. Vendita, n. 24. DÜRINGER-HACHENBURG(-WERNER) (aaO Anm. 55) nimmt an, wer ein Formular unterzeichne, unterwerfe sich damit den die mündliche Vereinbarung ergänzenden Ausführungsbestimmungen der Formulare, nicht aber solchen Bestimmungen, die mit dem Vereinbarten in Widerspruch stehen. Geht man aber davon aus, daß in der mündlichen Verabredung meist nur die Hauptpunkte des Vertrages geregelt werden, so wird man den Parteien zumuten müssen, zumindest die Richtigkeit dieser Hauptpunkte in dem Formular nachzuprüfen.

[54] Vgl. dazu STAUDINGER(-COING) § 146 Bem. 4; v. GODIN in HGB-RGRK ²III (Lief. 1, 1953), § 346 Anm. 16 h.

hat zugleich die Wirkung, daß der bereits geschlossene Vertrag aufgehoben wird[55].

5. Zieht man das *Fazit* dieser Untersuchung, so ergibt sich: Ein Vorvertrag liegt *nicht* vor,

a) solange die Parteien über die Bedingungen des beabsichtigten Vertrages noch verhandeln;

b) wenn die Parteien den beabsichtigten Vertrag in seinen wesentlichen Punkten aufgezeichnet haben, sich aber über bestimmte Nebenpunkte noch einigen wollen;

c) wenn die Parteien sich vollkommen einig sind, vor ihrer Einigung aber die Beurkundung des beabsichtigten Vertrages (als Gültigkeitserfordernis) vereinbart haben.

Das kennzeichnende Merkmal all dieser Fälle ist die *Unverbindlichkeit*. In keinem Fall ist eine Partei vertraglich gebunden. Die vertragliche Bindung ist aber ein Essentiale des Vorvertrages.

II. Vorvertrag und definitiver Vertrag

Schwieriger noch als die Abgrenzung des Vorvertrages gegenüber den unverbindlichen Abreden ist seine Abgrenzung gegenüber dem definitiven Vertrag. Der Bundesgerichtshof hat in mehr als einem Fall darauf hingewiesen, daß ein von den Vorinstanzen als Vorvertrag bezeichneter Vertrag auch als definitiver Vertrag hätte qualifiziert werden können, es sei nur an den Moorlandfall (oben § 8 II 3) oder an den Baustützenfall (oben § 8 IV 2) erinnert[56]. Die Schwierigkeiten entstehen zu einem wesentlichen Teil dadurch, daß die Parteien häufig den Vorvertrag nicht als solchen benennen[57] oder umgekehrt, obgleich sie einen definitiven Vertrag (mit späterer Beurkundung zu Beweiszwecken) wollen, von einem Vorvertrag sprechen[58]. Der Richter darf darum bei der Ermittlung des Parteiwillens

[55] PLANCK(-FLAD) § 154 Bem. 2; ENNECCERUS-NIPPERDEY 972 f. Nach STAUDINGER (-COING) soll in diesem Fall der ursprüngliche Vertrag erst durch die spätere Beurkundung aufgehoben werden (§ 154 Bem. 6). Das würde bedeuten, daß die Parteien bis zu der Beurkundung die Rechte aus dem ursprünglichen Vertrag geltend machen könnten. Ob das dem Willen der Parteien entspricht, ist zumindest fraglich.

[56] Siehe auch RG 104, 131, 132; 141, 370 und die Entscheidung des österr. OGH JBl 1960, 52.

[57] Weder im Moorlandfall noch im Baustützenfall war während der Vertragsverhandlungen von einem Vorvertrag die Rede, im Baustützenfall waren sich die Parteien noch im Prozeß über die Qualifikation ihrer vertraglichen Bestimmungen nicht einig.

[58] Vgl. zu dem „Vertragsversprechen“ App. Palermo, 24. 2. 1953, Foro it., Rep. 1953, v. Vendita, n. 102; App. Firenze, 2. 8. 1955, Foro it., Rep. 1956, v. Vendita, n. 25; App.

nicht bei den Erklärungen der Parteien stehenbleiben, er hat vielmehr nach dem hinter den Erklärungen stehenden Willen zu forschen[59]. Dabei darf er davon ausgehen, daß die Parteien in der Regel den Abschluß eines sofort wirksamen Hauptvertrages wollen. *Der Abschluß eines Vorvertrages ist die Ausnahme*[60].

Welches sind nun aber die Indizien, aus denen der Richter die richtige Qualifikation des Vertrages gewinnen kann, wenn die von den Parteien gewählte Bezeichnung ihn nicht bindet? Nun, es sind insbesondere die Gründe, die das Wollen der Parteien beeinflußten. Der Richter wird also, vom Regelfall des definitiven Vertrages ausgehend, fragen: Welche *Gründe* hatten die Parteien, vom Regelfall abzugehen?[61] Diese Gründe brauchen nicht notwendig praktischer Natur zu sein, es können auch psychologische Gründe die Wahl der Vorvertragsform erklären[62]. Ob die Gründe stichhaltig sind, spielt ebensowenig eine Rolle wie der Umstand, daß die Parteien anstelle des Vorvertrages auch einen (bedingten oder befristeten) Hauptvertrag hätten abschließen können[63]. So ist beispielsweise die Annahme eines Vorvertrages gerechtfertigt, wenn eine Partei vorträgt, sie habe einen Vorvertrag schließen wollen, weil sie nicht gewußt habe, wann sie eine erforderliche behördliche Genehmigung erhalten würde[64] oder wann der Hauptmieter ausziehen würde, dessen Räume dem Untermieter versprochen worden waren. Bei einem Vorvertrag, über den jüngst der BGH zu entscheiden hatte, und in welchem ein Partner sich

Perugia, 26. 4. 1956, Foro it., Rep. 1956, v. Vendita, n. 23; v. Tuhr-Siegwart 252 f.; Guhl 94; auf die Ausdrucksweise der Parteien kommt es nicht an: Oser-Schönenberger, Art. 22 Bem. 6, insbes. für das Bürgschaftsversprechen: Schönenberger (im gleichen Kommentar) V, 3 (21. Lief. 1943) Art. 492, Bem. 90. Einen als „Vorvertrag" bezeichneten Vertrag qualifizierte das Schweizerische Bundesgericht als definitiven Vertrag in BGE 42 II 494; ebenso OG Zürich BlZüR 37 (1938) 261.

[59] Wie die Parteien den zwischen ihnen zustande gekommenen Vertrag rechtlich qualifiziert haben, ist selbst dann nicht von entscheidender Bedeutung, wenn die Parteien oder ihre Vertreter rechtskundig sind: BGH BB 1953, 958.

[60] RG 86, 30, 31 f.; BGH LM § 256 ZPO (40) = WM 1956, 1518, 1519; BGH NJW 1962, 1812, 1813; Bandmann JW 1938, 1332 f.; Krüger-Nieland in BGB-RGRK Anm. 13 vor § 145; Rubino 32.

[61] Bandmann 1333; BGH WM 1956, 1520.

[62] Vgl. Aeby, Les divers aspects de la promesse de vente, J. d. T. 1948, I, 546, 552; Messineo, Enciclopedia del diritto X 169. Degenkolb verlangte ein sachlich vernünftiges Motiv: oben § 2 Text zu N. 26.

[63] Gelegentlich können für die Frage, warum die Parteien anstelle eines bedingten Vertrages einen Vorvertrag geschlossen haben, auch steuerliche Gründe eine Rolle spielen. So war beispielsweise nach dem Urkundensteuergesetz vom 5. 5. 1936 (RGBl I 407) ein bedingter Mietvertrag mit 3 pro mille zu versteuern (§§ 9 II, 13 UrkStG), ein schriftlicher Mietvorvertrag dagegen nur mit 3 RM. Siehe dazu Bandmann 1332.

[64] Vgl. BGH WM 1961, 1052.

verpflichtete, drei von zehn Filmen zu erwerben, wurde der Abschluß eines Vorvertrages damit begründet, daß im Zeitpunkt des Vorvertragsabschlusses die Titel der drei zu erwerbenden Filme noch nicht festgestanden hätten und die Rechtsinhaberschaft der Veräußerer noch nicht durch Urkunden belegt gewesen sei[65]. Ein Vorvertrag kann mit anderen Worten immer dann angenommen werden, wenn die Sache *nach der Vorstellung der Parteien* zum Abschluß des eigentlichen, auf den angestrebten Zweck selbst gerichteten Vertrages aus irgendeinem rechtlichen oder tatsächlichen Grunde *noch nicht reif* erschien[66]. Wollten die Parteien dagegen unmittelbar und endgültig den beabsichtigten wirtschaftlichen Erfolg herbeiführen, so liegt kein Vorvertrag, sondern ein Hauptvertrag vor[67].

Diese Erwägungen hat der Richter aber *nur* dann anzustellen, wenn die Erklärungen der Parteien *mehrdeutig* sind. Ergibt sich aus ihren Erklärungen eindeutig, daß sie einen Vorvertrag schließen wollten, dann ist für eine Auslegung des Vertrages kein Raum mehr. Dem Satz SCHLOSSMANNS, die Rechtsordnung brauche sich nicht zur Dienerin der Launen und absonderlichen Wünsche der Parteien herzugeben und die Möglichkeit einer doppelten Behelligung der Gerichte zu schaffen[68], steht der alles beherrschende Grundsatz der Privatautonomie gegenüber. Würde man SCHLOSSMANN folgen, so gäbe man dem Richter das Recht, die Entscheidung über Verträge, die er für unvernünftig hält, zu verweigern.

---

[65] BGH WM 1963, 662.

[66] BANDMANN 1331; BGH WM 1956, 1519; BGH NJW 1962, 1812, 1813 (eine Partei will den Vorvertrag vor Abschluß des Hauptvertrages ihrem Anwalt zeigen, um die Möglichkeit zu haben, mißverständliche Formulierungen noch abändern zu können); BGH WM 1963, 663; vgl. auch BGH LM § 162 BGB (3): Das zu vermietende Haus war noch nicht erstellt und seine Finanzierung noch nicht gesichert.

[67] App. L'Aquila, 26. 4. 1955, Giur. it., Rep. 1955, v. Obbl. e Contr., n. 154; App. Lecce, 30. 6. 1958, Giur. it., Rep., 1959, v. Obbl. e Contr., n. 227. Da in Italien, ebenso wie in Frankreich, zugleich mit dem Kaufvertrag das Eigentum übergeht (Art. 1470 c. c.), pflegt der Kassationshof die Frage, ob die Parteien einen Vorvertrag oder einen Hauptvertrag schließen wollten, dahin zu entscheiden, ob sie die unmittelbare Übertragung des Eigentums (oder eines anderen Rechts) wollten oder diese Übertragung von einer späteren Willenserklärung abhängig machen wollten, zu der sie sich im Vorvertrag verpflichteten: Cass. 6. 6. 1949, n. 1413, Giur. Cass. civ. 1949, II, 506; Cass. 13. 6. 1958, n. 1999, Foro it., 1959, I, 92. Die Bezahlung des Kaufpreises, die Übergabe der Sache oder die Übernahme bestimmter Lasten soll dabei keine Rolle spielen: s. o. § 4, Text zu N. 11–13. Die Abgrenzung des Vorvertrages vom Hauptvertrag ist übrigens auch steuerrechtlich von Bedeutung. Ein Vorvertrag zum Abschluß eines Grundstückskaufvertrags ist nicht grunderwerbssteuerpflichtig, weil aus ihm nicht sofort auf Erklärung der Auflassung geklagt werden kann, sondern zunächst auf Abschluß des Verpflichtungsgeschäfts geklagt werden muß: Siehe BORUTTAU-KLEIN, Grunderwerbssteuergesetz 7(1963) § 1 Bem. 43.

[68] S. oben § 2 zu N. 42.

Das Gebot, den klar ausgesprochenen Parteiwillen zu beachten, wird allerdings von den Gerichten nicht immer befolgt. So hatte das Schweizerische Bundesgericht über folgenden Fall zu entscheiden[69]:

Die Parteien hatten am 8. 1. 1914 einen notariell beurkundeten „Vorvertrag" geschlossen, in dem sich der „Verkäufer" verpflichtete, dem „Käufer" ein genau bezeichnetes Grundstück zu verkaufen. Die Kaufsumme war ebenfalls genau bestimmt und sollte bis zum 20. 1. 1914 bar bezahlt werden. Geregelt war ferner der Übergang von Nutzen und Gefahr und die Mängelhaftung. Nach einer weiteren besonderen Bestimmung sollten die Stipulationskosten des Vorvertrages sowie die Stipulations- und Grundbuchkosten des Hauptvertrages die Parteien je zur Hälfte zahlen. Die Parteien hatten also offenbar die Absicht, noch einen (Haupt-)Vertrag zu schließen. Das Bundesgericht hielt den Vertrag (im Gegensatz zur Vorinstanz, dem OG des Kantons Aargau und m. E. zu Unrecht) nicht für einen Vorvertrag, sondern für einen eigentlichen Kaufvertrag. Es begründete diese Auffassung damit, daß die Vereinbarung alle wesentlichen Elemente eines Kaufvertrages enthalte und nicht ersichtlich sei, was im „Hauptvertrag" noch weiter hätte bestimmt werden sollen[70]: der Kaufgegenstand sei genau bezeichnet, der Kaufpreis bestimmt festgesetzt, die Art und Weise der Bezahlung geordnet und ebenso der Nutzungs- und Gefahrübergang. Es liege daher trotz der äußeren Form, auf die es nicht ankomme, ein vollständiger Kaufvertrag vor, welcher der Erfüllung durch den Abschluß eines weiteren Vertrages nicht bedurfte, sondern selbst schon, seine Gültigkeit vorausgesetzt, alle Rechtsfolgen des Kaufes – namentlich die Notwendigkeit der Eintragung in das Grundbuch – bewirkt habe.

Eindeutig ist der Wille der Parteien auch erklärt, wenn sie einen Vorvertrag schließen und darin ein Reugeld für den Fall vereinbaren, daß sie den Abschluß des definitiven Vertrages verweigern sollten. Hier wollten die Parteien den wirtschaftlichen Erfolg noch nicht definitiv, sie wollten sich eine Überlegungsfrist wahren und sich erst danach endgültig binden. Dieser Wille muß respektiert werden.

Besondere Schwierigkeiten bereitet die Abgrenzung des Vorvertrages von einem *bedingten Hauptvertrag*. Läßt sich der Wille der Parteien nicht einwandfrei ermitteln, wird man auch hier eher zur Annahme eines bedingten als eines Vorvertrages neigen.

In einem Fall, den das OG Zürich zu entscheiden hatte[71], war L als Versicherungsagent in den Dienst des B getreten, der Generalagent einer Lebens-

---

[69] BGE 42 II 494.

[70] Ähnlich argumentierte auch das OLG Hamburg in der Entscheidung NJW 1957, 26, 27.

[71] OG Zürich BlZüR 40 (1941) 366. Daß in Frankreich die Gerichte besonders stark

versicherungsgesellschaft war. Bei dem Vertragsabschluß sagte B dem L zu, daß er bei beruflicher Eignung nach Ablauf eines Monats (hier am 1. 4. 1939) als Inspektor eingestellt werden könne. Unter Berufung auf diese Erklärung verlangte L die Anstellung als Inspektor, da er die hierfür vorgesehenen Bedingungen erfüllt habe. Da B diesem Begehren nicht entsprach, erklärte L den Rücktritt vom Vertrag und erhob bei dem Gewerbegericht Zürich Klage auf Zahlung des Betrages, den er in den Monaten April und Mai als Inspektor verdient hätte. In dem Streit ging es um die Zuständigkeit des Gewerbegerichts, das nur entscheiden konnte, wenn es sich bei dem Streit um einen solchen „aus Dienstvertrag" handelte. Das OG Zürich erklärte, daß auch Streitigkeiten aus einem bedingten Dienstvertrag oder aus einem bedingten Vorvertrag zu einem Dienstvertrag in die Kompetenz des Gewerbegerichts fallen. Es konnte daher die Frage, ob hier ein bedingter Vertrag oder ein Vorvertrag vorliege, dahingestellt sein lassen. Immerhin bezeichnete es die Auffassung des Beklagten, es handle sich um einen Vorvertrag, als zweifelhaft.

III. Grund- und Rahmenvertrag

Zwischen Vorvertrag und definitivem Vertrag stehen die sogenannten Grund- oder Rahmenverträge. In ihrer üblichen Ausprägung berechtigen sie eine Partei, zu bestimmten oder beliebigen Zeiten über die Lieferung bestimmter oder beliebiger Mengen unter regelmäßig bereits im Rahmenvertrag fixierten Bedingungen den Abschluß von Einzelrechtsverträgen zu verlangen und verpflichten die andere Partei zum Vertragsabschluß[72]. Meist ist mit ihnen die Verpflichtung des Kunden gekoppelt, seinen Bedarf nicht anderweitig zu decken. Beispiele aus der Praxis sind etwa der Tankstellenvertrag oder der Bierbezugsvertrag. Durch solche Verträge wird ein Dauerschuldverhältnis begründet. Der Unterschied zum Vorvertrag liegt darin, daß aus einem Rahmenvertrag grundsätzlich nicht auf Abschluß eines definitiven Vertrages geklagt werden kann. Dazu fehlt es an der Bestimmtheit der Einzelrechtsverträge. Die Weigerung, Einzelrechtsverträge abzuschließen, ist eine positive Vertragsverletzung und berechtigt zur Kündigung des Rahmenvertrages (Dauerschuldverhältnisses) und zum Schadensersatz. Sind freilich die Einzelrechtsverträge bestimmbar, dann ist der Grundvertrag wie ein echter Vorvertrag zu behandeln.

---

dazu neigen, Vorverträge als bedingte Verträge zu konstruieren, ergibt sich aus ihrer grundsätzlichen Ablehnung des Kaufvorvertrages: s. o. § 3 N. 16.

[72] Esser 63; Roth, Der Vorvertrag (1928) 155.

IV. Zusammenfassung

Zusammenfassend ergibt sich: Ein Vorvertrag liegt solange nicht vor, als die Parteien sich noch nicht binden wollten. Er liegt ferner nicht vor, wenn die Parteien sich endgültig, definitiv binden wollten, mit ihrer Bindung also sogleich den wirtschaftlichen Erfolg des beabsichtigten Vertrages herbeiführen wollten. Das entscheidende Abgrenzungskriterium ist also der *Bindungswille*. Die Ermittlung des Bindungswillens richtet sich nach den allgemeinen Regeln, insbesondere nach § 133 BGB. Zu erforschen ist der „wirkliche Wille", wie er sich aus der Erklärung und den sonst für die Auslegung in Betracht kommenden Umständen ergibt[73]. Die Ermittlung des Bindungswillens wird erleichtert durch gesetzliche und von der Rechtsprechung entwickelte Auslegungsgrundsätze, nämlich:

1. Solange die Parteien sich nicht über alle Punkte des beabsichtigten Vertrages geeinigt haben, über die nach der Erklärung auch nur einer Partei eine Vereinbarung getroffen werden sollte, haben sie im Zweifel noch nicht den Willen, sich zu binden (§ 154 Abs. 1 S. 1 BGB).

2. Haben sich die Parteien über alle von ihnen als wesentlich angesehenen Punkte geeinigt, so ist im Zweifel ein definitiver Vertrag geschlossen. Der definitive Vertrag ist die Regel, der Vorvertrag die Ausnahme (vgl. nur BGH LM § 256 ZPO (40) = WM 1956, 1518, 1519).

Entgegen dem ersten Auslegungsgrundsatz kann der Richter aber einen Vertrag oder einen Vorvertrag annehmen, wenn sich aus den gesamten Umständen des Falles der Bindungswille eindeutig ergibt. Das wird namentlich dann der Fall sein, wenn eine Partei alsbald nach der fraglichen Vereinbarung eine Anzahlung geleistet oder eine sonstige Leistung erbracht und die andere Partei diese Leistung widerspruchslos entgegengenommen hat[74].

Eine Ausnahme von dem zweiten Auslegungsgrundsatz ist insbesondere dann gerechtfertigt, wenn die Partei, welche die Existenz (nur) eines Vorvertrages behauptet, irgendwelche Gründe hatte, sich nur vorläufig binden zu wollen[75].

Die Ermittlung des Bindungswillens gehört zum Aufgabenbereich des Tatrichters, seine Qualifikation ist in der Revisionsinstanz nur dahin zu prüfen, ob sie gegen Auslegungsgrundsätze, Denkgesetze oder Erfahrungssätze verstößt[76].

---

[73] ENNECCERUS-NIPPERDEY 1249. [74] Siehe BGH GRUR 1958, 565 (Baustützenfall).

[75] BGH LM § 256 ZPO (40) = WM 1956, 1518, 1520.

[76] BGH GRUR 1958, 565; vgl. auch Cass. civ. 21. 7. 1958: J. C. P. 1958, II, 10843; Cass. 14. 11. 1959, n. 3374, Giust. civ. 1960, I, 22.

§ 10: DIE INHALTLICHE BESTIMMTHEIT

In fast allen Vorvertragsfällen, welche die Gerichte beschäftigten, spielte die inhaltliche Bestimmtheit oder die Bestimmbarkeit des Vorvertrages eine Rolle. Der Grund dafür liegt auf der Hand: Vorläufige Vereinbarungen sind meist lückenhaft. Die Parteien beschränken sich auf das ihnen wesentlich Erscheinende und können sich dann über die Punkte, die sie offengelassen haben, nicht einigen. Der Richter, der dann angerufen wird, kann die Lücken des Vertrages aber nur in den Fällen ausfüllen, in denen die bereits getroffenen Vereinbarungen ihm genügend Anhaltspunkte für eine ergänzende Vertragsauslegung bieten. Dementsprechend ist von dem Vorvertrag ein solches Maß von Bestimmtheit zu verlangen, daß im Streitfall der Inhalt des versprochenen Vertrages richterlich festgesetzt werden kann[1]. Die Schwierigkeiten beginnen dann, wenn im konkreten Fall zu entscheiden ist, ob genügend Anhaltspunkte für eine ergänzende Vertragsauslegung vorliegen oder nicht.

I. Der Vorvertrag zu einem Kaufvertrag

Welche Anforderungen werden an die inhaltliche Bestimmtheit eines Kaufvorvertrages gestellt? Die Antwort auf diese Frage macht eine sorgfältige Fallanalyse notwendig.

1. In einem vom Reichsgericht entschiedenen Fall[2] hatte sich der Beklagte, der die Anlage einer Brikettfabrik beabsichtigte, verpflichtet, seinen künftigen Bedarf an Dampfkesseln bei der Klägerin zu decken. Es sollten dabei die Preise gelten, welche die Klägerin einem anderen Unternehmen berechnet hatte. Das Reichsgericht qualifizierte die Vereinbarung als Vorvertrag, hielt diesen aber nicht für genügend bestimmt. Die Beschaffenheit des Unternehmens biete keinen Anhalt für die Art der Leistung. Da es sich nicht um bereits existierende, sondern um erst geplante Unternehmungen gehandelt habe, sei es darauf angekommen, ob über die Beschaffenheit der geplanten Unternehmungen Einverständnis bestanden habe, ob mindestens die Parteien darüber einig

---

[1] RG 66, 121; RGJW 1908, 350; JW 1917, 292; RG 124, 83; 149, 395; 156, 138; RG SeuffA 92, 333; OGH, RdL 1950, 32; BGH LM § 705 BGB (3); BGH WM 1956, 1520; OLG München, GmbHRdsch 1958, 195; OLG Koblenz, MDR 1959, 131; OLG Nürnberg, BayJMBl 1960, 48. Vgl. dazu auch § 936 ABGB: „Die Verabredung, künftig erst einen Vertrag schließen zu wollen, ist nur dann verbindlich, wenn sowohl die Zeit der Abschließung, als die wesentlichen Stücke des Vertrages bestimmt ... sind."

[2] RG 46, 258.

gewesen seien, aus welchen Kohlenfeldern die Kohlen mit der geplanten Förderungsanlage gewonnen werden und als Material für die Brikettfabrik verwendet werden sollten, ob insbesondere nur die zur Zeit des Vertragsschlusses im Besitz des Beklagten stehenden, oder auch die erst künftig zu erwerbenden Felder in Betracht kommen sollten. Von Bedeutung habe auch das gewollte Maß der Ausbeutung in seiner Konsequenz für den Umfang der Anlage sein können. Der Umstand allein, daß die Anlage in einem Kohlenfelder enthaltenden Gebiet, dessen Grenzen festlagen, errichtet werden sollte, sei nicht ausreichend. Man könne auch nicht nach dem normalen Bedarf einer Brikettfabrik fragen, da der Bedarf solcher Fabriken keine feste Grenze darstelle. Ein Maßstab könne nur die Beschaffenheit des einzelnen konkreten Unternehmens und der aus ihr folgende Bedarf bilden.

Aber selbst wenn der Umfang des geplanten Unternehmens festgestanden hätte, wären Zahl und Beschaffenheit der Kessel noch nicht bestimmt gewesen. Da Dampfkessel nicht zu den vertretbaren Sachen gehörten, habe bei Anlagen gleichen Umfangs je nach Art und Weise der Fabrikation ein weiter Spielraum für die Dimensionen, die Stärke der Wandungen und die Art der Armatur der Kessel bestanden.

Schließlich habe das Abkommen auch keine Bestimmungen über die Zeitdauer der Verbindlichkeit enthalten. Der Kläger habe zwar einmal von einer Bindung für die „nächste Zeit" gesprochen. Eine solche Zeitspanne sei aber jedenfalls nach acht Jahren abgelaufen.

Das Reichsgericht hätte danach den Vorvertrag als bestimmt angesehen, wenn

(1) die Beschaffenheit, insbesondere der Umfang, des geplanten Unternehmens einen Anhalt für die Art der Leistung geboten hätte;

(2) es sich nicht um unvertretbare, sondern um vertretbare Sachen gehandelt hätte;

(3) die Zeitdauer der Verbindlichkeit hätte ermittelt werden können.

In einem anderen, ebenfalls vom Reichsgericht entschiedenen Fall[3], ging es gleichfalls um das Versprechen, den gesamten Bedarf an bestimmten Artikeln bei dem Vertragspartner zu decken. Eine Gärtnerei hatte ein Blumengeschäft verkauft und in den Kaufvertrag u. a. folgende Klausel aufgenommen: „Die Verkäufer betreiben die Kunstgärtnerei weiter, und ist der Ankäufer verpflichtet, zu dem jeweiligen Tagespreise von den Verkäufern seinen Bedarf an Blumen und Pflanzen zu decken,

[3] RG 78, 385.

soweit Verkäufer dieselben vorrätig haben. Für jeden Fall der Zuwiderhandlung gegen diese Verpflichtung ist der Ankäufer verpflichtet, eine Vertragsstrafe von 100 M an Verkäufer zu zahlen."

Das Reichsgericht hielt diesen Vertrag mangels eines festen Verkaufs bestimmter Waren nicht für einen Sukzessivlieferungsvertrag, sondern um einen Kaufvorvertrag, da die zu beziehenden Blumen in jedem Einzelfall noch aus der Handelsgärtnerei der Klägerin auszuwählen waren. Gegen die Gültigkeit dieses Vorvertrages hatte das Reichsgericht anscheinend keine Bedenken[3a]. Allerdings ging es in diesem Fall auch nicht um eine Klage auf Erfüllung des Vorvertrages, sondern darum, ob der Verpflichtete wegen Zerstörung des guten Einvernehmens oder des Vertrauens die Erfüllung verweigern oder sich von seiner Verpflichtung für die Zukunft lossagen konnte.

Für nicht bestimmt hielt das OLG Augsburg[4] die vorvertragliche Verpflichtung, ein gutes Pferd im Wert von 700–800 Mark zu kaufen. Hier fehlte es nach Auffassung des Gerichts an einer Einigung sowohl über das Kaufobjekt als auch über den Kaufpreis.

Schließlich sei noch an den Siedlungsfall des OGH[5] und den Kinoeinrichtungsfall des OLG Nürnberg[6] erinnert. Der OGH hielt einen Vorvertrag für genügend bestimmt, in dem der Kaufpreis zwar nicht angegeben, aber z. T. durch genaue Berechnungsgrundlagen ermittelt, zum anderen Teil („Schätzpreis") durch einen Sachverständigen festgesetzt werden sollte. Das OLG Nürnberg dagegen hielt einen Vorvertrag für nicht genügend bestimmt, in dem einer Firma lediglich die Gesamteinrichtung eines Kinos übertragen worden war, die Parteien aber nichts über die Art und die Zusammensetzung der Kinoeinrichtung vereinbart hatten. Anders wäre es allerdings gewesen, so meinte das Gericht, wenn diese Bestimmung gemäß § 315 BGB dem Kläger überlassen worden wäre.

Während es in diesen Fällen um die Bestimmtheit der Essentialia des Kaufvertrages ging, handelt ein Urteil des OLG Bremen[7] von den Zahlungsbedingungen. Der Beklagte, ein kleiner Transportunternehmer,

---

[3a] Dieses Ergebnis ist richtig, aber nicht, weil der Vorvertrag genügend bestimmt gewesen wäre, sondern weil es sich nicht um einen Vorvertrag, sondern um einen Grund- oder Rahmenvertrag handelte (s. o. § 9 III).

[4] SeuffA 64, 221.

[5] Oben § 8 I 3.

[6] Oben § 8 I 1.

[7] VRS 1952, 81. Ob in diesem Fall überhaupt ein Vorvertrag vorlag, ist sehr fraglich. Immerhin entschied das Gericht die Frage auch für den Fall eines Vorvertrages.

hatte kurz nach der Währungsreform versprochen, einen Lastkraftwagen zu einem bestimmten Preis zu kaufen. Über die Zahlungsbedingungen wollten die Parteien sich noch einigen. Das Gericht entschied, kurz nach der Währungsreform habe der Beklagte ein so bedeutendes Objekt nicht ohne besondere Zugeständnisse über die Zahlungsweise und die Verwertung seines gebrauchten LKW finanzieren können. Auf die angemessenen und üblichen Zahlungsbedingungen könne nicht zurückgegriffen werden, weil diese von den Parteien ersichtlich nicht gewollt waren (sonst hätten sie sich die Vereinbarung darüber nicht vorbehalten), desgleichen nicht auf die Dispositivvorschriften des § 271 BGB.

Versucht man, die Ergebnisse der Rechtsprechung in *Thesen* zu formulieren, so müßten diese etwa folgendermaßen lauten:

(1) Ein Vorvertrag zu einem Kaufvertrag ist nicht genügend bestimmt, wenn sich der Kaufgegenstand oder der Kaufpreis nicht aus den gesamten Umständen des Falles bestimmen läßt.

(2) Ergibt sich im Einzelfall, daß die Parteien einen bestimmten Nebenpunkt als wesentlich ansahen, so muß auch dieser Nebenpunkt bestimmbar sein.

(3) Wird der Kaufgegenstand allein durch den Bedarf einer Partei umschrieben, so ist fraglich, ob die Zeitdauer der Bindung bestimmbar sein muß.

(4) Der „Bedarf" ist nur dann bestimmbar, wenn der Umfang des Unternehmens einen Anhaltspunkt für seine Höhe gibt und es sich bei den zu liefernden Sachen um vertretbare Sachen handelt.

(5) Nichtvertretbare Sachen müssen nach Zahl und Beschaffenheit bestimmt sein (Dampfkessel), gegebenenfalls genau bezeichnet werden (Pferd).

(6) Ein unbestimmter Kaufpreis wird häufig nach den §§ 316, 317 BGB bestimmbar sein. Er ist es beispielsweise nach § 317 BGB, wenn die Parteien eine Veräußerung zum „Schätzpreis" versprochen haben.

2. Ein Blick auf die Judikatur *ausländischer* Gerichte zeigt folgendes Bild:

Eine *französische* Wohnungsbaugesellschaft schloß mit einem Interessenten, der eine Wohnung kaufen wollte, einen Vertrag, in dem der Kaufpreis noch nicht definitiv bestimmt war. Es hieß darin: „Dépense totale moyenne: 2 750 000 francs", aber: „Les sommes indiquées ci-dessus sont des évaluations prévisionelles". Nach der Fertigstellung der Wohnung berechnete die Gesellschaft einen Kaufpreis in Höhe von 3 540 000 francs. Der Klage des Interessenten auf Überlassung der Wohnung zum ursprünglich vereinbarten Preis hielt die Gesellschaft entgegen, der ursprünglich vereinbarte Preis sei nur ein vorläufiger gewesen, der definitive Preis sei zunächst noch unbestimmt gewesen. Daraufhin begehrte die Klägerin die Festsetzung des Preises durch einen Sachverständigen. Das Ziviltribunal Lyon wies die Klage ab[8]: Es sei nicht Aufgabe des Richters, anstelle der Parteien den Kaufpreis einer Ware festzusetzen. Dem Richter sei vielmehr jede aktive Mitwirkung bei der Ermittlung des Vertragsinhalts untersagt. Der Appellationshof Lyon hob das Urteil auf[9]: Der Kaufpreis müsse im Vertrag nicht „d'une manière absolue" festgesetzt sein. Es genüge für die inhaltliche Bestimmtheit des Vertrages, wenn die Vereinbarung eine spätere Preisbestimmung „par voie de relation avec des éléments qui ne dépendront plus de la volonté des parties" ermögliche. Eine solche Preisbestimmung war im vorliegenden Fall möglich, weil die Beklagte in der ursprünglichen Vereinbarung die Art und Weise ihrer Kalkulation dargelegt hatte. Diese Entscheidung fand deswegen Beachtung, weil bis dahin die Gerichte einen Sachverständigen zur Ermittlung des Preises nur ernannt hatten, wenn beide Parteien eine solche Ernennung durch das Gericht wollten[10]. Für die Auffassung der älteren und wohl immer noch herrschenden Meinung spricht, daß der Richter einen Sachverständigen selbst dann nicht benennen kann, wenn der von den Parteien benannte Sachverständige die Preisfestsetzung nicht vornehmen will oder kann. Der Kaufvertrag ist in diesem Fall nach dem eindeutigen Wortlaut des Gesetzes nichtig[11].

Der *italienische* Kassationshof[12] hielt einen Vorvertrag für genügend bestimmt, in dem sich die Parteien über den Verkauf zweier bestimmter Landgüter zu einem bestimmten Preis geeinigt hatten, während der Vertrag nichts enthielt über den Tag des Hauptvertragsabschlusses und der Besitzübertragung, über die Schätzung des lebenden und des toten Inventars, über die Verteilung der Steuerlasten und dergleichen mehr. Der Kassationshof argumentierte, die Parteien hätten sich geeinigt über die *„veri e soli elementi necessari e sufficienti"*. Einer Einigung über die *„punti secondari ed accessori, e cioè non essenziali"* habe es *nicht* bedurft. Ähnlich heißt es in einer anderen Kassationshofsentschei-

---

[8] Trib. civ. Lyon, 25. 6. 1958: J. C. P. 1958, II, 10836 (2e espèce).

[9] Lyon, 6. 10. 1958, J. C. P. 1958, II, 10836 (1re espèce) mit zustimmender Anmerkung von E. Becqué.

[10] Vgl. nur Cass. civ. 25. 4. 1952: J. C. P. 1952, II, 718: Ein Verkaufsversprechen ist nichtig, wenn die Parteien die Preisfestsetzung einem Dritten überlassen wollten, sich dann aber über die Person des Dritten nicht einigen können. Enthält der Vertrag keine Klausel, welche die Nominierung des Dritten für den Fall der Nichteinigung der Parteien dem Richter überträgt, so hat das Gericht keine Möglichkeit, einen Dritten zu nominieren.

[11] Art. 1191 C. civ.: Le prix de la vente doit être déterminé et désigné par les parties.

Art. 1192 C. civ.: Il peut cependant être laissé à l'arbitrage d'un tiers: si le tiers ne veut ou ne peut faire l'estimation, il n'y a point de vente.

[12] Cass. 18. 12. 1956, n. 4452, Giur. it., 1957, I, 1, 698.

dung[13], der Vorvertrag müsse „necessariamente e sufficientemente contenere la determinazione degli elementi essenziali del futuro negozio, cioè quelli indispensabili alla individuazione e alla caratterizzazione del contratto che le parti si obbligano stipulare", nicht aber eine Bestimmung der „punti secondari" des Vertrages.

Aber auch Kaufgegenstand und Kaufpreis müssen nicht notwendig genau bestimmt sein. Es genügt, wie auch zur Gültigkeit des definitiven Kaufvertrags[14], die bloße Bestimmbarkeit. So wird die Einigung über den Preis nicht dadurch ausgeschlossen, daß der Käufer verpflichtet wird, die Zahlung bestimmter Gebühren zusätzlich zu dem Kaufpreis zu übernehmen, deren Höhe die Parteien nicht präzisiert haben, die aber durchaus bestimmbar sind[15]. Nicht erforderlich ist, daß der Preis bereits bei Abschluß des Vorvertrages bestimmt werden kann. Es genügt, wenn er zu einem späteren Zeitpunkt (auch noch nach Abschluß des Hauptvertrages) errechnet werden kann[16]. Bestimmbar ist der Kaufpreis auch dann, wenn die Parteien gemeinsam einen sachverständigen Dritten mit der Wertbestimmung beauftragt haben. Können sich die Parteien über die Nominierung des Dritten nicht einigen, so erfolgt die Nominierung auf Antrag einer Partei durch den Gerichtspräsidenten des Ortes, in dem der Vertrag geschlossen wurde[17].

Haben sich die Parteien über die Art und Weise der Bestimmung des Kaufpreises nicht geeinigt, so fehlt es im Vorvertrag an der nötigen Bestimmtheit. Der Richter kann in einem solchen Fall den Kaufpreis weder von sich aus bestimmen noch einen Sachverständigen mit der Ermittlung des Kaufpreises beauftragen[18].

Nach der Auffassung des *Schweizerischen* Bundesgerichts ist ein Vorvertrag nur dann genügend bestimmt, wenn sich die Parteien über alle im Sinne von Art. 2 OR *wesentlichen Punkte* geeinigt haben[19]. Zu den wesentlichen Punkten eines Vorvertrages gehört vor allem die genaue Bezeichnung der wesentlichen

---

[13] Cass. 16. 5. 1957, n. 1742, Giur. it., 1958, I, 1, 370; ähnlich auch Cass. 14. 12. 1960, n. 3247, Foro it., Rep. 1960, v. Obbl. e Contr. n. 73, 150; App. Caltanissetta, 1. 3. 1958, Giur. it., Rep. 1958, v. Obbl. e Contr., n. 298 und App. Catania, 9. 5. 1958, Giust. civ., Rep. 1958, v. Vendita, n. 144.

[14] Cass. 19. 8. 1955, Foro it., 1956, I, 915.

[15] Cass. 30. 7. 1952, Foro it., Rep. 1952, v. Vendita, n. 73.

[16] Cass. 5. 12. 1960, n. 3180, Giust. civ., 1961, 230.

[17] Art. 1473 c. c. – Le parti possono affidare la determinazione del prezzo a un terzo, eletto nel contratto o da eleggere posteriormente.

Se il terzo non vuole o non può accettare l'incarico, ovvero le parti non si accordano per la sua nomina o per la sua sostituzione, la nomina, su richiesta di una delle parti, è fatta dal presidente del tribunale del luogo in cui è stato concluso il contratto.

[18] Pretura di Sulmona, 29. 12. 1959, Foro it., 1960, I, 514: „La volontà giurisdizionale non può surrogare od integrare l'autonomia negoziale, determinando un elemento del contratto di cui le parti hanno rinviato la determinazione ad un momento successivo, senza nemmeno indicarne la modalità."

[19] BGE 31 II 640, 645.

Punkte des beabsichtigten Hauptvertrages. Die wesentlichen Punkte des Hauptvertrages sind insbesondere Kaufgegenstand und Kaufpreis, unter Umständen können aber auch andere Punkte, z. B. die Person des Verkäufers[20] oder die Zahlungsbedingungen[21], eine Rolle spielen. Der Kaufpreis ist nicht genügend bestimmt, wenn er in Aktien einer zu gründenden Gesellschaft beglichen werden soll, im Vorvertrag nähere Bestimmungen über die Konstituierung der Aktiengesellschaft aber fehlen[22].

Ähnliche Grundsätze hat die schweizerische Judikatur auch zu den Vorverträgen zu Werk- oder Werklieferungsverträgen entwickelt. In zwei Fällen hatten die Gerichte über Verträge zu entscheiden, in denen in einem Grundstückskaufvertrag der Käufer verpflichtet wurde, bei der beabsichtigten Bebauung der Grundstücke die Bauausführung einem bestimmten Bauunternehmen zu übertragen. In einem Fall lautete die Klausel, daß der Käufer verpflichtet sei, zu übertragen „les travaux de maçonnerie des constructions qui seront élevées sur cette parcelle 1466 B à Monsieur Berthet au prix de l'honnête et moyenne concurrence“[23]. Im anderen Fall verpflichtete sich der Käufer, der Bauunternehmung „zur Ausführung und zu Konkurrenzpreisen, wie sie im Zeitpunkt der Arbeitsausführung gelten, sowie nach den einschlägigen Bestimmungen des SIA zu übertragen: sämtliche Erd-, Maurer- und Verputzarbeiten, die Gipser- und Malerarbeiten, die Wand- und Bodenbeläge- und Kunststeinarbeiten“[24].

Im ersten Fall ging das Gericht kurz auf die Frage der Bestimmtheit des Vorvertrages ein: Das geltende Recht erfordere nicht mehr, daß ein Vorvertrag alle Leistungen des Hauptvertrages feststelle; es genüge, daß der Gegenstand des Hauptvertrages bestimmbar sei[25]. Diese Bedingung sei hier erfüllt: die Parteien seien bestimmt, ebenso das Werk, und der Preis sei bestimmbar.

---

[20] BG, vorige Note: Vorvertrag über den Verkauf eines Unternehmens an ein Konsortium zur Gründung einer Aktiengesellschaft. Die bisherigen Leiter des Unternehmens sollen als Direktoren übernommen werden. Die Mitglieder des Konsortiums waren den Verkäufern nicht bekannt. Diese hatten jedoch ein Interesse daran, zu erfahren, welches die maßgeblichen Persönlichkeiten in der zu gründenden Aktiengesellschaft sein würden.

[21] BGE 81 II 358, 364; vgl. aber auch BGE 84 II 266, 275. Siehe dazu oben § 9 I 3 b, Text zu Note 20–23.

[22] BG (N. 19): Die Beklagten hatten ein Interesse daran, für den in Aktien zu begleichenden Teil ihrer Kaufpreisforderung nicht nur ephemer, vielleicht infolge übertriebener Anpreisungen, al pari oder über pari stehende, sondern den Nominalwert auch wirklich dauernd in sich schließende Aktien zu erhalten.

[23] Cour de Justice civile Genf, Sem. Jud. 79 (1957) 234.

[24] Bern. App. h. ZBJV 93 (1957) 323. Daß es sich bei diesen beiden Fällen nicht um echte Vorverträge, sondern um Vorhandverträge handelte, wird später noch zu zeigen sein. Immerhin sind sie von den Gerichten als „Vorverträge“ bezeichnet worden.

[25] Die Bestimmbarkeit muß sich nicht aus dem Vorvertrag selbst ergeben; es genügt, wenn sie sich aus den begleitenden Umständen ergibt: Oser-Schönenberger, Art. 22 Bem. 8.

Im zweiten Fall wurde die Gültigkeit des Vorvertrages als selbstverständlich vorausgesetzt.

Mit diesen Urteilen scheint eine Entscheidung des OG Zürich unvereinbar zu sein, das einen Vertrag, worin eine Partei sich verpflichtete, ihren künftigen Bedarf an bestimmten, genau umschriebenen Gegenständen bei der anderen Partei zu decken, für gültig hielt, obgleich die Höhe des Bedarfs weder bestimmt noch bestimmbar war [26]. Das Gericht bezeichnete den Vertrag als „Vertrag auf fortgesetzte Lieferungen", bei einem solchen sei zu unterscheiden zwischen einem Vorvertrag, gerichtet auf eine unbestimmte Zahl von einzelnen Lieferungsverträgen, und diesem nachfolgenden Lieferungsverträgen als Hauptverträgen. Für diesen „Vorvertrag" gilt indes das gleiche, was oben (N. 3a) zu der Entscheidung RG 78, 385 gesagt worden ist: Es handelt sich nicht um einen eigentlichen Vorvertrag, sondern um einen Grund- oder Rahmenvertrag. Das Kennzeichen solcher Verträge ist die Begründung eines Dauerschuldverhältnisses in Verbindung mit der (regelmäßigen) Unbestimmtheit der Einzelrechtsverträge. Sie verpflichten nicht zum Abschluß bestimmter Verträge, sondern nur zur Leistungsbereitschaft. Bestimmbar muß nur die Art der zu leistenden Gegenstände sein, nicht ihre Menge [27]. Sind in einem Rahmenvertrag die Einzelrechtsverträge (ausnahmsweise) bestimmbar, dann gelten freilich die Regeln des Vorvertragsrechts [28].

3. Versucht man unter Berücksichtigung der deutschen und der ausländischen Judikatur den Begriff der Bestimmbarkeit des Vorvertrages zu einem Kaufvertrag näher zu umschreiben, so kommt man zu folgenden *Ergebnissen*:

a) Oberster Grundsatz ist die allgemein anerkannte Regel: Ein Vorvertrag zu einem Kaufvertrag ist nicht genügend bestimmt, wenn sich *Kaufgegenstand* und *Kaufpreis* nicht aus den gesamten Umständen des Falles bestimmen lassen [29].

b) Lassen sich Kaufgegenstand und Kaufpreis aus den Umständen des Falles bestimmen, so ist der Vorvertrag in der Regel genügend bestimmt, auch wenn sich die Parteien über die *Nebenpunkte* des beabsichtigten Vertrages noch nicht geeinigt haben. Die Parteien brauchen sich im Vorvertrag also weder über die Zahlungs- und Lieferungsbedingungen zu

---

[26] OG Zürich, Bl. Zü. R. 40 (1941), 293, 297.

[27] Gelegentlich wird allerdings gefordert, der Maximalbedarf müsse übersehbar sein: BECKER, Art. 22 Bem. 4, 10. Vgl. zu der sog. Pflicht zur Leistungsbereitschaft auch STINTZING, oben § 2 I 5.

[28] Die Abgrenzung zwischen einem nicht genügend bestimmten Vorvertrag und einem Rahmenvertrag macht zuweilen Schwierigkeiten: Vgl. etwa RG 46, 258 (oben N. 2) einerseits (nicht genügend bestimmter Vorvertrag) und RG 78, 385 (oben N. 3) andererseits (Rahmenvertrag).

[29] RG 124, 81, 83 f.

einigen noch über den Zeitpunkt oder den Ort der Leistung oder die Verteilung der Lasten. Auch eine Einigung über den Zeitpunkt des Abschlusses des Hauptvertrages ist nicht erforderlich[30]. Ergibt sich freilich aus den Umständen des Falles, daß sich die Parteien über einen bestimmten Nebenpunkt des beabsichtigten Vertrages noch einigen wollten, so ist der Vorvertrag nur dann genügend bestimmt, wenn auch dieser Nebenpunkt aus den Umständen des Falles bestimmbar ist.

Schwierigkeiten bereitet hier die Abgrenzung von *Dissens* und mangelnder Bestimmtheit. Die Frage nach der Existenz eines Vorvertrages steht vor der Frage nach seiner Bestimmtheit. Ob ein Dissens vorliegt, bestimmt sich danach, ob die Parteien sich über alle Punkte, die sie als wesentlich ansahen, geeinigt haben. Haben sich die Parteien nicht geeinigt, so liegt im Zweifel kein Vorvertrag vor. Ergibt sich aus den Umständen des Falles, daß die Parteien sich trotz der fehlenden Einigung über bestimmte Nebenpunkte des Kaufvertrages für vertraglich gebunden halten wollten, den beabsichtigten Hauptvertrag abzuschließen, so liegt ein Vorvertrag vor[30a]. Es gelten in diesem Fall die gleichen Regeln, wie sie für den Fall entwickelt worden sind, daß die Parteien bei einem definitiven Vertrag willens sind, eine unvollkommene Einigung als bindend anzusehen (s. o. § 9 I 3 c). Der Richter entscheidet in den Grenzen, welche die Parteien gesetzt haben. Haben die Parteien keine Grenzen oder sonstigen Anhaltspunkte gesetzt und ergibt sich aus den Umständen, daß sie auch die Geltung der gesetzlichen Dispositivvorschriften nicht wollten, so wird man den Vorvertrag in der Regel als nicht genügend bestimmt ansehen müssen[31].

---

[30] LEVINSOHN 55, 58, meint, die Bestimmbarkeit des Vorvertrages müsse sich sowohl auf den Leistungsort als auch auf die Leistungszeit (Abschluß des Hauptvertrages) erstrecken. Er fürchtet, daß sonst der Gläubiger den Abschluß des Hauptvertrages gem. § 271 BGB sofort verlangen könne, was dem Willen der Parteien sicher nicht entsprechen würde. Sollte ein Vorvertrag aber in allen Fällen nichtig sein, in denen die Parteien dem Leistungsort und der Leistungszeit keine wesentliche Bedeutung beimaßen und es deswegen versäumten, genügend Anhaltspunkte für deren Bestimmbarkeit zu setzen? Erschienen ihnen Leistungszeit und Leistungsort von Bedeutung, so muß allerdings Bestimmbarkeit gegeben sein. Siehe dazu den folgenden Text. Die Auffassung Levinsohns hat einen gesetzlichen Niederschlag in § 936 ABGB gefunden. Für das schweizerische Recht ebenso BECKER, Art. 22 Bem. 5. Wie hier dagegen der italienische Kassationshof: s. o. N. 12. Wohl auch BGH 23, 249, 262: Der Zeitpunkt kann nach Lage des Einzelfalles bestimmt werden.

[30a] Vgl. BGH WM 1963, 662, 663.

[31] Eine analoge Anwendung der §§ 315 ff. BGB, wie sie u. a. SIEG, Korrektur von Rechtsgeschäften durch den Prozeßrichter, NJW 1951, 506, 507 und ERMAN(-GROEPPER) § 315 Bem. 1, empfehlen, kommt nicht in Frage. Vertragsgestaltung ist Sache der Parteien, nicht Sache des Richters. Für eine gerichtliche Ermessensentscheidung fehlt die dafür erforderliche „Ermessensermächtigung": NEUMANN-DUESBERG, JZ 1952, 709. Den Parteien darf nichts aufoktroyiert werden, was ihren Vertrag ändern würde: OLG Nürnberg, BayJMBl. 1960, 47, 48; s. auch OLG Hamburg, JW 1935, 1253; der Richter

c) Bei der Frage nach der Bestimmtheit des Kaufgegenstandes ist zwischen *Gattungssachen* und *Speziessachen* zu unterscheiden. Bei Gattungssachen braucht die genaue Beschaffenheit nicht näher umschrieben zu werden. Im Zweifel sind Sachen mittlerer Art und Güte zu leisten (§ 243 Abs. 1 BGB). Unbestimmt wird hier meist die *Menge* sein. Wird diese Menge allein durch den *„Bedarf"* umschrieben, so muß der Bedarf errechenbar sein[32].

Beispiel: Der Bauer B kauft ein Grundstück von der Großgärtnerei G & S. S betreibt zugleich auch eine Baumschule. In dem Kaufvertrag verpflichtet sich B, auf dem Grundstück eine Obstplantage einer bestimmten Obstsorte anzulegen und alle dazu benötigten Obstbäume von S zu kaufen. Der Vorvertrag ist genügend bestimmt. Die Größe des Grundstücks steht fest, desgleichen der übliche Abstand, den Obstbäume voneinander haben müssen. Aus diesen beiden Faktoren läßt sich die Anzahl der benötigten Obstbäume errechnen.

Nicht erforderlich ist, daß der Bedarf bereits im Zeitpunkt des Vorvertragsabschlusses berechenbar ist. Es genügt, wenn er zu irgendeinem späteren Zeitpunkt genau berechnet werden kann. Hat B in dem soeben gebrachten Beispiel einen Teil des gekauften Landes zu Straßenbauzwecken abzutreten, so ist die ihm verbleibende Fläche berechenbar, sobald der Verlauf der geplanten Straße feststeht. Diese zukünftige Bestimmbarkeit reicht aus[33].

Bei *Speziessachen* muß nicht nur die Zahl, sondern auch die genaue *Beschaffenheit* bestimmbar sein. Die Beschaffenheit ist nicht schon dann bestimmbar, wenn der Verwendungszweck feststeht. Die Verpflichtung, eine (erst zu errichtende) Wohnung zu kaufen, ist in der Regel nicht schon dann bestimmbar, wenn die Wohnung als „Komfortwohnung" umschrieben wird. Sie kann es sein, wenn die Parteien sich über die Anzahl und die Größe der einzelnen Zimmer und die Lage der Wohnung einig sind und die Bezeichnung „Komfortwohnung" in dem betreffenden Ort eine bestimmte Ausstattung bedeutet (Parkettboden, Zentralheizung usw.). Bei lebendigen Gegenständen (Rennpferd) wird nicht einmal eine

---

kann also nicht im Wege der „Auslegung" den angemessenen Preis ermitteln; a. A. RG SeuffA 92, 328, 335.

[32] Ist der Bedarf nicht errechenbar, so ist der Vorvertrag nicht genügend bestimmt: a. A. anscheinend Oertmann, § 154 Bem. 4; Staudinger(-Riezler) [10]I (1936) Vorbem. 20 vor § 145. Immerhin wird in einem solchen Fall die Bestimmbarkeit häufig gegeben sein, weil die Parteien ausdrücklich vereinbart haben oder stillschweigend davon ausgegangen sind, daß der Gläubiger die Leistung festsetzen soll (§ 315 Abs. 1 BGB). Die Bestimmung erfolgt dann durch rechtsgestaltende Erklärung gem. § 315 Abs. 2 BGB.

[33] Cass. 14. 12. 1960, n. 3247, Giust. civ. 1961, 1, 853.

genaue Beschreibung der gewünschten Eigenschaften ausreichen, man wird hier die genaue Bezeichnung fordern müssen. Allerdings wird hier die Grenze zwischen Spezies- und Gattungssachen (gute Milchkühe!) häufig schwer zu ziehen sein.

Eine nicht bestimmte Leistung ist bestimmbar, wenn sie durch einen der Vertragsschließenden (§ 315 Abs. 1 BGB)[34] oder durch einen oder mehrere Dritte (§ 317 BGB) bestimmt werden soll.

d) Haben die Parteien keine Vereinbarung über den *Kaufpreis* getroffen, so steht die Bestimmung des Kaufpreises im Zweifel demjenigen Teil zu, der ihn zu fordern hat (§ 316 BGB). Haben sie aber eine Vereinbarung getroffen, dann ist der Vorvertrag nur dann genügend bestimmt, wenn der Kaufpreis nach der getroffenen Vereinbarung und den Umständen des Falles bestimmbar ist. Bestimmbar ist der Kaufpreis beispielsweise dann, wenn die Parteien vereinbaren, daß die Sache zum Marktpreis[35], Börsenpreis[36], Tageskurs[37] oder unter Zugrundelegung der jeweiligen Marktpreise[38] oder zu Konkurrenzpreisen[39] verkauft werden soll. Wird ein Preis genannt, aber dessen „Berichtigung" vorbehalten, so ist der Preis genügend bestimmt, wenn sich die Parteien über die Art und Weise der Preiskalkulation einig und die Elemente der Preiskalkulation bestimmbar sind[40].

Die Parteien können die Bestimmung des Kaufpreises aber auch einem Vertragsschließenden oder einem oder mehreren Dritten übertragen (§§ 315, 317 BGB). Soll die Leistung durch einen der Vertragsschließen-

---

[34] Daß einer der Vertragsschließenden die Leistung bestimmen soll, kann sich auch aus den Umständen ergeben. So hat das Reichsoberhandelsgericht entschieden, daß ein Vertrag des Inhalts, daß die eine Partei in Höhe des jeweiligen Kontokorrentguthabens Zigarren kaufen soll, gültig sei, weil die nähere Bestimmung hinsichtlich der Sorte nach allgemeinen Grundsätzen vom Schuldner getroffen werden könne (und wohl auch getroffen werden sollte): ROHG 17, 218; zustimmend STAUDINGER(-COING) Vorbem. 21 vor § 145. Der BGH hielt in einer jüngst ergangenen Entscheidung einen Vorvertrag für genügend bestimmt, in dem eine Partei sich verpflichtete, aus einer Filmstaffel von zehn Filmen drei Filme zu erwerben. Die Auswahl (das Bestimmungsrecht) sollte dem Erwerber zustehen: BGH WM 1963, 662, 663.

[35] OSER-SCHÖNENBERGER, Vorbem. 89 zu Art. 1–67.

[36] SOERGEL-SIEBERT(-REIMER SCHMIDT) § 315 Bem. 2.

[37] WILDE in RGR-Kommentar z. BGB Vorbem. vor §§ 315–319.

[38] RG DJZ 1908, 78.

[39] Dabei werden im Zweifel (anders als bei Vorrechtsverträgen) nicht die niedrigsten, sondern mittlere Konkurrenzpreise zu verstehen sein: Vgl. Cour de Justice civile Genf, oben N. 23; Bern.App.h., oben N. 24. Häufig wird allerdings bestimmt, daß sich der Preis nach dem Mindestangebot der Konkurrenz richten soll; siehe SCHLEGELBERGER-VOGELS(-BECKER) Bem. 34 vor § 145.

[40] Lyon, oben N. 9.

den bestimmt werden, so ist im Zweifel anzunehmen, daß die Bestimmung nach *billigem* Ermessen zu treffen ist (§ 315 Abs. 1 BGB). Ein gleiches gilt, wenn ein Dritter die Leistung bestimmen soll (§ 317 Abs. 1 BGB). Eine Entscheidung nach billigem Ermessen setzt einen objektiven Billigkeitsmaßstab voraus[41]. Eine billige Ermessensentscheidung ist somit nur möglich – und dementsprechend der Vertrag nur bestimmbar –, wenn eine genügend objektive, von dem Willen der Vertragspartei oder des Dritten unabhängige Berechnungsgrundlage gegeben ist[42]. Nur in diesem Fall kann die Leistungsbestimmung, wenn sie sich als unbillig erweist (§ 315 Abs. 3 BGB) oder – bei der Bestimmung durch einen Dritten – offenbar unbillig ist (§ 319 Abs. 1 BGB), durch ein Urteil ersetzt werden[43]. Wie sich aus der Formulierung der §§ 315 und 317 BGB ergibt, kann die Bestimmung der Leistung auch in das freie Ermessen, möglicherweise sogar in das Belieben einer Partei oder eines Dritten gestellt werden[44]. Der Vertrag ist hier bestimmbar, weil – zumindest, wenn der Schuldner die Leistung zu bestimmen hat – auf Vornahme der Bestimmung geklagt werden kann[45]. Zwar kann die Bestimmung nicht durch Richterspruch ersetzt werden, der Richter kann die Bestimmung aber nach Treu und Glauben für unverbindlich erklären, wenn sie eine offenbare Ungerechtigkeit enthält[46]. Es ist darum denkbar, daß durch wiederholte Klagen sich eine Fixierung des Vertragsinhalts erreichen läßt. Ob dies wünschenswert ist, ist eine andere Frage[47]. Ist die Leistung in das freie Belieben einer Partei gestellt, so wird das Geschäft oft für

---

[41] NEUMANN-DUESBERG aaO.

[42] OERTMANN § 315 Bem. 1 a: Der „typische Geschäftszweck" muß feststehen; STAUDINGER(-WERNER) § 315 Bem. I 1; ERMAN(-GROEPPER) § 315 Bem. 4; ENNECCERUS-LEHMANN 26; OSER-SCHÖNENBERGER, Vorbem. 94 ff. vor Art. 1–67.

[43] NEUMANN-DUESBERG 708; SOERGEL-SIEBERT(-REIMER SCHMIDT) § 315 Bem. 5; v. TUHR-SIEGWART 182. Verzögert der Bestimmungsberechtigte seine Entscheidung, so kann auf richterliche Festsetzung geklagt werden.

[44] PALANDT(-DANCKELMANN) § 315 Bem. 2 a, bezeichnet dies mit Recht als rechtspolitisch sehr bedenklich.

[45] Ob auch der Gläubiger zur Bestimmung der Leistung verpflichtet ist, ist bestritten: Bejahend z. B. PALANDT(-DANCKELMANN) § 315 Bem. 3 a; verneinend z. B. STAUDINGER (-WERNER) § 315 Bem. II 2 b. Verneint man die Bestimmungspflicht des Gläubigers, dann wird man den Vertrag als nicht bestimmbar und darum unwirksam ansehen müssen. Gegen einen Dritten kann nur geklagt werden, wenn dieser sich vertraglich zur Bestimmung der Leistung verpflichtet hat. Ist das nicht der Fall und will oder kann der Dritte die Bestimmung nicht treffen oder verzögert er die Bestimmung, so ist der Vertrag unwirksam (§ 319 Abs. 2 BGB).

[46] PALANDT(-DANCKELMANN) § 315 Bem. 2 a.

[47] Nach schweizerischer Auffassung gilt eine Leistung, die in das freie, d. h. nicht nachprüfbare Ermessen einer Partei oder eines Dritten gestellt ist, als nicht bestimmt: OSER-SCHÖNENBERGER, Vorbem. 86 vor Art. 1–67.

nichtig zu halten sein, sei es – wenn der Gläubiger entscheiden soll – wegen unsittlicher Freiheitsbeschränkung des Schuldners, sei es – wenn der Schuldner entscheiden soll –, weil es an dem Bindungswillen fehlt[48].

Haben die Parteien vereinbart, daß der Kaufpreis durch einen *Dritten* festgesetzt werden soll (eine solche Vereinbarung liegt z. B. in dem Wort „Schätzpreis"), dann ist der Vertrag nur dann genügend bestimmt, wenn die Person des Dritten bestimmbar ist. Solange die Person des Dritten nicht bestimmbar ist, ist im Zweifel noch kein Vertrag geschlossen (§ 154 BGB)[49]. Wollten die Parteien gebunden sein, können sie sich aber über die Person des Dritten nicht einigen, so kann das Gericht weder von sich aus einen sachverständigen Dritten benennen[50] noch selbst den Kaufpreis nach billigem Ermessen bestimmen[51]. Das Gericht selbst kann innerhalb seines gesetzlichen Wirkungskreises nicht als „Dritter" benannt werden. Das folgt daraus, daß das Gericht zur Entscheidung über die Billigkeit der Bestimmung berufen ist. Könnte es selbst die Bestimmung als „Dritter" vornehmen, so wäre es zur Entscheidung über seinen eigenen Spruch berufen[52]. Dagegen kann ein Richter, beispielsweise der Oberlandesgerichtspräsident, als Dritter berufen werden, wenn die Bestimmung der Leistung nicht in seinen gesetzlichen Wirkungskreis fällt. Unter den gleichen Voraussetzungen können die Parteien auch vereinbaren, daß ein bestimmter Richter einen Dritten benennen soll, wenn sie selbst sich über die Person des Dritten nicht einig werden können[53].

---

[48] Enneccerus-Lehmann 27; Larenz I 84.

[49] Staudinger(-Werner) § 317 Bem. 1 b; Wilde in BGB-RGRK, § 317 Anm. 1.

[50] Das ist auch die französische Rechtsauffassung: S. oben N. 10; anders dagegen Art. 1473 c. c. it. (s. oben N. 17): Auf Antrag einer Partei kann der Gerichtspräsident einen sachverständigen Dritten ernennen.

[51] S. oben N. 32. Ein anderes wird nur dann gelten, wenn der Dritte keine Ermessensentscheidung treffen, sondern den Kaufpreis lediglich nach bestimmten Grundsätzen errechnen sollte. Vgl. dazu Lyon (oben N. 9) und E. Becqué.

[52] Unhaltbar ist darum die Entscheidung des BayObLG, NJW 1950, 909, das in einem solchen Fall den Parteien lediglich ein Recht einräumen will, den Richter wegen Besorgnis der Befangenheit (§ 42 ZPO) abzulehnen. Wie hier aber BGH LM § 317 BGB (3); OLG Bamberg, NJW 1950, 917; Potrykus, Bestimmung der Angemessenheit des Ersatzraumes bei Räumungsvergleichen, NJW 1950, 897 ff.; Habscheid, Behörden als Schiedsgutachter, MDR 1954, 392 ff. und Soergel-Siebert(-Reimer Schmidt) § 317 Bem. 7.

[53] In diesem Punkt stimmen auch das italienische und das französische Recht überein: s. oben N. 10 und N. 17.

II. Der Vorvertrag auf Abschluß eines Gesellschaftsvertrags (Vorgründungsvertrag)

1. Auch für den Vorvertrag auf Abschluß eines Gesellschaftsvertrages gilt die Grundregel, daß er so bestimmt sein muß, daß im Streitfalle der Inhalt des Gesellschaftsvertrages richterlich festgesetzt werden kann[54]. Das bedeutet für den Vorvertrag auf Abschluß eines Gesellschaftsvertrages zunächst, daß die *Gesellschaftsform* der zu gründenden Gesellschaft feststehen muß; denn eine Gesellschaft ist nicht als abstrakter Begriff, sondern nur als eine bestimmte dem bürgerlichen oder dem Handelsrecht angehörende Rechtsform denkbar[55].

2. Ebenso bestimmbar sein müssen die Essentialia des jeweiligen gewollten Gesellschaftsvertrages. Die *Essentialia* der verschiedenen Gesellschaftsformen sind nicht die gleichen. So ist für die *Gesellschaft bürgerlichen Rechts* wesensnotwendig die Einigung über den Zweck der Gesellschaft und die Art und Weise der Zweckförderung durch die Gesellschafter, insbesondere die Beiträge (§ 705 BGB). Ein gleiches gilt für die *OHG* (§ 105 Abs. 2 HGB).

Bei der *Aktiengesellschaft* und der *Gesellschaft mit beschränkter Haftung* ergibt sich eine andere Würdigung aus dem Umstand, daß die Partner hier keinen Gesellschaftsvertrag in dem Sinne abschließen wollen, daß sie sich zu einer persönlichen Mitarbeit (verbunden mit einer persönlichen Haftung) verpflichten. Die Verpflichtung richtet sich hier vielmehr auf eine Kapitalbeteiligung. Letztlich ist das Ziel jedes Vorgründungsvertrages zur Gründung einer Kapitalgesellschaft, die Partner zu der Übernahme von Aktien oder einer Stammeinlage, gegebenenfalls auch zu Sacheinlagen, zu verpflichten und dadurch die Errichtung der Aktiengesellschaft (§ 22 AktG) oder der GmbH zu gewährleisten. Von diesem Wesensgehalt jedes Vorgründungsvertrages her betrachtet, scheint zunächst essentiell nur zu sein (und demnach von dem Gebot der Bestimmbarkeit nur betroffen zu werden) die *Anzahl der zu übernehmenden Aktien* (wobei natürlich Nennbetrag, Ausgabebetrag und – gegebenenfalls – die Gattung feststehen müssen) oder die *Höhe der zu zahlenden*

---

[54] S. oben N. 1.

[55] Einhellige Meinung: RG Gruchot 56, 917; RG 106, 174; RG JW 1924, 170; 1926, 2897; OLG München, GmbH Rdsch 1958, 195; Düringer-Hachenburg(-Geiler) II, 1, 98; Weipert in RGRK z. HGB, § 105 Anm. 61. In Frankreich: Paris 11. 11. 1905: Rev. soc. 1906, 150; Lyon, 20. 11. 1950, unveröffentlicht, Leitsätze abgedruckt in J.-Cl. des Sociétés: Fasc. 7 bis, Nr. 4 et s.; Escarra, Cours de droit commercial (1952) 340. In der Schweiz: F. v. Steiger, Pactum de ineundo societate (Vorgründungsvertrag), SAG 30 (1957–58) 174, 180.

Stammeinlage. In Wahrheit reichen diese Angaben aber nicht aus. Es handelt sich bei der Aktienzeichnung nicht um einen Kaufvertrag. Bei einem Kaufvertrag weiß der Käufer, was er bekommt. Das Schicksal der gekauften Sache hängt nach der Übereignung von seinem Belieben ab. Das Schicksal und insbesondere auch der Wert der Aktie oder der Beteiligung an einer GmbH sind mit dem Schicksal der Gesellschaft verknüpft. Mit anderen Worten: Eine Beteiligung an einer Kapitalgesellschaft ist nicht schon dann bestimmbar, wenn ihre Höhe bestimmbar ist, sondern erst dann, wenn das mit der Beteiligung erworbene und durch die Aktie verkörperte Mitgliedschaftsrecht bestimmt werden kann. Wer Aktien zeichnet, soll nicht nur wissen, welchen Betrag er für den Erwerb der Aktie aufzuwenden hat, er soll auch erkennen können, was er dafür bekommt.

Daraus allein ergibt sich schon, daß es für die Bestimmbarkeit eines Vorgründungsvertrages zur Gründung einer Kapitalgesellschaft nicht genügt, wenn die Anzahl der zu zeichnenden Aktien oder die Höhe der Stammeinlage feststeht. Feststehen muß zumindest noch der *Gegenstand der Gesellschaft*; denn: „Was will die Gesellschaft?" ist die Frage, die ihr Schicksal insbesondere bestimmt.

Es stehen demnach als Essentialia eines Vorgründungsvertrages zur Gründung einer Kapitalgesellschaft fest die Höhe der Beteiligung und der Gegenstand der Gesellschaft. Für die Frage, ob der Vorgründungsvertrag darüber hinaus noch weitere Elemente enthalten muß, kommt es zunächst darauf an, ob nach dem Gesetz die Bestimmbarkeit dieser beiden Punkte für die Gründung einer Aktiengesellschaft oder einer GmbH genügt. Hier kommt nun die *Satzung* ins Spiel. Ohne Satzung kann die Gesellschaft nicht entstehen. Die Frage ist also: Kann die Satzung festgestellt werden, auch wenn die Partner des Vorgründungsvertrages sich über den nach § 16 AktG und § 3 GmbHG vorgeschriebenen Inhalt der Satzung noch nicht geeinigt haben? Hier zeigt sich nun, wie wichtig es ist, das Wesen des Vorgründungsvertrages klar herauszustellen. Sieht man im Vorgründungsvertrag die Verpflichtung zum Abschluß eines Gesellschaftsvertrages (lies: Feststellung der Satzung), so kann dieser, d. h. die Satzung, nur festgestellt werden, wenn seine nach dem Gesetz erforderlichen Elemente bestimmt oder bestimmbar sind[56]. Sieht man aber den Inhalt des Vorgründungsvertrages nicht als Verpflichtung zur Feststellung der Satzung, sondern als Verpflichtung zur Errichtung einer

---

[56] Das ist der Standpunkt der h. M.: RG 156, 129: FISCHER in Großkomm. AktG § 16 Anm. 22.

Gesellschaft, d. h. aber – da die Gesellschaft mit der Übernahme der Aktien errichtet wird – zur Übernahme der Aktien (oder der Stammeinlage), so kann aus diesem Vorvertrag auch dann geklagt werden, wenn die nach dem Gesetz erforderlichen Elemente der Satzung aus dem Vorgründungsvertrag noch nicht entnommen werden können. Weigert sich dann ein Partner des Vorgründungsvertrages, seine übernommene Verpflichtung zu erfüllen, so können die verbleibenden Gesellschafter, notfalls unter Aufnahme eines weiteren Gründers, die Satzung allein feststellen. Sie brauchen dann nicht alle Aktien zu zeichnen und können den widerstrebenden Partner auf Erfüllung der von ihm versprochenen Aktienzeichnung verklagen. Das Gesetz läßt eine solche Stufengründung allerdings nur für die Aktiengesellschaft zu (§ 30 AktG). Aber auch im Recht der GmbH gibt es einen Weg, den Gesellschaftsvertrag ohne den sich weigernden Vorvertragspartner zu schließen. Die zur Gründung bereiten Gesellschafter schließen den Gesellschaftsvertrag allein, rufen die Gesellschaft ins Leben, beschließen dann eine Erhöhung des Stammkapitals und verklagen den widerstrebenden Partner des Vorgründungsvertrags auf Übernahme der auf das erhöhte Kapital zu leistenden Stammeinlage (§ 55 GmbHG). Es zeigt sich somit, daß die nach dem Gesetz notwendigen Satzungselemente nicht schon deswegen, weil das Gesetz sie vorschreibt, aus dem Vorgründungsvertrag ersichtlich sein müssen. Damit soll aber nicht gesagt sein, daß die Bestimmtheit der beiden Grundelemente (Höhe der Beteiligung und Gegenstand der Gesellschaft) für die Wirksamkeit des Vorgründungsvertrages ausreicht. Es ist lediglich festgestellt, daß es nicht unbedingt auf die Bestimmbarkeit all der Elemente ankommt, die das Gesetz als notwendigen Satzungsinhalt nennt[57]. Andererseits leuchtet es ein, daß diejenigen Punkte, die der Gesetzgeber selbst nicht zu dem notwendigen Satzungsinhalt gerechnet hat, keine Essentialia des Gesellschaftsvertrages sein können. Man wird also fragen müssen: Gibt es unter den notwendigen Satzungselementen eines, das das Schicksal der Gesellschaft und damit auch den Inhalt der Beteiligung wesentlich mitbestimmt? Sieht man die §§ 16 AktG und 3 GmbHG daraufhin an, so zeigt sich, daß nur ein Element noch von erheblicher Bedeutung ist: die *Höhe des Grundkapitals* bzw. der *Betrag des Stammkapitals.* Das Kapital bestimmt die Größe der Gesellschaft und den Umfang ihrer Tätigkeit, damit aber wesentlich auch den Inhalt der Beteiligung. Alle anderen Elemente sind für das Schicksal der Gesell-

[57] Im Ergebnis ebenso Düringer-Hachenburg(-Bing) III, 1, § 182 Anm. 24; RG 66, 116; RG LZ 1908, 866.

schaft von untergeordneter Bedeutung: Firma, Sitz, Art der Zusammensetzung des Vorstandes, Form der Bekanntmachungen der Gesellschaft. Essentialia des Vorgründungsvertrages zur Gründung einer Kapitalgesellschaft sind somit: der Gegenstand des Unternehmens, die Höhe des Grund- oder Stammkapitals, die Höhe der versprochenen Beteiligung[58].

3. Die Essentialia sind das Minimum dessen, was bestimmbar sein muß. Sind sie nicht bestimmbar, dann ist der Vorvertrag *unwirksam*. Diese These dürfte man als allgemein anerkannt ansehen, wenn nicht das Reichsgericht in einer Entscheidung von ihr abgewichen wäre. Es handelte sich dabei um folgenden Fall[59]:

> Die Klägerin und die Beklagten, die schon mehrmals gemeinschaftlich Steinmetzarbeiten ausgeführt hatten, hatten sich gemeinschaftlich um die Steinmetzarbeiten und um die Lieferung des Steinmaterials für den Erweiterungsbau der Reichshauptbank in Berlin beworben. In ihrem Angebot hatten sie erklärt, daß sie sich zur Durchführung des Auftrags zu einer Arbeitsgemeinschaft zusammengeschlossen hätten. Die Reichsbank war auf dieses Angebot eingegangen, hatte jedoch verlangt, daß die Klägerin aus der Arbeitsgemeinschaft ausscheide. Daraufhin hatte die Klägerin in einem zur Vorlage an die Reichsbank bestimmten Schreiben erklärt, daß sie aus der Arbeitsgemeinschaft ausscheide. Dieses Schreiben sollte jedoch nur zur Erfüllung einer Vorschrift der Bauverwaltung dienen und auch nur gegenüber der Bauverwaltung bzw. der Bauherrin gelten. Das innere Verhältnis für die Abwicklung des Auftrages sollte dadurch rechtlich nicht berührt werden, die Arbeitsgemeinschaft zur Abwicklung des Auftrages sollte vielmehr unter den drei Firmen unverändert weiter bestehen. Darüber waren sich die Parteien einig. Der Vertrag war dann mit den Beklagten geschlossen und von diesen auch erfüllt worden. Die Klägerin, die von den Beklagten nicht herangezogen worden war, klagte auf Feststellung, daß die Beklagten verpflichtet seien, ihr ein Drittel des Gewinns abzugeben.

Das Reichsgericht qualifizierte die zwischen den Parteien bestehende Vereinbarung als *zweifachen Vorvertrag*: Die Parteien hätten sich zunächst verpflichtet, sich gemeinsam um die Erlangung des Auftrags zur

---

[58] Siehe dazu die Nachweise in der vorigen Note. Ebenso für das französische Recht: Rabat, 15. 3. 1949: J. C. P. 1949, II, 5223; für das schweizerische Recht: SIEGWART, Vorbem. 44 zu Art. 629–639.

Eine italienische Entscheidung (App. Napoli, 11. 9. 1951, Mon. trib. 1952, 116) legt zwar ebenfalls großes Gewicht auf den Gegenstand des Unternehmens und die von den Gesellschaftern zu leistenden Einlagen, hält daneben aber auch noch eine Einigung über die Dauer der Gesellschaft und die Verteilung der Lasten für notwendig.

[59] RG SeuffA 92, 328.

gemeinschaftlichen Bauausführung zu bemühen. Zugleich hätten sie sich verpflichtet, sobald sie das erste Ziel erreicht haben würden, alles Erforderliche zu tun, um die gemeinschaftliche Ausführung des ihnen in Auftrag gegebenen Baues zu ermöglichen, also auch den noch erforderlichen Gesellschaftsvertrag für die Ausführung des Baues selbst abzuschließen. Das Reichsgericht meinte weiter, die Bestimmtheit der ersten Verpflichtung unterliege keinen Bedenken[60]. Aber auch die zweite Verpflichtung sei möglicherweise bestimmbar, obgleich die Parteien den Inhalt des Hauptvertrages bei Abschluß des Vorvertrages absichtlich in wesentlichen Punkten, insbesondere hinsichtlich der Verteilung der Arbeitsleistungen, offengelassen hätten. Der Inhalt sollte von dem erhofften, inhaltlich aber noch ungewissen Bauauftrag abhängen, insbesondere auch von den Bedingungen der Bauherrin über die Verteilung der Arbeiten. Das Reichsgericht stellte hier die These auf, es müsse für die inhaltliche Bestimmtheit eines Vorvertrages genügen, wenn auch nur bei *freiester Auslegung* nach Maßgabe der §§ 157, 242 BGB ein dem Vertragszweck entsprechender, nach Möglichkeit der besonderen Sachlage angepaßter und den Vertragsparteien zumutbarer Hauptvertragsinhalt sich festlegen lasse; denn der Wille der Vertragsparteien bei Abschluß des Vorvertrages gehe ja gerade dahin, daß hinsichtlich des Inhalts des später abzuschließenden Hauptvertrages, falls dieser wider Erwarten nicht im Wege gütlicher Vereinbarung zustande komme, der Auslegung ein freier Spielraum gelassen werden sollte. Eine solche Vertragsauslegung werde fast stets dann möglich sein, wenn anzunehmen sei, daß die Gesellschafter, die sich ihrer besonderen gesellschaftlichen Treupflicht bewußt sind und danach handeln, zu einer Verständigung über den Hauptvertragsinhalt gekommen sein würden; es gelte dann eben, den vermutlichen Inhalt des Vertrages, der so zustande gekommen sein würde, zu bestimmen und die den Umständen nach beste Lösung zu suchen, die möglichst den Interessen aller Beteiligten gerecht werde.

Diese Freiheit in der Vertragsgestaltung, die das Reichsgericht in dieser Entscheidung dem Richter läßt, ist *nicht akzeptabel*. Den Parteien würde damit ein Vertrag aufoktroyiert, der dem billigen Ermessen des Richters entspräche, aber nicht ihrer Vereinbarung. Zwar muß nicht jeder Gesell-

---

[60] Ich würde sagen, daß es sich bei dem ersten „Vorvertrag" in Wirklichkeit nicht um einen Vorvertrag, sondern einen definitiven Gesellschaftsvertrag handelte. Zweck dieses Gesellschaftsvertrages war die Erlangung des Auftrages. Dieser Zweck sollte dadurch erreicht werden, daß die Parteien sich gemeinsam bemühten, den Auftrag für sich und ihre Mitgesellschafter zugesprochen zu erhalten.

schaftsvertrag Art und Höhe der Beiträge regeln. Nach § 706 Abs. 1 BGB haben die Gesellschafter in Ermangelung einer anderen Vereinbarung gleiche Beiträge zu leisten. Diese Vorschrift ist aber dann unanwendbar, wenn von vornherein feststeht, daß die Gesellschafter nicht gleiche Beiträge leisten wollen und sollen[61]. Sind sich die Gesellschafter von vornherein darüber im klaren, daß sie verschiedene Beiträge leisten wollen oder sollen, so kann aus dem Vorvertrag nur geklagt werden, wenn die verschiedenen Beiträge bestimmbar sind[62]. Im vorliegenden Fall hätte die Klägerin somit nur aus dem ersten „Vorvertrag" klagen können, etwa mit der Begründung, die Beklagte habe die Reichsbank bestimmt, das Ausscheiden der Klägerin aus der Arbeitsgemeinschaft zu verlangen.

4. Grundsätzlich ist ein Vorvertrag zum Abschluß eines Gesellschaftsvertrages genügend bestimmt, wenn die Essentialia des beabsichtigten Vertrages bestimmbar sind. Das bedeutet z. B., daß die Parteien in einem Vorvertrag zur Gründung einer Gesellschaft bürgerlichen Rechts oder einer OHG keine Vereinbarung treffen müssen über die Dauer der Gesellschaft, die Firma, die Verzinsung der Einlagen, die Verteilung von Gewinn und Verlust oder über Entnahmen durch die Gesellschafter[63].

Haben die Parteien über die *Dauer* der Gesellschaft nichts vereinbart, so gelten die §§ 723 ff. BGB und § 131 HGB: Die Gesellschaft endigt

---

[61] § 706 BGB spielt eine ähnliche Rolle wie § 316 BGB. Haben die Parteien keine Vereinbarung über den Kaufpreis getroffen, so steht die Bestimmung des Kaufpreises im Zweifel demjenigen Teil zu, der ihn zu fordern hat. Haben sie aber eine Vereinbarung getroffen, dann ist der Vorvertrag nur dann genügend bestimmt, wenn der Kaufpreis nach der getroffenen Vereinbarung und den Umständen des Falles bestimmbar ist.

[62] Daß es für die Bestimmbarkeit nicht genügt, wenn die Höhe der Beiträge einer späteren Vereinbarung vorbehalten wird, wird noch zu zeigen sein. Die Beiträge wären dagegen bestimmbar gewesen, wenn die Parteien die Bestimmung einem Partner von vornherein übertragen hätten (§ 315 BGB) oder vereinbart hätten, daß ein Dritter die Höhe ihrer Beiträge festsetzen solle (§ 317 BGB).

[63] Dieser Standpunkt wird übrigens auch in der französischen Doktrin ganz überwiegend vertreten: LACOUR, D. 1900, 2, 369; PERROUD, S. 1912, 1, 217; BOURCART, S. 1922, 1, 17; J.-Cl. des Sociétés: Fasc. 7 bis, Nr. 8; PIC ET KRÉHER 481; SOUSSAN in J.-Cl. Civil: Art. 1832, Fasc. V, Nr. 31; in der Rechtsprechung wohl ebenso Cass. req. 15. 12. 1920: S. 1922, 1, 17; a. A. dagegen Paris, 11. 11. 1905: Rev. soc. 1906, 150 (für Dauer der Gesellschaft und Verteilung von Gewinn und Verlust); Colmar, 20. 1. 1931: D. H. 1932, Somm. 35 (Dauer); Trib. com. Seine, 29. 7. 1921: Gaz. Pal. 1921, 2, 472 (Dauer, Verteilung von Gewinn und Verlust). Was hier für die Gründung einer OHG gesagt ist, gilt auch für die Umwandlung einer (anderen) Gesellschaft in eine OHG. So ist z. B. ein Vorvertrag über eine errichtende Umwandlung einer AG in eine OHG (§ 16 UmwG) schon dann genügend bestimmt, wenn der Zweck der Gesellschaft und die Beteiligung bestimmbar sind. Die Einzelheiten der neuen Personalgesellschaft kann der Vorvertrag regeln, er muß es aber nicht: BÖTTCHER-MEILICKE, Umwandlung und Verschmelzung von Kapitalgesellschaften (1958) Anm. 5 vor § 16 UmwG.

durch Kündigung oder Tod eines Gesellschafters, durch die Konkurseröffnung über das Vermögen eines Gesellschafters oder, wenn die Gesellschaft ihren vereinbarten Zweck erreicht hat oder dessen Erreichung unmöglich geworden ist, oder wenn die Gesellschafter es so beschließen.

Ist über die *Firma* der zu gründenden OHG noch nichts vereinbart, so kann der Vertrag ohne Mühe mit Hilfe von § 19 HGB ergänzt werden: Die Firma einer offenen Handelsgesellschaft hat den Namen wenigstens eines der Gesellschafter mit einem das Vorhandensein der Gesellschaft andeutenden Zusatz oder die Namen aller Gesellschafter zu enthalten[64].

Daß die Parteien über die *Verzinsung der Einlagen* keine Vereinbarung getroffen haben, hat das OLG Köln nicht gehindert, die Bestimmtheit des Vorvertrages festzustellen. Das Reichsgericht erhob dagegen keinen Einwand, wenn es das Urteil auch aus anderen Gründen aufhob[65].

Umstritten ist, ob die *Verteilung von Gewinn und Verlust* und die *Entnahmen* durch die Gesellschafter aus dem Vorvertrag stets bestimmbar sein müssen. Die Frage ist zu verneinen. Haben die Parteien sich über die Verteilung von Gewinn und Verlust nicht geeinigt, so gilt § 722 BGB bzw. § 121 HGB. Über die Berechtigung zu Entnahmen aus der Gesellschaftskasse gibt, wenn die Parteien nichts anderes vereinbart haben, § 122 HGB Aufschluß. Dagegen meinte das Reichsgericht[66], es sei unrichtig, die Vorschriften der §§ 121 und 122 HGB im Zweifel für gewollt zu halten. Insbesondere bei einer „starken Verschiedenheit des Einbringens“ werde die verhältnismäßig geringfügige Vorzugsdividende des § 121 HGB wirtschaftlich nicht als entsprechender Ausgleich empfunden. Auch bei dem gesetzlichen Recht auf Aufhebung von 4 % des Aktivkontos (§ 122 HGB) lasse man es selten bewenden. Im praktischen Leben würden feste Entnahmen vereinbart. Beide Punkte forderten insbesondere dann zu einer rechtsgeschäftlichen Bestimmung heraus, wenn es sich um eine Bindung auf lange Dauer handle. Dazu ist zu sagen: Die Parteien hatten in dem vom Reichsgericht entschiedenen Fall den ernstlichen Willen, sich zu binden. Das kommt insbesondere dadurch zum Ausdruck, daß sie einander für den Fall, daß sie den Gesellschaftsvertrag nicht schließen sollten, die Zahlung einer bestimmten Geldsumme versprachen. Das Ausmaß ihrer Verpflichtungen konnten sie übersehen. Wenn ein Partner sich eine günstigere Stellung hätte verschaffen wollen, als das Gesetz sie ihm gewährt, so hätte er einen entsprechenden Vorbehalt in

---

[64] BGH DB 1953, 124.

[65] RG JW 1917, 291.

[66] Vorige Note.

die Vereinbarung aufnehmen müssen. Daß er dies nicht getan hat, ist sein Schaden, macht aber den Gesellschaftsvertrag deswegen allein nicht unbestimmt[67].

Bei Vorgründungsverträgen zur Gründung von Aktiengesellschaften und Gesellschaften mit beschränkter Haftung entspricht die hier vertretene These, daß der Vorgründungsvertrag wirksam ist, wenn die Essentialia der geplanten Gesellschaft bestimmbar sind, in ihrem Leitsatz der wohl herrschenden Auffassung[68]. Einzelne Vertreter des Schrifttums fordern jedoch mehr. So hält insbesondere BRODMANN den Vorvertrag nur dann für verbindlich, wenn die einzelnen Bestimmungen des abzuschließenden Vertrages – also ausnahmslos alle – festgestellt sind, entweder durch besondere Verabredung oder durch das Übereinkommen, daß die subsidiären Rechtssätze über Handelsgesellschaften maßgebend sein sollen[69]. Der gleichen Auffassung ist STAUB(-PINNER): Der Vorvertrag „muß bereits die Einigung und die wesentlichen Bestandteile eines Aktiengesellschaftsvertrages enthalten und ferner ersehen lassen, was außerdem gelten soll, also es muß entweder schon eine Satzung über die Ausgestaltung der Rechtsverhältnisse im einzelnen beigefügt werden oder aber man einigt sich dahin, die Vorschriften des Gesetzes oder eines als Muster angezogenen Vertrags einer anderen AG gelten zu lassen“[70]. Zu diesen Auffassungen kann nur wiederholt werden, was schon gesagt worden ist: Haben die Parteien über die Naturalia des definitiven Vertrages nichts bestimmt, so gelten die gesetzlichen Dispositivvorschriften. Will ein Partner etwas anderes, so muß er in den Vorvertrag einen entsprechenden Vorbehalt aufnehmen.

5. Die Kritik, die gegen die herrschende Meinung geltend gemacht worden ist, hat einen richtigen Kern. In der Praxis werden die gesetzlichen Dispositivvorschriften meist zu einem mehr oder weniger großen Teil wegbedungen. Die Parteien haben oft eigene Konzeptionen über die Verteilung von Gewinn und Verlust, über Entnahmen, über die Beschränkung der Geschäftsführungsbefugnis des Vorstandes, über Sonder-

---

[67] Das entspricht übrigens auch der überwiegenden Auffassung in Frankreich (oben N. 63) und Italien: vgl. GRECO, Le società nel sistema legislativo italiano (1959) 80.

[68] Sie unterscheidet sich aber dadurch von ihr, daß sie den Kreis der Essentialia nicht mit dem notwendigen Inhalt der Satzung identifiziert. Vgl. RG 156, 129; SCHLEGELBERGER-QUASSOWSKI § 16 Bem. 33; TEICHMANN-KOEHLER, Aktiengesetz § 16 Bem. 7 b; FISCHER in Großkomm. AktG § 16, Anm. 22; SCHILLING in HACHENBURG, GmbH-Ges. I, § 2 Anm. 15; SCHOLZ, § 2 Bem. 10.

[69] BRODMANN, § 182, Bem. 6 b.

[70] STAUB(-PINNER) HGB II, § 182, Anm. 33.

rechte einzelner Aktionäre, über Nebenleistungen und dergleichen mehr. Ergibt sich nun in einem konkreten Fall, daß nach dem erklärten Willen einer Partei über einen dieser Punkte noch eine Vereinbarung getroffen werden sollte, dann ist im Zweifel noch kein Vorgründungsvertrag geschlossen (§ 154 BGB). Wollten die Parteien aber trotz der Nichteinigung über diesen von ihnen als wesentlich empfundenen Punkt vertraglich gebunden sein, dann ist der Vorvertrag nur dann genügend bestimmt, wenn sich der Punkt, über den sich die Parteien noch einigen wollten, aus den Umständen des Falles bestimmen läßt[71].

6. Die Essentialia und die vorbehaltenen Nebenpunkte müssen nicht bestimmt, sondern nur *bestimmbar* sein. Bestimmbar sind sie dann, wenn sie im Streitfall vom Richter festgesetzt werden können. Der Richter hat aber keine unbeschränkte Gestaltungsmacht. Es stehen ihm für die richterliche Festsetzung allein die Möglichkeiten der Vertragsauslegung und der ergänzenden Vertragsauslegung (besser: der Vertragsergänzung) zur Verfügung. Die Vertragsauslegung ergibt, ob der Vertrag überhaupt Lücken enthält, die Vertragsergänzung füllt die Lücken aus[72]. Die Auslegung richtet sich nach den §§ 133 und 157 BGB, die Vertragsergänzung nach den §§ 157 und 242 BGB[73]. Bei der Vertragsergänzung geht es nicht

---

[71] Siehe dazu BGE 31 II 640: Die Kl. hatten der Bekl. die Umwandlung ihres Geschäfts in eine AG vorgeschlagen. In einer Vereinbarung verpflichtete sich die Bekl., ihr gesamtes Geschäft zum Preis von 1 Million Franken zu verkaufen. Der Kaufpreis sollte in Höhe von 400 000 Fr. durch Aktien der zu gründenden Gesellschaft beglichen werden, der Rest sollte in bar bezahlt werden. Die Bekl. hatte weiter ihre Verpflichtung von der „Bedingung" abhängig gemacht, daß ihre „jetzigen Leiter als Direktoren vorerst auf 5 Jahre, mit entsprechenden Honoraren und Konditionen" übernommen werden sollten. Das Bundesgericht hielt diese vorvertragliche Verpflichtung für nicht genügend bestimmt. In dem konkreten Fall wäre der Vorvertrag nur bestimmt gewesen, wenn die Zusammensetzung des Konsortiums, das die Gesellschaft gründen sollte, der Bekl. im Zeitpunkt des Vorvertragsabschlusses bekannt gewesen wäre (was nicht der Fall war). Da die Leiter der Bekl. nur $^{2}/_{5}$ des Aktienkapitals, also nur eine Minderheit, bekommen sollten, habe es ihnen nicht gleichgültig sein können, mit wem sie es als Direktoren zu tun haben würden, in welcher Weise insbes. der Verwaltungsrat zusammengesetzt sein würde. Bestimmbar hätten hier auch die Kompetenzen und die Gewinnbeteiligungen der Direktoren sein müssen.

[72] Vgl. dazu Henckel, Die ergänzende Vertragsauslegung, AcP 159, 106, 121.

[73] Vgl. Weipert in RGRK z. HGB, § 105 Anm. 61; Düringer-Hachenburg(-Bing) § 182 Anm. 24; Ritter § 2 Bem. 5. Brodmann, § 182 Bem. 6 b, meint, die §§ 133, 157, 242 BGB setzten die Perfektion des Vertrages als feststehend voraus und seien darum hier nicht anwendbar. Dagegen ist zu sagen, daß nicht nur § 133 BGB die Perfektion des Vertrages nicht voraussetzt, sondern daß der Vorvertrag ja ein perfekter Vertrag ist und darum nicht einzusehen ist, warum die genannten Vorschriften nicht anwendbar sein sollten.

darum, den vermutlichen Parteiwillen festzustellen[74]; „vermutlich" divergiert nämlich der Parteiwille, denn sonst hätten die Parteien den Punkt nicht offengelassen. Vertragsergänzung bedeutet Ausfüllung der Lücken nach objektiven Gesichtspunkten, durch Anwendung ungeschriebenen objektiven Rechts oder durch Konkretisierung der gesetzlichen Generalklauseln[75]. Immer aber muß die Vertragsergänzung eine *Basis im Vertrag* haben. Der Richter muß sich an die tatsächlich abgegebenen Erklärungen der Parteien halten. § 157 BGB gestattet ihm, daraus nach Treu und Glauben bestimmte Folgerungen zu ziehen. Eine Vertragsergänzung ist möglich, wenn sie sich aus dem erkennbaren objektiven Zweck, dem Sinnzusammenhang, dem Grundgedanken des Vertrages „errechnen" läßt. Dabei kann auch die Verkehrssitte eine große Rolle spielen[76].

Fehlt es an solchen objektiven Anhaltspunkten, so ist der Vorvertrag nicht genügend bestimmt. Eine Bestimmung nach billigem Ermessen in „analoger Anwendung der §§ 315 ff. BGB"[77] ist dem Richter ebenso verwehrt wie eine Festsetzung nach freier Überzeugung „nach Maßgabe des § 287 ZPO"[78].

Häufig wird die Ausfüllung von Lücken einem *Vertragsteil* überlassen. Es gilt dann § 315 BGB: Die Bestimmung ist im Zweifel nach billigem Ermessen zu treffen[79]. Daß einer der Partner eine Vertragsbestimmung festsetzen soll, muß von den Parteien nicht ausdrücklich vereinbart worden sein. Es genügt auch eine stillschweigende Vereinbarung. Noch unanfechtbarer als der Vorbehalt der Inhaltsbestimmung durch eine Vertragspartei ist der Vorbehalt der Inhaltsbestimmung durch *Mehrheitsbeschluß der Partner*. Und zwar kann nicht nur die Feststellung minderwesentlicher

---

[74] So aber SCHLEGELBERGER(-GESSLER) HGB II § 105 Bem. 60 und FISCHER in Großkomm. AktG § 16 Anm. 22 im Anschluß an RG SeuffA 92, 328 und BGH DB 1953, 124.

[75] HENCKEL (N. 72) 121, 124.

[76] SOERGEL-SIEBERT § 157 Bem. 95; ESSER 45.

[77] So aber SCHLEGELBERGER-QUASSOWSKI § 16 Bem. 33 und SCHOLZ § 2 Bem. 10. Auch eine Entscheidung des RAG (Recht 1939, Nr. 2203) hält den Vorvertrag für genügend bestimmt, wenn sich „nach den Grundsätzen von Treu und Glauben und nach den Anforderungen des billigen Ermessens Mindestgrenzen für den Vertragsinhalt ermitteln lassen". Allerdings sind diese Mindestgrundsätze „der Vertragsmeinung der Parteien über die wirtschaftlichen Vertragszwecke anzupassen".

[78] So aber FISCHER in Großkomm. AktG § 16 Anm. 22 im Anschluß an RG SeuffA 92, 328 und BGH DB 1953, 124; DERS. in BGB-RGRK § 705 Anm. 15. Kritisch dazu MESSINEO, Enciclopedia del diritto X 183.

[79] WEIPERT in RGRK z. HGB § 105 Anm. 61; RITTER § 2 Bem. 5; dagegen meinen BRODMANN (§ 182 Bem. 6 b) und DÜRINGER-HACHENBURG(-BING) (§ 182 Anm. 24), ohne dies näher zu begründen, es könne nicht die Feststellung einzelner Vertragsbestimmungen dem billigen Ermessen eines der Beteiligten überlassen bleiben.

Punkte einem späteren Mehrheitsbeschluß vorbehalten werden [80], sondern grundsätzlich die Feststellung aller Punkte [81].

Schließlich können die Parteien die Festsetzung einzelner Punkte auch einem *Dritten* übertragen, insbesondere einem Schiedsgutachter. Auch dieser hat im Zweifel die Leistung nach billigem Ermessen zu bestimmen (§ 317 BGB). Möglich ist auch der Abschluß eines Schiedsgerichtsvertrages, das dann entscheiden soll, wenn die Parteien sich über einen bestimmten Punkt nicht einig werden können. Ein solches Schiedsgericht kann u. U. den Vertrag auch frei gestalten, wenn es von den Parteien dazu ermächtigt worden ist [82].

Zusammenfassend läßt sich sagen: Ein Vorgründungsvertrag ist genügend bestimmt, wenn der Inhalt des Hauptvertrages vom Richter festgesetzt werden kann. Der Richter muß dabei zunächst prüfen, ob der Vorvertrag überhaupt Lücken enthält. Der Vorgründungsvertrag enthält z. B. keine Lücken, wenn das Grund- oder Stammkapital nach der Bilanz eines zu übernehmenden Unternehmens bestimmt werden soll [83]. Enthält der Vorgründungsvertrag eine Lücke, so muß der Richter prüfen, ob die Parteien sich über die Art und Weise der Lückenausfüllung geeinigt haben, z. B. indem sie ausdrücklich oder stillschweigend die Bestimmung einzelner Vertragsklauseln einer Vertragspartei oder einem Dritten übertragen oder einem Mehrheitsbeschluß überlassen haben oder vereinbart haben, sich in Streitfällen dem Spruch eines Schiedsgerichts zu unterwerfen [84].

Ist der Vertrag lückenhaft und haben sich die Parteien über die Art und Weise der Lückenausfüllung nicht geeinigt, so hängt seine Bestimmbarkeit und damit seine Wirksamkeit davon ab, ob eine richterliche Vertragsergänzung möglich ist oder ob die Lücken mit gesetzlichen Dispositivvorschriften ausgefüllt werden können. Eine richterliche Vertragsergänzung ist nur möglich, wenn sich der von den Parteien offengelassene Punkt aus dem erkennbaren objektiven Zweck, dem Sinnzusammenhang, dem Grund-

---

[80] Teichmann-Koehler § 16 Bem. 7 b.

[81] In dem Vertrag, über den das Reichsgericht in RG 156, 129, zu entscheiden hatte, enthielt der Vorvertrag die Klausel: „Sobald bei der Gründung Zweifel oder Meinungsverschiedenheiten auftauchen oder Fragen zu entscheiden sind, für die z. Z. eine Festlegung nicht erfolgen kann oder nicht erfolgt ist, entscheidet rechtsverbindlich die Mehrheit der Gesellschafter nach Kopfzahl." Vgl. dazu auch Weipert, in RGRK z. HGB § 105 Anm. 61; Fischer in Großkomm. AktG § 16 Anm. 22. Allerdings darf die Minderheit nicht „vergewaltigt" werden (RG 156, 140). Es kann hier notfalls mit einer analogen Anwendung des § 315 Abs. 3 BGB geholfen werden.

[82] OLG Koblenz MDR 1959, 130; Weipert in RGRK z. HGB, § 105 Anm. 61.

[83] RG 66, 116; 156, 129.

[84] RG 156, 129; OLG Koblenz MDR 1959, 130.

gedanken des Vertrages oder aus der Verkehrssitte bestimmen läßt. Ermessensentscheidungen sind dem Richter verwehrt. Gesetzliche Dispositivvorschriften darf der Richter anwenden, wenn die Parteien sie nicht erkennbar ausgeschlossen haben[85]. Praktisch bedeutet das: Haben die Parteien beispielsweise sich die Einigung über die Verteilung des Gewinns noch vorbehalten, so ist daraus zu schließen, daß sie die Dispositivvorschriften des Gesetzes (§ 722 BGB, § 121 HGB) ausschließen wollten. Wenn der Richter diese Lücke ausfüllen will, muß er zunächst fragen: Warum haben die Parteien die gesetzlichen Dispositivvorschriften ausgeschlossen? Lautet die Antwort darauf: weil die Parteien einig waren, daß dem Partner, der $^{2}/_{3}$ des Kapitals in die Gesellschaft einbrachte, mehr zustehen sollte als die verhältnismäßig geringfügige Vorzugsdividende des § 121 HGB, so muß der Richter weiter fragen: Haben die Parteien in ihren Vorbesprechungen irgendwelche höheren Prozentzahlen genannt? Stellt sich dann heraus, daß der eine Partner 15 % haben wollte, der andere jedoch nur 10 % zu bewilligen geneigt war, dann ist die Gewinnverteilung bestimmbar[86]. Ist weder ein Grund für den Ausschluß der Dispositivnormen ersichtlich noch ein Anhaltspunkt für die Vorstellungen der Parteien über die beabsichtigte Regelung gegeben, so ist der Vertrag nicht bestimmbar und darum unwirksam. Nach den gleichen Regeln ist zu verfahren, wenn sich die Parteien beispielsweise die Regelung der Entnahmen vorbehalten haben.

Keine besonderen Schwierigkeiten bereitet der Fall, daß die Parteien sich über die Firma der zu gründenden Gesellschaft noch einigen wollen. Hier bieten die gesetzlichen Vorschriften über die Firma (§ 19 HGB, § 4 AktG, § 4 GmbHG) genügend Anhaltspunkte für eine Vertragsergänzung. Die Firma einer OHG beispielsweise hat den Namen wenigstens eines der Gesellschafter mit einem das Vorhandensein einer Gesellschaft andeutenden Zusatz oder die Namen aller Gesellschafter zu enthalten. Der Bundesgerichtshof hat darum mit Recht eine Entscheidung gut-

---

[85] S. oben § 9 I 3 c.

[86] Welcher Prozentsatz zugesprochen werden soll, kann dann den Umständen entnommen werden. Der an dem Zustandekommen der Gesellschaft stärker interessierte Partner, in der Regel also der Kl., wird sich möglicherweise eine Reduzierung seines Anspruchs gefallen lassen müssen. Die Gewinnchancen des Unternehmens können berücksichtigt werden (dies insbes., wenn die Gewinnchancen leicht zu ermitteln sind: etwa bei der Umwandlung eines Einzelhandelsgeschäfts in eine OHG). Im Zweifel wird die Forderung, die der gesetzlichen Dispositivregelung am nächsten kommt, schwerer wiegen als die Forderung, die sich von der Dispositivregel stärker entfernt hat (s. o. § 9 N. 31). Es kann aber auch eine mittlere Lösung angestrebt werden, wenn nur sie dem Grundgedanken des Vertrages entspricht.

geheißen, in welcher der Vertrag unter Berücksichtigung des § 19 HGB ergänzt worden war[87]. Bei der Firma, einer AG oder einer GmbH, ergibt sich die Bestimmbarkeit daraus, daß der Gegenstand der Gesellschaft, dem in der Regel die Firma zu entnehmen ist oder – bei einer GmbH – entnommen werden kann, bestimmbar sein muß. Erfahrungsgemäß wird aber über die Firma einer Gesellschaft ebenso selten ein Streit entstehen wie über ihren Sitz[88].

III. Weitere Vorverträge

Mit Hilfe der Regeln, die in den beiden vorangegangenen Abschnitten entwickelt worden sind, läßt sich unschwer die Bestimmbarkeit auch aller anderen Vorvertragstypen prüfen. Z. B. ist bei dem Vorvertrag zu einem *Mietvertrag* zunächst nach den Essentialia des Hauptvertrages zu fragen. Nach § 535 BGB sind dies: Mietsache, Mietzeit und Mietzins. Ist die *Mietzeit* nicht bestimmt, so gilt der Vertrag als auf unbestimmte Zeit geschlossen – mit der Folge, daß er jederzeit nach den Vorschriften des § 565 BGB gekündigt werden kann. Wollten die Parteien den Vertrag nicht auf unbestimmte Zeit schließen, sondern für eine bestimmte Dauer, so muß die Mietdauer bestimmbar sein[88a]. Der Vorvertrag auf Abschluß eines Mietvertrages „auf längere Dauer" läßt eine verschiedene Deutung zu und ist daher nicht genügend bestimmt[89]. Der *Mietpreis* ist bestimmbar, wenn die Parteien vereinbaren, ihn von der zuständigen Preis-

---

[87] BGH DB 1953, 124. Dazu hätte der BGH allerdings nicht die These aufzustellen brauchen, es sei aus Rechtsgründen nicht ausgeschlossen, daß eine Ergänzung des Vertrages unter Berücksichtigung des vermutlichen Parteiwillens nach Maßgabe des § 287 ZPO vorgenommen werden könne. Etwas sonderbar ist die Feststellung, die Verhandlungen zwischen den Parteien böten einen tatsächlich ausreichenden Anhalt für die Annahme, daß sie für die Bestimmung der gemeinsamen Firma keine besonderen Vereinbarungen zu treffen beabsichtigten und daß es daher ihrem vermutlichen Willen entsprochen habe, die insoweit noch notwendige Ergänzung des Gesellschaftsvertrages nach Maßgabe des § 19 HGB vorzunehmen. Hätten die Parteien den § 19 HGB denn abdingen können? Der BGH meint wohl, daß die Parteien anscheinend keinen zusätzlichen Namen für die Gesellschaft wollten.

[88] Zum Sitz einer AG siehe § 5 AktG.

[88a] BGH WM 1961, 1053, 1054.

[89] So die Entscheidung des österreichischen OGH, MietSlg. IX (1958) Nr. 5520. Eine Ausnahme mag dann gelten, wenn die Parteien sich über bestimmte durch den Mieter vorzunehmende Investitionen einig waren und diese Investitionen nur bei einer bestimmten Mindestdauer des Vertrages wirtschaftlich zu vertreten sind. In einem solchen Fall kann das Gericht im Wege der Vertragsergänzung diese Mindestdauer in den Vertrag aufnehmen: BGH, vorige Note.

behörde festsetzen zu lassen[90]. Sind Mietsache, Mietzeit und Mietzins bestimmbar, so ist der Vorvertrag grundsätzlich genügend bestimmt, es sei denn, daß sich aus den Umständen ergibt, daß die Parteien sich noch über andere Punkte einigen wollten (z. B. über die Ausstattung der Wohnung). Wollten die Parteien trotz der vorbehaltenen Einigung über diesen Punkt vorvertraglich gebunden sein, so ist der Vorvertrag nur dann genügend bestimmt, wenn die vorbehaltenen Punkte sich aus den gesamten Umständen des Falles bestimmen lassen. Wollten die Parteien sich beispielsweise über die Ausstattung der Wohnung (Zentralheizung, Parkettfußboden, Stellung eines Gas- oder Elektroherdes) noch einigen, so wird sich die Bestimmbarkeit in aller Regel daraus ergeben, daß für Wohnungen einer bestimmten Preisklasse eine bestimmte Ausstattung ortsüblich sein wird.

In einem *Werkvertrag* müssen unbedingt bestimmbar sein das versprochene Werk und die dafür zu zahlende Vergütung (§ 631 BGB). Zwei neuere schweizerische Entscheidungen hielten die Klausel „au prix de l'honnête et moyenne concurrence" bzw. „zu Konkurrenzpreisen" für eine genügende Bestimmung der Vergütung[91]. Dem wird man beipflichten dürfen. Das versprochene Werk muß nicht nur nach seiner Art, sondern auch nach seinem Umfang bestimmbar sein. Verpflichtet sich ein Grundstückseigentümer, den Bau eines Hauses einem bestimmten Bauunternehmen zu übertragen, so kann dieses auf Abschluß des Werkvertrages nur klagen, wenn Art und Umfang der Bauarbeiten feststehen, m. a. W., die Parteien sich schon über einen bestimmten Bauplan geeinigt haben. Bei Verträgen dieser Art wird es sich meist nicht um echte Vorverträge handeln, sondern um Vorrechtsverträge[92].

Zum Bereich des Gesellschaftsrechts gehört die *Verpflichtung, neue Aktien zu zeichnen* (§ 152 AktG)[92a] oder *eine Stammeinlage bei Erhöhung des Stammkapitals einer GmbH zu übernehmen* (§ 55 GmbHG). Die Zeichnung neuer Aktien geschieht durch schriftliche Erklärung, den

[90] LG Essen, Handbuch des Grundstücks- und Baurechts, Wieder-Aufbauvertrag R 1 Bl. 1. Daß der BGH im Moorlandfall (LM § 305 BGB [3], oben § 8 II 3) die Bestimmbarkeit des Pachtpreises nicht untersucht hat, dürfte darauf zurückzuführen sein, daß die Bedingungen der vorläufigen Überlassung des Pachtlandes von ihm als genügende Anhaltspunkte für die Festsetzung des endgültigen Pachtpreises angesehen wurden. Siehe dazu auch POHLE, ZgGenW 10 (1960) 334. Auch nach schweizerischem Recht ist ein Vorvertrag zu einem Mietvertrag nicht genügend bestimmt, wenn Mietpreis und Mietdauer nicht bestimmbar sind: BG Sem.Jud. 74 (1952) 197.

[91] S. oben N. 23 und N. 24.

[92] So lag der Fall auch bei den zitierten schweizerischen Entscheidungen.

[92a] Vgl. dazu Trib. Torino, 12. 6. 1961, Foro pad. 1961, I, 1206.

sog. *Zeichnungsschein.* Der Zeichnungsschein muß nach § 152 AktG enthalten:

1. den Tag, an dem die Erhöhung des Grundkapitals beschlossen wurde;
2. den Ausgabebetrag der Aktie, den Betrag der festgesetzten Einzahlungen sowie den Umfang von Nebenverpflichtungen;
3. die im Fall der Kapitalerhöhung mit Sacheinlagen vorgesehenen Festsetzungen und, wenn mehrere Gattungen ausgegeben werden, den gesamten Nennbetrag einer jeden Aktiengattung;
4. den Zeitpunkt, an dem die Zeichnung unverbindlich wird, wenn nicht bis dahin die Durchführung der Erhöhung des Grundkapitals eingetragen worden ist.

Die *Übernahmeerklärung* neu in eine GmbH eintretender Gesellschafter muß den Betrag der übernommenen Stammeinlage angeben sowie die sonstigen Leistungen, zu denen der Beitretende nach dem Gesellschaftsvertrag verpflichtet sein soll (§ 55 Abs. 2 S. 2 GmbHG). Soll die Einlage nicht in Geld bestehen, sondern soll eine Vergütung für Vermögensgegenstände, welche die Gesellschaft übernimmt, auf eine Einlage angerechnet werden, so muß die Person desjenigen, welcher die Einlage zu leisten oder die Vermögensgegenstände zu überlassen hat, sowie der Gegenwert der Einlage oder Überlassung und der Geldwert, für welchen die Einlage angenommen wird, oder die für den überlassenen Gegenstand zu gewährende Vergütung in der Übernahmeerklärung angegeben werden (§ 56 Abs. 1 GmbHG).

Für die inhaltliche Bestimmtheit *vorvertraglicher Zeichnungs- oder Übernahmeverpflichtungen* gelten die gleichen Gedanken, die für die inhaltliche Bestimmtheit der Vorgründungsverträge entwickelt worden sind. Danach wird man als wesentlich ansehen müssen allein die Höhe und die Art der übernommenen Verpflichtung, d. h. bei der Verpflichtung zur Zeichnung von Aktien den Ausgabebetrag der Aktien, den Betrag der festgesetzten Einzahlungen, gegebenenfalls die Nebenverpflichtungen und bei einer Kapitalerhöhung mit Sacheinlagen die Angaben des § 150 Abs. 1 AktG, nicht aber den Tag, an dem die Erhöhung des Grundkapitals beschlossen worden ist oder beschlossen werden soll, und wohl auch nicht den Zeitpunkt, an dem die Zeichnung unverbindlich wird, wenn nicht bis dahin die Durchführung der Erhöhung des Grundkapitals eingetragen worden ist. Bei der Verpflichtung zur Übernahme einer Stammeinlage müssen bestimmbar sein der Betrag der Stammeinlage, sowie die sonstigen Leistungen, zu denen der Beitretende nach dem Gesellschaftsvertrag verpflichtet sein soll, im Fall des § 56 GmbHG auch der Gegenstand der Einlage oder Überlassung und der Geldwert, für welchen die Einlage angenommen wird, oder die für den überlassenen Gegenstand zu gewährende Vergütung.

Auch hier wird keine Bestimmtheit verlangt, sondern nur *Bestimmbarkeit*: Die Parteien können also insbesondere Bezug nehmen auf andere Verträge oder Urkunden[93]. Die „sonstigen Leistungen, zu denen der Beitretende nach dem Gesellschaftsvertrag verpflichtet sein soll" (§ 55 GmbHG), werden stets aus dem Gesellschaftsvertrage bestimmt werden können und müssen darum in der Übernahmeerklärung nicht eigens aufgeführt sein.

§ 11: DIE FORM DES VORVERTRAGES

I. Grundsätze

Neben der Bestimmtheit oder Bestimmbarkeit des Vorvertrages hat die Gerichte am meisten die Frage beschäftigt, in welchen Fällen Vorverträge in der Form des Hauptvertrages abgeschlossen werden müssen. Hier war die ursprüngliche Meinung wohl die, daß Formvorschriften für Hauptverträge und Vorverträge gleichermaßen gelten. „Es folgt aus allgemeinen Rechtsgrundsätzen" – so heißt es in einer Entscheidung des Reichsgerichts aus dem Jahre 1899 – „daß, wenn für die Gültigkeit eines gewissen Vertrages gesetzlich eine bestimmte Form vorgeschrieben ist, auch ein formloses Abkommen auf Eingehung eines solchen Vertrages unklagbar sein muß. Es gibt keinen Anspruch auf Vollziehung der Form, wenn das Gesetz dem rechtsgeschäftlichen Willen nur in der gehörigen Form Beachtung schenkt."[1] Von dieser undifferenzierenden Übertragung der Form des Hauptvertrages auf den Vorvertrag wich das Reichsgericht jedoch später ab. In einer Entscheidung aus dem Jahre 1914 heißt es: „Der Satz, daß ein Vorvertrag derselben Form bedarf, die das Gesetz für den Hauptvertrag vorschreibt, gilt nicht ausnahmslos, vielmehr bestimmt sich nach *Inhalt und Zweck* der Formvorschrift, ob sie sich auch auf einen Vorvertrag zu dem formbedürftigen Hauptvertrag erstreckt."[2] Die Formvorschrift, um die es hierbei ging, war § 566 BGB. In einer Entscheidung aus dem Jahre 1925 prüfte das Reichsgericht den Zweck

[93] RG 149, 385, 396; SCHILLING in: HACHENBURG, GmbHGes. II § 55 Anm. 23.

[1] RG 43, 136, 139; ebenso RG 50, 47; 53, 257; OLG Kiel, SeuffA 58, 177; OLG Frankfurt, Recht 1903 Nr. 1224.

[2] RG 86, 30, 32.

der Formvorschrift des § 22 Nr. 1 Preuß. JO., der für Jagdpachtverträge die Schriftform vorsieht[3], in einer Entscheidung aus dem Jahre 1942 den Zweck der Formvorschrift des § 313 BGB[4]. An dieser Rechtsprechung hat der Bundesgerichtshof festgehalten. Noch schärfer als das Reichsgericht stellte er heraus, daß Vorschriften, welche die Einhaltung einer Form verlangen, Ausnahmebestimmungen von dem Prinzip der Formfreiheit und daher nach den allgemeinen Grundsätzen eng auszulegen sind. „Aus dem Umstand" – heißt es in einer Entscheidung aus dem Jahre 1953 –, „daß für den Hauptvertrag eine bestimmte Form vorgeschrieben ist, folgt daher noch nicht ohne weiteres, daß diese Form auch bei dem Abschluß eines Vorvertrages beachtet werden muß. Vielmehr bestimmt sich ... jeweils nach Inhalt und Zweck der Formvorschrift, ob sie sich auf einen Vorvertrag zu dem formbedürftigen Hauptvertrag erstreckt."[5]

Besondere Regeln gelten, wenn die Formbedürftigkeit des Hauptvertrages nicht auf dem Gesetz, sondern auf dem *Willen der Parteien* beruht. Hier ist es nach der Rechtsprechung des Bundesgerichtshofs Frage der *Auslegung*, ob sich das vereinbarte Formerfordernis auch auf den Vorvertrag erstreckt oder auf den Hauptvertrag beschränkt sein soll[6].

In der Doktrin war die Frage der Formbedüftigkeit des Vorvertrages lange Zeit sehr umstritten. Riezler meinte, wenn man von der Selbständigkeit des Vorvertrags ausgehe, bestehe kein Grund, die Form des Hauptvertrags auch auf den Vorvertrag zu erstrecken[7]. Extrem entgegengesetzt ist dieser Ansicht die Auffassung, wonach ein Vorvertrag stets in der Form des Hauptvertrags geschlossen werden muß, es sei denn, daß der Formzwang nur dazu dient, einem auch ohnedies gültigen Vertrag oder Versprechen eine besondere rechtliche Eigenart zu verleihen (Beispiel: Versprechen, einen Wechsel auszustellen)[8]. Die ganz überwiegende Meinung jedoch plädiert in Übereinstimmung mit der Rechtsprechung für eine differenzierende Lösung. Sie fragt zunächst nach dem Zweck der Formvorschrift. Dient der Formzwang dem *Schutz der Beteiligten,* so muß auch ein Vorvertrag diese Form wahren[9]. Im einzelnen

---

[3] RG 112, 199; die gleiche Vorschrift hatte zuvor auch das KG untersucht, allerdings mit einem anderen Ergebnis als dem der Reichsgerichtsentscheidung: KG JW 1924, 2049.

[4] RG 169, 185.

[5] BGH LM § 566 BGB (1).

[6] BGH DB 1953, 124; GRUR 1958, 564.

[7] Staudinger(-Riezler) [10]I (1936) Vorbem. 21 vor § 145.

[8] So insbes. Planck(-Flad) § 125 Bem. 5; Cosack, Lehrbuch des Bürgerlichen Rechts [7]I (1922) 331; Oertmann § 125 Bem. 6.

[9] Siehe Blomeyer, Schuldrecht 94; Staudinger(-Coing) Vorbem. 21 a vor § 145; Staudinger(-Ostler) § 433 Bem. 64; Soergel-Siebert(-Mezger) Bem. 20 vor § 145; Enneccerus-Nipperdey 998; Larenz I 76; die gleiche Unterscheidung findet sich

ist hier aber noch vieles unklar. Fraglich ist insbesondere, was die Regel und was die Ausnahme ist. Manche sagen: Der Vorvertrag bedarf grundsätzlich der Form des Hauptvertrags, es sei denn, daß der Zweck der Form (z. B. die Erkennbarkeit durch Dritte) bereits dadurch erreicht werden kann, daß der Hauptvertrag formgerecht geschlossen wird[10]. Andere behaupten: Vorverträge können grundsätzlich formfrei abgeschlossen werden. Sie bedürfen der Form des Hauptvertrages nur dann, wenn diese Form dazu dienen soll, die Beteiligten vor übereilten Erklärungen zu schützen[11]. Der Schutz der Beteiligten vor Übereilung ist nach der ersten Auffassung ein wesentlicher, nach der zweiten Auffassung der alleinige Grund, der die Übertragung der Formbedürftigkeit des Hauptvertrages auf den Vorvertrag rechtfertigt.

II. Rechtsvergleichung

Die Frage nach der Form des Vorvertrages ist auch in anderen Rechtsordnungen gestellt und beantwortet worden.

1. Die *französische* Rechtslehre hat ihre Auffassung zu dieser Frage im wesentlichen an den allgemein anerkannten Vorvertragsfällen entwickelt, nämlich an der promesse d'hypothèque und der promesse de donation. Sowohl die Hypothekenbestellung als auch der Schenkungsvertrag bedürfen als sogenannte contrats solennels einer besonderen Form. Die Frage war nun, ob diese Form auch bei Vorverträgen zu solchen Verträgen gewahrt sein muß. Die Antwort hierauf entnimmt man aus dem *Zweck* der jeweiligen Formvorschrift. Soll sie dazu dienen, die sich Verpflichtenden vor einer leichtfertigen Verpflichtung zu bewahren oder eine freie Willensbildung zu gewährleisten, so würde – nach französischer Auffassung – dem Sinn der Formvorschrift nicht Genüge geschehen, wenn man eine formlose Verpflichtung zuließe. Ist andererseits die Formvorschrift dazu bestimmt, eine klare Feststellung des Vertragsinhalts herbeizuführen oder Dritte gegen fraudulöse Machenschaften zu sichern, so soll einer formlosen Bindung der Parteien, die sie zum endgültigen Ver-

---

übrigens auch schon bei DEGENKOLB, s. o. § 2, Text zu N. 29; stets die Form des Hauptvertrages verlangt für den Vorvertrag KRÜGER-NIELAND in BGB-RGRK, Anm. 3 vor § 145. Lediglich für einen Vorvertrag zu einem langjährigen Mietvertrag sei „aus praktischen Erwägungen" angenommen worden, daß er der Form des § 566 BGB nicht bedürfe. Das scheint auch die Auffassung von COSACK-MITTEIS [8]I (1927) 344 zu sein.

[10] So insbes. LARENZ I 76; LEVINSOHN 59 ff.

[11] So SCHLEGELBERGER-VOGELS(-BECKER) Bem. 33 vor § 145; wohl auch STAUDINGER (-COING) Vorbem. 21 a vor § 145.

tragsschluß verpflichtet, nichts entgegenstehen[12]. Aus diesem Grunde wird eine formlose Verpflichtung zur Hypothekenbestellung zugelassen[13], eine formlose Verpflichtung zur Schenkung dagegen nicht[14].

2. Der *italienische* Codice civile regelt die Form des Vorvertrages in Art. 1351 c. c. Diese Vorschrift lautet:

> „Il contratto preliminare è nullo, se non è fatto nella stessa forma che la legge prescrive per il contratto definitivo."

Das bedeutet, daß Vorverträge *grundsätzlich immer* in der für den Hauptvertrag gesetzlich vorgeschriebenen Form abgeschlossen werden müssen[15]. Formlos abgeschlossene Vorverträge zu Hauptverträgen, die

---

[12] Demogue II 42; Planiol-Ripert(-Esmein) VI 130; Malaurie, D. Rép. Dr. civ. IV, 270.

[13] Cass. req. 5. 11. 1860: D. P. 1861, 1, 301; Pau 16. 7. 1852: D. P. 1854, 2, 205; Baudry-Lacantinerie et de Loynes, Traité théorique et pratique de droit civil. Du nantissement des privilèges & hypothèques et de l'expropriation forcée [3]II (1906) 527; Aubry et Rau(-Bartin) III 384; Josserand, Cours de droit civil positif français [3]II (1939) 1009; Planiol-Ripert(-Becqué) XII 494; Raynaud, D. Rép. Dr. civ. II (1952) 957; J.-Cl. Civil: Art. 2127, Nr. 52; a. A. Verdier, Les droits éventuels (1955) 123. Ob die Form hier nicht doch den Besteller schützen soll, gibt Mazeaud 231 zu bedenken.

[14] Douai, 13. 11. 1894: D. P. 1895, 2, 418; Perroud, S. 1912, 1, 217, 218; Planiol-Ripert(-Trasbot et Loussouarn) V 505; Blaise in J.-Cl. Civil: Art. 931, Nr. 23.

[15] Art. 1351 c. c. änderte die bis dahin bestehende Rechtslage. Der Codice civile von 1865 hatte formlose Vorverträge zugelassen, auch wenn für die entsprechenden Hauptverträge eine bestimmte Form vorgeschrieben war. Dafür konnten allerdings die Parteien, wie bereits gezeigt worden ist (oben § 4, Text zu N. 16), nicht gezwungen werden, den Hauptvertrag abzuschließen. Die Ersetzung einer Willenserklärung durch Richterspruch war gleichfalls unbekannt. Die Parteien machten sich nur im Fall der unrechtmäßigen Weigerung schadensersatzpflichtig. Dieser „carattere innovativo" des Art. 1351 c. c. spielt eine große Rolle für die Frage, ob unter der Herrschaft des Codice civile von 1865 formlos abgeschlossene Vorverträge über den Verkauf von Grundstücken nach Inkrafttreten des Codice civile von 1942 erzwingbar wurden. Der Kassationshof hat diese Frage in ständiger Rechtsprechung verneint (vgl. nur Cass. 15. 5. 1950, n. 1250, Foro it., 1951, I, 52; a. A. noch Pretura Gela, 1. 4. 1949, Foro it., 1950, I, 1122). Dagegen kann aus vor 1942 abgeschlossenen, nach jetzt geltendem Recht aber formgültigen Vorverträgen auf Abschluß des Hauptvertrages geklagt werden (Cass. 3. 10. 1953, n. 3163, Foro it., Rep. 1953, v. Vendita, n. 119; Cass. 27. 10. 1955, n. 3530, Foro it., Rep. 1955, v. Obbl. e Contr., n. 514; Cass. 28. 3. 1960, n. 647, Mon. Trib. 1960, 470). Vor 1942 formlos abgeschlossene und darum nicht erzwingbare Vorverträge berechtigen die Parteien bei grundloser Verweigerung des Vertragsabschlusses zu Schadensersatzansprüchen (Cass. 25. 6. 1953, n. 1966, Foro it., 1953, I, 1427; Cass. 18. 5. 1957, n. 1809, Giust. civ., Rep. 1957, v. Obbl. e Contr., n. 331; Cass. 28. 3. 1960, n. 647, Mon. Trib. 1960, 470). Art. 1351 c. c. verlangt allerdings nicht in allen Fällen die Beobachtung der Form des Hauptvertrages, sondern nur dort, wo diese Form „ad substantiam" des Hauptvertrages vorgeschrieben ist, also nicht, wo sie nur „ad probationem" dienen soll: Tamburrino 74; Messineo, Enciclopedia del diritto X, 173. Es ergibt sich dies aus der Stellung des Art. 1351 c. c. im Gesetz unmittelbar hinter Art. 1350 c. c., der die Fälle aufzählt, in denen ein Vertrag wegen Formmangels nichtig

nach dem Gesetz einer bestimmten Form bedürfen, sind nicht nur nicht erzwingbar, sondern nichtig[16], berechtigten also auch nicht mehr, wie unter der Herrschaft des Codice civile von 1865, zum Schadensersatz[17].

3. Das *schweizerische* Obligationenrecht bestimmt über die Form des Vorvertrages in Art. 22 Abs. 2 OR:

> „Wo das Gesetz zum Schutz der Vertragsschließenden für die Gültigkeit des künftigen Vertrags eine Form vorschreibt, gilt diese auch für den Vorvertrag."

Für den Vorvertrag zum Grundstückskauf ist die öffentliche Beurkundung in Art. 216 Abs. 2 OR noch einmal ausdrücklich vorgeschrieben, und in Art. 493 Abs. 6 OR heißt es, daß das Versprechen, dem Vertragsgegner oder einem Dritten Bürgschaft zu leisten, der gleichen Form wie die Bürgschaft bedarf.

Zum Schutz der Vertragsschließenden ist – nach schweizerischer Auffassung – die Form vorgeschrieben, wenn durch sie entweder zu *Überlegungen* angeregt und damit unbedachten Verträgen vorgebeugt werden[18] oder die *Präzision der Fassung* gefördert werden soll[19]. Dient die Form nicht dem Schutz der Beteiligten, hat sie vielmehr nur den Sinn, dem an die Form geknüpften Vertrag einen besonderen Charakter zu verleihen, so gilt Art. 22 Abs. 2 OR nicht. Vorverträge zu solchen Verträgen können auch formlos geschlossen werden. Das gilt insbesondere für den Vorvertrag zur Eingehung einer Wechselverbindlichkeit[20]. Für die Forderungsabtretung ist es im Gesetz ausdrücklich ausgesprochen (Art. 165 Abs. 2 OR). Art. 22 Abs. 2 OR ist ferner nicht anwendbar, wenn die Wahrung einer Form lediglich zu *Beweiszwecken* vorgeschrieben ist. Eine solche Vorschrift kann zwar möglicherweise auch die Ver-

---

ist. Die Grenze zwischen Form „ad substantiam" und Form „ad probationem" verläuft allerdings nicht ebenso wie im deutschen Recht. So ist beispielsweise die Schriftform des Mietvertrags, der länger dauert als 9 Jahre, erforderlich „ad substantiam". Die Zahl der Fälle, in denen der Schriftform nur Beweisfunktion innewohnt, ist gering. Es zählt dazu u. a. der Versicherungsvertrag. Vgl. im übrigen die Zusammenstellung bei MIRABELLI 142, Anm. 2.

[16] MESSINEO, Dottrina generale 202; RUBINO 33.

[17] Cass. 12. 8. 1947, Foro it., 1948, I, 708; App. Napoli, 24. 11. 1951, Foro it., 1952, I, 776; App. Torino, 11. 6. 1955, Foro it., Rep. 1955, v. Vendita, n. 52.

[18] Wie etwa bei dem Konkurrenzverbot (Art. 358 OR) oder dem Kreditauftrag (Art. 408 Abs. 2 OR): OSER-SCHÖNENBERGER, Art. 22 Bem. 11; Art. 358 Bem. 1.

[19] Dazu gehören nach schweizerischer Auffassung die meisten Fälle, in denen die öffentliche Beurkundung vorgeschrieben ist. Als Beispiel sei nur der Leibrentenvertrag erwähnt (Art. 517 OR): BECKER, Art. 22 Bem. 8.

[20] GUHL 94, 706; BECKER, Art. 22 Bem. 8; OSER-SCHÖNENBERGER, Art. 22 Bem. 12.

tragsschließenden schützen. Trotzdem entfällt die Anwendbarkeit von Art. 22 Abs. 2 OR, weil nach dieser Vorschrift nur die Fälle erfaßt werden sollen, in denen die Form „für die Gültigkeit des künftigen Vertrages" vorgeschrieben ist[21].

4. Aus diesem kurzen rechtsvergleichenden Überblick ergeben sich Fragen, die sich in ähnlicher Weise auch für das deutsche Recht stellen. Insbesondere ist bemerkenswert die unterschiedliche Einstellung zu dem Problem, wie weit der „Schutz der Vertragsschließenden" reicht. Dient eine Formvorschrift, die lediglich den Zweck hat, eine klare Feststellung des Vertragsinhalts herbeizuführen, dem Schutz der Vertragsschließenden? Das französische Recht verneint die Frage, das schweizerische Recht bejaht sie.

III. Zwecke der Form

Eine gesetzliche Formvorschrift kann die verschiedenartigsten Zwecke haben. K. Heldrich unterscheidet in seiner Untersuchung über die Form des Vertrages[22] acht verschiedene Zwecke:

1. Abschlußklarheit, d. h. Klarheit darüber, daß der Vertrag zustande gekommen ist;
2. Inhaltsklarheit, d. h. Klarheit darüber, was die Parteien vereinbart haben[23];
3. Beweissicherung[24];
4. Schutz vor Übereilung;
5. Erkennbarkeit für Dritte;
6. fachmännische Beratung;
7. Überwachung im Sinne des Gemeinschaftsinteresses;
8. Erschwerung des Vertragsschlusses im Interesse der Gemeinschaft.

Zu diesen Zwecken muß man wohl noch die Typisierungsfunktion hinzurechnen, die channelling function, wie sie Rheinstein genannt hat[24a].

Wenn man klären will, wann ein Vorvertrag der Form des Hauptvertrages bedarf, so muß man fragen: In welchen Fällen kann der Formzweck dadurch erreicht werden, daß allein der Hauptvertrag die gesetzlich vorgeschriebene Form wahrt? Ein formeller Hauptvertrag genügt

[21] Oser-Schönenberger, Art. 22 Bem. 17. [22] AcP 147, 89, 91 ff.

[23] Abschlußklarheit und Inhaltsklarheit decken sich häufig, aber nicht notwendig: Ein Handschlag als Form schafft zwar Abschlußklarheit, aber keine Inhaltsklarheit.

[24] Die römische Stipulation schuf Abschlußklarheit und Inhaltsklarheit, aber keine Beweissicherung, es sei denn, daß eine Urkunde darüber aufgenommen wurde.

[24a] Rheinstein, The Law of Decedents Estates (1954) 139.

sicher, wenn die Form nur der Beweissicherung dienen soll, der Erkennbarkeit für Dritte oder der Überwachung im Sinne des Gemeinschaftsinteresses[25]. Dagegen wird ein formeller Vorvertrag sicher notwendig sein, wenn die Form den Schutz vor Übereilung bezweckt. In den restlichen Fällen ist die Antwort zweifelhaft.

Umstritten ist insbesondere, ob die Form, die der *Klarstellung des Inhalts* dient, auch bei Abschluß des Vorvertrages gewahrt werden muß. Man wird hier unterscheiden müssen: Soll der Inhalt präzis festgestellt werden, weil er im Regelfall kompliziert ist, eine genaue Detailregelung erfordert, so wird der Zweck der Form die Inhaltsklarheit und die Beweissicherung sein. Muß der Inhalt deswegen präzisiert werden, weil eine mehrdeutige Fassung zur Annahme eines anderen, dem Schuldner ungünstigeren, Vertrages führen könnte, so ist Zweck der Form die Inhaltsklarheit und der Schutz des Schuldners. Je nachdem, mit welcher Komponente der Zweck der Inhaltsklarheit verbunden ist, ist zu entscheiden, ob er einen formellen Vorvertrag verlangt oder einen formlosen Vorvertrag genügen läßt. Bezweckt die Inhaltsklärung auch den Schutz des Schuldners, so ist der Vorvertrag in der Form des Hauptvertrages abzuschließen. Will die Inhaltsklärung nur einen verworrenen und komplizierten Sachverhalt klären, so ist ein Vorvertrag auch dann gültig, wenn er nicht in der Form des Hauptvertrages abgeschlossen ist.

IV. Einzelne Verträge

1. Am lebhaftesten erörtert wird in der deutschen Rechtsliteratur die Frage, ob ein Vorvertrag zu einem langjährigen *Mietvertrag* der in § 566 BGB vorgeschriebenen Schriftform bedarf. Die h. M. sagt nein: § 566 BGB verlange die Schriftform für solche Verträge nur, um einem Grundstückserwerber die Möglichkeit zu geben, sich über die nach den §§ 571 ff. auf ihn übergehenden Verpflichtungen zu informieren[26]. § 566 diene nur „zur Beweissicherung“[27] oder „überwiegend der Beweiserleichterung“[28]. Das Reichsgericht hat darüber hinaus noch darauf hingewiesen, daß auch ein formlos geschlossener Hauptvertrag nicht nichtig sei, vielmehr als für unbestimmte Zeit geschlossen gelte (mit der Folge allerdings, daß

---

[25] Dazu rechnet auch eine etwa vorgeschriebene behördliche Genehmigung.

[26] BGH LM § 566 BGB (1); BGH WM 1961, 1053 f.; ROQUETTE, Mietrecht [5](1961) 140; ENNECCERUS-LEHMANN 510; SOERGEL-SIEBERT(-HEFERMEHL) § 125 Bem. 5; ENNECCERUS-NIPPERDEY 998 f.

[27] ERMAN(-HEFERMEHL) Bem. VI, 2 vor § 145.

[28] SCHLEGELBERGER-VOGELS(-BECKER) Bem. 33 vor § 145.

er nach Ablauf eines Jahres gekündigt werden kann: § 566 S. 2 BGB)[29]. Die herrschende Meinung kann sich auf die Entstehungsgeschichte des § 566 BGB berufen. Die Initiatoren dieser Vorschrift haben geltend gemacht, der Grundsatz „Kauf bricht nicht Miete" enthalte einen Eingriff in das Grundbuchsystem, indem er die Verpflichtungen des Vermieters aus dem Mietvertrage zu einer Belastung des Grundstücks mache, ohne daß diese zur Wirksamkeit gegen den dritten Erwerber des Grundstücks der Eintragung bedürfe. Das Interesse des Erwerbers fordere, ihm für die fehlende Möglichkeit, sich für den Umfang seiner Verpflichtungen aus dem Grundbuche zu unterrichten, soweit wie möglich einen Ersatz zu schaffen. Der einzig mögliche Ersatz bestehe in der Schriftlichkeit des Mietvertrages[30].

Nun sind aber die Motive des Gesetzgebers zwar ein wichtiger, nicht aber der einzige Anhaltspunkt für die Ermittlung des Zweckes einer Vorschrift. Der ursprüngliche Zweck einer Vorschrift kann später entfallen, die Vorschrift selbst kann aber trotzdem sinnvoll und nützlich bleiben, weil sie auch anderen Zwecken dienen kann. Man wird stets fragen müssen: Welches ist nach unserer Auffassung heute der Zweck der Vorschrift. Fragt man einen Laien, warum der langjährige Mietvertrag wohl der Schriftform bedürfe, so wird er mit Sicherheit antworten: weil die Vielzahl der darin geregelten Einzelheiten (Reparaturen, Heizungsperiode, Heizungskosten, Treppenreinigung, Müllabfuhr usw.) nach einer schriftlichen Fixierung verlangt. Dieser Zweck ist aber nichts anderes als die von HELDRICH sogenannte *Inhaltsklarheit*[31]. Dagegen wird man nicht sagen können, daß die Form des § 566 BGB die Parteien auch vor einer übereilten Bindung schützen will[32]. Wer soll hier geschützt werden? Kann man in einer Zeit, in der Mietverträge vom Vermieter diktiert zu werden pflegen, ernsthaft behaupten, der Vermieter müsse gewarnt werden, ob er sich langfristig an die Person eines

---

[29] RG 86, 30, 33; ebenso LEVINSOHN 61 f.; STAUDINGER(-KIEFERSAUER) § 566 Bem. 8.

[30] Protokolle II 149 f.

[31] HELDRICH hat auch darauf hingewiesen, daß die Schriftform des Mietvertrages ebensosehr der klaren Festlegung der Rechtsstellung des Mieters dient als der Erkennbarkeit des Mietverhältnisses für den Dritterwerber: aaO 111 f. Das Klarheits- und Beweissicherungsinteresse der Parteien stellt auch LARENZ II 127 in den Vordergrund.

[32] So aber v. TUHR, Der 86. Band der Entscheidungen des Reichsgerichts in Zivilsachen, DJZ 1916, 582, 583; LEONHARD, Besonderes Schuldrecht des BGB (1931) 143; OERTMANN § 566 Bem. 1, 2; WEIMAR, Bedarf der Vorvertrag zu einem langjährigen Grundstücksmietvertrag der Schriftform?, MDR 1961, 289. Auch nach italienischer Auffassung soll die Form des länger als 9 Jahre dauernden Mietvertrages erforderlich sein nicht nur ad probationem, sondern ad substantiam: s. o. N. 15.

bestimmten Mieters binden und die Wohnung zu einem bestimmten Mietpreis vermieten wolle?[33] Schutzbedürftig ist der Mieter. Er bedarf des Schutzes aber nicht gegen eine übereilte Bindung – Mietverträge werden nicht übereilt geschlossen –, sondern gegen die wirtschaftliche Übermacht des Vermieters. Gegen diese hilft ihm aber die Schriftform nicht, da, wie schon gesagt, der Mietvertrag vom Mieter kaum beeinflußt und in der Regel nur unterzeichnet zu werden pflegt.

Ist die Inhaltsklarstellung mit der Beweissicherung verbunden, so genügt es, wenn der Hauptvertrag schriftlich abgeschlossen wird[33a]. Der Vorvertrag zu einem langjährigen Mietvertrag bedarf somit *nicht* der Form des § 566 BGB[34].

2. In den meisten Fällen wird die Frage nach der Formbedürftigkeit des Vorvertrages leicht zu beantworten sein, weil der Formzweck auf der Hand liegt. So dient beispielsweise die Form der notariellen Beurkundung in den §§ 311–313 BGB unzweifelhaft dem Schutz vor Übereilung und der fachmännischen Beratung[34a]. Der Schutz vor Übereilung steht auch in den §§ 518 und 766 BGB im Vordergrund, desgleichen in den §§ 2348 und 2371 BGB. Vorverträge zu solchen Verträgen bedürfen darum stets der Form des Hauptvertrages[35].

Ein paar Worte sind aber noch zu sagen zu dem Vorvertrag auf Abgabe eines Schuldversprechens oder Schuldanerkenntnisses, zum Vorvertrag zur Bestellung einer Leibrente und zu den Vorverträgen zu Lizenzverträgen.

Ob Vorverträge zu einem *abstrakten Schuldversprechen* oder einem *abstrakten Schuldanerkenntnis* der Schriftform bedürfen, ist streitig.

---

[33] So in der Tat Weimar aaO 290.

[33a] So wohl auch Pohle Zg GenW 10 (1960) 334.

[34] Im Ergebnis sagt dies auch Heldrich 112; a. A. Larenz II 127 und die in N. 32 genannten Autoren. In der Schweiz kann auch ein langjähriger Mietvertrag (und dementsprechend auch ein Vorvertrag zu einem solchen) formlos geschlossen werden: Oser-Schönenberger, Art. 253 Bem. 8. Nur wenn das Mietverhältnis gegen einen Dritterwerber wirken soll, muß es im Grundbuch vorgemerkt werden (Art. 260 OR). Im italienischen Recht bedarf ein Mietvertrag (und dementsprechend auch ein Vorvertrag) der Schriftform, wenn er länger als 9 Jahre dauern soll (Art. 1350 Ziff. 8 c. c.).

[34a] Dagegen ist eine für den Hauptvertrag etwa vorgesehene behördliche Genehmigung (Beispiel: Veräußerung landwirtschaftlicher Grundstücke, § 2 GrdstVG) nicht auch Gültigkeitsvoraussetzung des Vorvertrages. Der Vorvertrag kann zwar – ebenso wie ein Vertragsentwurf (vgl. Kobler, DNotZ 1957, 171 ff.) – behördlich genehmigt werden. Die fehlende Genehmigung beseitigt aber nicht die Verpflichtung der Parteien zum Abschluß des Hauptvertrages.

[35] Heldrich 91 f., 111; Blomeyer, Schuldrecht 94; Soergel-Siebert(-R. Schmidt) § 313 Bem. 7; Staudinger(-Brändl) § 766 Bem. 13; Staudinger(-Ferid) § 2348 Bem. 7 und 2371 Bem. 4, 10.

Früher sprach man sich allgemein für den Formzwang aus[36], heute überwiegen die Gegenstimmen[37]. Die ältere Auffassung konnte sich auf die Entstehungsgeschichte der Formvorschrift berufen. Der Gesetzgeber hielt die Schriftform für erforderlich, weil die Zulassung des mündlichen abstrakten Schuldversprechens „die dringendste Gefahr schwerwiegender Übelstände" hervorrufen würde. Der Wille des Schuldners, sich abstrakt zu verpflichten, müsse zweifellos feststehen. Gegen die aus der prinzipiellen Anerkennung des bloß mündlichen abstrakten Vertrages dem Schuldner drohenden Härten und Unbilligkeiten ließen sich keine Kautelen schaffen[38]. Das Anerkenntnis müsse ohne Übereilung und wirklich in der auf Feststellung des Rechtsverhältnisses gerichteten Absicht abgegeben werden[39]. Dem hält die neuere Auffassung entgegen, daß der Vorvertrag auf Eingehung einer Wechselverbindlichkeit, der viel gefährlicher sei als der Vorvertrag auf Abgabe eines Schuldversprechens oder Schuldanerkenntnisses, nach einhelliger Auffassung formlos gültig sei. Ich glaube, man kann für die neuere Auffassung noch einen anderen Grund anführen. Sinn des abstrakten Schuldversprechens oder des abstrakten Schuldanerkenntnisses ist es, die pünktliche Erfüllung des Schuldversprechens bzw. seine schnelle und zuverlässige Durchsetzung zu sichern[40]. Der Schuldner übernimmt keine neue Verpflichtung, er erleichtert dem Gläubiger nur die Durchsetzung seiner Forderung. Er wird darum in der Regel durch ein abstraktes Schuldversprechen oder Schuldanerkenntnis nicht unbillig belastet. Aus diesem Grunde sollte man nicht sagen, daß die Schriftform der §§ 780, 781 BGB den Schuldner vor einer übereilten Willenserklärung schützen wolle. Sinn dieser Vorschriften ist vielmehr allein, den Nachweis zu sichern, daß der Schuldner tatsächlich ein *abstraktes* Versprechen abgegeben hat. Inhaltsklarheit und Beweissicherung sind somit die wirklichen Gründe für die gesetzlich vorgeschriebene Schriftform. Sie rechtfertigen aber, wie bereits mehrfach betont worden ist, *nicht* die Übertragung des Formzwangs auf den Vorvertrag.

Für die *Leibrente* folgert das Reichsgericht die Formbedürftigkeit des Vorvertrages aus dem Wortlaut des § 761 BGB („soweit nicht eine andere Form vorgeschrieben ist")[41]. Daß diese Folgerung nicht zwingend ist, liegt auf der Hand. Offensichtlich dachte man hier an die Fälle, in denen

---

[36] RG JW 1901, 383; PLANCK(-STRECKER) § 780 Bem. 2 c; LEVINSOHN 61.

[37] DÜRINGER-HACHENBURG(-WERNER) § 350 Anm. 18; BLOMEYER, Schuldrecht 94; ENNECCERUS-NIPPERDEY 998; STAUDINGER(-MÜLLER) § 780 Bem. 22; ERMAN(-HEFERMEHL) Bem. VI 2 vor § 145.

[38] Motive II 689.

[39] Protokolle II 494.

[40] ENNECCERUS-LEHMANN 817.

[41] RG 67, 204, 211 f.

das abstrakte Versprechen um seiner causa willen einer verschärften Form bedarf, etwa der Form des § 518 BGB[42]. Auch hier muß man nach dem Zweck der Form fragen. Die Materialien sind nicht sehr ergiebig. Im Bericht der Reichstagskommission heißt es lediglich, daß nach kurzer Diskussion, „in welcher man namentlich auf die Wichtigkeit des Leibrentenvertrages und die lange Dauer seiner Wirksamkeit hinwies", der Formzwang eingeführt worden sei. STAUDINGER(-BRÄNDL) fügt hinzu: „um den Rentenschuldner vor Übereilung zu schützen und Zweifel über seinen Verpflichtungswillen auszuschließen" [43]. Demgegenüber erblickt die schweizerische Rechtsliteratur den Formzweck des Leibrentenvertrages in der Förderung einer präzisen Abfassung[44]. Der Leibrentenvertrag bietet dem Rentenschuldner eine gewisse Chance, legt ihm aber auch ein gewisses Risiko auf. Chance und Risiko liegen in der unberechenbaren Dauer des Vertrages. Beide soll der Rentenschuldner vor Abschluß des Vertrages bedenken. Die gesetzlich vorgeschriebene Form hat darum zumindest auch den Zweck, den Schuldner von einem übereilten Vertragsschluß abzuhalten. Daraus folgt aber, daß auch der Vorvertrag zu einem Leibrentenvertrag der Form des § 761 BGB bedarf[45].

Lizenzverträge, in denen der Erwerber des Patents hinsichtlich der Benutzung des Patents in irgendeiner Weise gebunden wird, etwa hinsichtlich Art, Umfang, Menge, Gebiet oder Zeit der Ausübung des Schutzrechts, sind schriftlich abzufassen (§§ 20, 34 GWB). Über den Zweck dieser Vorschrift ist man sich nicht einig. Während die Schriftform des § 1 KartellVO von 1923 nach einhelliger Auffassung nur dazu dienen sollte, der Kartellbehörde die lückenlose Prüfung der vertraglichen Bindungen zu ermöglichen, meint SCHRAMM, aus der Ausdehnung der Schriftform von den Kartellverträgen auf die übrigen in § 34 GWB zitierten Vertragsarten und der wesentlich schärferen Formulierung der Schriftform (gegenüber der Praxis bezüglich § 1 KartellVO) ergebe sich, daß nunmehr durch die Schriftform die wettbewerbsbeschränkende Bindung auch erschwert werden solle. Würde man den Abschluß eines Lizenz-

---

[42] OERTMANN § 761 Bem. 1; BLOMEYER, Schuldrecht 94.

[43] MUGDAN, Die gesamten Materialien zum Bürgerlichen Gesetzbuch II (1899) 1294; STAUDINGER(-BRÄNDL) § 761 Bem. 2.

[44] BECKER Art. 22 Bem. 8.

[45] So wohl auch die h. M.: LEVINSOHN 61; HELDRICH 111; STAUDINGER(-BRÄNDL) § 761 Bem. 1; a. A. BLOMEYER, Schuldrecht 94. Auch das italienische Recht verlangt für den Vorvertrag zu einem Leibrentenvertrag die Schriftform: s. MIRABELLI oben N. 15. Zum Vorvertrag zum Abschluß eines Leibrentenvertrages vgl. im übrigen ANDREOLI, La rendita vitalizia ³(1958) 7.

hauptvertrages auf Grund einer formlosen vorvertraglichen Bindung zulassen – meint SCHRAMM –, so würden Sinn und Zweck des § 34 GWB umgangen werden können. Aus den Materialien des Gesetzes ergibt sich jedoch, daß die von SCHRAMM so sehr betonte Schutzfunktion keineswegs der wesentliche Grund für die Einführung der Schriftform war. Im Ausschußbericht heißt es, die Formvorschrift solle „nicht so sehr dem Schutz vor übereilter, unüberlegter Vornahme von Rechtsgeschäften dienen, als vielmehr *Beweismöglichkeiten* für Abschluß und Inhalt von Kartellverträgen sichern“ [46]. Die Schutzfunktion der Formvorschrift steht also im Hintergrund, mag sie in Einzelfällen (ein im Geschäftsleben nicht versierter Handwerker oder Bauer hat sich eine Erfindung patentieren lassen) auch eine willkommene Nebenwirkung sein. Es ist daher – entgegen SCHRAMM – davon auszugehen, daß auch nach Inkrafttreten des Gesetzes gegen Wettbewerbsbeschränkungen mündliche Vorverträge zu Lizenzverträgen *nicht* grundsätzlich ausgeschlossen sind.

V. Insbesondere: Vorgründungsverträge

1. „Der Kläger behauptete, der Beklagte habe ihm versprochen, bei der beabsichtigten Gründung der Gesellschaft mit beschränkter Haftung ‚Conus‘, woran er (Kläger) interessiert gewesen sei, sich mit einer Zeichnung von 5000 M zu beteiligen. Diesem Versprechen sei der Beklagte nicht nachgekommen, insbesondere auch in der konstituierenden Versammlung der Gründer trotz ordnungsmäßiger Einladung nicht erschienen. Er (Kläger) habe sich infolgedessen genötigt gesehen, bei der Gründung, um die Errichtung der Gesellschaft nicht scheitern zu lassen, den Ausfall zu decken und sich mit 5000 M mehr zu beteiligen, als er es sonst getan haben würde. Nach der Gründung habe ihm dann der Beklagte, als er ihn zur Rede stellte, versprochen, ihm bis zum 1. Juli 1898 ‚fünf Anteile von je 1000 M abzunehmen‘, später indes jede Zusage wieder in Abrede gestellt... Der Beklagte bestritt die behaupteten Versprechungen und machte geltend, daß der angebliche Abtretungs-

---

[46] Ausschußbericht S. 31 (zitiert bei RASCH, Wettbewerbsbeschränkungen [2][1958] Bem. 2 zu § 34 GWB). Auch nach der Ansicht von MÜLLER-GRIES, Kommentar zum GWB (1958) § 34 Bem. 3 geht es bei der Formvorschrift weniger darum, die an derartigen Vereinbarungen Beteiligten, die eines solchen Schutzes im allgemeinen nicht bedürfen, vor dem unbedachten, übereilten Vertragsabschluß zu schützen. Vielmehr solle die schriftliche Abfassung der Kartellbehörde die Ausübung ihrer Aufsichts- und Kontrollrechte erleichtern. Siehe im übrigen SCHRAMM, GRUR 60 (1958) 567. Dort auch Hinweise zum Schrifttum zur KartellVO.

vertrag, da die im Gesetz vorgeschriebene Form gerichtlicher oder notarieller Beurkundung nicht beachtet sei, rechtlich unwirksam sein würde..."

Über diesen Sachverhalt hatte das Reichsgericht im Jahre 1899 zu entscheiden. Sein Urteil ist der Ausgangspunkt eines wissenschaftlichen Streites, der bis heute noch nicht beigelegt ist. Das Reichsgericht stellte darin fest[47]:

Das GmbH-Gesetz kennt nur die Simultangründung, nicht auch die bei der Aktiengesellschaft zugelassene Sukzessivgründung. Es gibt daher keine „Zeichnungen" auf das Stammkapital in dem Sinne, wie sie bei der Aktiengesellschaft vorkommen. Das angebliche mündliche Versprechen des Beklagten, „sich bei der Gründung der Gesellschaft mit einer Zeichnung von 5000 M zu beteiligen", kann daher nur in dem Sinne aufgefaßt werden, daß der Beklagte dem Kläger zugesagt hat, er wolle mit ihm an der gerichtlichen oder notariellen Errichtung des Gesellschaftsvertrages als Gesellschafter teilnehmen und dabei die Leistung einer Stammeinlage von 5000 M übernehmen. Hiernach würde ein formloser Vorvertrag vorliegen, der keinen anderen Inhalt hätte, als daß der Promittent die Verpflichtung übernahm, den an eine bestimmte Form gebundenen Hauptvertrag in dieser Form abzuschließen. Das Reichsgericht bemerkte sodann: Es folgt aus allgemeinen Rechtsgrundsätzen, daß, wenn für die *Gültigkeit* eines gewissen Vertrages gesetzlich eine bestimmte Form vorgeschrieben ist, auch ein formloses Abkommen auf Eingehung eines solchen Vertrages ungültig sein muß. Es gibt keinen Anspruch auf Vollziehung der Form, wenn das Gesetz dem rechtsgeschäftlichen Willen nur in der gehörigen Form Beachtung schenkt.

Gegen dieses Urteil wandten sich alsbald Staub[48] und Hachenburg[49]. In ihrer Kritik wiesen sie insbesondere darauf hin, daß die Verpflichtung, sich bei einer GmbH zu beteiligen, wohl zu scheiden sei von dem „Abschluß des Gesellschaftsvertrages" im Sinne des § 2 GmbHG. Der Abschluß des Gesellschaftsvertrages betreffe die Festsetzung der Lebensbedingungen der künftigen Gesellschaft, die Gestaltung der Rechtsver-

---

[47] RG 43, 136, 139.

[48] Staub, Kommentar zum Gesetz betreffend die Gesellschaften mit beschränkter Haftung [1](1903) Anm. 25, S. 32.

[49] Staub-Hachenburg [2](1906) § 2 Anm. 14; diese Auffassung wurde auch von den späteren Bearbeitern des Kommentars, nämlich von Bing und Schilling, übernommen: s. jetzt Schilling in Hachenburg [6]I (1956) § 2 Anm. 14; ihr schlossen sich an Staub(-Pinner) § 182 Anm. 34; Feine in Ehrenbergs Handbuch des gesamten Handelsrechts III, 3 188 f.; Ritter § 2 Bem. 5 und im schweizerischen Recht W. v. Steiger Art. 779 Bem. 15.

hältnisse, wie sie zwischen der Gesellschaft und den Gesellschaftern bestehen sollen, die „dauernde, auch Dritten erkennbar zu machende Grundlage der Gesellschaftsverhältnisse“ (Motive zu § 2). Von der Festsetzung dieser Satzungen seien begrifflich verschieden diejenigen Abreden, durch welche sich die einzelnen Gesellschafter verpflichten, ein solches Rechtsgebäude zu errichten. Solche Abreden hätten häufig mit den Rechtsverhältnissen der Gesellschafter zur Gesellschaft nicht das geringste zu tun. Ebenso wie man eine Wechselverpflichtung nur eingehen könne unter Wahrung einer bestimmten Form, die Verpflichtung aber, einen Wechsel zu geben, formfrei sei, bedürfe hier nur das „Erfüllungsgeschäft“ der gerichtlichen oder notariellen Beurkundung. Die Verpflichtung sei *formlos* gültig.

In einer späteren Entscheidung setzte sich das Reichsgericht mit dieser Kritik auseinander[50]. Es hielt sie nicht für überzeugend. Der vom Gesetz geforderte Gesellschaftsvertrag rufe zwar nur in Verbindung mit der Eintragung der Gesellschaft ins Handelsregister die GmbH ins Leben. Deswegen sei er aber nicht weniger ein obligatorischer Vertrag, da ja durch ihn jeder Gesellschafter sich zur Leistung einer Einlage auf das Stammkapital verpflichte und möglicherweise noch andere Verpflichtungen übernehme.

Damit war ein entscheidender Punkt angeschnitten. Ist der Gesellschaftsvertrag (die Satzung) ein obligatorischer Vertrag oder etwas anderes, nämlich ein Sozialakt? Hier ist nicht der Ort, den Streit zwischen den Anhängern der Vertragstheorie und denen der Körperschaftstheorie zu erörtern. Es leuchtet aber ein, daß jemand, der den Vertragscharakter des Gesellschaftsvertrages (oder der Satzung) bestreitet, folgerichtig dazu kommen muß, Vorverträge, die unbezweifelbar gegenseitige Verträge darstellen, für etwas wesentlich anderes zu halten als Satzungsfeststellungen. Er wird insbesondere daran zweifeln, ob der Sozialakt eine einfache Willenserklärung im Sinne des § 894 ZPO ist. Ist der Sozialakt keine Willenserklärung in diesem Sinn, so kann auch niemand zum Vollzug eines solchen Sozialaktes verurteilt werden: Damit entfällt aber ein Wesensmerkmal des Vorvertrages. SCHREIBER, von dem diese Argumentation stammt[51], führt noch einen weiteren Grund für die Formlosigkeit des Vorgründungsvertrages an. Selbst wenn es sich bei dem Vorgründungsvertrag um einen echten Vorvertrag handeln würde, so meint er, sei doch der Zweck der Formvorschrift zu berücksichtigen. Das Form-

---

[50] RG 66, 116, 120.

[51] SCHREIBER 81.

erfordernis für den Gründungsakt sei nicht deshalb aufgestellt, um Unerfahrene vor Unbesonnenheit zu bewahren, es handle sich vielmehr einerseits um eine Publizitätsform, andererseits um den Zwang zur Einholung juristischen Rates bei der Formulierung und um die genaue Festlegung des Aktes selbst[52]. Diese Zwecke, so meint Schreiber, ergreifen aber den Vorvertrag nicht mit. Der Vorvertrag könne darum auch aus diesem Grund formfrei geschlossen werden.

Diesen gewichtigen Einwänden setzte das Reichsgericht nichts entgegen. Im Schrifttum hat insbesondere ROBERT FISCHER versucht, die Rechtsprechung des Reichsgerichts zu rechtfertigen[53]. Er meint, man könne zwar nicht mit dem Reichsgericht sagen, daß jeder Vorvertrag zu seiner Rechtswirksamkeit ganz allgemein der Einhaltung der für den

[52] AaO 82; ebenso LUDEWIG, Der Vorgründungsvertrag im Aktienrecht, ZBlHR 7 (1932) 121 ff. Das ist übrigens auch die in Frankreich herrschende Auffassung. Die für Gesellschaftsverträge in der Regel vorgeschriebene Schriftform (s. z. B. Art. 1834 C. civ.; Art. 39 C. com.; Art. 21 Loi du 24 juillet 1867) soll nicht die Parteien vor einer übereilten Bindung schützen, sondern vielmehr der Beweissicherung dienen. Vorverträge können darum auch formlos geschlossen werden: PERROUD, S. 1912, 1, 219; Trib. com. Seine 29. 7. 1921: Gaz. Pal. 1921, 2, 472; Pic, D. Rép. Prat., Bd. 11, 91; HÉMARD, Théorie et pratique des nullités de sociétés et des sociétés de fait [2](1926), 179; HOUPIN ET BOSVIEUX I 114; PIC ET KRÉHER I 481; ESCARRA, Cours de droit commercial (1952) 340; MOREAU, Les sociétés civiles (1957) 54; J.-Cl. Commercial: Art. 39 à 41 C. com. Nr. 8; a. A. MALAURIE (D. Rép. Dr. civ., IV, 270) im Anschluß an ein Urteil aus dem Jahre 1872 (Toulouse, 22. 6. 1872: D. P. 1872, 2, 156). In Italien ist die Frage zweifelhaft. Die h. M. sagt: Die Gründung einer Aktiengesellschaft erfolgt in der Form einer öffentlichen Urkunde (Art. 2328 c. c.: Le società deve costituirsi per atto pubblico). Da Vorverträge stets der Form des Hauptvertrages bedürfen, muß auch der Vorgründungsvertrag in der Form einer öffentlichen Urkunde geschlossen werden: Cass. 2. 8. 1950, n. 2310, Foro it., 1951, I, 451 (= Temi 1950, 521 mit krit. Anm. SCALFI); Cass. 5. 10. 1953, n. 3177, Foro it., 1954, I, 459; GIANNATTASIO, in: Rassegna di giurisprudenza sul codice civile, diretta da Rosario NICOLÒ, libro quinto, titoli V-XI (1955) 111 ff. Dagegen sagen andere: Wann ein Vertrag formnichtig ist, ergibt sich allein aus Art. 1350 c. c. („Devono farsi per atto pubblico o per scrittura privata, sotto pena di nullità ..."). Nach Ziff. 9 dieser Vorschrift sind mündlich geschlossene Gesellschaftsverträge nur dann formnichtig, wenn darin über Grundvermögen für längere Zeit als 9 Jahre oder für unbestimmte Zeit disponiert wird. In Art. 2328 c. c. fehlt die Nichtigkeitsandrohung für den Fall der Nichtbeachtung der Form. Die Wahrung der Form ist lediglich deswegen von Bedeutung, weil auf Grund eines formlosen oder nur schriftlichen Gesellschaftsvertrages die Gesellschaft nicht eingetragen wird und daher auch keine Rechtspersönlichkeit erlangen kann (Art. 2331 c. c.: „Con l'iscrizione nel registro la società acquista la personalità giuridica"). Ist die Form aber für den Hauptvertrag nicht mit Nichtigkeitsandrohung (sotto pena di nullità) vorgeschrieben, so ist auch ein formlos geschlossener Vorvertrag als gültig anzusehen: So FERIOLI, Foro pad., 1950, I, 1090; ähnlich FRÈ, Società per azioni, in: Commentario del Codice civile a cura di A. SCIALOJA e G. BRANCA 15 f.

[53] Rob. FISCHER, Ist der Vorvertrag bei Errichtung einer GmbH formbedürftig?, GmbH Rdsch 9 (1954) 129 ff.; DERS. in Großkomm. AktG § 16 Anm. 23.

Hauptvertrag vorgesehenen Form bedürfe. Einen solchen ausnahmslosen Rechtssatz gebe es nicht. Vielmehr hänge es immer vom Inhalt und Zweck der Formvorschrift ab, ob sie auch auf den Vorvertrag zu erstrecken sei. Bei den Vorgründungsgesellschaften müsse man aber davon ausgehen, daß Inhalt und Zweck der Formvorschrift einerseits darin bestünden, den Beteiligten die Bedeutsamkeit der von ihnen abgegebenen Willenserklärung zum Bewußtsein zu bringen[54] und andererseits die Grundlage des Gesellschaftsverhältnisses für Dritte erkennbar zu machen. Die Formvorschrift habe somit u. a. auch eine *Schutzfunktion* für die Gesellschaftsgründer. Dies rechtfertige es, den Formzwang auch auf den Vorvertrag zu erstrecken.

Diese Gründe haben sich die neuere Doktrin und die Rechtsprechung weitgehend zu eigen gemacht[55]. Selbst der exponierteste Vertreter der Gegenmeinung, der HACHENBURGsche Kommentar, hat sich ihnen gebeugt[56].

2. Wir haben oben bereits gesehen, daß das Wesen des Vorgründungsvertrages nicht darin besteht, die Parteien zur Feststellung der Satzung zu verpflichten, sondern darin, sie zur Errichtung einer Gesellschaft zu verpflichten. Da die Gesellschaft mit der Übernahme der Aktien errichtet wird, bedeutet dies, daß durch den Vorgründungsvertrag die Beteiligten sich verpflichten, nach Maßgabe ihrer Vereinbarung Aktien (oder eine Stammeinlage) zu übernehmen[57]. Wir haben aus diesem Wesen des Vorgründungsvertrages geschlossen, daß der notwendige Inhalt der Satzung oder des Gesellschaftsvertrages, wie er im Gesetz (§ 16 AktG, § 3 GmbHG) vorgeschrieben ist, sich nicht notwendig aus dem Vorgründungsvertrag ergeben muß. Es ist darum nur konsequent, auch die Übertragung

---

[54] Diese Formulierung findet sich schon in RG 66, 121. Damals unterschied man aber für die Frage der Formgültigkeit eines Vorvertrages noch nicht zwischen den verschiedenen Zwecken einer Formvorschrift.

[55] BAUMBACH(-HUECK) AktG § 16 Bem. 6; VOGEL, GmbH-Gesetz § 2 Bem. 5; SCHOLZ § 2 Bem. 14; STAUDINGER(-GEILER-KESSLER) Vorbem. 49 vor § 705; OLG München, GmbH Rdsch 1958, 195; ebenso im schweizerischen Recht F. v. STEIGER, Pactum de ineundo societate, SAG 30 (1957–1958), 174, 176 ff.; SCHUCANY, Art. 643 Bem. 1.

[56] SCHILLING in HACHENBURG § 55 Anm. 23. Zur Begründung sagt Schilling, der Zweck der Formvorschrift des § 2 sei, den Gründer zu einer klaren und überlegten Erklärung anzuhalten. Das diene seinem Schutz, aber ebenso sehr auch dem Interesse der Gesellschaft und der Allgemeinheit. Diese Interessen ständen auch schon bei Vorverträgen auf dem Spiel und würden durch das Eingehen unklarer und unüberlegter Bindungen verletzt (anders noch SCHILLING im gleichen Kommentar, § 2 Anm. 14).

[57] S. oben § 10 II 2.

der Form von der Satzungsfeststellung auf den Vorgründungsvertrag zunächst in Frage zu stellen.

Die Übernahme der Aktien erfolgt in der Regel im Zusammenhang mit der Feststellung der Satzung. Die Gründer können aber auch noch später Aktien übernehmen. In diesem Fall bedarf es aber noch einmal einer gerichtlichen oder notariellen Beurkundung (§ 22 Abs. 2 AktG). Dagegen geschieht bei einer Stufengründung die spätere Zeichnung der Aktien durch eine einfache schriftliche Erklärung (§ 30 Abs. 2 S. 2 AktG). Bei der Gründung einer GmbH wird die Stammeinlage stets im Gesellschaftsvertrag festgesetzt, d. h. gerichtlich oder notariell beurkundet (§ 2 GmbHG). Desgleichen bedarf bei einer Erhöhung des Stammkapitals die Übernahme der Stammeinlage einer gerichtlich oder notariell aufgenommenen oder beglaubigten Erklärung des Übernehmers (§ 55 Abs. 1 GmbHG).

Kann man nun sagen: Da – bei einer Stufengründung – die Zeichnung der Aktien durch eine schriftliche Erklärung erfolgt, muß auch die Verpflichtung zur Aktienzeichnung vor der Gründung in dieser Form wirksam sein?[58] M. E. ist die Frage zu *verneinen*, und zwar aus folgenden Gründen: Die nachträgliche Aktienzeichnung bei einer Stufengründung erfolgt *nach* der Feststellung der Satzung. Wer Aktien zeichnet, kann sich über alle Einzelheiten der beabsichtigten Geschäftsführung zuvor unterrichten. Außerdem ist das Risiko für diesen Zeichner ungleich geringer als für den Gründer, der – bei einer Übernahmegründung – eine wesentlich höhere Anzahl von Aktien zu übernehmen hat. Der Zeichner unterliegt auch nicht der Gründerhaftung (§ 39 AktG). Diese Gründe zeigen bereits, daß die Frage nach der Form des Vorvertrages nicht mit dem Hinweis auf die einfache Schriftlichkeit der Aktienzeichnung bei der Stufengründung beantwortet werden kann. Die Antwort auf die Frage muß vielmehr den §§ 16 und 22 AktG entnommen werden. Der Gesetzgeber läßt die Übernahme der Aktien durch die Gründer nur unter gerichtlicher oder notarieller Beurkundung zu. Ein gleiches gilt für die Übernahme einer Stammeinlage (§ 2 GmbHG). Daß die Beurkundung nicht nur den Inhalt der Satzung in einer besonders feierlichen Form aufzeichnen soll, ergibt sich deutlich aus § 16 Abs. 2 AktG, wonach in der Urkunde, in der die Satzung festgestellt wird, auch Nennbetrag, Ausgabebetrag und – gegebenenfalls – Gattung der Aktien anzugeben sind, die jeder Beteiligte übernimmt. Das heißt aber: Die Feststellung der

[58] Diesen Standpunkt vertritt SIEGWART, Vorbem. 43 vor Art. 629–639 OR.

Satzung ist als solche zwar nicht Hauptvertrag zu dem Vorgründungsvertrag, sie schließt aber – in der Regel – den Hauptvertrag mit ein. Die Feststellung der Satzung geht mit der Errichtung der Gesellschaft meist Hand in Hand. Die Form der gerichtlichen oder notariellen Beurkundung erstreckt sich auf beide. Fallen Feststellung der Satzung und Errichtung der Gesellschaft auseinander, so folgt die Notwendigkeit der Beurkundung für die Übernahme der Aktien aus § 22 AktG. Der Hauptvertrag ist somit formbedürftig.

Ob der Vorvertrag der gleichen Form bedarf, entscheidet der Zweck der Formvorschrift. Dabei kommt es nicht darauf an, welcher Zweck mit der notariellen Beurkundung der Satzung verfolgt wird. Allein entscheidend ist, warum die Übernahme der Aktien beurkundet werden muß. Hier wird man nun nicht umhin können, zuzugeben, daß die Form zumindest auch dazu dienen soll, die *fachmännische juristische Beratung* der Gründer zu sichern[59]. Die fachmännische Beratung soll vor der Inhaltsfixierung erfolgen. Das bedeutet aber, daß eine Inhaltsfixierung vor der Beratung dem Zweck der Form widersprechen würde. Außerdem indiziert die Notwendigkeit einer fachmännischen Beratung auch eine gewisse *Schutzbedürftigkeit* der Gründer. Aus diesen Gründen wird man folgern müssen, daß die gerichtliche oder notarielle Form der §§ 16 AktG und 2 GmbHG auch die Gültigkeit von Vorgründungsverträgen bedingt.

VI. Rechtsbehelfe bei formnichtigen Vorverträgen

Vorverträge, die in der Form des Hauptvertrages abgeschlossen werden müssen, sind nichtig, wenn sie dieser Form ermangeln. Sie geben darum grundsätzlich weder einen Anspruch auf Vollziehung der Form noch einen Schadensersatzanspruch. Ist ein Vertrag nichtig, so kann den Parteien zuweilen durch eine Umdeutung des nichtigen Vertrages geholfen werden (§ 140 BGB). In verschiedenen Gesetzesbestimmungen ist eine Heilung des Formmangels vorgesehen. In Einzelfällen kann die Geltendmachung der Formnichtigkeit auch gegen Treu und Glauben verstoßen und darum unberücksichtigt bleiben, und schließlich können die Parteien unter bestimmten Voraussetzungen auch Ersatzansprüche aus dem Gesichtspunkt der culpa in contrahendo geltend machen. Welche von diesen Möglichkeiten die Parteien eines formnichtigen Vorvertrages haben, soll im folgenden untersucht werden.

---

[59] Das gaben sogar SCHREIBER und LUDEWIG zu, die im übrigen für die Formfreiheit des Vorvertrages plädierten: s. oben N. 52.

1. Umdeutung

Entspricht ein nichtiges Rechtsgeschäft den Erfordernissen eines anderen Rechtsgeschäfts, so gilt das letztere, wenn anzunehmen ist, daß dessen Geltung bei Kenntnis der Nichtigkeit gewollt sein würde (§ 140 BGB). Im Bereich des Vorvertrags könnte die Konversion insbesondere bei den formnichtigen *Vorgründungsverträgen* eine Rolle spielen. Können formnichtige Vorgründungsverträge nicht als formgültige Gesellschaftsverträge aufrechterhalten werden? Das Reichsgericht hat in einer Entscheidung aus dem Jahre 1928 die Frage bejaht[60]. Im Ergebnis sagt es, daß ein Vorgründungsvertrag formbedürftig ist, wenn auf Errichtung der Gesellschaft (hier: einer GmbH) geklagt werden soll, dagegen formlos geschlossen werden kann, wenn nur die Erfüllung anderer vertraglicher Verpflichtungen begehrt wird. Diese Entscheidung ist in der Literatur einmütig abgelehnt worden[61]. Man sagt, eine solche Entscheidung enthalte einen unauflöslichen Widerspruch; denn entweder verstoße ein solcher Vorvertrag gegen den Zweck der Formvorschrift, dann sei er seinem ganzen Inhalt nach unwirksam und könne keinerlei rechtliche Wirkungen, also auch keine Ansprüche auf Schadensersatz begründen, oder aber er verstoße nicht gegen den Zweck der Formvorschrift, dann sei er vollgültig.

Zu diesem Streit ist folgendes zu sagen: Vorgründungsgesellschaften sind Gesellschaften des bürgerlichen Rechts[62]. Ein Gesellschaftsvertrag bedarf nach den §§ 705 ff. BGB keiner Form. Er kann aber einer Form bedürfen, wenn er ein formbedürftiges Leistungsversprechen eines Gesellschafters enthält, z. B. wenn ein Gesellschafter sich verpflichtet, ein Grundstück in die Gesellschaft derart einzubringen, daß es Gesamthandseigentum der Gesellschafter werden soll[63]. Das heißt also: Ist Zweck des Gesellschaftsvertrages in concreto ein Rechtsgeschäft, das nach dem Willen des Gesetzgebers zum Schutz des Erklärenden von der Wahrung einer bestimmten Form abhängt, so bedarf auch der Gesellschaftsvertrag dieser Form. Auf die Vorgründungsgesellschaft übertragen, lautet dieser Satz:

---

[60] RG JW 1929, 645.

[61] BING JW 1929, 645; FISCHER, GmbH Rdsch 1954, 131; SCHILLING in HACHENBURG, § 2 Anm. 14; STAUDINGER(-GEILER-KESSLER) Vorbem. 49 vor § 705.

[62] SCHUMANN, Handelsrecht I (1956) 311; STAUDINGER(-GEILER-KESSLER) Vorbem. 49 vor § 705; FISCHER in BGB-RGRK Anm. 6 vor § 705; BAUMBACH(-HUECK) AktG Bem. 6; SCHILLING in HACHENBURG § 2 Anm. 16; SCHOLZ § 2 Bem. 10; das entspricht auch der schweizerischen Rechtsauffassung, s. oben § 5 Text zu N. 18.

[63] STAUDINGER(-GEILER-KESSLER) § 705 Bem. 30; FISCHER in BGB-RGRK § 705 Anm. 3.

Ist Zweck des Gesellschaftsvertrages die Errichtung einer Kapitalgesellschaft, so bedarf der Gesellschaftsvertrag der gerichtlichen oder notariellen Beurkundung, weil der Gesetzgeber diese Form zum Schutz der Gesellschaftsgründer vorgesehen hat.

In der *schweizerischen* Rechtslehre werden bei der Gründung einer Kapitalgesellschaft verschiedene Gründungsstadien unterschieden. Haben die Parteien ausdrücklich oder konkludent erklärt, einen bestimmten Zweck – nämlich die Gründung einer Kapitalgesellschaft – mit gemeinsamen Kräften oder Mitteln anzustreben, liegt eine gesellschaftliche Bindung vor. Zwischen den Parteien besteht dann eine *einfache Gesellschaft* i. S. des Art. 530 OR, d. h. nach deutschen Rechtsbegriffen eine Gesellschaft des bürgerlichen Rechts [64].

Die vertragliche Bindung verpflichtet die Mitglieder dieser einfachen Gesellschaft, alle Handlungen vorzunehmen, die notwendig sind, um eine AG, eine GmbH oder eine Genossenschaft ins Leben zu rufen. Welcher Art die Handlungen sind, zu deren Vornahme sich die Gesellschafter verpflichten, braucht im Zeitpunkt des Vertragsschlusses noch nicht genau festgelegt zu sein. Es genügt die Vereinbarung, die Leistungen sollten nach späterer Vereinbarung oder gemäß Art. 531 OR (gleiche Beträge, wenn nichts anderes vereinbart ist, und zwar in der Art und in dem Umfang, wie der vereinbarte Zweck es erheischt) bestimmt werden.

Möglich ist aber auch, daß die Gesellschafter bereits von Anfang an die zu gründende Gesellschaft genau umschreiben. Dies gilt insbesondere, wenn die Gesellschafter von einem bestimmten Satzungsentwurf ausgehen und sich verpflichten, alles zu tun, damit die Gesellschaft so, wie sie in dem Satzungsentwurf vorgesehen ist, zustande kommt. In diesem Fall ist die Bindung zwischen den Gesellschaftern der Vorgründungsgesellschaft stärker als in dem zuerst genannten Fall. Nach Auffassung der schweizerischen Doktrin haben die Vereinbarungen unter den Gründern hier die Natur eines *Gründungsvorvertrages* angenommen [65]. Einfache Gesellschaft und Gründungsvorvertrag erzeugen verschieden starke Bindungswirkungen. Die einfache Gesellschaft verpflichtet jeden Gründer, alle nach seiner Meinung erforderlichen Handlungen vorzunehmen, die

---

[64] Einhellige Meinung, vgl. GUHL 495; SIEGWART, Vorbem. 40 vor Art. 629–639; SCHUCANY, Art. 643, Bem. 1; v. STEIGER, Art. 779, Bem. 13; JANGGEN-BECKER, Die Gesellschaft mit beschränkter Haftung (Bd. VII, 3 des [Berner] Kommentars zum Schweiz. Zivilgesetzbuch) (1939), Art. 779, Bem. 2; Art. 783, Bem. 2; GERWIG, Schweizerisches Genossenschaftsrecht (1957) 163.

[65] Vgl. SIEGWART, Vorbem. 42, 43 vor Art. 629–639; JANGGEN-BECKER (N. 64), Art. 779, Bem. 3; v. STEIGER, Art. 779, Bem. 14.

zur Gründung einer Handelsgesellschaft oder der Genossenschaft erforderlich sind, der Gründungsvorvertrag verpflichtet die Gründer, alle Maßnahmen zu ergreifen, die zur Gründung der im Gründungsvorvertrag bestimmten oder nach ihm bestimmbaren Gesellschaft oder Genossenschaft führen. Weigert sich ein Beteiligter, eine Handlung vorzunehmen, die von den anderen Beteiligten als für die Gründung wesentlich angesehen wird, so kann sich für ihn nach den Regeln, die für die einfache Gesellschaft gelten, eine Schadensersatzpflicht ergeben, dann nämlich, wenn er die Gründung in unsachlicher Weise hintertrieben hat[66].

Haben die Beteiligten aber einen Gesellschaftsvorvertrag geschlossen, so kann möglicherweise eine für die Gründung notwendige Erklärung eines Beteiligten durch Urteilsspruch ersetzt werden, wenn nach dem maßgebenden Prozeßrecht eine Realvollstreckung möglich ist[67].

Die einfache Gesellschaft kann unbestrittenermaßen formlos geschlossen werden, bei dem Gründungsvorvertrag ist die Frage der Formbedürftigkeit bestritten[68].

Diese Unterscheidung, die auf den ersten Blick recht praktikabel erscheint, ist für uns *unbrauchbar*, weil wir für Gesellschaftsverträge, die auf die Errichtung einer Kapitalgesellschaft hinzielen, nur die Alternative kennen: kein Gesellschaftsvertrag mangels Bestimmbarkeit oder Vorgründungsvertrag[69]. Unser Vorgründungsvertrag liegt in der Mitte zwischen der einfachen Gesellschaft und dem Vorgründungsvertrag des schweizerischen Rechts. Er verlangt eine größere Bestimmtheit als jene und eine geringere Bestimmtheit als dieser. Aus dieser Singularität folgt, daß ein formnichtiger Vorgründungsvertrag *nicht* in eine Gesellschaft des bürgerlichen Rechts mit geringeren Wirkungen umgedeutet werden kann. Eine solche existiert hier nicht[70]. Damit soll natürlich nicht in Frage gestellt werden, daß die durch einen wirksamen Vorgründungsvertrag ins Leben gerufene Vorgründungsgesellschaft eine Gesellschaft des bürgerlichen Rechts ist.

Nicht zu verwechseln mit der Umdeutung eines formnichtigen Vorvertrages in einen anderen Vertrag ist die Umdeutung eines *formnichtigen*

[66] Vgl. SIEGWART, Vorbem. 47 vor Art. 629–639.

[67] Das ist z. B. nach Art. 78 Bundeszivilprozeß und Art. 407 Bernische ZPO der Fall.

[68] Siehe F. v. STEIGER und SCHUCANY einerseits (oben N. 55), W. v. STEIGER andererseits (oben N. 49).

[69] S. oben § 10 II.

[70] Das ist übrigens auch der Standpunkt des italienischen Rechts: Trib. Roma, 12. 4. 1950, Foro pad., 1950, I, 1090.

Hauptvertrages in einen *Vorvertrag*. Eine solche Umdeutung wird meist schon daran scheitern, daß der Vorvertrag regelmäßig in der Form des Hauptvertrages geschlossen werden muß. Kann der Vorvertrag auch formlos geschlossen werden, so ist immer noch zu bedenken, ob die verschiedene Willensrichtung in den beiden Verträgen eine Konversion zuläßt[71]. Durch den definitiven Vertrag wird eine sofortige Rechtswirkung geschaffen, durch den Vorvertrag die Schaffung einer Rechtswirkung für die Zukunft versprochen. Kann man sagen, daß dieser Wille in jenem enthalten sei?[72]. Hinzu kommt, daß der Vorvertrag nur angenommen werden kann, wenn besondere Gründe für seine Annahme sprechen. Ein solcher Grund ist aber nicht die Formnichtigkeit des definitiven Vertrages[73]. NIPPERDEY hält die Umdeutung *formnichtiger Tarifvereinbarungen* in einen mündlichen Vorvertrag zum Abschluß eines Tarifvertrages für zulässig, wenn die Parteien über den wesentlichen Inhalt des Hauptvertrages (Tarifvertrages) einig sind[74]. Nun ist zwar ein formloser Vorvertrag zu einem Tarifvertrag möglich; der Zweck der Formvorschrift des § 1 TarifVO ist nicht der Schutz vor Übereilung, sondern die Notwendigkeit der klaren schriftlichen Festlegung für die Tarifbeteiligten, also die Inhaltsklarheit. Welchen Grund sollten aber die Beteiligten gehabt haben, einen Vorvertrag zu schließen?

2. *Heilung*

Aus einem formnichtigen Vertrag kann nicht auf Erfüllung geklagt werden. Allerdings kann, wer in Kenntnis der Nichtschuld etwas leistet, seine Leistung nicht zurückfordern (§ 814 BGB). Ob ein formnichtiger Vertrag geheilt wird, wenn beide Parteien in Unkenntnis der Nichtschuld den (nichtigen) Vertrag erfüllt haben, ist bestritten. Eine solche Heilung ist zwar in einzelnen Gesetzesbestimmungen vorgesehen (z. B. in den § 313, 518, 766, 2301 BGB, § 15 IV 2 GmbHG). Nach h. A. kann aus diesen Bestimmungen aber kein allgemeiner Grundsatz des Inhalts hergeleitet werden, daß eine Erfüllung durch beide Teile in jedem Fall einen

---

[71] Die Möglichkeit einer Konversion lehnen aus diesem Grunde ab DEGENKOLB 33; ROTH, Der Vorvertrag (1928) 328 und OSER-SCHÖNENBERGER, Art. 165 Bem. 7; a. A. anscheinend LEVINSOHN 63.

[72] Die Umdeutung eines dinglichen Erfüllungsgeschäfts in das diesem zugrunde liegende schuldrechtliche Verpflichtungsgeschäft wird allgemein abgelehnt: RG DRW 1943, 298; STAUDINGER(-COING) § 140 Bem. 7.

[73] BGH WM 1956, 1520; WM 1963, 172, 173.

[74] HUECK-NIPPERDEY, Lehrbuch des Arbeitsrechts [6]II (1957) 318.

formnichtigen Vertrag heilt[75]. Eine analoge Anwendung der genannten Gesetzesbestimmungen in Einzelfällen wird dadurch aber nicht ausgeschlossen.

Für den Vorvertrag bedeutet das: Folgt einem formnichtigen Vorvertrag ein formgültiger Hauptvertrag, so wird durch diesen Hauptvertrag die Formnichtigkeit des Vorvertrages grundsätzlich *nicht* geheilt. Der Abschluß des Hauptvertrages erfolgt nicht auf Grund einer Verpflichtung. Glaubte ein Partner *irrtümlich*, zum Abschluß des Hauptvertrages verpflichtet zu sein, so kann er seine Leistung kondizieren[76]. Diese Möglichkeit verliert er nur dann, wenn die vom Gesetz vorgesehenen Heilungsfälle gegeben sind, also beispielsweise, wenn er auf Grund eines formnichtigen Vorvertrages einen Grundstücksveräußerungsvertrag geschlossen und die Auflassung erklärt hat und die Eintragung in das Grundbuch erfolgt ist (§ 313 S. 2 BGB).

Ist der Hauptvertrag *in Kenntnis des Formmangels* des Vorvertrages geschlossen, so ist zwar die Rückforderung der Leistung nach § 814 BGB ausgeschlossen. Daraus folgt aber noch nicht notwendig, daß der Vorvertrag geheilt ist. Die Frage kann insbesondere dann eine wichtige Rolle spielen, wenn der nichtige Vorvertrag Teil eines anderen Vertrages ist, der gemäß § 139 BGB von der Nichtigkeit dieser Verabredung ergriffen wird. Man denke z. B. an einen Pachtvertrag, der u. a. einen formnichtigen Vorvertrag zu einem Grundstücksveräußerungsvertrag enthält. Schließen die Parteien in Kenntnis der Formnichtigkeit des Vorvertrages daraufhin einen Grundstücksveräußerungsvertrag, so ist an diesem Grundstücksveräußerungsvertrag nicht zu rütteln. Die Frage ist aber: wird damit der Vorvertrag und damit auch der von der Nichtigkeit des Vorvertrags ergriffene Pachtvertrag gültig? Die Frage kann nur bejaht werden, wenn eine Heilung des nichtigen Vorvertrages eingetreten ist.

---

[75] STAUDINGER(-COING) § 125 Bem. 31; SOERGEL-SIEBERT(-HEFERMEHL) § 125 Bem. 17; ENNECCERUS-NIPPERDEY 957; a. A. REICHEL, Zur Behandlung formnichtiger Verpflichtungsgeschäfte, AcP 104, 1 ff., 33 ff.; SIBER, Die schuldrechtliche Vertragsfreiheit, IheringsJ 70, 223 ff., 242; OERTMANN § 125, Bem. 4 a; desgleichen die h. M. in Österreich unter Berufung auf § 1432 ABGB, wonach Zahlungen einer Schuld, welche nur aus Mangel der Förmlichkeiten ungültig ist, nicht zurückgefordert werden können: s. EHRENZWEIG, System des österreichischen allgemeinen Privatrechts ²II, 1 (1928) 6 f.; KLANG-WILBURG ²VI (1951) §§ 1431 bis 1437, Bem. VI, C. 1: Der Formzweck, nämlich der vom Gesetzgeber gewollte Schutz gegen Übereilung, geht nicht soweit, ein Recht auf Rückgabe einer schon erbrachten Leistung zu begründen.

[76] ROTH (N. 71) 326 f.; LEVINSOHN 62 f. BLOMEYER, Schuldrecht 95, bezeichnet die Lösung als wenig glücklich. Zur Frage, ob ein kausales Verpflichtungsgeschäft überhaupt als „Leistung" angesehen werden kann, vgl. LARENZ II 345.

Grundsätzlich wird ein formnichtiger Vorvertrag zu einem Grundstücksveräußerungsvertrag erst geheilt durch Auflassung und Eintragung (§ 313 S. 2 BGB). Die Situation ist hier aber nicht die gleiche wie in dem Fall, in dem der Grundstücksveräußerungsvertrag von dem Grundstückseigentümer in dem irrtümlichen Glauben geschlossen wurde, durch den Vorvertrag zu seinem Abschluß verpflichtet zu sein. Hier ist der Grundstücksveräußerungsvertrag unanfechtbar. Der Grundstückseigentümer ist zur Auflassung und zur Bewilligung der Eintragung verpflichtet. D. h. aber, daß er gar keine Möglichkeit mehr hat, die Heilung des formnichtigen Vorvertrages zu verhindern. Bei dieser Sachlage erscheint es zulässig, die heilende Wirkung des § 313 S. 2 BGB schon *vor* der Auflassung und der Eintragung eintreten zu lassen, nämlich von dem Zeitpunkt an, zu dem der Grundstückseigentümer sich in unanfechtbarer Weise zur Veräußerung des Grundstücks verpflichtet hat. Hier führt somit die analoge Anwendung des § 313 S. 2 BGB zur Heilung des formnichtigen Vorvertrages und damit auch des Pachtvertrages, dessen Teil er bildet[77].

3. *Treu und Glauben*

Wer die Formnichtigkeit eines Vertrages geltend macht, verstößt damit grundsätzlich nicht gegen Treu und Glauben. Er macht nur sein gutes Recht geltend. Doch gelten von diesem Grundsatz Ausnahmen. Mit diesen Ausnahmen im Bereich des Vorvertrags werden wir uns im folgenden zu beschäftigen haben[78].

a) Als Ausgangspunkt diene der Siedlungsfall des OGH[79], dessen Sachverhalt oben in § 8 I 3 geschildert worden ist:

Ein Siedlungsunternehmen übergab 11 Siedlern je eine Siedlerstelle. Notarielle Verträge wurden zunächst nicht geschlossen, den Siedlern jedoch zugesagt, sobald ihre Eignung in einer zweijährigen Probezeit festgestellt worden sei. Diese Zusage hielt das Siedlungsunternehmen aber nur 10 Siedlern gegenüber ein. Gegenüber einem Siedler verweigerte es ohne sachlichen Grund den Abschluß eines notariellen Vertrages und verlangte die Herausgabe der Siedlerstelle. Die Klage des Unternehmens wurde abgewiesen. Zum Einwand des beklagten Siedlers, die Berufung der Klägerin auf den Formmangel des Vor-

---

[77] Vgl. RG 169, 185, 189 f.; Larenz I 76; a. A. noch RG LZ 1933, 1459, 1461.

[78] Die außerordentlich reichhaltige Rechtsprechung und Literatur zum Problem der treuwidrigen Berufung auf die Formnichtigkeit findet sich bei Enneccerus-Nipperdey 958 in N. 19.

[79] RdL 1950, 31.

vertrages verstoße gegen Treu und Glauben und sei daher unbeachtlich, sagte der OGH: Die Einrede der Arglist bei einem formnichtigen Vertrag ist in der Regel nur dann beachtlich, wenn ausnahmsweise der den Parteien auch bei einem nichtigen Vertrage von der Rechtsordnung gewährte Rechtsschutz nicht ausreicht, vielmehr gerade die Verweigerung oder Beseitigung des dem Vertrage entsprechenden Erfüllungszustandes mit Treu und Glauben unvereinbar erscheint. Ein derartiger Ausnahmefall, meinte der OGH, sei hier gegeben. Als gemeinnütziges Siedlungsunternehmen habe die Klägerin die Aufgabe, Ansiedlungen zu schaffen und geeigneten Siedlern Siedlungsland zur Verfügung zu stellen. Der Beklagte habe infolge der Verhältnisse in der Ostzone seine Existenz verloren und sei unbestritten ein tüchtiger Landwirt. Nachdem ihn die Klägerin auf der streitigen Siedlerstelle eingesetzt habe, habe er seine Familie kommen lassen, eigene Geldmittel für die Siedlung verwendet und diese ordnungsgemäß bewirtschaftet. Mit dem Hof würde er seine Existenz verlieren und nahezu mittellos dastehen. Von Bedeutung sei auch, daß die Klägerin mit den anderen 10 Siedlern inzwischen formgültige Verträge geschlossen habe. Unter diesen Umständen widerspreche es Treu und Glauben, wenn die Klägerin sich darauf berufe, daß noch kein bindender Vertrag mit dem Beklagten vorliege. Auch der Zweck der Formvorschrift des § 313 BGB, Eigentümer vor einer unbedachten Veräußerung ihres Grundbesitzes zu bewahren, erfordere keine andere Beurteilung, da von einer unbedachten Veräußerung hier keine Rede sein könne. Gegenüber der Berufung der Klägerin auf die Formungültigkeit des Vorvertrages greife somit die Einrede der Arglist durch.

Dem Urteil ist zuzustimmen. Daß in den Fällen, in denen ein Partner nicht die Erfüllung eines nichtigen Vertrages verlangt, sondern unter Berufung auf die Nichtigkeit des Vertrages eine bereits erbrachte Leistung *zurückhaben* will, ihm der Einwand der unzulässigen Rechtsausübung entgegengesetzt werden kann, ist heute allgemein anerkannt[80]. Nach der Rechtsprechung des Bundesgerichtshofs kann dieser Einwand in solchen besonders gelagerten Ausnahmefällen erhoben werden, in denen es nach den Beziehungen der Parteien und nach den gesamten Umständen mit Treu und Glauben unvereinbar wäre, vertragliche Ansprüche an einem formellen Mangel scheitern zu lassen. Solche Ausnahmefälle sollen zwar nicht schon dann gegeben sein, wenn die Nichtanerkennung des Vertrages zu einem harten Ergebnis für den anderen Vertragsteil führt; das Ergebnis muß vielmehr schlechthin untragbar sein[81]. Die überwiegende Doktrin sieht in der Berufung auf Formmängel Anwendungsfälle des *venire contra factum proprium* und läßt den Arglisteinwand nur dann

---

[80] BGH 29, 6, 11; HELDRICH 118 f.; GERNHUBER 164; LARENZ I 119.
[81] BGH 29, 10; BGH WM 1961, 1173.

zu, wenn die Geltendmachung der Nichtigkeit mit Rücksicht auf ein früheres Verhalten des die Nichtigkeit geltendmachenden Teiles gegen die guten Sitten oder gegen Treu und Glauben verstößt[82]. Der Unterschied zwischen den beiden Auffassungen liegt insbesondere darin, daß derjenige, der den Arglisteinwand nur bei einem venire contra factum proprium geben will, allein auf das Verhalten des Teils abstellt, der sich auf die Nichtigkeit beruft, während nach der Rechtsprechung des Bundesgerichtshofs die gesamten Umstände des Falles zu berücksichtigen sind. Bei der Formel des Bundesgerichtshofs bleibt zweifelhaft, ob sie das venire contra factum proprium in jedem Fall einschließt oder nur dann, wenn das Ergebnis – für den anderen Vertragsteil – schlechthin untragbar sein würde. M. E. sollte ein venire contra factum proprium dem anderen Vertragsteil auch dann den Arglisteinwand geben, wenn das Ergebnis im anderen Falle für ihn keine untragbare Härte bedeuten würde. Die Arglist darf nicht belohnt werden[83]. Gefährlich ist die Formel des Bundesgerichtshofs insofern, als sie den Einwand der unzulässigen Rechtsausübung auch in solchen Fällen zuläßt, in denen kein venire contra factum proprium vorliegt. Stellt man nämlich nicht auf das frühere Verhalten desjenigen ab, der sich auf die Nichtigkeit beruft, sondern auf die Situation desjenigen, gegen den sich der aus der Nichtigkeit hergeleitete Anspruch richtet, so öffnet man einer richterlichen Billigkeitsjustiz das Tor, die mit Rechtsgrundsätzen wenig mehr zu tun hat.

Ein venire contra factum proprium kann in den Fällen geltend gemacht werden, in denen der Teil, der sich auf die Nichtigkeit des Vertrages beruft, die Nichtigkeit *selbst herbeigeführt* hat, sei es, indem er den anderen Teil über die Formbedürftigkeit des Vertrages arglistig getäuscht hat[84], sei es, indem er die Formnichtigkeit auf andere (nicht notwendig vorwerfbare) Weise veranlaßt hat[85]. Allerdings hindert die

---

[82] Wieacker, Zur rechtstheoretischen Präzisierung des § 242 BGB (1956) 28; Staudinger(-Coing) § 125 Bem. 34; ebenso die Rechtsprechung des Bundesarbeitsgerichts: BAG 2, 58, 65; BAG AP § 74 HGB (2) mit zustimmender Anmerkung von Larenz. Das schweizerische Bundesgericht nimmt einen Verstoß gegen Treu und Glauben auch dann an, wenn beispielsweise ein Verkäufer sich auf den Formmangel nur beruft, um einer Auseinandersetzung über die vom Käufer erhobenen Gewährleistungsansprüche auszuweichen: Die Formvorschrift darf nicht einem ihr fremden Zweck dienstbar gemacht werden (BGE 78 II 221, 229; 86 II 398, 403).

[83] Larenz, vorige Note. In einer Entscheidung des SchlHOLG heißt es, auf die Formnichtigkeit könne sich auch berufen, wer den Formmangel arglistig herbeigeführt hat (SchlHA 1959, 48): das halte ich für höchst bedenklich.

[84] RG 96, 313, 315.

[85] Wieacker (N. 82) 29. Zur unbewußten oder fahrlässigen Täuschung über die Formbedürftigkeit vgl. Henrich, AcP 162, 98.

bloße Anregung, die Form nicht zu beachten, die von einer Partei ausgegangen und auf welche die andere Partei eingegangen ist, namentlich, wenn die Nichtbeachtung auch im Interesse der letzteren wegen Steuerersparnis oder dergleichen lag, die erstere nicht, den Formmangel geltend zu machen. Nach einer Entscheidung des Reichsgerichts ist sie an der Geltendmachung des Formmangels nur dann gehindert, wenn sie die andere Partei in den Irrtum versetzt hat, die Form sei nicht nötig[86]. Diese Entscheidung erscheint mir als zu eng. Es gibt Fälle, in denen der eine Partner den anderen über die Formbedürftigkeit nicht getäuscht, den Formmangel aber trotzdem veranlaßt hat. Hätte etwa in dem eingangs zitierten Siedlungsfall der Siedler um die Formbedürftigkeit des Vorvertrages gewußt – der Sachverhalt gibt darüber keinen sicheren Aufschluß –, so wäre der formnichtige Vertragsschluß trotzdem als von der Siedlungsgesellschaft „veranlaßt" anzusehen. Die Siedlungsgesellschaft stand den einfachen Siedlern mit dem ganzen Gewicht ihres Ansehens gegenüber. Die Siedler hatten das Vertrauen und durften es haben, daß die Gesellschaft ihre Aufgabe, nämlich geeigneten Siedlern Siedlungsland zur Verfügung zu stellen, in rechter Weise erfüllen werde[87]. Die wirtschaftliche Machtstellung der Gesellschaft ließ den Siedlern außerdem von vornherein keine Möglichkeit, auf die rechtliche Gestaltung des Vertrages Einfluß zu nehmen. Dies, in Verbindung mit dem Umstand, daß der Siedler im Vertrauen auf die Einhaltung des gegebenen Versprechens seine Familie kommen ließ und eigene Geldmittel für die Siedlung verwandte, macht die Berufung auf die Formnichtigkeit treuwidrig und darum unzulässig.

b) Schwieriger ist die Frage zu beantworten, ob aus einem formnichtigen Vorvertrag unter Berufung auf den Grundsatz von Treu und Glauben ein *Erfüllungsanspruch* hergeleitet werden kann. Hätte in dem erwähnten Siedlungsfall der Siedler auf Abschluß eines notariellen Vertrages klagen können? Das Problem liegt hier darin, daß derjenige, der aus einem Vertrag auf Erfüllung klagt, dessen Formgültigkeit nachweisen muß. Der Formmangel ist von Amts wegen zu berücksichtigen und nicht erst, wenn er im Wege der Einrede (als eines Gestaltungsrechts) geltend gemacht wird. In dem Hinweis auf die Formnichtigkeit liegt

[86] RG 107, 357, 361; ähnlich auch BGH WM 1961, 1172. Den Formmangel kann darum auch derjenige geltend machen, der sein Ehrenwort gegeben oder erklärt hat, daß er sich als anständiger Mensch auch an eine mündliche Zusage gebunden halte. Hier haben die Parteien bewußt das Risiko übernommen, daß der Vertrag auch ohne rechtliche Bindung erfüllt werde: Heldrich 118.

[87] Vgl. dazu BGH 16, 334, 338.

somit kein Einsatz eines subjektiven Rechts. Der Einwand der unzulässigen Rechtsausübung scheitert daran, daß keine Rechtsausübung vorliegt[88]. Entfällt aber der Einwand der unzulässigen Rechtsausübung, so kann dem Formmangel die Nichtigkeitsfolge nur von Amts wegen versagt werden. Nach der Ansicht des Bundesgerichtshofs soll das möglich sein, wenn nach dem bisherigen Verhalten, insbesondere nach den Erklärungen, Zusicherungen oder Versprechungen des einen Teils (oder auch beider Teile) und der infolgedessen eingetretenen tatsächlichen Entwicklung der Verhältnisse eine befriedigende Lösung für die Beziehungen der Beteiligten nur bei Bejahung rechtsgeschäftlicher Bindung erreichbar erscheint[89]. D. h.: § 125 BGB wird nicht angewandt, wenn Treu und Glauben eine rechtsgeschäftliche Bindung fordern oder, wie im Schrifttum formuliert worden ist: Die Schranke des § 242 ist dem § 125 immanent[90].

Dagegen hat sich insbesondere GERNHUBER mit sehr scharfen Worten gewandt[91]. Wortlaut und Wertung des § 125 seien eindeutig, eine Auflockerung durch den § 242 sei weder nach der objektiven noch nach der subjektiven Theorie möglich. Die Rechtsprechung gestehe dem § 242 eine Funktion zu, die er einfach nicht habe, wenn sie mit seiner Hilfe subjektive Rechte ins Leben rufe, die die Rechtsordnung an anderer Stelle deutlich genug verneine[92].

LARENZ meint[93], wenn dem Richter eine Gesetzeskorrektur auch nicht schlechthin verwehrt sei, so sei sie ihm doch dann nicht gestattet, wenn die zu korrigierende Norm aus unabweisbaren Gründen der Sicherheit der Rechtspflege „strikt" eingehalten werden müsse. Das sei aber bei der Norm des § 125 BGB der Fall, da anders die Einhaltung der vorgeschriebenen Form nicht gesichert werden könnte. Würde es sich „herumsprechen", daß unter gewissen Voraussetzungen eine formlose Bürgschaft oder ein formloses Schenkungsversprechen doch als gültig angesehen würde, so würde das Formerfordernis bald nicht mehr ernst genommen werden, es würde eine starke Rechtsunsicherheit Platz greifen. LARENZ hält darum eine Einschränkung (Restriktion) des § 125 BGB nur in den Fällen für zulässig, in denen andernfalls einem arglistigen Vorhaben zum Erfolg verholfen würde. Der Richter handle in einem solchen Fall nicht contra legem, weil der Grundsatz, daß arglistiges Verhalten nicht

[88] Siehe GERNHUBER 154 f.; BGH 12, 286, 304.

[89] BGH 12, 304.

[90] BOEHMER, Grundlagen der bürgerlichen Rechtsordnung II, 2 (1952) 97; SOERGEL-SIEBERT § 242 Bem. 222, 223; mit Einschränkungen auch LARENZ I 118 f.

[91] GERNHUBER 161 ff.

[92] So auch schon MATTHIESSEN JW 1938, 2427.

[93] LARENZ I 119.

zur Erlangung eines rechtlichen Vorteils dienen darf, unserer Rechtsordnung immanent sei. Liege keine Arglist vor, so sei ein Erfüllungsanspruch, wenn man auf dem Boden des Gesetzes bleibe, nicht zu begründen.

Diese Auffassung überzeugt. Was nach dem klaren Wortlaut des *Gesetzes* nichtig ist, kann der *Richter* nicht für gültig erklären! Eine Ausnahme kann nur dann gelten, wenn sein Richterspruch der Arglist zum Siege verhelfen würde. Damit ist aber noch nicht gesagt, daß für Vorverträge die gleichen Regeln gelten. Bei *Vorverträgen* kommt nämlich ein wichtiges Moment hinzu. Die Form ist für sie *nicht* vom *Gesetz* vorgeschrieben. Sie wird nur im Einzelfall auf sie übertragen, wenn der Zweck der Formvorschrift dies verlangt. Dabei ist zwar grundsätzlich von dem allgemeinen Zweck der Formvorschrift auszugehen, bei Vorverträgen zu Grundstücksveräußerungsverträgen beispielsweise davon, daß § 313 den Schutz gegen eine übereilte Veräußerung und die vorherige fachmännische Beratung bezweckt und darum auch für Vorverträge Geltung beansprucht. Ausnahmen von diesem Grundsatz sind jedoch nicht ausgeschlossen. Freilich kann der Kaufinteressent nicht in jedem beliebigen Fall behaupten, in concreto habe der Grundstückseigentümer weder Schutz vor Übereilung noch fachmännische Beratung nötig gehabt. Eine solche Behauptung hat vielmehr nur dann Aussicht auf Erfolg, wenn Treu und Glauben die Leistung des Gegenkontrahenten verlangen. Das gebietet die Rechtssicherheit, die eine Abweichung von den gewöhnlichen, aus der Nichtigkeit herzuleitenden Folgen nur zur Vermeidung schlechthin untragbarer Ergebnisse rechtfertigt[94]. Nur zur Vermeidung untrag-

[94] Das sagt NIPPERDEY – m. E. zu weitgehend – schon für den Hauptvertrag: ENNECCERUS-NIPPERDEY 959. Das schweizerische Bundesgericht hielt in seiner älteren Rechtsprechung bei beidseitiger freiwilliger Erfüllung des von den Parteien in Wirklichkeit gewollten Vertrages die Berufung einer Partei auf die Formnichtigkeit für mißbräuchlich, weil die Beteiligten nach der Erfüllung des Vertrages des mit dem Formerfordernis der öffentlichen Beurkundung wesentlich bezweckten Schutzes gegen die Folgen unüberlegter Entschlüsse nicht mehr bedürften (BGE 50 II 147; 53 II 165; 54 II 331). Diese Auffassung hat es jedoch später aufgegeben. In BGE 86 II 404 wird zu dieser Betrachtungsweise gesagt, sie verquicke die Motive des Gesetzgebers für die Aufstellung der Formvorschrift unrichtigerweise mit dem Schutzbedürfnis im Einzelfall. Die Erfüllung durch beide Parteien sei zwar ein Umstand von erheblicher Bedeutung, es müßten aber jeweils noch weitere Gesichtspunkte in Erwägung gezogen werden, wie z. B. ob die Anrufung des Formmangels auf der Verfolgung eines der Formvorschrift fremden Zweckes beruhe (vgl. dazu auch BGH WM 1961, 897) oder ob die den Formmangel einwendende Partei diesen in arglistiger Weise selbst verschuldet habe. In BGE 87 II 28, 34 heißt es: Der Beklagte müsse z. B. dartun, daß der Kläger im Zeitpunkt der Erfüllung von der Ungültigkeit des Vertrages Kenntnis hatte und daß er erst durch nachträglich eingetretene und vom Beklagten nicht zu verantwortende Umstände,

barer Ergebnisse darf der Richter fragen: *Ist die Übertragung des Formzwangs vom Hauptvertrag auf den Vorvertrag in concreto „grundlos"?*

Auf den Siedlungsfall des OGH übertragen bedeutet das: Der Siedler hätte auf Erfüllung des Vorvertrages, d. h. auf Abschluß eines notariellen Vertrages klagen können. Zwar wird man hier der Siedlungsgesellschaft nicht vorwerfen können, daß sie arglistig gehandelt habe. Der Klage nicht stattzugeben würde aber eine Situation schaffen, die mit Treu und Glauben nicht vereinbar ist. Diese Situation müßte nur dann hingenommen werden, wenn andernfalls durch ein der Billigkeit entsprechendes Urteil der Zweck des § 313 BGB vereitelt würde. Im konkreten Fall verlangt § 313 BGB aber nicht gebieterisch die strenge Form. Eine Siedlungsgesellschaft, deren Aufgabe darin besteht, Siedlungsland an Siedler zu verteilen, bedarf *keines Schutzes* vor übereilten Maßnahmen und ebensowenig einer fachmännischen Beratung, da solche Geschäfte für sie alltäglich sind.

Formnichtige Vorverträge zu Grundstückskaufverträgen werden auch heute noch häufig zwischen *Wohnungsbauunternehmen* und Interessenten an einem Eigenheim oder einer Eigentumswohnung geschlossen. Man kann sogar sagen, daß der Abschluß formnichtiger Vorverträge (oder definitiver Kaufverträge) die Regel ist. Meist sind die Vertragsformulare mit *„Kaufanwartschaftsvertrag"* oder *„Kaufrechtsvertrag"* überschrieben. Oft sind es definitive Kaufverträge, die lediglich die Auflassung bis zur Zahlung des vollständigen Kaufpreises hinausschieben. Daß solche Verträge sämtlich null und nichtig sind, liegt auf der Hand. Gefährlich sind sie für den Käufer, wenn beispielsweise in dem nichtigen Vertrag eine bestimmte Kaufsumme vereinbart ist, der Verkäufer später aber eine erheblich größere Summe verlangt. Hier kann sich der Käufer grundsätzlich nicht auf den nichtigen Vertrag und die darin enthaltene Vereinbarung berufen!

Auch in diesen Fällen wird im Einzelfall zu prüfen sein, ob durch die Nichtbeachtung des formnichtigen Vorvertrages eine Situation geschaffen wird, die mit Treu und Glauben unvereinbar ist. Ist dies der Fall, dann steht § 313 BGB einem der Billigkeit entsprechenden Urteil nicht entgegen, weil Wohnungsbauunternehmen eines besonderen Schutzes nicht bedürfen[94a].

---

wie etwa eine Änderung der Wirtschaftslage, zur Berufung auf den Formmangel bewogen wurde.

[94a] Im Ergebnis, wenn auch mit anderer Begründung, ebenso SchlHOLG SchlHA 1959, 48.

c) Der Bundesgerichtshof hat sich wiederholt mit der Frage auseinandergesetzt, welche Rechte ein *Hoferbe* hat, dem durch einen formlosen Vorvertrag die *Hofübergabe* versprochen worden ist.

In einem ersten Fall[95] ging es um folgenden Sachverhalt: Ein 74jähriger Landwirt und Eigentümer eines Hofes hatte 9 Kinder. Von diesen hatte ein Sohn von frühester Jugend an auf dem Hof gearbeitet und diesen z. T. auch selbständig bewirtschaftet. Sein Vater hatte ihm wiederholt versichert, er werde später den Hof bekommen, und ihn so auf dem Hofe gehalten. Seine Geschwister hatten andere Berufe erlernt. Nachdem zwischen Vater und Sohn erhebliche Spannungen entstanden waren, schloß der Vater einen notariellen Vertrag mit seiner Tochter M., die mit dem Eigentümer einer kleineren landwirtschaftlichen Besitzung verheiratet war, und übertrug ihr darin seinen Hof nebst Inventar. Das Amtsgericht (Landwirtschaftsgericht) versagte diesem Übergabevertrag die Genehmigung, weil der Antragsteller (der Vater) sein Recht aus § 7 Abs. 1 HöfeO zur freien Bestimmung des Hofnachfolgers mißbraucht habe, der Vertrag offensichtlich gegen die guten Sitten verstoße und deshalb nichtig sei. Der Bundesgerichtshof, der in letzter Instanz über die gegen die Versagung der Genehmigung gerichtete Rechtsbeschwerde des Bauern zu entscheiden hatte, wies die Beschwerde zurück und zwar im wesentlichen mit folgender Begründung[96]: Wenn ein Hofeigentümer sich so verhalten habe, daß einer seiner Abkömmlinge sich als künftiger Hofnachfolger betrachten konnte, oder wenn er sogar darüber hinaus diesem Abkömmling den Hof ausdrücklich versprochen habe, so liege in einem solchen Verhalten die Kundgabe des Willens, den Hof gerade diesem Abkömmling zukommen zu lassen. Das gelte um so mehr, wenn der auf diese Weise in Aussicht genommene Hofnachfolger daraufhin seine Lebensführung auf die spätere Übernahme des Hofes eingestellt und der Hofeigentümer dies geduldet habe. Ein solches Verhalten könne nicht lediglich als eine unverbindliche Kundgabe bestehender Absichten angesprochen, sondern müsse als rechtlich erhebliche Willensäußerung des Hofeigentümers gewertet werden, mit der sich der betreffende Abkömmling – sei es ausdrücklich, sei es stillschweigend – einverstanden erklärt habe. In Fällen dieser Art laufe das Verhalten der Beteiligten also auf eine vertragliche Übereinkunft hinaus, die sich als *Vorvertrag* zu einem von beiden Teilen in Aussicht genommenen späteren Hofübergabevertrag charakterisieren lasse. Ein solcher Vorvertrag würde an sich ebenso wie der Übergabevertrag selbst der Form der gerichtlichen oder notariellen Beurkundung bedürfen. An der Wahrung dieser Form fehle es in diesen Fällen regelmäßig. Nach § 125 BGB sei ein Rechtsgeschäft, das der durch Gesetz vorgeschriebenen Form ermangelt, nichtig. In bestimmten Fällen sei aber von Amts wegen dem Mangel der Form die Rechtsfolge der Nichtigkeit mit Rücksicht auf Treu und Glauben zu ver-

---

[95] BGH 12, 286.

[96] AaO 302 ff.

sagen. Ein solcher Fall sei dann gegeben, wenn nach dem bisherigen Verhalten, insbesondere nach den Erklärungen, Zusicherungen oder Versprechungen des einen Teils (oder auch beider Teile) und der infolgedessen eingetretenen tatsächlichen Entwicklung der Verhältnisse eine befriedigende Lösung für die Beziehungen der Beteiligten nur bei Bejahung rechtsgeschäftlicher Bindung erreichbar erscheint.

Diese Begründung ist aus den verschiedensten Gründen problematisch und darum auch mit Recht kritisiert worden. Hatte der Hofeigentümer wirklich den für einen Vorvertrag erforderlichen *Bindungswillen* oder ist nicht das lange Zaudern und Vertrösten gerade ein Ausdruck des fehlenden Bindungswillens?[97] Ist der Vorvertrag *bestimmbar?* Hier steht noch nicht einmal fest, ob der Landwirt mit seinem Sohn einen Übergabevertrag oder einen Erbvertrag schließen wollte. Selbst wenn man annimmt, daß ein Übergabevertrag beabsichtigt war, gehört zu den Essentialien eines Übergabevertrages auch die Festsetzung des Altenteils und wohl auch die Abfindung der übrigen Kinder. Darüber war aber überhaupt noch nicht gesprochen worden![98] Insbesondere interessiert hier aber, ob der Formmangel zu beachten war oder nicht. Nach unseren bisherigen Darlegungen steht fest, daß der Antragsgegner (der Sohn) *nicht* auf *Erfüllung* des Vorvertrages hätte klagen können. Arglist kann man dem Vater nicht vorwerfen, und der Zweck der Form verlangt im konkreten Fall die Ausdehnung des Formzwangs vom Hauptvertrag auf den Vorvertrag, so daß dahingestellt bleiben kann, ob das Ergebnis gegen Treu und Glauben verstößt oder nicht.

Dagegen ist gegenüber einer etwaigen Klage auf *Räumung* der Einwand der unzulässigen Rechtsausübung nicht von vornherein ausgeschlossen – wenn man die Existenz eines bindenden und inhaltlich bestimmten

---

[97] So mit Recht G. u. D. Reinicke, Formvorschrift, Treu und Glauben und Schadensersatz, MDR 1954, 641 ff., 644 f.; Wieacker, Stillschweigende Hoferbenbestimmung, DNotZ 1956, 115, 122; Humbert, Die formlose Bestimmung des Hoferben, NJW 1956, 1857 f.; Roemer, Zur formlosen Hoferbenbestimmung in der Rechtsprechung des BGH, DNotZ 1957, 283, 287; Lorenz, Das Problem der Aufrechterhaltung formnichtiger Schuldverträge, AcP 156, 381, 383; Soergel-Siebert § 242 Bem. 220.

[98] An der Bestimmbarkeit zweifeln mit Recht Humbert (vorige Note) 1858 und Herminghausen, Formlos bindende Hofzusagen, DNotZ 1958, 115, 125 f.; siehe auch Pikalo, RdL 1954, 193, 195 f. Eine Bestimmung durch richterliche „Auslegung", wie sie Schulte, Formlose Bestimmung des Hoferben, RdL 1956, 177 ff., für möglich hält, scheitert daran, daß die vorhandenen Erklärungen keine Anhaltspunkte für eine „Auslegung" bilden. Eine Vertragsgestaltung nach dem Ermessen des Richters halte ich aber nicht für zulässig. Die Auffassung Schultes (aaO 180), die Versorgung des Hofeigentümers und die Abfindung der Miterben gehöre nicht zum wesentlichen Inhalt des Hofübergabevertrages, vermag ich nicht zu teilen.

Vorvertrages einmal unterstellt[99]. Zwar hat der Vater seinen Sohn über die Formbedürftigkeit des Vertrages wohl nicht getäuscht. Auch daß Hofübernahmeverträge von dem Hofeigentümer diktiert würden, der Hofnachfolger somit keine Möglichkeit hätte, den Inhalt des Vertrages zu beeinflussen, kann man nicht sagen. Ein venire contra factum proprium läge aber darin, daß der Hofeigentümer auf Grund des formnichtigen Vorvertrages jahrzehntelang den Sohn am Hof festgehalten und aus seiner Arbeit Nutzen gezogen hat. In einem solchen Fall ist die Berufung auf die Formnichtigkeit mit Treu und Glauben unvereinbar[100].

In dem zitierten Fall des Bundesgerichtshofs ging es weder um eine Klage auf Erfüllung des Vorvertrages noch um eine Klage des Hofeigentümers gegen den Sohn, sondern um den Antrag auf Genehmigung des mit der Tochter geschlossenen Hofübernahmevertrages. Fälle dieser Art sind so zu behandeln wie Ansprüche des Hofeigentümers gegen den Sohn. Der Sohn will nicht die Schaffung eines dem Recht „an sich" nicht entsprechenden Zustandes, sondern nur dessen Aufrechterhaltung[101]. Der Hofeigentümer macht ein *„Recht"* geltend, und von dieser „Rechtsausübung" kann der Sohn behaupten, sie sei *unzulässig*.

Insgesamt ist festzustellen: In dem Fall BGH 12, 286 lag kein Vorvertrag vor. Es fehlte sowohl am Bindungswillen als auch an der erforderlichen Bestimmbarkeit. Hätte es daran nicht gefehlt, so hätte der Sohn zwar nicht auf Erfüllung des Vorvertrages klagen können, wohl aber sich dem Antrag seines Vaters auf Genehmigung eines Hofübernahmevertrages mit seiner Tochter widersetzen können.

In einer späteren Entscheidung[102] präzisierte der Bundesgerichtshof seine These: Die Wirksamkeit einer formlosen Vereinbarung über die Hoferbfolge könne nur nach umfassender Aufklärung des Sachverhalts beurteilt werden. Eine rechtsverbindliche Zusage der Hoferbfolge könne nur angenommen werden, wenn sie durch ein entsprechendes Verhalten von längerer Dauer bestätigt worden sei, es sei denn, daß der Abkömmling auf Grund der Zusage ein erhebliches Opfer gebracht habe, indem er sich keine anderweitige Existenz geschaffen oder eine sichere Lebensstellung aufgegeben hat.

---

[99] So hat ganz konsequent der BGH in einem anderen Urteil zwischen den gleichen Parteien dem Sohn das Recht zuerkannt, die von seinem Vater verlangte Räumung des Hofes zu verweigern: BGH MDR 1954, 410.

[100] RG 153, 59, 61; BGH 26, 142, 151; SOERGEL-SIEBERT § 242 Bem. 215; PALANDT (-DANCKELMANN) § 125 Bem. 2.

[101] GERNHUBER 165.

[102] RdL 1955, 109 (= NJW 1955, 1065).

Diese Entscheidung trägt dem ersten Bedenken Rechnung, das wir gegen die vorangegangene Entscheidung geltend gemacht haben: der ungenügenden Feststellung des Bindungswillens. Sehr fruchtbar ist der Gedanke, daß sich auf einen fehlenden Bindungswillen nicht berufen kann, wer es hingenommen hat, daß der Kontrahent ein erhebliches Opfer gebracht hat oder, wie es im englischen Recht heißt: „has acted in reliance upon the promise". Der Hofeigentümer ist hier mit seiner Behauptung, er habe sich nicht binden wollen, „estopped". Dagegen setzt sich auch diese Entscheidung nicht mit der fehlenden Bestimmtheit des Hauptvertrages auseinander.

Noch klarer stellt das OLG Celle heraus, daß eine bindende Hofzusage nicht angenommen werden kann, wenn der Eigentümer zu erkennen gegeben hat, daß er nicht bereit war, dem Abkömmling, dem er die Bewirtschaftung seines Hofes überlassen hatte, später auch das Eigentum daran zu übertragen[103].

Mit dem Problem der *Bestimmbarkeit* setzte sich der Bundesgerichtshof in der Entscheidung BGH 23, 249 auseinander. Er meinte, es sei richtig, daß ein Übergabevertrag sich nicht auf die Übertragung des Hofes zu beschränken pflegt, sondern regelmäßig Vereinbarungen über die Versorgung des Übergebers und die Regelung der Abfindung der weichenden Erben enthält. Die Tatsache, daß solche Vereinbarungen fehlen, sei aber noch kein Grund, der die Annahme eines Übergabevertrages oder Vorvertrages ausschließen könnte. Die mit sachkundigen Beisitzern besetzten Landwirtschaftsgerichte seien ohne Schwierigkeiten in der Lage, im Streitfall die Leistungen, wie sie der Leistungsfähigkeit des Hofes und der Üblichkeit entsprechen, festzusetzen[104]. Auf die Fragwürdigkeit einer solchen richterlichen Vertragsgestaltung haben wir schon wiederholt hingewiesen[105].

4. *Culpa in contrahendo*

Nicht nur im Vorstadium des Vertrages, sondern auch im Vorstadium des Vorvertrages besteht eine generelle Sorgfaltspflicht der Parteien nach Treu und Glauben, bei deren Verletzung sie sich schadensersatzpflichtig machen (culpa in contrahendo). Aus diesem Grund haftet auch derjenige, der schuldhaft den Abschluß eines formnichtigen Vorvertrages herbei-

---

[103] OLG Celle, DNotZ 1956, 429.

[104] BGH 23, 262.

[105] S. oben § 10, Text zu N. 32, 61, 77, 78 und oben N. 98. Sehr eindrucksvoll sind auch die Ausführungen HERMINGHAUSENS (N. 98) zu dieser Frage (aaO 125 f.).

führt, indem er seinen Partner *vorsätzlich oder fahrlässig über die Formbedürftigkeit des Vorvertrages täuscht* und ihn dadurch zum Vertragsschluß veranlaßt[106]. Die Haftung tritt nicht ein, wenn beide Parteien – schuldlos – die Einhaltung einer Form für entbehrlich gehalten haben. Kannten beide Parteien die Notwendigkeit der Form, so wird es mangels einer Täuschungshandlung meist am Tatbestand einer culpa in contrahendo fehlen. Beruhte die Nichtkenntnis der getäuschten Partei auf Fahrlässigkeit, so ist die Rechtslage zweifelhaft. Die vom Gesetz anerkannten Haftungsfälle aus culpa in contrahendo sehen für diesen Fall vor, daß der Getäuschte sich auf das Verschulden des Gegners nicht berufen kann (§§ 122 Abs. 2, 179 Abs. 3 S. 1, 307 Abs. 1 S. 2 BGB). Man hat daraus gelegentlich gefolgert, daß jemand, der einen anderen über die Formbedürftigkeit eines Vertrages täuscht, nicht aus culpa in contrahendo haftet, wenn sein Partner die Formbedürftigkeit des Vertrages hätte kennen müssen[107]. Da die Unkenntnis gesetzlicher Formvorschriften meist vorwerfbar sein wird, wären nach dieser Auffassung Ansprüche aus culpa in contrahendo fast immer ausgeschlossen. Die überwiegende Meinung hat sich jedoch bei der Ausgestaltung des Anspruches aus culpa in contrahendo nicht im Rahmen dieser strengen Analogie zu den gesetzlichen Vorschriften gehalten und insbesondere auch erklärt, der Ausschluß der Haftung bei Mitverschulden des Geschädigten gelte nur in den gesetzlich geregelten Sonderfällen[108]. Der Schadensersatzanspruch des Getäuschten

---

[106] Gernhuber 165; Blomeyer, Schuldrecht 197; Soergel-Siebert § 242 Bem. 222; Enneccerus-Nipperdey 957; Nastelski in BGB-RGRK § 276 Anm. 102; Henrich, AcP 162, 98 ff.

[107] Lorenz (N. 97) 401. Eine ähnliche Auffassung vertreten für das italienische Recht Ferri (Riv. trim. dir. e proc. civ. 1951, 222) u. Rubino 33. Der Codice civile bestimmt in Art. 1337, daß die Parteien „nello svolgimento delle trattative e nella formazione del contratto" sich verhalten müssen „secondo buona fede". In Art. 1338 c. c. heißt es dagegen, daß die Partei, die „conoscendo o dovendo conoscere l'esistenza di una causa d'invalidità del contratto, non ne ha dato notizia all'altra parte è tenuta a risarcire il danno da questa risentito per avere confidato, senza sua colpa, nella validità del contratto". Ferri und Rubino meinen, Ansprüche aus Art. 1337 c. c. (culpa in contrahendo) seien nicht gegeben, weil diese Vorschrift voraussetze, daß es nicht zum Abschluß eines (gültigen oder nichtigen) Vertrages gekommen sei. Ansprüche aus Art. 1338 c. c. müßten aber in der Regel daran scheitern, daß die Kenntnis der gesetzlichen Formvorschriften von beiden Parteien verlangt werden müsse, beide Parteien somit regelmäßig „in colpa" seien. Demgegenüber hat der Kassationshof in einem solchen Fall Schadensersatzansprüche bedenkenlos auf Art. 1337 c. c. gestützt: Cass. 12. 8. 1947, Foro it., 1948, I, 708. Siehe auch App. Napoli, 11. 9. 1951, Mon. Trib. 1952, 116 f. und Trib. Rossana, 5. 7. 1952, Temi 1952, 467 mit Anm. Greco.

[108] RG 151, 357, 361; RAG JW 1938, 2240; Blomeyer, Schuldrecht 198; Palandt (-Danckelmann) § 276 Bem. 6 b.

ist somit in diesen Fällen nicht grundsätzlich ausgeschlossen, sondern nur durch § 254 BGB beschränkt.

Bestritten ist, ob ein Anspruch aus culpa in contrahendo stets nur auf Ersatz des Vertrauensschadens gerichtet ist – wie die Analogie zu den §§ 122 Abs. 1, 179 Abs. 2, 307 Abs. 1 S. 1 BGB nahelegt – oder ob auch das *Erfüllungsinteresse* verlangt werden kann. Konkret gesprochen: Kann, wenn die Parteien einen formnichtigen Vorvertrag geschlossen haben, der über die Formbedürftigkeit getäuschte Partner als Schadensersatz die Verurteilung seines Kontrahenten zum Abschluß des Hauptvertrages fordern oder muß er sich mit dem Ersatz seines Vertrauensschadens begnügen? Die Frage wird zugunsten der ersten Alternative zu beantworten sein: Hindert das Verschulden das Zustandekommen eines gültigen Vertrages und wäre es ohne das Verschulden zu einem formgültigen Vertragsschluß gekommen, so kann als Schadensersatz die Erfüllung der übernommenen formungültigen Verpflichtung verlangt werden[109]. Freilich wird dieser Anspruch häufig daran scheitern, daß den getäuschten Partner ein Mitverschulden trifft. Soll der Schaden geteilt werden, so muß ein Erfüllungsanspruch notwendig ausscheiden, weil sonst die gesamte Last einer Partei aufgebürdet würde[110].

VII. Willkürlich vereinbarte Form

Beruht die Formbedürftigkeit des Hauptvertrages nicht auf dem Gesetz, sondern auf dem Willen der Parteien, so gelten besondere Regeln. Der Mangel der durch Rechtsgeschäft bestimmten Form hat nur im Zweifel die Nichtigkeit zur Folge (§ 125 S. 2 BGB). Nach Ansicht des Bundesgerichtshofs sind die §§ 154 Abs. 2 und 125 S. 2 BGB für den Vorvertrag ohne Bedeutung, wenn der Wille der Parteien eindeutig dahin geht, nur den endgültigen Vertrag der Formbedürftigkeit zu unterwerfen[111]. Ob dies der Fall ist, ist durch *Auslegung* zu ermitteln[112]. Diese These rechtfertigt sich durch folgende Erwägung: Wollten die Parteien einen förmlichen Hauptvertrag und einen formlosen Vorvertrag, so hatte

[109] BGH BB 1955, 429; ENNECCERUS-LEHMANN 192; GERNHUBER 165; BLOMEYER, Schuldrecht 197; SOERGEL-SIEBERT § 242 Bem. 222; SOERGEL-SIEBERT(-REIMER SCHMIDT) Vorbem. 18 vor § 275; ENNECCERUS-NIPPERDEY 957 f.; LARENZ I 119. Die Auffassung des LAG Frankfurt, im Falle eines Verschuldens bei Vertragsschluß könne stets nur das negative Interesse verlangt werden, entspricht nicht, wie das Gericht irrtümlich annimmt, der h. M.

[110] GERNHUBER 166.

[111] BGH GRUR 1958, 566; BGH WM 1963, 662, 663.

[112] So auch PLANCK(-FLAD) § 125 Bem. 5 c; LARENZ I 76.

die Form in ihren Augen nicht den Zweck eines Übereilungsschutzes, die Parteien wollten keine Bedenkfrist. Vielmehr sollte die Form nur der Beweiserleichterung dienen. Dagegen kann die Vereinbarung der Parteien, sich nur durch eine förmliche Vereinbarung binden zu wollen, nur bedeuten, daß sie durch einen formlosen Vorvertrag noch nicht gebunden sein wollten, daß sie also ihre Bindung noch überdenken wollten. Auch wenn die Parteien stets nur davon gesprochen haben, daß der Hauptvertrag beurkundet oder schriftlich geschlossen werden sollte, folgt daraus allein noch nicht, daß ein formlos geschlossener Vorvertrag die Parteien bindet. Eine formlose Bindung ist von den Parteien in den Fällen nicht gewollt und darum ausgeschlossen[113], in denen sie den förmlichen Vertragsschluß zu ihrem Schutze wollten. Auf eine solche Absicht deuten Redewendungen wie: „Ich bin grundsätzlich einverstanden, möchte aber vor der schriftlichen Fixierung erst noch mit meinem Anwalt Rücksprache nehmen." Man hat somit bei der Frage, ob eine für den Hauptvertrag frei vereinbarte Form sich auch auf den Vorvertrag erstreckt, auch auf den von den Parteien mit der Formabrede verfolgten *Zweck* Bedacht zu nehmen[114].

Bei solchen Formabreden wird die Abgrenzung gegenüber den Fällen des definitiven Vertrages mit der Abrede späterer Beurkundung oft schwer zu ziehen sein. Auch hier kann die fehlende Beurkundung im einen Fall fehlende Bindung bedeuten und im anderen Fall die existierende definitive Bindung unberührt lassen[115].

---

[113] BGH DB 1953, 124.

[114] Siehe für das französische Recht Cass. req. 4. 5. 1936: D. H. 1936, 313; Cass. civ. 13. 6. 1956: Bull. civ. 1956, 1, 192; J.-Cl. Civil: Art. 1589 Nr. 7.

[115] Das schweizerische Recht schreibt in Art. 22 Abs. 2 OR die Form des Hauptvertrages für den Vorvertrag nur vor, wenn das Gesetz sie zum Schutz der Vertragsschließenden vorgesehen hat. Die Parteien können sich darum grundsätzlich formlos verpflichten, einen (definitiven) Vertrag in schriftlicher Form abzuschließen: Oser-Schönenberger Art. 22 OR Bem. 16. Allerdings wird vermutet, daß die Parteien vor Erfüllung der Form nicht verpflichtet sein wollen: Art. 16 Abs. 1 OR. Also auch hier keine klare Trennung zwischen der formlosen vorvertraglichen Verpflichtung zum Abschluß eines formellen Vertrages und dem formlosen Vertragsschluß mit der Abrede späterer Beurkundung!

§ 12: ERFÜLLUNG, NICHTERFÜLLUNG, SCHLECHTERFÜLLUNG

I. Der Erfüllungsanspruch

1. Nach heute wohl einhelliger Meinung richtet sich der Anspruch aus dem Vorvertrag auf *Abschluß des Hauptvertrages.* „Ein Vorvertrag ist ein Vertrag, der einem oder beiden Vertragsschließenden das Recht gibt, vom Vertragsgegner den Abschluß eines bestimmten weiteren Vertrages, des sogenannten Hauptvertrages, zu verlangen", definiert der Bundesgerichtshof. Ähnlich sprach auch schon das Reichsgericht von der rechtlichen Eigenart des Vorvertrags „als eines die Beteiligten zum Abschluß eines inhaltlich hinreichend bestimmten Hauptvertrages in erzwingbarer Form verpflichtenden Parteiabkommens" [1]. Auch die Literatur geht von dieser Begriffsbestimmung aus [2].

Jeder Partner des Vorvertrages wird somit zur Abgabe derjenigen Willenserklärungen verpflichtet, die für das Werden des (Haupt-)Vertrages notwendig sind. Weigert er sich, entsprechende Erklärungen abzugeben, so kann ihn sein Kontrahent auf Mitwirkung beim Abschluß des beabsichtigten Hauptvertrages verklagen. Er wird dann zur Abgabe der geschuldeten Willenserklärung verurteilt [2a]. Ist er zur Abgabe einer Willenserklärung verurteilt, so gilt nach der Fiktion des § 894 ZPO die Erklärung als abgegeben, sobald das Urteil Rechtskraft erlangt hat.

Das Wirksamwerden des Vertrages kann gelegentlich auch davon abhängen, daß ein Partner *eine bestimmte Handlung* vornimmt, beispielsweise eine behördliche Genehmigung beantragt. Auf die Vornahme dieser Handlungen kann ebenfalls geklagt werden, gleichgültig ob sich die Partner zu ihrer Vornahme im Vorvertrag ausdrücklich verpflichtet haben oder nicht. Es handelt sich dabei um eine Erweiterung der Leistungspflicht, die sich aus Treu und Glauben ergibt. Man bezeichnet diese neben der geschuldeten Hauptleistung stehenden einklagbaren Nebenpflichten

---

[1] BGH BB 1953, 958; NJW 1962, 1812, 1813; RG 130, 73, 74.

[2] STAUDINGER(-COING) Vorbem. 20 vor § 145: „Unter Vorvertrag versteht man einen obligatorischen Vertrag, durch den sich die Parteien verpflichten, einen anderen Vertrag bestimmter Art (Hauptvertrag) in der Zukunft abzuschließen"; ähnlich KRÜGER-NIELAND in BGB-RGRK Anm. 13 vor § 145; SOERGEL-SIEBERT(-MEZGER) Bem. 19 vor § 145; LARENZ I 75; a. A. LEVINSOHN 63 ff., der – im Anschluß an STINTZING – als Inhalt des Vorvertrages die Begründung einer Leistungsbereitschaft bezeichnet.

[2a] Nicht etwa zu der (nach § 888 ZPO zu vollstreckenden) Mitwirkung bei dem Vertragsschluß. Der BGH hat (in WM 1961, 1053) ein derartiges Urteil nur deswegen nicht aufgehoben, weil es den Beklagten nicht beschwerte und der Kläger es hingenommen hatte.

als selbständige, ergänzende *Nebenpflichten* oder als *Nebenleistungspflichten* oder als *Verhaltenspflichten*[3]. Soweit es sich bei diesen Nebenpflichten um die Abgabe einer Willenserklärung handelt, werden sie mit Hilfe des § 894 ZPO erzwungen. Vertretbare Handlungen können mit Hilfe des § 887 ZPO, unvertretbare Handlungen nur mit Hilfe des § 888 ZPO erwirkt werden. Da diese Nebenpflichten in jedem Vorvertrag stillschweigend übernommen werden, besteht kein Anlaß, den wesensmäßigen Inhalt des Vorvertrags durch ihre ausdrückliche Aufnahme zu ergänzen oder gar zu ersetzen, wie dies BOYER für das französische Recht vorgeschlagen hat (s. oben § 3, Text zu N. 17 und 18). Der Vorschlag BOYERS ist nur durch das Unbehagen zu erklären, einen wiederholten Vertragsschluß entgegen der althergebrachten Auffassung zuzulassen.

2. Die Verurteilung zur Abgabe einer Willenserklärung verschafft dem Kläger nicht eine tatsächliche Willenserklärung seines Gegners. § 894 ZPO fingiert nur eine solche. Es kommt zwischen den Parteien kein Vertrag zustande, denn ein Vertrag setzt übereinstimmende Willenserklärungen voraus. Bei einer Verurteilung zur Abgabe einer Willenserklärung korrespondiert mit der Willenserklärung des Klägers aber keine Willenserklärung des Beklagten, sondern ein Erklärungsersatz. Die Willenserklärung des Beklagten wird durch ein Urteil ersetzt[4]. Die Wirkung, welche die geschuldete Willenserklärung haben würde, tritt auf Grund des rechtskräftig gewordenen Urteils ein. Geht man davon aus, daß in dem Vorvertrag die Parteien eine Gestaltungspflicht übernehmen, nämlich die Pflicht, ein dem Vorvertrag entsprechendes Angebot zum Abschluß des Hauptvertrages zu akzeptieren, so ist ein Urteil, das ihre Willenserklärung ersetzt, der Sache nach ein *Gestaltungsurteil,* auch wenn es in der Form eines Leistungsurteils ergeht[5].

Das rechtskräftige Urteil *ersetzt* den Tatbestand der Abgabe einer

---

[3] ENNECCERUS-LEHMANN 20 ff.; ESSER 106 f.; LARENZ I 6. Von der in einem Vorvertrag ausdrücklich übernommenen Verpflichtung, eine Einfuhrbewilligung zu beantragen und dann den Vertrag zu den vorgesehenen Bedingungen abzuschließen, handelt die Entscheidung BGH LM § 242 (Ba) BGB (10).

[4] BÖTTICHER, Die Wandlung als Gestaltungsakt (1938) 33 f.; ROSENBERG 1081; STEIN-JONAS(-SCHÖNKE-POHLE) § 894 Bem. II.

[5] LARENZ I 51; DERS., Derogierende Kraft des Gerichtsgebrauchs, NJW 1951, 497, 499. Daß das Urteil der Form nach kein Gestaltungsurteil ist, folgt daraus, daß sich die Verurteilung stets nur auf die Abgabe einer Willenserklärung richtet. Darin liegt die Verurteilung zu einer Leistung. Die Verurteilung wirkt zwar kraft der Fiktion des § 894 ZPO rechtsgestaltend. Diese Wirkung kommt aber im Inhalt des Urteils nicht zum Ausdruck: ROSENBERG 879; STEIN-JONAS(-SCHÖNKE-POHLE) § 894 Bem. I.

Willenserklärung. Es kommt darum beispielsweise nicht darauf an, ob der Schuldner im Zeitpunkt des Eintritts der Rechtskraft noch geschäftsfähig ist. Für die Wirksamkeit des Urteils genügt es, wenn der Schuldner zur Zeit der Klageerhebung oder zu einer Zeit innerhalb des Prozesses oder zur Zeit der letzten mündlichen Verhandlung geschäftsfähig war[6].

Ersetzt wird *nicht* der *Vertrag*, sondern nur die Willenserklärung des Beklagten[7]. Ist beispielsweise der Hauptvertrag formgebunden, so gilt das erforderliche formelle Angebot des Klägers nicht mit der Rechtskraft des Urteils als abgegeben. Es muß vielmehr gesondert in der vorgeschriebenen Form erklärt werden[8].

3. Die Klage auf Mitwirkung beim Vertragsschluß soll nach den Intentionen des Klägers ihm zu der definitiven Leistung verhelfen. Kann sie das?

Nach der herrschenden Meinung können die Parteien die Leistung, die nach dem versprochenen Vertrag zu erbringen ist, erst nach Abschluß dieses Vertrages verlangen. Ein Vorvertrag, so sagt man, verpflichtet die Parteien nur zum *Abschluß* des Hauptvertrages, und nur hierauf, nicht aber auf *Erfüllung* des letzteren, kann aus dem Vorvertrag geklagt werden[9]. Desgleichen soll eine Klage auf Feststellung des Bestehens der Verpflichtung aus dem Hauptvertrag vor dessen Abschluß grundsätzlich ausgeschlossen sein[10].

Zwar ist für die Fälle, in denen die Verpflichtung zum Vertragsschluß nicht auf einem Vorvertrag, sondern auf einem Kontrahierungszwang beruht, gelegentlich die Auffassung vertreten worden, die Parteien könnten hier unmittelbar auf die Leistung aus dem abzuschließenden Vertrag klagen, ohne also zunächst auf Abgabe einer Willenserklärung klagen zu müssen[11]. Diese Auffassung hat sich aber nicht durchsetzen können[12].

---

[6] STEIN-JONAS(-SCHÖNKE-POHLE) § 894 Bem. II; WIECZOREK, ZPO IV, 2 (1958) § 894 Bem. A III c 1; RG Gruch. Beitr. 63, 506.

[7] Im Gegensatz zum italienischen Recht: Nach Art. 2932 c. c. kann der unbefriedigte Partner eines Vorvertrages auf Erlaß eines Urteils klagen „che produca gli effetti del contratto non concluso".

[8] STEIN-JONAS(-SCHÖNKE-POHLE) § 894 Bem. II.

[9] RG 104, 131, 133; 124, 81, 85; KISCH, KritVJSchr 61 (1931) 367 f.; STAUDINGER (-RIEZLER) [10]Vorbem. 20 vor § 145.

[10] BGH LM § 256 ZPO (40) (= WM 1956, 1518); KRÜGER-NIELAND in BGB-RGRK Anm. 15 vor § 145.

[11] MOLITOR, Zur Theorie des Vertragszwangs, IheringsJ 73 (1923) 1 ff., 26; HAUPT, Über faktische Vertragsverhältnisse (1941) 24.

[12] STAUDINGER(-COING) Vorbem. 11 vor § 145. Selbst BLOMEYER, La promesse de vente vaut vente, Raape-Festschrift (1948), 269 ff., 296 meint, die Zulassung der Leistungsklage neben der Abschlußpflicht sei systematisch ein Fehler. Daß der von ihm

Das bedeutet nun aber nicht, daß der Gläubiger auf Erfüllung des Hauptvertrages erst dann klagen kann, wenn das Urteil, das die Vertragserklärung des Schuldners ersetzt, rechtskräftig geworden ist. Würde man ihn auf diese Möglichkeit verweisen, so verstieße das nicht nur gegen den Grundsatz der Prozeßökonomie, es würde für den Gläubiger auch eine Härte bedeuten, da er meist an einer schnellen Abwicklung des Rechtsgeschäfts interessiert sein wird. Der Gläubiger kann darum mit seiner Klage gegen den Schuldner auf Mitwirkung beim Vertragsschluß die Klage auf Erfüllung des Hauptvertrages *verbinden.* Das zweite Klagebegehren gilt hier nur für den Fall erhoben, daß dem ersten Klageanspruch stattgegeben wird. Es liegt hier ein Fall der eventuellen Klageverbindung vor[13]. Da man unter einer eventuellen Klageverbindung meist die Geltendmachung eines Eventualanspruches für den Fall versteht, daß dem Hauptanspruch nicht stattgegeben wird, wird es sich vielleicht empfehlen, von einer *uneigentlichen Eventualhäufung* zu sprechen[14].

Eine solche Klagenverbindung wird übrigens auch für den Fall empfohlen, daß die Pflicht zum Vertragsschluß auf einem Kontrahierungszwang beruht[15].

Wie nun aber, wenn der Gläubiger sofort auf *Erfüllung* des Hauptvertrages klagt? NIPPERDEY meint – für die Fälle des Kontrahierungszwangs –, in dem Leistungsanspruch aus dem künftigen Vertrag sei der Anspruch auf Vertragsschluß *„von selbst"* mit enthalten[16]. Eine ähnliche Situation besteht auch in den Fällen, in denen ein Käufer die Wandlung verlangt, aber von vornherein auf Rückzahlung des Kaufpreises klagt, für die Anhänger der sogenannten Vertragstheorie. Auch sie argumentieren z. T. – ähnlich wie NIPPERDEY –, in dem Verlangen nach Rückzahlung des Preises liege sinngemäß das Begehren nach Vollziehung der Wandlung. Das rechtskräftige Urteil enthalte selbst dann, wenn es aus-

---

statt dessen empfohlene Durchgriff auf den Hauptvertrag nicht möglich ist, habe ich oben (§ 7, Text zu N. 5) schon dargelegt.

[13] ROSENBERG 459.

[14] STEIN-JONAS(-SCHÖNKE-POHLE) § 260 Bem. II B 3. Eine solche Klagenverbindung scheint auch das Reichsgericht für zulässig zu halten: RG 104, 131, 133; ebenso STAUDINGER(-WERNER) § 313 Bem. A I 1; LEVINSOHN 67; METZDORF 74; SCHLEGELBERGER-VOGELS(-BECKER) Vorbem. 36 vor § 145. KISCH (N. 9) 368 hält eine solche Klagenverbindung für möglich, wenn die Voraussetzungen des § 259 ZPO vorliegen. Die Besorgnis, daß der Schuldner sich der rechtzeitigen Leistung entziehen werde, mag zwar häufig zu der Klagenverbindung Anlaß geben. Ein Erfordernis für die Klagenverbindung ist sie aber nicht.

[15] NIPPERDEY, Kontrahierungszwang und diktierter Vertrag (1920) 118; LARENZ I 51.

[16] NIPPERDEY aaO.

drücklich nur auf Leistung (nämlich auf Rückzahlung des Kaufpreises) geht, der Sache nach zugleich die Vollziehung der Wandlung im Wege richterlicher Gestaltung[17]. Nun muß man aber davon ausgehen, daß der Richter, auch wenn er der Sache nach gestaltet, dies in den Formen tun muß, die ihm vom Gesetz vorgegeben sind. Soll sein Spruch eine Willenserklärung ersetzen, so muß dies in der Form eines Leistungsurteils geschehen, in dem der Schuldner auf Abgabe einer Willenserklärung verurteilt wird. Für eine *stillschweigende* Verurteilung zur Abgabe einer Willenserklärung fehlt jede Grundlage im Gesetz[18]. Der Gläubiger muß also, wenn er fürchtet, daß der Schuldner, auch nachdem er zur Abgabe einer Willenserklärung rechtskräftig verurteilt worden ist, nicht leisten werde, mit der Klage auf Mitwirkung beim Abschluß des Hauptvertrages die Klage auf Leistung aus dem Hauptvertrag verbinden. Sich auf die Leistungsklage beschränken kann er – wenigstens nach der h. M. – nicht.

4. Der Gläubiger des Vorvertrages kann die Leistungsklage aus dem Hauptvertrag erst erheben, wenn der Schuldner in den Abschluß des Hauptvertrages gewilligt hat oder seine Erklärung durch Urteil ersetzt worden ist. Bedeutet das, daß im zweiten Fall das Urteil den Rechtsgrund für den Erfüllungsanspruch aus dem versprochenen Hauptvertrag bildet? Was wäre die Antithese? Der *Vorvertrag als Quelle des Leistungsanspruchs!*

Daß der Vorvertrag die Quelle aller Vertragsansprüche sei, ist für das *italienische* Recht mit guten Gründen vertreten worden[19]. Diese Gründe lassen sich aber auf das *deutsche* Recht nicht übertragen. Im italienischen Recht kann die Klage auf Erlaß eines Urteils, das die Wirkungen des versprochenen Hauptvertrages erzeugen soll, in den Fällen, in denen der versprochene Vertrag die Übertragung des Eigentums oder die Begründung oder Übertragung eines anderen Rechts an einer bestimmten Sache zum Gegenstand hat, erst erhoben werden, wenn die Gegenleistung erbracht oder in der gehörigen Form angeboten worden ist (Art. 2932 Abs. 2 c. c.). Hier kann man in der Tat fragen: Wenn die Vertragswirkungen erst durch das Urteil „produziert" werden sollen, worauf beruht dann die Pflicht des Gläubigers, vorzuleisten, d. h. eine Leistung zu erbringen, die eigentlich den Abschluß des Hauptvertrages voraussetzt? Das deutsche Recht kennt eine entsprechende Vorschrift nicht. Insbesondere ist die italienische Regelung nicht derjenigen des § 894 Abs. 1 S. 2

[17] LARENZ II 46 f.; ähnlich auch schon früher GOLDMANN-LILIENTHAL, Das Bürgerliche Gesetzbuch ²I (1903) 499 f.

[18] BGH 29, 148, 152.

[19] Siehe oben § 4, Text zu N. 30–31.

ZPO i.V.m. § 726 Abs. 2 ZPO vergleichbar. Nach diesen Vorschriften gilt in den Fällen, in denen die geschuldete Willenserklärung von einer Gegenleistung abhängig gemacht ist, die Willenserklärung nicht mit Rechtskraft des Urteils als abgegeben, sondern erst mit der Erteilung einer vollstreckbaren Ausfertigung des rechtskräftigen Urteils. Eine vollstreckbare Ausfertigung darf aber erst erteilt werden, wenn der Beweis geführt ist, daß der Schuldner befriedigt oder im Verzuge der Annahme ist. Der Unterschied dieser Regelung zu der des Art. 2932 Abs. 2 c. c. liegt auf der Hand: Die nach der italienischen Vorschrift zu erbringende Vorleistung setzt eigentlich den Hauptvertrag voraus, § 894 Abs. 1 S. 2 i. V. m. § 726 Abs. 2 ZPO handeln von dem Fall, daß der Hauptvertrag eine Vorleistung voraussetzt. Die Vorleistung, von der die deutschen Vorschriften reden, ist nicht eine Leistung des Hauptvertrages.

Obgleich die Gründe, auf die sich die These vom Vorvertrag als Rechtsgrund für alle Vertragsansprüche stützt, im deutschen Recht nicht gegeben sind, ist die These selbst nicht ohne Überzeugungskraft. Wozu soll die Einigung der Parteien durch Richterspruch ersetzt werden – so kann man fragen –, wenn die Parteien sich bereits geeinigt haben? Was wollten denn die Parteien im Vorvertrag? Eine nochmalige Einigung? Wir haben oben schon darauf hingewiesen, daß eine Vereinbarung nur dann als Vorvertrag qualifiziert werden kann, wenn die Parteien Gründe haben, sich nur vorläufig zu binden[20]. Klagt eine Partei auf Abschluß des Hauptvertrages oder (und) auf Erfüllung des Hauptvertrages, so macht sie damit implizite geltend, daß die Gründe, welche die Parteien zum Abschluß des Vorvertrages bestimmten, nicht mehr bestehen, daß sie weggefallen sind. Wenn aber die Gründe, die dazu nötigten, den Vorvertrag als solchen zu qualifizieren, weggefallen sind, ist es dann nicht gerechtfertigt, die *ursprüngliche Vereinbarung* der Parteien auf Grund der veränderten Umstände nunmehr als *definitiven Vertrag* zu qualifizieren? Die Parteien haben sich zwar – der Form nach – eine nochmalige Einigung versprochen, in Wahrheit aber doch nur eine Wiederholung ihrer Erklärungen im Vorvertrag mit dem Zusatz, daß sie nunmehr definitiv gebunden sein wollen. Das heißt aber, daß die eigentliche Quelle ihrer Leistungsansprüche nicht der Hauptvertrag, sondern der Vorvertrag ist. Ob man unter diesen Umständen den *Hauptvertrag überhaupt noch als Vertrag* bezeichnen kann, ist zweifelhaft[20a]. *Für* den *Vertragscharakter*

---

[20] S. oben § 9, Text zu N. 61.

[20a] In diese Richtung zielt auch die Behauptung von STAUDINGER(-WERNER) § 313 Bem. A I 1, wenn ein Vorvertrag zu einem Grundstücksveräußerungsvertrag notariell

des Hauptvertrages und seine selbständige Bedeutung spricht allerdings, daß der Hauptvertrag regelmäßig detailliertere Regelungen enthält als der Vorvertrag, ferner, daß bei Abweichungen zwischen Hauptvertrag und Vorvertrag die Regelung des Hauptvertrags der des Vorvertrages vorgeht und der Vorvertrag lediglich als Hilfsmittel für die Interpretation des Hauptvertrages herangezogen werden darf[20b]. Fest steht in jedem Fall, daß die Parteien nicht unmittelbar aus dem Vorvertrag auf Erfüllung des versprochenen Hauptvertrages klagen können. Denn selbst wenn man annimmt, daß sich die Parteien nicht zum Abschluß eines neuen Vertrages verpflichtet hätten, sondern lediglich zur Abgabe einer Erklärung, definitiv gebunden sein zu wollen, läge darin immer noch die Verpflichtung zur Abgabe einer Willenserklärung. Zur Abgabe dieser Willenserklärung muß der widerstrebende Partner verurteilt werden. Eine solche Verurteilung muß ausdrücklich erfolgen. Erst wenn dieses Urteil in Rechtskraft erwachsen ist, können Leistungsansprüche entstehen.

5. Nach § 259 ZPO kann auf *künftige Leistung* geklagt werden, wenn nach den Umständen die Besorgnis gerechtfertigt ist, daß der Schuldner sich der rechtzeitigen Leistung entziehen werde. Eine solche Klage wird gelegentlich auch dem Partner eines Vorvertrages zugesprochen[21]. Ob aber die sich aus dem versprochenen Hauptvertrag ergebende Leistungspflicht als Pflicht zu einer künftigen Leistung im Sinne des § 259 ZPO angesehen werden kann, ist nicht so sicher, wie es zunächst den Anschein hat. § 259 ZPO setzt nämlich einen gegenwärtigen Anspruch voraus. Er gilt für Ansprüche, die von einer erst nach dem Urteil eintretenden Bedingung abhängen, er ist anwendbar auf alle noch nicht fälligen Ansprüche, er gilt aber *nicht für künftige Ansprüche*[22]. Gründet man mit der h. M. den definitiven Leistungsanspruch allein auf den Hauptvertrag oder den fingierten Hauptvertrag, so muß man den Anspruch vor Abschluß des Hauptvertrages oder vor Rechtskraft des Urteils, das die Willenserklärung des Schuldners ersetzt, als künftigen Anspruch ansehen. Der Vorvertrag ist nach ganz h. M. kein bedingter Hauptvertrag, und ebenso ist der Anspruch auf Erfüllung des Hauptvertrages vor dessen wirklichem oder fingiertem Abschluß nicht nur ein „noch nicht fälliger"

---

beurkundet worden sei, bedürfe der Hauptvertrag nicht mehr dieser Form. Dagegen mit Recht PLANCK(-SIBER) § 313 Bem. 2 c.

[20b] Vgl. Cass. 11. 5. 1962, Foro it., Mass. 1962, 290. S. auch oben § 9 I 4 c.

[21] LEVINSOHN 68; STAUDINGER(-RIEZLER) Vorbem. 20 vor § 145; METZDORF 73; SCHLEGELBERGER-VOGELS(-BECKER) Vorbem. 36 vor § 145; GREULICH 90.

[22] ROSENBERG 401; STEIN-JONAS(-SCHÖNKE-POHLE) § 259 Bem. I 1; WIECZOREK, ZPO II, 1 (1957) § 259 Bem. A I.

Anspruch. Er ist – immer vom Standpunkt der h. M. her gesehen – vor diesem Zeitpunkt noch nicht existent!

Nun haben wir aber im vorigen Abschnitt gesehen, daß die Parteien sich im Vorvertrag zwar der Form nach eine nochmalige Einigung versprechen, in Wahrheit aber nur eine (detailliertere) Wiederholung der Erklärungen, die sie bereits im Vorvertrag abgegeben haben, mit dem Zusatz, daß die Bindung nunmehr definitiv sein soll. Wir haben daraus abgeleitet, daß die eigentliche Quelle des Leistungsanspruches nicht der Hauptvertrag ist, sondern der Vorvertrag. Der Hauptvertrag ist, rechtlich gesehen, eine Art Novation. Gründet sich aber der Leistungsanspruch letztlich auf den Vorvertrag, so handelt es sich um einen Anspruch aus einem gegenwärtigen Rechtsverhältnis. Aus diesem Grunde haben – im Ergebnis – die Autoren recht, die auch schon vor dem wirklichen oder fingierten Abschluß des Hauptvertrages eine Klage auf künftige Leistung *zulassen*. Die Klage muß allerdings auch hier mit der Klage auf Abgabe einer Willenserklärung verbunden werden. Der Schuldner ist verpflichtet, künftig die versprochene Willenserklärung abzugeben und dann die versprochene Leistung zu erbringen. Eine solche Klage ist zulässig, wenn der Schuldner seine Verpflichtung aus dem Vorvertrag bestreitet oder wenn zu besorgen ist, daß er Verfügungen treffen könnte, die ihm die künftige Leistung unmöglich machen[28]. Dem Gläubiger eine solche Klage zuzubilligen, ist auch gerechtfertigt, denn man kann ihm nicht zumuten, untätig zuzusehen, wie der Schuldner – möglicherweise in dem Glauben, durch den Vorvertrag nicht gebunden zu sein – die Sache anderweitig verkauft oder vermietet oder sonstige Verfügungen trifft, die ihm die künftige

---

[28] Im letzteren Fall wird es meist einer Klage auf *künftige* Leistung nicht bedürfen. Gibt der Schuldner zu erkennen, daß er bereit ist, über die Sache zu verfügen, wenn auch nicht so, wie er es im Vorvertrag versprochen hat, so zeigt er damit, daß die Gründe, deretwegen er (nur) einen Vorvertrag schloß, für ihn nicht mehr bestehen.

Der definitive Vertragsschluß ist möglich, und darum wird der Gläubiger in solchen Fällen regelmäßig sofort auf Abschluß des definitiven Vertrages und auf Leistung klagen können. Der Gläubiger kann in solchen Fällen ferner die Anordnung einer einstweiligen Verfügung beantragen (§ 935 ZPO): Ein solcher Antrag ist zulässig, weil es sich – wenigstens nach unserer Auffassung – bei dem zu sichernden Anspruch nicht um einen zukünftigen Anspruch, sondern um einen gegenwärtigen Anspruch handelt. Für die Zulässigkeit einer einstweiligen Verfügung auch LEVINSOHN 72. Zur Sicherung des Anspruchs auf künftige Übertragung des Eigentums an einem Grundstück kann auch die Eintragung einer Vormerkung in das Grundbuch beantragt werden (§ 883 Abs. 1 S. 2 BGB). So für den Vorvertrag STAUDINGER(-RIEZLER) Vorbem. 20 vor § 145; STAUDINGER(-SEUFERT) § 883 Bem. 17a; MEIKEL-IMHOF(-RIEDEL) Grundbuchrecht [5]II (1958) § 25 Anh. Bem. 12; der BGH bezeichnete diese Frage als umstritten: BGH BB 1962, 1303. Anders das schweizerische Recht: HAAB Art. 681/82 ZGB Bem. 6.

Leistung unmöglich machen[24]. Eine aus solchen Handlungen resultierende Schadensersatzpflicht ist für den Gläubiger kein genügender Ersatz.

6. Auf *Feststellung* des Bestehens oder Nichtbestehens einer Verpflichtung zum Abschluß eines Vertrages kann Klage erhoben werden, wenn der Kläger ein rechtliches Interesse daran hat, daß das Rechtsverhältnis durch richterliche Entscheidung alsbald festgestellt werde (§ 256 ZPO)[25]. Eine solche Klage ist allerdings im allgemeinen unzulässig, wenn eine Leistungsklage erhoben werden kann, und auch im übrigen kann ein Interesse an einer Feststellungsklage nur anerkannt werden, wenn besondere Umstände dies rechtfertigen[26]. Die Möglichkeit einer Klage auf künftige Leistung hindert allerdings die Feststellungsklage nicht[27]. Als Grundregel gilt: Auf Feststellung des Bestehens einer Verpflichtung zum Abschluß eines Vertrages kann geklagt werden, wenn der Schuldner eine solche Verpflichtung bestreitet und auf Abschluß des Hauptvertrages noch nicht geklagt werden kann, etwa weil die Gründe, welche die Parteien veranlaßten, nur einen Vorvertrag abzuschließen, noch nicht weggefallen sind. Auf Feststellung des Nichtbestehens einer Verpflichtung zum Abschluß eines Vertrages kann geklagt werden, wenn der andere Teil den Abschluß des Hauptvertrages oder die Leistung aus dem Hauptvertrag fordert[28].

7. Es ist ein eigentümliches Phänomen, daß der *Erfüllungsanspruch* als der primäre Anspruch aus dem Vorvertrag in der Praxis fast *überhaupt keine Rolle* spielt. Ein Blick auf die Gerichtspraxis[29] zeigt, daß in den wenigen Fällen, in denen die Klage auf den Vorvertrag gestützt wird – in der Mehrzahl der Fälle wird die Existenz eines Vorvertrages vom

[24] Daß die Klage auf künftige Leistung möglicherweise dazu dienen soll, den Schuldner von bestimmten Verfügungen abzuhalten, macht die Klage nicht zu einer Unterlassungsklage, wie Levinsohn 68 anzunehmen scheint. Ob die Vorschrift des § 259 ZPO auch für Unterlassungsansprüche gilt, kann darum hier dahingestellt bleiben.

[25] Staudinger(-Riezler) Vorbem. 20 vor § 145; Metzdorf 73; Schlegelberger-Vogels(-Becker) Bem. 36 vor § 145; OLG Koblenz MDR 1959, 130. Dagegen kann nicht auf Feststellung geklagt werden, daß der Hauptvertrag abgeschlossen oder mit einem bestimmten Inhalt zustande gekommen ist; denn das ist er nicht, ehe der Gegner nicht in den Vertragsschluß eingewilligt hat oder seine Einwilligung durch Urteil ersetzt worden ist. Falsch darum Levinsohn 67. Siehe auch oben § 5 N. 11. Aus dem gleichen Grund muß auch eine Klage auf Feststellung des Bestehens einer erst nach Abschluß des Hauptvertrages bestehenden Verpflichtung scheitern: BGH LM § 256 ZPO (40) (= WM 1956, 1518).

[26] BGH, vorige Note. Zur Zulässigkeit einer Zwischenfeststellungsklage vgl. BGH WM 1961, 1053, 1054.

[27] RG 113, 410, 411; Rosenberg 408; Stein-Jonas(-Schönke-Pohle) § 259 Bem. II.

[28] BGH NJW 1958, 1531.

[29] Siehe z. B. die oben in § 8 aufgeführten Entscheidungen.

Beklagten geltend gemacht –, der Kläger meist *Schadensersatz* verlangt. Allenfalls findet man zuweilen eine negative Feststellungsklage, nämlich eine Klage auf Feststellung, daß eine Verpflichtung zum Abschluß eines Hauptvertrages nicht besteht.

II. Verzug

Kommt der Schuldner seiner Verpflichtung zum Abschluß des Hauptvertrages nicht nach, obgleich seine Leistung fällig ist, so kann der Gläubiger ihn in Verzug setzen. Der Gläubiger hat dann die sich aus den §§ 286, 326 BGB ergebenden Rechte. Er kann also den Verzugsschaden ersetzt verlangen, aber auch den Abschluß des Hauptvertrages verweigern und Schadensersatz wegen Nichterfüllung begehren, ferner kann er vom Vorvertrag zurücktreten.

Schwierigkeiten macht hier der Umstand, daß in dem Vorvertrag häufig eine Bestimmung darüber fehlt, *wann* der Hauptvertrag abgeschlossen werden soll. Wir haben oben bereits ausgeführt, daß ein Vorvertrag in der Regel genügend bestimmt ist, auch wenn der Zeitpunkt, zu dem der Hauptvertrag geschlossen werden soll, sich aus ihm nicht ermitteln läßt[30]. Wir haben andererseits gesagt, daß ein Vorvertrag nicht genügend bestimmt ist, wenn der Richter überhaupt keine Anhaltspunkte für seine Entscheidung hat und von den Parteien auch nicht zu einer Ermessensentscheidung ermächtigt worden ist[31]. Dieser Widerspruch läßt sich nur lösen, wenn man die Feststellung des Zeitpunkts, zu dem der Hauptvertrag geschlossen werden soll, besonderen Regeln unterwirft. Eine solche besondere Regelung wird auch dadurch nahegelegt, daß die gesetzliche Dispositivvorschrift, die hier zur Anwendung kommen müßte, nämlich § 271 BGB, ihrem Wesen nach auf Vorverträge nicht angewendet werden kann[32]. Nicht entgegen steht einer solchen besonderen Regelung der Grund, weswegen wir eine freie Vertragsgestaltung durch den Richter ohne Ermessensermächtigung ablehnten: daß nämlich die Vertragsgestaltung eine Sache der Parteien sei, nicht eine Sache des Richters, daß den Parteien kein Vertrag aufoktroyiert werden darf, dessen Inhalt ihren ursprünglichen Absichten nicht entspricht. Zwar kann das Fälligkeitsdatum eines Vertrages für eine Partei von wesentlicher Bedeutung sein. In einem solchen Fall kann der Richter aber auf die Umstände Bedacht nehmen, welche die Bedeutsamkeit des Fälligkeitszeitpunktes

[30] S. oben § 10, N. 30. [31] S. oben § 10, N. 32.
[32] S. dazu BECKER Art. 22 OR Bem. 12.

ausmachen. Es fehlt dann nicht an Anhaltspunkten. Maßen die Parteien der Einigung über das Fälligkeitsdatum keine wesentliche Bedeutung bei, so wird ihnen durch eine richterliche Festsetzung des Fälligkeitsdatums nichts aufoktroyiert, was ihrem ursprünglichen Willen nicht entspricht. Der Vertrag bleibt in seinen wesentlichen Punkten unverändert.

De lege ferenda wird sich vielleicht eine Änderung des § 271 BGB nach dem Vorbild von Art. 1183 Abs. 1 c. c. it. empfehlen. Diese Vorschrift lautet: Se non è determinato il tempo in cui la prestazione deve essere eseguita, il creditore può esigerla immediatamente. Qualora tuttavia, in virtù degli usi o per la natura della prestazione ovvero per il modo o il luogo dell'esecuzione, sia necessario un termine, questo, in mancanza di accordo delle parti, è stabilito dal giudice. Der Richter kann also, wenn die Leistung ihrer Natur nach nicht sofort erbracht werden kann und die Parteien sich über den Zeitpunkt der Fälligkeit nicht einigen, diesen Zeitpunkt *selbst* bestimmen. *De lege lata* wird man dem Richter ein solches *Bestimmungsrecht* nur dann, aber auch immer dann, zugestehen können, wenn die Parteien der Einigung über die Leistungszeit keine wesentliche Bedeutung beimaßen und es deswegen versäumten, genügend Anhaltspunkte für ihre Bestimmbarkeit zu setzen. Rechtsgrundlage für eine solche richterliche Festsetzung sind die §§ 157 und 242 BGB. Die richterliche Vertragsergänzung ist hier ausnahmsweise gerechtfertigt, obgleich es an objektiven Anhaltspunkten fehlt[33].

Wir sind bisher davon ausgegangen, daß die Verpflichtung, den Hauptvertrag zu schließen, zu irgendeinem Zeitpunkt *fällig* werden muß. Diese Auffassung ist aber nicht unbestritten. Nach Ansicht LEVINSOHNS und RUBINOS wollen die Parteien, wenn sie einen Vorvertrag schließen, sich nicht zum Abschluß eines Hauptvertrages *zu* einem bestimmten Zeitpunkt verpflichten[34]. Sie setzen keinen *Fälligkeitstermin,* sondern einen *Endtermin.* Für LEVINSOHN ergibt sich das daraus, daß er den Partnern eines Vorvertrags im Anschluß an STINTZING einen Anspruch auf Leistungsbereitschaft zuerkennt. STINTZING sah aber – im Gegensatz zu LEVINSOHN –, daß ein beidseitiger Vorvertrag und ein Anspruch auf Leistungsbereitschaft sich gegenseitig ausschließen (s. oben § 2, Text zu N. 48). Auch RUBINO denkt offensichtlich an die Option, bei der in der Tat der Offerent seine Bindung zeitlich begrenzt oder begrenzen will[35].

[33] Es handelt sich hier um eine Ausnahme zu der oben in § 9 II 6 aufgestellten Regel.

[34] LEVINSOHN 75; RUBINO 34 f.

[35] RUBINO wendet darum für die richterliche Festsetzung des „Endtermins" nicht Art. 1183 c. c., sondern Art. 1331 Abs. 2 c. c. analog an, der von der Option handelt.

Bei einer Option ist aber die Situation eine ganz andere als beim Vorvertrag. Der Optionsgeber verpflichtet sich nicht zum Abschluß eines Vertrages, er hat das Seinige für den Vertragsschluß schon getan. Ob der Vertrag zustande kommt, hängt allein von dem Willen des Optionsberechtigten ab. Hier ist es durchaus sinnvoll, wenn der Optionsgeber nicht endlos gebunden sein will. Von Fälligkeit zu reden, hat hier keinen Sinn, denn fällig kann nur eine bestimmte Leistung werden. Zu einer Leistung ist der Optionsgeber aber – vor dem Zustandekommen des Vertrages infolge der Annahme durch den Optionsberechtigten – noch nicht verpflichtet. Anders beim Vorvertrag: Hier ist jeder Partner noch zu einem Tun verpflichtet, nämlich zur Abgabe einer Willenserklärung. Besteht eine Verpflichtung zu einem Tun, so muß auch der Zeitpunkt bestimmt werden, zu dem es erfolgen soll. Dieser Zeitpunkt ist nichts anderes als der Fälligkeitszeitpunkt[36].

Dieser Meinungsstreit spielt im *italienischen* Recht eine Rolle in den Fällen, in denen eine Partei geltend macht, der Abschluß des Hauptvertrages zu dem vereinbarten Termin sei für sie *wesentlich* gewesen. Gemäß Art. 1457 c. c. hat nach dem Ablauf der Frist die an der rechtzeitigen Erfüllung interessierte Partei der anderen innerhalb von drei Tagen Nachricht zu geben, wenn sie trotz des Fristablaufs an dem Vertrage festhalten will. Andernfalls gilt der Vertrag als aufgelöst. Nach der einen Meinung ist die Drei-Tages-Frist auch bei Vorverträgen einzuhalten, wenn die Einhaltung der vereinbarten Frist für eine Partei wesentlich war[37], nach der Meinung Rubinos kann die Frage, ob es sich hier um einen "termine essenziale" gehandelt habe, gar nicht gestellt werden, weil nicht die Fälligkeit der Leistung in Frage steht, sondern die Bindungsdauer einer Verpflichtung[38]. Nach der Auffassung Rubinos kann der Vertrag nicht automatisch aufgelöst werden; vielmehr muß die Auflösung stets vom Richter begehrt werden.

III. Erfüllungsverweigerung

Erklärt ein Partner des Vorvertrags ernstlich und endgültig und ohne daß er dazu berechtigt wäre, den Hauptvertrag nicht schließen zu wollen oder nicht mit dem gleichen Inhalt schließen zu wollen, wie er sich aus dem Vorvertrag ergibt, so kann sein Gegner statt der Leistung auch das

---

[36] Gegen Rubino auch Tamburrino 76.

[37] App. Caltanissetta, 1. 3. 1958, Giur. it., Rep. 1958, v. Obbl. e Contr. n. 298; App. Bari, 22. 4. 1958, Giur. it., Rep. 1958, v. Vendita, n. 293. Die entsprechende Vorschrift im deutschen Recht ist § 361 BGB, dessen Anwendbarkeit in Vorvertragsfällen Levinsohn 69 mit Recht, aber wohl im Widerspruch zu seiner eigenen Konzeption, bejaht. Siehe dazu den folgenden Text.

[38] Rubino 34.

Erfüllungsinteresse verlangen[39] oder vom Vertrag zurücktreten[40]. Einer Verzug- und Nachfristsetzung bedarf es dabei nicht[41].

Diese sogenannte *„Vertragsaufsage“* wird meist als Sonderfall der positiven Vertragsverletzung angesehen[42]. Doch ist das nur eine Konstruktion, die es dem Gläubiger ermöglichen soll, sofort die Rechtsfolgen der §§ 286, 326 BGB geltend machen zu können, ohne zuerst deren Voraussetzungen (Mahnung, Fristsetzung mit Ablehnungsandrohung) erfüllen zu müssen. Der Schuldvorwurf tritt hier gänzlich in den Hintergrund. Klagegrund ist nicht die „schuldhafte“ Weigerung, sondern die verbindliche Erklärung, nicht zu wollen. Der Gläubiger darf den vertragsungetreuen Schuldner „beim Wort nehmen“. Der Schuldner muß seine Erklärung als factum proprium gegen sich gelten lassen, gegen das er nicht auftreten darf[43]. Will man in der Terminologie der h. M. bleiben, so kann man allenfalls sagen: der Partner eines Vorvertrages, der sich ernstlich und endgültig weigert, den versprochenen Hauptvertrag abzuschließen, wird so angesehen, als ob er eine positive Vertragsverletzung begangen hätte.

Das Recht auf Schadensersatz wegen Nichterfüllung und das Rücktrittsrecht entstehen *mit der Weigerung*. Es ist also nicht notwendig, daß

---

[39] BGH LM § 162 BGB (3); Soergel-Siebert(-Mezger) Vorbem. 21 vor § 145; siehe auch Staudinger-Kiefersauer § 535, Bem. 120.

[40] BGH UFITA 26 (1958) 331, 332 (= NJW 1958, 1531). S. oben § 8 IV 1. Diese Rechte stehen dem Gegner nicht zu, wenn die Weigerung berechtigt ist. Berechtigt ist die Weigerung z. B., wenn eine Sache verkauft werden soll, der Verkäufer aber im Zeitpunkt des Hauptvertragsabschlusses nicht Eigentümer der Sache ist und über sie auch nicht verfügen kann. Hier wird die geschuldete Leistung nicht so angeboten, wie sie nach Treu und Glauben zu bewirken ist. Das gleiche gilt, wenn die Sache, die verkauft werden soll, dinglich haftet, verpfändet oder beschlagnahmt ist und diese Umstände dem Käufer im Zeitpunkt des Vorvertragsabschlusses nicht bekannt waren. Als Grundregel gilt: Alle Umstände, die zum Rücktritt von einem definitiven Vertrag resp. zur Wandlung eines definitiven Vertrages berechtigen würden, geben auch ein Recht, den Abschluß des definitiven Vertrages zu verweigern.

[41] Vgl. auch Cour de Justice civile Genf, Sem. Jud. 1957, 234, 238. Nach italienischem Recht kann, wenn bei gegenseitigen Verträgen ein Vertragspartner seine Verpflichtung nicht erfüllt, der andere nach seiner Wahl die Erfüllung oder die Auflösung („risoluzione“) des Vertrages verlangen. In jedem Fall ist der Ersatz des Schadens vorbehalten (Art. 1453 c. c.). Diese Vorschrift findet auch auf Vorverträge Anwendung: Cass. 15. 4. 1958, n. 1215, Giur. it., Rep. 1958, v. Vendita, n. 65; Rubino 37; Messineo, Enciclopedia del diritto X 175. Der Schuldner erfüllt seine Vertragspflicht insbesondere nicht, wenn er sich weigert, den versprochenen Vertrag abzuschließen: App. Palermo, 16. 11. 1951, Foro it., Rep. 1952, v. Vendita, n. 92.

[42] BGH vorletzte Note; Enneccerus-Lehmann 235; Larenz I 271 f.

[43] Rabel, Das Recht des Warenkaufs I (1936) 382 ff., 385 f.; Blomeyer, Schuldrecht 162 f.; Esser 345.

zu der Weigerung noch eine positive Vertragsverletzung hinzutritt[44]. Die Rechtsnatur des abzuschließenden Vertrages spielt für die Zulässigkeit der einzelnen Rechtsbehelfe in der Regel keine Rolle[45].

Rechte aus der Verweigerung des Vertragsschlusses kann grundsätzlich nur herleiten, wer sich *selbst vertragsgetreu* verhalten hat[46]. „He who comes to equity must come with clean hands." Von diesem Grundsatz gilt aber eine *Ausnahme*, wenn der abzuschließende Vertrag ein gutes und verständnisvolles Zusammenarbeiten der Parteien voraussetzt und diese notwendige Vertrauensbasis durch die Weigerung, den Vertrag mit dem vereinbarten Inhalt zu schließen, zerstört worden ist. In diesen Fällen läßt die Rechtsprechung eine Lösung der Vertragsbeziehungen auch zu, wenn beiden Vertragspartnern ein Verschulden zur Last fällt[47]. D. h. also: Wer auf Grund eines Vorvertrags seinem Partner eine Offerte zum Abschluß des Hauptvertrages unterbreitet, die inhaltlich mit dem Vorvertrag nicht übereinstimmt, kann grundsätzlich nicht vom Vertrag zurücktreten, wenn sein Gegner sich weigert, im Hauptvertrag eine Verpflichtung zu übernehmen, die er im Vorvertrag schon zugesagt hatte. Ein Rücktrittsrecht kann aber – ausnahmsweise – dann gegeben sein, wenn es sich bei dem abzuschließenden Vertrag um ein Dauerschuldverhältnis handelt, das auf einem besonderen Vertrauensverhältnis beruht, und dieses durch die Weigerung des Gegners derart erschüttert ist, daß ein gedeihliches Zusammenwirken der Parteien nach den Gesamtumständen des Falles nicht mehr zu erwarten steht.

---

[44] So aber OLG Koblenz MDR 1959, 130 (s. oben § 8 III 1).

[45] Die Formulierung des OLG Koblenz (vorige Note), ein Rücktrittsrecht sei gegeben, „weil es sich bei dem abzuschließenden Vertrag um ein Dauerschuldverhältnis handelt", ist nur in dem Ausnahmefall richtig, wenn auch dem Zurücktretenden ein Verschulden zur Last fällt. Dazu vgl. den folgenden Text.

[46] RG 152, 119, 123; BGH (Note 40) 333; STAUDINGER(-WEBER) § 242 Bem. B 424. Haben beide Parteien Verpflichtungen, die sie im Vorvertrag übernommen haben, nicht erfüllt, so kann dies nicht nur zur Folge haben, daß grundsätzlich keine Partei gegenüber der anderen Ansprüche wegen positiver Vertragsverletzung geltend machen kann, es kann möglicherweise auch eine stillschweigende Aufhebung des Vorvertrages bedeuten, dann nämlich, wenn ersichtlich ist, daß beide Parteien den Hauptvertrag – zunächst – nicht mehr schließen wollten. Ändert dann eine Partei später ihren Sinn, so kann sie weder auf Erfüllung klagen noch Schadensersatz wegen Nichterfüllung verlangen. Allenfalls hat sie Bereicherungsansprüche: vgl. dazu App. Genova, 31. 12. 1957, Giur. it., Rep. 1958, v. Vendita, n. 37. Eine stillschweigende Aufhebung des Vorvertrags ist allerdings – nach italienischer Auffassung – nur möglich, wenn der Vorvertrag als solcher nicht formbedürftig war. Die Aufhebung eines formbedürftigen Vorvertrages bedarf der gleichen Form wie dessen Abschluß: Cass. 27. 4. 1961, n. 945, Foro it., 1961, I, 1256. Im deutschen Recht ist das nicht so. Beispielsweise kann ein Vorvertrag zu einem Grundstückskaufvertrag auch formlos aufgehoben werden: RG 65, 390, 392.

[47] RG JW 1938, 1392; BGH (N. 40) 333.

Unter diesen Umständen wird sich übrigens auch ein Erfüllungsanspruch kaum verwirklichen lassen, da der an der Zerrüttung unschuldige oder mitschuldige Teil jederzeit vom Vorvertrag zurücktreten und damit den Erfüllungsanspruch illusorisch machen kann. Zweifelhaft ist dagegen die Frage, ob gegen denjenigen, der sich weigert, ein versprochenes Dauerschuldverhältnis einzugehen, die Klage auf *Mitwirkung beim Vertragsschluß* erhoben werden kann. Eine solche Klage ist sicherlich ausgeschlossen, wenn der versprochene Vertrag ein Dienstvertrag ist und der Dienstverpflichtete die Erfüllung verweigert. Niemand kann zu Dienstleistungen aus einem Dienstvertrag gezwungen werden (§ 888 Abs. 2 ZPO) und darum kann auch seine Einwilligung zum Abschluß eines – versprochenen – Dienstvertrages nicht durch Urteil ersetzt werden. Man wird die Klage aber auch in den Fällen ausschließen müssen, in denen der Beklagte die Möglichkeit hat, alsbald nach seiner Verurteilung den Hauptvertrag durch Kündigung wieder aufzuheben[48]. Aus diesem

[48] Aus diesem Grund wird meist der Anspruch des Dienstwilligen aus einem Vorvertrag zu einem Dienstvertrag scheitern. Ähnlich ist die Situation, wenn ein Lehrvertrag geschlossen werden soll, in dem der Lehrherr das Recht haben soll, sich innerhalb einer Probezeit durch Rücktritt vom Vertrage wieder loszusagen: Siehe ArbG Bremen BB 1950, 141. Vgl. auch AG Pforzheim, HW 1954, 170: Der auf einen Vorvertrag gestützte Anspruch des Mieters auf Abschluß eines Mietvertrages ist unbegründet, wenn dem Vermieter im Falle des Bestehens des Mietverhältnisses ein Mietaufhebungsgrund zur Seite stehen würde. Im italienischen Recht ist streitig, ob ein Vorvertrag zu einem Mietvertrag überhaupt realiter erzwungen werden kann oder ob er nur den sich zu Unrecht Weigernden zur Leistung von Schadensersatz verpflichtet. Teilweise sagt man, die entscheidende Frage, ob nämlich der bloße (durch Urteil ersetzbare) Konsens genüge, um die Wirkungen des Vertrages eintreten zu lassen, sei hier zu verneinen: Trib. Napoli, 29. 2. 1960, Dir. e Giur., 1960, 528; in diesem Sinne auch VISCO, Trattato delle case in locazione [6](1959) 31; für alle Verträge mit nur obligatorischen Wirkungen: SATTA, L'esecuzione forzata [2](1952) 254. Diese Lösung wäre befriedigend, wenn auch der endgültige Mietvertrag nicht realiter vollstreckt werden könnte und die Nichterfüllung nur Schadensersatzansprüche zur Folge hätte. Die überwiegende Auffassung läßt aber dann, wenn ein Vermieter sich weigert, dem Mieter die Nutzung der Wohnung zu gewähren, die zwangsweise Einweisung zu: MICHELI, in: Commentario del Codice civile a cura di A. SCIALOJA e G. BRANCA, Tutela dei diritti, Art. 2900–2969 (1953) 518 f.; ANDRIOLI, Commentario al codice di procedura civile [3]III (1957) 307; MOSCONE 544. Es handelt sich hier um einen Fall der esecuzione forzata per consegna (Art. 2930 c. c.). Geht man davon aus, so hat ein Urteil gemäß Art. 2932 c. c. seinen guten Sinn: der Mietvertrag gilt als geschlossen, eine Zwangseinweisung auch gegen den Willen des Vermieters wird möglich. Die Möglichkeit eines Urteils gemäß Art. 2932 c. c. in diesem Fall bejaht App. Venezia, 15. 5. 1954, Foro it., 1955, I, 408; zustimmend FALQUI-MASSIDDA, Enciclopedia forense II (1958), v. Contratto preliminare, 674. Der Weigerung, einen Dienst- oder Arbeitsvertrag zu erfüllen, kann auch nach italienischer Auffassung nur mit Schadensersatzansprüchen begegnet werden: App. Firenze, 16. 3. 1952, Foro it., 1952, I, 240; MOSCONE 549; für alle Verträge „die carattere personalissimo“: MICHELI aaO 537.

Grund kann zum Abschluß eines Gesellschaftsvertrages (einer Personalgesellschaft) nur verurteilt werden, wenn im Vorvertrag für die Dauer der Gesellschaft eine bestimmte Zeit vereinbart ist; denn andernfalls könnte der Gesellschafter wider Willen durch sofortige Kündigung (§ 723 BGB) oder Kündigung zum Schluß des Geschäftsjahres (§ 132 HGB) die Gesellschaft alsbald wieder auflösen. Ist im Vorvertrag für die Dauer der Gesellschaft eine bestimmte Zeit vereinbart, so hindert die bloße Weigerung eines Gesellschafters seine Verurteilung zur Mitwirkung beim Vertragsschluß nicht[49]. Sie würde eine solche Verurteilung nur dann hindern, wenn der sich Weigernde sofort nach der Entstehung der Gesellschaft aus wichtigem Grund kündigen oder die Auflösung durch gerichtliche Entscheidung (§ 133 HGB) beantragen könnte. Dabei ist aber zu beachten, daß, wer allein, verschuldet oder auch nur objektiv vertragswidrig, ein Zerwürfnis veranlaßt hat, nicht kündigen oder die Auflösung durch gerichtliche Entscheidung beantragen kann[50].

[49] Eine ähnliche Situation ist gegeben, wenn die Parteien eines Mietverhältnisses in einem mündlichen Vorvertrag sich verpflichten, einen Mietvertrag für längere Dauer als ein Jahr schriftlich abzuschließen, ein Vertragsteil aber vor der vereinbarten schriftlichen Abfassung gemäß § 566 S. 2 BGB kündigt. Auch hier steht die Kündigung der Klage auf Abschluß des Hauptvertrages nicht entgegen. Besteht eine Verpflichtung zum Abschluß eines schriftlichen Vertrages, dann greift die Fiktion des § 566 S. 2 BGB nicht ein: BGH LM § 242 (Ca) BGB (1); a. A. STAUDINGER(-KIEFERSAUER) § 566 Bem. 8; s. auch ROQUETTE, Fernwirkung von Mietevorverträgen auf abgeschlossene Mietverträge, JW 1937, 3206, 3209. Ist der Mieter schon eingezogen, so kann er sogar dem Mietzinsanspruch des Vermieters gegenüber die Einrede des Zurückbehaltungsrechts wegen seines Anspruchs auf Erfüllung des Vorvertrages bis zur Unterzeichnung eines schriftlichen Mietvertrages geltend machen: LG Frankfurt a. M., Wohnungswirtschaft und Mietrecht 1954, 111. Gegenüber dem Eigentumsherausgabeanspruch des Vermieters gibt ihm in einem solchen Fall der Vorvertrag ein Recht zum Besitz: LG Itzehoe, SchlHA 1960, 89. Ob er daneben auch den Arglisteinwand geltend machen kann (so RG LZ 1931, 913 und POHLE, ZgGenW 10 [1960] 334), kann dahingestellt bleiben.

[50] RG JW 1937, 3155, 3157; PALANDT(-GRAMM) § 723 Bem. 1 b; WEIPERT in RGR-Komm. z. HGB § 133 Anm. 5. Das französische Recht gibt in diesem Fall nur Schadensersatzansprüche: Limoges, 15. 6. 1895: D. 1897, 2, 276; VIÉNOT, J. Soc. 1922, 402, 404, 406; J.-Cl. des Sociétés, Fasc. 7bis, Nr. 19; PIC, D. Rép. Prat. Bd. 11, 91. Auch in Italien scheint bisher noch kein Urteil ergangen zu sein, das einen Gesellschaftsvertrag für geschlossen erklärt hätte. Zwar ist gelegentlich die Möglichkeit eines solchen Urteils festgestellt worden: Cass. 2. 8. 1950, n. 2310, Foro it., 1951, I, 451 (= Temi 1950, 521 mit krit. Anm. SCALFI); Cass. 5. 10. 1953, n. 3177, Foro it., 1954, I, 459; SATTA (N. 48) 225. Dagegen hält GRECO, Le società nel sistema legislativo italiano (1959) 80 f., die Anwendung des Art. 2932 c. c. für zumindest zweifelhaft: Gemeinschaftsformen, insbesondere Gesellschaftsverhältnisse, dürfen den Beteiligten nicht zwangsweise auferlegt werden. Ebenso ANGELONI, Imprese e Società, Corso di diritto commerciale I (1952) 215. Dagegen aber TAMBURRINO 84. In der italienischen Doktrin wird auch die Frage diskutiert, ob ein Erblasser, der Mitglied einer Gesellschaft ist, seine Mitgesellschafter und seine Erben verpflichten kann, die Gesellschaft fortzusetzen (durch eine sogenannte clausola con obbligo di continuazione). Ob in einem solchen

IV. Die Befreiung von der Leistungspflicht

Der Schuldner des Vorvertrages ist zum Abschluß des Hauptvertrages nicht verpflichtet, wenn eine solche Verpflichtung entweder von Anfang an nicht bestand oder später fortgefallen ist.

1. Eine Verpflichtung besteht von Anfang an nicht, wenn der Vorvertrag *nichtig* ist. Die Nichtigkeit des Vorvertrages richtet sich nach den allgemeinen Regeln. Der Vorvertrag ist darum insbesondere nichtig – abgesehen von den Fällen der Formnichtigkeit –, wenn er gegen ein gesetzliches Verbot verstößt und sich aus dem Gesetz nicht ein anderes ergibt (§ 134 BGB) oder wenn er gegen die guten Sitten verstößt (§ 138 BGB)[51]. Er ist ferner nichtig bei anfänglicher objektiver Unmöglichkeit (§ 306 BGB)[51a].

Fall die Eintrittserklärung des sich weigernden Erben durch ein Urteil gemäß Art. 2932 c. c. ersetzt werden kann, ist zweifelhaft. Ein Teil der Lehre bejaht die Frage mit der Begründung, der Erbe trete in die gesamte Rechtsstellung (universum ius) des Erblassers ein. Ausgeschlossen von dem Erwerb seien lediglich unübertragbare Rechte. Wenn der Gesellschaftsvertrag die Übertragung der Gesellschafterstellung nicht ausgeschlossen habe, könne der Erbe nicht nur, sondern müsse auch in die Gesellschaft eintreten, es sei denn, daß ihm eine Wahlbefugnis ausdrücklich vorbehalten worden sei (GRAZIANI, Diritto delle società [1957] 72 f.). Andere dagegen stehen auf dem Standpunkt, niemand könne gegen seinen Willen Gesellschafter (mit persönlicher Haftung) werden, und halten darum eine solche Klausel grundsätzlich für nichtig, zumindest, soweit der Erbe verpflichtet wird, in die Gesellschaft einzutreten (AULETTA, Clausole di continuazione della società coll'erede del socio personalmente responsabile, in: Scritti giuridici in onore di A. SCIALOJA II (1953) 63 ff., 111 ff.). Wiederum andere deuten die clausola di continuazione als promessa del fatto del terzo i. S. des Art. 1381 c. c. Der Erblasser verspricht, daß seine Erben in die Gesellschaft eintreten werden. Wird das Versprechen nicht erfüllt, so haften die Erben auf Schadensersatz (Art. 1381 c. c.: FERRI, Delle società, in Commentario del c. c. a cura di SCIALOJA e BRANCA [1955] 234). Zweifelhaft bleibt nach dieser Ansicht, ob gegen die restlichen Gesellschafter ein Urteil nach Art. 2932 c. c. begehrt werden kann. GRECO will hier nur Schadensersatzansprüche gewähren (aaO, 344). Im deutschen Recht stellt sich dieses Problem nicht: vgl. § 139 HGB.

[51] Weitere Fälle der Nichtigkeit ergeben sich z. B. aus den §§ 105 und 116–118 BGB. An Verbotsgesetzen haben namentlich die Preisvorschriften für Vorverträge gewisse Bedeutung. Dabei ist zu beachten, daß Preisvorschriften nur überhöhte Preise verbieten. Die Nichtigkeit der über das zulässige Maß hinausgehenden Preisvereinbarung wird aber regelmäßig das gesamte Rechtsgeschäft nichtig machen, zumindest dann, wenn es sich nicht um ein typisches Umsatzgeschäft des täglichen Lebens handelt: SOERGEL-SIEBERT(-HEFERMEHL) § 134 Bem. 16. Bedenklich ist darum die Entscheidung des KG, das einen Vorvertrag auf Abschluß eines der PreisstopVO widersprechenden Mietvertrages nicht für nichtig, sondern zu dem erlaubten Mietzins für wirksam hielt (JW 1938, 1391). Vgl. dagegen aber die Rechtsprechung des BGH zur Nichtigkeit von Mietverträgen, in denen die Zahlung von Abstandsgeldern vereinbart worden war (Nachweise bei SOERGEL-SIEBERT[-HEFERMEHL] § 134 Bem. 17).

[51a] Ist der Vorvertrag nichtig, so sind mit ihm verbundene vertragliche Abreden grundsätzlich ebenfalls nichtig (§ 139).

a) Der Hauptfall des Sittenverstoßes im Verhalten gegenüber dem Geschäftsgegner ist der *Wucher*. Ein Vertrag, in dem jemand unter Ausbeutung der Notlage, des Leichtsinns oder der Unerfahrenheit eines anderen sich oder einem Dritten für eine Leistung Vermögensvorteile versprechen läßt, welche den Wert der Leistung dergestalt übersteigen, daß den Umständen nach die Vermögensvorteile in auffälligem Mißverhältnis zur Leistung stehen, ist nichtig (§ 138 Abs. 2 BGB). Nun mag aber gelegentlich der Fall eintreten – namentlich dann, wenn zwischen Vorvertrags- und Hauptvertragsabschluß ein größerer Zeitraum liegt –, daß zur Zeit des Vorvertragsabschlusses Leistung und Gegenleistung in einem vernünftigen Verhältnis zueinander standen, nicht aber zu dem Zeitpunkt, zu dem der Abschluß des Hauptvertrages gefordert wird. Man denke z. B. an eine überraschende Steigerung der Grundstückspreise, beispielsweise, weil in einer bisher ländlichen Gegend eine Satellitenstadt gebaut werden soll oder weil einige Industriefirmen größere Anlagen dort errichten wollen. Hier liegt keine Ausbeutung der Notlage, des Leichtsinns oder der Unerfahrenheit vor. Die Nichtigkeit kann sich darum in solchen Fällen nicht aus § 138 Abs. 2 BGB ergeben. Sie kann darum, wenn überhaupt, nur auf § 138 Abs. 1 BGB gegründet werden. Wer bewußt den Abschluß eines Vertrages fordert, der ihm einen Vermögensvorteil bringt, welcher in krassem Mißverhältnis zu seiner eigenen Leistung steht, indiziert damit eine verwerfliche Gesinnung. Diese und das Mißverhältnis von Leistung und Gegenleistung können die Annahme einer Sittenwidrigkeit rechtfertigen[52].

Die Lösung dieser Frage hat den *italienischen* und *französischen* Gerichten ziemliche Schwierigkeiten bereitet. Das französische und das italienische Recht geben im Anschluß an das römisch-rechtliche Rechtsinstitut der *laesio enormis* (C. 4, 44, 2) in bestimmten Fällen einen Anspruch auf gerichtliche Aufhebung des Vertrages, wenn zwischen Leistung und Gegenleistung ein grobes Mißverhältnis besteht (Art. 1674, 1675 C. civ. fr.; Art. 1448, 1449 c. c. it.). Die Klage auf Aufhebung des Vertrages kann nur innerhalb einer bestimmten Frist geltend gemacht werden. Von welchem Zeitpunkt an diese Frist laufen soll und welcher Zeitpunkt für die Wertberechnung maßgebend sein soll, ist in beiden Ländern bestritten. In *Italien* steht eine weitverbreitete Auffassung auf dem Standpunkt, da Vorvertrag und Hauptvertrag zwei verschiedene Verträge seien, könne sowohl auf Aufhebung des Vorvertrages als auch auf Aufhebung des Hauptvertrages geklagt werden. Der Abschluß des Hauptvertrages setzt nach dieser

[52] Meist wird in Fällen dieser Art nicht mit der Sittenwidrigkeit operiert, sondern mit dem Wegfall der Geschäftsgrundlage. Davon wird unter Buchstabe 2. f) noch näher die Rede sein.

Meinung eine neue Frist in Gang[52a]. Für die Klage auf Aufhebung des Vorvertrages ist der Wert maßgebend, den Leistung und Gegenleistung im Zeitpunkt des Vorvertragsabschlusses hatten, für die Klage auf Aufhebung des Hauptvertrages der Wert im Zeitpunkt dieses Vertragsschlusses[53]. In der Rechtsprechung sind die Meinungen geteilt. Einige Gerichte stellen für den Fristbeginn allein auf den Tag des Vorvertragsabschlusses ab[54], andere auf den Abschlußtag des endgültigen Vertrages[55] und wieder andere auf den Tag, an dem der Hauptvertrag nach dem Willen der Parteien abgeschlossen werden soll[56]. Entsprechend verschieden sind die Auffassungen zu der Frage, welcher Zeitpunkt für die Wertberechnung entscheidend sein soll. Soll es der Tag sein, an dem das Eigentum übergeht[57] oder an dem es hätte übergehen sollen[58] oder an dem der Vorvertrag geschlossen wurde[59] (gegebenenfalls unter Berücksichtigung späterer Wertveränderungen[59a])?

In Frankreich läßt der Kassationshof bei den aufschiebend bedingten Verträgen, die meist den Vorvertrag ersetzen, den Lauf der Frist erst von dem Eintritt der Bedingung an beginnen. Für die Wertberechnung soll dagegen der Zeitpunkt der Parteieinigung maßgebend sein[60]. Dagegen will Boyer bei allen Vorvertragsfällen für die Wertberechnung auf den Zeitpunkt der Vollendung des Vertrages abstellen[61] und für die wichtigen Fälle, in denen für die Grundstücksveräußerung eine behördliche Genehmigung notwendig ist, sind Esmein[62] und Malaurie[63] der gleichen Meinung.

b) Nur die *anfängliche objektive Unmöglichkeit* macht den Vorvertrag nichtig, nicht bloßes *Unvermögen.* Wird der Verkauf einer Sache versprochen, die zur Zeit des Vorvertragsschlusses bereits nicht mehr existiert, so ist der Vorvertrag nichtig. Steht die Sache dagegen zur Zeit des Vorvertragsabschlusses noch im Eigentum eines Dritten, so ist der

---

[52a] Vgl. dazu Galletta, Sulla prescrizione dell'azione rescissoria del contratto commutativo stipulato in esecuzione del relativo contratto preliminare, Archivio di Ricerche Giuridiche 1961, 15 ff.

[53] Rubino 39 f.; Falqui-Massidda (N. 48) 673; wohl auch Stolfi, Teoria del negozio giuridico (1947) 217 f.

[54] App. Messina, 14. 4. 1954, Foro it., 1955, I, 1764; Trib. Rossano, 21. 6. 1956, Foro it., 1957, I, 304; Trib. Roma, 21. 2. 1959, Giur. it., v. Obbl. e Contr., n. 228; Trib. Palermo, 7. 6. 1959, Foro it., 1960, I, 1056; ebenso Mirabelli, Dir. e Giur. 1952, 177; Messineo, Enciclopedia del diritto X 174.

[55] App. Napoli, 12. 5. 1951, Foro it., 1952, I, 502.

[56] Cass. 16. 10. 1957, n. 3892, Giust. civ., Rep. 1957, v. Obbl. e Contr., n. 539.

[57] Trib. Genova, 7. 9. 1946, Mon. Trib. 1947, 26.

[58] Cass. 16. 10. 1957 (vorletzte Note).

[59] G. N., Mon. Trib. 1947, 26.

[59a] Messineo, Enciclopedia del diritto X 174.

[60] Cass. civ. 14. 11. 1949: J. C. P. 1950, II, 5255 mit zust. Anm. Cavarroc; 18. 10. 1955: D. 1956, Somm. 40.

[61] Boyer 23.

[62] J. C. P. 1949, II, 4961.

[63] D. 1955, 2, 715.

Vorvertrag wirksam. Mangelnde Verfügungsgewalt über eine Sache macht einen Vorvertrag ebensowenig nichtig wie einen Hauptvertrag[64].

c) Ist zur Wirksamkeit des Hauptvertrages die *Zustimmung eines Dritten* (beispielsweise des Nießbrauchers) erforderlich, dann bedeutet das Fehlen dieser Zustimmung im Vorvertrag nicht dessen Nichtigkeit. Häufig wird die Verpflichtung zum Abschluß des Hauptvertrages durch die Zustimmung ausdrücklich oder stillschweigend bedingt sein. Es handelt sich dabei im Zweifel um eine auflösende Bedingung (im Gegensatz zum Hauptvertrag, der bei Zustimmungsbedürftigkeit durch die Zustimmung aufschiebend bedingt ist). Wird die Zustimmung verweigert, dann entfällt die Bindung aus dem Vorvertrag. Kannte der Gegner die Zustimmungsbedürftigkeit nicht, so haftet derjenige, der den Abschluß des Hauptvertrages unbedingt versprochen hat, wenn die Zustimmung verweigert wird, wegen anfänglichem Unvermögen auf Schadensersatz wegen Nichterfüllung. Ein gleiches gilt, wenn die Zustimmungsbedürftigkeit zwar nicht verschwiegen, aber die Erteilung der Zustimmung garantiert worden ist[65].

2. Die Verpflichtung zum Abschluß des Hauptvertrages kann entfallen, wenn der Vorvertrag mit Erfolg angefochten wird, wenn die Leistung des Hauptvertrages nachträglich unmöglich wird, wenn ein Partner aus diesem oder einem anderen Grunde vom Vorvertrag zurücktritt oder der Vorvertrag aus anderen Gründen aufgelöst wird[65a]. Sie erlischt selbstverständlich auch mit der Erfüllung, d. h. mit dem Abschluß des Hauptvertrages.

---

[64] BGH WM 1963, 662, 664; Cass. 20. 5. 1959, n. 1509, Giust. civ. 1959, I, 1746; siehe auch § 308 Abs. 1 BGB; a. A. (für den Fall, daß der Gegenstand des Versprechens im ungeteilten Eigentum des Versprechenden und dritter Personen steht) Trib. Perugia, 22. 5. 1953, Giur. it., Rep. 1954, v. Vendita, n. 7.

Sieht sich der Schuldner in einem solchen Fall nicht in der Lage, den Hauptvertrag zu erfüllen, so kann der Gläubiger vom Vorvertrag zurücktreten oder Schadensersatz wegen Nichterfüllung verlangen (s. u. 2 b). Ein gleiches gilt, wenn der Schuldner nur einen Teil der versprochenen Hauptvertragsleistung zu erbringen vermag (§§ 266, 280 Abs. 2, 325 Abs. 1 S. 2 BGB). Vgl. für das italienische Recht Cass. 20. 5. 1959 aaO; App. L'Aquila, 7. 3. 1956, Foro it., 1957, I, 670; a. A. Trib. Ferrara, 30. 6. 1952, Foro it., 1953, I, 460.

[65] Das italienische Recht spricht hier von einer promessa dell'obbligazione del terzo (Art. 1381 c. c.). Vgl. dazu auch Cass. 11. 6. 1958, n. 1926, Giur. it., Rep. 1958, v. Obbl. e Contr., n. 304. Zur stillschweigenden Bedingung des Vorvertrags durch die Zustimmung siehe Trib. Napoli, 16. 6. 1958, Dir. e Giur. 1959, 489.

[65a] Durch die Auflösung des Vertrages werden die mit ihm verbundenen vertraglichen Vereinbarungen nicht notwendig mitaufgehoben. § 139 ist nicht anwendbar. Insbesondere bleibt die Vereinbarung eines Schiedsgerichts auch nach der Auflösung des Vorvertrages bestehen: OLG Koblenz, MDR 1959, 131.

a) Die *Anfechtung* richtet sich nach den allgemeinen Regeln der §§ 119 ff. BGB. Sie beseitigt den Vorvertrag ex tunc.

b) Die Verpflichtung aus dem Vorvertrag richtet sich auf die Mitwirkung beim Abschluß des Hauptvertrages. Diese Verpflichtung als solche wird nicht ohne weiteres dann *unmöglich,* wenn die für den Fall des Hauptvertragsabschlusses versprochene Leistung aus irgendeinem Grunde vom Schuldner nicht mehr erbracht werden kann. Man wird hier unterscheiden müssen: Kann von den Parteien noch ein rechtswirksamer Hauptvertrag geschlossen werden, dann ist die im Vorvertrag versprochene Leistung nicht unmöglich. Könnte dagegen nur noch ein nichtiger Vertrag geschlossen werden, dann ist die Erfüllung des Vorvertrages unmöglich geworden; denn man darf den Inhalt eines Vorvertrages dahin konkretisieren, daß er zum Abschluß eines rechtswirksamen Vertrages verpflichtet. Der letztere Fall ist dann gegeben, wenn die Erfüllung des definitiven Vertrages dem Schuldner objektiv unmöglich geworden ist (§ 306 BGB). Diese (ursprüngliche) objektive Unmöglichkeit des Hauptvertrags hat hier die (nachträgliche) objektive Unmöglichkeit des Vorvertrages zur Folge. Der Schuldner wird, wenn er die Unmöglichkeit nicht zu vertreten hat, von seiner Leistungspflicht frei (§ 275 Abs. 1 BGB), verliert aber auch seinen Anspruch auf die Gegenleistung (§ 323 Abs. 1 BGB). Hat er die Unmöglichkeit zu vertreten, so gilt § 280 BGB[66]. Ist die Leistung nur dem Schuldner unmöglich, anderen Personen aber noch möglich, liegt also ein Fall des sogenannten *Unvermögens* vor, so ist die dem Schuldner obliegende Leistung aus dem Vorvertrag nicht unmöglich geworden. Er ist nach wie vor in der Lage, einen gültigen Hauptvertrag zu schließen. § 306 BGB gilt bei anfänglichem Unvermögen nicht. Das anfängliche Unvermögen, den Hauptvertrag zu erfüllen, bedeutet somit nicht unbedingt ein nachträgliches Unvermögen, den Hauptvertrag abzuschließen! Folgt daraus nun, daß der Schuldner verpflichtet ist, einen Vertrag zu schließen, zu dessen Erfüllung er von Anfang an nicht in der Lage ist? Die Frage muß verneint werden. Würde man sie bejahen, so ergäbe sich die unmögliche Konsequenz, daß der Schuldner verpflichtet wäre, einen Vertrag zu schließen, der ihn schlechter stellt, als er stehen würde, wenn er statt des Vorvertrages sogleich

---

[66] Der Gläubiger ist darum, wenn der (nichtige) Hauptvertrag geschlossen werden sollte, nicht auf die Rechte aus § 307 BGB beschränkt, wie STINTZING 25 annimmt. § 307 BGB kann dem Gläubiger nur dann nützen, wenn der Schuldner den Hauptvertrag in Kenntnis oder fahrlässiger Unkenntnis der von ihm nicht zu vertretenden Leistungsunmöglichkeit schließt: LEVINSOHN 77 f.

einen Hauptvertrag geschlossen hätte. Dann nämlich hätte sein nachträgliches Unvermögen zur Leistung der nachträglichen Unmöglichkeit gleichgestanden (§ 275 Abs. 2 BGB) und ihn damit von seiner Leistungspflicht befreit. Schließt er aber einen von Anfang an für ihn nicht erfüllbaren Hauptvertrag, so übernimmt er damit eine Garantie für sein Leistungsvermögen.

Hier zeigt sich wieder einmal, daß die eigentliche Quelle des definitiven Leistungsanspruches der Vorvertrag ist[67]. Bereits im Vorvertrag versprechen sich die Partner die definitive Leistung, wenn diese auch erst erbracht werden soll, nachdem sie einen „Hauptvertrag" geschlossen haben. Wird nach Abschluß des Vorvertrages die definitive Leistung objektiv oder subjektiv unmöglich, so wird der Schuldner, wenn er den Umstand, der die Leistung unmöglich macht, nicht zu vertreten hat, nach § 275 BGB von seiner Verpflichtung zur Leistung frei, und zwar sowohl von seiner Verpflichtung, den Hauptvertrag abzuschließen als auch von seiner definitiven Leistungspflicht[68]. Bei zu vertretender nachträglicher (objektiver oder subjektiver) Unmöglichkeit gilt § 280 BGB[68a].

c) Ein Partner eines Vorvertrages kann vom Vorvertrag *zurücktreten,* wenn sein Gegner mit dem Abschluß des Hauptvertrages in Verzug gekommen ist (s. oben II) oder den Abschluß des Hauptvertrages verweigert (s. oben III). Er kann ferner vom Vorvertrag zurücktreten, wenn dem Gegner die Erfüllung des Hauptvertrages unmöglich geworden und diese Unmöglichkeit vom Gegner auch zu vertreten ist (§ 325 BGB). Dieser letztere Fall wird insbesondere dann eintreten, wenn der Partner des Vorvertrages, der eine Sache zu verkaufen oder zu vermieten versprochen hat, sie vor Abschluß des definitiven Vertrages anderweitig verkauft oder vermietet[68b].

Ein Rücktrittsrecht kann ferner gegeben sein bei einer *positiven Vertragsverletzung.* Wer einen Vorvertrag schließt, übernimmt damit nicht nur die Verpflichtung, den Hauptvertrag abzuschließen, sondern auch die Verpflichtung, sich so zu verhalten, daß der mit dem Hauptvertrag bezweckte wirtschaftliche Erfolg nicht gefährdet wird[69]. Wer verspricht,

[67] S. oben I 4. [68] METZDORF 95.

[68a] Etwa wenn der Verkauf einer Sache versprochen wird, die einem Dritten gehört, der Dritte sich aber weigert, die Sache dem Verkäufer zu übertragen. Das italienische Recht nimmt hier keine nachträgliche Unmöglichkeit an, sondern einfache Nichterfüllung: Trib Venezia, 13. 7. 1961, Giust. civ. 1961, I, 1898.

[68b] BGH LM § 162 BGB (3). Die Rechte aus einem Mietvorvertrag gehen nicht auf den Erwerber gem. § 571 über: SOERGEL-SIEBERT(-ERDSIEK-MÜHL) § 571 Bem. 14.

[69] ESSER 96, 341.

eine Bäckerei zu verpachten, vor Abschluß des Hauptvertrages aber im Nebengebäude eine neue Bäckerei eröffnet, begeht damit eine positive Vertragsverletzung[70]. Der gleiche Vorwurf trifft den Verpächter, wenn er an den zu verpachtenden Räumen Veränderungen vornimmt, die ihre Eignung zu dem beabsichtigten Gebrauch stark beeinträchtigen. Eine wichtige Rolle spielt die positive Vertragsverletzung auch bei Vorverträgen zu Gesellschaftsverträgen. Wer schuldhaft eine Situation herbeiführt, die den oder die Mitgesellschafter berechtigen würde, eine bestehende Gesellschaft aus wichtigem Grunde zu kündigen (§ 723 BGB) oder die Auflösung der Gesellschaft durch gerichtliche Entscheidung zu beantragen (§ 133 HGB), begeht eine positive Vertragsverletzung des Vorvertrags und gibt damit seinen Mitgesellschaftern ein Rücktrittsrecht[71]. Allgemein läßt sich sagen: Ein Rücktrittsrecht besteht, wenn durch eine positive Vertragsverletzung der Vertragszweck derart gefährdet wird, daß dem vertragstreuen Teil unter Berücksichtigung aller Umstände des Falles nach Treu und Glauben der Abschluß des Hauptvertrages nicht zugemutet werden kann[72]. Wer sich selbst nicht vertragstreu verhalten hat, kann grundsätzlich nicht wegen einer positiven Vertragsverletzung des anderen Teils vom Vertrag zurücktreten. Eine Ausnahme gilt aber dann, wenn es sich bei dem abzuschließenden Vertrag um ein Dauerschuldverhältnis handelt, das auf einem besonderen Vertrauensverhältnis beruht, und dieses durch die positive Vertragsverletzung des Gegners derart erschüttert ist, daß ein gedeihliches Zusammenwirken der Parteien nach den gesamten Umständen des Falles nicht mehr zu erwarten steht[73].

Das Rechtsinstitut der positiven Vertragsverletzung schafft einen ausreichenden Schutz gegen alle Handlungen des Gegners, die geeignet sind, die Erreichung des mit dem Hauptvertrag bezweckten wirtschaftlichen Erfolgs zu vereiteln. Es bedarf darum nicht einer besonderen Konzeption des Vorvertrags, etwa in der Art, daß der Vorvertrag als die vertragliche Begründung einer Leistungsbereitschaft angesehen wird[74].

---

[70] LARENZ I 271.

[71] Im Ergebnis auch LEVINSOHN 77. Eine Klage aus § 133 HGB ist in einem solchen Fall ebensowenig zulässig wie eine Kündigung. Der Vorvertrag als solcher begründet weder eine Gesellschaft noch sonst ein Dauerschuldverhältnis: HUECK, Das Recht der offenen Handelsgesellschaft [3](1964) 271. Vgl. auch BGH WM 1961, 897.

[72] Vgl. dazu BGH 11, 80, 84.

[73] S. oben Text zu N. 48; ferner BGH NJW 1958, 1531 und STAUDINGER(-WEBER) § 242 Bem. A 741.

[74] So aber im Anschluß an STINTZING (25 f., 29) LEVINSOHN 63 ff. und zunächst auch RIEZLER (STAUDINGER[-RIEZLER] [9]I (1925 Einl. 8 zu § 145), der diese Auffassung

d) Ein Rücktitt vom Vorvertrag kann auch möglich sein, wenn den Gegner *kein Verschulden* trifft. Hier kommen insbesondere die Fälle in Betracht, in denen ein Partner das Recht hat, kraft Gesetzes oder kraft Vereinbarung den zu schließenden Hauptvertrag jederzeit zu kündigen oder von ihm zurückzutreten [75]. Zu nennen sind hier weiter die Fälle, in denen der Partner eines Vorvertrags zu einem Kaufvertrag Wandlung begehren könnte, wenn der Kaufvertrag schon abgeschlossen wäre. Man denke z. B. an den Fall, daß eine Wohnungsbaugesellschaft sich den Verkauf bestimmter Grundstücke versprechen läßt, diese aber nach Abschluß des Vorvertrages mit einem behördlichen Bauverbot belegt werden. Eine öffentlichrechtliche Baubeschränkung ist ein Fehler i. S. des § 459 BGB [76]. Würde die Wohnungsbaugesellschaft in Unkenntnis des Mangels den Hauptvertrag schließen, so könnte sie vom Verkäufer Wandlung begehren. Kennt sie den Mangel, dann ist sie nicht verpflichtet, den Hauptvertrag abzuschließen. Sie würde sich durch einen Vertragsschluß in Kenntnis des Mangels sogar ihrer Gewährleistungsansprüche begeben (§ 460 BGB). Ist der Mangel nicht zu beheben, so kann die Wohnungsbaugesellschaft auch ein Interesse daran haben, ihre Bindung aus dem Vorvertrag gänzlich zu beseitigen. Sie kann darum in einem solchen Fall vom Vorvertrag zurücktreten [77].

e) Ein Rücktrittsrecht ist ferner gegeben, wenn vor Abschluß des Hauptvertrages ein *Ereignis* eintritt, das den *Hauptvertrag*, wenn er bereits geschlossen worden wäre, *auflösen würde*. Hier ist namentlich an das Gesellschaftsrecht zu denken: Eine Gesellschaft des bürgerlichen Rechts endigt, wenn die Erreichung des vereinbarten Zwecks unmöglich

---

später allerdings aufgegeben hat (Staudinger[-Riezler] [10]I (1936) Vorbem. 20 vor § 145).

[75] S. oben Text zu N. 49. Vgl. ferner Levinsohn 76 f. Der Rücktritt bedarf nicht der für den Vorvertrag vorgeschriebenen Form: Wilde in BGB-RGRK § 313 Anm. 46. Anders das italienische Recht: App. Roma 12. 2. 1953, Foro it., 1953, I, 691.

[76] RG 131, 343, 348.

[77] Das italienische Recht würde in dem hier als Beispiel genannten Fall nicht die allgemeine Sachmängelvorschrift (Art. 1490 c. c.) anwenden, sondern Art. 1489 c. c. Nach dieser Vorschrift kann der Käufer die Auflösung des Vertrages verlangen, wenn die gekaufte Sache mit Lasten oder dinglichen oder persönlichen Rechten beschwert ist, die ihn in der freien Nutzung der Sache beschränken, es sei denn, daß sie ihm im Zeitpunkt des Vertragsschlusses bekannt waren. Zu diesen Lasten rechnet das italienische Recht insbes. Bebauungsverbote, Baulinienbeschränkungen oder das Verbot baulicher Änderungen. In den Fällen des Art. 1489 kann die Auflösung des Vorvertrages sowohl verlangt werden, wenn die Beschränkung bereits zur Zeit des Vorvertragsabschlusses vorlag, dem Käufer aber unbekannt war (Cass. 11. 1. 1955, n. 17, Foro it., 1955, I, 1282; App. Palermo, 30. 4. 1954, Foro it., 1955, I, 1235), als auch dann, wenn sie erst nach Abschluß des Vorvertrages erfolgte (Rubino 38 f.).

geworden ist (§ 726 BGB), sie wird aufgelöst durch den Tod eines Gesellschafters, sofern aus dem Gesellschaftsvertrag sich nicht ein anderes ergibt (§ 727 Abs. 1 BGB), sowie durch die Eröffnung des Konkurses über das Vermögen eines Gesellschafters (§ 728 BGB). Aus den beiden letztgenannten Gründen wird auch eine OHG aufgelöst (§ 131 Ziff. 4 und 5 HGB). Tritt eines dieser Ereignisse ein, so ist den verbleibenden Partnern des Vorvertrages der Abschluß des Hauptvertrages nicht mehr zumutbar. Ein Gesellschaftsvertrag zwischen zwei Gesellschaftern ist gegenüber einem beabsichtigten Gesellschaftsvertrag zwischen drei Personen ein aliud – wenn sich nicht aus dem beabsichtigten Gesellschaftsvertrag ein anderes ergibt. Die verbleibenden Partner des Vorvertrages können sich darum von ihrer Pflicht, den Hauptvertrag abzuschließen, durch Rücktritt befreien[78].

f) Mit den letztgenannten Fällen eng verwandt sind die Fälle, in denen die Pflicht zum Hauptvertragsabschluß wegen veränderter Umstände entfällt. Die *clausula rebus sic stantibus* ist auch Bestandteil eines jeden Vorvertrages[79]. Im österreichischen Recht ist sie sogar bezeichnenderweise im Gesetz ausdrücklich genannt. Nach § 936 ABGB ist eine Verabredung, künftig einen Vertrag schließen zu wollen, nur verbindlich, wenn „die Umstände inzwischen nicht dergestalt verändert worden sind, daß dadurch der ausdrücklich bestimmte, oder aus den Umständen hervorleuchtende Zweck vereitelt, oder das Zutrauen des einen oder anderen Teiles verloren wird". Der Fortfall der Geschäftsgrundlage ist vornehmlich in zwei Gruppen von Fällen bedeutsam: denen der Äquivalenzstörung und denen der Zweckvereitelung.

Eine *Äquivalenzstörung* ist gegeben, wenn vor Abschluß des Hauptvertrages infolge einer unvorhergesehenen Änderung der Verhältnisse die Leistungen des Hauptvertrages in ein grobes Mißverhältnis geraten. Der typische Fall einer Äquivalenzstörung ist der Verfall der Währung, es kommen aber auch eine Änderung der Gesetzgebung (z. B. Einführung oder Wegfall des Preisstops) oder der politischen Verhältnisse (in einem vor dem Kriege geschlossenen Vorvertrag wird der Verkauf eines Grundstücks in Berlin versprochen, der Hauptvertrag soll nach Kriegsende ge-

---

[78] Auch im französischen Recht beseitigt ein Ereignis, durch das eine Gesellschaft aufgelöst würde, die vorvertragliche Verpflichtung zum Abschluß eines Gesellschaftsvertrages: Pic, D. Rép. Prat., XI 91; Houpin et Bosvieux I 114. Das ist der Fall, wenn ein Vertragspartner stirbt, zahlungsunfähig wird (déconfiture de l'associé) oder in Konkurs fällt (faillite de l'associé).

[79] Levinsohn 79 f.

schlossen werden, der Käufer wohnt in Westberlin, das Grundstück liegt in Ostberlin) in Betracht.

Mit dem Einfluß des Währungsverfalls auf Vorverträge hat sich insbesondere die *italienische* Judikatur beschäftigt. Nach italienischem Recht kann die Auflösung eines Vertrages verlangt werden bei *„eccessiva onerosità"*. Um eine solche handelt es sich, wenn bei Verträgen, bei denen die Erfüllung nicht mit dem Vertragsschluß zusammenfällt, die Leistung einer Partei infolge außerordentlicher und unvorhergesehener Umstände für sie übermäßig belastend („eccessivamente onerosa") geworden ist (Art. 1467 c. c.). Treten also nach Abschluß eines Vorvertrages derartige Umstände ein, welche die Leistung, die Gegenstand des Hauptvertrages sein soll, „eccessivamente onerosa" machen, so kann die dadurch belastete Partei die Auflösung des Vorvertrages verlangen[80].

Die Anwendbarkeit des Art. 1467 c. c. auf Fälle des Währungsverfalles war zunächst nicht unbestritten. In einer Entscheidung aus dem Jahre 1947 hielt der Kassationshof Art. 1467 c. c. bei einer Geldentwertung noch für nicht anwendbar, weil es dabei an der „Außerordentlichkeit" und „Unvorhersehbarkeit" des Ereignisses fehle[81]. Diese Entscheidung wurde von RUBINO kritisch besprochen[82], der darauf hinwies, daß eine Geldentwertung zwar die normale (also nicht außerordentliche) Folge eines Krieges sei, der Krieg als solcher jedoch als ein außerordentliches Ereignis angesehen werden müsse, das dementsprechend auch auf wirtschaftlichem Gebiet außerordentliche Folgen zeitige. Unvorhersehbar sei die Geldentwertung immer dann, wenn der Vorvertrag vor ihrem Beginn geschlossen worden sei[83]. Die Auffassung RUBINOS setzte sich durch. Der Kassationshof erklärte in späteren Urteilen Art. 1467 c. c. auch bei einer Geldentwertung für anwendbar, stellte dabei aber strenge Anforderungen an die Wertdifferenz der Leistungen. Die geschuldete Leistung müsse infolge der Entwertung des Geldes absolut ungleichwertig („assolutamente inadeguato") geworden sein. Niemand brauche eine Sache aus seinem Vermögen zu überlassen, wenn er dafür – wegen der Geldentwertung – nur einen Spottpreis („irrisorio corrispettivo") erhalten würde[84].

[80] Cass. 10. 8. 1953, n. 2694, Foro it., 1954, I, 1276; Cass. 7. 10. 1955, Foro it., Rep. 1955, v. Obbl. e Contr., n. 490; Trib. Verona, 17. 10. 1952, Foro it., 1953, I, 907; Trib. Napoli, 16. 6. 1958, Dir. e Giur. 1958, 490; 29. 2. 1960, Dir. e Giur. 1960, 528.

[81] Cass. 23. 4. 1947, n. 610, Foro it., 1947, I, 726. In einer späteren Entscheidung meinte der Kassationshof, wer sich vorvertraglich verpflichtet habe, ein Grundstück zu einem bestimmten Preis zu veräußern, dürfe vom Käufer keinen höheren Preis als den festgesetzten Preis verlangen, da es sich um eine Geldschuld handle, für die das nominalistische Prinzip des Art. 1277 c. c. gelte: Cass. 26. 7. 1949, Foro it., Rep. 1949, v. Vendita, n. 148.

[82] RUBINO, Foro it., 1947, I, 727; kritisch auch MESSINEO, Dottrina generale 506.

[83] Auch für die Parteien eines Vorvertrages, der zu Beginn des Krieges abgeschlossen wurde, war die nach dem Krieg eintretende Geldentwertung noch nicht vorhersehbar: Trib. Agrigento, 2. 10. 1947, Foro it., 1947, I, 1003; für alle unter der Herrschaft des alten Codice abgeschlossenen Verträge: Cass. 5. 3. 1954, n. 630, Foro pad., 1954, I, 356.

[84] Cass. 26. 2. 1955, n. 583. Giur. it., Rep. 1955, v. Obbl. e Contr., n. 644; Cass.

Auch nach *österreichischem* Recht löst zwar eine katastrophale Geldentwertung den Vorvertrag auf, nicht aber eine mäßige Preissteigerung[85].

In *Deutschland* spielen im Augenblick Fragen des Währungsverfalls keine besondere Rolle. Die Geldentwertung während und nach dem zweiten Weltkrieg ist durch die Währungsreform beseitigt und abschließend geregelt worden. Die seit 1948 zu beobachtende Entwertung ist zwar nicht unbedeutend, aber doch noch nicht so erheblich, daß sie allgemein den Wegfall der Geschäftsgrundlage verursachen könnte[86]. Einzelne Gegenstände sind aber in ihrem Wert so außerordentlich gestiegen, daß ein im Jahre 1948 vereinbarter Kaufpreis heute nur ein Bruchteil des wirklichen Wertes repräsentiert, man denke nur an Grundstücke in Großstädten oder in gesuchten Wohngegenden. Hier kann in der Tat eine im Jahre 1948 versprochene Leistung sich heute als „übermäßig belastend“ darstellen. Daß die wirtschaftliche Entwicklung, welche die Preissteigerung letztlich verursacht hat, unvorhersehbar war, wird man annehmen dürfen. Das Wort „Wirtschaftswunder“ drückt dies sehr plastisch aus[87].

Ähnliches gilt in den Fällen, in denen die Parteien bei Abschluß des Vorvertrages von einer bestimmten gesetzlichen Situation oder von bestimmten politischen Verhältnissen ausgingen, die in dem Zeitpunkt, zu dem der Hauptvertrag geschlossen werden soll, nicht mehr gegeben sind.

Eine *Zweckvereitelung* liegt dann vor, wenn der Zweck, den die Parteien mit ihrem Vertrag anstrebten und der in dem Vorvertrag irgendwie zum Ausdruck gelangt ist, unerreichbar geworden ist. Man denke etwa an das Beispiel, daß ein Gastwirt sich die Vermietung bestimmter Räumlichkeiten versprechen läßt, um darin eine Gastwirtschaft eröffnen zu

---

7. 10. 1955, n. 2891, Giur. it., Rep. 1955, v. Obbl. e Contr., n. 645. Für die Anwendung von Art. 1467 c. c. auf den Fall der Geldentwertung schon früher: Trib. Agrigento, vorige Note. Der bloße Wegfall des erwarteten Gewinns berechtigt nicht zur Auflösung des Vorvertrages: Trib. Napoli, 2. 3. 1960, Foro pad., 1961, I, 1352.

[85] Klang-Gschnitzer § 936 Bem. II 3 a mit Nachweisen.

[86] Vgl. BAG AP § 242 BGB (9) mit zustimmender Anm. Duden.

[87] Nicht in jedem Fall, in dem infolge veränderter Umstände der im Vorvertrag vereinbarte Preis zu dem Zeitpunkt, zu dem der Hauptvertrag geschlossen werden soll, nur noch einen Bruchteil des wirklichen Wertes repräsentiert, ist eine Berufung auf den Wegfall der Geschäftsgrundlage gerechtfertigt. Nach der Formel des Bundesgerichtshofs ist dies vielmehr nur dann der Fall, wenn ein weiteres Festhalten an der ursprünglichen Regelung zu einem untragbaren, mit Recht und Gerechtigkeit nicht mehr zu vereinbarenden Ergebnis führen würde. Mit dieser Begründung hat der Bundesgerichtshof den Wegfall der Geschäftsgrundlage in einem Fall verneint, in dem feststand, daß der Geldwert einer Leistung sich um $^2/_3$ verringert hatte: BGH LM § 242 (Bb) BGB (34).

können. Nach Abschluß des Vorvertrags, aber vor Abschluß des Hauptvertrags wird ihm die Konzession entzogen oder die erhoffte Konzession verweigert. Hier ist der klar ersichtliche objektive Zweck des Vertrages nicht nur zeitweilig, sondern für immer oder doch für unbestimmte Zeit unerreichbar geworden. Die Vermietung ist zwar noch möglich, der Abschluß des Mietvertrages ist aber dem Gastwirt nicht mehr zumutbar.

Die *Rechtsfolgen* sind bei der Äquivalenzstörung und der Zweckvereitelung nicht die gleichen. Während man in den Fällen der Zweckvereitelung annimmt, daß die Durchführung des Vertrages sinnlos geworden sei und er aus diesem Grund aufgelöst werden müsse (in der Regel durch Rücktritt der benachteiligten Partei), will man in den Fällen der Äquivalenzstörung zunächst mit einer Anpassung des Vertrages an die veränderten Verhältnisse helfen, weil hier die Durchführung des Vertrages nicht sinnlos geworden sei, vielmehr in vielen Fällen durchaus im recht verstandenen Interesse beider Vertragsteile liegen könne[88].

Die *Anpassung* wird von der Rechtsprechung zuweilen in der Form einer rechtsgestaltenden Entscheidung vorgenommen[89]. Diese Praxis ist aber nicht korrekt. Nur die Parteien können ihren Vertrag umgestalten, nicht der Richter – auch nicht durch eine Berücksichtigung des sog. hypothetischen Parteiwillens; denn dadurch verwirklicht er nicht den Willen der Parteien, sondern seine eigenen Billigkeitsvorstellungen[89a]. Die Parteien sind einander zur Anpassung verpflichtet. Sie können sich auf keinen Fall vom Vertrag lösen, wenn der Gegner einen voll adäquaten Gegenwert anbietet. Der Gegner ist dazu aber nicht verpflichtet. Man wird davon ausgehen dürfen, daß sich der begünstigte Teil auch mit einer

---

[88] LARENZ I 242; BGH LM § 242 (Bb) BGB (34). Die Anpassung kommt freilich nur dann in Frage, wenn den Parteien das Festhalten an ihrer ursprünglichen Vereinbarung nicht zugemutet werden kann. Dabei ist ein strenger Maßstab anzulegen: Nicht jede erhebliche Verschiebung der Äquivalenz rechtfertigt ein Abgehen vom Vertrag, sondern nur eine solche, die über das vernünftigerweise von jeder Partei zu tragende Risiko weit hinausgeht und es der benachteiligten Partei unmöglich macht, in dem Vertrag ihr eigenes Interesse auch nur annähernd noch gewährleistet zu sehen: LARENZ, Geschäftsgrundlage 171 f.; BGH aaO.

[89] BGH JZ 1952, 145, 146: Die Gerichte sind befugt, weitgehend rechtsgestaltend in das Vertragsverhältnis einzugreifen. Siehe aber auch BGH LM § 242 (Bb) BGB (34): Der Prozeßrichter gestaltet mit seinem Urteil die rechtlichen Beziehungen der Parteien nicht um, er schafft kein neues Recht, sondern spricht lediglich aus, welche Umgestaltung die bestehenden Rechtsbeziehungen durch die Veränderung der Umstände bereits von selbst nach Treu und Glauben erlitten haben.

[89a] Bedenklich darum die Formel des BGH in NJW 1962, 1812, 1813, wonach bei der Fassung der Verurteilung die Bestimmungen des abzuschließenden Hauptvertrages so festzulegen seien, wie die Parteien sie bei Kenntnis der veränderten Sachlage festgelegt haben würden.

minderen Leistung zufrieden geben muß, wenn diese Minderleistung sich als billig darstellt. Der begünstigte Teil verstößt gegen Treu und Glauben, wenn er den Abschluß des Hauptvertrages zu den im Vorvertrag vereinbarten Bedingungen verlangt. Darauf hat ihn der Richter hinzuweisen (§ 139 ZPO). Mindert der Begünstigte daraufhin seinen Anspruch oder erhöht er seine Gegenleistung, so daß sein Anspruch sich nicht mehr als unzulässige Rechtsausübung darstellt, so kann der Richter seiner Klage stattgeben[90]. Weigert sich der Begünstigte, seinen Anspruch zu mindern oder seine Gegenleistung zu erhöhen, so hat sein Gegner das Recht, vom Vorvertrag zurückzutreten[91]. In keinem Fall darf der Richter im Wege der ergänzenden Vertragsauslegung (Vertragsergänzung) den Vertrag von sich aus korrigieren oder erweitern. Für eine Vertragsergänzung fehlt es an der notwendigen Basis im Vertrag[92].

g) Endlich ist ein Rücktritt vom Vorvertrag auch möglich, wenn die Parteien sich den Rücktritt ausdrücklich oder stillschweigend *vorbehalten* haben. Ein stillschweigender Rücktrittsvorbehalt liegt insbesondere in der Vereinbarung eines *Reugeldes* für den Fall der Nichterfüllung[93]. Die Vereinbarung einer Vertragsstrafe (§§ 339 ff. BGB) gilt dagegen nicht als Vereinbarung des Rücktrittsvorbehalts, da die Vertragsstrafe das Fortbestehen des Vertrages voraussetzt[94].

Ein Rücktrittsrecht hat hiernach nur, wer das Reugeld versprochen hat. Ist das Reugeld bereits bei Abschluß des Vorvertrages zur Sicherung des anderen Teils an diesen gezahlt worden, so kann sich dieser nicht durch Rückgabe des Reugeldes von seiner Verpflichtung zum Abschluß des Hauptvertrages befreien und auch nicht dadurch, daß er seinerseits ein Reugeld in der gleichen Höhe noch zusätzlich bezahlt[95]. Ist das Reugeld

---

[90] Esser 404; Larenz, Geschäftsgrundlage 175.

[91] Larenz, Geschäftsgrundlage 175. Vgl. dazu auch den interessanten (Vorvertrags-) Fall BGH LM § 242 (Bb) BGB (23).

[92] Esser 405; siehe dazu oben § 10, Text zu N. 76.

[93] RG HRR 1925 Nr. 867; App. Palermo, 15. 10. 1948, Foro it., Rep. 1948, v. Vendita, n. 227, 228. Nach der in Österreich herrschenden Auffassung kann bei einem Vorvertrag kein Reugeld für den Fall der Nichterfüllung vereinbart werden. Diese Auffassung geht auf eine Entscheidung des Obersten Gerichtshofs aus dem Jahre 1862 zurück, in der erklärt wurde, das Reugeld setze wesentlich den rechtlichen Bestand des Vertrages selbst voraus. Ein bloßes gegenseitiges Versprechen, den Vertrag zu schließen, genüge nicht (Entsch. v. 8. 7. 1862, Glaser-Unger IV Nr. 1539; siehe auch Kapfer, ABGB [26](1960) § 936 Bem. 4). Diese Auffassung ist deswegen verfehlt, weil auch der Vorvertrag ein selbständiger Vertrag ist.

[94] Soergel-Siebert(-Reimer Schmidt) § 359 Bem. 1; vgl. dazu RG JW 1917, 291.

[95] Anders in diesem Punkt das italienische Recht, vgl. Art. 1386 c. c.: Se nel contratto è stipulato il diritto di recesso per una o per entrambe le parti, la caparra ha la sola

bereits bezahlt worden, dann bedeutet die Weigerung, den versprochenen Hauptvertrag abzuschließen, die Ausübung des vertraglich vorbehaltenen Rücktrittsrechts[96].

h) Die Verpflichtung aus dem Vorvertrag erlischt mit der *Erfüllung*, d. h. mit dem Abschluß des Hauptvertrages (§ 362 BGB). Da ein Vertrag durch Angebot und Annahme zustande kommt, kann die geschuldete Willenserklärung sowohl in der Abgabe eines Angebots als auch in der Annahme eines Angebots bestehen. Diese doppelte Verpflichtung kann dann von Bedeutung werden, wenn ein Partner des Vorvertrages ein Angebot zum Abschluß des Hauptvertrages nicht mit der Annahme, sondern mit einem Gegenangebot beantwortet. Daß beide Angebote dem Vorvertrag entsprechen können, auch wenn sie sich inhaltlich unterscheiden, folgt daraus, daß ein Vorvertrag nur die Essentialia des Hauptvertrages regeln muß, die Nebenpunkte aber einer späteren Vereinbarung vorbehalten kann. In einem solchen Fall sind beide Partner zur Annahme des gegnerischen Angebotes verpflichtet. Sie müssen sich darum im Wege des Kompromisses einigen, zu welchen Bedingungen sie den Hauptvertrag schließen wollen. In keinem Fall kann ein Partner geltend machen, seine Verpflichtung aus dem Vorvertrag sei mit der Abgabe seines Angebots erloschen. Kommt eine Einigung nicht zustande, so bestimmt der Richter den Inhalt des Hauptvertrages in den Grenzen, welche die Parteien durch ihr jeweiliges Angebot gesetzt haben[97].

Die Verpflichtung aus dem Vorvertrag erlischt auch dann nicht, wenn der Gegner ein *Angebot* zum Abschluß des Hauptvertrages weder annimmt noch mit einem Gegenangebot beantwortet, sondern zunächst schlechthin *ablehnt*; denn in dieser Ablehnung liegt in der Regel nur die Weigerung, das konkrete Angebot zu akzeptieren, die Annahme eines anderen Angebots bleibt vorbehalten. Gründet sich freilich die Weigerung auf einen Punkt, über den die Parteien sich schon im Vorvertrag geeinigt hatten, so gibt sie der anderen Partei das Recht, vom Vertrage zurückzutreten (s. oben III). Die Weigerung kann im Einzelfall aber auch die Erklärung beinhalten, den endgültigen Vertrag nicht mehr schließen zu wollen. Erklärt sich der Gegner damit einverstanden, dann sind die vorvertraglichen Bindungen durch übereinstimmende Willens-

---

funzione di corrispettivo del recesso. In questo caso, il recedente perde la caparra data o deve restituire il doppio di quella che ha ricevuta. Wer Zahlung des doppelten Reugeldes verlangt, kann den anderen Teil nicht mehr auf Abschluß des Hauptvertrages verklagen: App. Catania, 27. 3. 1951, Giust. civ., 1953, 2252.

[96] Vgl. Trib. Roma, 28. 2. 1959, Giur. it., Rep. 1959, v. Obbl. e Contr., n. 412.

[97] S. oben § 9 I 3 c.

erklärungen wieder aufgehoben worden. Mußte der Gegner annehmen, daß die Weigerung, das Angebot zu akzeptieren, die endgültige Absage bedeute, so kann er dem späteren Begehren, den Vertrag nunmehr doch abzuschließen, die exceptio doli entgegensetzen. Wer zunächst den Anschein erweckt, keinen Vertrag mehr schließen zu wollen, und dann doch den Vertragsabschluß verlangt, setzt sich mit seinem früheren Verhalten in Widerspruch und verstößt damit gegen Treu und Glauben[98].

V. Der Anspruch auf Schadensersatz

1. Wird die Erfüllung des Vorvertrages verzögert und hat der Gläubiger den Schuldner daraufhin in Verzug gesetzt, dann kann er vom Schuldner den durch den Verzug entstehenden Schaden ersetzt verlangen (§ 286 Abs. 1 BGB). Er kann ferner dem Schuldner eine Frist mit Androhung der Ablehnung setzen und nach dem Ablauf der Frist Schadensersatz wegen Nichterfüllung verlangen. Hat die Erfüllung des Vertrags infolge des Verzugs für ihn kein Interesse, so kann er sogleich das Erfüllungsinteresse verlangen, also ohne vorher dem Schuldner eine Frist setzen zu müssen (§ 326 BGB). Das gleiche Recht hat der Gläubiger auch, wenn der Schuldner den Abschluß des Hauptvertrages verweigert (s. oben III)[99] oder der Abschluß eines rechtswirksamen Hauptvertrages aus einem Grunde unmöglich wird, den der Schuldner zu vertreten hat[100]. Ferner kann der Gläubiger Schadensersatz wegen Nichterfüllung verlangen, wenn von Anfang an ein Zustand besteht oder vor Abschluß des Hauptvertrages ein Ereignis eintritt, das der Schuldner zu vertreten hat, und auf Grund dessen dieser den Hauptvertrag nicht zu erfüllen vermag[101]. Schadensersatzansprüche können weiter aus einer positiven Vertragsverletzung entstehen[102]. Dagegen ist der Schadensersatzanspruch

[98] BGH LM § 305 BGB (3) (= WM 1958, 491), siehe oben § 8 II 3; dazu auch Pohle (N. 49); vgl. ferner LG Itzehoe SchlHA 1960, 89, s. oben § 8 II 2; Staudinger (-Weber) § 242 Bem. D 247.

[99] BGH WM 1963, 662, 663; Greulich 90; für das italienische Recht vgl. App. Palermo, 16. 11. 1951, Foro it., Rep. 1952, v. Vendita, n. 92.

[100] S. oben Text zu N. 65; Greulich 90. Dazu gehört auch die Nichterfüllung einer Nebenpflicht: BGH LM § 242 (Ba) BGB (10): s. oben N. 3.

[101] S. oben IV, 2 b, a. E. Typischer Fall: Der Schuldner schließt unter Verletzung des Vorvertrages einen Vertrag mit einem Dritten und macht sich dadurch die Erfüllung des geschuldeten Hauptvertrages unmöglich. Siehe dazu auch Greulich 90.

[102] S. oben IV 2 c. Auch Ansprüche aus unerlaubter Handlung sind nicht ausgeschlossen. Sie sind insbesondere dann von Bedeutung, wenn der geschädigte Teil nicht von seinem Vorvertragspartner Schadensersatz begehrt, sondern von dem Dritten, der seinen Gegner zum Vertragsbruch verleitet hat. Über die Einzelheiten eines solchen Anspruches

des § 463 BGB auf Vorverträge ebensowenig anwendbar wie der Wandlungsanspruch. Beide setzen einen definitiven Kaufvertrag voraus. Entdeckt also der Partner eines Vorvertrages zu einem Kaufvertrag vor Abschluß des Kaufvertrages, daß dem Kaufgegenstand eine zugesicherte Eigenschaft fehlt oder daß der Gegner einen Fehler arglistig verschwiegen hat, so kann er den Abschluß des Kaufvertrages verweigern und vom Vorvertrag zurücktreten, er kann aber nicht gemäß § 463 BGB Schadensersatz wegen Nichterfüllung verlangen. Ausgeschlossen sind aber nur Schadensersatzansprüche gemäß § 463 BGB, nicht solche nach den allgemeinen Vorschriften. Ursprüngliche Unmöglichkeit, den Hauptvertrag zu erfüllen, macht auch den Vorvertrag nichtig. Kennt der Schuldner die Unmöglichkeit der Leistung, so ist er nach § 307 BGB zum Ersatz des Vertrauensinteresses verpflichtet. Ursprüngliches Unvermögen, den Hauptvertrag zu erfüllen, macht den Vorvertrag nicht nichtig. Bei dauerndem Unvermögen kann der Gläubiger aber auf Schadensersatz wegen Nichterfüllung klagen.

2. Schwierigkeiten bereitet, wenn Schadensersatz wegen Nichterfüllung verlangt wird, die Frage nach dem *Umfang* des zu leistenden Schadensersatzes. Wer auf Grund eines Vertrages zum Schadensersatz verpflichtet ist, hat bekanntlich den Gläubiger so zu stellen, wie er bei ordnungsmäßiger Leistung gestanden hätte[103]. Da die geschuldete Leistung im Abschluß des Hauptvertrages besteht, ist das Interesse des Gläubigers am Abschluß des Hauptvertrages zu ersetzen. Die Frage ist nun: Kann dieses Interesse mit dem Interesse an der Erfüllung des Hauptvertrages gleichgesetzt werden?[104] Die Antwort auf diese Frage ergibt sich aus folgender Erwägung: Der Anspruch auf Schadensersatz wegen Nichterfüllung ist sekundärer Natur. Der primäre Anspruch aus dem Vorvertrag ist der Erfüllungsanspruch. Klagt der Gläubiger auf Erfüllung und wird die geschuldete Willenserklärung des Gegners durch Urteil ersetzt, so kann er gegen den Schuldner alle Rechte geltend machen, die das Gesetz bei Nichterfüllung oder Schlechterfüllung eines definitiven Vertrages dem Gläubiger zur Verfügung stellt. Würde man nun das Interesse an dem

---

s. PALANDT(-GRAMM) § 826 Bem. 8 q. Mit Hilfe dieses Anspruches kann der Geschädigte auch Naturalherstellung verlangen, d. h. hier Rückgängigmachung des Rechtsgeschäfts, das seine vertraglichen Rechte verletzt hat. Gleiche Befugnisse gibt im italienischen Recht Art. 2901 c. c. (azione revocatoria). Von der azione revocatoria eines geschädigten Vorvertragsteiles handelt Cass. 16. 6. 1955, n. 1862, Giur. it., Rep. 1955, v. Vendita, n. 355.

[103] RG 91, 30, 33; ENNECCERUS-LEHMANN 62.

[104] Diese Frage stellt in ähnlicher Form auch BAUR, JZ 1961, 335.

Abschluß des Hauptvertrages geringer bewerten als das Interesse an der Erfüllung des Hauptvertrages, so würde man den Gläubiger zwingen, in jedem Fall zunächst auf Erfüllung des Vorvertrages zu klagen und erst danach Schadensersatzansprüche geltend zu machen. Steht aber fest, daß der Gläubiger in jedem Fall das Interesse an der Erfüllung des Hauptvertrages ersetzt verlangen kann, so sollte ihm dieser Anspruch zugestanden werden, auch ohne daß man ihn vorher zu einer Klage auf Abschluß des Hauptvertrages nötigt. Eine solche Klage wäre hier ein sinnloser Umweg.

Die Situation besitzt eine gewisse Ähnlichkeit mit der Frage, ob aus einem Vorvertrag zunächst auf Abschluß des Hauptvertrages oder sogleich auf Erfüllung des Hauptvertrages geklagt werden kann. Zwischen diesen beiden Situationen besteht aber ein fundamentaler Unterschied. Eine Verurteilung zur Leistung aus dem Hauptvertrag würde eine stillschweigende Verurteilung zur Abgabe einer Willenserklärung in sich enthalten. Für eine solche stillschweigende Verurteilung fehlt jede Grundlage im Gesetz[105]. Bei der Berechnung des Schadens hat der Richter auch künftige mit Sicherheit zu erwartende Umstände zu berücksichtigen. Außerdem ist er bei der Verurteilung zum Schadensersatz nicht an eine bestimmte gesetzlich vorgeschriebene Form gebunden. Geht er von dem Zustand aus, der bestünde, wenn der Schuldner den Hauptvertrag geschlossen hätte, so liegt in der Verurteilung zum Schadensersatz keine stillschweigende Verurteilung zur Abgabe einer Willenserklärung.

Die Antwort auf die eingangs gestellte Frage muß somit lauten: Das Interesse am Abschluß des Hauptvertrages steht dem Interesse auf Erfüllung des Hauptvertrages gleich, wenn der Gläubiger auf Abschluß des Hauptvertrages klagen könnte, aber a) ihm (bei Verzug des Schuldners) an der Erfüllung nichts mehr liegt, b) der Schuldner die Erfüllung des Vorvertrages oder des Hauptvertrages ernstlich und ausdrücklich verweigert, ohne zu dieser Verweigerung berechtigt zu sein, c) die Erfüllung des Hauptvertrages dem Schuldner von Anfang an subjektiv unmöglich war, d) die Erfüllung des Hauptvertrages dem Schuldner nach Abschluß des Vorvertrages objektiv oder subjektiv unmöglich geworden ist aus einem Grunde, den der Schuldner zu vertreten hat, e) durch eine positive Vertragsverletzung der Vertragszweck derart gefährdet worden ist, daß dem Gläubiger unter Berücksichtigung aller Umstände des Falles nach Treu und Glauben der Abschluß des Hauptvertrages nicht mehr zugemu-

[105] S. oben Text zu N. 18.

tet werden kann. Voraussetzung für den Schadensersatzanspruch ist hier aber, daß der Gläubiger sich selbst vertragstreu verhalten hat[106].

In den Fällen, in denen der Gläubiger nicht auf Abschluß des Hauptvertrages klagen kann, ist zu unterscheiden: Ist das Klagerecht nur deswegen ausgeschlossen, weil wegen der besonderen Art der Leistung auf den Schuldner kein Zwang ausgeübt werden soll (Beispiel: Dienstvertrag), so ist der Gläubiger in den obengenannten Fällen nicht gehindert, Ersatz seines Interesses an der Erfüllung des versprochenen Hauptvertrages zu verlangen. Die Schadensersatzforderung nimmt hier von Anfang an die Stelle des Erfüllungsanspruchs ein[107]. Ist der Erfüllungsanspruch dagegen ausgeschlossen, weil der Gegner die Möglichkeit hat, den Hauptvertrag sofort wieder wirkungslos zu machen, etwa, weil er ihn kündigen oder von ihm zurücktreten oder seine gerichtliche Aufhebung verlangen kann, so kann der Gläubiger auch nicht Schadensersatz wegen Nichterfüllung verlangen. Wohl aber steht dem Gläubiger in solchen Fällen ein Anspruch auf Ersatz seines Vertrauensschadens zu.

3. Ob der Schuldner die Unmöglichkeit, das Unvermögen oder den Verzug zu *vertreten* hat, entscheiden grundsätzlich die §§ 276 bis 279 BGB. Danach hat der Schuldner in der Regel Vorsatz und Fahrlässigkeit zu vertreten, sowie Vorsatz und Fahrlässigkeit seiner Erfüllungsgehilfen. Gilt für den Hauptvertrag jedoch ein anderer Haftungsmaßstab, so ist dieser zugrunde zu legen[108]. Verpflichtet sich beispielsweise in einem Vorvertrag zur Gründung einer Personalgesellschaft ein Partner, eine bestimmte Sache in die Gesellschaft einzubringen, und wird ihm die Erfüllung dieser Verpflichtung durch leicht fahrlässiges Verhalten unmöglich, so ist damit noch nicht gesagt, daß er die Unmöglichkeit zu vertreten hat. Gemäß § 708 BGB haftet er nämlich nur für diligentia quam in suis.

---

[106] Vgl. dazu METZDORF 71. Siehe ferner Cour de Justice civile, Genf, Sem. Jud. 1957, 234, 240. Auch in dem Kinoeinrichtungsfall (oben § 8 I 1) verlangte der Kläger Ersatz des Verdienstentgangs, also des Interesses an der Erfüllung des Hauptvertrages. – Die Berechnung des entgangenen Gewinns kann, wenn nur aus dem Vorvertrag geklagt wird, sehr schwierig sein: Vgl. zu diesem Problem VIÉNOT, J. Soc. 1922, 402.

[107] Das Erzwingungsverbot des § 888 ZPO hindert den Dienstberechtigten nicht, bei einer Arbeitsverweigerung Schadensersatz wegen Nichterfüllung zu verlangen: STAUDINGER (-NIPPERDEY-MOHNEN-NEUMANN) § 611 Bem. 142.

[108] LEVINSOHN 70; BECKER Art. 22 OR Bem. 13; siehe auch METZDORF 68.

VI. Die zeitliche Begrenzung der Ansprüche

1. Der Erfüllungsanspruch

Nach § 936 S. 2 ABGB muß auf die Vollziehung einer Zusage, künftig einen Vertrag schließen zu wollen, längstens in einem Jahr nach dem für den Abschluß bedungenen Zeitpunkt gedrungen werden; widrigenfalls ist das Recht erloschen. Nach unbestrittener Auffassung handelt es sich bei dieser Frist um eine Ausschlußfrist[109], d. h. nach Ablauf eines Jahres nach dem für den Abschluß vorgesehenen Zeitpunkt kann nicht mehr auf Abschluß des Hauptvertrages geklagt werden.

Eine ähnliche Vorschrift fehlt im deutschen Recht. Die zeitliche Begrenzung des Erfüllungsanspruches macht darum gewisse Schwierigkeiten. Auszugehen ist von folgender Prämisse: Der Anspruch aus dem Vorvertrag richtet sich auf Abschluß des Hauptvertrages, nicht auf eine bloße Leistungsbereitschaft. Haben die Parteien für den Abschluß des Hauptvertrages einen bestimmten Zeitpunkt verabredet, so ist dieser Zeitpunkt der Fälligkeitstermin der Leistung, nicht der Endtermin der Bindung[110]. Man kann darum nicht sagen, daß der Anspruch aus dem Vorvertrag mit dem Ablauf der Zeitspanne erlischt, die vereinbarungsgemäß zwischen Abschluß des Vor- und des Hauptvertrages verstreichen soll[111].

Mangels besonderer Vorschriften gilt für den Anspruch aus dem Vorvertrag die *regelmäßige (30jährige) Verjährungsfrist* des § 195 BGB[112]. Die Verjährung beginnt, sobald der Anspruch entstanden und fällig ist. Das Gesetz (§ 198 BGB) spricht zwar nur von der Entstehung des Anspruchs, meint aber die Klagereife des Anspruches. Denn nur ein Anspruch, der durchgesetzt werden kann, kann auch verjähren[113]. Haben die Parteien für den Abschluß des Hauptvertrages einen bestimmten Zeitpunkt verabredet, so beginnt die Verjährung von diesem Termin an zu laufen. Haben die Parteien keinen bestimmten Zeitpunkt verabredet, so kann der Fälligkeitszeitpunkt im Wege der richterlichen Vertragsergänzung festgestellt werden[114].

Die 30jährige Verjährungsfrist gilt auch dann, wenn für den Hauptvertrag selbst eine kürzere Verjährungsfrist gilt. Vorverträge sind nicht

---

[109] OGH MietSlg. IX Nr. 5520; KLANG-GSCHNITZER § 936 Bem. II 4.

[110] S. oben Text zu N. 34 ff.

[111] So aber LEVINSOHN 75.

[112] Ebenso für das gemeine Recht: REGELSBERGER in ENDEMANNS Handbuch des deutschen Handels-, See- und Wechselrechts II (1882) 420.

[113] STAUDINGER(-COING) § 198 Bem. 2; SOERGEL-SIEBERT § 198 Bem. 1; ENNECCERUS-NIPPERDEY 1404; a. A. ERMAN(-HEFERMEHL) § 198 Bem. 1.

[114] S. oben Text zu N. 33.

Geschäfte des täglichen Lebens. § 196 BGB enthält eine Ausnahmeregelung gegenüber der allgemeinen Vorschrift des § 195 BGB. Eine analoge Anwendung auf andere Ansprüche ist darum nicht statthaft[115].

Die lange Verjährungsfrist ist unbefriedigend, aber geltendes Recht. Wie in anderen Fällen, in denen die 30jährige Verjährungsfrist als zu lang empfunden wird, kann hier nur mit dem Rechtsinstitut der *Verwirkung* geholfen werden. Hat der Vorvertragsgläubiger mit der Geltendmachung seines Anspruchs so lange gewartet, daß er durch sein Schweigen beim Gegner das berechtigte Vertrauen erweckte, er werde nicht mehr auf Abschluß des Hauptvertrages klagen, so kann dieser den Einwand der Verwirkung erheben, wenn die verspätete Geltendmachung nach Treu und Glauben allgemein als illoyal empfunden wird (illoyale Verspätung)[116].

2. *Der Anspruch auf Schadensersatz wegen Nichterfüllung*

Ansprüche auf Schadensersatz wegen Nichterfüllung, wegen Verzugs oder Unmöglichkeit beginnen zwar selbständig zu verjähren, unterliegen aber derselben Verjährungsfrist wie der *ursprüngliche Anspruch*[117]. Dasselbe gilt auch für den Anspruch aus *positiver Vertragsverletzung*[118]. Wird der Schadensersatz wegen Nichterfüllung darum gestützt auf die Unmöglichkeit der Erfüllung des Hauptvertrages oder auf eine positive Vertragsverletzung, die den mit dem Hauptvertrag bezweckten wirtschaftlichen Erfolg gefährdet hat, und ist für den Hauptvertrag vom Gesetz eine kürzere als die regelmäßige Verjährungsfrist vorgesehen, so gilt die kürzere Verjährungsfrist auch für den Anspruch auf Schadensersatz wegen Nichterfüllung.

---

[115] SOERGEL-SIEBERT § 196 Bem. 7; insbes. gegen die analoge Anwendung auf Vorverträge: METZDORF 96.

[116] ENNECCERUS-NIPPERDEY 1394. Dagegen geht es nicht an, mit Hilfe des § 242 allgemein den Vorvertragsgläubiger zu einer alsbaldigen Geltendmachung seines Anspruches zu verpflichten, wie METZDORF dies anscheinend möchte (aaO 97 ff.).

[117] St. Rspr. Siehe die Nachweise bei SOERGEL-SIEBERT § 195 Bem. 8; STAUDINGER (-COING) § 196 Bem. 4.

[118] Wie N. 117.

§ 13: DIE RECHTE UND PFLICHTEN AUS DEM VORVERTRAG IM RECHTSVERKEHR. DRITTWIRKUNGEN DES VORVERTRAGS

I. Der Übergang der Rechte und Pflichten aus einem Vorvertrag

1. Ob Ansprüche aus Vorverträgen *abgetreten* werden können, ist bestritten. Sedes materiae sind die §§ 398 und 399 BGB: Eine Forderung kann vom Gläubiger durch Vertrag mit einem anderen auf diesen übertragen werden. Sie kann aber nicht abgetreten werden, wenn die Leistung an einen anderen als den ursprünglichen Gläubiger nicht ohne Veränderung ihres Inhalts erfolgen kann. Soll der neue Gläubiger auch die Pflichten aus dem Vorvertrag übernehmen, so hängt die Wirksamkeit der Abtretung von vornherein von der Genehmigung des Kontrahenten ab (§ 415 BGB). Es ergeben sich somit für die Abtretbarkeit der Rechte und Pflichten aus einem Vorvertrag folgende Thesen: Die Rechte und Pflichten aus einem Vorvertrag können (zusammen) nur wirksam abgetreten werden, wenn der Vorvertragspartner die Abtretung genehmigt[1]. Bei einseitig verpflichtenden Vorverträgen kann der Anspruch auf Abschluß des Hauptvertrages abgetreten werden, wenn die Leistung an einen anderen als den ursprünglichen Gläubiger keine Inhaltsänderung des Vertrages darstellt. Stellt sie eine Inhaltsänderung dar, so ist die Zustimmung des Vorvertragspartners zu der Abtretung erforderlich. Der Regelfall ist der letztere. Vorverträge sind in der Regel nicht Geschäfte des täglichen Lebens. Den Partnern ist meist nicht gleichgültig, mit wem sie den Hauptvertrag schließen wollen. Von der Übertragbarkeit wird man darum im allgemeinen nur ausgehen dürfen, wenn die Parteien sie ausdrücklich vereinbart haben[2].

2. Die Übertragbarkeit der Rechte und Pflichten aus einem Schuldverhältnis ist ein wichtiges Indiz für ihre *Vererblichkeit*, aber nicht das entscheidende oder ausschließliche Merkmal. Entscheidend ist vielmehr allein, ob das Schuldverhältnis auf eine bestimmte individuelle Person als Gläubiger oder Schuldner zugeschnitten ist oder nicht, mit anderen Worten,

---

[1] Planck(-Siber) § 399 Erl. 1 c; Oertmann § 399 Bem. 1 a δ; Staudinger (-Werner) § 399 Bem. I 1 b; Soergel-Siebert(-Reimer Schmidt) Vorbem. 5 vor § 398. Gelegentlich willigt der andere Teil von vornherein in eine Abtretung der Rechte und Pflichten aus dem Vorvertrag ein. Daß in diesem Fall die Abtretung zulässig ist, versteht sich von selbst.

[2] Siehe die in N. 1 genannten Autoren; ferner RG 66, 359, 361; Becker Art. 22 Bem. 11; BGE 84 II 13, 20. Von der Übertragbarkeit hängt übrigens auch die Verpfändbarkeit ab (§ 1274 BGB). Siehe dazu LG Wien ÖJZ 1950, 404 (Nr. 430); Österr. OGH, SZ XXIV, 296 (Nr. 127).

ob der Vertrag intuitu personae geschlossen wurde oder nicht. Ein wichtiger Unterschied zur Abtretbarkeit liegt darin, daß es auf die Zustimmung des Gläubigers (§ 415 BGB) nicht ankommt. Auch die Vertrauensbasis, die meist Grundlage eines Vorvertragsverhältnisses ist, wird bei einem Übergang von Todes wegen nicht so leicht entfallen wie bei einer Abtretung unter Lebenden. Aus diesen Gründen kann über die Vererblichkeit der Rechte und Pflichten aus einem Vorvertrag nur von Fall zu Fall entschieden werden[3]. Von einer regelmäßigen Vererblichkeit oder von einer regelmäßigen Unvererblichkeit kann man nur bei einzelnen Vorvertragstypen sprechen. So werden die Rechte und Pflichten aus einem Vorvertrag zu Kauf- oder Mietverträgen in der Regel vererblich, die Rechte und Pflichten aus Vorverträgen zu Personalgesellschaften[4] oder zu Dienstverträgen in der Regel unvererblich sein[5].

3. Ist Partner eines Vorvertrages eine *Gesellschaft*, so wird man deren Anspruch auf Abschluß des Hauptvertrages regelmäßig nicht als höchstpersönlich betrachten dürfen, und zwar aus der Erwägung heraus, daß bei einer Gesellschaft, insbesondere bei einer juristischen Person, als Vertragspartner das persönliche Moment stark in den Hintergrund tritt. Übernimmt z. B. der alleinige Gesellschafter einer Einmann-AG die Aktiven und Passiven der Gesellschaft, so gehen grundsätzlich auch die Rechte aus Vorverträgen auf ihn über[6].

II. Konkurs

Fällt ein Partner des Vorvertrages vor Abschluß des Hauptvertrages in Konkurs, so gilt (bei zweiseitigen Vorverträgen) § 17 KO: Der Konkursverwalter kann *wählen*, ob er den Vertrag erfüllen will, d. h. es steht ihm frei, ob er den Hauptvertrag schließen will oder nicht. Er wird es tun, wenn er den Hauptvertrag auch erfüllen will, dagegen wird er den Ab-

[3] STAUDINGER(-BOEHMER) § 1922 Bem. 201.

[4] Bei diesen hängt die Vererblichkeit davon ab, ob die Gesellschafter für den Hauptvertrag eine Nachfolgeklausel vorgesehen haben.

[5] Eine Entscheidung des OLG Freiburg i. Br. hält die Rechtsverhältnisse aus Vorverträgen stets für höchstpersönlich und damit grundsätzlich für unvererblich: DRZ 1948, 254. Nach italienischer Auffassung gehen dagegen die Rechte und Pflichten aus dem Vorvertrag grundsätzlich auf die Erben über. Eine Ausnahme soll nur dann gelten, wenn nach der Natur des abzuschließenden Vertrages die geschuldete Leistung nur von einer bestimmten Person (z. B. einem Künstler) erbracht werden kann: COVIELLO, Delle Successioni, Parte generale [3](1932) 287; CICU, Successioni per causa di morte I, 1 (1954) 70; TAMBURRINO 77.

[6] OLG Freiburg i. Br., vorige Note; BÖTTCHER-MEILICKE, Umwandlung und Verschmelzung von Kapitalgesellschaften [5](1958), § 5 UmwG, Bem. 17.

schluß ablehnen, wenn er die Erfüllung des Hauptvertrages nicht beabsichtigt[7]. Auf Verlangen des anderen Teils muß er, auch wenn der Anspruch aus dem Vorvertrag noch nicht fällig ist, sich unverzüglich erklären, ob er die Erfüllung fordern will. Unterläßt er dies, so kann er auf Erfüllung nicht bestehen (§ 17 Abs. 2 KO)[8].

Verweigert der Konkursverwalter den Abschluß des Hauptvertrages, so kann der Vorvertragsgläubiger, gleichgültig, ob sein Anspruch schon fällig ist oder nicht (§ 65 KO), seine Forderung auf Schadensersatz wegen Nichterfüllung als Konkursforderung geltend machen (§ 26 KO)[9].

Ob der Vorvertragsgläubiger *außerhalb des Konkurses* gegen den Gemeinschuldner auf Abschluß des Hauptvertrages klagen kann, ist zweifelhaft. Nach h. M. kann ein Konkursgläubiger, der wegen einer Konkursforderung auf die Teilnahme am Konkurs ausdrücklich verzichtet, diese Forderung im Wege der Klage gegen den Gemeinschuldner jedenfalls dann geltend machen, wenn der Konkurs vor der Klageerhebung bereits eröffnet war[10]. Gegen diese Meinung spricht im besonderen Fall der Klage auf Abschluß des Hauptvertrages zunächst, daß kraft der Fiktion des § 894 ZPO die geschuldete Willenserklärung mit der Rechtskraft als abgegeben gilt. Der Eintritt der Wirkung des § 894 ZPO wird allgemein als ein Akt der Zwangsvollstreckung angesehen[11]. Nach § 14 Abs. 1 KO finden aber

---

[7] RUBINO 811.

[8] Die Anwendbarkeit von § 17 Abs. 2 KO hält LEVINSOHN 79 für zweifelhaft. Er meint, der aus dem Vorvertrag Berechtigte könne hier auf den Verpflichteten einen ungerechtfertigten Druck zum vorzeitigen Abschluß des Hauptvertrages ausüben.

[9] JAEGER-LENT § 17 Anm. 41. Die Nichterfüllung tritt mittelbar „infolge der Eröffnung des Konkursverfahrens" (§ 26 KO) ein. Ob diese Forderung auf Schadensersatz wegen Nichterfüllung aus den allgemeinen Vorschriften des BGB herzuleiten ist oder ob es sich um eine konkursrechtliche Sondervorschrift darstellt, ist bestritten: Vgl. JAEGER-LENT aaO. In jedem Fall richtet sie sich auf Ersatz des Erfüllungsinteresses: JAEGER-LENT § 17 Anm. 43.

Haben die Parteien für den Fall der Nichterfüllung des Vorvertrages die Zahlung eines Reugeldes vereinbart, so gilt die Weigerung des Konkursverwalters, den Hauptvertrag abzuschließen, als Rücktritt vom Vorvertrag. Der Gläubiger kann das bereits gezahlte Reugeld behalten oder das noch nicht gezahlte Reugeld als Konkursforderung anmelden. Demgegenüber meint RUBINO 812, der Gemeinschuldner könne sich nicht mehr entscheiden, ob er den Vertrag erfüllen wolle oder nicht. Weil ihm diese Befugnis fehle, könne das gezahlte Reugeld auch nicht verfallen. Der Gläubiger sei darum zur Rückzahlung verpflichtet. Zur Frage, wie zu entscheiden ist, wenn das vereinbarte Reugeld oder eine vereinbarte Vertragsstrafe den dem Gläubiger erwachsenden Schaden übersteigt, siehe JAEGER-LENT § 17 Anm. 45.

[10] BGH 25, 395; JAEGER-LENT § 12 Anm. 5; STEIN-JONAS(-SCHÖNKE-POHLE) § 240 Bem. IV 3. Dagegen mit guten Gründen BERNHARDT, Die Verfolgung von Konkursforderungen außerhalb des Konkursverfahrens, NJW 1961, 808, 810. Siehe auch BLOMEYER JR 1958, 63 f.

[11] BGH LM § 739 ZPO (3); ROSENBERG 1079.

während der Dauer des Konkursverfahrens Zwangsvollstreckungen zugunsten einzelner Konkursgläubiger[12] weder in das zur Konkursmasse gehörige, noch in das sonstige Vermögen des Gemeinschuldners statt. Heißt das nun, daß während der Dauer des Konkursverfahrens das Urteil nicht in Rechtskraft erwachsen kann? Die Antwort auf diese Frage ergibt sich, wenn man die Vorschrift des § 14 KO auf ihren Sinngehalt prüft. § 14 KO dient der gleichmäßigen Verteilung der Konkursmasse unter die Konkursgläubiger. Der Grundsatz der Gleichbehandlung der Konkursgläubiger verbietet es, daß ein Gläubiger sich auf Kosten der anderen einen Vermögensvorteil verschafft[13]. Im italienischen Recht spricht man davon, daß der dem § 14 KO korrespondierende Art. 51 legge fall.[14] nur „azioni per espropriazione" verbiete, also Klagen zur Erzwingung einer Sachherausgabe, nicht aber Klagen auf Abschluß eines Vertrages[15]. Dem entspricht es, wenn in der deutschen Literatur zum Konkursrecht die Auffassung vertreten wird, in der Fiktion des § 894 ZPO liege keine Vollstreckung, sondern deren Ersatz. § 14 KO stehe daher dem Eintritt der Wirkung des § 894 ZPO nicht entgegen[16]. Das Zustandekommen des Hauptvertrages bringt dem Gläubiger keinen Vermögensvorteil auf Kosten der Masse. Er kann wegen seiner Forderung aus dem Hauptvertrag während der Dauer des Konkursverfahrens nicht die Zwangsvollstreckung betreiben. Sogar die Anmeldung als Konkursforderung ist ihm versagt, weil er durch die Klageerhebung auf die Beteiligung am Konkursverfahren verzichtet hat. Nach Abschluß des Konkursverfahrens steht er aber nicht besser da als die Gläubiger, die sich am Konkursverfahren beteiligt haben. Die Klage hat darum, selbst wenn man ihre Zulässigkeit unterstellt, kaum einen Sinn. Aber gegen ihre Zulässigkeit spricht noch ein weiteres Bedenken. Rechte aus dem Vorvertrag hat nicht nur der Konkursgläubiger, sondern auch der Gemeinschuldner. Durch die gesonderte Klageerhebung verzichtet zwar der Gläubiger auf seine Beteiligung am Verfahren, er kann aber den Konkursverwalter nicht hindern, die

---

[12] Konkursgläubiger ist, wer zur Teilnahme am Konkursverfahren berechtigt ist, einerlei, ob er von seiner Teilnahmebefugnis Gebrauch gemacht hat oder nicht: Jaeger-Lent § 3 Anm. 1. Auch wer am Verfahren nicht teilnimmt, bleibt darum dem Verbot des § 14 unterworfen: Jaeger-Lent § 14 Anm. 3.

[13] Jaeger-Lent Einl. zu § 14.

[14] Diese Vorschrift bestimmt, daß vom Tage der Konkurseröffnung an „nessuna azione individuale esecutiva può essere iniziata o proseguita sui beni compresi nel fallimento".

[15] Satta, Istituzioni di diritto fallimentare [5](1957) 160; aber auch Provinciali, Lezioni di diritto fallimentare (1958) 72.

[16] Jaeger-Lent § 14 Anm. 16.

Rechte des Gemeinschuldners seinerseits auszuüben. Der Konkursverwalter ist darum, wenn er auf die Erfüllung des Vertrages nicht von vornherein verzichtet hat, durch die Klageerhebung nicht gehindert, von seinem Wahlrecht nach § 17 KO Gebrauch zu machen und vom Gläubiger die Erfüllung des Vorvertrages zu verlangen. Was soll in diesem Fall mit der Klage geschehen? Der italienische Kassationshof hat sich mit guten Gründen auf den Standpunkt gestellt, daß das Wahlrecht des Konkursverwalters (Art. 72 legge fall.) ein Urteil gemäß Art. 2932 c. c., also ein Urteil, das die Wirkungen des nichtgeschlossenen Vertrages erzeugt, ausschließt[17].

Hat der Gläubiger schon *vor* Eröffnung des Konkursverfahrens auf Abschluß des Hauptvertrages geklagt, war der Prozeß aber noch nicht durch ein rechtskräftiges Urteil abgeschlossen, so wird er durch die Eröffnung des Konkursverfahrens *unterbrochen* (§ 240 ZPO). Ob das Urteil schon ergangen, aber noch nicht rechtskräftig geworden ist oder nicht, spielt keine Rolle[18]. Der Gläubiger kann seine Forderungen anmelden, der Konkursverwalter hat die Wahl, ob er den Hauptvertrag abschließen will oder nicht.

Für einzelne Vorvertragstypen gelten besondere Regeln. Bei einem Vorvertrag zu einem *Miet-* oder *Pachtvertrag* gilt § 20 KO analog. War dem Gemeinschuldner die Vermietung oder Verpachtung eines Gegenstandes versprochen, so kann der andere Teil nach der Eröffnung des Konkursverfahrens vom Vertrag zurücktreten. Ein in dem Haushalte, Wirtschaftsbetriebe oder Erwerbsgeschäft des Gemeinschuldners angetretenes *Dienstverhältnis* kann gemäß § 22 KO von jedem Teil gekündigt werden. Die Parteien können darum nicht verpflichtet werden, ein versprochenes Dienstverhältnis anzutreten. Vielmehr wird man beiden Teilen ein Rücktrittsrecht vom Vorvertrag einräumen müssen. Tritt der Konkursverwalter vom Vorvertrag zurück, so ist der andere Teil allerdings in analoger Anwendung des § 22 Abs. 2 KO berechtigt, Schadensersatz zu verlangen.

Ist der Anspruch auf Abschluß eines Grundstückskaufvertrages durch

---

[17] Cass. 10. 5. 1958, n. 1542, Giur. it., 1958, I, 1, 1005, 1009 f. mit zustimmender Anm. von F. SEMIANI BIGNARDI; wohl auch SATTA, vorletzte Note, 161 und MESSINEO, Enciclopedia del diritto X 187.

Lehnt der Konkursverwalter die Erfüllung ab, so bindet diese Entscheidung den Gemeinschuldner auch für die Zukunft. In diesem Fall ist eine Klage auf Erfüllung außerhalb des Konkurses oder nach diesem von vornherein ausgeschlossen: JAEGER-LENT § 17 Anm. 48.

[18] JAEGER-LENT § 14 Anm. 16.

eine *Vormerkung* gesichert[19], so gibt die Konkurseröffnung über das Vermögen des Grundstückseigentümers dem Konkursverwalter kein Wahlrecht, ob er den Vorvertrag erfüllen will oder nicht. Auf Verlangen des Gläubigers hat er den Grundstückskaufvertrag zu schließen und – so wird man hinzufügen dürfen – auch zu erfüllen (§ 24 KO).

Ob auf Vorverträge zu *Gesellschaftsverträgen* § 17 KO seinem Wortlaut nach überhaupt Anwendung finden kann – ist der Gesellschaftsvertrag ein gegenseitiger Vertrag? – kann dahingestellt bleiben, da die §§ 728 BGB und 131 HGB, welche die Auflösung des Gesellschaftsvertrages für den Fall des Konkurses diktieren, in sinngemäßer Anwendung den Vorvertragspartnern ein Rücktrittsrecht vom Vorvertrag gewähren[20].

Daß Vorverträge der *Konkursanfechtung* unterliegen, ist zwar theoretisch vorstellbar. Man denke an den Fall, daß der Gemeinschuldner nach der Zahlungseinstellung einen Vorvertrag zu einem Kaufvertrag geschlossen hat, dessen Bedingungen für den Gegner außerordentlich günstig sind. Der Konkursverwalter wird zwar den Abschluß des Hauptvertrages verweigern, kann aber die Geltendmachung von Schadensersatzforderungen (Gewinnentgang) nicht verhindern. Diese Schadensersatzansprüche benachteiligen die Konkursgläubiger. In der Praxis spielt die Konkursanfechtung bei Vorverträgen – anders als bei Optionsverträgen – aber kaum eine Rolle[21].

III. Drittwirkungen des Vorvertrags

In zwei Fällen hat die Behauptung dritter Personen, der Vorvertrag stehe in seinen (Dritt-)Wirkungen dem Hauptvertrag gleich, die deutschen und ausländischen Gerichte beschäftigt: Kann die Maklercourtage schon bei Abschluß des Vorvertrages verlangt werden? und: Ist der Abschluß eines Vorvertrags ein Vorkaufsfall? In beiden Fällen haben die Gerichte überwiegend den Durchgriff abgelehnt.

Zu dem Anspruch des Maklers auf *Maklerlohn* in einem Fall, in dem die Parteien erst einen Vorvertrag auf Abschluß eines Pachtvertrages geschlossen hatten, sagte das Schleswig-Holsteinische Oberlandesgericht[22],

---

[19] S. oben § 12, N. 23.

[20] S. oben § 12 IV 2e und Böhle-Stamschräder, Konkursordnung ^{7}(1964) § 25 Bem. 3. Vorgründungsgesellschaften als solche sind – als Gesellschaften des bürgerlichen Rechts – nicht konkursfähig: Böhle-Stamschräder § 207 KO Bem. 1, 7.

[21] Vgl. Levinsohn 79. Inwiefern der Abschluß eines Vorvertrages aber für den Gläubiger „zweifellos" ein Sicherungsrecht i. S. des § 30 Ziff. 2 KO bedeutet, will mir nicht einleuchten.

[22] SchlHA 1957, 303, s. oben § 8 II 4; siehe auch OLG Hamburg, DB 1961, 269.

ein Vorvertrag sei nach seinem wirtschaftlichen Wert für die Vertragsbeteiligten noch nicht dem endgültigen Vertrag gleich. Er sei außerdem auch noch nicht der Vertrag, dessen Vermittlung die Aufgabe des Maklers war. Freilich sind die Parteien nicht gehindert zu vereinbaren, daß der Makler seinen Provisionsanspruch schon nach dem Abschluß eines Vorvertrages geltend machen kann. Eine solche Vereinbarung muß aber ausdrücklich getroffen werden [23].

Mit der Frage, ob der Abschluß eines Vorvertrages einen *Vorkaufsfall* bildet, hat sich die schweizerische Rechtsprechung und Judikatur schon verschiedene Male beschäftigt. Die überwiegende Auffassung zieht aus dem Wortlaut des Gesetzes, das nur von einem Verkauf spricht (Art. 681 ZGB), den Schluß, daß der bloße Vorvertrag über den Verkauf einer Sache keinen Vorkaufsfall bildet [24].

Andere glauben, daß sich bei der rudimentären Regelung des Vorkaufsrechts die Beschränkung auf den definitiven Verkauf aus dem Wortlaut des Gesetzes nicht herleiten läßt. Sie führen ins Feld, daß ein als „Vorvertrag" bezeichneter Vertrag zuweilen als Hauptvertrag angesehen werden muß oder doch als eine dem definitiven Vertrag in den praktischen Wirkungen äußerst nahe kommende Abrede. In solchen Fällen sei es schwer einzusehen, warum durch solche „Vorverträge" nicht der Vorkaufsfall ausgelöst werden sollte [25]. Für das deutsche Recht wird man mit der herrschenden schweizerischen Auffassung als Grundregel aufstellen dürfen, daß ein (wirklicher) Vorvertrag keinen Vorkaufsfall bildet [26]. Die Parteien sind aber nicht gehindert, in ihren Vertrag auch den Fall eines Vorvertrags mit einem Dritten als Vorkaufsfall aufzunehmen [27].

---

[23] Trib. cant. Vaud, SJZ 1953, 311. Ganz klar ist man sich in der Schweiz über diese Frage anscheinend noch nicht. Jedenfalls hat die Rechtsprechung schon wiederholt festgestellt, daß ein formnichtiges Verkaufsversprechen den Provisionsanspruch nicht zur Entstehung bringt: Vgl. nur Cour de Justice civile, Genf, Sem. Jud. 1956, 460; weitere Nachweise bei BECKER Art. 413 OR Bem. 3. Daraus muß man doch e contrario schließen, daß ein formgültiges Verkaufsversprechen als Vertragsabschluß angesehen werden soll! Für das deutsche Recht ist bei einem formnichtigen Vorvertrag zugunsten des Teils, der nicht Auftraggeber des Maklers ist, § 344 BGB zu beachten: OLG Frankfurt, NJW 1960, 485.

[24] BGE 80 II 369, 371; HAAB, Art. 681/82 ZGB Bem. 33; MEIER-HAYOZ, Vom Vorkaufsrecht, ZBJV 92 (1956) 297 ff., 334.

[25] Vgl. das in den Basler Jur. Mitt. 1956, 317 ff. abgedruckte Schiedsgerichtsurteil.

[26] OERTMANN § 504 Bem. 1. STAUDINGER(-OSTLER) § 504 Bem. 11.

[27] Sie können den Vorkaufsfall sogar schon bei der Aufnahme von Vertragsverhandlungen eintreten lassen: RG 26. 3. 1915 III 507/14, zitiert von KUHN in BGB-RGRK § 504 Anm. 23.

III. Teil

Der Optionsvertrag

§ 14: ERSCHEINUNGSFORMEN. TERMINOLOGIE

I. Erscheinungsformen

Unter der Bezeichnung „Optionsverträge“ sollen im folgenden alle Verträge zusammengefaßt werden, die einem Partner das Recht geben, durch einseitige Erklärung, unabhängig von einer weiteren Willenserklärung des Gegners, ein Vertragsverhältnis zustande zu bringen oder zu verlängern. Solche Verträge werden in der Praxis unter den verschiedensten Bezeichnungen geschlossen. Auch über ihre rechtliche Qualifikation besteht keine einheitliche Auffassung.

Die *praktische Bedeutung* der Optionsverträge zeigen folgende – willkürlich herausgegriffene – Beispiele:

1) A beabsichtigt, ein größeres Grundstück zu kaufen: Sofort das ganze Grundstück zu kaufen, ist er finanziell nicht in der Lage. Er kauft darum zunächst nur eine Teilfläche und läßt sich in dem notariellen Kaufvertrag das Recht einräumen, innerhalb einer bestimmten Frist zu einem bestimmten Preis die Restfläche erwerben zu können.

2) Eine Bergwerksgesellschaft glaubt aus verschiedenen Anzeichen in einem bestimmten Gebiet auf das Vorhandensein bestimmter Bodenschätze schließen zu können. Um sich gegen Konkurrenzfirmen zu sichern, läßt sie sich gegen Entgelt ein befristetes Angebot einräumen, in dem die Grundstückseigentümer sich verpflichten, die fraglichen Grundstücke an die Gesellschaft zu einem bestimmten Preis zu verkaufen, wenn sich die Gesellschaft innerhalb der festgesetzten Frist zu einem Ankauf entschließen sollte.

3) W kauft eine Gastwirtschaft. Sein Schwiegervater B zahlt den Kaufpreis. W und B schließen daraufhin folgenden Vertrag: W verpflichtet sich, im Wege der Offerte, die von dem Berechtigten jederzeit angenommen werden kann, die Gastwirtschaft an den B zu übertragen. Er bewilligt und beantragt

hierfür die Eintragung einer Vormerkung zur Sicherung des Auflassungsanspruchs.

4) A und B schließen miteinander einen langjährigen Miet- oder Pachtvertrag. In dem Vertrag räumt der Grundstückseigentümer A dem B das Recht ein, während der Miet(Pacht)zeit den Miet(Pacht)Gegenstand jederzeit zu einem bestimmten Preis erwerben zu können.

5) A hat eine Erfindung gemacht und macht der Firma B ein Angebot auf Abschluß eines Lizenzvertrages. Die Firma B möchte sich noch nicht definitiv binden und läßt sich darum gegen Entgelt von A ein Optionsrecht auf Abschluß eines Lizenzvertrages einräumen.

6) Eine Filmgesellschaft möchte einen Roman verfilmen. Da sie zunächst noch verschiedene Voraussetzungen der Verfilmung klären muß (Finanzierung, Besetzung usw.), läßt sie sich – gegen Entgelt – zunächst ein Optionsrecht auf Erwerb des Verfilmungsrechts einräumen.

7) Nach einem Streik verpflichtet sich der Arbeitgeber zur Wiedereinstellung der Arbeiter, wenn diese die Wiedereinstellung begehren.

8) A gibt einer offenen Handelsgesellschaft ein Darlehen. In dem Darlehensvertrag läßt er sich das Optionsrecht einräumen, statt der Rückzahlung des Darlehens die Umwandlung der Darlehenssumme in einen Kommanditanteil verlangen zu können.

9) In einem Gesellschaftsvertrag einigen sich die Gesellschafter, daß nach dem Tode eines Gesellschafters seine Erben das Recht haben sollen, in die Gesellschaft einzutreten.

10) A und B schließen ein „Nochgeschäft", d. h. ein Börsentermingeschäft, das dem Käufer – gegen ein bestimmtes Entgelt (Risikoprämie, Ekart) – das Recht gibt, am Stichtag die gekaufte Menge zu demselben Preis einseitig um ein Bestimmtes „noch" zu erhöhen, oder ein „Geschäft mit Ankündigung", bei dem der Verkäufer das Recht hat, mehr zu liefern.

11) In einem Miet- oder Pachtvertrag vereinbaren die Parteien – unentgeltlich oder gegen Entgelt – daß der Mieter oder Pächter das Recht haben soll, durch einseitige Erklärung vor Ablauf der Miet- oder Pachtdauer das Miet- oder Pachtverhältnis um einen bestimmten Zeitraum zu verlängern.

12) Eine gesetzliche Form des Optionsvertrages ist der vertragliche Vorbehalt des Wiederkaufs (§ 497 BGB). Der Wiederkauf kommt mit der Erklärung des Verkäufers gegenüber dem Käufer, daß er das Wiederkaufsrecht ausübe, zustande.

Weitere praktische Anwendungsfälle sind oben in § 5 II 2 aufgezählt[1].

[1] Siehe auch STUMPF-NATH-SCHILLING, Formularbuch für Verträge[3] (1960) 47 f.

II. Terminologie

1. Der Begriff der Option und des Optionsrechts wird in der juristischen Terminologie in dem verschiedensten Sinne gebraucht. Man denke nur an völkerrechtliche Optionen oder an Währungsoptionen (z. B. bei internationalen Anleihen), an das Optionsrecht des Befrachters, einen anderen als den benannten Hafen nachträglich zu bestimmen, oder an das Optionsrecht (Aktienbezugsrecht) der Aktionäre.

Im Zivilrecht versteht man unter Optionsrecht zwar allgemein das Recht, durch einseitige Erklärung ein Vertragsverhältnis zustande zu bringen. Man spricht von einem Optionsrecht aber nicht nur in den Fällen, in denen es durch Vertrag eingeräumt worden ist; man bezeichnet vielmehr auch das Recht des Empfängers eines langfristigen bindenden Angebots, dieses nach Belieben annehmen zu können, als Optionsrecht. Das Vorkaufsrecht und das Wiederkaufsrecht werden gelegentlich als bedingte Optionsrechte bezeichnet[2], ob zu Recht, wird sich weisen. Während also das Optionsrecht ein schillernder Begriff ist, ohne eine eigene präzise Aussagekraft, scheint uns der Terminus Optionsvertrag eindeutig zu sein: *Ein Optionsvertrag ist ein Vertrag, in dem einem Teil ein Optionsrecht eingeräumt wird.* Hier ist der Entstehungsgrund des Optionsrechts bekannt. Darum sind auch seine Rechtswirkungen bestimmbar.

2. Die durch Vertrag gewährten Optionsrechte erscheinen nicht immer unter diesem Namen. Die wichtigste Ausprägung des Optionsrechts, nämlich das Recht, ein Kaufverhältnis zustande zu bringen, wird gemeinhin als *Ankaufsrecht* (in der Schweiz als Kaufsrecht) bezeichnet[3]. Diese Bezeichnung ist aber nicht sehr glücklich. Sie verleitet dazu, das Ankaufsrecht als Recht auf Abschluß eines Kaufvertrages zu qualifizieren[4]. Diese Versuchung liegt besonders nahe, wenn das Ankaufsrecht, wie häufig, mit der „Vorhand" gleichgesetzt wird. Man behauptet dann, auf Grund des Ankaufsrechts müsse der Verpflichtete dem Berechtigten unter vereinbarten Voraussetzungen ein mehr oder weniger bestimmtes Kauf-

---

[2] LARENZ II 102; für das Vorkaufsrecht auch ESSER 509.

[3] Siehe nur OGH DNotZ 1951, 124 und LARENZ II 102; das schweizerische Recht spricht von einem Kaufsrecht in Art. 681 ZGB und Art. 216 OR.

[4] So kennzeichnet das Schleswig-Holsteinische Oberlandesgericht einen „Kaufanwartschaftsvertrag" dahin, daß sich die Parteien in ihm zum Abschluß des Kaufvertrages verpflichten: SchlHA 1959, 48; ebenso anscheinend in SchlHA 1956, 289. Siehe auch MERTEN, Das Ankaufsrecht, DRiZ 1928, 383: Recht, vom Eigentümer eines Grundstücks den Abschluß eines Kaufvertrages zu fordern.

angebot machen, der Berechtigte könne dann durch Annahme dieses Angebots einen Kaufvertrag zustande bringen[5]. Daß das Optionsrecht und das Recht der Vorhand etwas Verschiedenes sind, wird noch zu zeigen sein. Häufig wird in beiden Fällen von einem Ankaufsrecht gesprochen[6]. Damit verwischt man aber die Unterschiede, die zwischen dem Optionsrecht und der Vorhand bestehen. Auch diese Mehrdeutigkeit des Begriffs spricht gegen seine Verwendung als terminus technicus.

Gelegentlich wird synonym mit dem Begriff des Optionsrechts auch der Begriff *„Einlösungsrecht"*[7] oder *„Einstandsrecht"*[8] gebraucht. Diese Begriffe werden aber von anderen – zu Recht – zur Kategorie des Vorkaufsrechts gezählt, genauer gesagt: Das Vorkaufsrecht ist eine Erscheinungsform des Einlösungsrechts[9]. Wir werden im letzten Teil dieser Arbeit sehen, daß das Einlösungsrecht einschließlich des Vorkaufsrechts zu einer besonderen Kategorie von Verträgen gehört, die wir als Vorrechtsverträge bezeichnen wollen.

Ob der Optionsvertrag als Vorvertrag bezeichnet werden kann, ist keine Frage der Terminologie, sondern der rechtlichen Qualifikation. Diese Abgrenzung bedarf einer besonderen Erörterung.

§ 15: DIE RECHTSNATUR DES OPTIONSVERTRAGES. ABGRENZUNGSFRAGEN

I. Option und unwiderrufliches Angebot

In einem führenden Kommentar liest man: „Vom Vorvertrag zu unterscheiden ist die sogenannte Option. Hierbei handelt es sich um ein Angebot mit längerer als üblich befristeter Bindung, etwa ein Verkaufsangebot für ein Grundstück. Der Vertrag kommt bei der Option durch einseitige Erklärung des Berechtigten, demgegenüber das Angebot gemacht ist, zustande. In der Regel wird demjenigen, der das Angebot macht, ein gewisses Entgelt dafür gezahlt, daß er sich längere Zeit als

---

[5] ERMAN(-BÖHLE-STAMSCHRÄDER) § 504 Bem. 7.

[6] RG 154, 355; LG Aachen, Rpfleger 1963, 155, 156; HENSE, DNotZ 1951, 129; STAUDINGER(-OSTLER) § 433 Bem. 83; Vorbem. 13 vor § 497; ERMAN(-BÖHLE-STAMSCHRÄDER) § 504 Bem. 7; KUHN in BGB-RGRK § 497 Anm. 23; BAUR, Lehrbuch des Sachenrechts [2](1963) 176. Von der Mehrdeutigkeit des Begriffs spricht auch BGH Rpfleger 1963, 153.

[7] SOERGEL-SIEBERT(-MEZGER) Vorbem. 23 vor § 145.

[8] STAUDINGER(-OSTLER) Vorbem. 13 vor § 497.

[9] NIPPERDEY, Vorhand, Vorkaufsrecht und Einlösungsrecht, ZBlHR 1930, 300 ff.

gewöhnlich an das Angebot gebunden hält."[1] Diese Gleichsetzung von Option und bindendem Angebot ist unpräzis und auch im Interesse einer klaren Terminologie abzulehnen. Eine Option *ist* kein bindendes Angebot[2]. Man kann darüber streiten, ob ein bindendes Angebot ein Optionsrecht des Adressaten begründet. Jedenfalls kann nur diesem die Option zustehen. Die Option kann darum – wenn überhaupt – nur die *Wirkung eines bindenden Angebots* sein. Option und bindendes Angebot gleichsetzen, heißt für Wirkung und Ursache den gleichen Begriff verwenden.

Das Optionsrecht beruht sicher auf einem *Vertrag*, wenn – wie es in der Regel der Fall ist – demjenigen, der sich für längere Zeit bindet, ein Entgelt für seine Bindung gezahlt wird. Hier liegt eine Einigung zwischen den Parteien vor. Man sollte aber auch dann, wenn die Parteien sich über eine längere Bindung des Offerenten *einigen, ohne* daß diesem ein Entgelt für seine Bindung gezahlt wird, von einem Optionsrecht sprechen. Entscheidend ist die *Einigung*. Dagegen würde es sich im Interesse einer klaren Terminologie empfehlen, in den Fällen, in denen wirklich nur ein bindendes Angebot, eine „Festofferte", vorliegt, nicht von der Einräumung eines Optionsrechts zu sprechen. Freilich wird es schwer sein, eine Bezeichnung, die sich seit langem eingebürgert hat, wieder zu eliminieren. Wenn man will, kann man übrigens in vielen Fällen – nämlich immer dann, wenn das Optionsrecht unentgeltlich eingeräumt werden soll – mit Hilfe einer einfachen juristischen Konstruktion ein bindendes Angebot in einen Optionsvertrag verwandeln. Die Rechtsprechung hält nämlich bei Angeboten, die den Antragsgegner begünstigen, die Erklärung der Annahme gegenüber dem Anbietenden nicht für erforderlich, weil hier der Zugang der Annahmeerklärung nicht erwartet werde (§ 151 BGB)[3]. Zerlegt man die „Festofferte" in die eigentliche Offerte und die Erklärung, sich für einen bestimmten Zeitraum an die Offerte gebunden zu halten, so kann man in dieser letzteren Erklärung ein rein begünstigendes Angebot sehen, dessen ausdrückliche Annahme nach der Verkehrssitte nicht zu erwarten ist[4]. *Praktische Bedeutung* hat freilich diese Unterscheidung zwischen Festofferte und unentgeltlich eingeräumtem Optionsrecht nicht.

[1] STAUDINGER(-COING) Vorbem. 21 b vor § 145.

[2] Sie ist auch kein Vertrag. Sie beruht nur in der Regel auf einem Vertrag. S. oben § 4 N. 55.

[3] Siehe z. B. RG SeuffA 79, 145 (Mitteilung des Schuldbeitritts an den Gläubiger).

[4] In dieser Weise verfährt man in Frankreich mit der promesse unilatérale de contrat: s. oben § 3 Text zu N. 56 bis 58. Das gleiche kann man dem Art. 1333 Abs. 2 c. c. it. entnehmen: TALASSANO, Foro pad., 1949, 761.

Wie dem auch sei: Hier genügt die Feststellung, daß die Option kein bindendes Angebot ist, und daß sie zumindest regelmäßig auf einem besonderen Vertrag, dem Optionsvertrag, beruht[5].

Ganz vorbildlich unterscheidet das *italienische* Recht zwischen Option (opzione) und unwiderruflichem Angebot (proposta irrevocabile). Unter der Überschrift „Opzione" bestimmt Art. 1331 c. c.: Wenn die Parteien vereinbaren, daß eine von ihnen an die eigene Willenserklärung gebunden bleiben und die andere das Recht haben soll, diese Willenserklärung anzunehmen oder nicht, so soll die Willenserklärung der ersten Partei, was ihre Wirkung betrifft, wie ein unwiderrufliches Angebot angesehen werden („si considera quale proposta irrevocabile per gli effetti previsti dall'art. 1329"). Die Willenserklärung des Offerenten in einem Optionsvertrag ist also kein unwiderrufliches Angebot. Sie hat lediglich die gleichen Wirkungen. Die Wirkungen sind gleich, die Begründungsweise ist verschieden.

II. Optionsvertrag und Vorvertrag

Sehr häufig wird der Optionsvertrag als *Vorvertrag* bezeichnet[6]. Diese Bezeichnung kann Verwirrung stiften, weil die Rechtsfolgen eines Vorvertrages ganz andere sind als die eines Optionsvertrages. Vom Vorvertrag haben wir gesagt, daß er die Parteien zum Abschluß des Hauptvertrages verpflichte. Ein Optionsvertrag verpflichtet nicht zum Vertragsschluß. Der Optionsgeber hat sein Angebot zum Vertragsschluß bereits abgegeben, dem Optionsberechtigten steht es frei, ob er das Angebot akzeptieren will oder nicht. Es werden darum in der neueren Literatur Option und Vorvertrag meist deutlich unterschieden[7].

Während sich also Vorvertrag und Optionsvertrag *begrifflich* ohne weiteres unterscheiden lassen, macht ihre Unterscheidung in der *Praxis* oft Schwierigkeiten. Worum handelt es sich, wenn einer Partei ein Recht eingeräumt wird, ein Grundstück „zu kaufen"? Kann die Partei in einem solchen Fall den Abschluß eines Kaufvertrages verlangen oder kann sie ein Optionsrecht ausüben? Hier muß die *Vertragsauslegung* helfen[7a]. Das wichtigste Hilfsmittel sind dabei die Bestimmungen, welche die Parteien

---

[5] Der Optionsvertrag ist die Regel, die Einräumung eines Optionsrechts durch einseitiges bindendes Angebot ist – wenn man in diesem Falle überhaupt von einem Optionsrecht sprechen will – die Ausnahme. Vgl. Cartellieri 163; v. Godin in RGRK z. HGB § 361 Anhang Anm. 42; Soergel-Siebert(-Mezger) Vorbem. 23 vor § 145.

[6] So z. B. OLG (München) 17, 388; RG WarnRspr. 1909, 72; RG 124, 81; Cartellieri 163. Siehe auch oben § 4 N. 60; § 5 N. 28.

[7] Vgl. nur Staudinger(-Coing) Vorbem. 21 b vor § 145; Enneccerus-Nipperdey 998; Larenz II 102. Sehr deutlich auch OGH MietSlg. XII Nr. 7828.

[7a] BGH BB 1962, 1303.

über die Bindungsdauer oder die Fälligkeit getroffen haben. Wir haben festgestellt, daß von einem Vorvertrag grundsätzlich nur die Rede sein kann, wenn die Parteien irgendwelche Gründe hatten, den Hauptvertrag nicht sofort schließen zu können oder zu wollen, und haben daraus den Schluß gezogen, daß § 271 BGB auf Vorverträge begriffsnotwendig keine Anwendung finden könne. Bei Vorverträgen verpflichten sich die Parteien, zu einem bestimmten, bestimmbaren oder vom Richter festzusetzenden Zeitpunkt den Hauptvertrag zu schließen. Anders bei dem Optionsvertrag! Bei dem Optionsvertrag ist ein Partner zum sofortigen Vertragsschluß bereit. Der Optionsvertrag enthält ein Angebot zum sofortigen Abschluß des Vertrages. Dieses Angebot kann der Optionsberechtigte innerhalb einer bestimmten Frist annehmen. Daraus ergibt sich also für die Frage der Abgrenzung von einseitig verpflichtendem Vorvertrag und Optionsvertrag: Verpflichtet sich eine Partei, *zu* einem bestimmten Zeitpunkt einen Vertrag zu schließen, so handelt es sich – wenn die übrigen Voraussetzungen vorliegen – um einen *Vorvertrag*. Erklärt dagegen eine Partei, *bis* zu einem bestimmten Zeitpunkt zum Abschluß eines Vertrages bereit zu sein, dann hat sie in Wahrheit der anderen Partei ein *Optionsrecht* eingeräumt. Wenn A dem B sagt: Ich bin bereit, dir morgen meine Aktien um 100 000 DM zu verkaufen, wenn du es verlangst, dann liegt in dieser Erklärung mehr als ein bloßes Vertragsversprechen. A verspricht nicht den Abschluß eines Vertrages. Seine Erklärung ist vielmehr als Angebot zu werten. Weigert er sich, sein „Versprechen" einzulösen, so braucht B ihn nicht auf Abgabe einer Willenserklärung zu verklagen. Mit der Annahme des Angebots durch B ist der (definitive) Vertrag zustande gekommen. B kann darum sofort auf Leistung klagen.

Ebenso wie die Vereinbarung einer bestimmten Geltungsdauer des Angebots die Annahme eines Optionsvertrages rechtfertigt, kann man von einem Optionsvertrag auch in den Fällen sprechen, in denen zwar keine bestimmte Geltungsdauer des Angebots vereinbart ist, die eine Partei sich aber verpflichtet hat, mit der anderen Partei „auf deren Verlangen *jederzeit*" einen Vertrag abzuschließen. Auch hier hat die Partei, die sich bindet, keinen Grund, sich zunächst nur vorvertraglich zu binden. Sie ist sofort zum „Vertragsschluß" bereit. Auch hier kann darum ihr „Vertragsversprechen" als Einräumung eines Optionsrechts qualifiziert werden[8].

---

[8] Ich möchte darum die Entscheidung RG 124, 81 zumindest insoweit für falsch

Mit Hilfe dieses *Durchgriffs* wird es möglich sein, die Mehrzahl[9] der „einseitig verpflichtenden Vertragsversprechen" als Optionsverträge zu behandeln. Damit wäre eines der Anliegen, die BLOMEYER zu seiner Studie „La promesse de vente vaut vente" veranlaßten, wenigstens teilweise erfüllt[10].

III. Optionsvertrag und bedingter Vertrag

1. Bei ENNECCERUS-LEHMANN kann man lesen: „Das Ankaufsrecht ist ein Kauf unter nur einer Bedingung, nämlich unter der (Potestativ-)Bedingung, daß der Berechtigte es ausübt."[11] Diese These wirft zwei Fragen auf: Kann ein Vertrag überhaupt unter einer Potestativbedingung geschlossen werden; und, wenn ja, ist der Optionsvertrag ein bedingter Vertrag? Zwei Beispiele mögen diese Fragen illustrieren:

a) B räumt dem K durch notariellen Vertrag für einen bestimmten Zeitraum das Recht zum Schürfen nach Braunkohle ein. Er gesteht ihm ferner das Recht zu, innerhalb dieses Zeitraums durch schriftliche Erklärung das Abbaurecht zu beanspruchen. Für den Fall der rechtzeitigen Abgabe der schriftlichen Erklärung verpflichtet sich B „schon hierdurch (also durch den Vertrag) zur Einräumung des dinglichen, vererblichen und veräußerlichen Abbaurechts". In der gleichen Weise erhält K das Recht, die Abtretung des Eigentums an dem für den Bergbaubetrieb erforderlichen Grund und Boden zu fordern[12].

b) B räumt der AEG eine Option auf bestimmte Erfindungen und Schutzrechte auf die Dauer von 6 Monaten ein. In dem Optionsvertrag erklären die Parteien, die Optionszeit solle es der AEG ermöglichen, die Erfindungen und Schutzrechte zu prüfen und die Eignung der Erfindungen für die Massenproduktion zu untersuchen[13].

---

halten, als sie die Vereinbarung der Parteien als Vorvertrag qualifiziert. Falsch auch LEONHARD, Besonderes Schuldrecht des BGB (1931) 104.

Auch in den Fällen des *Kontrahierungszwangs* ist ein Partner verpflichtet, auf Verlangen des anderen *„jederzeit"* einen Vertrag abzuschließen. Dieses Abschlußrecht ist aber noch kein Optionsrecht; denn der Abschlußberechtigte kann nur den Vertragsabschluß fordern, ihn aber nicht selbst – wie der Optionsberechtigte – gestaltend herbeiführen.

[9] Nicht alle! Darin unterscheide ich mich von den französischen Autoren, die den Grundsatz „La promesse de vente vaut vente" so verstehen, daß ein einseitiges Verkaufsversprechen immer dann zu einem vollgültigen Kaufvertrag wird, wenn die Parteien sich über den Kaufgegenstand und den Kaufpreis einig geworden sind: s. o. § 3 Text zu N. 4 ff.

[10] Festschrift für LEO RAAPE (1948) 269 ff. S. auch o. § 7 Text zu N. 5.

[11] ENNECCERUS-LEHMANN 476; ähnlich Reineke, DNotZ 1953, 212.

[12] RG 77, 415.

[13] RG 136, 132.

Im ersten Fall erklärte das Reichsgericht: Die Parteien schlossen einen bedingten Vertrag. Daß die Bedingung eine rein potestative war, insofern es lediglich vom freien Belieben des Klägers abhing, ob er die Erklärung abgeben wollte oder nicht, steht der Annahme eines bedingten Vertrages nicht entgegen. Der Kläger war der Berechtigte und einen Vertrag auf seiten des Berechtigten von einer Potestativbedingung abhängig zu machen, ist zulässig.

Im zweiten Fall entschied das Reichsgericht: Wer sich nur für den Fall verpflichtet, daß er wollen wird, verpflichtet sich nicht. Ein bedingter Vertrag liegt nur vor, wenn die Ausübung des Optionsrechts von dem Ergebnis einer Prüfung abhängt, nicht, wenn die Ausübung im Belieben des Optionsberechtigten steht.

An diesen beiden Entscheidungen ist bemerkenswert, daß in der ersten gesagt wird, der Optionsinhaber sei der Berechtigte, in der zweiten, der Optionsinhaber sei der Verpflichtete aus dem bedingten Vertrag. Die erste Entscheidung wäre richtig, wenn es für die Frage: Berechtigung oder Verpflichtung? allein auf den Optionsvertrag ankäme. Beim Optionsvertrag ist der Optionsinhaber allerdings in seiner Entscheidung frei und ungebunden. Er allein hat ein Recht, nämlich das Optionsrecht, und keine Pflichten. Nun wird aber nicht der Optionsvertrag bedingt geschlossen. Der Optionsvertrag soll vielmehr ein bedingter Hauptvertrag sein. Ob der Hauptvertrag zustande kommt, soll von der „Bedingung" abhängen, daß der Optionsberechtigte sein Optionsrecht ausübt. Der Hauptvertrag legt aber beiden Parteien Verpflichtungen auf. Sieht man die Sache so, dann hängt nicht nur die Bindung des Optionsinhabers als Berechtigter, sondern auch seine Bindung als Verpflichteter von seinem Wollen ab. Schließt man sich der These des Reichsgerichts an, daß jemand, der sich nur für den Fall verpflichtet, daß er wollen wird, sich überhaupt nicht verpflichtet, so muß man die Qualifikation des Optionsvertrages als bedingter Vertrag von vornherein ablehnen[14]. In diesem Zusammenhang ist es nun interessant, daß das *französische* Recht, das jede Verpflichtung unter einer Potestativbedingung des sich Verpflichtenden kraft Gesetzes (Art. 1174 C. civ.) für nichtig erklärt, Optionsverträge für gültig hält[15]. Man hilft sich hier mit einer sehr engen Auslegung des Gesetzes. Nur wenn jemand ausschließlich eine Verpflichtung übernimmt und die Erfüllung dieser Verpflichtung von seinem Willen abhängig macht, soll Art. 1174 C. civ. eingreifen. Die Vorschrift soll nur Anwendung finden

---

[14] Das ist auch die Haltung des italienischen Rechts; s. oben § 4 Text zu N. 62.

[15] S. oben § 3 Text zu N. 61 u. 62.

auf „pseudo-engagements“[16]. Ist jemand – wie bei einem Optionsvertrag – in erster Linie Berechtigter und ist seine Verpflichtung nur eine notwendige Folge seines Rechtserwerbs, dann schadet es nichts, wenn der Vertrag durch eine Handlung bedingt ist, die in seinem Belieben steht.

Diese Auffassung kann man auch für das *deutsche* Recht vertreten. Wenn jemand *ausschließlich eine Verpflichtung* eingeht, sich die Erfüllung dieser Verpflichtung aber vorbehält, dann ist seine Verpflichtung nicht bedingt, sondern nicht vorhanden. Insoweit ist der Satz des Reichsgerichts akzeptabel: Wer sich nur für den Fall verpflichtet, daß er wollen wird, verpflichtet sich nicht. Steht es dagegen im Belieben einer Partei, ob sie die Rechte aus einem *zweiseitig verpflichtenden* Vertrag erwerben will oder nicht, dann kann nicht nur ihr Rechtserwerb, sondern auch ihre Verpflichtung durch ihren eigenen Willen „bedingt“ sein[16a]. Dieser Grundsatz hat sogar einen gesetzlichen Niederschlag gefunden: Nach § 495 Abs. 1 BGB ist der Kauf auf Probe im Zweifel unter der aufschiebenden Bedingung der Billigung geschlossen. Der Anspruch aus dem Kaufvertrag und die Verpflichtung des Käufers sind bedingt!

Die Frage ist nur: Ist diese „Bedingung“ eine *echte Bedingung*, d. h. eine Bedingung i. S. der §§ 158 ff. BGB? Diese Frage wird bezeichnenderweise sogar bei dem Kauf auf Probe verneint. Man sagt, die Denkform eines „aufschiebend bedingten Kaufs“ werde der wirklichen Sachlage nicht gerecht. Sie verdecke nämlich die hier vorliegende Besonderheit, daß mit dem „Abschluß“ des Vertrages nur erst der eine Vertragsteil, der Verkäufer, an den Vertrag gebunden werde[17]. Gelegentlich hat man sogar versucht, den Kauf auf Probe als vertragliche Einräumung eines Gestaltungsrechts zu konstruieren[18]. Dieser Versuch muß freilich de lege lata

---

[16] Planiol-Ripert(-Esmein) VI 169.

[16a] BGH Rpfleger 1963, 153, 154.

[17] Larenz 92; Palandt(-Gramm) § 495 Bem. 2.

[18] Walsmann, IheringsJ 54, 273 ff.; siehe auch Kress II 45: „Auf das Bild einer solchen aufschiebenden Bedingung sollte die konstruktionelle Auffassung verzichten; einfacher ist die Vorstellung, daß der Kauf auf Probe dem Käufer das Recht der Kaufbegründung gibt und den Verkäufer entsprechend bindet.“

So qualifiziert auch das italienische Recht die dem deutschen Kauf auf Probe entsprechende vendita con riserva di gradimento (Art. 1520 c. c.): Cass. 23. 7. 1951, n. 2087, Foro it., Rep. 1951, v. Vendita, n. 398; Cass. 12. 4. 1956, n. 1068, Foro it., Rep. 1956, v. Vendita, n. 285; App. Brescia, 10. 7. 1958, Giur. it., Rep. 1958, v. Vendita, n. 255; Rubino 50; Tamburrino 53; Falqui-Massidda in: Enc. for., II, v. Contr. prel., 672. Allerdings ist in Art. 1520 c. c. auch von keiner Bedingung die Rede. Nach dieser Vorschrift „la vendita non si perfeziona fino a che il gradimento non sia comunicato al venditore“. Mit Recht wird dagegen die vendita a prova vom Gesetz als bedingter Vertrag bezeichnet; vgl. Art. 1521 c. c.: La vendita a prova si presume fatta sotto

an dem Gesetzeswortlaut scheitern[19]. Immerhin sollte das Unbehagen, das man gegenüber der Regelung des § 495 BGB empfindet, dazu führen, daß man diese gesetzliche Ausprägung eines Vertrages, der unter einer Wollensbedingung steht, als hinzunehmende Ausnahme ansieht und sich in den Fällen, in denen eine gesetzliche Schranke nicht besteht, um eine klarere und einleuchtendere juristische Konstruktion bemüht.

Dabei ist noch folgendes in Erwägung zu ziehen: Läßt man die einzelnen Vertragstypen Revue passieren, so fällt es auf, daß die juristische Konstruktion des durch das Wollen eines Teiles bedingten Vertrages einem einzigen Vertragstyp adäquat erscheint: nämlich dem Kauf auf Probe. Nur bei diesem kann man sagen, daß die Parteien im Regelfall sofort einen definitiven Vertrag schließen wollen. In den anderen Fällen, man denke nur an den nahe verwandten Wiederkauf, wollen die Parteien einem Partner die *Möglichkeit eines Vertragsschlusses* eröffnen, aber nicht sofort einen *„bedingten" Vertrag schließen.* Das gilt auch für den Optionsvertrag. „Ich räume dir ein Optionsrecht an diesem Grundstück ein" heißt: „Ich werde dir das Grundstück verkaufen, sobald du es verlangst", nicht: „Ich verkaufe dir hiermit das Grundstück unter der Bedingung, daß du es haben willst." Mit dem Grundsatz der Privatautonomie verträgt es sich nicht, wenn den Erklärungen der Parteien ein anderer Sinn untergeschoben wird, als sie ursprünglich besaßen. Freilich kann gerade die Rücksichtnahme auf den Parteiwillen dazu führen, daß ein Optionsvertrag im Einzelfall als bedingter Vertrag qualifiziert werden muß. NIPPERDEY bildet den Fall[20]: A verkauft heute ein Grundstück durch notariell beurkundeten Vertrag unter der Bedingung, daß er dem (alsbald verreisenden) Käufer B morgen die Billigung des Geschäfts telegraphisch mitteile. In einem solchen Fall ist es durchaus gerechtfertigt, von einem bedingten Vertrag zu sprechen. Aber wann wird bei einem Optionsvertrag eine derartige Konzeption vorliegen?

Gegen die Konstruktion des Optionsvertrages als bedingter Vertrag spricht auch der Gesetzeswortlaut des § 497 BGB, der, wie schon bemerkt, eine gesetzliche Ausprägung des Optionsvertrages darstellt. Es heißt darin: „Hat sich der Verkäufer in dem Kaufvertrage das Recht des Wiederkaufs vorbehalten, so *kommt* der Wiederkauf mit der Erklärung des Verkäufers gegenüber dem Käufer, daß er das Wiederkaufsrecht ausübe,

---

la condizione sospensiva che la cosa abbia le qualità pattuite o sia idonea all'uso a cui è destinata. Dazu App. Venezia, 31. 10. 1957, Giur. it., Rep. 1958, v. Vendita, n. 84.

[19] LARENZ II 93.

[20] ENNECCERUS-NIPPERDEY 1190 f.

zustande." Das Gesetz spricht also nicht von einem Wirkungseintritt (§ 158 BGB), sondern von dem Zustandekommen. Was zustande kommt, war vorher nicht da. Wer sich den Wiederkauf vorbehält, schließt damit mit dem Käufer nicht einen bedingten Vertrag; er läßt sich lediglich ein Gestaltungsrecht einräumen.

Bei diesem klaren Gesetzeswortlaut ist es außerordentlich verwunderlich, daß die Rechtsprechung und auch ein großer Teil des Schrifttums den Wiederkauf als bedingten Kauf ansehen[21]. Allerdings scheint die Gegenmeinung gerade in den moderneren Darstellungen des Schuldrechts allmählich Raum zu gewinnen[22]. Der Streit ist freilich weitgehend ein Streit um Worte. Beide Auffassungen sind sich nämlich darüber einig, daß das Wiederkaufsrecht ein Gestaltungsrecht ist[23]. Wenn aber erst die Erklärung des Berechtigten den Wiederkauf gestaltet, d. h. zustande bringt, dann beruht das Wiederkaufsverhältnis nicht auf dem ursprünglichen Kaufvertrag, sondern auf der Einräumung des Wiederkaufsrechts durch den Käufer im ursprünglichen Vertrag und der rechtsgestaltenden Erklärung des Wiederkaufsberechtigten. Den Punkt, über den Streit entstehen könnte, nämlich die Form der Geltendmachung des Wiederkaufsrechts, hat überdies das Gesetz selbst geregelt. Gemäß § 497 Abs. 1 S. 2 BGB bedarf die Erklärung (der Ausübung des Wiederkaufs) nicht der für den Kaufvertrag bestimmten Form[24].

Zusammenfassend kann man also sagen: Der Optionsvertrag kann – theoretisch – als definitiver Vertrag unter einer Wollensbedingung geschlossen werden. Eine solche Konstruktion widerspricht aber in aller Regel dem Willen und den Absichten der Parteien. Von einem bedingten

---

[21] BGH 29, 107, 109 f.; STAUDINGER(-OSTLER) Vorbem. 10 vor § 497; ENNECCERUS-LEHMANN 470; ERMAN(-BÖHLE-STAMSCHRÄDER) § 497 Bem. 1; KUHN in BGB-RGRK § 497 Anm. 3; PALANDT(-GRAMM) § 497 Bem. 1; SOERGEL-SIEBERT(-BALLERSTEDT) Bem. 7, 8 vor § 497.

[22] Siehe insbes. LARENZ II 94 f.; ESSER 509 spricht zwar noch von einem aufschiebend bedingten Rückkauf, sagt aber andererseits, der durch die Wiederkaufsklausel gesicherte Verkäufer habe ein Optionsrecht. Vgl. auch ENDEMANN, Lehrbuch des Bürgerlichen Rechts [8]I (1903) 1013; WALSMANN, IheringsJ 54, 278; v. TUHR II, 2, 278; OERTMANN, Vorbem. 2 d vor § 497; KRESS II 46.

[23] Siehe die Nachweise in N. 21.

[24] Auf diese Formulierung glaubt die h. M. die Theorie vom bedingten Vertrag stützen zu können; denn, so sagt sie, die mit der Ausübung eines Optionsrechts erfolgende Annahme eines Angebots würde der gleichen Form wie das Angebot selbst bedürfen. Dem kann man aber entgegenhalten, daß der Gesetzgeber, wenn er die Theorie des bedingten Vertrages akzeptiert hätte, eine solche Regelung nicht hätte zu treffen brauchen. Sie wäre selbstverständlich gewesen. Der Gesetzgeber wollte das Ergebnis, die theoretische Konstruktion war ihm gleichgültig.

Vertrag kann darum nur die Rede sein, wenn aus den Vereinbarungen der Parteien klar ersichtlich ist, daß sie sofort einen Vertrag schließen wollten und dem dem einen Partner eingeräumten „Optionsrecht" lediglich den Charakter einer „Billigung" beimaßen. Fälle dieser Art werden aber meist als Vertrag (Kauf) mit Rücktrittsvorbehalt oder als Kauf auf Probe qualifiziert werden können. Echte Optionsverträge sind aus diesem Grunde als unter einer Wollensbedingung stehende definitive Verträge praktisch kaum denkbar[25].

Daß die Qualifikation des Optionsvertrages als bedingter Vertrag nicht nur in Deutschland, sondern auch in den ausländischen Rechtsordnungen überwiegend abgelehnt wird, habe ich in meiner Darstellung des ausländischen Rechts bereits gezeigt[26]. Ich halte das Argument, eine Bedingung sei stets nur als Modalität eines Vertrages denkbar, der auch ohne sie müsse bestehen können, immer noch für überzeugend. Ein Wesensmerkmal des Vertrages, nämlich die Annahme, zur Bedingung zu machen, scheint mir mit dem Wesen des Vertrages nicht vereinbar zu sein. Für eine Auseinandersetzung mit der Frage nach der Zulässigkeit einer Wollensbedingung ist hier aber nicht der rechte Ort[27].

Von der Frage, ob ein Optionsvertrag als bedingter Vertrag qualifiziert werden kann, ist streng zu sondern die Frage der *Abgrenzung* des Optionsvertrags gegenüber einem bedingten Vertrag im eigentlichen Sinn. Optionsvertrag und bedingter Vertrag unterscheiden sich dadurch, daß bei dem Optionsvertrag das Zustandekommen des definitiven Vertrages im Belieben des Optionsberechtigten steht, bei dem bedingten Vertrag dagegen nicht. Läßt A sich ein „Optionsrecht" auf käuflichen Erwerb

---

[25] BLOMEYER (N. 10) 302 hält eine Unterscheidung von bedingtem Vertrag und Offertvertrag (vertragliche Einräumung eines Gestaltungsrechts) nur von der Form her für möglich. Hat der Käufer dem Verkaufsversprechen formgemäß zugestimmt, dann soll ein bedingter Vertrag vorliegen und die Ausübung des Gestaltungsrechts formlos möglich sein, hat der Käufer dem Versprechen nicht formgemäß zugestimmt, soll nur ein Offertvertrag vorliegen und die Ausübung des Gestaltungsrechts nur in der für den Hauptvertrag vorgeschriebenen Form erfolgen können. In einer Fußnote (N. 230) bezeichnet BLOMEYER selbst diese Unterscheidung als rechtspolitisch fragwürdig. Dem kann ich mich nur anschließen. Man darf ein Vertragsverhältnis nicht danach qualifizieren, welche Form die Vertragsparteien gewählt haben; entscheidend für die Qualifikation ist der Wille der Parteien!

In der Praxis scheint freilich die BLOMEYERsche Unterscheidung dankbar akzeptiert zu werden, auch wenn man ein klares Bekenntnis vermeidet. Vgl. etwa OLG Hamm, RdL 1952, 38.

[26] S. oben § 3 Text zu N. 63; § 4 Text zu N. 61 bis 64; § 5 Text zu N. 25–26; § 6 Text zu N. 12–14.

[27] Zum Streitstand vgl. ENNECCERUS-NIPPERDEY 1090 f.

eines Gegenstandes auf eine Dauer von 6 Wochen einräumen, „weil er erst prüfen müsse, ob der Gegenstand sich zu seiner bestimmungsgemäßen Verwendung eigne", erklärt er aber, er werde dieses Optionsrecht ausüben, wenn die Prüfung die Verwendbarkeit erweise, so läßt sich dem Wortlaut dieser Vereinbarung entnehmen, daß die Parteien die Annahme des Angebots nicht ausschließlich in das freie Belieben des „Optionsberechtigten" stellen wollten. Vielmehr sollte das Zustandekommen des Kaufvertrages in erster Linie davon abhängen, ob sich der Kaufgegenstand als für seinen bestimmungsmäßigen Gebrauch geeignet herausstellen würde. In Fällen dieser Art handelt es sich nicht um eigentliche „Optionsverträge", sondern um *bedingte definitive Verträge*[28].

Wie schwierig hier die Grenze zu ziehen ist, zeigt das eingangs unter (b) erwähnte Urteil des Reichsgerichts. Hier war in dem Optionsvertrag ausdrücklich bestimmt, daß die Optionszeit es der AEG ermöglichen sollte, „die vertraglichen Erfindungen und Schutzrechte zu prüfen und die Eignung der Kinomaschine für Massenfabrikation zu untersuchen". Das LG Berlin hielt den Vertrag für einen bedingten Kaufvertrag, das Kammergericht und das Reichsgericht vertraten dagegen die Auffassung, die Annahme des Angebots habe im freien Belieben der AEG gestanden, qualifizierten den Vertrag also als Optionsvertrag in dem hier gebrauchten Sinn[29]. In einem früher vom Reichsgericht entschiedenen Fall war die Lizenz eines bestimmten Patents für verschiedene deutsche Länder verkauft worden. Der Vertrag enthielt u. a. noch folgende Klausel: „Die Herren C. & E. haben sich drei Monate nach Inbetriebsetzung des Werkes zu entscheiden, ob sie für die noch für Deutschland restierenden Länder ebenfalls die Lizenz übernehmen wollen, und haben dann im bejahenden Fall dafür noch einen ferneren Kaufpreis von 50 000 RM ... zu zahlen." Diesen Fall qualifizierte das Reichsgericht eigenartigerweise als bedingten Vertrag. Es meinte, die Parteien seien davon ausgegangen, daß die Klägerin bald mit der Fabrikation beginnen werde, und es sei die gesetzte Frist von ihnen für ausreichend erachtet worden, „daß die Klägerin über die Rentabilität des Geschäfts Erfahrungen sammeln und nach Prüfung des Patents und der praktischen Durchführbarkeit, also nicht nach Willkür, sondern nach objektiven Gründen, nach ihrem durch die gemachten Erfahrungen geleiteten Ermessen sich schlüssig machen könnte, das Patentrecht auch für die übrigen Länder und Provinzen zu erwerben". Legt man den Maßstab an, mit dem das Reichsgericht in der AEG-Ent-

---

[28] Vorbildlich ist hier Art. 1521 c. c. it. (oben N. 18).

[29] RG 136, 132; zustimmend LÜDECKE-FISCHER, Lizenzverträge (1957) 574.

scheidung die Erklärungen der Parteien gemessen hat, so wird man nicht umhinkönnen, die ältere Entscheidung als überholt anzusehen. Wird einer Partei vertraglich die Befugnis eingeräumt, durch einseitige Erklärung einen Vertrag zustande zu bringen, so kann ein solcher Vertrag nur dann als bedingter Vertrag im eigentlichen Sinn behandelt werden, wenn sich aus dem Vertrag eindeutig ergibt, daß der „Optionsberechtigte“ in der Annahme des Angebots nicht frei sein sollte, vielmehr bei einem positiven Ergebnis einer objektiven Prüfung verpflichtet sein sollte, sein „Optionsrecht“ auszuüben. Was die Parteien hier in Wahrheit wollen, ist nicht die Einräumung eines Optionsrechts, sondern der Abschluß eines durch den positiven Prüfungsausgang aufschiebend bedingten Vertrages. Ist also von einem *Optionsrecht* die Rede, dann ist grundsätzlich davon auszugehen, daß der Optionsberechtigte noch in seinen Entschlüssen *frei* ist. Wer den Abschluß eines *bedingten Vertrages* behauptet, muß die *Selbstbindung* des „Optionsberechtigten“ beweisen. Um Zweifel auszuschließen, wird es sich freilich bei der vertraglichen Einräumung eines Optionsrechts empfehlen, die völlige Entschlußfreiheit des Optionsberechtigten durch Worte wie „nach freiem Belieben ... zu erklären, ob ...“, „in voller Entschlußfreiheit“ o. a. zum Ausdruck zu bringen[30].

IV. Die Rechtsnatur des Optionsvertrages

Wie sich gezeigt hat, ist der Optionsvertrag keine bindende Offerte, der Optionsberechtigte wird lediglich so gestellt wie der Empfänger eines bindenden Angebots. Ein Optionsvertrag ist auch kein Vorvertrag. Der Optionsgeber hat seine Willenserklärung bereits abgegeben. Einer neuen Willenserklärung seitens des Optionsgebers bedarf es nicht mehr. Schließlich handelt es sich bei dem Optionsvertrag in aller Regel auch nicht um einen bedingten Vertrag. Was die Parteien fast stets anstreben, ist, dem Optionsberechtigten das Recht zu geben, durch einseitige Erklärung den Vertrag zustande zu bringen. Aus dieser Abgrenzung ergibt sich zweierlei:

1. Der Optionsvertrag enthält ein Angebot.
2. Die Ausübung des Optionsrechts stellt die Annahme dieses Angebots dar.

In den Ländern, die ein einseitiges bindendes Angebot nicht kennen, wird der Optionsvertrag als Vertrag bezeichnet, in dem der Options-

---

[30] LÜDECKE-FISCHER (N. 29) 575.

geber sich verpflichtet, sich für eine bestimmte Zeit an ein bestimmtes gleichzeitig abgegebenes Angebot gebunden zu halten, als „contract to keep an offer open", als „convention de maintien"[31]. Auf dem gleichen Standpunkt steht auch die italienische Rechtslehre, obgleich Italien das unwiderrufliche Angebot kennt[32].

Der Konstruktion eines besonderen Vertrages zur Bindung an ein Angebot bedarf es aber – wenigstens im Regelfall – nicht in den Rechtsordnungen, die eine einseitige Bindung an das Angebot vorsehen. Warum sollte ein bindendes (befristetes) Angebot in ein einfaches Angebot und einen Vertrag, dieses Angebot innerhalb einer bestimmten Frist nicht zu widerrufen, zerlegt werden? A macht dem B in dem Optionsvertrag ein befristetes Angebot. Er räumt ihm damit vertraglich das Recht ein, ein bestimmtes Angebot innerhalb einer bestimmten Frist anzunehmen und durch diese gestaltende Erklärung einen Vertrag zustande zu bringen. Man wird darum den Optionsvertrag in der Regel als die *vertragliche Einräumung eines Gestaltungsrechts* bezeichnen dürfen[33]. Der Konstruktion einer *vertraglichen Bindung an ein einfaches Angebot* bedarf es jedoch in den Fällen, in denen die Ausübung des Optionsrechts nicht befristet worden ist. Eine Dauerbindung an ein unbefristetes Angebot läßt sich nur durch einen Vertrag erzielen, in dem die Parteien eine solche Dauerbindung vereinbaren[34].

---

[31] S. oben § 3 Text zu N. 53 ff.; § 6 Text zu N. 9 f., 13.

[32] S. oben § 4, Text zu N. 65 ff.; ebenso für die Schweiz BECKER, Art. 216 OR Bem. 3 und Bem. 25 vor Art. 184 OR.

[33] CARTELLIERI 163; SOERGEL-SIEBERT(-MEZGER) Bem. 23 vor § 145; für die Schweiz siehe oben § 5 Text zu N. 26. Auch LARENZ II 102 und DB 1955, 209, 211 sieht das Wesen des Optionsvertrages in der vertraglichen Einräumung eines Gestaltungsrechts, hält aber dieses Gestaltungsrecht für etwas anderes als ein bloßes Annahmerecht. Er meint, die Besonderheit eines Optionsvertrages bestehe darin, daß dem Berechtigten („nach dem Vorbild des Vorkaufs- und des Wiederkaufsrechts") das Recht eingeräumt werde, durch eine formlose Erklärung innerhalb einer bestimmten Frist ein Kaufverhältnis mit festgelegtem Inhalt zustande zu bringen. Gegen eine analoge Anwendung der Vorschriften über das Vorkaufs- und Wiederkaufsrecht bestehen aber erhebliche Bedenken: siehe unten § 18 I a. E.

[34] Die Aufspaltung des Optionsvertrages in Vertragsangebot und vertragliche Bindung hat – wie ergänzend bemerkt werden soll – auch kostenrechtliche Folgen. Für die Beurkundung des Angebots ist § 37 KostO maßgebend, ist ein Bindungsentgelt vereinbart, so gilt für dieses § 36 Abs. 2 KostO: Siehe KORINTENBERG-WENZ-ACKERMANN, Kostenordnung [5](1959) § 37 Bem. 1. Diese Berechnung ist grundsätzlich auch für einseitige Vorverträge maßgebend, weil diese sich in aller Regel als Optionsverträge qualifizieren lassen (s. o. II); a. A. KORINTENBERG-WENZ § 37 Bem. 4; LG Berlin Rpfleger 1961, 165; mit Recht gegen die Annahme eines Vorvertrages in solchen Fällen: OLG Frankfurt/M. DNotZ 1955, 265; bedenklich aber die analoge Anwendung des § 20 Abs. 2 KostO auf Optionsverträge.

§ 16: GÜLTIGKEITSERFORDERNISSE DES OPTIONSVERTRAGES

I. Bestimmbarkeit

1. Die Gültigkeitserfordernisse des Optionsvertrages ergeben sich z. T. aus seiner rechtlichen Struktur. Der Optionsvertrag enthält ein bindendes *Angebot*. Das Angebot – und folglich auch der Optionsvertrag – ist nur wirksam, wenn es so bestimmt ist, daß seine bloße Annahme zur Einigung über Inhalt und Gegenstand des Vertrages genügt, d. h., daß bei einem Optionsvertrag auf Abschluß eines Kaufvertrags der Kaufgegenstand und der Kaufpreis bestimmt oder doch zumindest bestimmbar sein müssen[1]. Wichtig ist dabei insbesondere die Bestimmbarkeit des *Kaufgegenstandes*. Haben die Parteien über den *Kaufpreis* keine Vereinbarung getroffen, so steht die Bestimmung des Kaufpreises im Zweifel demjenigen Teil zu, der ihn zu fordern hat (§ 316 BGB). Haben die Parteien aber irgendeine Vereinbarung getroffen, so muß der Kaufpreis nach der getroffenen Vereinbarung und den Umständen des Falles bestimmbar sein[2]. Bestimmbar ist der Kaufpreis beispielsweise, wenn die Parteien vereinbart haben, daß er sich nach dem kapitalisierten Ertrag im Zeitpunkt der Ausübung des Optionsrechts richten oder daß ihn ein Sachverständiger durch Schätzung ermitteln soll[3]. Bestimmbar ist der Kaufpreis auch, wenn er in Relation gesetzt wird zu den Preis-Indices bestimmter wirtschaftlicher Güter[4] oder wenn die Parteien vereinbaren, daß der mittlere Marktpreis an einem bestimmten Tag maßgebend sein soll – wenn ein Markt für die Ware existiert. Der Kaufpreis kann sogar in Relation gesetzt werden zu dem Preis einer Ware, die der Optionsberechtigte selbst verkauft. Nur dürfen in einem solchen Fall dessen Preise nicht anormal sein[5]. Soll die Preisfestsetzung durch einen Sachverständigen erfolgen, so muß auch die Person des Sachverständigen bestimmt oder bestimmbar sein. Das Gericht kann ein Sachverständigengutachten nur dann einholen, wenn die Parteien sich darüber einig ge-

---

[1] Vgl. für die promesse de vente Paris 12. 10. 1956: J. C. P. 1957, IV, éd. G., 52; PLANIOL-RIPERT(HAMEL) X 204 f.; BAUDRY-LACANTINERIE ET SEIGNAT 50; MAZEAUD III 672; J.-Cl. Civil: Art. 1589, Nr. 29.

[2] S. oben § 10 I 3 d.

[3] HAAB, Art. 683 ZGB Bem. 2; HOMBERGER, Das Sachenrecht, in: [Züricher] Kommentar zum Schweiz. Zivilgesetzbuch ²IV, 3 (1958) Art. 959 Bem. 27.

[4] Cass. civ. 26. 10. 1948: S. 1949, 1, 89.

[5] Vgl. dazu die interessante französische Entscheidung Cass. com. 4. 11. 1952: Gaz. Pal. 1953, 1, 84 (Preis von Zahnprothesen). Dazu auch MALAURIE, D. Rép. Dr. civ. IV 271. Ein Versprechen, eine Sache zu einem „juste prix" zu verkaufen, hielt POTHIER

worden sind, daß der Richter einen Sachverständigen ernennen soll[6]. Haben sich die Parteien freilich verpflichtet, je einen Sachverständigen zu benennen, so kann der Richter eine die Benennung verzögernde Partei zur Benennung des Sachverständigen durch Geldstrafen oder Haft anhalten (§ 888 ZPO)[7].

2. Ein Optionsrecht wird meist für eine bestimmte *Frist* eingeräumt. Die Befristung als solche ist aber *nicht Wesensmerkmal* des Optionsvertrages. Der Optionsvertrag ist gültig, auch wenn er nicht befristet ist[8]. Das ergibt sich aus der gesetzlichen Regelung des Wiederkaufs. § 503 BGB unterscheidet ausdrücklich den Fall, daß für die Ausübung des Wiederkaufsrechts eine Frist bestimmt ist, von dem Fall der unbefristeten Einräumung eines Wiederkaufsrechts. Kann aber die Vereinbarung des Wiederkaufs – als besonderer Optionsvertrag – unbefristet erfolgen, so muß ein gleiches auch für den allgemeinen Optionsvertrag gelten[9].

II. Form

1. Auch die Form des Optionsvertrages wird wesentlich dadurch bestimmt, daß der Optionsvertrag ein *Angebot* zum Vertragsschluß enthält. Bedarf ein Vertrag einer bestimmten Form, dann sind Angebot und Annahme in dieser Form zu erklären. Das Angebot zum Abschluß eines formbedürftigen Vertrages bedarf also der für den Vertrag selbst vorgeschriebenen Form[9a]. Wird das Angebot zum Abschluß eines form-

---

noch für zulässig. Der Preis sei hier durch Sachverständige zu ermitteln, auf welche die Parteien sich zu einigen hätten: Œuvres de Pothier, hrsg. und mit Anmerkungen versehen von M. Buguet III (1847) 192. Diese Auffassung wird heute in Frankreich allgemein abgelehnt: Baudry-Lacantinerie et Seignat 50; Aubry et Rau(-Esmein) V 3, 18; Planiol-Ripert(-Hamel) X 36. Wenn eine Sache verkauft werden soll „à son juste prix“ oder „à sa valeur“, so muß das Verkaufsversprechen als nicht genügend bestimmt angesehen werden. Im deutschen Recht werden diese Fälle noch von § 316 BGB umfaßt. Die Bestimmung steht demjenigen Teil zu, der die Gegenleistung zu fordern hat.

[6] S. oben § 10 N. 10, 32, Text zu N. 50 bis 53; ferner Trib. civ. Toulouse, 12. 7. 1956: Gaz. Pal. 1956, 2, 252; J.-Cl. Civil: Art. 1589, Nr. 30, 31.

[7] Siehe auch Paris 1. 3. 1951: D. 1951, 315; Planiol-Ripert(-Hamel) X 40.

[8] BGE 71 II 158, 165; a. A. Oser-Schönenberger Art. 216 OR Bem. 38: Wird ein Kaufsrecht auf unbestimmte Zeit bestellt, so ist es wegen mangelnder Bestimmtheit ab initio nichtig. Ähnlich Zeller, Erfindervertragsrecht (1953) 22.

[9] Mit der gleichen Argumentation bejahte auch der österr. OGH die Möglichkeit, ein Optionsrecht unbefristet einzuräumen: SZ XXVI 255.

[9a] Dagegen nicht der für den Vertrag etwa vorgeschriebenen behördlichen Genehmigung. Das Angebot kann aber behördlich genehmigt werden, wenn sowohl der Verpflichtete als auch der Angebotsempfänger die Genehmigung beantragen, vgl. Kobler, DNotZ 1957, 172.

bedürftigen Vertrages in einem besonderen Vertrage abgegeben, dann bedarf nicht nur das Angebot, sondern der *gesamte Vertrag*, dessen Teil es bildet, der für das Angebot vorgeschriebenen Form. Das ergibt sich für den besonderen Fall der vertraglichen Einräumung eines Optionsrechts auf *Erwerb eines Grundstücks* aus § 313 BGB: „Ein Vertrag, durch den sich der eine Teil verpflichtet, das Eigentum an einem Grundstück zu übertragen, bedarf der gerichtlichen oder notariellen Beurkundung." Zu ergänzen ist: „gleichgültig, ob der andere Teil sich zum Erwerb des Eigentums an dem Grundstück verpflichtet oder nicht". Zu beurkunden sind darum insbesondere auch die Abmachungen der Parteien über ein *Bindungsentgelt*, also ein Entgelt dafür, daß der Grundstückseigentümer sich an sein Angebot bindet. Darüber sind sich Rechtsprechung und Schrifttum auch vollkommen einig[10]. Noch klarer äußert sich das schweizerische Recht. Nach Art. 216 Abs. 2 OR bedürfen Verträge, die ein Kaufsrecht oder ein Rückkaufsrecht an einem Grundstück begründen, zu ihrer Gültigkeit der öffentlichen Beurkundung. Die gleiche Auffassung beherrscht auch das italienische Recht[11].

---

[10] Besonders klar spricht dies RG 62, 411, 414 aus. In dieser Entscheidung ging es um folgenden Fall: Mit Schreiben vom 22. 6. 1903 übersandte der Kläger an den Notar L. in B. 50 000 M in Wertpapieren. In dem Schreiben hieß es: „Die 50 000 M sind an Herrn K. ... auszuhändigen, sobald der Genannte vor Ihnen in notarieller Verhandlung mir den Verkauf seiner Grundstücke ... für den Preis von 2 760 000 M angetragen hat. An die Verkaufsofferte hat sich Herr K. bis zum 1. 4. 1904 ... zu binden. Nehme ich bis zu diesem Zeitpunkt die Verkaufsofferte nicht an, so sind die 50 000 M Herrn K. verfallen... Die Überlassung der 50 000 M an Herrn K. für den Fall, daß ich seine Offerte nicht rechtzeitig annehme, geschieht als Gegenleistung dafür, daß er sich bis zum 1. 4. 1904 an die von ihm abzugebende Offerte bindet." Am 25. 6. 1903 gab der Bekl. das erwähnte Verkaufsangebot notariell ab. Das Reichsgericht sah in den Erklärungen der Parteien einen Vertrag. Unzweifelhaft habe sich der Bekl. zuerst mündlich und dann notariell zum Grundstücksverkauf verpflichtet. Aber auch der Kl. habe als Gegenleistung dagegen vertragsmäßige Erklärungen abgegeben. Er habe zwar nicht die sofortige Annahme des Angebots vollständig erklärt, aber er habe das von ihm gewünschte und hervorgerufene Verkaufsangebot wenigstens bis zu einem Werte von 50 000 M insofern angenommen, als er dafür diesen Betrag für alle Fälle, möge er annehmen oder nicht, versprochen und gegeben habe. Selbst wenn die 50 000 M nicht auf den Kaufpreis hätten angerechnet werden sollen, müsse von dem Abschluß eines Vertrages ausgegangen werden. Denn auch in diesem Falle liege auf der einen Seite eine Verpflichtung zur Abtretung von Grundeigentum, auf der anderen ein Gegenversprechen vor. Bei diesem Vertrag handle es sich um einen Vertrag i. S. des § 313 S. 1 BGB. Ein solcher müsse aber seinem ganzen Inhalt nach gerichtlich oder notariell verbrieft sein. Vgl. ferner SOERGEL-SIEBERT(-REIMER SCHMIDT) § 313 Bem. 5; WILDE in BGB-RGRK § 313 Anm. 6; PALANDT(-DANCKELMANN) § 313 Bem. 3; sowie aus der Rechtsprechung RG HRR 1930, 1099 und HRR 1934, 1099; BGH BB 1962, 1303.

[11] Cass. 22. 2. 1955, n. 515, Foro it., Rep. 1955, v. Vendita, n. 89; Trib. Mantova, 24. 8. 1948, Foro it., 1949, I, 179, mit zust. Anm. JANNUZZI; TAMBURRINO 52 f.

2. Häufig versuchen die Parteien der Beurkundung des Bindungsentgelts dadurch zu entgehen, daß sie das (notarielle) Angebot nicht in den Vertrag selbst aufnehmen, sondern diesem *nachfolgen* lassen. A verpflichtet sich, ein befristetes Verkaufsangebot abzugeben, B verpflichtet sich, ihm für seine Bindung ein Entgelt zu gewähren, behält sich aber die Annahme des Angebots vor. Solche Verträge sind nicht anders zu behandeln wie reine Optionsverträge. Ein einseitiges Vertragsversprechen begründet ein Optionsrecht, nicht einen Anspruch auf Abgabe einer Willenserklärung[12]. Als Optionsverträge bedürfen sie der Beurkundung und zwar ist zu beurkunden sowohl die Verpflichtung zur Übertragung des Eigentums an dem Grundstück als auch das für die Übereignung und das für die Bindung an das Angebot zu zahlende Entgelt. Nicht beurkundete Verträge sind formnichtig. Die Frage ist nur: Hat das dem Vertrag nachfolgende notariell beurkundete *Verkaufsangebot selbständigen Bestand*? Zu einer Antwort auf diese Frage kommt man am besten, wenn man verschiedene Fallgruppen bildet, nämlich

a) Das Angebot wird in notarieller Form angenommen. Alle Leistungen, die der Käufer zu erbringen hat (Kaufpreis und Bindungsentgelt) sind beurkundet.
b) Das Angebot wird in notarieller Form angenommen. Beurkundet ist nur der Kaufpreis, nicht das Bindungsentgelt.
c) Das Angebot enthält die Festsetzung aller vom Antragsgegner zu erbringenden Leistungen, es wird aber nicht angenommen.
d) In dem Angebot ist nur von dem Kaufpreis, nicht von dem Bindungsentgelt die Rede. Das Angebot wird nicht angenommen.

Im Fall a) ist ein wirksamer Grundstückskaufvertrag zustande gekommen. Alle Voraussetzungen eines formwirksamen Grundstückskaufvertrages sind gegeben. Der Fall b) läßt sich unterteilen in zwei Untergruppen: aa) Das gezahlte, aber nicht beurkundete Bindungsentgelt ist in Wahrheit ein *Teil des Kaufpreises;* bb) das Bindungsentgelt ist *nicht Teil des Kaufpreises*. Ein typisches Beispiel für den Fall aa) enthält die Entscheidung des Reichsgerichts in LZ 1933, 1459:

Kl. und M. schließen mündlich einen Offertvertrag des Inhalts, daß M. von sich aus für seine Person 5 000 000 RM dafür zusagt und zahlt, daß Kl. sich ihm gegenüber verpflichtet, ein bindendes Kaufangebot über ein Grundstück von 10 000 000 RM gegenüber der Bekl. abzugeben. In einer notariellen Verhandlung kam dann ein weiterer Optionsvertrag zustande. Darin machte der

---

[12] S. oben Text zu N. 9.

Kläger der Bekl. ein befristetes Angebot auf Abschluß eines Grundstückskaufvertrages zu einem Preis von 10 000 000 RM. Als Bindungsentgelt wurden in der notariellen Verhandlung 1 000 000 RM versprochen und gezahlt. Bei Nichtzustandekommen des Kaufs sollte dieser Betrag bei der Kl. verbleiben.

Das Reichsgericht erklärte mit vollem Recht, daß hier ein formgerechter Kaufvertragsabschluß fehle, weil die Abrede über die Zahlung der 5 000 000 M nicht beurkundet worden sei. Es meinte aber weiter, der Umstand, daß die Kl. die von ihr eingegangene Verpflichtung, das Angebot anzugeben, sofort erfüllt habe, beseitige weder den Formzwang noch den Formfehler und dessen Folgen; denn in § 313 BGB sei eine heilende Wirkung nur der Auflassung und Eintragung im Grundbuch beigelegt[13]. Daß diese Auffassung nicht haltbar ist, daß vielmehr eine Heilung auch durch eine vorschriftsmäßige Beurkundung des Verkaufsangebots eintreten kann, hat das Reichsgericht in einer späteren Entscheidung selbst erkannt[14]. Das ändert jedoch nichts am Ergebnis; denn die heilende Wirkung des formrichtig beurkundeten Angebots setzt voraus, daß es den gesamten vereinbarten Kaufpreis enthält. Waren sich die Parteien über einen Kaufpreis in Höhe von 15 000 000 M einig, ließen sie aber nur einen Kaufpreis von 10 000 000 M beurkunden, dann ist die Beurkundung unvollständig und darum mangelhaft und nichtig[15]. Eine Heilung könnte hier nur noch durch Auflassung und Eintragung in das Grundbuch erfolgen.

Nicht anders ist der Fall bb) zu entscheiden, der freilich in der Praxis kaum vorkommen wird. Das Bindungsentgelt wird in aller Regel auf den Kaufpreis angerechnet. Aber selbst wenn die Parteien ausdrücklich vereinbart hätten, das Bindungsentgelt solle zusätzlich zu dem Kaufpreis gezahlt werden, so ist seine Abgrenzung vom Kaufpreis praktisch nicht durchführbar. Ein Grundstückskaufvertrag, in dem das Bindungsentgelt nicht beurkundet ist, ist darum in allen Fällen formnichtig.

Aus den bisherigen Erwägungen ergibt sich auch die Lösung der Fälle c) und d). Dabei ist der Fall c) wieder in zwei Untergruppen zu teilen,

[13] RG LZ 1933, 1461.

[14] RG 169, 185, 190.

[15] In der Schweiz hielt man lange Zeit eine Beurkundung des *noch* zu zahlenden Kaufpreises für genügend. Leistungen, die schon vor der Beurkundung des Vertrages erbracht waren, brauchten nicht mitbeurkundet zu werden: BGE 49 II 466, 469; 50 II 142, 146; 52 II 60, 61. Diese Rechtsprechung hat das Bundesgericht aber inzwischen aufgegeben: BGE 84 IV 163, 165; 86 II 33, 37; 87 II 28, 30. Wird die volle Kaufsumme beurkundet und nur verschwiegen, daß ein Teil davon bereits bei Abschluß des Optionsvertrages als Bindungsentgelt gezahlt werden soll, so ist das auf die Gültigkeit des Optionsvertrages ohne Einfluß: BGE 88 II 158.

nämlich: aa) ein Bindungsentgelt ist nicht vereinbart; bb) ein Bindungsentgelt ist vereinbart.

Ist ein Bindungsentgelt *nicht vereinbart,* dann heilt das formgültig beurkundete Angebot den formnichtigen Optionsvertrag. In dem Optionsvertrag hatte nur ein Partner eine Verpflichtung übernommen. Diese Verpflichtung war formnichtig, ist aber durch die spätere Beurkundung des Angebots geheilt worden[16].

War dagegen ein Bindungsentgelt *vereinbart,* dann kann die formgemäße Beurkundung allein des Angebots zur Grundstücksveräußerung nicht die formnichtige Verpflichtung des Antragsgegners zur Zahlung des Bindungsentgelts heilen. Er ist zur Zahlung nicht verpflichtet. Ein bereits gezahltes Bindungsentgelt kann er nach § 812 BGB zurückfordern, wenn § 814 BGB nicht entgegensteht. D. h.: Die Rückforderung ist nur ausgeschlossen, wenn der Leistende positiv wußte, daß er zur Leistung nicht verpflichtet war. Grobfahrlässige Unkenntnis der fehlenden Leistungsverpflichtung schließt die Rückforderung nicht aus. Ob der Irrtum entschuldbar war oder nicht, spielt keine Rolle[17]. Desgleichen entspricht die Leistung auf Grund eines formnichtigen Vertrages nicht einer sittlichen Pflicht. Wer sich auf den Formmangel beruft, verstößt darum, wenn nicht ganz besondere Umstände vorliegen, nicht gegen die guten Sitten[18].

Was schließlich den Fall d) angeht, so ist hier das beurkundete Angebot von vornherein unvollständig und darum nichtig.

3. Besondere Regeln gelten für den Fall, daß der formnichtige Optionsvertrag zwar kein Bindungsentgelt, wohl aber *andere Vereinbarungen* zwischen den Parteien enthält. Ist ein solcher Vertrag *teilweise wirksam*? Wenn nein, kann er *geheilt* werden?

Die erste Frage ist nach § 139 BGB zu beantworten. Enthält ein Vertrag u. a. die Vereinbarung eines Optionsrechts und ist diese Vereinbarung formnichtig, so ist grundsätzlich der ganze Vertrag nichtig, wenn nicht anzunehmen ist, daß die Parteien den Vertrag auch ohne den nichtigen Teil geschlossen hätten[19]. Ein solcherart nichtiger Vertrag kann geheilt werden, wenn später ein formgültiger Grundstückskaufvertrag geschlossen

[16] RG 169, 190.

[17] RG 60, 419, 421; SCHEFFLER in BGB-RGRK § 814 Anm. 4; STAUDINGER(-SEUFERT) § 814 Bem. 2.

[18] RG 70, 15, 20; 72, 342, 343; 96, 313, 315 und öfter; SCHEFFLER in BGB-RGRK § 814 Anm. 15; STAUDINGER(-SEUFERT) § 814 Bem. 11.

[19] Das Reichsgericht hielt einen schriftlichen Pachtvertrag, der u. a. eine Optionsklausel auf Erwerb des Grundstücks enthielt, insgesamt für nichtig, weil die Vereinbarungen „im Einheitszusammenhang" standen: RG 169, 185, 189.

wird. Es genügt aber auch die Abgabe eines formgültigen Angebots. Mit der Abgabe eines formgültigen Angebots ist die Ursache der Formnichtigkeit des Optionsvertrages weggefallen. Der Wille des Gesetzes ist erfüllt. Das muß für die Heilung des gesamten Vertrages, dessen Teil die Optionsvereinbarung war, genügen [20].

Schwierigkeiten bereiten die *Grenzfälle*. Schließen A und B einen Vertrag, in dem A die Hingabe eines Darlehns verspricht und B sich verpflichtet, dem A zur Sicherung eine Hypothek an einem Grundstück zu bestellen und ihm gleichzeitig ein Ankaufsrecht auf dieses Grundstück einzuräumen, – ist das Darlehnsversprechen dann formbedürftig? [21] Ein schriftlicher Vertrag dieser Art ist zur Gänze nichtig (§ 139 BGB). Wird er durch die formgültige Abgabe eines Angebots zum Abschluß eines Grundstückskaufvertrages geheilt? Der Bundesgerichtshof sagt: Nein! Er meint, das Darlehnsversprechen gehöre zum Kaufpreis. Es stelle nach dem Willen der Parteien einen Teil der Gegenleistung für den späteren Erwerb des Grundstücks dar und hätte deshalb auf jeden Fall mitbeurkundet werden müssen [22]. Diese Argumentation ist nicht stichhaltig. Sie beruht auf der Gleichung: Das Ankaufsrecht ist die Gegenleistung für das Darlehnsversprechen; also ist das Darlehnsversprechen die Gegenleistung für den späteren Erwerb des Grundstücks. Die beiden Seiten dieser Gleichung sind aber nicht gleich. Das Entgelt für den Erwerb des Grundstücks ist ein anderes als das Entgelt für die Einräumung des Optionsrechts. Für dieses wurde das Darlehnsversprechen, für jenes ein Kaufpreis vereinbart. Man kann das Darlehnsversprechen auch nicht als Bindungsentgelt bezeichnen. Macht der Optionsberechtigte von seinem Optionsrecht keinen Gebrauch, so erhält die Optionsgeberin nichts. Der Darlehnsvertrag steht selbständig neben dem Grundstücksveräußerungsgeschäft. Er ist zwar wirtschaftlich eng mit ihm verbunden. Diese enge Bindung sollte aber nur im Rahmen des § 139 BGB berücksichtigt werden. Mit Rücksicht auf die Sicherheit des rechtsgeschäftlichen Verkehrs und auf die Vertragstreue sollte man den Formzwang des § 313 BGB nicht gegen den Willen der Vertragsschließenden über sein eigentliches Gebiet, das Grundstücksveräußerungsgeschäft, hinaus ausdehnen [23]. In dem vom Bundesgerichtshof entschiedenen Fall wäre darum die Optionsvereinbarung zwar als nichtig, durch das nachfolgende notariell beurkundete Verkaufsangebot aber als geheilt zu betrachten gewesen.

---

[20] So insbesondere RG 169, 185, 190.
[21] Vgl. BGH WM 1961, 353.
[22] BGH WM 1961, 354 = MDR 1961, 586 mit zustimmender Anmerkung Thieme.
[23] RG 145, 247, 249.

Das *schweizerische* Bundesgericht hatte über folgenden Fall zu entscheiden[24]: W. erfuhr, daß die Firma G. & M. dem Baumeister M. ein bestimmtes Grundstück zum Kauf angeboten hatte. W. empfand Lust, es zu kaufen. Er wußte jedoch, daß die Firma G. & M. es ihm nicht verkaufen würde, da sie mit ihm verfeindet war. Er setzte sich daher mit M. in Verbindung, um sich die Liegenschaft mit dessen Hilfe zu verschaffen. Die beiden wurden einig, daß M. das Grundstück mit den ihm von W. zur Verfügung zu stellenden Barmitteln kaufen und dem W. daran ein Kaufsrecht einräumen solle, wogegen dieser dem anderen eine Vergütung von 10000 Fr. zahlen und ihn außerdem mit der Ausführung aller Maler-, Eisenbeton- und Kanalisationsarbeiten betrauen werde, falls er die Liegenschaft bebauen sollte. Auf Grund dieser mündlich getroffenen Vereinbarung kaufte M. der Firma G. & M. das Grundstück um den Preis von 69000 Fr. ab. Mit W. schloß er einen öffentlich beurkundeten „Kaufrechts-Vertrag". Darin ist ausgeführt, M. räume W. an der Liegenschaft XY zum Preis von 69000 Fr. ein übertragbares Kaufrecht ein, dessen Ausübung vom 1. Januar bis 1. Juli 1958 befristet sei. Die weiteren Abmachungen zwischen M. und W. sind in dem „Kaufrechts-Vertrag" nicht wiedergegeben. Im Frühjahr 1958 erklärte W. dem M. sein Kaufrecht ausüben zu wollen, und ersuchte ihn, zur Beurkundung des Kaufvertrages zu erscheinen. M. weigerte sich. Er machte geltend, der Kaufrechtsvertrag sei wegen Formmangels ungültig, weil er nicht alle versprochenen Leistungen erwähne. Die Klage des W. hatte in allen Instanzen Erfolg.

Das Bundesgericht führte aus: Der ein Kaufrecht an einem Grundstück begründende Vertrag bedürfe zu seiner Gültigkeit der öffentlichen Beurkundung (Art. 216 OR). Die Form müsse alle wesentlichen Punkte des Vertrages decken, insbes. auch die ganze für das Grundstück versprochene Gegenleistung und zwar selbst dann, wenn sie teilweise schon vor der Beurkundung des Vertrages erbracht worden sei. Das bedeute aber nicht, daß alle im Zusammenhang mit der Einräumung des Kaufrechts getroffenen Abreden öffentlich beurkundet werden müßten. Die Formvorschrift gelte nur für das, was dem Kaufvertrag (Kaufrechtsvertrag) wesentlich sei. Die Versprechen des Käufers brauchten daher nur insoweit öffentlich beurkundet zu werden, als sie die Gegenleistung für das Grundstück beträfen. Leistungen, die der Käufer dem Verkäufer zwar im Zusammenhang mit dem Abschluß des Kaufrechtsvertrages zusichere, die jedoch nicht im Austausch gegen das Grundstück, sondern für andere Leistungen des Verkäufers zu erbringen seien, brauchten in der öffentlichen Urkunde nicht erwähnt zu werden, und zwar selbst dann nicht, wenn die Parteien den Kaufrechtsvertrag ohne diese anderen Leistungen und Gegenleistungen nicht abgeschlossen hätten. Die 10000 Fr., die der Kläger dem Bekl. versprochen habe, seien von den Parteien als Vergütung für die Ausführung des Auftrags aufgefaßt worden. Auch das Versprechen, mit dem Bekl. allenfalls Werkverträge

---

[24] BGE 86 II 33.

abzuschließen, betreffe eine Gegenleistung für die Dienste des Beklagten. Da der Auftrag zum Kauf einer Liegenschaft formlos gültig sei, sei eine Beurkundung der als Entgelt für den Auftrag versprochenen Leistungen nicht erforderlich gewesen.

Dieser Entscheidung ist zuzustimmen. Die 10000 Fr. sind nicht Entgelt für das Grundstück oder für die langfristige Bindung. Sie sind die Gegenleistung dafür, daß M. etwas tut, wozu W. nicht in der Lage ist, nämlich das Grundstück von G. & M. erwirbt. Von einem Schwarzkauf kann keine Rede sein. Der Kaufpreis für das Grundstück ist vollständig beurkundet. Der Kaufrechts-(Options)vertrag ist formgültig.

4. Keiner Form bedarf der Vertrag, durch den ein Teil sich verpflichtet, das Eigentum an einem Grundstück zu *erwerben*. Hier hat der Grundstückseigentümer ein Optionsrecht. Das Zustandekommen eines Grundstückskaufvertrages steht in seinem Belieben. Da er sich nicht bindet, findet § 313 BGB, der nur ihn schützen will, keine Anwendung[25].

Solche Verträge werden zur Zeit sehr häufig geschlossen, und zwar aus *steuerlichen* Gründen. Wer Eigenheime bauen will, möchte auf der einen Seite zu einem möglichst frühen Zeitpunkt – schon vor der Fertigstellung – einen Teil des Kaufpreises haben, auf der anderen Seite aber auf die Möglichkeiten der steuerlichen Abschreibung nicht verzichten. Ein Vorvertrag würde ihn der letzteren Möglichkeit – nach der herrschenden, wenn auch anfechtbaren Praxis der Finanzbehörden – ebenso berauben wie die Einräumung eines Optionsrechts zugunsten des Käufers. Folglich läßt er sich ein notarielles befristetes Angebot zum Abschluß eines Kaufvertrages machen, erklärt vor dem Notar, von dem Angebot Kenntnis genommen zu haben, und bewilligt zur Sicherung des Käufers die Eintragung einer Vormerkung. Ob er damit den Käufer wirklich sichert, wird noch zu untersuchen sein. Hier mag der Hinweis genügen, daß die Praxis auf diese Weise verfährt.

Werden Verträge dieser Art nur schriftlich geschlossen, so wird stets sorgfältig zu prüfen sein, ob die Parteien wirklich *nur* eine Verpflichtung des *Käufers* begründen wollten. Häufig soll nämlich nach der Vorstellung der Parteien mit der Erwerbspflicht des Käufers eine Veräußerungspflicht des Eigentümers korrespondieren, die nur deswegen nicht ausdrücklich genannt wird, weil sie als selbstverständlich vorausgesetzt wird. Nach Ansicht des Hanseatischen Oberlandesgerichts Hamburg steht im Grundstücksverkehr einer Käuferverpflichtung sogar in aller

[25] RG 81, 134; 101, 332; RG DR 1939, 1440; Wilde in BGB-RGRK § 313 Anm. 22; Palandt(-Danckelmann) § 313 Bem. 2.

Regel die Verpflichtung des Grundstückseigentümers zum Verkauf gegenüber. Das Gericht will von dieser Regel nur dann eine Ausnahme machen, wenn der Grundstückseigentümer besondere Gründe hat, sich nicht zu binden, oder seine Pflicht zum Verkauf ausdrücklich ausgeschlossen hat[26]. Ergibt die Vertragsauslegung, daß die Parteien eine beiderseitige Bindung wollten, so gelten die Regeln über den Vorvertrag. Der Vertrag ist nur wirksam, wenn er in der Form des § 313 BGB geschlossen ist[27]. Entbehrt er dieser Form, so ist er zur Gänze nichtig. Er kann also nicht in eine gültige Erwerbsverpflichtung und eine nichtige Veräußerungsverpflichtung gespalten werden. Einer solchen Spaltung wird der Parteiwille in aller Regel entgegenstehen (§ 139 BGB). Soll in einem schriftlichen Vertrag ein Optionsrecht des Veräußerers festgelegt werden, so wird es sich für den Veräußerer empfehlen, seine Verpflichtung zum Verkauf ausdrücklich auszuschließen. Will er diesen für den Kaufinteressenten möglicherweise schockierenden Passus vermeiden, so bleibt nur ein Weg für die Sicherung eines rechtswirksamen Vertragsschlusses: die notarielle Beurkundung des Optionsvertrages.

5. Die gleichen Regeln, wie sie zu den Optionsverträgen auf Veräußerung oder Erwerb eines Grundstücks entwickelt worden sind, müssen auch für die Optionsverträge auf *Abtretung oder Abnahme eines Geschäftsanteils einer GmbH* gelten. Das ergibt sich aus § 15 Abs. 4 GmbHG, der im wesentlichen das gleiche sagt wie § 313 S. 1 BGB: „Der gerichtlichen oder notariellen Form bedarf auch eine Vereinbarung, durch welche die Verpflichtung eines Gesellschafters zur Abtretung eines Geschäftsanteils begründet wird.“ [27a]

Während man sich nun völlig einig ist, daß für Verträge, in denen ein Gesellschafter einem Dritten ein Optionsrecht auf *Erwerb* seines Gesellschaftsanteils einräumt, die gleichen Regeln gelten wie für Optionsverträge auf käuflichen Erwerb eines Grundstücks, besteht über die Formbedürftigkeit der bloßen *Abnahmeverpflichtung* Streit. Das Reichsgericht hat sich in ständiger Rechtsprechung dahin ausgesprochen, daß alle Verträge, welche auf Verpflichtung zur Abnahme von Geschäftsanteilen gerichtet sind, unter die Formvorschrift des § 15 Abs. 4 fallen,

---

[26] HansOLG Hamburg, MDR 1959, 210.

[27] S. oben § 11.

[27a] Wandelt sich ein Optionsrecht auf den Erwerb von Aktien infolge einer formwechselnden Umwandlung der Aktiengesellschaft in eine GmbH in ein Optionsrecht auf den Erwerb von Geschäftsanteilen der GmbH, so bleibt es bestehen, auch wenn es formlos vereinbart wurde: Meilicke, Das Options- und Vorkaufsrecht auf den Erwerb von Aktien bei der formwechselnden Umwandlung einer Aktiengesellschaft in eine GmbH, BB 1961, 1069.

auch wenn sie dem Gesellschafter freie Hand lassen, ob er die Geschäftsanteile veräußern oder ob er sie behalten will[28]. Es begründet seine Auffassung im wesentlichen mit dem Argument, der Berechtigte werde in dem Augenblick, in dem er die Abnahme fordere, auch zur Abtretung verpflichtet. Das ist richtig, sagt aber nur, daß die Annahme des Angebots – die Forderung der Abnahme ist nichts anderes – in gerichtlicher oder notarieller Form beurkundet sein muß. Die Situation ist hier keine andere als in dem Fall der einseitigen Verpflichtung zum Ankauf eines Grundstücks. Was für diese Situation richtig ist, kann für jene nicht falsch sein. Formvorschriften sind eng auszulegen. Wenn das Gesetz nur für die Verpflichtung zur Abtretung eines Geschäftsanteils die gerichtliche oder notarielle Beurkundung vorschreibt, so soll man es dabei bewenden lassen[29].

Freilich gilt auch hier der Grundsatz, den das Hans.OLG Hamburg für die einseitige Verpflichtung zum Erwerb eines Grundstücks aufgestellt hat: daß nämlich in aller Regel einer Käuferverpflichtung eine unausgesprochene Veräußerungsverpflichtung gegenübersteht[30]. In solchen Fällen muß natürlich der Vertrag beurkundet werden[31]. Hat der Gesellschafter seine Verpflichtung zur Abtretung aber ausdrücklich ausgeschlossen, so ist eine einseitige Verpflichtung zur Abnahme der Geschäftsanteile auch formlos gültig.

6. Zwischen den Parteien eines *Mietverhältnisses* wird häufig eine Optionsvereinbarung getroffen, kraft deren der Mieter das Recht haben soll, durch einseitige Erklärung den bestehenden Mietvertrag um einen bestimmten Zeitraum zu *verlängern.* Hier kann die Formfrage eine Rolle spielen, wenn bei Ausübung des Optionsrechts ein einjähriger formlos geschlossener Mietvertrag verlängert würde, ferner, wenn der Optionsberechtigte die Möglichkeit haben soll, einen Mietvertrag um mehr als ein Jahr zu verlängern.

Das Besondere an diesen Fällen ist, daß mit der Ausübung des Optionsrechts nicht ein neuer Vertrag zustande kommen, sondern ein bestehender Vertrag verlängert werden soll[32]. Das Angebot, einen Vertrag zu ver-

---

[28] RG 57, 60, 61; 102, 63, 64; 149, 385, 397; ebenso Baumbach(-Hueck) GmbH-Gesetz § 15 Bem. 4 C; Scholz, Kommentar zum GmbH-Gesetz § 15 Bem. 27.

[29] Schilling in Hachenburg, GmbH-Ges. § 15 Anm. 15.

[30] S. oben N. 26.

[31] Schilling aaO; Feine in Ehrenbergs Hdb. des ges. Handelsrechts III, 3 (1929) 382.

[32] RG 103, 349, 351; h. M. Im italienischen Recht ist diese Frage lebhaft umstritten. Während die Rechtsprechung zwei Mietverhältnisse annimmt (Cass. Sez. un. 21. 7. 1949,

längern, ist nicht ein Angebot auf Abschluß eines neuen Mietvertrages und bedarf darum grundsätzlich nicht der Form des § 566 BGB. Ein gleiches gilt auch für den Optionsvertrag. Andererseits bindet sich mit der Einräumung eines solchen Optionsrechts der Vermieter für einen längeren Zeitraum als ein Jahr. Der Mietvertrag als solcher bedarf darum der Schriftform. Das bedeutet, daß, wenn der Vermieter dem Mieter ein Optionsrecht auf Verlängerung des Vertrages über ein Jahr hinaus einräumt, er durch diesen Optionsvertrag nur gebunden wird, wenn er den Mietvertrag schriftlich abschließt oder die schriftliche Fixierung des Mietvertrages verspricht; denn das Optionsrecht resultiert aus dem Mietvertrag. Seine Wirksamkeit ist darum an die Wirksamkeit des Mietvertrages gebunden [33].

Räumt der Vermieter dem Mieter ein Optionsrecht auf Verlängerung eines mehrjährigen, schriftlich geschlossenen Mietvertrages ein, so liegt in diesem Optionsvertrag eine *Änderung des Mietvertrages.* Der Vermieter bindet sich für einen längeren Zeitraum, als in dem ursprünglichen Mietvertrag vereinbart war. Es handelt sich dabei um eine wesentliche Abänderung des Mietvertrages. Sie bedarf darum der gleichen Form wie der Mietvertrag selbst, d.h. der Schriftform [34]. Ein formlos geschlossener Optionsvertrag hat darum die beabsichtigte Wirkung nur, wenn der Vermieter darin auch die schriftliche Abänderung des ursprünglichen Mietvertrages verspricht.

III. Inhaltliche Gültigkeit

Für die inhaltliche Gültigkeit von Optionsverträgen gelten die allgemeinen Regeln. Sie sind also insbesondere nichtig, wenn sie gegen die *guten Sitten verstoßen* (§ 138 BGB). Ein Sittenverstoß liegt vor allem dann vor, wenn ein Teil sich unter Ausbeutung der Notlage, des Leicht-

n. 1917, Foro it., 1949, I, 1050; App. Torino, 3. 9. 1956, Foro it., 1957, I, 1128), spricht die ganz überwiegende Doktrin von einem einzigen verlängerbaren Vertrag (Satta, Doppia locazione novennale e trascrizione, Giur. it., 1950, I, 1, 335; Betti, Parere per la verità: Sulla natura giuridica del patto di rinnovazione del contratto di locazione, Temi 1949, 567; Visco, Trattato delle case in locazione [6][1959] 36).

[33] KG OLG 8, 396; LG Berlin I Mietger. 1933, 71; Staudinger(-Kiefersauer) § 566 Bem. 12; Erman(-Schopp) § 566 Bem. 1; Roquette, Mietrecht 98 f.

[34] BGH WM 1963, 172, 173; Erman(-Schopp) § 566 Bem. 2; a. A. RG WarnRspr. 1919, 252; Pritsch in BGB-RGRK § 566 Anm. 5; Enneccerus-Lehmann 510. Das Kammergericht läßt einen formlosen Optionsvertrag zu, verlangt aber zur tatsächlichen Verlängerung des Mietvertrages die Änderung des ursprünglichen schriftlichen Mietvertrages. Auf Vornahme dieser Änderung soll der Mieter notfalls klagen können: KG DR (Wochenausgabe) 1942, 1370.

sinns oder der Unerfahrenheit des anderen ein Optionsrecht einräumen läßt, in welchem Leistung und Gegenleistung in einem auffälligen Mißverhältnis stehen (§ 138 Abs. 2 BGB). Unter diesem Aspekt sind die in Gesellschaftsverträgen häufigen Klauseln zu werten, die einem Gesellschafter oder dem Vorstand ein Optionsrecht auf käuflichen Erwerb der Gesellschaftsanteile der anderen Gesellschafter einräumen. Solche Klauseln werden meist etwa folgendermaßen formuliert: „Die Kommanditisten (Gesellschafter A, B, C) sind verpflichtet, dem persönlich haftenden Gesellschafter (dem Gesellschafter P) ihre Kommanditeinlagen (Gesellschaftsanteile) auf Verlangen käuflich zu überlassen. Bei Errechnung des Kaufpreises wird die Steuerbilanz zugrunde gelegt."[35] Optionsverträge dieser Art sind rechtlich unanfechtbar. Gelegentlich findet man aber auch Klauseln, in denen einem Gesellschafter das Recht eingeräumt wird, die Gesellschaftsanteile der anderen Gesellschafter unentgeltlich oder zum Nennwert oder zu einem von ihm festzusetzenden Preis zu erwerben. Die Gültigkeit solcher Vereinbarungen ist stets zweifelhaft. Allerdings müssen sie nicht immer als sittenwidrig angesehen werden – man denke z. B. an den Fall, daß der optionsberechtigte Gesellschafter den anderen Gesellschaftern (etwa seinen Kindern) die Gesellschaftsanteile unentgeltlich überlassen hat. Man wird hier der Vertragsfreiheit der Gesellschafter einen größeren Spielraum lassen müssen. Soll der Kaufpreis durch den optionsberechtigten Gesellschafter festgesetzt werden, so wird oft mit § 315 III BGB geholfen werden können[36]. Diese Fragen

---

[35] Vgl. BGH 34, 80.

[36] Ein englisches Gericht hatte über die Wirksamkeit folgender Klausel zu entscheiden: „The Company in general meeting may, by resolution passed by a majority of not less than three-fourths of the votes of the members of the Company for the time being entitled to vote as may be present in person or by proxy at such meeting, and who vote on such resolution, determine that the shares of any member shall within 30 days after the passing of such resolution be offered for sale by the Company to the other members, and any such resolution may fix the price to be paid for such shares, provided that such price shall not be less than one shilling per share, and in case no such price shall be so fixed the price shall be one shilling per share ..."

Der Nennwert der Gesellschaftsanteile betrug 1 £. Das Gericht hielt die Klausel für wirksam und stellte fest: „... that it was open to the requisite majority of the shareholders in general meeting to direct a sale of a member's shares at less than their real value, and that the fact that their resolution provided for a sale at a gross undervalue was no evidence that they acted oppressively or fraudulently, or that they acted otherwise than in bona fide exercise of the power conferred by the article." Phillips v. Manufacturers' Securities, Ltd. (1917), 86 L. J. Ch. 305. Vgl. auch Palmer's Company Law [20](1959) 48.

Ob ein deutsches Gericht ebenso entschieden hätte, ist fraglich, wohl auch, ob ein englisches Gericht auch heute noch so entscheiden würde.

sind von besonderer praktischer Bedeutung bei den gesellschaftsrechtlichen Vorrechtsklauseln. In diesem Zusammenhang wird auf sie noch näher einzugehen sein[36a].

IV. Optionsvertrag zugunsten Dritter

Optionsverträge werden häufig zugunsten Dritter geschlossen. Man denke nur an den (nicht seltenen) Fall, in dem sich jemand ein Optionsrecht in spekulativer Absicht einräumen läßt. Auch wenn ein Erfinder durch Vertrag mit dem Gründungskonsortium einer Gesellschaft der zu gründenden Gesellschaft ein Optionsrecht auf Abschluß eines Lizenzvertrages einräumt, liegt ein Optionsvertrag zugunsten Dritter vor. Schließlich gehören in diese Gruppe auch die Gesellschaftsverträge, in denen dem Erben eines Gesellschafters das Recht zugestanden wird, nach dem Tod des Gesellschafters in die Gesellschaft einzutreten[37]. An der Gültigkeit solcher Verträge ist nicht zu zweifeln. Sie richten sich nach den allgemeinen Regeln der Verträge zugunsten Dritter[38].

[36a] Über die Zulässigkeit eines Bindungsentgelts und seinen Einfluß auf die Gültigkeit des Optionsvertrages s. u. § 18 III.

[37] Vertragsklauseln dieser Art enthalten Verfügungen von Todes wegen und sind trotzdem keine Erbverträge. Es würde sich lohnen, dieses Spannungsverhältnis einmal näher zu untersuchen. Siehe dazu Cass. Ch. réunies, 28. 4. 1961: J. C. P. 1961, II, 12135 mit Anmerkung von BASTIAN. Das gleiche Problem taucht auf in dem Fall, daß jemandem ein Optionsrecht eingeräumt wird auf käuflichen Erwerb eines Grundstücks, aber mit der Maßgabe, daß dieses Recht erst nach dem Tode des Grundstückseigentümers ausgeübt werden darf (KG DR 1939, 170). In der Schweiz hat man sich mit der Frage beschäftigt, ob die Vereinbarung eines Optionsrechts, das erst nach dem Tode des Eigentümers ausgeübt werden kann, in der für Erbverträge vorgeschriebenen Form der öffentlichen Verfügung von Todes wegen geschlossen werden muß. Die Rechtsprechung hat die Frage in den Fällen verneint, in denen das aufschiebend bedingte Kaufsrecht mit einem sofort wirksamen Vorkaufsrecht gekoppelt war (so zuletzt BGE 84 II 247) oder der Todesfall nicht die alleinige Bedingung für das Wirksamwerden des Kaufsrechts war, sondern es auch zu dem Zeitpunkt sollte ausgeübt werden können, in dem der Eigentümer die Liegenschaft selbst nicht mehr bewirtschaftete (so BernApphof ZBJV 1960, 521).

[38] Zur vertraglichen Einräumung eines Optionsrechts zugunsten eines Dritten siehe auch Orléans 5. 1. 1949: D. 1949, 501; RUBINO 49. Von der vertraglichen Vereinbarung eines Wiederkaufrechts in der Weise, daß der Wiederverkauf nicht an den Verkäufer, sondern an einen Dritten zu erfolgen hat, handelt eine Entscheidung des KG in RJA 9, 263. Hier kommt der Wiederkauf mit der Erklärung des Dritten, daß er das Wiederkaufsrecht ausübe, zustande. Siehe auch STAUDINGER(-OSTLER) § 497 Bem. 5; KUHN in BGB-RGRK § 497 Anm. 16. Dagegen meint PLANCK(-SIBER) § 328 Bem. 3 a. E., die einseitige Erklärung des Dritten genüge nicht; vielmehr bedürfe es stets noch einer Erklärung des Käufers. Diese Auffassung beruht darauf, daß SIBER die Wiederkaufsvereinbarung – zu Unrecht – als Vorvertrag qualifiziert.

Gelegentlich werden die Vorverhandlungen zum Abschluß eines Optionsvertrages zwar von jemandem geführt, der das Optionsrecht nicht für sich, sondern für einen anderen erwerben will, das Angebot auf Abschluß eines Optionsvertrages aber nicht von diesem, sondern von dem Dritten selbst angenommen. Die Frage ist hier: *Kann ein Vertragsangebot von jemandem angenommen werden, an den es nicht gerichtet ist, zu dessen Gunsten es aber ein Forderungsrecht begründet?* Der italienische Kassationshof hat die Frage – für den contratto per persona da nominare – bejaht[39]. Im deutschen Recht wird man unterscheiden müssen: Soll das Optionsrecht ohne jede Gegenleistung eingeräumt werden, dann kann der Dritte nicht nur das in dem Optionsvertrag enthaltene Angebot, sondern auch das Angebot zum Abschluß des Optionsvertrages annehmen. Sieht dagegen der Optionsvertrag eine Gegenleistung für die Einräumung des Optionsrechts vor, dann kann das Angebot zum Abschluß des Optionsvertrages grundsätzlich nur von dem Antragsgegner angenommen werden. In diesem letzteren Fall erhielte nämlich der Optionsgeber bei Annahme des Angebots durch den Dritten einen anderen Schuldner, als er es sich vorgestellt hat. Eine solche Substitution kann nicht gegen den Willen des Gläubigers geschehen. Aus diesem Grund ist die Annahme des Angebots zum Abschluß eines entgeltlichen Optionsvertrages zugunsten eines Dritten durch diesen Dritten selbst in der Regel ein neues Angebot, das der Optionsgeber nach Belieben annehmen oder ablehnen kann. Freilich kann das Angebot zum Abschluß eines Optionsvertrages von vornherein sowohl an den Verhandlungspartner als auch an den zu begünstigenden Dritten gerichtet sein. In diesem Fall unterliegt die Annahme durch den Dritten keinen Bedenken.

§ 17: DIE BINDUNG DURCH DEN OPTIONSVERTRAG

I. Bindungsdauer. Stillschweigende Befristung

Der Optionsgeber ist kraft des Optionsvertrages an sein Angebot zum Abschluß eines bestimmten Vertrages gebunden. Enthält der Optionsvertrag ein befristetes Angebot, so endet die Bindung des Optionsgebers mit Ablauf der gesetzten Frist. Ist das Optionsrecht nicht ausdrücklich befristet, so hat der Richter zu fragen, ob die Parteien das Optionsrecht stillschweigend befristet haben.

[39] S. oben § 4 N. 71.

Stillschweigend befristet ist das Optionsrecht meist, wenn in *Miet-* oder *Pachtverträgen* dem Mieter oder Pächter ein Optionsrecht auf käuflichen Erwerb des Mietgegenstandes oder auf Erneuerung des Mietvertrages eingeräumt wird. Hier wird allgemein angenommen, daß das Optionsrecht nur solange ausgeübt werden kann, als das Miet- oder Pachtverhältnis währt[1]. Bestritten ist, ob das Optionsrecht bis zum letzten Tag des Mietverhältnisses ausgeübt werden kann, und ferner, ob es nach Ablauf der ursprünglichen Mietdauer ausgeübt werden kann, wenn das Mietverhältnis von den Parteien verlängert worden ist.

Nach § 564 BGB endigt das Mietverhältnis mit dem Ablauf der Zeit, für die es eingegangen ist. Grundsätzlich kann darum ein Optionsrecht auf käuflichen Erwerb des Mietgegenstandes oder auf Verlängerung des Mietverhältnisses *bis zum letzten Tage* der Mietdauer ausgeübt werden. Ein anderes gilt aber dann, wenn die Parteien eine bestimmte Kündigungsfrist vereinbart haben. Die Vereinbarung einer bestimmten Kündigungsfrist hat den Sinn, den Parteien genügend Zeit für die Begründung eines anderen Mietverhältnisses zu geben. Der Vermieter will sich in Ruhe einen neuen Mieter aussuchen können, der Mieter soll genügend Zeit haben, sich einen neuen Vermieter zu suchen. Kündigt der Vermieter rechtzeitig, dann muß er die Gewißheit haben, daß er innerhalb des vereinbarten Zeitraums (nämlich zwischen dem Ablauf der Kündigungsfrist und dem Ablauf des Mietverhältnisses) die Wohnung anderweitig vermieten kann. Diese Gewißheit hätte er nicht, wenn der Mieter auch noch nach Ablauf der Kündigungsfrist sein Optionsrecht geltend machen könnte. Daraus muß man folgern, daß das Optionsrecht auf käuflichen Erwerb des Gegenstandes oder auf Verlängerung des Mietverhältnisses

[1] OLG Braunschweig HEZ 3, 5, 8; RUTH, JW 1927, 578; ROQUETTE, Mietrecht 83: Eine „Verlängerung" ist nach Ablauf der Mietzeit unmöglich. Siehe auch Trib. civ. Seine, 20. 12. 1947: Gaz. Pal. 1948, 1, 56; PLANIOL-RIPERT(-HAMEL) X 210; MAZEAUD 672.

Bei dieser Annahme handelt es sich freilich nur um eine Regel. Ausnahmen sind nicht ausgeschlossen. So wird man beispielsweise, wenn Mietvertrag und Optionsvertrag auf 10 Jahre geschlossen waren, das Mietverhältnis aber nach 2 Jahren endigt, etwa weil das Wohnhaus einstürzt, dem Mieter das Recht nicht versagen können, sein Optionsrecht auch einige Jahre nach der Beendigung des Mietverhältnisses noch ausüben und damit das Grundstück erwerben zu können: PLANIOL-RIPERT(-HAMEL) X 211. Wird allerdings das Mietverhältnis vorzeitig aufgelöst aus Gründen, die in der Person des Mieters liegen, so wird man annehmen müssen, daß eine Vermutung für den gleichzeitigen Fortfall des Optionsrechts spricht: SchlHOLG SchlHA 1956, 289; für das französische Recht ebenso Cass. req. 23. 2. 1927: D. H. 1927, 165; MALAURIE, D. Rép. Dr. civ. IV 272; a. A. anscheinend PLANIOL-RIPERT(-HAMEL) X 211. Entscheidend ist immer der Wille der Parteien.

nur *vor Ablauf der Kündigungsfrist* ausgeübt werden kann[2]. Bis zu diesem Zeitpunkt kann die Option aber in jedem Fall ausgeübt werden, also auch dann, wenn der Vermieter das Mietverhältnis gekündigt hat[3].

Schwieriger zu beantworten ist die Frage, ob ein im *ursprünglichen* Vertrag vereinbartes Optionsrecht auf käuflichen Erwerb des Mietgegenstandes oder auf Verlängerung des Mietvertrages nur innerhalb der ursprünglich vereinbarten Laufzeit des Mietvertrages geltend gemacht werden kann oder ob seine Geltendmachung auch noch möglich ist, wenn das Mietverhältnis *verlängert* worden ist. Man wird hier zwischen dem Optionsrecht auf käuflichen Erwerb des Mietgegenstandes und dem Optionsrecht auf Verlängerung des Mietvertrages unterscheiden müssen.

Ein Optionsvertrag, in welchem dem Mieter ein Optionsrecht auf *käuflichen Erwerb* des Mietgegenstandes eingeräumt wird, ist mit dem Mietvertrag zwar häufig verbunden, rechtlich aber vollkommen selbständig. Er kann auch ohne den Mietvertrag bestehen. Aus dieser rechtlichen Selbständigkeit kann man folgern, daß das Schicksal des Mietvertrages ihn nur im Rahmen des § 139 BGB berührt. Das heißt aber, daß zumindest eine ausdrückliche Verlängerung des Mietvertrages nicht notwendig eine Verlängerung des Optionsvertrages zur Folge hat[3a]. Wird der Optionsvertrag nicht ausdrücklich mitverlängert[3b], so endet er grundsätzlich, d. h. wenn die Auslegung des Parteiwillens nicht ein anderes ergibt, mit dem Ablauf der Frist, für die er ursprünglich eingegangen wurde[4].

---

[2] RG 92, 417, 422; OLG Königsberg HRR 1938, Nr. 505; ROQUETTE 83; STAUDINGER(-KIEFERSAUER) § 535 Bem. 120.

[3] Diese Frage hat das RG in der zitierten Entscheidung offengelassen.

[3a] Bei einer stillschweigenden Verlängerung des Mietvertrages soll es nach der Meinung eines kanadischen Juristen anders sein: FARIBAULT, Traité de droit civil du Québec XI: De la vente (1961) 81.

[3b] War das Optionsrecht nicht ausdrücklich, sondern nur stillschweigend – durch den Miet- oder Pachtvertrag – befristet, so bedarf eine Verlängerung der Annahmefrist zusammen mit der Verlängerung des Miet- oder Pachtvertrages nicht der Form des § 313: s. OLG Braunschweig HEZ 3, 5, 8.

[4] Auf diesem Standpunkt stehen auch die französische und die englische Judikatur: Vgl. Cass. civ. 16.7.1951: S. 1952, 1, 80 = D. 1951, 620; Montpellier, 7. 11. 1950: D. 1951, Somm. 32; Paris, 16. 11. 1955: D. 1956, Somm. 156; Trib. civ. Seine, 11. 7. 1950: Gaz. Pal. 1950, 2, 315; Re Leeds & Batley Breweries & Bradbury's Lease, Bradbury v. Grimble & Co., [1920] 2 Ch. 548; Sherwood v. Tucker, [1924] 2 Ch. 440, 444; Longmuir v. Kew, [1960] 3 All E. R. 26.

Freilich kann in Einzelfällen die Vertragsauslegung ein anderes ergeben. In einem englischen Fall hatte der landlord dem lessee ein Optionsrecht auf Abschluß einer neuen lease eingeräumt und sich verpflichtet, diese lease zu gewähren „at the same rent and with and subject to the same covenants and conditions as in the present lease reserved

Ein anderes gilt für den Optionsvertrag auf *Verlängerung* des Mietvertrages. Ein solcher Optionsvertrag hat keinen selbständigen Bestand. Er teilt in allem das Schicksal des Mietvertrages und demzufolge auch dessen Verlängerung[5], wenn man nicht annehmen will, daß in der stillschweigenden Fortsetzung des Mietverhältnisses eine konkludente Ausübung des Optionsrechts zu sehen ist[6]. Eine Ausnahme gilt lediglich dann, wenn die Parteien für die Ausübung des Optionsrechts eine bestimmte Frist vorgesehen haben. In diesem Fall kann das Optionsrecht nur in der von den Parteien vereinbarten Frist ausgeübt werden.

Zweifelhaft ist die Rechtslage, wenn die Parteien keinen bestimmten Termin für die Ausübung des Optionsrechts gesetzt haben, sondern lediglich bestimmten, (etwa) die Option müsse „(drei) Monate vor Ablauf der vereinbarten Mietzeit" ausgeübt werden, oder, der Mieter habe das Recht, „nach Ablauf des Vertrages denselben auf (drei) Jahre zu verlängern". Auch hier entscheidet der durch Auslegung zu ermittelnde Parteiwille. Ist von der „vereinbarten Mietzeit" die Rede, so wird man regelmäßig ergänzen dürfen: „ursprünglich vereinbarte Mietzeit". Dagegen erlaubt eine Formulierung wie „nach Ablauf des Vertrages" nicht ohne weiteres die Annahme, daß die Parteien hier den Ablauf der ursprünglich vereinbarten Mietdauer meinten[7]. Keinesfalls kann man sagen, wie dies die herrschende Meinung tut, eine Optionserklärung, die nach dem Ablauf

---

and contained". Die ursprüngliche lease enthielt ein Optionsrecht auf käuflichen Erwerb des freehold. Das Gericht nahm an, daß dieses Optionsrecht auch Bestandteil der neuen lease sei: Hill v. Hill, [1947] 1 Ch. 231. Der Unterschied zwischen diesen Fällen wird darin gesehen, daß bei einer bloßen Verlängerung des Mietverhältnisses das Wort „lease" sich auf die Rechtsbeziehung zwischen landlord und tenant bezieht, zu der die Optionsklausel nicht notwendig gehört, während bei der Bereitschaftserklärung „to execute a new lease" das Wort „lease" auf die Mieturkunde Bezug nimmt. Enthält diese eine Optionsklausel, so soll auch die neue lease(-Urkunde) eine Optionsklausel enthalten. Richtig dürfte auch die Auslegung sein, die der Parteiwille in der Entscheidung des OGHBrZ, DNotZ 1951, 124, erfahren hat. Hier war ein Grundstück verpachtet worden „zunächst auf die Dauer von drei Jahren". In dem Vertrag hieß es: „Der Pächter soll berechtigt sein, das Pachtgrundstück käuflich zu erwerben..." Das Gericht entschied, daß das Optionsrecht auch nach der stillschweigenden Verlängerung des Pachtvertrages noch ausgeübt werden könnte. Anders hätte man wohl entscheiden müssen, wenn das die Verlängerung in Aussicht stellende Wort „zunächst" gefehlt hätte und dem Pächter das Optionsrecht „für die vereinbarte Pachtzeit" eingeräumt worden wäre. Mißverständlich OLG Braunschweig HEZ 3, 5, 8.

[5] So die englische Judikatur: Moss v. Barton (1866), L. R. 1 Eq. 474; Buckland v. Papillon (1866), L. R. 2 Ch. 67; Rider v. Ford, [1923] 1 Ch. 541; WOODFALL(-BLUNDELL and WELLINGS), Law of Landlord and Tenant [26]I (1960) 1034.

[6] Vgl. Gardner v. Blaxill, [1960] 2 All E. R. 457.

[7] A. A. RG 99, 154.

der ursprünglich festgesetzten Vertragsdauer abgegeben wird, sei unzulässig[8]. Ihre Zulässigkeit ist vielmehr eine Frage des Einzelfalls und im besonderen eine Frage der Vertragsauslegung.

II. Unbefristete Bindung

Haben die Parteien ein Optionsrecht nicht – auch nicht stillschweigend – befristet, so ist der Optionsgeber theoretisch *ad infinitum* gebunden. Als Gestaltungsrecht ist das Optionsrecht nicht der Verjährung unterworfen[9]. Der Optionsgeber hat darum – so scheint es – nur die Möglichkeit, sich auf die *Verwirkung* des Optionsrechts zu berufen. Den Optionsgeber aber ausschließlich auf den Verwirkungseinwand zu verweisen, ist unbefriedigend. Da die bloße Nichtausübung eines Rechts noch keine Verwirkung begründet, vielmehr ein besonderes Verhalten des Berechtigten hinzutreten muß, aus dem der Verpflichtete schließen kann, daß der Berechtigte sein Recht nicht mehr ausüben werde, hat es der Optionsberechtigte in der Hand, den Optionsgeber solange an sein Angebot zu binden, wie es ihm beliebt[10].

Diesem unbefriedigenden Rechtszustand zu begegnen, gibt es verschiedene Möglichkeiten. Die radikalste ist die, jede zeitlich unbegrenzte Gebundenheit als *sittenwidrig* und darum als nichtig (§ 138 BGB) zu

---

[8] STAUDINGER(-KIEFERSAUER) § 535 Bem. 120; vorsichtiger PRITSCH in BGB-RGRK § 564 Anm. 3, der die Ausübung des Optionsrechts nach Ablauf der ursprünglich festgesetzten Vertragsdauer nur regelmäßig für unzulässig hält, bei einem entsprechenden Parteiwillen aber Ausnahmen von dieser Regel zuläßt.

[9] STAUDINGER(-COING) § 194 Bem. 11. Anders das französische Recht (Art. 2262 C. civ.): DEMOGUE II 21; PLANIOL-RIPERT(-ESMEIN) VI 179; MALAURIE, D. Rép. Dr. civ. IV 272. In der Schweiz ist die Frage bestritten, aber wohl ebenso wie im deutschen Recht zu beantworten: HAAB Art. 681/82 ZGB Bem. 24; a. A. HOMBERGER, Das Sachenrecht, in: [Züricher] Kommentar z. Schweiz. ZGB ²IV, 3 (1938) Art. 959 ZGB Bem. 27.

[10] Nach schweizerischer Auffassung kann sich der Optionsgeber immer dann, wenn das unbefristete Optionsrecht erst nach sehr langer Zeit ausgeübt wird, auf Art. 27 ZGB (Verletzung der Persönlichkeitsrechte) und auf Art. 20 OR (Verstoß gegen die guten Sitten) berufen: HAAB Art. 683 ZGB Bem. 2; Bern.App.hof ZBJV 1960, 521; Schiedsrichterurteil, Basler Jur. Mitt. 1957, 265 ff., 268. Eine Verletzung der Persönlichkeitsrechte oder der guten Sitten wird allerdings nur in seltenen Ausnahmefällen zu bejahen sein. In den bisher entschiedenen Fällen haben die Gerichte stets nur auf die Anwendbarkeit der genannten Vorschriften hingewiesen, ihre Anwendung im konkreten Fall aber stets abgelehnt.

Ebenso wie im deutschen Recht rechtfertigt dagegen im französischen Recht bloßes Schweigen nicht die Annahme, daß der Optionsberechtigte auf die Ausübung des ihm gewährten Optionsrechts verzichtet hat: Cass. civ. 10. 6. 1941: D. A. 1941, 274 (7jähriges Schweigen).

erklären. Auf sie hat das Reichsgericht in einer Entscheidung aus dem Jahre 1912 hingewiesen[11]. Soweit kann man jedoch nicht gehen.

Daß unbefristete Optionsverträge geschlossen werden können, zeigt § 503 BGB. Die bloße zeitliche Unbegrenztheit macht einen Optionsvertrag noch nicht nichtig. Die Anwendung von § 138 BGB setzt vielmehr noch besondere Umstände voraus, welche die Bindung als sittenwidrig erscheinen lassen (z. B. Ausnutzung einer Monopolstellung). Allenfalls wird man einen Vertrag für sittenwidrig halten können, in welchem eine Partei sich ausdrücklich ad infinitum gebunden hat. Bei einem bloßen unbefristeten Optionsrecht gehen aber beide Parteien davon aus, daß es in absehbarer Zeit ausgeübt wird. Beide wollen sich binden. Beide wollen aber (zunächst) nicht eine unbegrenzte Bindung. Diesem Willen der Parteien muß Rechnung getragen werden. Das kann nicht so geschehen, daß man die Bindung von Anfang an für nichtig erklärt, sondern nur so, daß man eine zeitliche Grenze der Bindung setzt. Zu diesem Ziel kann man auf verschiedenen Wegen gelangen.

Zunächst bietet sich die *Analogie zu § 503 S. 1 BGB* an: Ein unbefristetes Wiederkaufsrecht kann bei Grundstücken nur bis zum Ablauf von 30, bei anderen Gegenständen nur bis zum Ablauf von 3 Jahren nach der Vereinbarung des Vorbehalts ausgeübt werden. In dieser Vorschrift zeigt sich der Wille des Gesetzgebers, Wiederkaufsrechte (d. h. besondere Optionsrechte) unter allen Umständen zeitlich zu begrenzen. Die gleiche Notwendigkeit einer zeitlichen Begrenzung besteht bei den allgemeinen Optionsrechten. Daß bei Wiederkaufsrechten eine besondere Situation vorläge, welche besondere Fristen verlangt, kann man nicht behaupten. Hätte der Gesetzgeber nicht nur das Wiederkaufsrecht im besonderen, sondern das Optionsrecht im allgemeinen gesetzlich geregelt, so hätte er mit Sicherheit auch für das Optionsrecht eine zeitliche Begrenzung aufgestellt. Gründe, die es wahrscheinlich machen, daß er in diesem Fall andere Fristen bestimmt hätte, sind nicht ersichtlich. Aus diesem Grund erscheint eine analoge Anwendung des § 503 BGB zumindest in den Fällen gerechtfertigt, in denen dem Optionsberechtigten ein Optionsrecht auf käuflichen Erwerb eines Gegenstandes eingeräumt worden ist[12].

---

[11] RG 81, 134, 138.

[12] Das OLG Karlsruhe, NJW 1958, 1189, hat die analoge Anwendung des § 503 auf ein „Rückübernahmerecht" nur deswegen verneint, weil das „Rückübernahmerecht" im besonderen Fall dem Vorkaufsrecht näher stand als dem Wiederkaufsrecht. Den wesentlichen Gesichtspunkt sah es darin, daß die Ausübung des Wiederkaufsrechts allein vom Willen des Berechtigten abhängt, während das Vorkaufsrecht nur wirksam wird, wenn der Eigentümer sein Eigentum ohnehin aufgeben will. Man darf daraus schließen,

Ein Optionsrecht auf Mietverlängerung findet seine zeitliche Grenze in der Dreißig-Jahre-Frist des § 567 BGB. Beide Teile eines Mietvertrages sind nach einer Vertragsdauer von 30 Jahren berechtigt, das Mietverhältnis zu kündigen, ungeachtet bestehender oder ausgeübter Optionsrechte.

Auf einen anderen Weg weist die Rechtsvergleichung hin. Nach der in *Frankreich* herrschenden Auffassung kann, wenn die Parteien keine Frist bestimmt haben, der Optionsgeber dem Optionsberechtigten eine *Frist* für die Ausübung des Optionsrechts setzen. Macht der Optionsberechtigte von seinem Optionsrecht in der festgesetzten Frist keinen Gebrauch, so gilt sein Schweigen als Verzicht. Hält der Optionsberechtigte die gesetzte Frist nicht für angemessen, so entscheiden die Gerichte[13].

Ob diese Auffassung im französischen Recht eine Rechtsgrundlage hat, mag dahinstehen. Man sagt, der Optionsgeber könne den Optionsberechtigten in Verzug setzen („mettre en demeure"). Eine solche Argumentation wäre jedenfalls im deutschen Recht falsch. In Verzug kann nur jemand gesetzt werden, dessen Leistung fällig ist (§ 284 BGB). Das Optionsrecht ist aber keine „Leistung", die „fällig" werden kann.

Nun gibt es im deutschen Recht aber andere Vorschriften, die es gestatten, einen Schwebezustand durch eine Fristsetzung abzukürzen. Nach § 516 Abs. 2 BGB kann, wenn eine unentgeltliche Zuwendung ohne den Willen des Beschenkten erfolgt ist, der Schenker den Beschenkten unter Bestimmung einer angemessenen Frist zur Erklärung über die Annahme auffordern. Hängt die Wirksamkeit eines Vertrages von der Genehmigung eines Dritten ab, so kann dieser Dritte (unter Bestimmung einer Frist) zur Erklärung über die Genehmigung aufgefordert werden. Wird die Genehmigung innerhalb der gesetzten oder der gesetzlichen Frist

---

daß es auf ein „Übernahmerecht", dessen Ausübung allein vom Willen des Berechtigten abhängt, § 503 BGB analog angewendet hätte. Das KG (HRR 1929, 8) hielt zwar ein auf 60 Jahre begrenztes Optionsrecht für wirksam, weil eine Höchstgrenze für die Annahmefrist nicht bestehe, fügte aber hinzu: „Daß etwa in künftigem Streitfall das Prozeßgericht den Standpunkt vertritt, die auf allgemeinen Rechtsgedanken beruhende Frist von 30 Jahren begrenze auch eine solche Annahmefrist, soll indessen nicht als ausgeschlossen bezeichnet werden."

[13] Cass. civ. 4. 4. 1949: D. 1949, 316; Aubry et Rau(-Esmein) V 5; Planiol-Ripert (-Hamel) X 210; J.-Cl. Civil: Art. 1589, Nr. 52. Nach einer früher vertretenen Auffassung sollte der Optionsgeber nicht das Recht haben, nachträglich, d. h. nach Abschluß des Optionsvertrages, von sich aus eine Frist für die Annahme des Angebots zu setzen. Er hatte vielmehr bei dem Gericht die Festsetzung einer Maximalfrist zu beantragen: Baudry-Lacantinerie et Seignat 51; Beudant et Brèthe de la Gressaye XI 29. Gegen die Möglichkeit jeder Fristsetzung Mazeaud 676, der die ewige Bindung allerdings als „déraisonnable" bezeichnet.

nicht erklärt, so gilt sie als verweigert (§§ 108 Abs. 2, 177 Abs. 2, 415 Abs. 2 BGB). Besieht man diese Vorschriften freilich näher, so erweisen sie sich für eine analoge Anwendung nicht sehr geeignet. In § 516 BGB ist es die Rechtsfolge der Nichterklärung, die seine analoge Anwendung auf Optionsverträge ausschließt, in den anderen Vorschriften sind die Voraussetzungen mit denen eines Optionsvertrags nicht vergleichbar.

Das *italienische* Recht hat die Festsetzung des Endtermins dem *Richter* übertragen: „Se per l'accettazione non è stato fissato un termine, questo può essere stabilito dal giudice" (Art. 1331 Abs. 2 c. c.). Eine einseitige Fristsetzung durch den Optionsgeber ist ausgeschlossen. Eine analoge Anwendung des Art. 1454 c. c., der im Falle des Verzugs eine Fristsetzung vorsieht, ist nicht möglich[14].

Auch nach *schweizerischer* Auffassung ist es in den Fällen, in denen die Parteien ein Optionsrecht nicht befristet haben, Sache der *gerichtlichen Entscheidung*, einen Endtermin zu bestimmen. Dabei kann das Gericht sowohl aussprechen, daß der Endtermin bereits überschritten ist, als auch einen in der Zukunft liegenden Endtermin festsetzen. Als Grundlage für eine solche Festsetzung wird der Grundsatz der Rechtsausübung nach Treu und Glauben (Art. 2 ZGB) oder die Unverletzlichkeit der persönlichen Freiheit angesehen[15].

Ist eine solche *richterliche Vertragsergänzung* auch im *deutschen* Recht möglich? Sie müßte sich stützen auf die §§ 157 und 242 BGB[16]. Wir haben schon wiederholt betont, daß eine richterliche Vertragsergänzung grundsätzlich nur zulässig ist, wenn für eine solche Ergänzung objektive Anhaltspunkte im Vertrag gegeben sind. Von diesem Grundsatz haben wir eine Ausnahme zugelassen, nämlich die, daß der Richter den Zeitpunkt bestimmen kann, zu dem ein Hauptvertrag abzuschließen ist, auch wenn sich aus dem Vorvertrag keine Anhaltspunkte für eine solche Bestimmung ergeben. Dieses Recht sollte der Richter aber nur haben, wenn die Parteien der Einigung über die Leistungszeit keine wesentliche Bedeutung beimaßen und es deswegen versäumten, genügend Anhaltspunkte für ihre Bestimmbarkeit zu setzen[17]. Diese grundsätzlichen Erwägungen gelten auch hier. Vor der richterlichen Vertragsergänzung steht die Vertragsauslegung. Läßt sich eine Bindungsdauer nicht durch eine Auslegung

---

[14] App. Firenze, 14. 5. 1949, Foro pad. 1949, 761.

[15] BGE 71 II 158, 165.

[16] Daß eine richterliche Ermessensentscheidung „analog § 315 BGB" nicht in Frage kommt, haben wir bereits festgestellt (s. o. § 10 N. 32); siehe aber auch RG JW 1913, 541; dagegen mit Recht Neumann-Duesberg JZ 1952, 709.

[17] S. oben § 12 II.

des Optionsvertrages ermitteln, dann tritt an die Stelle der Vertragsauslegung die Vertragsergänzung. Sie ist grundsätzlich nur möglich, wenn sie sich auf objektive Anhaltspunkte im Vertrag stützen kann. Läßt sich dem Vertrag nichts entnehmen, so ist eine richterliche Festsetzung der Bindungszeit nur ausnahmsweise zulässig, nämlich dann, wenn nach den Umständen anzunehmen ist, daß die Parteien eine zeitlich begrenzte Bindung wollten, die Ausübung des Optionsrechts in absehbarer Zeit aber für so selbstverständlich hielten, daß sie eine Festsetzung eines Endtermins für überflüssig erachteten[18]. Liegen diese Voraussetzungen nicht vor, so bleibt dem Optionsgeber nur die Berufung auf § 503 BGB, der in aller Regel analog anwendbar sein wird.

Im *englischen* Recht gibt es ein besonderes Rechtsinstitut, das unbegrenzte Bindungen in Optionsverträgen verhindert, nämlich die *Rule against perpetuities.* Die Rule against perpetuities begrenzt die Zeitspanne zwischen der Vereinbarung und der Entstehung eines „interest"[19]. Ein solches „interest" wird durch einen Optionsvertrag auf käuflichen Erwerb eines Grundstücks begründet[20]. Der Optionsvertrag gibt dem Optionsberechtigten ein „equitable right", d. h. ein Recht – entgegen der Regel, wonach bei Nichterfüllung eines Vertrages nur Schadensersatzansprüche geltend gemacht werden können – „specific performance", d. h. Übertragung des „freehold", verlangen zu können. Die Rule against perpetuities besagt nun, daß ein solches Recht nur wirksam ist, wenn seine Geltendmachung von vornherein beschränkt ist auf die Lebensdauer des landlord oder einer anderen Person oder auf den Zeitraum von 21 Jahren vom Tode einer oder mehrerer bestimmter Personen an gerechnet[21]. Allerdings wirkt die Rule against perpetuities nicht zwischen den ursprünglichen Parteien. Sie kann nur von dritten Personen, insbes. Rechtsnachfolgern des landlord, geltend gemacht werden[22]. Kann das Optionsrecht danach nicht ausgeübt werden, weil

---

[18] Großzügiger anscheinend RG WarnRspr. 1919, 241, 242 (obiter): Gemäß §§ 157, 242 BGB, § 346 HGB ist die vertraglich nicht begrenzte Dauer der Bindung nach Treu und Glauben unter Berücksichtigung der Verkehrsgepflogenheiten zu bestimmen und dem gebundenen Partner ist zu gestatten, eine angemessene Frist zur Erklärung zu bestimmen.

[19] MORRIS AND LEACH, The Rule Against Perpetuities (1956) 1: „The Rule against Perpetuities is a rule invalidating interests which vest too remotely".

[20] London and South Western Railway Co. v. Gomm (1882) 20 Ch. D. 562, 581 per JESSEL, M. R.; Wright v. Dean, [1948] Ch. 686, 693 per WYNN-PARRY J.; Stromdale & Ball, Ltd. v. Burden, [1952] 1 Ch. 223.

[21] „No interest is good unless it must vest, if at all, not later than twenty-one years after some life in being at the creation of the interest": Vgl. MORRIS and LEACH aaO 1.

[22] Hutton v. Watling, [1948] 1 Ch. 26; Longmuir v. Kew, [1960] 3 All E. R. 26, 29 per CROSS, J.; a. A. Rider v. Ford, [1923] 1 Ch. 541; kritisch auch WALFORD, Options of Purchase and Perpetuities, The Conveyancer 12 (N. S.) (1947–48), 258, 261 f., 267 ff.

es „too remote" ist, so sollen nach einer allerdings kritisierten Auffassung gegen den Optionsgeber (oder seinen Nachlaß) Schadensersatzansprüche wegen „breach of contract" geltend gemacht werden können[23]. Die Rule against perpetuities ist in ihrem Anwendungsbereich beschränkt. Sie gilt insbes. nicht für Optionsrechte auf Verlängerung eines Miet- oder Pachtvertrages (lease). Das ergibt die Auslegung von Sec. 149 (3) des Law of Property Act, 1925. Diese Vorschrift lautet, soweit sie hier interessiert: „A term, at a rent ... limited after the commencement of this Act to take effect more than 21 years from the date of the instrument purporting to create it shall be void, and any contract made after such commencement to create such a term shall likewise be void ...". Danach werden nur Verträge betroffen, die ein (betagtes) Miet- oder Pachtrecht begründen. Ein Optionsrecht als solches begründet aber noch kein Miet- oder Pachtrecht. Ein solches Recht kann vielmehr erst mit der Ausübung des Optionsrechts geschaffen werden. Die vertragliche Einräumung eines Optionsrechts fällt darum nicht unter die genannte Gesetzesvorschrift[24].

III. Bedingte Bindung. Widerrufsvorbehalt

1. Ein Optionsvertrag kann auch unter einer *Bedingung* geschlossen werden. So wird beispielsweise häufig vereinbart, daß das Optionsrecht erst wirksam werden soll, wenn eine Anzahlung auf den Kaufpreis (als Bindungsentgelt) geleistet worden ist[25]. Gelegentlich wird in Fällen, in denen dem Mieter ein Optionsrecht auf käuflichen Erwerb des Mietgegenstandes eingeräumt ist, das Optionsrecht davon abhängig gemacht, daß der Mieter seine Verpflichtung aus dem Mietvertrag erfüllt[26]. In einem Verlagsvertrag mag die Gewährung eines Optionsrechts auf Abtretung des Übersetzungs- und ausschließlichen Reproduktionsrechts davon abhängig gemacht werden, daß der optionsberechtigte Verlag

---

[23] Worthing Corporation v. Heather, [1906] 2 Ch. 532; kritisch dazu WALFORD (vorige Note) 259, 271.

[24] Weg Motors, Ltd. v. Hales, [1961] 3 All E. R. 181, 186. Siehe auch In re Strand and Savoy Properties Ltd., [1960] 3 W. L. R. 1.

[25] Cass. soc. 15. 2. 1957: D. 1957, 291.

[26] In dem Fall Starkey v. Barton, [1905] 1 Ch. 284, hatten die Parteien das Optionsrecht davon abhängig gemacht, daß der Mieter „has duly paid his rent". Das Gericht entschied, die Option könne nur ausgeübt werden, wenn der gesamte Mietbetrag bezahlt sei. Dabei bedeute allerdings „duly" nicht „pünktlich". Grundsätzlich ist freilich die Erfüllung der Pflichten aus einem Miet- oder Pachtvertrag nicht Vorbedingung für die wirksame Ausübung der Option. Das ergibt sich aus der bereits erwähnten gegenseitigen Unabhängigkeit von Miet-(Pacht-)Vertrag und Optionsvertrag: vgl. Green v. Low (1856), 22 Beav. 625; 52 E. R. 1249; siehe auch Raffety v. Schofield, [1897] 1 Ch. 937.

alljährlich ein Werk des Autors publiziert[27]. In Mietverträgen wird das Optionsrecht auf Verlängerung des Vertrages zuweilen davon abhängig gemacht, daß der Mieter bestimmte Versicherungen abschließt oder bestimmte Reparaturen vornimmt[28]. Kann der Optionsgeber über den Gegenstand der Option zur Zeit der Einräumung des Optionsrechts noch nicht verfügen, so kann er den Optionsvertrag für den Fall schließen, daß die Leistung möglich wird (§ 308 BGB)[29]. Verschweigt er freilich, daß er über den Optionsgegenstand (noch) nicht disponieren kann, und gelingt es ihm nicht, sich bis zur Ausübung des Optionsrechts die Dispositionsbefugnis zu verschaffen, so ist er dem gutgläubigen Optionsberechtigten gegenüber schadensersatzpflichtig (§ 307 BGB). Im besonderen Fall der Einräumung eines Optionsrechts auf käuflichen Erwerb eines Gegenstandes gelten die §§ 440 Abs. 1, 320 bis 327 BGB[30].

2. Ein Optionsrecht kann auch mit einem *Widerrufsvorbehalt* eingeräumt werden. In einem solchen Fall gilt das Angebot solange, bis es widerrufen wird. Verträge dieser Art sind für den Optionsberechtigten nicht sehr günstig, weil sie ihm nicht die Gewißheit geben, bis zu einem bestimmten Zeitpunkt mit Sicherheit den Vertrag zustande bringen zu können. Sie werden darum auch meist unentgeltlich geschlossen werden. Daß ein Optionsberechtigter für eine solche vage Bindung des Optionsgebers ein Bindungsentgelt zahlt, ist schwer vorstellbar.

Gelegentlich finden sich immer noch Optionsverträge, in denen sich der Optionsgeber ein *Rücktrittsrecht* für den Fall vorbehält, daß ein

---

[27] Trib. Milano, 29. 10. 1948, Foro pad. 1949, I, 38. Ob Optionsverträge in Italien noch immer bedingt geschlossen werden können, ist nach einer neueren Entscheidung des Kassationshofs zweifelhaft, in welcher der Optionsvertrag definiert wurde als vertragliche Vereinbarung, in der eine Partei sich unmittelbar, *unbedingt* und definitiv an ein Angebot bindet: Cass. 24. 2. 1958, n. 616, Foro it., Rep. 1958, v. Obbl. e Contr., n. 89. Siehe oben § 4 N. 67.

[28] Job v. Banister (1856), 2 K. & J. 374; 69 E. R. 827; Finch v. Underwood (1876), 2 Ch. D. 310; Greville v. Parker, [1960] A. C. 335; HALSBURY's Laws of England, ³XXIII (1958) 473. Der landlord kann allerdings auf die ihm zustehende Einwendung ausdrücklich oder stillschweigend (durch widerspruchslose Entgegennahme der Optionserklärung) verzichten: Gardner v. Blaxill, [1960] 2 All E. R. 457.

[29] Die „opzione di vendita di cosa altrui" ist gültig: Cass. 11. 1. 1958, n. 69, Foro it., Rep. 1958, v. Vendita, n. 83.

[30] Verspricht jemand – unbedingt – den Verkauf einer Sache, die ihm nicht gehört, so ist nach französischer Auffassung ein solches Versprechen nichtig. Verspricht jemand den Verkauf einer Sache, an der er nur Miteigentum besitzt, so soll das Versprechen allerdings nicht als Ganzes nichtig sein, sondern nur insoweit, als der Versprechende mehr versprochen hat, als sein Anteil beträgt: Cass. civ. 3. 3. 1953: D. 1953, 301. Erwirbt der Versprechende in einem solchen Fall aber das Alleineigentum an der versprochenen Sache, so wird sein Verkaufsversprechen zur Gänze gültig: MALAURIE, D. Rép. Dr. civ. IV, 271.

Dritter ihm ein *günstigeres Angebot* macht[31]. Verträge dieser Art sind von bedingten Optionsverträgen oft schwer zu trennen. Auch mit den im letzten Teil dieser Arbeit zu behandelnden Vorrechtsverträgen sind sie nahe verwandt. Behält sich der Optionsgeber lediglich das Recht vor, bessere Angebote zu akzeptieren, so kann das sowohl bedeuten, daß mit der Annahme eines besseren Angebotes das Optionsrecht automatisch erlischt, als auch, daß der Optionsgeber berechtigt ist, wenn er ein besseres Angebot erhält, das in dem Optionsvertrag enthaltene Angebot zu widerrufen. Im letzteren Fall wird er von seiner Bindung erst frei, wenn der Widerruf dem Optionsberechtigten zugegangen ist[32].

IV. Clausula rebus sic stantibus

Bei langfristigen Bindungen mag gelegentlich der Fall eintreten, daß infolge veränderter Umstände die Basis entfällt, auf der das in dem Optionsvertrag enthaltene Angebot beruht. Man denke an den Einfluß eines plötzlichen Währungsverfalls auf den Bestand eines Optionsrechts auf Verlängerung eines Mietverhältnisses zu den gleichen Bedingungen oder auf käuflichen Erwerb eines Gegenstandes oder an den Fall, daß ein Optionsrecht zum „vollen ortsüblichen Preis" vereinbart worden ist, im Zeitpunkt der Ausübung des Optionsrechts aber ein gesetzlicher Preisstop die freie Preisbildung verhindert. In solchen Fällen kann sich der Optionsgeber auf den *Wegfall der Geschäftsgrundlage* berufen[33].

Dabei ergeben sich jedoch einige *Zweifelsfragen:* Kann der Optionsvertrag *als solcher* seine Geschäftsgrundlage verlieren? Wenn nein: Kann der Wegfall der Geschäftsgrundlage des angebotenen Vertrages schon

---

[31] Hier hat der Verkauf mit Vorbehalt eines besseren Angebots (in diem addictio) Pate gestanden. Siehe dazu oben § 2 N. 75.

[32] Vgl. dazu Cass. 26. 7. 1946, Foro it. 1946, I, 842. Siehe aber auch Cass. 24. 2. 1958 (oben § 4 N. 67).

[33] KG JW 1924, 2033; LG Köln DRZ 1947, 374 mit zust. Anm. DUDEN; STAUDINGER(-WEBER) § 242 Bem. B 452; Österr. OGH JBl 1950, 214; SZ XXIII, 422; JBl 1959, 41; grundsätzlich gegen die Anwendung der clausula rebus sic stantibus das französiche Recht: selbst beträchtliche Wertänderungen der Sache lassen den Optionsvertrag unberührt: PLANIOL-RIPERT(-ESMEIN) VI 180 f. Eine Ausnahme wird nur im Falle der „lésion" zugelassen, d. h. wenn im Zeitpunkt der „vente" der Kaufpreis des Grundstücks weniger als 5/12 des wahren Grundstückswertes beträgt: Art. 1674, 1675 C. civ., insbes. Art. 1675 Abs. 2 C. civ.: „En cas de promesse de vente unilatérale, la lésion s'apprécie au jour de la réalisation". Zur Berechnung des Grundstückswertes, wenn der Mieter eines Grundstückes von dem ihm im Mietvertrag eingeräumten Optionsrecht auf Erwerb des Grundstücks Gebrauch macht, der Grundstückseigentümer aber eine „lésion" behauptet, siehe Cass. civ. 16. 11. 1959: J. C. P. 1960, II, 11837.

vor der Annahme des Angebots geltend gemacht werden? Wenn ja: Kann nach der Annahme des Angebots noch der Wegfall der Geschäftsgrundlage des *Optionsvertrages* behauptet werden?

Diese Fragen basieren auf folgenden Erwägungen: Der Optionsvertrag als solcher verpflichtet den Optionsgeber zu keiner Leistung. Eine eingetretene Äquivalenzstörung betrifft allein den versprochenen Vertrag. Kann aber, wenn der Wegfall der Geschäftsgrundlage nur den versprochenen Vertrag trifft, dieser Wegfall schon geltend gemacht werden, ehe der Vertrag überhaupt geschlossen ist? Kann andererseits, wenn der Vertrag geschlossen ist, der Wegfall der Geschäftsgrundlage auf Umstände gestützt werden, die schon vor Abschluß des Vertrages eingetreten sind?

Mit diesen Fragen haben sich die *italienische* Rechtsprechung und die Doktrin eingehend beschäftigt. Der italienische codice civile handelt von der Äquivalenzstörung in den Artikeln 1467 und 1468. Art. 1467 c. c. läßt die Aufhebung eines zweiseitig verpflichtenden Vertrages wegen *„eccessiva onerosità"* zu, Art. 1468 c. c. gibt bei einem einseitig verpflichtenden Vertrag der verpflichteten Partei das Recht, die Anpassung des Vertrages an die veränderten Umstände zu verlangen. Der italienische Kassationshof hielt den Optionsvertrag für einen einseitig verpflichtenden Vertrag und wandte Art. 1468 c. c. an: Der Optionsgeber kann gegenüber dem Leistungsverlangen des Optionsberechtigten (auch noch nach der Annahme des Angebots) die Anpassung des (definitiven) Vertrages an die veränderten Umstände verlangen[34]. Der römische Appellationshof meinte dagegen in einer späteren Entscheidung[35], nach der Annahme des in dem Optionsvertrag enthaltenen Angebots sei es für die Geltendmachung der eccessiva onerosità zu spät.

In der Literatur sind die Meinungen ebenfalls geteilt. Die Auffassung des Kassationshofs wird allgemein abgelehnt. Man geht davon aus, daß der Optionsvertrag nur eine unselbständige Station auf dem Wege zum endgültigen Vertrag sei (ebenso wie ein Angebot), und daß darum nicht gefragt werden dürfe, ob die Verpflichtung aus dem Optionsvertrag übermäßig belastend geworden sei, sondern, ob der im Werden befindliche Vertrag wegen „eccessiva onerosità" (noch vor seinem endgültigen Abschluß) aufgelöst werden könne. Teils wird diese Frage bejaht und Art. 1467 c. c. angewendet[36], teils wird die Anwendbarkeit sowohl von Art. 1467 c. c. als auch von Art. 1468 c. c. bestritten, weil diese Vorschriften nur auf definitive Verträge angewendet werden könn-

---

[34] Cass. 9. 3. 1954, n. 671, Foro it., 1954, I, 1276.

[35] App. Roma, 26. 4. 1955, Riv. dir. comm. 1955, II, 376.

[36] Boselli, Patto di opzione ed eccessiva onerosità sopravvenuta, Foro pad. 1954, 867.

ten, nicht aber auf Verträge in itinere[37]. Nach überwiegender Auffassung soll nach der Annahme des in dem Optionsvertrag enthaltenen Angebots die eccessiva onerosità nicht mehr geltend gemacht werden können, wenn die Ereignisse, auf welche sie gestützt wird, vor der Annahme des Angebots eingetreten sind[38]: ein unbefriedigendes Ergebnis[39].

Zum *deutschen* Recht wird man folgendes sagen dürfen: Nicht nur ein definitiver, sondern *auch ein Optionsvertrag kann seine Geschäftsgrundlage verlieren.* Zwar werden es bei dem Optionsvertrag nicht Leistung (Einräumung eines Gestaltungsrechts) und Gegenleistung (Bindungsentgelt) des Optionsvertrages ein, die in ein Mißverhältnis geraten. Vielmehr wird es meist so sein, daß Leistung und Gegenleistung des angebotenen Vertrages eine Äquivalenzstörung erleiden. Diese Unterscheidung spielt aber für die Möglichkeit, den Wegfall der Geschäftsgrundlage geltend zu machen, keine Rolle. In dem Optionsvertrag ist der Optionsgeber eine Bindung eingegangen, nämlich, auf Verlangen des Optionsberechtigten eine bestimmte Leistung gegen eine ebenso bestimmte Gegenleistung zu erbringen. Bei Abschluß des Optionsvertrages hatte die Bindung in der Vorstellung der Parteien eine ganz bestimmte wirtschaftliche Basis. Entfällt diese Basis auf Grund einer unvorhergesehenen und darum im Vertrag auch nicht berücksichtigten Änderung der Verhältnisse, so ist es mit Treu und Glauben unvereinbar, den Optionsgeber an seiner Bindung unverändert festzuhalten[40]. Das heißt, daß der Optionsgeber sein in dem Optionsvertrag enthaltenes Angebot widerrufen oder ändern kann. Widerruft er sein Angebot, dann kann er allerdings nach Treu und Glauben verpflichtet sein, ein den veränderten Umständen angepaßtes neues Angebot des Optionsberechtigten anzunehmen. Ändert er sein Angebot, so entscheidet über die Angemessenheit dieser Änderung das Gericht[41].

Solange der Optionsgeber sein Angebot nicht widerrufen oder abgeändert hat, kann der Optionsberechtigte das Angebot in der ursprünglichen Fassung annehmen. Der definitive Vertrag ist dann zustande ge-

---

[37] Lener, Foro it. 1954, I, 1276; Miele, Opzione ed eccessiva onerosità sopravvenuta, Giur. Cass. civ. 1954, I, 129; Mirabelli 522.

[38] Boselli aaO; Miele aaO.

[39] Für die Möglichkeit der Geltendmachung nach Annahme des Angebots: Torrente, Contratto preliminare, opzione ed eccessiva onerosità, Riv. dir. comm. 1955, II, 376.

[40] Es drängt sich hier der Vergleich mit der Notbedarfseinrede des § 519 BGB auf. Nach allgemeiner Auffassung kann dieses Weigerungsrecht auch bei einer Geldentwertung geltend gemacht werden (Kuhn in BGB-RGRK § 519 Anm. 5). Eine einseitige Bindung wird durch Wegfall der Geschäftsgrundlage beseitigt!

[41] S. oben § 12 Text zu N. 89 bis 92.

kommen. Das hindert den Optionsgeber aber nicht, den Wegfall der Geschäftsgrundlage geltend zu machen. Zwar sind die Ereignisse, auf die der Wegfall der Geschäftsgrundlage gestützt wird, vor dem Vertragsschluß eingetreten. Darauf kommt es aber nicht an. Freilich wird in der Regel von einem Wegfall der Geschäftsgrundlage nur gesprochen, wenn dieser Wegfall nach dem Vertragsschluß eingetreten ist. Diese Regel findet aber keine Anwendung, wenn – ausnahmsweise – zwischen der Bindung einer Partei und dem Vertragsschluß eine größere Zeitspanne liegt. In diesem Fall entscheidet nicht der Vertragsschluß, sondern die Bindung. Das gilt zumindest dann, wenn die Bindung auf einem Vertrag beruht; denn in diesem Fall kann man sagen, daß zur Zeit der Bindung beide Vertragsparteien diese Bindung zu einer bestimmten wirtschaftlichen Situation in Relation gesetzt haben. Ändert sich diese Situation grundlegend, dann sind beide Parteien nach Treu und Glauben verpflichtet, dieser grundlegenden Änderung durch eine entsprechende Anpassung ihrer vertraglichen Beziehungen Rechnung zu tragen. Macht der Optionsberechtigte von seinem Optionsrecht Gebrauch und verlangt er die Erfüllung des Vertrages zu den ursprünglichen Bedingungen, obgleich die Geschäftsgrundlage des Vertrages entfallen ist, so handelt er treuwidrig.

V. Die Pflichten des Optionsgebers vor der Ausübung des Optionsrechts

Der Optionsgeber hat vor der Ausübung des Optionsrechts dieselben Pflichten (Mitteilungs-, Aufklärungs- und Erhaltungspflichten) wie der Offerent vor der Annahme des Angebots. Verletzt er diese Pflichten, dann haftet er aus *culpa in contrahendo.* Das gilt insbesondere, wenn der Gegenstand des Optionsvertrages durch den Optionsgeber oder seinen Erfüllungsgehilfen schuldhaft zerstört oder beschädigt wird. Der Optionsgeber muß sich bereit und fähig erhalten, das zu leisten, was nach dem angebotenen Vertrag zu leisten ist[42]. Dagegen haftet er nicht für zufällige

[42] Dies hat schon STINTZING (s. oben § 2 N. 49) erkannt, freilich unter Zuhilfenahme einer besonderen Konstruktion. Für v. TUHR II, 1, 487, ergibt sich der Schadensersatzanspruch aus der analogen Anwendung des § 160 Abs. 1 BGB. Das französische Recht gründet Schadensersatzansprüche auf Art. 1142 C. civ., s. AUBRY ET RAU(-ESMEIN) V 9 f.; PLANIOL-RIPERT(-HAMEL) X 208; J.-Cl. Civil: Art. 1589, Nr. 63. Ebenso wie im deutschen Recht werden auch im italienischen Recht Schadensersatzansprüche aus culpa in contrahendo hergeleitet: MIRABELLI 59. Allerdings scheint es dort zweifelhaft zu sein, ob die Verletzung allgemeiner Erhaltungspflichten eine culpa in contrahendo darstellt, oder ob allgemeine Erhaltungspflichten nur bei bedingten Verträgen (Art. 1385 c. c.) angenommen werden können.

Verschlechterungen. Er darf die Ausübung des Optionsrechts auch nicht verhindern, etwa indem er den Zugang oder den rechtzeitigen Zugang der Optionserklärung schuldhaft vereitelt[43].

§ 18: DIE AUSÜBUNG DES OPTIONSRECHTS

I. Die Rechtsnatur der Optionserklärung. Form.

1. Die Rechtsnatur der Erklärung, das Optionsrecht auszuüben, hängt unmittelbar mit der Rechtsnatur des Optionsvertrages zusammen. Wie wir oben (§ 15 IV) festgestellt haben, enthält der Optionsvertrag in der Regel ein befristetes Angebot, dessen Annahme dem Optionsberechtigten freigestellt wird. Ist das Angebot nicht befristet, so stellt der Optionsvertrag die vertragliche Bindung an dieses Angebot dar. Nur in ganz seltenen Ausnahmefällen kann der Optionsvertrag (vielleicht!) als potestativ bedingter definitiver Vertrag qualifiziert werden. Enthält der Optionsvertrag aber allein ein Angebot zum Vertragsabschluß, dann ist die Ausübung des Optionsrechts nichts anderes als die *Annahme dieses Angebots.*

2. Als Annahme eines Vertragsangebots ist die Erklärung der Ausübung des Optionsrechts eine einseitige, empfangsbedürftige Willenserklärung, die in ihrem Inhalt dem Angebot entsprechen muß. Ist beispielsweise ein Optionsrecht auf Mietverlängerung „zu den gleichen Bedingungen" gewährt, so kann das Optionsrecht nur ausgeübt werden, wenn die Fortsetzung des Mietverhältnisses zu den ursprünglich vereinbarten Bedingungen möglich ist. Ist das nicht der Fall, dann kann die Vertragsverlängerung nicht durch die Optionserklärung herbeigeführt werden, weil Angebot und Annahme sich nicht decken[1].

---

[43] Auch ein solches Verhalten stellt sich als culpa in contrahendo dar. STAUDINGER (-COING) § 145 Bem. 12, gibt Ansprüche aus § 823 Abs. 2 i. Verb. mit § 145 BGB: Das Gestaltungsrecht des Antragsempfängers (Optionsberechtigten) sei zwar kein „sonstiges Recht", wohl aber sei § 145 BGB, der dieses Gestaltungsrecht begründe, ein Schutzgesetz i. S. des § 823 Abs. 2. Für das italienische Recht siehe App. Firenze, 10. 5. 1950, Foro it., Rep. 1950, v. Obbl. e Contr., n. 106: Der Optionsgeber wird durch den Optionsvertrag verpflichtet „di non impedire la formazione della fattispecie o la produzione dei suoi effetti".

[1] Nach der Entscheidung eines englischen Gerichts kann das Optionsrecht, wenn der Mietzins durch staatlichen Eingriff herabgesetzt worden ist, nur ausgeübt werden, wenn es den Parteien gestattet ist, die lease zu den ursprünglichen Bedingungen fortzusetzen. Darf der landlord für die erneuerte lease nicht den zwischen den Parteien ursprünglich vereinbarten Mietzins verlangen, so braucht er auch das Optionsrecht nicht

Hat die Preisbehörde den Mietzins anderweitig festgesetzt, dann kann das Mietverhältnis nicht zu den festgesetzten, sondern nur zu den ursprünglich vereinbarten Bedingungen vom Mieter durch einseitige Erklärung verlängert werden[2]. Freilich ist der Mieter nicht gehindert, das Optionsrecht zu den ursprünglichen Bedingungen auszuüben und danach die erneute Preisfestsetzung durch die Preisbehörde zu beantragen.

Die Optionserklärung kann *ausdrücklich* oder – wenn sie nicht nach der Art des Geschäfts formbedürftig ist – *stillschweigend* abgegeben werden. Ob ein Verhalten als Annahme zu werten ist, ist eine Frage der Auslegung (§ 133 BGB). So wird man beispielsweise die Leistung einer Anzahlung als Ausübung des Optionsrechts betrachten dürfen, desgleichen die Weiterveräußerung des Gegenstandes des Optionsvertrages an einen Dritten. Nicht notwendig ist, daß der Optionsberechtigte die Erklärung selbst abgibt, es genügt auch die Abgabe durch einen bevollmächtigten Vertreter[3].

Enthält der Optionsvertrag ein Angebot auf Abschluß eines *formbedürftigen* Vertrages, beispielsweise ein Angebot auf Abschluß eines Grundstückskaufvertrages, dann kann die Ausübung des Optionsrechts – als Annahme des Angebots – nur in der für den Vertrag selbst vorgeschriebenen Form erfolgen, bedarf also bei einem Grundstückskaufvertrag der gerichtlichen oder notariellen Beurkundung (§ 313 BGB)[4].

---

gegen sich gelten zu lassen: Mauray v. Durley Chine (Investments) Ltd., [1953] 2 Q. B. 433.

[2] A. A. RG 161, 267, 273.

[3] Bis hierher besteht eine internationale Konkordanz. Siehe nur Cass. civ. 25. 5. 1949: D. 1949, 391; Colmar, 9. 3. 1951: Rev. Als.-Lorr. 1952, 448; Lyon, 25. 10. 1954: D. 1956, Somm. 4; Planiol-Ripert(-Hamel) X 212; Planiol-Ripert(-Esmein) VI 181. Zweifelhaft ist lediglich, ob in der Fortzahlung der Miete nach Ablauf des ursprünglichen Mietvertrages die konkludente Ausübung des Optionsrechts auf Verlängerung des Mietvertrages erblickt werden kann. So ist die Fortzahlung in der Tat in einer neueren englischen Entscheidung qualifiziert worden, vgl. Gardner v. Blaxill, [1960] 2 All E. R. 457. In Deutschland wird man dagegen regelmäßig eine ausdrückliche Erklärung des Optionsrechts auf Mietverlängerung fordern müssen und zwar deswegen, weil sonst Unklarheiten über die Rechtsfolgen bestehen. Die stillschweigende Fortsetzung des Mietverhältnisses hat bestimmte (gesetzliche) Folgen (§ 568 BGB), die Ausübung des Optionsrechts andere. Würde man eine formlose Ausübung des Optionsrechts zulassen, so könnte dies sowohl eine Verlängerung auf unbestimmte Zeit (§ 568 BGB) als auch eine Verlängerung um die im Optionsvertrag bestimmte Frist bedeuten: Siehe dazu OLG Königsberg DHausbesZ 1934, 525; Roquette, Mietrecht 83; Staudinger(-Kiefersauer) § 535 Bem. 120.

[4] Das ist auch die Auffassung des italienischen Rechts, vgl. Cass. 27. 3. 1952, n. 826; Giur. Cass. civ. 1952, II, 271 mit zust. Anm. Miele. In der schweizerischen Rechtslehre vertritt diese Auffassung Becker Art. 216 OR Bem. 3. In der deutschen Doktrin hat

Dieser selbstverständlich scheinende Satz ist sehr bestritten. Die Gegenmeinung stützt sich auf folgende Argumente:

a) Der Optionsvertrag ist ein bedingter Vertrag. Angebot und Annahme sind bereits erklärt. Die Ausübung des Optionsrechts ist lediglich die „Bedingung" und bedarf als solche nicht der Form des Vertrages[5].

b) Die Möglichkeit einer formlosen Ausübung des Optionsrechts ergibt sich aus der analogen Anwendung des § 497 Abs. 1 S. 2 BGB[6].

Vielfach wird aber auch unterschieden: Ein Optionsvertrag könne sowohl eine Offerte enthalten als auch ein bedingter Vertrag sein. Im ersteren Fall sei die Annahme formbedürftig, im zweiten Fall könne die Ausübung des Optionsrechts formlos geschehen[7].

Von diesen Argumenten ist das erste an die Qualifikation des Optionsvertrages als bedingter Vertrag gebunden. Da wir bereits festgestellt haben, daß die üblichen Optionsverträge keine bedingten Verträge sind, brauchen wir diese These nicht noch einmal zu widerlegen.

Gegen die analoge Anwendung des § 497 Abs. 1 S. 2 BGB kann man nicht einwenden, wie dies geschehen ist[8], die Analogie scheitere daran, daß die dort vorgesehene Erklärung gerade nicht die Annahme eines Vertragsangebots bedeute, sondern die Erfüllung einer Bedingung; denn das ist ja die Frage! Ich würde das Gegenteil für richtig halten[9]. Die analoge Anwendung des § 497 Abs. 1 S. 2 BGB scheitert aber aus einem anderen Grund. Das strikte Gebot des § 313 BGB verlangt unter allen Umständen Beachtung. Danach bedarf jeder Grundstückskaufvertrag, und zwar sowohl das Angebot als auch die Annahme, der gerichtlichen oder notariellen Beurkundung. Bei dem Grundstückskauf mit Wiederkaufsvorbehalt haben

---

sich LORENZ, Vorzugsrechte beim Vertragsabschluß, Dölle-Festschrift (1963) I 116 in diesem Sinne geäußert. Haben die Parteien den Optionsvertrag schriftlich abgeschlossen, obgleich das Gesetz die Schriftform nicht vorschrieb, so ist dies ein Zeichen dafür, daß die Parteien die Schriftform auch für den verabredeten Vertrag wollten. Die Ausübung der Option muß in einem solchen Fall, auch wenn der Optionsvertrag dies nicht ausdrücklich vorschreibt, in der gleichen Form erfolgen, in der der Optionsvertrag geschlossen wurde: Cass. 12. 8. 1955, n. 2536, Foro it., Rep. 1955, v. Vendita, n. 87.

[5] BGH BB 1962, 1303; ENNECCERUS-LEHMANN 476; desgleichen die h. A. in der Schweiz: Vgl. OSER-SCHÖNENBERGER, Art. 216 OR Bem. 22, 23, 32, 37, 39; HAAB, Art. 683 ZGB Bem. 5; Eidg. Justizdep. Bericht des eidg. Grundbuchamtes, 20. 4. 1932, abgedruckt bei WEISS, Entscheidungen 1922–37, III 130 (Nr. 4716).

[6] OGHBrZ, DNotZ 1951, 124, 125; LARENZ II 102. S. dazu oben § 15 N. 33.

[7] RG 77, 415 (s. oben § 15 N. 12); OERTMANN § 313 Bem. 2 d β; BLOMEYER, Raape-Festschrift (1948) 302; HENSE, DNotZ 1951, 131.

[8] HENSE (N. 7); HAEGELE, Zum Ankaufsrecht an Grundbesitz, Rpfleger 1963, 142, 144.

[9] S. oben § 15 N. 24.

die Parteien einen Grundstückskaufvertrag geschlossen. Der Wiederkaufsvorbehalt stellt sich als eine gesetzlich zugelassene Modalität dieses ersten Vertrages dar. Auf Grund einer besonderen gesetzlichen Vorschrift kann er formlos ausgeübt werden. Bei einem Optionsvertrag haben die Parteien dagegen noch *keinen* Grundstückskaufvertrag geschlossen. Das Angebot ist noch nicht angenommen. Angenommen ist allein die Einräumung der Möglichkeit, einen Grundstückskaufvertrag zustande zu bringen. Die Situation ist hier also nicht die Gleiche wie bei einem Wiederkauf. Aus diesem Grund muß es bei der Formbedürftigkeit der Ausübung des Optionsrechts, d. h. der Annahme, bleiben.

II. Die Wirkung der Optionserklärung

1. Mit der Ausübung des Optionsrechts *kommt der angebotene Vertrag zustande.* Die Parteien sind einander zur Leistung und Gegenleistung nach Maßgabe des Vertrages verpflichtet. Mit der Geltendmachung eines Optionsrechts auf *Mietverlängerung* wird das Mietverhältnis um die vereinbarte Zeit *verlängert.* Hier hat zu Zweifeln Anlaß gegeben die Frage, ob das Optionsrecht mit seiner erstmaligen Ausübung *erlischt,* oder ob die Optionsklausel auch *Bestandteil des verlängerten Vertrages* bleibt. Mit dieser Frage haben sich insbesondere die *englischen* Gerichte beschäftigt. Sie haben entschieden, daß bei einem Verlängerungsrecht „zu den gleichen Bedingungen" die Optionsklausel von den „gleichen Bedingungen" in der Regel nicht umfaßt wird[10]. Wenn sich aus dem Vertrag nicht eindeutig ein anderes ergibt[11], wird angenommen, daß von den Parteien nur eine *einmalige Erneuerung* der „lease" gewollt war, nicht ein sogenanntes „perpetual renewal". Ein gleiches wird man auch für das *deutsche* Recht sagen dürfen, zumal der Deutsche gegenüber sogenannten „ewigen" Ver-

[10] Tritton v. Foote (1789), 2 Bro. C. C. 636; 29 E. R. 352; Iggulden v. May (1806), 7 East 237; 103 E. R. 91; Brown v. Tighe (1834), 2 Cl. & F. 396; 6 E. R. 1203; Lewis v. Stephenson (1898), 67 L. J. Q. B. 296; Austin v. Newham, [1906] 2 K. B. 167.

[11] So z. B. wenn die Erneuerung der lease zu gleichen Bedingungen „including this present covenant" (nämlich die Optionsklausel) versprochen wurde: Hare v. Burges (1857), 4 K. & J. 45; 70 E. R. 19; vgl. auch Baynham v. Guy's Hospital (1796), 3 Ves. Jun. 295; 30 E. R. 1019; Copper Mining Company v. Beach (1823), 13 Beav. 478; 51 E. R. 184; Wynn v. Conway Corporation, [1914] 2 Ch. 705; Gray v. Spyer, [1922] 2 Ch. 23; Northchurch Estates, Ltd. v. Daniels, [1947] 1 Ch. 117. Aber selbst in einem solchen Fall ist neuerdings entschieden worden, daß die Optionsklausel lediglich bei der ersten Erneuerung der lease gewährt werden muß, aber nicht mehr bei der zweiten Erneuerung: Green v. Palmer, [1944] Ch. 328; die Richtigkeit dieser Entscheidung ist allerdings zweifelhaft: Parkus v. Greenwood, [1950] 1 Ch. 644.

trägen wesentlich skeptischer eingestellt ist als der in großen Zeiträumen denkende Engländer.

2. Der Vertrag kommt mit der Ausübung des Optionsrechts zustande. Die Optionserklärung hat *keine rückwirkende Kraft*. Das bedeutet, daß in den Fällen, in denen das Gesetz den Zeitpunkt des Vertragsschlusses für maßgeblich erklärt, unter Vertragsschluß der *Zeitpunkt des Zugangs der Optionserklärung* zu verstehen ist, nicht der Zeitpunkt des Abschlusses des Optionsvertrages. So kommt es beispielsweise für die Frage, ob eine Leistung von Anfang an unmöglich ist, nicht auf den Zeitpunkt des Optionsvertrages an, sondern auf den Zeitpunkt des Zugangs der Optionserklärung. Ist der Gegenstand des Optionsvertrages vor der Ausübung des Optionsrechts untergegangen, so ist der angebotene Vertrag, wenn die Option ausgeübt wird, nichtig (§ 306 BGB). Lag der Untergang zeitlich vor dem Abschluß des Optionsvertrages, dann haftet der Optionsgeber nach § 307 BGB. Ist der Gegenstand des Optionsvertrages erst später untergegangen, dann kommt eine Haftung aus culpa in contrahendo in Betracht (s. oben § 17 V)[12]. Hat der Optionsgeber den Gegenstand des Optionsvertrages vor der Ausübung des Optionsrechts veräußert, dann gelten – nach der Ausübung des Optionsrechts – die Regeln über das anfängliche Unvermögen. Der Vertrag ist nicht nichtig. Der Optionsberechtigte kann auf Erfüllung oder, wenn das Unvermögen dauernd ist, alsbald auf Schadensersatz wegen Nichterfüllung klagen.

Fehlt der verkauften Sache im Zeitpunkt des Zugangs der Optionserklärung eine zugesicherte Eigenschaft (§ 463 BGB), dann kann der Verkäufer sich nicht darauf berufen, daß die Sache im Zeitpunkt des Abschlusses des Optionsvertrages diese Eigenschaft noch besessen habe[13].

Grundsätzlich entsteht auch die *Grunderwerbssteuerpflicht* erst mit dem Abschluß des Verpflichtungsgeschäfts, also nicht bereits mit dem Abschluß des Optionsvertrages. § 1 Abs. 1 Ziff. 1 GrEStG spricht von einem Kaufvertrag oder einem anderen Rechtsgeschäft, das den Anspruch auf Übereignung begründet. Den Anspruch auf Übereignung hat der Optionsberechtigte aber erst nach der Ausübung des Optionsrechts. Allerdings kann die im Steuerrecht übliche wirtschaftliche Betrachtungsweise in Ausnahmefällen dazu führen, daß bereits ein Optionsvertrag als grunderwerbssteuerpflichtig angesehen wird, nämlich

---

[12] S. dazu auch Rubino 48.

[13] Siehe dazu auch Aubry et Rau(-Esmein) V 8 f.; Planiol-Ripert(-Hamel) X 214. Im französischen Recht ist der Zeitpunkt der Ausübung des Optionsrechts auch maßgebend für die Frage, ob ein Grundstücksverkauf wegen „lésion“ aufzuheben ist. Dagegen soll es für die Frage, ob ein Kaufpreis ernst gemeint ist, auf die Wertverhältnisse zur Zeit des Optionsvertrages ankommen: Cass. com. 27. 1. 1953: Gaz. Pal. 1953, 1, 256; Rev. trim. dr. civ. 1953, 342 mit Anmerkung von Carbonnier.

dann, wenn der Optionsberechtigte ein so erhebliches Bindungsentgelt gezahlt hat, daß er, wenn er nicht ganz unwirtschaftlich handeln will, von der Annahme des Angebots nicht mehr absehen kann [14].

III. Folgen der Nichtausübung. Verfall des Bindungsentgelts

Dem Optionsberechtigten steht es frei, ob er von seinem Optionsrecht Gebrauch machen will oder nicht. Diese Freiheit wird oft – nicht rechtlich, aber tatsächlich – durch den für den Fall der Nichtausübung des Optionsrechts vereinbarten *Verfall des Bindungsentgelts* eingeschränkt. Die Vereinbarung eines Bindungsentgelts stellt sich rechtlich dar als ein selbständiges *Strafversprechen* [15]. Ist das Bindungsentgelt übermäßig hoch, dann kann es gemäß § 343 BGB auf Antrag des Schuldners durch Urteil auf den angemessenen Betrag herabgesetzt werden. Die Herabsetzung kann – scheinbar entgegen dem Wortlaut des § 343 Abs. 1 S. 3 BGB – auch dann verlangt werden, wenn das Bindungsentgelt bereits bei Abschluß des Optionsvertrages gezahlt worden ist; denn den Ausschluß des Ermäßigungsrechts bewirkt nur eine freiwillige, in Anerkennung der Ver-

---

[14] RFH StuW 1934, 678; Greven, DStZ (A) 1955, 191; Weisensee, Die Bedeutung von Optionen für das Grunderwerbssteuerrecht, BlStA 1959, 357 f.; Boruttau-Klein, Grunderwerbssteuergesetz [7](1963) § 1 Bem. 44.

[15] RG 95, 199; RG HRR 1929, 1204; Wilde in BGB-RGRK § 343 Anm. 11. Vom Reugeld unterscheidet sich das Bindungsentgelt dadurch, daß es keinen Rücktritt von einer vertraglichen Verpflichtung voraussetzt, sondern eine bloße Unterlassung. In der französischen Rechtsprechung und Rechtslehre spricht man auch in diesen Fällen von einem „dédit". Der Druck, der durch ein solches „dédit" auf den Optionsberechtigten ausgeübt wird, hat einige Gerichte dazu veranlaßt, derartige Vereinbarungen als mit dem Gedanken der Wahlfreiheit unvereinbar und darum nicht geschrieben anzusehen: Orléans, 21. 1. 1948: J. C. P. 1948, II, 4388 mit zust. Anm. von E. Becqué (= Rev. trim. dr. civ. 1948, 350 mit abl. Anm. von Carbonnier); Orléans, 5. 1. 1949: J. C. P. 1949, II, 4962 mit abl. Anm. von Vouin (= D. 1949, 501 mit abl. Anm. vor Lalou); Rappr. Angers, 22. 2. 1950: J. C. P. 1950, II, 5554 mit zust. Anm. von J. Becqué; ebenso auch Verdier, Les droits éventuels (1955) 108. Die herrschende Auffassung macht demgegenüber geltend, das Optionsrecht habe auch als solches einen Wert, da es den Eigentümer für längere Zeit an der freien Verfügung über sein Eigentum behindere. Wenn der Eigentümer dafür ein Entgelt verlange, sei dies nur recht und billig: Paris, 5. 12. 1951: J. C. P. 1952, II, 7296 mit zust. Anm. vom A. C.; Paris, 5. 3. 1952: J. C. P. 1952, II, 7208; Cass. com. 23. 6. 1958: J. C. P. 1958, II, 10857 mit zust. Anm. von P. E. (= D. 1958, 581 mit zust. Anm. von Malaurie); Trib. comm. Le Havre, 6. 10. 1959: Rec. de Jurisprudence comm. et marit. Du Havre 1960 – 1961, I, 59; Planiol-Ripert(-Esmein) VI 168; Mazeaud 677 f. Die h. M. hält die Vereinbarung eines dédit nur dann für unwirksam, wenn es dem Optionsberechtigten jede Wahlmöglichkeit nimmt, insbes. also, wenn es ebenso hoch oder höher ist als der vereinbarte Kaufpreis: Ripert, D. 1950, 309; 1951, 98; Ripert-Boulanger III 467; Malaurie, D. Rép. Dr. civ. IV 271.

pflichtung erfolgende Entrichtung der „Strafe“ [16]. Dagegen ist eine Herabsetzung nicht möglich, wenn das Bindungsentgelt von einem Kaufmann im Betriebe seines Handelsgewerbes versprochen oder gezahlt worden ist (§ 348 HGB). Hier kann in der Regel nur § 138 BGB helfen (wobei aber festzuhalten ist, daß unverhältnismäßige Höhe des Bindungsentgelts allein keine Sittenwidrigkeit begründet [17]). Rechtsprechung und Schrifttum wenden auf das selbständige Strafgedinge auch die §§ 339 und 344 BGB analog an. Das bedeutet, daß das Bindungsentgelt nur verfällt, wenn der Optionsberechtigte sein Optionsrecht aus einem Grunde nicht ausübt, den er zu „vertreten“ hat. Kann der Optionsberechtigte sein Optionsrecht nicht rechtzeitig ausüben aus einem Grunde, den er nicht zu vertreten hat (z. B. weil er in Kriegsgefangenschaft geraten ist), dann kann auch das Bindungsentgelt nicht verfallen [18]. Ein gleiches gilt, wenn sich an dem Gegenstand des Optionsvertrages Mängel herausstellen, die sich bis zum Gefahrübergang nicht beseitigen lassen. Auch hier hat der Optionsberechtigte die Nichtausübung des Optionsrechts nicht zu „vertreten“ und kann darum die Zahlung des Bindungsentgelts verweigern oder sein gezahltes Bindungsentgelt herausverlangen [19]. Aus § 344 BGB leitet man ab, daß ein Bindungsentgelt unverbindlich ist, wenn die Annahme keinen verbindlichen Vertrag zu erzeugen vermag, etwa weil das Angebot nicht in der gehörigen Form abgegeben worden und der Optionsvertrag darum formnichtig ist [20]. Diese Analogie befremdet etwas. § 344 BGB soll verhindern, daß eine formnichtige Verpflichtung durch eine Vertragsstrafe erzwungen wird. Der Optionsberechtigte hat sich aber weder formgültig noch formnichtig, sondern überhaupt nicht verpflichtet. Formnichtig verpflichtet hat sich der Optionsgeber. Seine Verpflichtung aber durch ein dem Optionsberechtigten auferlegtes selbständiges Strafgedinge sichern zu wollen, hat keinen Sinn. Im Ergebnis hat die h. M. aber Recht. Die Vereinbarung des Bindungsentgelts ist Teil des Optionsvertrages. Ist dieser formnichtig, so ist es auch jene. Aus einer formnichtigen Vereinbarung entstehen jedoch keine Ansprüche.

---

[16] RG Recht 1908 Nr. 950; Soergel-Siebert(-Reimer Schmidt) § 343 Bem. 7.

[17] RG 114, 304, 307; BGH LM § 343 BGB (1 b).

[18] RG 95, 199, 203; Blomeyer, Schuldrecht 205; Larenz 1 280 f.; Wilde in: BGB-RGRK § 343 Anm. 11.

[19] v. Godin in: RGR Komm. z. HGB § 361 Anhang Anm. 42.

[20] RG HRR 1929, 1204; Wilde in: BGB-RGRK § 343 Anm. 11.

§ 19: DIE RECHTE UND PFLICHTEN AUS DEM OPTIONSVERTRAG IM RECHTSVERKEHR. DRITTWIRKUNGEN DES OPTIONSVERTRAGES

I. Die Rechte des Optionsberechtigten im Rechtsverkehr

1. Ob das Gestaltungsrecht des Optionsberechtigten von diesem *übertragen werden kann,* ist zweifelhaft. Sedes materiae sind die §§ 413, 398, 399 BGB. Danach sind Rechte, also auch Optionsrechte, übertragbar, es sei denn, daß ihre Übertragbarkeit vertraglich ausgeschlossen ist oder die Übertragung zu einer Inhaltsänderung des Angebots führen würde. Die gesetzliche Regel hilft aber nicht viel weiter. Die Frage: Bedeutet die Übertragung eines Optionsrechts eine Inhaltsänderung des Angebots? bleibt unbeantwortet.

Das Reichsgericht verneinte in seiner früheren Rechtsprechung die Übertragbarkeit des Optionsrechts mit der Begründung, das Optionsrecht sei kein Recht, es bezeichne nur eine Rechtslage, aus der erst bei der Annahme Rechte und Pflichten entstünden[1]. Diese Begründung ist aber, seit die Annahmebefugnis als Gestaltungsrecht anerkannt worden ist, nicht mehr haltbar[2]. Auch das Reichsgericht hat zugegeben, daß das Optionsrecht ein Recht i.S. des § 413 BGB jedenfalls dann ist, wenn dem Optionsberechtigten die Befugnis eingeräumt worden ist, seine Rechte aus dem Angebot abzutreten[3]. Das Kammergericht hat die Übertragbarkeit der Option auf Erwerb des Verfilmungsrechts an einem Roman abgelehnt, weil der Optionsgeber, ein Verlag, nicht gezwungen werden könne, mit einem anderen Vertragsgegner abzuschließen[4]. Der Oberste Gerichtshof für die Britische Zone hat demgegenüber erklärt, ein Ankaufsrecht sei mangels gegenteiliger Vereinbarung übertragbar[5].

Die Doktrin ist gespalten. Teils hält man das Recht, ein Vertragsangebot anzunehmen, grundsätzlich für unübertragbar[6], teils für grundsätzlich übertragbar[7]. Ebenso umstritten ist die Übertragbarkeit des Wie-

---

[1] RG Gruchot 53, 833, 835 und öfter; desgleichen PFEIFFER, Können Rechte aus einem Vertragsantrag übertragen werden?, LZ 1912, 374; unter Hinweis auf diese Entscheidungen und auf PFEIFFER lehnt auch SOERGEL-SIEBERT(-MEZGER) § 145 Bem. 3 die Übertragbarkeit grundsätzlich ab.

[2] Gegen sie insbes. STAUDINGER(-COING) § 145 Bem. 14 und KRÜGER-NIELAND in: BGB-RGRK § 145 Anm. 7.

[3] RG 111, 46. [4] KG Ufita 23 (1957) 235.

[5] OGH BrZ DNotZ 1951, 124, 128 mit insoweit zustimmender Anmerkung von HENSE.

[6] STAUDINGER(-COING) § 145 Bem. 14; ENNECCERUS-NIPPERDEY 993.

[7] ENNECCERUS-LEHMANN (für das Ankaufsrecht) 476; PALANDT(-DANCKELMANN) § 145 Bem. 3 (bei vermögensrechtlichen Verträgen).

derkaufsrechts, das wir bereits mehrfach als besonderes Optionsrecht gekennzeichnet haben[8]. Das gleiche Bild bietet die Rechtsvergleichung.

In der *italienischen* Rechtsprechung ist mehrfach die Übertragbarkeit eines Optionsrechts uneingeschränkt ausgesprochen worden[9], dagegen hält man in der Literatur die Abtretung grundsätzlich nur mit Zustimmung des Optionsgebers für zulässig[10]. Nach einer in der *Schweiz* verbreiteten Auffassung soll ein Kaufsrecht nur dann ohne Zustimmung des Optionsgebers übertragen werden können, wenn die Übertragbarkeit ausdrücklich vereinbart worden ist[11]. Andere gehen weiter und verlangen nicht eine ausdrückliche Vereinbarung, sondern lassen es genügen, wenn sich die Übertragbarkeit aus den Umständen, nämlich aus dem Zweck ergibt, zu dessen Verwirklichung das Kaufsrecht eingeräumt worden ist[12]. Wiederum andere halten das Kaufsrecht grundsätzlich für übertragbar, soweit sich nicht aus seiner Begründung oder aus den Umständen ein anderes ergibt[13]. Nach der in *Frankreich* herrschenden Auffassung kann der Optionsberechtigte sein Optionsrecht grundsätzlich, d. h. wenn zwischen den Parteien nichts anderes vereinbart worden ist oder sich aus den Umständen ergibt, daß das Optionsrecht intuitu personae gewährt wurde, abtreten. Daß der Optionsgeber damit gezwungen wird, mit einer Person zu kontrahieren, die er nicht selbst ausgewählt hat, hält man für unbeachtlich[14]. In *England* hat man sich mit der Frage beschäftigt, ob bei der Übertragung der Rechte aus einer „lease" durch den „tenant" auch das dem „tenant" eingeräumte Optionsrecht auf käuflichen Erwerb des „freehold" vom Zessionar ausgeübt werden kann. Man hat die Frage bejaht in einem Fall, in dem das Optionsrecht eingeräumt war der „lessee, which expression shall include her executors, administrators and assigns where the context so admits"[15]. Noch weiter geht eine spätere Entscheidung,

---

[8] Für grundsätzliche Übertragbarkeit: Oertmann § 497 Bem. 4; Staudinger(-Ostler) § 497 Bem. 8; Kuhn in BGB-RGRK § 497 Anm. 9; Palandt(-Gramm) § 497 Bem. 1; für grundsätzliche Unübertragbarkeit: Larenz II 95.

[9] App. Genova, 28. 2. 1949, Dir. maritt., 1949, 419; Trib. Napoli, 16. 11. 1959, Foro pad. 1960, I, 761. In beiden Fällen handelte es sich um ein Optionsrecht auf käuflichen Erwerb eines Schiffes.

[10] Rubino 48.

[11] Haab Art. 681/82 ZGB Bem. 28; OG Luzern, ZBJV 58 (1922), 449; das OG Solothurn (ZBGR 9, 140 f.) hält die Übertragung eines Kaufsrechts ohne Zustimmung des Verpflichteten nur dann für zulässig, wenn dieses als Realrecht (mit Wirkung für den jeweiligen Eigentümer des Grundstücks) begründet worden ist; dagegen Haab Art. 683 ZGB Bem. 4.

[12] So für den analogen Fall des Vorkaufsrechts BGE 48 II 465.

[13] Homberger in: [Züricher] Kommentar zum Schweiz. ZGB IV, 3, Art. 959 Bem. 27.

[14] Cass. civ. 28. 11. 1962: Bull. civ. I, n. 509; Planiol-Ripert(-Hamel) X 207; Planiol-Ripert(-Esmein) VI 173; Aubry et Rau(-Esmein) V 133; Lalou, Des promesses unilatérales de ventes d'immeubles: cessions actives et cessions passives, D. H. 1928, Chronique, 1 ff.

[15] Griffith v. Pelton, [1958] 1 Ch. 205.

welche solche Optionsrechte grundsätzlich für abtretbar hält, wenn sich aus der lease nicht ergibt, daß das Optionsrecht nur dem ursprünglichen Partner zustehen sollte[15a].

Meines Erachtens wird in dieser Diskussion ein Umstand zu wenig berücksichtigt: Der Optionsgeber räumt das Optionsrecht jemandem ein, von dem er, wenn das Optionsrecht ausgeübt wird, auch die *Gegenleistung* erwartet. Nach der Ausübung des Optionsrechts ist der Optionsberechtigte gegenüber dem Optionsgeber berechtigt und verpflichtet. Abtreten kann er ohne Zustimmung des Optionsgebers nur seine Forderungen, nicht seine Verpflichtungen (§ 415 BGB). Soll er vor der Ausübung des Optionsrechts wirklich berechtigt sein, seine ganze Rechtsstellung ohne Zustimmung des Optionsgebers zu übertragen? Das kann nicht sein! Dem Optionsgeber darf gegen seinen Willen weder für die Gegenwart noch für die Zukunft ein Schuldner aufgedrängt werden. Daraus folgt, daß jedenfalls bei beiderseitig verpflichtenden Verträgen ein Optionsrecht nur mit ausdrücklicher oder stillschweigender *Zustimmung des Optionsgebers* übertragen werden kann[16].

2. Während – wie wir gesehen haben – die Übertragbarkeit eines Optionsrechts von der Zustimmung des Optionsgebers abhängt, spielt diese Zustimmung für die *Vererblichkeit* keine Rolle. Der Erbe tritt kraft Gesetzes in die gesamte Rechtsstellung des Erblassers ein (§ 1922 BGB). Damit ist freilich noch nicht gesagt, daß er in jedem Fall die dem Erblasser eingeräumten Optionsrechte ausüben kann. Hier kommt es auf die *Art* und den *Zweck des Vertrages* an[17]. Ein Optionsrecht auf Abschluß eines Dienstvertrages wird im Zweifel nicht vererblich sein (§ 613 BGB), ebenso ein Optionsrecht auf Aufnahme in eine Personalgesellschaft. Das ergibt sich aus der Natur dieser Verträge. Dagegen werden Optionsrechte auf käuflichen Erwerb eines Grundstücks oder anderer Gegenstände in der Regel ebenso vererblich sein wie Optionsrechte auf eine Mietverlänge-

---

[15a] Re Button's Lease, Inman v. Button, [1963] 3 All E. R. 708.

[16] So auch Krüger-Nieland in: BGB-RGRK § 145 Anm. 7; Kubierschky 30 f. – Differenzierend – mit wertvollen rechtsvergleichenden Hinweisen – Lorenz, Vorzugsrechte beim Vertragsabschluß, Dölle-Festschrift (1963) I 129 ff. Im französischen und im englischen Recht haftet der Optionsberechtigte, der das Optionsrecht auf einen anderen übertragen hat, dem Optionsgeber, wenn der Dritte nach Ausübung des Optionsrechts seine vertraglichen Pflichten nicht erfüllt: Baudry-Lacantinerie et Seignat 50; Planiol-Ripert(-Hamel) X 207; J.-Cl. Civil: Art. 1589, Nr. 48; Baker v. Merckel, [1960] 2 W. L. R. 492. Bei dieser Sachlage ist es vertretbar, die Übertragung des Optionsrechts ohne Zustimmung des Optionsgebers zuzulassen.

[17] Staudinger(-Boehmer) § 1922 Bem. 219.

rung[18]. Entscheidend ist stets der durch Auslegung zu ermittelnde Parteiwille[19]. Die Rechtsvergleichung zeigt, daß diese Grundsätze auch in den ausländischen Rechtsordnungen fast allgemein anerkannt sind[20].

3. Sehr problematisch ist auch das Schicksal des Optionsrechts, wenn der Optionsberechtigte in *Konkurs* fällt oder ein Gläubiger das Optionsrecht *pfänden* möchte. Dabei sind zwei Fragen zu unterscheiden: Wird der Optionsvertrag oder das in ihm enthaltene Angebot durch den Konkurs des Optionsberechtigten berührt? und: Wer ist zur Geltendmachung des Optionsrechts befugt? Die Antwort auf die erste Frage lautet: Grundsätzlich nein! Wenn sogar der Tod des Optionsberechtigten das Optionsrecht nicht grundsätzlich, sondern nur in Ausnahmefällen erlöschen läßt, kann es im Konkursfall nicht anders sein. Aber auch hier gibt es Ausnahmen von der Regel: Ein Angebot zum Abschluß eines Kreditvertrages erlischt, wenn der Antragsgegner in Konkurs fällt. Wer ist bereit, einem in Konkurs Gefallenen noch Kredit zu gewähren? Treu und Glauben schließen hier die fortdauernde Bindung an das Angebot aus[21].

Schwieriger zu beantworten ist die zweite Frage. Von der Befugnis, eine Offerte anzunehmen, sagt man, sie sei kein Vermögensaktivum und falle daher nicht in die Konkursmasse. Der Gemeinschuldner sei daher nicht gehindert, auch nach der Eröffnung des Konkursverfahrens das Optionsrecht auszuüben. Was er durch die Annahme erwerbe, falle nicht in die Konkursmasse, da er es nach der Eröffnung des Verfahrens erworben habe (§ 1 KO)[22]. Dieser Satz mag für den Antragsgegner regelmäßig

[18] Staudinger(-Coing) § 153 Bem. 8; Palandt(-Danckelmann) § 145 Bem. 3; es ist darum durchaus richtig, wenn der OGHBrZ DNot 1951, 128 Ankaufsrechte als grundsätzlich vererblich bezeichnet. Man darf nur nicht von der grundsätzlichen Vererblichkeit der Ankaufsrechte auf die grundsätzliche Vererblichkeit aller Optionsrechte schließen.

[19] OLG Braunschweig HEZ 3, 5, 8; Krüger-Nieland in: BGB-RGRK § 153 Anm. 2.

[20] Vgl. für Frankreich: Grenoble, 8.11.1950: D. 1951, 687; Planiol-Ripert(-Esmein) VI 173; Mazeaud 677; für die Schweiz: Haab, Art. 681/82 ZGB Bem. 28. In England ist diese Frage allerdings zweifelhaft: s. oben N. 15; ferner In re Adams and the Kensington Vestry (1884), 27 Ch. D. 394; vgl. aber auch – für die Mietverlängerungsoption – Poole, Option Clauses in Leases, The Conveyancer 1961, 116, 118.

[21] Staudinger(-Coing) § 153 Bem. 11; Jaeger-Lent § 7 Anm. 15. Man wird hier auch mit einer Analogie zu § 610 BGB arbeiten dürfen. Nicht sehr klar Böhle-Stamschräder § 7 Bem. 2.

[22] Staudinger(-Coing) § 153 Bem. 11; Krüger-Nieland in BGB-RGRK § 153 Anm. 3. Seuffert, Wiederkaufsrecht und Wiederverkaufsrecht während des Konkurses, LZ 1907, 20, 24 f., spricht die Befugnis, das Wiederkaufsrecht auszuüben, dem Konkursverwalter nur aus dem Grunde zu, weil er den Vorbehalt als bedingten Kauf betrachtet. Die Befugnis, einen bindenden Vertragsantrag anzunehmen, soll allein dem Gemeinschuldner zustehen.

zutreffen; denn eine Annahmebefugnis pflegt nicht von vornherein übertragbar zu sein. Für den Optionsberechtigten ist er nur dann richtig, wenn das Optionsrecht nicht übertragbar ist. Ist das Optionsrecht *übertragbar*, – das ist es, wenn der Optionsgeber der Übertragung an dritte Personen zugestimmt hat – dann ist es ein *verwertbares Vermögensaktivum* und fällt darum auch in die Konkursmasse. Der Konkursverwalter kann es geltend machen[23], er kann es aber auch durch Übertragung verwerten. Mit der Ausübung des Optionsrechts durch den Konkursverwalter kommt der Vertrag zustande. Die Ausübung des Optionsrechts ist gleichzeitig ein Erfüllungsverlangen im Sinne des § 17 KO. Die daraus resultierenden vertraglichen Verpflichtungen sind Masseschulden gemäß § 59 Ziff. 1 und Ziff. 2 KO[24]. Vor der Ausübung des Optionsrechts durch den Konkursverwalter hat der Optionsgeber keine Rechte. Er kann insbesondere nicht den Konkursverwalter gemäß § 17 Abs. 2 KO zu einer Entscheidung über die Ausübung des Optionsrechts drängen. § 17 Abs. 2 KO bezieht sich nur auf bestehende, aber noch nicht fällige Ansprüche des Gemeinschuldners. Vor der Ausübung des Optionsrechts hat der Optionsberechtigte aber noch keinen Erfüllungsanspruch.

Übt der Konkursverwalter das Optionsrecht *nicht* aus und verwertet er es auch nicht durch Übertragung an einen Dritten, so ist zu unterscheiden: Endet die Bindungsfrist *vor* Abschluß des Konkursverfahrens, dann wird der Optionsgeber *frei*. Eine erneute Bindung kann dann nur durch einen erneuten Optionsvertrag begründet werden[25]. Endet die Bindungsfrist dagegen erst *nach* Abschluß des Konkursverfahrens, dann fällt die Annahmebefugnis nach Abschluß des Konkursverfahrens wieder an den *Gemeinschuldner*.

4. Ebenso wie nur ein übertragbares Optionsrecht in die Konkursmasse fällt, ein nicht übertragbares Optionsrecht aber dem Gemeinschuldner verbleibt, kann auch nur ein *übertragbares Optionsrecht gepfändet werden*. Das ergibt sich aus § 857 Abs. 3 ZPO, wonach unveräußerliche Rechte in Ermangelung besonderer Vorschriften der Pfändung nur inso-

---

[23] JAEGER-LENT § 7 Anm. 15; KUBIERSCHKY 31.

[24] JAEGER-LENT § 7 Anm. 15 und KUBIERSCHKY 31 halten nur § 59 Ziff. 1 KO für anwendbar.

[25] KUBIERSCHKY 31 meint, der Gemeinschuldner könne die Option ausüben, wenn der Konkursverwalter die Ausübung ablehne. Die Ablehnung sei in der Regel dahin aufzufassen, daß der Konkursverwalter auf die Inanspruchnahme des Optionsrechts für die Konkursmasse verzichte. Eine solche Freigabe ist in der Tat möglich (§ 6 KO), wird aber selten erfolgen, weil übertragbare Optionsrechte in der Regel eine Verwertung – sei es durch Ausübung, sei es durch Übertragung – durchaus lohnen.

weit unterworfen sind, als die Ausübung einem anderen überlassen werden kann. Dabei kommt es nicht auf die abstrakte oder grundsätzliche Veräußerlichkeit eines Rechts an, sondern auf seine konkrete Ausgestaltung durch die Parteien. Ist ein Recht kraft Parteibestimmung übertragbar, dann ist es auch pfändbar, ist es dagegen nach dem Willen der Parteien nicht übertragbar, dann kann es auch nicht gepfändet werden[26].

II. Der Übergang der Pflichten aus dem Optionsvertrag

1. Das Zustandekommen eines Vertrages wird nicht dadurch gehindert, daß der Antragende vor der Annahme stirbt oder geschäftsunfähig wird, es sei denn, daß ein anderer Wille des Antragenden anzunehmen ist. Diese Regel des § 153 BGB gilt nicht nur für das einfache Angebot, sondern auch für den Optionsvertrag. Der *Tod des Optionsgebers* läßt das Optionsrecht grundsätzlich *unberührt*, es sei denn, daß aus dem Antrage selbst oder aus den Umständen ein anderer Wille des Optionsgebers hervorgeht[27]. Die Ausübung des Optionsrechts hat in diesem Fall gegenüber den Erben zu erfolgen[28]. Bei einer *Vermögensübernahme* gilt ähnliches. Macht der Optionsberechtigte von seinem Optionsrecht erst nach der Vermögensübernahme Gebrauch, dann treffen die Verbindlichkeiten aus dem dadurch zustande gekommenen Vertrag den Übernehmer[28a].

2. Eine *vertragliche* Übernahme der Pflichten des Optionsgebers wird selten erfolgen. Mit Zustimmung des Optionsberechtigten ist sie zweifellos zulässig. Von erheblicherer Bedeutung ist dagegen die Frage, ob und in welchen Fällen die Pflichten aus dem Optionsvertrag auch *ohne ver-*

---

[26] KUHN in: BGB-RGRK § 497 Anm. 9; ROSENBERG 1016 f. (ein Vorkaufsrecht kann gepfändet werden, wenn es übertragbar gestaltet ist); a. A. OLG Köln JR 1955, 225 (ein nicht übertragbares Wiederkaufsrecht ist pfändbar, weil es grundsätzlich veräußerlich ist [?]); STACHELS, Über die Pfändung und Verwertung eines Wiederkaufsrechts an einem Grundstück, JR 1954, 130; anscheinend auch STEIN-JONAS(-SCHÖNKE-POHLE) § 857 Bem. II 7.

[27] Dieser Grundsatz ist international anerkannt: Siehe für Frankreich PLANIOL-RIPERT(-ESMEIN) VI 173; MALAURIE 674; für Italien Art. 1331 i. Verb. mit Art. 1329 Abs. 2 c. c.; für die Schweiz HAAB, Art. 681/82 ZGB Bem. 17; Art. 683 ZGB Bem. 3.

[28] Hat der Erblasser jemandem ein Nießbrauchsrecht an einem Grundstück vermacht, so kann das Optionsrecht auf Mietverlängerung auch dem Nießbrauchsberechtigten gegenüber erklärt werden, weil dieser in die Rechtsstellung des Erblassers aus dem Mietvertrag eingetreten ist: Siehe Cass. 20. 10. 1954, n. 3933, Giur. Cass. civ. 1954, VI, 350.

[28a] OLG Braunschweig HEZ 3, 5, 10; SOERGEL-SIEBERT(-R. SCHMIDT) § 419 Bem. 12. Zur Ausübung des Optionsrechts auf den Erwerb von Aktien bei der formwechselnden Umwandlung einer Aktiengesellschaft in eine GmbH s. MEILICKE, BB 1961, 1069.

tragliche Übernahme auf den Erwerber des Optionsgegenstandes übergehen. Die Frage nach dem „ob" ist grundsätzlich zu verneinen. Der Optionsgeber wird durch den Optionsvertrag in seiner Verfügungsmacht nicht beschränkt. Veräußert er den Gegenstand des Optionsvertrages an einen Dritten, so hat dieser vom Berechtigten und darum voll wirksam erworben. Der Optionsberechtigte hat dem Dritterwerber gegenüber in der Regel keine Rechte. Der Optionsvertrag gibt ihm nur Ansprüche gegenüber seinem Vertragspartner. Von diesem Grundsatz gibt es jedoch einige Ausnahmen.

a) Hat der Dritterwerber den Optionsgeber zum *Vertragsbruch verleitet* und stellt sich diese Verleitung als *sittenwidrig* dar, so kann der Optionsberechtigte vom Dritterwerber Naturalrestitution verlangen, d. h. Rückgängigmachung des Rechtsgeschäfts, das sein Optionsrecht verletzte. Der Dritterwerber handelt freilich nicht schon dann sittenwidrig, wenn er in Kenntnis des Optionsrechts den Optionsgeber auffordert, mit ihm zu kontrahieren. Es müssen vielmehr noch besondere Umstände hinzutreten, die das Handeln des Dritten als sittlich verwerflich stempeln, etwa ein planmäßiges Zusammenwirken mit dem Vertragsbrüchigen zur Schädigung des Optionsberechtigten[29].

b) Ist zur Sicherung des künftigen Anspruches des Optionsberechtigten auf Übertragung des Eigentums an einem Grundstück im Grundbuch eine *Vormerkung* eingetragen, dann ist jede spätere Verfügung über das Grundstück insoweit unwirksam, als sie diesen Anspruch vereiteln oder beeinträchtigen würde (§ 883 BGB). Daß solche Sicherungen des Optionsrechts möglich und zulässig sind, ist anerkannt[30]. Nicht eintragungsfähig ist dagegen das Optionsrecht als solches. Eintragungsfähig sind nach deutschem Recht nur dingliche Rechte. Der Kreis der dinglichen Rechte ist im

---

[29] BGH 12, 308, 318; OLG Braunschweig HEZ 3, 5, 9 f.; Haager in: BGB-RGRK § 826 Anm. 28, 29; Palandt(-Gramm) § 826 Bem. 8 q. Nach französischem Recht begeht eine unerlaubte Handlung, wer eine Sache erwirbt, obgleich er weiß, daß der Eigentümer einem Dritten ein Optionsrecht auf käuflichen Erwerb dieser Sache eingeräumt hat. Hier genügt also allein der böse Glaube. Eine sittenwidrige Schädigung ist nicht erforderlich. Der Optionsberechtigte kann von dem Dritterwerber Schadensersatz verlangen (Art. 1382 C. civ.). Der Richter kann den Vertrag für nichtig erklären oder dem Optionsberechtigten Geldersatz zusprechen: Cass. civ. 10. 4. 1948: J. C. P. 1948, II, 4403 mit zustimmender Anm. von E. Becqué; D. 1948, 421 mit zustimmender Anm. von Lenoan; Cass. civ. 12. 6. 1954: J. C. P. 1954, II, 8225; in der Literatur grundlegend: Morel, La violation d'une promesse de vente, in: Études de droit civil à la mémoire de Henri Capitant (1939) 541 ff. S. auch Mazeaud 677.

[30] RG Gruchot 67, 77, 80; KG OLG 6, 122; 45, 201; HRR 1927, 326; BGH BB 1962, 1303; Hense, DNotZ 1951, 132. Für die Berechnung der Kosten gilt § 66 KostO, nicht § 62 KostO: BayObLG 1961, 112.

BGB erschöpfend aufgezählt. Das Optionsrecht zählt nicht zu ihnen[31]. Es ist ein persönliches Recht, d. h. es wirkt grundsätzlich nur zwischen den Parteien. Eine dingliche Sicherung ist nur auf dem Umweg über § 883 BGB möglich[31a].

Einen einfacheren Weg hat das *schweizerische* Recht beschritten. Dort können persönliche Rechte im Grundbuch vorgemerkt werden, wenn ihre Vormerkung durch das Gesetz ausdrücklich zugelassen ist. Das ist bei den Kaufsrechten der Fall (Art. 959 Abs. 1 ZGB, 683 Abs. 1 ZGB). Die Vormerkung eines Kaufsrechts ist zweckmäßiger als die Vormerkung eines künftigen Auflassungsanspruches. Sie läßt sogleich den Rechtsgrund erkennen, auf dem der künftige Auflassungsanspruch beruht. Die Wirkung der Vormerkung ist im übrigen die gleiche wie im deutschen Recht. Das Kaufsrecht wird durch die Eintragung nicht zu einem dinglichen Recht. Es wirkt nicht gegenüber jedermann, sondern nur gegenüber denjenigen Personen, die Rechte an der gleichen Sache erwerben[32]. Im *französischen* Recht war die Eintragung eines Verkaufsversprechens, also eines Optionsrechts, zwar niemals unzulässig, wurde aber zunächst als nutzlos angesehen. Seit dem Décret n. 55–22 portant réforme de la publicité foncière vom 4. 1. 1955 (J. O. 7./27. 1. 1955), das die Eintragung eines einseitigen Verkaufsversprechens ausdrücklich zugelassen hat „pour l'information des usagers" (Art. 37), nimmt man jedoch an, daß die Eintragung des Verkaufsversprechens den guten Glauben des Erwerbers zwar nicht notwendig ausschließt, den Nachweis des bösen Glaubens aber doch wesentlich erleichtert[33].

Wird in Deutschland ein Gesuch auf *Eintragung eines Optionsrechts* gestellt, so wird man es in aller Regel in die Bewilligung einer Vormerkung zur Erhaltung des Rechts auf Übertragung des Eigentums umdeuten dürfen[34]. Die Eintragung einer „Vormerkung zur Sicherung eines Optionsrechts auf käuflichen Erwerb des Grundstücks" hat im Zweifel den künftigen Auflassungsanspruch aus dem Optionsvertrag zum Gegenstand und braucht darum nicht als inhaltlich unzulässig gelöscht zu werden[35].

Eine Vormerkung ist nur rechtswirksam, wenn sie das Grundstück oder den Grundstücksteil, hinsichtlich dessen sie eingetragen werden soll, nach

---

[31] KG OLG 45, 201, 202; HRR 1927, 326; BayObLG 1961, 112, 115; LG Aachen, Rpfleger 1963, 153, 154.

[31a] Das BayOLG (aaO 117) bezeichnet die Vormerkung zutreffend als Ersatz für die dem BGB nicht bekannten Formen dinglicher Erwerbsaussichten.

[32] Homberger (N. 13) Art. 959 Bem. 3.

[33] Ripert-Boulanger III 465; J.-Cl. Civil: Art. 1589, Nr. 68.

[34] RG Gruchot 67, 77, 80; Merten, Das Ankaufsrecht, DRiZ 20 (1928) 383, 384; Hense, DNotZ 1951, 132.

[35] BayObLG 1961, 63.

Größe und Lage in einer dem Verkehrsbedürfnis entsprechenden, zweifelsfreien Weise bezeichnet[36]. Was hierzu erforderlich und genügend ist, richtet sich nach den Umständen des einzelnen Falles[37]. Ist der (künftige) Anspruch genügend bestimmbar, dann ist es auch die Vormerkung[38]. Eine künftige Bestimmtheit genügt. Es ist darum eine Vormerkung zur Sicherung des Auflassungsanspruchs an einem Grundstücksteil zulässig, auch wenn Umfang und Lage des Grundstücksteils vom Optionsberechtigten erst noch gemäß § 315 BGB zu bestimmen sind[39].

Eine *Änderung der Vormerkung* (insbesondere eine Verlängerung des Optionsrechts) bedarf der Zustimmung der gleich- und nachstehend Beteiligten[40]. Eine zeitliche Begrenzung der Vormerkung ist – anders als im schweizerischen Recht[41] – im BGB nicht vorgesehen. Doch kann die Löschung der Vormerkung verlangt werden, wenn das Optionsrecht erloschen ist (s. oben § 17 II)[42].

Die *Wirkung* der Vormerkung besteht darin, daß jede Verfügung, die nach der Eintragung der Vormerkung über das Grundstück getroffen wird, insoweit unwirksam ist, als sie den vorgemerkten Anspruch vereiteln oder beeinträchtigen würde (§ 883 Abs. 2 BGB). Der Optionsberechtigte, dessen künftiger Auflassungsanspruch vorgemerkt wurde, kann also, wenn er von seinem Optionsrecht Gebrauch macht, vom Optionsgeber die Auflassung verlangen, so als ob in der Zwischenzeit über das Grundstück nicht verfügt worden wäre. Mit dem Dritterwerber

---

[36] RG HRR 1934, 1222; KGJ 29 A 135; KG OLG 44, 135, 136; HRR 1930, 976; JW 1937, 110; BayObLG 1956, 408; BayObLG DNotZ 1960, 47, 48.

[37] KG OLG 34, 228; BayObLG DNotZ 1960, 48.

[38] RG Gruchot 58, 1016.

[39] RG Gruchot 58, 1016; Pritsch in: BGB-RGRK § 883 Anm. 55; Hieber, Vormerkung eines bedingten Anspruches, DNotZ 1960, 97, 99; a. A. BayObLG, DNotZ 1960, 47. Ist freilich auch der künftige Auflassungsanspruch nicht bestimmbar, dann ist auch eine Vormerkung dieses Anspruchs unzulässig: RG Gruchot 62, 117; Hieber aaO 99.

[40] KG HRR 1933, 1849.

[41] Nach Art. 683 Abs. 2 ZGB erlischt das Kaufsrecht in jedem Fall mit dem Ablauf von 10 Jahren seit der Vormerkung. Eine von vornherein vereinbarte Verpflichtung des Eigentümers zur Erneuerung der Vormerkung ist unzulässig und kann darum auch nicht durch eine Konventionalstrafe gesichert werden: BGE 73 II 158, Haab, Art. 681/82 ZGB Bem. 24. Eine Erneuerung des Vormerkungsschutzes kann nur durch besondere Vereinbarung der Parteien nach Ablauf der Schutzfrist erfolgen: Haab aaO; Tuor 503. Die auf Grund einer solchen neuen Vereinbarung eingetragene Vormerkung bildet dann nicht die Fortsetzung der infolge Zeitablaufs wirkungslos gewordenen Vormerkung. Insbes. hat sie auch nicht deren Rang: Haab aaO. Vgl. dazu auch Eidg. Justizdep. Bericht des eidg. Grundbuchamtes 20. 4. 1932, abgedruckt bei Weiss, Entscheidungen 1922–37, III, 136 (Nr. 4721).

[42] Vgl. zum analogen Fall der Verjährung eines Anspruches Pritsch in: BGB-RGRK § 883 Anm. 49.

tritt er in keine vertraglichen Beziehungen. Der Dritterwerber hat darum nicht das erlangte Recht an den Optionsberechtigten zu übertragen – das ist Pflicht des Optionsgebers –, sondern lediglich der zur Übertragung erforderlichen Eintragung des Optionsberechtigten zuzustimmen (§ 888 BGB)[43].

Keine Verfügung ist die *Vermietung* einer Sache. Gegen eine Vermietung gewährt die Vormerkung darum *keinen Schutz*. § 883 Abs. 2 BGB ist weder direkt noch analog anwendbar. Es entscheidet allein der Zeitpunkt des Eigentumsübergangs. Der Erwerber kann sich also nicht gegen den Übergang der Pflichten aus dem Mietvertrag wehren mit dem Argument, sein Auflassungsanspruch sei bereits vor der Vermietung vorgemerkt gewesen[44].

c) Wird das vermietete Grundstück nach der Überlassung an den Mieter von dem Vermieter an einen Dritten veräußert, so tritt der Erwerber anstelle des Vermieters in die sich während der Dauer seines Eigentums aus dem Mietverhältnis ergebenden Rechte und Verpflichtungen ein (§ 571 BGB). Muß er auch die dem Mieter gewährten Optionsrechte gegen sich gelten lassen? Die Antwort ist verschieden, je nachdem, ob ein Optionsrecht auf käuflichen Erwerb des Grundstücks oder ein Optionsrecht auf Mietverlängerung in Frage steht.

Ein *Optionsrecht auf käuflichen Erwerb* des Mietgegenstandes ist, wie bereits dargelegt wurde[45], trotz seiner tatsächlichen Verbundenheit mit dem Mietvertrag rechtlich selbständig. Es ist nicht Bestandteil des Mietverhältnisses und *bindet* darum *den Grundstückserwerber nicht*. Durchgesetzt werden kann es nur, wenn der sich aus ihm ergebende künftige Auflassungsanspruch durch seine Vormerkung im Grundbuch gesichert war[46].

---

[43] Das entspricht auch der traditionellen Auffassung in der Schweiz. Nach einer neueren Theorie sollen aber bei einer Veräußerung des Grundstücks auch die Rechte und die Pflichten aus einem Kaufsrechtsvertrag auf den Grundstückserwerber übergehen, wenn das Kaufsrecht vorgemerkt ist, so daß gegen den ursprünglichen Vertragspartner keine Rechte mehr geltend gemacht werden können: Siehe dazu PIOTET, Des effets de l'annotation au registre foncier de rapports de droit personnels, ZSR 1960, 401 ff., 404.

[44] Jetzt h. M. s. BGH 13, 1; STAUDINGER(-KIEFERSAUER) § 571 Bem. 11; STAUDINGER(-SEUFERT) § 883 Bem. 49; PRITSCH in BGB-RGRK § 571 Anm. 5 und § 883 Anm. 71; BAUR, Lehrbuch des Sachenrechts [2](1963) 166; EICHLER, Institutionen des Sachenrechts II, 2 (1960) 409; a. A. G. u. D. REINICKE, NJW 1954, 1236; WOLFF-RAISER, Sachenrecht [10](1957) 160; WESTERMANN, Lehrbuch des Sachenrechts [4](1960) 413; PALANDT(-HOCHE) § 883 Bem. 5 (§ 883 Abs. 2 BGB soll analog gelten).

[45] S. oben § 17 I.

[46] RG JW 1939, 286. Im englischen Recht kommt es einmal darauf an, ob das

Das *Optionsrecht auf Mietverlängerung* dagegen ist Bestandteil des Mietvertrages. *Der Erwerber tritt in die Bindung des Vermieters* ein, gleichgültig, ob der Mieter von seinem Optionsrecht zur Zeit des Erwerbs schon Gebrauch gemacht hat oder nicht[47]. Alle Pflichten des Vermieters aus dem Mietverhältnis gehen auf ihn über. Das bedeutet, daß nicht nur der ursprünglich vereinbarte Vertrag, sondern auch spätere Zusätze ihn binden. Es spielt darum keine Rolle, ob das Optionsrecht bereits im ursprünglichen Mietvertrag vereinbart war oder ob die Optionsabrede erst später getroffen wurde[48]. Der Optionsvertrag muß lediglich formgültig geschlossen worden sein. Wird durch den Optionsvertrag die potentielle Mietdauer über ein Jahr hinaus verlängert, so bedarf auch der Mietvertrag der Schriftform[49]. Auf die Kenntnis des Erwerbers kommt es im übrigen nicht an. Die Pflichten aus dem (rechtswirksamen) Optionsvertrag gehen auf ihn über, auch wenn er von dem Optionsvertrag keine Kenntnis hatte. Dessen ungeachtet wird es sich für den Mieter, der nach Abschluß des ursprünglichen Mietverhältnisses mit dem Vermieter einen Optionsvertrag auf Mietverlängerung geschlossen hat, empfehlen, auf Aufnahme der Optionsklausel in den ursprünglichen Mietvertrag zu drängen[50].

Optionsrecht so formuliert war, daß unter dem Begriff „lessor" nicht nur der ursprüngliche landlord, sondern jeder „estate owner of the reversion" zu verstehen war. War dies der Fall, so kann es dem Rechtsnachfolger des Optionsgebers innerhalb der Grenzen der Rule against perpetuities entgegengesetzt werden, wenn die Optionsvereinbarung als estate contract eingetragen war: Land Charges Act, 1925, s. 10 (1), Class C (iv) und s. 13 (2). Ist das Optionsrecht eingetragen, so können Ansprüche allein gegen den Erwerber geltend gemacht werden. Ist es nicht eingetragen (der Optionsberechtigte ist zur Eintragung nicht verpflichtet), so kann der Optionsberechtigte vom Optionsgeber Schadensersatz verlangen: Wright v. Dean, [1948] 1 Ch. 686.

[47] RG Gruchot 58, 945; RG 103, 349; Pritsch in BGB-RGRK § 571 Anm. 7; Palandt(-Gramm) § 571 Bem. 4 B. Auch im englischen Recht wird eine Verlängerungsoption als Bestandteil des Vertrages angesehen, als „covenant" und als solches „it runs with the land and with the reversion" (Sec. 142 Law of Property Act, 1925). Wer darum das Grundstück von dem lessor erwirbt, tritt auch in dessen Verpflichtung ein, die lease auf Verlangen des tenant zu erneuern: Earl Brook v. Bulkeley (1754), 2 Ves. Sen. 498; 28 E. R. 319; Weg Motors Ltd. v. Hales, [1961] 3 All E. R. 181.

[48] RG 103, 349.

[49] S. oben § 16 II 6.

[50] Im italienischen Recht sind (Wohnungs-)Mietverträge mit einer Geltungsdauer von mehr als 9 Jahren eintragungspflichtig (Art. 2643 Ziff. 9 c. c.). Dem Erwerber eines Grundstücks können eintragungspflichtige Rechte nur entgegengesetzt werden, wenn sie eingetragen sind (Art. 2644 c. c.). Ob 9-Jahresverträge mit einer Verlängerungsoption eintragungspflichtig sind, ist bestritten. Der Kassationshof hat die Frage verneint (Cass. Sez. un. 21. 7. 1949, n. 1917, Foro it. 1949, I, 1050; desgleichen App. Torino, 3. 9. 1956, Foro it., 1957, I, 1128), ist damit aber auf lebhaften Widerspruch der Doktrin gestoßen. Kritisiert wurde insbesondere seine Auffassung, mit der Ausübung

3. a) Der *Konkurs des Optionsgebers* läßt das Optionsrecht *unberührt.* Der Antrag erlischt nicht[51]. Macht der Optionsberechtigte sein Optionsrecht geltend, so kommt der angebotene Vertrag zustande. Höchst zweifelhaft ist jedoch, ob die Ausübung des Optionsrechts irgendwelche Wirkungen gegenüber der Konkursmasse erzeugt. Die Konkursmasse dient zur gemeinschaftlichen Befriedigung aller persönlichen Gläubiger, die einen zur Zeit der Eröffnung des Verfahrens begründeten Vermögensanspruch an den Gemeinschuldner haben (§ 3 KO). Gestaltungsrechte sind nach allgemeiner Auffassung keine Konkursforderungen[52]. Demnach scheint es zunächst so zu sein, als ob durch die Ausübung des Optionsrechts die Masse nicht berührt wird, die Wirkung des Optionsrechts sich vielmehr auf das konkursfreie Vermögen beschränkt[53]. Interessanterweise wird nun aber in verschiedenen Fällen angenommen, daß ein Gläubiger des Gemeinschuldners ein ihm vertraglich vorbehaltenes oder eingeräumtes Gestaltungsrecht auch noch nach Eröffnung des Konkursverfahrens mit der Folge des § 17 KO ausüben kann. So soll nicht nur ein Rücktritt vom Vertrag[54], sondern auch die Ausübung eines Wiederkaufsrechts nach der Eröffnung des Konkursverfahrens gegenüber dem Konkursverwalter erklärt werden können und diesen vor die Wahl stellen, ob er das durch die Ausübung des Gestaltungsrechts entstandene Schuldverhältnis erfül-

der Option werde nicht ein bestehender Vertrag verlängert, sondern ein neuer Vertrag geschlossen (s. dazu oben § 16 N. 32). In der Literatur befürwortet man überwiegend die Anwendung von Art. 2645 c. c. Nach dieser Vorschrift ist neben den in Art. 2643 c. c. ausdrücklich genannten Rechtsgeschäften jedes Rechtsgeschäft („atto o provvedimento") eintragungspflichtig, das hinsichtlich eines Grundstücks eine der Wirkungen („taluno degli effetti") hat, welche die in Art. 2643 genannten Verträge entfalten. Ein 9-Jahresvertrag mit einer Optionsklausel hat aber eine der Wirkungen eines mehr als 9 Jahre dauernden Vertrages. (So Ferri, Locazione novennale prorogabile e sua trascrizione, Riv. trim. dir. proc. civ. 1949, 733; Pugliese, Giur. it. 1950, I, 341 f.; Funaioli, Locazione novennale prorogabile per volontà dell'inquilino e trascrizione, Riv. trim. dir. proc. civ. 1950, 1084 ff., 1087; Natoli, in: Commentario del codice civile VI, 1, 1–2: Della tutela dei diritti (1959) 45 f. Auch im englischen Recht stellt die Einräumung eines Optionsrechts auf Erneuerung einer lease einen „estate contract" dar und kann darum Dritterwerbern gegenüber nur geltend gemacht werden, wenn sie eingetragen worden ist. Sec. 10 (1) Class C (iv) Land Charges Act, 1925 spricht zwar nur von einem Vertrag „conferring ... a valid option of purchase". Nach Sec. 20 (8) des gleichen Gesetzes schließt aber der Begriff „purchase" im Sinne dieses Gesetzes auch eine lease ein. Daß ein nicht eingetragener estate contract dem Grunderwerber nicht entgegengehalten werden kann, ergibt sich aus Sec. 13 (2) des Gesetzes. Vgl. auch Beesly v. Hallwood Estates Ltd., [1960] 1 W. L. R. 549. Dazu kritisch Poole (N. 20) 123.

[51] Jaeger-Lent § 7 Anm. 15; Staudinger(-Coing) § 153 Bem. 11.

[52] Jaeger-Lent § 3 Anm. 8 a; Böhle-Stamschräder § 3 Bem. 2 b.

[53] Das wird für die Annahme eines Angebots allgemein angenommen: Seuffert (N. 22) 26; v. Tuhr 471; Jaeger-Lent § 7 Anm. 15; Kubierschky 32.

[54] RG LZ 1915, 217.

len will oder nicht[55]. Man begründet dies damit, daß sowohl das Rücktrittsrecht als auch das Wiederkaufsrecht nichts anderes seien als bedingte Ansprüche, bedingt nämlich durch ihre Erklärung[56]. Als solche gehörten sie aber zu den zur Zeit der Konkurseröffnung begründeten Vermögensansprüchen im Sinne des § 3 KO (vgl. § 67 KO). Mit Hilfe dieser Konstruktion kann man auch dem Optionsberechtigten zu einer Konkursforderung verhelfen. Meines Erachtens bedarf es aber dazu nicht dieser fiktiven Begründung. § 3 KO setzt dem Vermögen des Gemeinschuldners zur Zeit der Eröffnung des Verfahrens (§ 1 KO) die zu jener Zeit bestehenden Vermögensansprüche gegenüber. Der Gesetzgeber wollte hier offenbar mit gleichem Maße messen. Was auf der einen Seite ein Vermögensaktivum ist, muß auf der anderen Seite auch als Vermögenspassivum anerkannt werden. Das bedeutet, daß, wenn der Konkursverwalter befugt ist, ein Optionsrecht des Gemeinschuldners zur Masse zu ziehen, er auch ein Optionsrecht eines Gläubigers gegen sich gelten lassen muß. In beiden Fällen entstehen Ansprüche erst mit der Ausübung des Optionsrechts. Sie sind aber zur Zeit der Eröffnung des Verfahrens bereits potentiell gegeben und zwar – das ist notwendige Voraussetzung – in einem genau bestimmbaren Ausmaß. § 3 KO ist darum so zu lesen, daß zu den Konkursgläubigern alle persönlichen Gläubiger gehören, die zur Zeit der Eröffnung des Konkursverfahrens einen bestehenden oder potentiell begründeten Vermögensanspruch gegen den Gemeinschuldner haben[57]. Der Vermögensanspruch muß begründet sein, d. h. es darf sich nicht lediglich um eine mehr oder weniger aussichtsreiche tatsächliche Möglichkeit eines künftigen Anspruches handeln, vielmehr muß ein festes Rechtsverhältnis vorliegen, aus dem sich der potentielle Anspruch ergibt.

b) Macht der Optionsberechtigte sein Optionsrecht geltend, dann kann der Konkursverwalter *wählen*, ob er an der Stelle des Gemeinschuldners den Vertrag erfüllen will oder nicht (§ 17 KO)[58]. Wählt er die Erfüllung,

---

[55] JAEGER-LENT § 17 Anm. 19; BÖHLE-STAMSCHRÄDER § 17 Bem. 2; a. A. KUBIERSCHKY 17.

[56] Vgl. z. B. RG LZ 1915, 217: Das Rücktrittsschuldverhältnis entsteht mit dem Rücktrittsrecht, im Falle des § 455 BGB beispielsweise mit dem Zahlungsverzug des Käufers, wenn schon bedingt durch den erklärten Rücktritt, der indes nichts weiter ist als die Ausübung des Rücktrittsrechts oder die Erklärung, davon Gebrauch zu machen.

[57] Ob zu dieser Gruppe auch die bloßen Antragsgegner gehören, mag dahinstehen. Jedenfalls zählen zu ihnen die Rücktrittsberechtigten, Wiederkaufsberechtigten und Optionsberechtigten.

[58] Ebenso das schweizerische Recht: HAAB, Art. 683 ZGB Bem. 11; dem § 17 KO entspricht Art. 211 SchKG.

dann ist die Verpflichtung aus dem Vertrag eine Masseschuld. Lehnt er die Erfüllung ab, dann kann der Optionsberechtigte seinen Schadensersatzanspruch wegen Nichterfüllung als Konkursforderung geltend machen.

Der Konkursverwalter hat kein Wahlrecht, wenn der aus dem Optionsrecht resultierende künftige Auflassungsanspruch durch eine Vormerkung im Grundbuch gesichert war. Hier kann der Optionsberechtigte, nachdem er sein Optionsrecht ausgeübt hat, vom Konkursverwalter die Befriedigung seines Anspruches verlangen (§ 24 KO)[59]. Verfügungen des Konkursverwalters, die den vorgemerkten Anspruch vereiteln oder beeinträchtigen, sind unwirksam (§ 883 Abs. 2 BGB).

c) Optionsverträge können, nach allem, was bisher gesagt wurde, dazu mißbraucht werden, Konkursgläubiger zu benachteiligen. Sie unterliegen daher der *Anfechtung* gemäß § 31 KO[59a].

d) Der Optionsberechtigte kann mit der Ausübung des Optionsrechts auch bis zur *Beendigung des Konkursverfahrens* warten, vorausgesetzt, daß die Bindungsfrist nicht vorher abläuft. In diesem Fall wird freilich häufig der Gegenstand des Optionsvertrages nicht mehr im Eigentum des Optionsgebers stehen, weil er im Konkursverfahren verwertet worden ist. Dem Optionsgeber ist dann die Leistung nicht mehr möglich. Es handelt sich um einen Fall des anfänglichen Unvermögens. Der Optionsberechtigte kann auf Erfüllung oder, wenn das Unvermögen ein dauerndes ist, auf Schadensersatz wegen Nichterfüllung klagen[60]. Es gilt hier

---

[59] Auch dazu vgl. HAAB, vorige Note; ferner BGE 86 III 106. Die h. A., die künftige Ansprüche nicht zu den Konkursforderungen rechnet, hält auch eine Sicherung solcher Ansprüche durch eine Vormerkung im Konkurs für unwirksam. Man stützt sich dabei teilweise auf § 3 KO (so PFEIFFER, Vormerkung für künftige Ansprüche im Konkurse, LZ 1911, 606 und 769 f.; wohl auch STAUDINGER(-SEUFERT) § 883 Bem. 62), teilweise auf § 15 KO (so JAEGER, LZ 1911, 606 f. und 770; BIERMANN, Sachenrecht ^{3}(1914) § 883 Bem. 5 c α; JAEGER-LENT § 24 Anm. 7). Die Gegenmeinung macht geltend, § 3 gelte nur für Konkursforderungen und finde daher auf Vormerkungen keine Anwendung, und von § 15 bestimme § 24 eine Ausnahme, ohne zwischen den zur Zeit der Konkurseröffnung bereits bestehenden und den erst später entstehenden vorgemerkten Ansprüchen zu unterscheiden (so PLANCK[-STRECKER] § 883 Bem. 3 c). Ich halte den Hinweis der h. A. auf § 15 KO nicht für überzeugend. Der Konkursverwalter kann, wenn er die Voraussetzungen des § 17 KO für gegeben hält, zur Konkursmasse gehörige Gegenstände ungeachtet des § 15 KO veräußern. § 3 KO hindert die Wirkung der Vormerkung jedenfalls nicht, wenn Optionsverträge durch sie gesichert werden; denn die durch Optionsverträge begründeten Ansprüche gehören zu den „Vermögensansprüchen" des § 3 KO.

[59a] Richtet sich das Optionsrecht auf Erwerb eines Gesellschaftsanteils, so kann auf die Optionsberechtigten nur in Ausnahmefällen im Wege der sog. Durchgriffshaftung zurückgegriffen werden: BGH BB 1961, 988.

[60] S. oben § 18 II 2.

also die gleiche Regelung, wie sie vom Gesetz für das Wiederkaufsrecht ausdrücklich getroffen worden ist (§ 499 BGB).

4. Durch die *Anordnung der Zwangsversteigerung* eines Grundstücks, das den Gegenstand eines Optionsvertrages bildet, wird das Optionsrecht ebensowenig in seiner Rechtswirksamkeit beeinträchtigt wie durch die Eröffnung des Konkursverfahrens. Macht der Optionsberechtigte sein Optionsrecht geltend, so kommt der angebotene Kaufvertrag zustande. Der Optionsgeber ist zur Auflassung des Grundstücks verpflichtet. Dieser Veräußerungspflicht auf der einen Seite steht aber ein Veräußerungsverbot auf der anderen Seite gegenüber. Der Beschluß, durch den die Zwangsversteigerung angeordnet wurde, gilt zugunsten des Gläubigers als Beschlagnahme des Grundstücks (§ 20 ZVG). Diese Beschlagnahme hat die Wirkung eines – relativen – Veräußerungsverbots (§ 23 Abs. 1 S. 1 ZVG). D. h., daß der Optionsgeber über das Grundstück zwar noch verfügen kann, die vorgenommene Verfügung aber dem betreibenden Gläubiger gegenüber unwirksam ist. Nach dem Wirksamwerden der Beschlagnahme (§ 22 ZVG) kann der Optionsberechtigte demnach lastenfreies Eigentum nur erwerben, wenn er gutgläubig ist (§§ 136, 135 Abs. 2 BGB)[61]. Ein gutgläubiger Erwerb ist nur möglich bis zur Eintragung des Versteigerungsvermerks (§ 23 ZVG, § 892 Abs. 1 S. 2 BGB). Er hat zur Voraussetzung, daß der Optionsberechtigte weder von der Beschlagnahme noch von dem Versteigerungsantrag Kenntnis hatte (§ 23 Abs. 2 ZVG).

Ist der aus dem Optionsvertrag resultierende künftige Auflassungsanspruch durch eine *Vormerkung* gesichert, die vor dem Recht des betreibenden Gläubigers eingetragen ist, so schließt dies zwar die Zwangsversteigerung nicht aus[62]; der Optionsberechtigte ist aber dadurch gesichert, daß er sein Optionsrecht auch dem Erwerber gegenüber durchsetzen kann

[61] S. auch Art. 96 SchKG: Der Schuldner hat sich bei Straffolge jeder vom Betreibungsbeamten nicht bewilligten Verfügung über die gepfändeten Vermögensgegenstände zu enthalten. Er wird vom pfändenden Beamten hierauf ausdrücklich aufmerksam gemacht.

Verfügungen des Schuldners sind ungültig, soweit dadurch die aus der Pfändung den Gläubigern erwachsenen Rechte verletzt werden, unter Vorbehalt der Wirkungen des Besitzerwerbes durch gutgläubige Dritte.

[62] RG JW 1910, 489; KG JW 1932, 190; Steiner-Riedel, Zwangsversteigerung und Zwangsverwaltung in der deutschen Bundesrepublik und in Berlin-West [7](1956) § 48 Bem. 3; Staudinger(-Seufert) § 883 Bem. 61 a; Pritsch in BGB-RGRK § 883 Anm. 75; Soergel-Siebert(-Baur) § 883 Bem. 30; Palandt(-Hoche) § 883 Bem. 6b, bb, 1; a. A. Reinhard-Müller-Dassler-Schiffhauer, Kommentar zum Zwangsversteigerungsgesetz [9](1958) § 48 Bem. 4; Wilhelmi-Vogel, Zwangsversteigerungsgesetz [5](1959) § 48 Bem. 2 (§ 37 Ziff. 5 ZVG).

(§ 883 Abs. 2 S. 2 BGB)[63]. Das Optionsrecht fällt also nicht etwa wie das Vorkaufsrecht (§ 512 BGB) im Zwangsversteigerungsverfahren aus[64].

Ist die Vormerkung erst nach dem Recht des betreibenden Gläubigers eingetragen, dann wird das gesicherte Recht bei der Feststellung des geringsten Gebotes nicht berücksichtigt (§ 44 ZVG) und erlischt darum mit dem Zuschlag (§§ 52 Abs. 1 S. 2, 91 Abs. 1 ZVG). Der Vorgemerkte kann dann lediglich Wertersatz aus dem Versteigerungserlös verlangen (§ 92 ZVG), soweit dieser nicht zur Befriedigung der vorgehenden Rechte verbraucht wird. Und zwar hat er Anspruch auf den vollen verbleibenden Erlös, gleichgültig, ob er dem Optionsgeber den Gegenwert für das Grundstück bereits bezahlt hat oder nicht[65]. Den nachstehend Berechtigten bleibt nur die Möglichkeit, den Kaufpreisanspruch des Optionsgebers zu pfänden.

Für die Ansprüche des Optionsberechtigten gegen den Optionsgeber *nach der Zwangsversteigerung* des Grundstücks gelten die Ausführungen zur Ausübung des Optionsrechts nach Abschluß des Konkursverfahrens (oben 3 d) entsprechend.

III. Ist der Optionsvertrag ein Vorkaufsfall?

Nach dem klaren Wortlaut des § 504 BGB kann ein Vorkaufsrecht ausgeübt werden, sobald der Verpflichtete mit einem Dritten einen Kaufvertrag geschlossen hat. Ein Kaufvertrag setzt eine Verpflichtung beider Teile voraus. Eine Verkaufsverpflichtung allein genügt also nicht. Solange sich nicht auch der Erwerber gebunden hat, kann das Vorkaufsrecht *nicht ausgeübt* werden[66].

Nun wird gelegentlich behauptet, entscheidend sei die *definitive Bindung* des Verkäufers. Wenn er seinen Veräußerungswillen (gegenüber

---

[63] Geltend zu machen ist das Optionsrecht gegenüber dem Optionsgeber. Dieser allein erwirbt auch den Anspruch auf die Gegenleistung (also nicht etwa der Erwerber): Jäckel-Güthe, Kommentar zum Zwangsversteigerungsgesetz ⁷(1937) § 48 Bem. 5; Hagelberg, JW 1932, 190; Palandt(-Hoche) § 883 Bem. 6 b, bb, 1.

[64] Die gegenteilige Auffassung von Hense, DNotZ 1951, 132, beruht auf einer unzulässigen Gleichsetzung von Optionsrecht und Vorrecht. Nur für das letztere ist eine analoge Anwendung des § 512 BGB zu rechtfertigen.

[65] Sehr bestr.; wie hier: RG 144, 284; Staudinger(-Seufert) § 883 Bem. 61 b; Pritsch in: BGB-RGRK § 883 Anm. 77; a. A. KG JW 1932, 190; Jäckel-Güthe (N. 63) § 92 Bem. 4; Palandt(-Hoche) § 883 Bem. 6 b, bb, 2.

[66] RG WarnRspr. 1909, 72 f.; Planck(-Knoke) § 504 Bem. b; Kuhn in: BGB-RGRK § 504 Anm. 19; ebenso für das schweizerische Recht: BGE 85 II 572; Bern. App.hof ZBJV 1960, 21.

dem Optionsberechtigten) unbedingt und unwiderruflich in gehöriger Form erklärt habe, so daß von ihm jederzeit die Übertragung des Eigentums verlangt werden könne, dann geschehe ihm kein Unrecht, wenn man von ihm verlange, das Eigentum auf den Vorkaufsberechtigten zu übertragen[67]. Diese Auffassung trifft aber nicht den Kern des Vorkaufsrechts. Es geht nicht nur um den frühesten Zeitpunkt, zu dem das Vorkaufsrecht ausgeübt werden kann, es geht auch um den *Kaufpreis*. Der Vorkaufsberechtigte soll wissen, daß zu dem Preis, den er zahlt, auch ein Dritter den Gegenstand erworben hätte. Ein Optionsvertrag verpflichtet den Optionsberechtigten zu nichts. Die Gefahr, daß in einem Optionsvertrag ein fiktiver überhöhter Kaufpreis vereinbart wird, ist viel erheblicher als die Gefahr einer fiktiven Preisvereinbarung in einem definitiven Kaufvertrag. Die Bestimmung des definitiven Kaufvertragsabschlusses zum Vorkaufsfall hat also einen guten Grund. Sie soll dem Vorkaufsberechtigten einen sicheren Anhaltspunkt für seinen Entschluß geben, sein Vorkaufsrecht auszuüben oder auf die Ausübung zu verzichten[68]. Dieser besondere Grund der gesetzlichen Regelung rechtfertigt die herrschende Meinung.

---

[67] So LIVER, Die privatrechtliche Rechtsprechung des Bundesgerichts im Jahre 1959, ZBJV 1960, 393 ff., 426; ebenso im Ergebnis Bern.App.hof ZBJV 1954, 462.

[68] S. oben § 2 N. 79.

IV. Teil

Der Vorrechtsvertrag

§ 20: ERSCHEINUNGSFORMEN. TERMINOLOGIE

I. Erscheinungsformen

1. Im Gegensatz zum Vorvertrag und dem Optionsvertrag ist der Vorrechtsvertrag ein *komplexes Gebilde.* Im weiteren Sinne verstanden, können unter diesem Begriff alle Verträge zusammengefaßt werden, die einem Vertragspartner für den Fall, daß sein Kontrahent sich zum Abschluß eines weiteren bestimmten Vertrages entschließen sollte, ein Vorrecht vor anderen Vertragsinteressenten einräumen. Diese „Vorrechtsverträge" zerfallen in verschiedene Gruppen, nämlich:

1. Die vertragliche Einräumung des *Vorkaufsrechts,* d. h. die Einräumung des Rechts, durch Erklärung gegenüber dem Verpflichteten einen Kaufvertrag zustande zu bringen und zwar zu den gleichen Bedingungen, wie sie der Verpflichtete in einem Kaufvertrag mit einem Dritten vereinbart hat.
2. Die vertragliche Einräumung des Rechts, einen Gegenstand *einlösen* zu können, wenn der Verpflichtete nicht einen Kaufvertrag, sondern einen anderen Vertrag mit einem Dritten schließt.
3. Die vertragliche Verpflichtung des Inhabers einer Sache oder eines Rechts, diese Sache oder dieses Recht für den Fall, daß er darüber verfügen möchte, dem Vertragspartner *anzubieten* und diesem den Vorrang vor anderen Interessenten zu geben.

Diese Hauptgruppen lassen sich wiederum in verschiedene Untergruppen unterteilen:

Bei der gesetzlichen Form des Vorkaufsrechts kommt der Kauf zwischen dem Berechtigten und dem Verpflichteten zu den gleichen Bedingungen zustande, wie sie der Verpflichtete mit dem Dritten vereinbart hat (§ 505 Abs. 2 BGB). Die Parteien können aber auch vereinbaren, daß im Vorkaufsfall der Kaufvertrag zwischen dem Berechtigten und dem Verpflichteten zu bestimmten, im voraus vereinbarten Bedingungen zustande kommen soll [1].

Bei der Einräumung des Rechts, einen Gegenstand in anderen Fällen als denen eines Kaufvertragsabschlusses einlösen zu können, kann die Einlösung davon abhängig gemacht werden, daß der Berechtigte die gleiche Gegenleistung bietet, die der Dritte offeriert [2]. Es kann aber auch die Einlösung zu einem bestimmten Preis vereinbart werden [3]. Auch hier ist es möglich, das Entgelt für die Einlösung von vornherein festzulegen oder aus einer Schätzung des Wertes der von dem Dritten gebotenen Gegenleistung zu entnehmen [4].

Bei der letzten Gruppe endlich kann der Verpflichtete sowohl gehalten sein, den Gegenstand des Vorrechtsvertrages, wenn er über ihn zu verfügen beabsichtigt, zuerst dem Berechtigten *anzubieten*, als auch, den Gegenstand des Vorrechtsvertrages *nicht an einen Dritten zu veräußern*, ohne ihn zuvor dem Berechtigten *angeboten zu haben*. Regelmäßig wird im letzteren Falle auf die von einem Dritten versprochene Gegenleistung Bezug genommen. Die Parteien können aber auch hier etwas anderes vereinbaren [5].

Von den drei Hauptgruppen soll nur die letzte zum Gegenstand dieser Darstellung gemacht werden. Das Vorkaufsrecht ist im Gesetz geregelt und hat in der Literatur eine eingehende Kommentierung erfahren, die eine weitere Erörterung hier als überflüssig erscheinen läßt. Das Einlösungsrecht im engeren Sinn – auch das Vorkaufsrecht ist ein Einlösungsrecht [6] – ist zwar im Gesetz nicht geregelt, im Grunde aber doch mit dem Vorkaufsrecht so sehr verwandt, daß die meisten der auftretenden Zweifelsfragen mit Hilfe einer analogen Anwendung der Regeln des Vorkaufsrechts beantwortet werden können. Die Verträge der dritten Gruppe, die sogenannten *Vorhandverträge oder Vorrechtsverträge im engeren Sinn*, haben dagegen in Deutschland kein Vorbild im gesetzten Recht. Aus die-

[1] RG 72, 385; 104, 122; STAUDINGER(-OSTLER) § 505 Bem. 5; KUHN in: BGB-RGRK § 505 Anm. 3.

[2] STAUDINGER(-OSTLER) § 504 Bem. 1, 4; ENNECCERUS-LEHMANN 476; KUHN in: BGB-RGRK § 504 Anm. 1.

[3] NIPPERDEY ZBlHR 1930, 303.

[4] NIPPERDEY 303.

[5] NIPPERDEY 300; LARENZ II 101 f.; DERS., Die rechtliche Bedeutung von Optionsvereinbarungen, DB 1955, 209, 210; KUHN in BGB-RGRK § 504 Anm. 8.

[6] NIPPERDEY 302; STAUDINGER(-OSTLER) Vorbem. 2 vor § 504; KUHN in: BGB-RGRK § 504 Anm. 1.

sem Grunde hat auch ihre dogmatische Untersuchung einen besonderen Reiz.

2. *Beispiele* für solche Vorhand- oder Vorrechtsverträge zu finden, fällt nicht schwer. Man denke etwa an folgende Fälle:

a) In einem Verlagsvertrag über eine Oper verpflichtet sich der Komponist, seinem Verleger jeweils das *Vorrecht* auf seine Kompositionen einzuräumen[7].

b) A sichert B das erste *„Anrecht"* auf den Knochenanfall in seinem Betriebe zu unter der Voraussetzung, daß B willens ist, in das dem A von dritter Seite gemachte Angebot einzutreten[8].

c) A erteilt in einem Vertrag dem B die *„Option"* auf Erwerb eines bestimmten Gegenstandes in dem Sinn, daß A verpflichtet sein soll, jede ihm gemachte Ankaufsofferte dem B zu unterbreiten und dieser das Recht haben soll, innerhalb von zwei Tagen das *„Vorkaufsrecht"* auszuüben[9].

d) A will von B Branntwein kaufen. Er bietet ihm 8.– DM pro Liter. Dem B erscheint dieser Preis zu niedrig. Schließlich erklärt B, er wolle dem A ein *„Vorkaufsrecht"* einräumen. Falls jemand einen höheren Preis biete, werde er dem A davon Mitteilung machen, damit dieser sich entscheiden könne, ob er den Vertrag zu den von dem Dritten offerierten Bedingungen schließen wolle oder nicht[10].

e) G ist an dem Erwerb eines Unternehmens interessiert, das im Eigentum der Firma S steht. Er schließt mit der Firma S einen Vertrag, der folgende Klausel enthält: Sollte die Firma S einen Verkauf des Unternehmens beabsichtigen, so ist sie verpflichtet, das Unternehmen vorher dem G zum Kauf oder zur Pacht anzubieten[11].

f) Ein Verlag überträgt einer Anzeigengesellschaft das alleinige Recht der Inseratenannahme für vier Zeitschriften. Der Vertrag enthält u. a. folgende Klausel: „Bei Ablauf des Vertrages darf der Verlag das Recht der alleinigen Inseratenannahme erst dann an eine andere Firma vergeben, wenn die Gesellschaft die Übernahme der Inseratenannahme unter den von den anderen Bewerbern angebotenen Bedingungen ablehnt oder sich innerhalb von acht Tagen nach ihr zugegangener Mitteilung dieser Bedingungen zur Übernahme nicht bereit erklärt hat"[12].

g) G hat ein bestimmtes Objekt von B als Käufer erworben. In dem Kaufvertrag verpflichtet sich G für den Fall, daß sie sich innerhalb der nächsten 25 Jahre zu einem Weiterverkauf des Objekts entschließen sollte, dieses zunächst der B anzubieten, und zwar zu einem Preis, der sich zusammensetzt aus dem jetzigen Kaufpreis und den Selbstkosten für Aufwendungen, die eine Mehrbewertung des Grundstücks darstellen[13].

---

[7] RG 79, 156.
[8] OLG (Hamburg) 33, 288.
[9] OLG München, JW 1919, 257.
[10] RG WarnRspr. 1919, 241.
[11] RG SeuffA 81, 360.
[12] RG JW 1930, 3766.
[13] RG 154, 355.

h) Ein Verlagsvertrag enthält folgende Klausel: „Der Verfasser verpflichtet sich, sein nächstes Werk zunächst dem Verlag anzubieten. Für den zu schließenden Vertrag gelten die Bestimmungen dieses Vertrages sinngemäß. Der Verlag verpflichtet sich, dem Verfasser spätestens innerhalb 6 Wochen nach Einreichung des Manuskriptes schriftlich mitzuteilen, ob er es zur Buchausgabe und zum Vertrieb haben will oder ob er dem Verfasser das freie weitere Verfügungsrecht über das betreffende Werk überläßt[14].

i) Ein Grundstückseigentümer verpflichtet sich für den Fall, daß er das Grundstück bebauen sollte, einem bestimmten Bauunternehmer das Vorrecht vor anderen Konkurrenten einzuräumen, wenn dieser das günstigste Angebot oder ein dem günstigsten Angebot gleiches Gebot abgibt.

II. Terminologie

Die juristische Erörterung des Vorhandrechts oder Vorrechts leidet sehr unter einer Begriffsverwirrung, die hier noch stärker ist als im Bereich des Optionsvertrages. Man spricht im Zusammenhang von Vorhandrechten oder Vorrechten von „Anrecht“[15], „Optionsrecht“[16], „Vorkaufsrecht“[17], „Ankaufsrecht“[18]. Vorrechtsklauseln in Verlagsverträgen werden fast immer als „Optionsklauseln“ bezeichnet[19]. Es bedarf keines Hinweises, daß diese schwankende Terminologie in Rechtsprechung und Schrifttum einer sicheren Abgrenzung des Vorrechtsvertrages insbesondere von dem Optionsvertrag und der vertraglichen Einräumung eines Vorkaufsrechts hinderlich ist[20].

In *Frankreich* führt der Vorrechtsvertrag die Bezeichnung *„pacte de préférence“*, in *Italien* die Bezeichnung *„patto di prelazione“*. Wörtlich übersetzt heißt beides: Vereinbarung eines „Vorzugsrechts“. Die *schweizerische* Terminologie ist nicht einheitlich. Die Judikatur bezeichnet meist ein Vorhandrecht als *Vorkaufsrecht*. Im *englischen* Recht ist meist von einem *right of pre-emption* die Rede, wobei allerdings anzumerken ist, daß dem englischen Recht die vertragliche Einräumung eines Vorkaufsrechts i. S. des deutschen Rechts fremd ist. Das *österreichische* Recht hat eine wichtige Ausprägung des Vorrechts gesetzlich geregelt unter der Bezeichnung *„Vorkaufsrecht“*. § 1072 ABGB bestimmt: „Wer eine Sache mit der Bedingung verkauft, daß der Käufer, wenn er solche wieder

[14] BGH 9, 237. [15] OLG (Hamburg) 33, 288.
[16] OLG München, JW 1919, 257; REINEKE, DNotZ 1953, 212.
[17] OLG München, JW 1919, 257; RG SeuffA 74, 282.
[18] OLG München HRR 1942, Nr. 346.
[19] BGH 9, 237; 22, 347; LG München, GRUR 1951, 287; BAPPERT-WAGNER 155; HUBMANN, Urheber- und Verlagsrecht (1959) 182; ULMER 325; GOLDBAUM, Urheberrecht und Urhebervertragsrecht ^{3}(1961) 217.
[20] SOERGEL-SIEBERT(-MEZGER) Vorbem. 22 vor § 145.

verkaufen will, ihm die Einlösung anbieten soll, der hat das Vorkaufsrecht". In Anlehnung an diese Bestimmung wird auch das allgemeine Vorrecht, also das von einem bestimmten Kaufvertrag losgelöste Vorrecht, als Vorkaufsrecht bezeichnet[21].

§ 21: DIE RECHTSNATUR DES VORRECHTSVERTRAGES ABGRENZUNGSFRAGEN

Die Rechtsnatur des Vorrechtsvertrages kann nicht a priori bestimmt werden. Wie sich zeigen wird, ist die rechtliche Konstruktion des Vorrechtsvertrages nicht stets dieselbe. Sie hängt vielmehr von der konkreten Ausgestaltung des Vertrages durch die Parteien ab. Will man die Rechtsnatur oder besser die Rechtsnaturen des Vorrechtsvertrages feststellen, so bleibt nichts anderes übrig, als die einzelnen Vertragsgestaltungen einer näheren Prüfung zu unterziehen.

I. Der Vorrechtsvertrag als Verpflichtung zur Abgabe eines Angebots

Die meist erörterte Form des Vorrechtsvertrages ist die, daß der Vorrechtsgeber sich verpflichtet, einen bestimmten Gegenstand für den Fall, daß er ihn zu veräußern beabsichtigt, zunächst dem Vorberechtigten anzubieten. Dazu erklärte das Reichsgericht bereits in einer Entscheidung aus dem Jahre 1886[1]: „Die einzige Verpflichtung, welche (der Vorrechtsgeber) übernimmt, besteht darin, daß, wenn er demnächst einem Dritten verkaufen will, er vor Abschluß dieses Kaufes die Sache zu denselben Bedingungen, zu welchen er bereit ist, sie dem Dritten zu verkaufen, seinem Mitkontrahenten *zum Kauf anbieten muß.*" Ähnlich heißt es in einer späteren Entscheidung[2]: „Vielmehr bedeutet das Vorrecht nicht mehr, als daß dem Beklagten ein neues Werk des Klägers zuerst zum Erwerb angeboten werden muß. Der Kläger ist aber nur dann *verpflichtet,* mit dem Beklagten abzuschließen, wenn dieser ihm gleich gute Bedingungen gewährt, wie ihm von anderer Seite gestellt sind."

Einen wichtigen Beitrag zur Feststellung der Rechtsnatur des Vorrechtsvertrages enthält das Urteil des Reichsgerichts vom 17. September 1927[3]. Das Reichsgericht grenzt darin das Vorrecht gegenüber dem Vorkaufsrecht ab. Das Vorkaufsrecht, so meint das Reichsgericht, bedeute, vergli-

---

[21] OGH SZ XXIV 565, 568.

[1] RG 16, 155, 158; siehe auch oben § 2 Nr. 78.

[2] RG 79, 156, 158.

[3] RG SeuffA 81, 360.

chen mit der Vorhandeinräumung, nicht ein Weniger, sondern ein Mehr, weil es erheblich weitergehe. Es gebe dem Berechtigten nicht nur einen Anspruch darauf, daß der Kaufvertrag mit ihm abgeschlossen oder gar nur der Inhalt eines Angebots oder vorbereiteten Vertrages mitgeteilt werde, sondern es eröffne ihm (in gleicher Weise wie das Wiederkaufsrecht) die Möglichkeit, von sich aus den Rechtszustand herbeizuführen, der dem Verkauf an ihn entspricht, also die Möglichkeit, unmittelbar ohne weitere rechtsgeschäftliche Tätigkeit des Verkäufers ihm gegenüber in die Rechtsstellung des Käufers einzutreten. Die Einräumung eines *Vorrechts* bedeutet somit *nicht* die Einräumung eines *Gestaltungsrechts.* Der Vorberechtigte kann nicht ohne Mitwirkung des Vorrechtsgebers den Vertrag zustande bringen. Der Vorrechtsgeber muß rechtsgeschäftlich tätig werden.

Von ähnlicher Bedeutung ist die Entscheidung des Reichsgerichts vom 14. Oktober 1932[4]. Sie grenzt die Begriffe „die Vorhand geben" und „das letzte Wort geben" gegeneinander ab. Ihre wichtigsten Sätze sind: Wo die Ausdrücke „Vorhand" oder „das letzte Wort" gebraucht sind, wird in jedem Fall vorweg zu prüfen sein, was die Beteiligten darunter verstanden haben. Die „Vorhand" drückt (regelmäßig) aus, daß dem Berechtigten ein *Vorrecht auf den Verkaufsgegenstand* zugestanden wird.

Das „letzte Wort" kann (und wird meist) bedeuten, daß dem Kauflustigen eine letzte Unterhandlung vor der Entschließung des Verkäufers zugesagt wird, die ihm gestattet, sein Angebot zu erweitern oder zu erhöhen. Es kann aber auch bedeuten, daß die Entscheidung in die Hand des Gegners gelegt wird, dem der Verkäufer die ihm vorliegenden besseren Gebote zu unterbreiten hat derart, daß jener in das Beste eintreten und damit den Kauf zum Abschluß bringen kann. Im letztgenannten Sinne würde es sich um eine „Vorhand" handeln.

Eine weitere Gelegenheit für die Präzisierung des Vorhandrechts bot dem Reichsgericht ein Kaufvertrag über ein Gasthofsgrundstück, in dem die Käuferin, eine Genossenschaft, der Verkäuferin, einer Brauerei, ein „Rückkaufsrecht" eingeräumt hatte[5]. Die Parteien hatten dieses „Rückkaufsrecht" folgendermaßen umschrieben: „Die Käuferin verpflichtet sich, falls sie in den ersten 25 Jahren nach Abschluß dieses Vertrages aus irgendwelchem Grund das Kaufobjekt weiterverkaufen will, dieses der Brauerei anzubieten und zwar zu einem Preis, welcher sich zusammensetzt aus dem jetzigen Kaufpreis und den Selbstkosten für Aufwendungen, die eine Mehrbewertung des Grundstücks darstellen". Das Reichsgericht stellte

[4] RG HRR 1933, 913.

[5] RG 154, 355.

zunächst fest, daß das ausbedungene „Rückkaufsrecht" sich den Vorschriften des Bürgerlichen Gesetzbuches über das Vorkaufs- und Wiederkaufsrecht nicht unterordnen lasse. Das Vorkaufsrecht werde nur durch einen fertigen Kaufvertrag zwischen dem Verpflichteten und einem Dritten ausgelöst und lasse durch einseitige Erklärung des Berechtigten den Kauf zwischen ihm und dem Verpflichteten zustande kommen. Das Wiederkaufsrecht sei in letzterer Beziehung ebenso geregelt wie das Vorkaufsrecht; doch setze seine Ausübung weder einen zwischen dem Verpflichteten und einem Dritten geschlossenen Kaufvertrag noch auch nur die Absicht des Verpflichteten voraus, sich auf Grund eines Verkaufs der Sache wieder zu entäußern. Hier hätten die Parteien kraft bestehender Vertragsfreiheit ihre schuldrechtlichen Beziehungen anders bestimmt: Die Brauerei sollte, wenn die Genossenschaft verkaufen wollte, ein *Recht auf ein Kaufangebot* unter bestimmten Bedingungen haben und durch dessen Annahme einen Kaufvertrag zustande bringen können.

Diese Urteile des Reichsgerichts lassen sich in folgenden *Thesen* zusammenfassen:

1. Der Vorrechtsvertrag verpflichtet den Vorrechtsgeber zur Abgabe eines Angebots.
2. Das Angebot muß abgegeben werden, ehe ein Vertrag über den gleichen Gegenstand mit einem Dritten geschlossen wird.
3. Solange der Vorrechtsgeber keinen Vertrag mit einem Dritten schließen will, ist er auch zur Abgabe eines Angebots nicht verpflichtet.
4. Dem Vorberechtigten steht die Annahme des Angebots frei.

Aus diesen Thesen ergibt sich folgende juristische Konstruktion: Der Vorrechtsvertrag verpflichtet einen Partner zur Abgabe eines Angebots: Er ist also ein einseitig verpflichtender Vorvertrag. Die Verpflichtung zur Abgabe des Angebots besteht nur für den Fall einer bestimmten Handlung oder Willenserklärung des Vorrechtsgebers. Sie steht also unter einer Potestativbedingung. Der Vorrechtsvertrag ist folglich ein *potestativ bedingter einseitig verpflichtender Vorvertrag*[6].

[6] Von einem bedingten Vorvertrag sprechen auch Oertmann, BGB § 504 Bem. 6; Nipperdey 301 und Larenz II 101; Röser, Ankaufsrecht, Vorhand, Einlösungsrecht und Option (Diss. Bonn 1938) 18 f., bezeichnet die Vorhand zwar als bedingtes Ankaufsrecht, stimmt aber trotzdem mit der hier vertretenen Auffassung überein, weil er das Ankaufsrecht als einseitig verpflichtenden Vorvertrag qualifiziert. Von dem Vorrechtsvertrag als von einem doppelt bedingten definitiven Vertrag zu sprechen, wie es manche wollen (s. z. B. Hense, DNotZ 1951, 130 f.), halte ich für recht gekünstelt und den Absichten der Parteien wenig Rechnung tragend. Zum ausländischen Recht s. oben § 3 N. 79 bis 81; § 4 N. 82 bis 90; § 5 N. 44.

II. Der Vorrechtsvertrag als Verpflichtung zur Annahme eines Angebots

Der Vorrechtsvertrag enthält meist eine Anbietungspflicht. Von dieser Pflicht ist aber in den Vorrechtsverträgen nicht immer die Rede. In solchen Fällen ist es eine Frage der Auslegung, ob die Parteien in dem Vorrechtsvertrag eine Verpflichtung zur Abgabe eines Angebots begründen wollten oder nicht. Nicht selten wird der Vorrechtsvertrag statt oder neben der Verpflichtung zur Abgabe eines Angebots die Verpflichtung zur Annahme eines Angebots enthalten.

In einem Urteil des Reichsgerichts vom 4. 5. 1908[7] ging es um die Auslegung folgender Vertragsklauseln: „Löst der Vermieter durch Kündigung den Vertrag ... auf und bietet erweislich ein Dritter einen höheren Mietpreis, als er in diesem Vertrag verabredet ist, so hat die Mieterin ein Mietsvorrecht bezüglich dieser neuen Offerte, welches Recht sie bei Vermeidung des Ausschlusses innerhalb 10 Tagen nach der zu begründenden Bekanntgabe des besseren Angebots auszuüben hat". Das Reichsgericht entschied, der Mieterin werde in dem Vertrag nur das Recht gegeben, über den Inhalt eines von einem Dritten gemachten Angebotes Mitteilung zu erhalten. Sie müsse sich dann innerhalb von 10 Tagen entscheiden, ob sie von ihrem Vorrecht Gebrauch machen wolle. Die Mieterin sei also berechtigt, das von dem Dritten gemachte Angebot zu dem ihrigen zu machen, und der Vermieter sei *verpflichtet*, ein solches Angebot der Mieterin *anzunehmen*.

Von einer solchen Ausgestaltung des Vorrechtsvertrages wird man oft in den Fällen ausgehen können, in denen die Parteien sich nicht ausdrücklich zur Abgabe eines Angebots, sondern nur zur Mitteilung der Vertragsangebote, die von dritter Seite gemacht werden, verpflichtet haben. Man denke etwa an eine Vertragsklausel wie die folgende: „Bei Ablauf des Vertrags darf der Verlag das Recht der alleinigen Inseratenannahme erst dann an eine andere Firma vergeben, wenn die X-Gesellschaft die Übernahme der Inseratenannahme unter den von den anderen Bewerbern angebotenen Bedingungen ablehnt oder sich innerhalb 8 Tagen nach ihr zugegangener Mitteilung dieser Bedingungen zur Übernahme nicht bereiterklärt hat"[8].

Vertragsklauseln wie diese haben für den Vorrechtsgeber folgenden *Vorteil:* Macht er dem Vorberechtigten ein Angebot, so ist er an dieses Angebot gebunden, wenn er die Gebundenheit nicht ausdrücklich ausgeschlossen hat. *Eine bloße Mitteilung bindet ihn nicht.* Erhält er darum nach Ab-

[7] OLG 17, 26 Anm. 1; s. auch Röser (N. 6) 19.

[8] S. RG JW 1930, 3766.

sendung der Mitteilung ein noch günstigeres Angebot von einem Dritten, so kann er das Angebot des Vorberechtigten mit der Mitteilung des günstigeren Angebots beantworten; denn zur Annahme des Angebots des Vorberechtigten ist er – wenn überhaupt – nur verpflichtet, wenn ihm von dritter Seite kein günstigeres Angebot gemacht worden ist.

Auch ein Vorrechtsvertrag unter solchen Bedingungen ist ein potestativ bedingter einseitig verpflichtender Vorvertrag.

III. Der Vorrechtsvertrag als Verpflichtung, nicht vor Äußerung des Vorberechtigten mit einem Dritten zu kontrahieren

Die lockerste Form des Vorrechtsvertrages ist die Verpflichtung, nicht vor Äußerung des Vorberechtigten mit einem Dritten zu kontrahieren. Diese Verpflichtung ist stets auch Bestandteil der Vorrechtsverträge, die als Verpflichtung zur Abgabe oder zur Annahme eines Angebots ausgestaltet sind. Sie kann aber auch allein auftreten. Die Besonderheit eines solchen Vorrechtsvertrages liegt darin, daß der Vorrechtsgeber hier *weder zur Abgabe eines Angebots, noch zur Annahme eines Angebots verpflichtet wird.* Seine einzige Verpflichtung besteht darin, dem Vorberechtigten zu gegebener Zeit seine Veräußerungsabsicht mitzuteilen, sei es unter Mitteilung von Angeboten Dritter, sei es ohne eine solche Mitteilung. Gibt der Vorberechtigte daraufhin ein Angebot ab, so kann der Vorrechtsgeber dieses Angebot annehmen, er kann es aber auch ablehnen. Lehnt er das Angebot ab, so tritt der gleiche Rechtszustand ein, wie er vor der Mitteilung bestand. Der Vorrechtsvertrag bindet die Parteien nach wie vor. Der Vorrechtsgeber darf darum *nicht über den Gegenstand des Vorrechtsvertrages verfügen, ohne zuvor dem Vorberechtigten die Gelegenheit zum Vertragsschluß gegeben zu haben.*

Vorrechtsverträge dieser Art sind dem Vorrechtsgeber nützlich, der den Gegenstand des Vorrechtsvertrages einem Freund und nur diesem verkaufen will. Handelt es sich um einen potestativ bedingten Vorvertrag, dann ist er bei Eintritt der Bedingung (also in der Regel dann, wenn er seine ernstliche Veräußerungsabsicht erklärt) verpflichtet, mit dem Vorberechtigten zu kontrahieren, wenn dieser es verlangt. Ist ihm in dem Vorrechtsvertrag aber nur die Veräußerung an einen Dritten untersagt, ohne vorher dem Vorberechtigten Gelegenheit zum Erwerb gegeben zu haben, dann wird er durch die Mitteilung weder zur Abgabe noch zur Annahme eines Angebots verpflichtet. Der Vorberechtigte hat in diesem Fall keinen Anspruch auf Abschluß eines Vertrages. Er hat lediglich einen *Unterlas-*

sungsanspruch. Einen Vorvertrag dieser Art kann man darum nicht als potestativ bedingten Vorvertrag ansehen[9]. Er gibt dem Vorberechtigten nicht einen (potestativ bedingten) Anspruch auf ein Tun, sondern einen Anspruch auf ein Unterlassen.

Die Vorrechtsverträge dieser Spezies von den erstgenannten Vorrechtsvertragsformen zu unterscheiden, wird oft schwierig sein. Die Schwierigkeit rührt daher, daß die von den Parteien gebrauchten Wendungen nicht ohne weiteres im Sinne ihrer juristischen Bedeutung verstanden werden dürfen. Häufig wird von den Parteien eine „Anbietungspflicht“ vereinbart sein, ohne daß die Parteien damit den Vorrechtsgeber zur Abgabe eines Angebots verpflichten wollten. Die Auslegung des Vertrages kann durchaus ergeben, daß der Vorrechtsgeber seine „Anbietungspflicht“ auch dann erfüllt, wenn er den Vorberechtigten zur Abgabe eines Angebots auffordert. Ebenso ist es eine Tatfrage, ob in einem solchen Fall der Vorrechtsgeber zum Abschluß eines Vertrages gezwungen werden kann, wenn der Vorberechtigte ihm ein billiges oder angemessenes Angebot macht.

Vorrechtsverträge dieser Art haben gegenüber den zuerst erörterten Vorrechtsverträgen gewichtige *Vorteile*. Der Vorrechtsgeber ist freier gestellt. Er braucht nicht zu fürchten, daß jede Verhandlung mit einem Kaufinteressenten vom Vorberechtigten als Vorrechtsfall qualifiziert wird und er daraufhin verpflichtet wird, mit dem Vorberechtigten zu kontrahieren. Er kann in Ruhe den Markt sondieren und das beste Angebot ermitteln. Diese Umstände lassen darauf schließen, daß der Vorberechtigte diese Vertragsart eher wählen wird als diejenige des potestativ bedingten Vorvertrags. Daß Rechtsprechung und Literatur sich dazu fast völlig ausschweigen, hängt damit zusammen, daß sie bei der Qualifikation des Vorrechtsvertrages zu sehr von den bekannten Rechtsfiguren des Vorvertrags und des Vorkaufsrechts ausgehen. Nur das erklärt, warum im Zusammenhang mit den Vorrechtsverträgen stets von der durch den Vorrechtsfall bedingten Pflicht zum Vertragsabschluß gesprochen wird. In dieser Betrachtungsweise ist aber neuerdings ein Wandel eingetreten. In der wichtigen Entscheidung des Bundesgerichtshofs vom 14. 12. 1956[10] sind die potestativ bedingten Vorverträge zur Ausnahme, die Vorrechtsverträge, die nicht zum Vertragsschluß verpflichten, zur Regel erklärt worden. Bei dieser Entscheidung ging es u. a. um die Bedeutung folgender

---

[9] S. dazu insbesondere LEHNER, Die rechtliche Struktur und die Hauptarten der aktienrechtlichen Vorkaufsrechte, SJZ 1954, 73 ff., 80, der hier von einem „abgeschwächten Vorhandverhältnis“ spricht.

[10] BGH 22, 347.

Klauseln eines Verlagsvertrages: „Es ist zwischen den Vertragsschließenden vereinbart, daß Herr L. neue Manuskripte zunächst dem St. Verlag anbietet." Der Bundesgerichtshof führte dazu aus, das durch solche Verträge begründete Vorrecht des Verlegers habe nur die Bedeutung, daß der Verfasser verpflichtet werde, ein künftiges Werk zuerst dem Verleger zur Inverlagnahme anzubieten. Der Verfasser genüge bei solcher Vertragslage seiner Anbietungspflicht auch dann, wenn er nicht zugleich die Bedingungen nenne, zu denen er zum Abschluß eines Verlagsvertrages bereit wäre, sondern insoweit das Angebot des Verlegers abwarte. Seien dem Verfasser die vom Verleger gebotenen Bedingungen nicht genehm, so sei er zu dem Abschluß eines Verlagsvertrages *in der Regel nicht gezwungen.* Er dürfe aber das Werk nur dann einem anderen Verlag zur Vervielfältigung und Verbreitung überlassen, wenn dieser ihm günstigere Vertragsbedingungen als der bevorrechtigte Verleger einräume[11].

Diese Entscheidung, die für unser Problem nicht überschätzt werden kann, hat zwar keinen neuen Vorrechtsvertragstyp geschaffen, sie hat aber eine Betrachtungsweise korrigiert, die unter dem Einfluß doktrinärer Gedankengänge dem wahren Willen der Parteien zu wenig Rechnung trug. Ob dem Bundesgerichtshof dieser Auffassungswandel bewußt gewesen ist, mag dahinstehen. Jedenfalls hat er ihn vollzogen.

Zusammenfassend ergibt sich:

1. Der *Regelfall* des Vorrechtsvertrages ist die *Verpflichtung, nicht mit einem Dritten einen bestimmten Vertrag zu schließen,* wenn der Vorberechtigte bereit ist, zu denselben Bedingungen, die der Dritte bietet, zu kontrahieren.
2. Der Vorrechtsgeber ist in diesem Fall weder bedingt noch unbedingt verpflichtet, den Vertrag mit dem Vorberechtigten abzuschließen, selbst wenn dieser ihm die gleichen Bedingungen wie der Dritte bietet. Seine Pflicht richtet sich nicht auf Abschluß eines Vertrages, sondern auf *Unterlassung eines Vertragsschlusses.*
3. Die Parteien können für den Fall, daß der Vorberechtigte den Gegenstand des Vorrechtsvertrages veräußern will, eine *Pflicht zum Vertragsabschluß vereinbaren.* Wann diese Pflicht entsteht, ergibt sich aus der konkreten Parteivereinbarung. Meist wird dies der ausdrücklich oder konkludent erklärte Wille sein, einen Vertrag schließen zu wollen. Vorrechtsverträge dieser Art werden meist dann anzunehmen sein, wenn die Parteien die Bedingungen des künftigen Vertrages nicht von den An-

[11] AaO 349.

geboten Dritter abhängig machten, sondern bereits im Vorvertrag festlegten, wohl auch dann, wenn das Vorrecht nicht für einen Veräußerungsfall, sondern für einen Erwerbsfall eingeräumt wurde.

4. Aus der Pflicht zum Vertragsabschluß kann sowohl eine Pflicht zur Abgabe eines Angebots als auch eine Pflicht zur Annahme eines Angebots folgen. In beiden Fällen handelt es sich bei dem Vorrechtsvertrag um einen ***potestativ bedingten Vorvertrag.***

IV. Abgrenzungsfragen

Die Grenze zwischen Vorrechtsvertrag und ähnlichen Rechtsinstituten ist oft schwer zu ziehen. Den Unterschied zum Vorkaufsrecht hat das Reichsgericht klar herausgearbeitet [12]. Die Stellung des Vorrechtsvertrages zum Vorvertrag ist im letzten Abschnitt bereits dargelegt worden. Es bleibt aber noch die Abgrenzung zum *Optionsvertrag*. Zur Illustrierung des Unterschiedes diene folgendes Beispiel einer verlagsrechtlichen „Optionsklausel".

„Herr X beabsichtigt, eine Expedition in das Land Y zu unternehmen und die Ergebnisse dieser Expedition in einem Bericht von ca. 200 Schreibmaschinenseiten zusammenzufassen. Der Verlag zahlt für diese Expedition einen Zuschuß in Höhe von 2000 DM. Dafür verpflichtet sich Herr X, den Expeditionsbericht nicht später als 3 Monate nach Beendigung der Expedition dem Verlag einzusenden. Der Verlag wird innerhalb einer Frist von 14 Tagen darüber entscheiden, ob er den Bericht verlegen wird oder nicht. Entschließt er sich, den Bericht zu verlegen, so gelten die folgenden Bedingungen ...".

Dieser Vertrag hat auf den ersten Blick viel Ähnlichkeit mit einem Vorrechtsvertrag. Bei näherer Betrachtung zeigen sich jedoch wesentliche Besonderheiten. X ist unbedingt zur Einsendung des Berichts verpflichtet. Ob die Einsendung des Berichts ein Angebot darstellt, ist fraglich. Nach dem Sachverhalt liegt es näher, das Angebot bereits in dem Vertrag zu sehen. Die Verpflichtung zur Einsendung des Manuskripts kann ohne Mühe in ein Angebot zum Abschluß eines Verlagsvertrages umgedeutet werden. An dieses Angebot sollte X bis zu einem bestimmten Zeitpunkt, nämlich bis zum Ablauf von 14 Tagen nach Eingang des Manuskripts, gebunden sein. Der Entscheid über die Inverlagnahme wäre dann die Annahme des Angebots [13]. Auch die Parallele zum Kauf auf Probe liegt

---

[12] S. oben N. 3.

[13] So möchte PINZGER, GRUR 1930, 589, anscheinend alle verlagsrechtlichen „Optionsverträge" qualifizieren.

nahe. X „verkauft" dem Verlag ein Manuskript, dessen Inhalt und Umfang genau umschrieben sind, unter der „Bedingung", daß es dem Verlag gefällt. Diese beiden Möglichkeiten der Deutung des Vertrages haben den gleichen Namen: Es sind nichts anderes als *Optionsverträge*.

Versucht man, an diesem Musterfall die Unterschiede von Vorrechtsvertrag und Optionsvertrag zu demonstrieren, so ergibt sich:

1. Bei einem Optionsvertrag kommt der angebotene Vertrag durch eine einseitige Erklärung des Optionsberechtigten zustande. Einer nochmaligen rechtsgeschäftlichen Erklärung des Optionsgebers bedarf es nicht. Bei einem Vorrechtsvertrag muß dagegen der Vorrechtsgeber noch eine rechtsgeschäftliche Erklärung (Angebot oder Annahme) abgeben.
2. Ob die Einsendung eines Manuskripts an einen Verlag ein Angebot bedeutet, ist Tatfrage. War der Verfasser zur Einsendung (unbedingt) verpflichtet, so stellt sich die Einsendung regelmäßig nicht als Angebot (oder Aufforderung zur Abgabe eines Angebots) dar. Der Verlagsvertrag pflegt in solchen Fällen von den Parteien schon vor der Einsendung des Manuskripts geschlossen worden zu sein. Hatte sich der Verleger in dem Vertrag die Entschließungsfreiheit vorbehalten, so wird man in der Regel von einem Optionsvertrag sprechen können[14]. War der Verfasser dagegen zur Einsendung des Manuskripts nicht (unbedingt) verpflichtet, sondern nur gehalten, es dem Verlag vor Abschluß eines Verlagsvertrages mit einem anderen Verlag anzubieten, dann enthält die Einsendung des Manuskripts in der Regel ein Angebot oder die Aufforderung zur Abgabe eines Angebots. Der Verlagsvertrag kommt zustande, wenn der Verleger das Angebot des Verfassers oder der Verfasser das Angebot des Verlegers annimmt. Ob im ersteren Fall der Verleger noch einen *besonderen* Verlagsvertrag mit dem Verfasser schließt, spielt keine Rolle[15].
3. Als Vorrechtsvertrag und nicht als Optionsvertrag wird man auch die Vereinbarung qualifizieren müssen, in der ein Grundstückseigentümer

---

[14] Daß sich der Verleger die Entschließungsfreiheit vorbehalten wollte, ist im Zweifel immer dann anzunehmen, wenn nach dem Vorrechtsvertrag der Verfasser verpflichtet ist, alle druckreifen Manuskripte *zuerst* dem Verleger anzubieten. Eine im gleichen Vertrag vorgesehene Verpflichtung des Verlages, die Manuskripte innerhalb von 4 Wochen nach der Einsendung in Druck zu geben, führt erst dann eine Bindung des Verlages herbei, wenn er das angebotene Werk angenommen hat: HILLIG, Gutachten über urheberrechtliche, verlagsrechtliche und verlegerische Fragen, Bd. 2 (1934) 202.

[15] A. A. anscheinend RINTELEN, Urheberrecht und Urhebervertragsrecht nach österreichischem, deutschem und schweizerischem Recht (1958) 277.

jemandem für den Fall, daß er sich entschließen sollte, sein Grundstück zu veräußern, ein *„Ankaufsrecht“* einräumt. Die Voraussetzungen, unter denen dieses „Ankaufsrecht“ ausgeübt werden kann (freier Entschluß zur Veräußerung), und die Pflichten, die sich aus einem solchen Vertrag für den Grundstückseigentümer ergeben (Mitteilungspflicht!), sind die gleichen wie die Voraussetzungen und die Wirkungen eines Vorrechtsvertrages. Hier von einem Angebot zu sprechen, das nur angenommen zu werden braucht[16], scheint mir eine gekünstelte Konstruktion zu sein, die sich zu sehr an den Begriff des „Ankaufsrechts“ klammert. Brauchbarer und den Intentionen der Parteien entsprechender dürfte es sein, hier einen Vorrechtsvertrag anzunehmen.

§ 22: GÜLTIGKEITSVORAUSSETZUNGEN DES VORRECHTSVERTRAGES

I. Zustandekommen

1. Wie jeder Vertrag kommt auch der Vorrechtsvertrag durch Angebot und Annahme zustande. Geht das Angebot vom Vorrechtsgeber aus, so kann es zweifelhaft sein, ob der Vorberechtigte die *Annahme ausdrücklich erklären muß*. Gemäß § 151 BGB braucht die Annahme dem Antragenden gegenüber nicht erklärt zu werden, wenn eine solche Erklärung nach der Verkehrssitte nicht zu erwarten ist oder der Antragende auf sie verzichtet hat. Man sagt, eine Annahme sei nach der Verkehrssitte nicht zu erwarten bei Angeboten, die dem Antragsempfänger günstig sind[1].

Im *italienischen* Recht wird die Frage nicht nur der Erklärungsbedürftigkeit der Annahme, sondern der Annahmebedürftigkeit überhaupt danach entschieden, ob es sich um einen zweiseitig verpflichtenden oder um einen einseitig verpflichtenden Vertrag (contratto con obbligazioni del solo proponente) handelt. Im letzteren Fall ist eine Annahmeerklärung nicht erforderlich. Das Angebot ist von dem Zeitpunkt an, zu dem es zur Kenntnis des Antragsgegners gelangt ist, unwiderruflich. Wird der Vertragsschluß nicht innerhalb angemessener Zeit abgelehnt, so gilt der Vertrag als geschlossen (Art. 1333 c. c.).

Rechtsprechung und Doktrin haben sich nun mit der Frage beschäftigt, ob ein Vorrechtsvertrag zu den einseitig verpflichtenden Verträgen zähle. TAMBURRINO hat diese Frage bejaht und zwar auch für den Fall, daß der Vorberechtigte dem Vorrechtsgeber eine Gegenleistung für die Vorrechtsgewährung zahlen soll oder

[16] So aber anscheinend BayObLG 1955, 48, 52.

[1] v. GODIN in: RGRKomm. z. HGB § 361 Anhang Anm. 68; SOERGEL-SIEBERT (-MEZGER) § 151 Bem. 14.

gezahlt hat[2]. Aber kann man wirklich sagen, ein Angebot: „Ich bin bereit, Ihnen das Vorrecht einzuräumen, wenn Sie mir dafür eine Gegenleistung in Höhe von ... zahlen", könne durch Stillschweigen akzeptiert werden? Das wird man verneinen müssen. Richtig ist darum die Formulierung des Kassationshofs, ein Vorrechtsvertrag sei einseitig verpflichtend, „qualora la prelazione sia concessa senza corrispettivo", d. h. falls das Vorrecht ohne Gegenleistung gewährt werde oder gewährt worden sei[3]. In diesem Fall wird man auch für das *deutsche* Recht annehmen dürfen, daß eine ausdrückliche Erklärung der Annahme entbehrlich ist, weil sie nach der Verkehrssitte nicht erwartet wird.

2. Wie jeder Vertrag setzt auch der Vorrechtsvertrag den ernstlichen Willen der Parteien voraus, sich zu binden. Der *Bindungswille* spielt hier sogar eine besonders große Rolle; denn die Fälle, in denen jemand aus bloßer Höflichkeit verspricht, einen anderen bei dem Verkauf einer Sache zu bevorzugen, sind nicht selten. Solche Höflichkeitsversprechen schaffen keine Rechtsbeziehungen zwischen den Parteien. Der Versprechensempfänger kann sich nicht auf einen Vorrechtsvertrag berufen[4].

Die Fälle, in denen dem versprechenden Teil der Bindungswille fehlt, sind zu unterscheiden von den Fällen, in denen der Versprechende sich zwar nicht binden will, mit dem Versprechensempfänger zu kontrahieren (oder mit einem Dritten nicht zu kontrahieren), wohl aber, diesem *„das letzte Wort" zu geben.* Hier liegt ein bindender Vertrag vor. Nur kann aus diesem Vertrag nicht auf Unterlassung des Vertragsschlusses mit einem Dritten oder – den erklärten Veräußerungswillen vorausgesetzt – auf Abschluß eines Vertrages geklagt werden. Dazu hat sich der Versprechende nicht verpflichtet. Der Versprechende ist aber verpflichtet, dem Versprechensempfänger eine letzte Unterredung vor dem Vertragsabschluß mit einem Dritten zu gewähren. Verletzt er diese Verpflichtung, so macht er sich schadensersatzpflichtig[5].

---

[2] Tamburrino 135.

[3] Cass. 15. 1. 1957, n. 79, Foro it., Rep. 1957, v. Obbl. e Contr., n. 51.

[4] Cass. 28. 1. 1955, n. 233, Giust. civ., 1955, I, 910.

[5] Wenn der Versprechensempfänger verlangt, so gestellt zu werden, wie er stehen würde, wenn der Versprechende mit ihm kontrahiert hätte, muß er allerdings nachweisen, daß er dem Versprechenden ein solches über jedes von anderer Seite ergangene Angebot hinausgehende und ihm gleichwohl noch Gewinn ermöglichende Angebot gemacht hätte, das den Versprechenden zum Abschluß mit ihm veranlaßt hätte: RG HRR 1933, 913.

II. Bestimmtheit

1. Viel gestritten worden ist über die inhaltliche Bestimmtheit der Vorrechtsverträge. Der Streit begann mit der Abhandlung PINZGERS über den verlagsrechtlichen Optionsvertrag[6]. Nach der Auffassung PINZGERS ist der verlagsrechtliche „Options"-(=Vorrechts-)Vertrag nur rechtswirksam, wenn er eine vollständige Einigung über alle wesentlichen Punkte enthält, wenn er die Einzelheiten des künftigen Vertrages derart erschöpfend angibt, daß sie „mindestens unter Anwendung des § 315 BGB" im Streitfall richterlich festgestellt werden können. Dazu – meint PINZGER – sei im allgemeinen eine genaue Festlegung zunächst des Vertragsgegenstandes, dann aber auch der Höhe der Auflage, der Art der Berechnung und der Höhe des Honorars erforderlich und genügend. Dieser Auffassung sind andere entgegengetreten. Sie sagen, die „Optionsvereinbarung" (der Vorrechtsvertrag) sei ihrer Rechtsnatur nach auch dann wirksam, wenn sie keine Bestimmungen darüber enthalte, zu welchen Bedingungen ein etwaiger künftiger Verlagsvertrag abzuschließen sei. Es genüge, wenn sich der Verfasser verpflichte, „Werke bestimmter Art" oder eines „bestimmten Fachgebietes" dem Verleger anzubieten[7].

Für den Vorrechtsvertrag im Bereich des Kaufrechts verlangt man in *Frankreich* und *Italien* regelmäßig Bestimmbarkeit des Gegenstandes und des Preises. Zur Bestimmbarkeit des Preises läßt man freilich die Verweisung auf das Angebot eines Dritten oder das Höchstgebot von mehreren Angeboten genügen[8]. Bestimmbar ist der Preis auch, wenn die Parteien seine Festsetzung einem Dritten (Sachverständigen) übertragen haben oder überlassen wollen[9]. Im *italienischen* Recht gilt, wenn Angebote von dritter Seite nicht vorliegen und die Parteien sich über den Preis oder die Preisbestimmung noch nicht geeinigt haben, der Preis „normalmente praticato dal venditore" oder, wenn die Sache einen Börsen- oder Marktpreis hat, dieser (Art. 1474 c. c.). Hilft auch dies nicht weiter, so ist der Preis, wenn die Parteien sich nicht einigen können, von einem Dritten festzusetzen. Können sie sich über die Person des Dritten nicht einigen, so erfolgt die Benennung auf Antrag einer Partei durch den presidente del tribunale des Ortes, an dem der Vorrechtsvertrag geschlossen wurde (Art. 1474 Abs. 3 i. Verb. mit Art. 1473 Abs. 2 c. c.)[10].

---

[6] GRUR 1930, 589 ff.

[7] So insbes. BAPPERT-WAGNER 156; ähnlich HOFFMANN, Ufita 1933, 215, 224.

[8] PLANIOL-RIPERT(-HAMEL) X 217; MALAURIE, D. Rép. Dr. civ. V 643; J.-Cl. Civil: Art. 1589, Nr. 127; RUBINO 56.

[9] VASSEUR, D. Rép. Dr. civ. IV 3; J.-Cl. Civil: Art. 1589 Nr. 127.

[10] RUBINO 57.

Aus diesen verschiedenen Äußerungen läßt sich eine Feststellung mit Sicherheit treffen: Der *Gegenstand* des Vorrechtsvertrages muß *bestimmt* oder *bestimmbar* sein. Das ist bei einem Vorrechtsvertrag im Bereich des Kaufrechts der Kaufgegenstand, bei einem Vorrechtsvertrag im Bereich des Verlagsrechts das Werk des Schriftstellers, das verlegt werden soll. Die Anforderungen an die Bestimmbarkeit sind geringer als im Bereich des Vorvertrags[11]. Das hängt damit zusammen, daß bei dem Vorrechtsvertrag der Vertragsentschluß in das Belieben des Vorrechtsgebers gestellt ist und darum auch die Auswahl oder die genaue Bezeichnung des Gegenstandes in vielen Fällen seiner Willkür überlassen bleibt. Man denke beispielsweise an einen Vorrechtsvertrag zwischen dem Eigentümer verschiedener Grundstücke an einem See und einem Kaufinteressenten. In dem Vertrag verspricht der Grundstückseigentümer für den Fall, daß er sich zu dem Verkauf eines der Seegrundstücke entschließen sollte, dem Interessenten den Vorzug vor anderen Bewerbern zu geben. Der Gegenstand des Vorrechtsvertrages ist bestimmbar. Es ist das von dem Eigentümer auszuwählende Seegrundstück. Im Verlagsrecht hat den Bundesgerichtshof die Frage beschäftigt, ob ein Vorrechtsvertrag über das „nächste Werk" eines Schriftstellers inhaltlich genügend bestimmt sei[12]. Der Bundesgerichtshof bejahte diese Frage[13]. Zwar dürfe der Vertragsgegenstand eines solchen Vertrages nicht völlig unbestimmt sein, meinte er, es sei aber nicht erforderlich, daß die Beschaffenheit des Werkes, das der „Option" unterliegen soll, nach Art und Zweck bereits in den Grundzügen festgelegt werde[14]. Eine genügende Bestimmtheit des Vertragsgegenstandes sei vielmehr auch dann gegeben, wenn die „Optionsabrede" sich auf das „nächste Werk" des Verfassers beziehe. Als „nächstes Werk" sei das Werk anzusehen, das der Verfasser als erstes nach der „Optionsabrede" fertigstelle und für eine Veröffentlichung geeignet erachte[15].

---

[11] Zu diesen s. oben § 10.

[12] BGH 9, 237.

[13] Insoweit übereinstimmend: PINZGER 591; BAPPERT, Zum verlagsrechtlichen Optionsvertrag, JZ 1953, 753; BAPPERT-MAUNZ, § 11 Bem. 5.

[14] Daß eine solche Festlegung für den Verleger vorteilhafter ist, zeigt das zitierte Urteil des Bundesgerichtshofs: Dem Verleger, der gern einen Gauner- oder Schelmenroman verlegen möchte, wird ein Kinderbuch angeboten! Vgl. auch BAPPERT-WAGNER 156. Vorbildlich formuliert Art. 34 Abs. 1 des französischen Gesetzes vom 11. 3. 1957 „Sur la propriété littéraire et artistique":

> „En ce qui concerne l'édition, est licite la stipulation par laquelle l'auteur s'engage à accorder un droit de préférence à un éditeur pour l'édition de ses oeuvres futures *de genres nettement déterminés*".

[15] Der Verfasser hatte nach Abschluß des Vorrechtsvertrages mit einem anderen

2. Während man sich über die Frage der Bestimmtheit oder Bestimmbarkeit des Gegenstandes des Vorrechtsvertrages durchaus einig ist, kann ein gleiches von der *Bestimmtheit* oder *Bestimmbarkeit der Gegenleistung* oder der näheren Vertragsausgestaltung nicht behauptet werden. Wenn man zu einer Lösung dieses Problems gelangen will, wird es sich empfehlen, die verschiedenen Vorrechtsvertragsarten getrennt zu untersuchen; je nachdem, ob der Vorrechtsvertrag sich als potestativ bedingter Vorvertrag darstellt oder als bloße Kombination einer Mitteilungs- und Unterlassungspflicht, sind auch die Anforderungen, die an die Bestimmbarkeit des künftigen Vertrages zu stellen sind, verschieden.

a) Was zunächst den Vorrechtsvertrag angeht, der von den Parteien als *potestativ bedingter* Vorvertrag ausgestaltet worden ist, so können hier folgende Fälle als eindeutig bestimmt bezeichnet werden:

1. Der Vorrechtsgeber hat sich verpflichtet, dem Vorberechtigten das Vorrecht zu geben, wenn dieser bereit ist, in ein *von dritter Seite gemachtes Angebot* einzutreten.
2. Die Parteien haben sich geeinigt, daß im Vorrechtsfall der Vorberechtigte um einen *bestimmten Preis* den Gegenstand erwerben kann.
3. Es wird nicht der Preis von vornherein festgelegt, wohl aber die *Art und Weise seiner Ermittlung*[16].
4. In der Vorrechtsklausel eines Verlagsvertrages wird vereinbart, daß dann, wenn der vorberechtigte Verleger sein Vorrecht ausübt, für den neu zu schließenden Verlagsvertrag die *gleichen Bedingungen* hinsichtlich der Höhe der Auflage und des Honorars gelten sollen wie für den abgeschlossenen Verlagsvertrag.

Verlag einen Verlagsvertrag über einen (noch unvollständigen) Gauner- oder Schelmenroman abgeschlossen. Aus diesem Vertragsabschluß entnahm die Berufungsinstanz, das OLG München, den Willen des Verfassers, dieses Werk als sein nächstes zur Veröffentlichung zu bringen. Der Bundesgerichtshof verwarf diese Auffassung. Aus dem Vertragsabschluß allein könne auf einen solchen Willen des Verfassers nicht geschlossen werden. Im übrigen komme es darauf nicht an. Ein Werk i. S. des Vorrechtsvertrages sei nur ein abgeschlossenes, druckfertiges Werk, nicht ein noch unvollständiges Manuskript. Ebenso RINTELEN, Urheberrecht und Urhebervertragsrecht nach österreichischem, deutschem und schweizerischem Recht (1958) 278 und ULMER 325.

[16] In dieser Art und Weise sind meist die Vorrechtsklauseln in Gesellschaftsverträgen gefaßt: „Gesellschafter, die ihre Anteile veräußern wollen, haben diese Anteile zunächst den Gesellschaftern X und Y anzubieten. Erklären sich X und Y bereit, die Anteile zu übernehmen, so haben sie dafür einen Kurs zu zahlen, der sich aus einer alsbald zu erstellenden Bilanz (oder der letzten Jahresbilanz) ergibt. Das sich aus der Bilanz ergebende Eigenkapital wird auf die Beteiligungen verteilt und ergibt so den Wert der zu übertragenden Beteiligung."

Haben die Parteien über den Umfang der Gegenleistung oder über die nähere Vertragsgestaltung keine ausdrückliche Vereinbarung getroffen, so ist zunächst zu prüfen, ob eine *stillschweigende* Abrede vorliegt. So wird man häufig annehmen können, daß die Parteien stillschweigend davon ausgehen, daß der Vorberechtigte den Preis zahlen soll, der dem Vorrechtsgeber von dritter Seite geboten wird. Das Wesen des Vorrechtsvertrages legt einen solchen Vergleich mit den Angeboten Dritter nahe. Fehlen solche Angebote, handelt es sich aber um einen markt- oder börsengängigen Gegenstand, so wird man regelmäßig den Markt- oder Börsenpreis als stillschweigend vereinbart ansehen können[17]. Maßgebend ist dabei der Markt- oder Börsenpreis, der im Erfüllungszeitpunkt gilt, also zu dem Zeitpunkt, zu dem das Angebot zu erfolgen hat (§ 453 BGB).

Fehlt eine stillschweigende Vereinbarung, so ist der Umfang der Gegenleistung *im Zweifel vom Vorrechtsgeber zu bestimmen* (§ 316 BGB): eine angemessene Lösung! Wenn der Vorrechtsgeber sich entschließt, einen Gegenstand zu veräußern, der keinen Börsen- oder Marktpreis hat, so soll es ihm grundsätzlich auch freistehen, den Preis zu nennen, den er dafür haben will. Freilich ist die Festsetzung des Preises nicht seiner Willkür überlassen; denn durch die Auslegungsregel des § 316 BGB wird der in § 315 BGB vorausgesetzte Fall geschaffen: Die Leistung wird durch einen Vertragsschließenden bestimmt. Gemäß § 315 BGB muß aber die Bestimmung im Zweifel nach billigem Ermessen getroffen werden[18].

§ 316 BGB gilt aber nur im Zweifel. Ergibt sich aus dem Gesetz oder der Verkehrssitte ein anderer Festsetzungsmodus, so gilt dieser. Haben etwa bei einem verlagsrechtlichen Vorrechtsvertrag die Parteien keine ausdrückliche Vereinbarung über das Autorenhonorar getroffen, so kann der Autor nicht bei Ausübung des Vorrechts durch den Verleger das Honorar nach billigem Ermessen bestimmen. Vielmehr gelten hier die Dispositivvorschriften des Verlagsgesetzes. Danach hat der Verleger, *wenn die Überlassung des Werkes den Umständen nach nur gegen eine Vergütung zu erwarten ist,* eine *angemessene* Vergütung zu zahlen (§ 22 VerlG). Wer die Höhe der Vergütung zu bestimmen hat, läßt das Gesetz offen. In der Praxis wird es meist so sein, daß der Verleger nach Prüfung des Werkes

---

[17] NIPPERDEY, ZBlHR 1930, 300; STAUDINGER(-WERNER) § 316 Bem. 3; WÜRDINGER in RGRKomm. z. HGB Vorbem. 28 vor § 373; PALANDT(-DANCKELMANN) § 316 Bem. 3.

[18] NIPPERDEY 300; STAUDINGER(-WERNER) § 316 Bem. 3. Siehe auch Manchester Ship Canal Company v. Manchester Racecourse Company, [1901] 2 Ch. 37, 46: Der Vorberechtigte muß die Möglichkeit haben, ein „fair and reasonable offer" abzulehnen (s. oben § 6, Text zu N. 18 und 19).

dem Autor ein Angebot unterbreitet, das der Autor mit der Begründung ablehnen kann, das vorgeschlagene Honorar sei zu niedrig. Daraufhin kann der Verleger den Autor auf Abschluß des Vertrages verklagen. Über die Angemessenheit des Honorars entscheidet sodann der Richter[19].

Die Dispositivvorschriften des Gesetzes gelten auch, wenn Leistung und Gegenleistung eines Vertrages zwar bestimmt sind, die Parteien sich aber über *andere Essentialien* des Vertrages noch nicht geeinigt haben. So wird beispielsweise in einem Vorrechtsvertrag im Bereich des Verlagsrechts selten von der Auflagenhöhe des Werkes gesprochen. Die Grundverpflichtung des Verlegers, nämlich die Verpflichtung, das Werk zu vervielfältigen und zu verbreiten (§ 1 VerlG), muß aber ebenso bestimmbar sein wie das Werk, das Gegenstand eines Verlagsvertrages werden soll. Hier greifen nun die Dispositivvorschriften des Verlagsgesetzes ein. Nach den §§ 5 Abs. 2 S. 1 und 16 VerlG ist der Verleger berechtigt und verpflichtet, im Zweifel 1000 Abzüge des Werkes herzustellen[20].

In all diesen Fällen ist demnach der Vorrechtsvertrag genügend bestimmt. Vorrechtsverträge, die wegen fehlender Bestimmtheit unwirksam sind, sind nur schwer vorstellbar. Die Rechtsprechung hat – soweit ersichtlich – bisher noch niemals einen Vorrechtsvertrag wegen mangelnder Bestimmtheit für unwirksam erklärt. Immerhin könnte man etwa an einen verlagsrechtlichen Vorrechtsvertrag denken, in dem der Autor dem Verleger ein Vorrecht an „seinen nächsten Werken" eingeräumt hat, ohne deren Zahl zu bestimmen[21]. Ein solcher Vertrag müßte wohl als unbestimmt und darum unwirksam angesehen werden.

---

[19] Voigtländer-Elster, Verlagsgesetz [3](1939) § 22 Bem. 2; Bappert-Maunz § 22 Bem. 18; wieso Pinzger 591 bei diesem klaren Wortlaut des Gesetzes einen Vorrechtsvertrag für unwirksam hält, bei dem keine Vereinbarung über die Höhe des Honorars oder über die Art seiner Berechnung getroffen ist, verstehe ich nicht. Gegen die hier vertretene Auffassung auch der Schiedsspruch des Verbands-Schiedsgerichts des deutschen Schrifttums vom 9. 10. 1929, Ufita 1930, 218, 220: Das Schiedsgericht sei nicht in der Lage, den Parteien den Abschluß des Vertrags zu „angemessenen Bedingungen" aufzunötigen. Wenn der Verfasser die Bedingungen des Verlegers nicht akzeptieren wolle, sei er grundsätzlich verpflichtet, seinerseits zu erklären, welchen Inhalt der Verlagsvertrag haben solle. Komme eine Einigung nicht zustande, so habe der Verleger keine Möglichkeit, den Autor zum Abschluß eines Verlagsvertrages zu zwingen. Ähnlich Hoffmann (N. 7) 224.

[20] Die Bestimmtheit solcher Verträge bejaht auch Hillig, Gutachten über urheberrechtliche, verlagsrechtliche und verlegerische Fragen II (1934) 117 (Nr. 73).

[21] Ist nicht von den „nächsten Werken", sondern von „neuen Manuskripten" die Rede, dann ist der Vertrag nicht unbestimmt. „Neue Manuskripte" bedeutet: „*alle* neuen Manuskripte". Allerdings werden solche Verträge meist sittenwidrig sein: BGH 22, 347.

b) Alle diese Ausführungen gelten nur für diejenigen Vorrechtsverträge, die von den Parteien als potestativ bedingte Vorverträge ausgestaltet worden sind. Wie oben bereits gezeigt worden ist, sind aber Vorrechtsverträge in der Regel *nicht* potestativ bedingte Vorverträge. Sie sind es dann nicht, wenn sie weder zur Abgabe noch zur Annahme eines Angebots – unter der Bedingung der Veräußerungswilligkeit – verpflichten, sondern nur dazu, den Gegenstand des Vorrechtsvertrages nicht an einen Dritten zu veräußern, wenn der Vorberechtigte bereit ist, den Gegenstand zu denselben Bedingungen zu erwerben, die der Dritte geboten hat [22].

Ist der Vorrechtsgeber weder bedingt noch unbedingt zum Abschluß eines Vertrages verpflichtet, so besteht kein Anlaß, die Bestimmbarkeit des künftigen Vertrages zu fordern. Hier genügt es, wenn der Gegenstand des Vorrechtsvertrages bestimmt oder bestimmbar ist. Macht der Vorrechtsgeber ein Angebot, so braucht der Vorberechtigte dieses Angebot nicht, wenn sie weder zur Abgabe noch zur Annahme eines Angebots einverstanden ist. Das gleiche gilt, wenn der Vorberechtigte auf Aufforderung des Vorrechtsgebers ein Angebot macht, das diesem nicht paßt. Der Vorberechtigte ist nur gehindert, mit einem Dritten zu kontrahieren zu Bedingungen, die der Vorberechtigte zu akzeptieren bereit ist [23].

III. Sittenwidrigkeit

Vorverträge und Optionsverträge sind in aller Regel auf einen einmaligen Vertragsschluß gerichtet. Vorrechtsverträge räumen dagegen dem Vorberechtigten häufig das Vorrecht für wiederholte Gelegenheiten ein. Man denke an den Fall, daß eine Wohnungsbaugesellschaft sich ein Vorrecht an allen Grundstücken eines Bauern einräumen läßt, der am Rande einer Großstadt seinen Hof bewirtschaftet. Nicht selten ist die Einräumung eines Vorrechts für verschiedene Fälle auch im Bereich des Verlagsrechts. Viele Verlagsverträge verpflichten den Autor, weitere Werke zunächst dem Verlag anzubieten. Hier ist nun bald die Frage nach der Vereinbarkeit solcher Verträge mit den guten Sitten aufgetaucht.

Die Verleger ließen sich nämlich in vielen Fällen ein Vorrecht an *allen künftigen Werken* des Autors einräumen, dessen Erstlingswerk sie verlegten. Die Autoren fühlten sich dadurch ihrer wirtschaftlichen Freiheit beraubt und klagten auf Feststellung der Nichtigkeit dieser Klauseln. In einer grundlegenden Entscheidung lehnte das Reichsgericht aber eine

---

[22] S. oben § 21 III.

[23] S. BGH 22, 347, 349.

solche Klage ab[24]. Es argumentierte folgendermaßen: Es könne nichts Unsittliches darin gefunden werden, wenn ein Autor (Schriftsteller, Komponist), der seine Werke einem Verleger gegen Entgelt in Verlag gibt, dabei die Verpflichtung übernimmt, seine etwaigen künftigen Werke jeweils zuerst diesem Verleger anzubieten. Es dürfe lediglich durch einen solchen Vertrag weder die freie Schaffenskraft des Urhebers beeinträchtigt, noch die Konkurrenz anderer Verlage ausgeschaltet werden. Beides sei bei einer Vorrechtseinräumung „auf ewige Zeiten" nicht der Fall. Dem Autor stehe es frei, sich um einen solchen Wettbewerb zu bemühen. Dem Verleger müsse er nur den Vorzug geben, wenn dieser ihm die gleichen Vorteile biete wie ein etwaiger Mitbewerber. Im übrigen sei es selbstverständlich, daß ein solcher Vertrag keineswegs für die ganze ursprünglich ins Auge gefaßte Zeitdauer eingehalten werden müsse. Es liege vielmehr in der Natur derartiger Verhältnisse, daß sie aus wichtigem Grund aufgelöst werden könnten, wenn ihre Fortsetzung den Beteiligten nicht mehr zugemutet werden könne.

Dieser Auffassung des Reichsgerichts schloß sich das Schrifttum zunächst an[25]. Bald versuchte man jedoch, die Thesen des Reichsgerichts einzuschränken. Pinzger meinte, daß bei langfristigen Verträgen unbegrenzten Inhalts (alle künftigen Werke oder Romane!) der *Zeitablauf* allein schon einen *wichtigen Grund zur Kündigung* für spätere Werke abgeben könne[26]. Eine Anordnung des Präsidenten der Reichsschrifttumskammer vom 3.6.1935 bestimmte für Verlagsverträge über schöngeistige Literatur: „Durch den Verlagsvertrag kann der Verleger den Verfasser verpflichten, höchstens die nächsten 5 Werke oder höchstens die Produktion der nächsten 3 Jahre zuerst dem Verleger anzubieten (Optionsrecht). Dem Optionsrecht muß eine *Gegenleistung* des Verlegers gegenüberstehen. Diese kann bestehen:

a) in der Einführung eines Erstlingswerks des Verfassers,
b) in einer Vorauszahlung auf künftige Werke,
c) im Erwerb des Vorkaufsrechts gegen eine gesondert festzusetzende Summe."

[24] RG 79, 156.

[25] Riezler in Ehrenbergs Hdb. V, 2 (1915) 66; ders., Zum Verlagsvertrag im deutschen Recht, in: Deutsche Landesreferate zum II. Internationalen Kongreß für Rechtsvergleichung im Haag 1937, Sonderheft der Zeitschrift für ausländisches und internationales Privatrecht (1937) 254, 257. Für die Schweiz vgl. Becker, Art. 380 OR Bem. 9; Oser-Schönenberger, Art. 380 OR Bem. 13: Eine Dauerbindung ist grundsätzlich zulässig, die Anrufung von Art. 27 ZGB und Art. 20 OR bleibt – bei einer übermäßigen Beschränkung der persönlichen Freiheit – vorbehalten.

[26] Pinzger 595.

Unter Berufung auf diese Anordnung und auf die zitierte Entscheidung des Reichsgerichts erklärte das Landgericht München in einem Urteil vom 5. 1. 1951[27] einen „Options"-Vertrag für nichtig, der außer dem eigentlichen „Options"-Vertrag noch einen „Optionsvorvertrag" über weitere fünf Werke des Autors enthielt und diesen band, ohne ihm eine Gegenleistung zu gewähren. Das Honorar sollte für alle Werke das gleiche sein. Der Hinweis auf bessere Angebote anderer Verleger war dem Autor also versagt. Der Vertrag entsprach somit weder der genannten Anordnung des Präsidenten der Reichsschrifttumskammer, die das Gericht als teilweise Kodifikation der Anforderungen der guten Sitten bezeichnete, noch den Anforderungen des Reichsgerichts.

Am 2. März 1951 schlossen der Hochschulverband und der Börsenverein deutscher Verleger- und Buchhändlerverbände e. V. einen Vertrag, in dem sie die Aufnahme von Bestimmungen darüber, daß der Verfasser für alle seine künftigen Werke an den Verleger gebunden sein soll, in einen Verlagsvertrag als mit ihrer Auffassung nicht vereinbar erklärten[27a].

Vorrechtsverträge im eigentlichen Sinn, also Verträge, die den Autor nur daran hindern, mit einem dritten Verleger abzuschließen, wenn der vorberechtigte Verleger bereit ist, die gleichen Bedingungen, wie der Dritte sie bietet, zu akzeptieren, hielt man jedoch im Schrifttum noch bis in die neuere Zeit hinein für rechtswirksam, wobei man freilich empfahl, um allen Bedenken gegen die Rechtsgültigkeit zu begegnen, entweder eine „Optionspauschale" zugunsten des Verfassers zu vereinbaren oder das „Optionsrecht" zeitlich zu begrenzen[28].

Aus dieser Empfehlung machte der Bundesgerichtshof in seiner Entscheidung vom 14. 12. 1956[29] eine Verpflichtung: Er erklärte, verlagsrechtliche Vorrechtsverträge, die einen Verfasser verpflichten, künftige Werke zuerst einem bestimmten Verleger zum Abschluß eines Verlagsvertrages anzubieten, seien wegen Verstoßes gegen die guten Sitten *nichtig*, wenn sie *ohne zeitliche und gegenständliche Beschränkung* für das gesamte künftige Schaffen des Verfassers gelten sollten und der Verleger für die Einräumung des Optionsrechts *keine angemessene Gegenleistung* übernommen habe. Die Argumentation des Bundesgerichtshofs

[27] LG München GRUR 1951, 287.

[27a] Siehe BAPPERT-MAUNZ, Anhang S. 481. Ob diese Erklärung auch für bloße Vorrechtsverträge gelten sollte, wird von KLEINE JZ 1957, 303 f. bezweifelt.

[28] BAPPERT-MAUNZ § 1 Bem. 29; RUNGE, Urheber- und Verlagsrecht (1948–1953) 441.

[29] BGH 22, 347.

überzeugt: Der Verfasser kann zwar sich um einen Wettbewerb verschiedener Verlage bemühen. Er kann aber keinem Verlag eine bindende Zusage geben. Damit ist es ihm praktisch verwehrt, sich von anderen Verlagen für sein künftiges Schaffen Vorschüsse gewähren zu lassen. In diesem Punkt ist er dem Wohlwollen des vorberechtigten Verlegers ausgeliefert. Außerdem wird es ihm nur schwer gelingen, Arbeiten, die der vorberechtigte Verleger abgelehnt hat, in einem anderen Verlag erscheinen zu lassen. Denn dieser Verlag wird eine (schwächere) Arbeit nur übernehmen, wenn er damit zugleich eine reelle Chance erhält, künftige (bessere) Werke des Autors verlegen zu können. Ein Vorrecht auf die künftigen Werke kann ihm der Autor aber nicht einräumen. Schließlich kann die schriftstellerische Entfaltung des Autors zu einer Entfremdung der Vertragsparteien führen, die auch dann, wenn sie nicht so tiefgreifend ist, daß sie nach den für die Kündigung langdauernder Verträge entwickelten Rechtsgrundsätzen eine Lossagung vom Vertrag aus wichtigem Grund zu rechtfertigen vermöchte, sich lähmend auf die Schaffenskraft des Autors auswirken kann.

Vorrechtsverträge über das gesamte künftige Schaffen des Autors sind somit zumindest im Regelfall nichtig. Der Bundesgerichtshof hat sich die Möglichkeit einer anderen Entscheidung nur für die Fälle offengehalten, in denen der Verleger für die Einräumung des Vorrechts eine angemessene *Gegenleistung*, beispielsweise in Form einer „Optionspauschale", erbracht oder versprochen hat, oder in denen ganz besondere Umstände, etwa die Übernahme eines außergewöhnlichen verlegerischen Risikos, die Belastung des Autors mit dem unbegrenzten Vorrecht des Verlegers rechtfertigen[30]. In der Diskussion dieses Urteils zeigt sich eine verlegerfreundliche und eine urheberfreundliche Richtung. Teils wirft man dem Bundesgerichtshof vor, er habe in seiner Entscheidung vorwiegend auf die Interessen des Verfassers abgehoben[31], teils wird betont, der Bundesgerichtshof habe in seiner Entscheidung die Nichtigkeitsgründe nicht erschöpfend aufgezählt[32]. Die erste Auffassung macht aus der *möglichen* Ausnahme von der Sittenwidrigkeit, die der BGH andeutete, eine *regelmäßige* Ausnahme: Vorrechtsverträge über alle künftigen Werke sind rechtsgültig, wenn die Bindung des Autors durch besondere Verhältnisse

[30] BGH 22, 354; siehe auch HUBMANN, Urheber- und Verlagsrecht (1959) 182. Das italienische Recht erkennt solche Ausnahmen nicht an: È nullo il contratto che abbia per oggetto tutte le opere o categorie di opere che l'autore possa creare, senza limite di tempo (Art. 120 des Gesetzes vom 22. 4. 1941: Protezione del diritto d'autore e di altri diritti connessi al suo esercizio).

[31] BAPPERT-WAGNER 159; KLEINE 303 f. [32] ULMER 325.

(Zahlung laufender Vorschüsse oder sonstiger Beträge von erheblichem Umfang; Unterstützung von langdauernden Forschungsarbeiten usw.) gerechtfertigt oder dem Verfasser eine sogenannte „Optionspauschale“ zugestanden wird, die auch bei Ablehnung eines oder mehrerer Werke dem Verfasser bleibt[33]. Die andere Auffassung hält sogar bei zeitlich begrenzten Vorrechtsverträgen eine vorzeitige Lösung vom Vertrag für möglich: Unter Umständen könne es für den Verfasser bereits eine unzumutbare Härte bedeuten, daß er trotz Ablehnung eines Werkes, das er dem bevorrechtigten Verleger angeboten hatte, weiterhin für spätere Werke gebunden bleiben soll. Der Fortbestand der Bindung könne es ihm wesentlich erschweren oder unmöglich machen, für das abgelehnte Werk einen anderen Verleger zu finden[34].

Wie man zu diesen Fragen auch stehen mag: hier genügt zunächst die Feststellung, daß mit Sicherheit nur solche Vorrechtsverträge nichtig sind, in denen der Verfasser dem Verleger ein Vorrecht an all seinen künftigen Werken eingeräumt hat, ohne daß der Verleger ihm dafür eine „Optionspauschale“ gewährte oder ein ganz außergewöhnliches Risiko übernahm. Zeitlich oder gegenständlich begrenzte Vorrechtsverträge sind grundsätzlich wirksam. Wo die Grenze zu ziehen ist, ist eine rechtspolitische Frage: In der genannten Anordnung des Präsidenten der Reichsschrifttumskammer ist von 5 Werken oder 3 Jahren die Rede; nach den Richtlinien, die der Verband demokratischer Schriftsteller und Journalisten Österreichs zum Entwurf eines Normalvertrages herausgab, sollen Verträge über künftige Werke nur für 2 Jahre oder die nächsten 2 Werke eingegangen werden[35]; in dem zitierten Art. 34 des französischen Gesetzes vom 11. 3. 1957 heißt es in Abs. 2:

> Ce droit est limité pour chaque genre à cinq ouvrages nouveaux, à compter du jour de la signature du contrat d'édition conclu pour la première œuvre ou à la production de l'auteur réalisée dans un délai de cinq années à compter du même jour[36].

Ehe der Gesetzgeber gesprochen hat, wird man Vorrechtsverträge, die den Verfasser für eine *längere Frist* binden, nur dann für sittenwidrig

[33] Bappert-Wagner 159; Kleine aaO; Soergel-Siebert(-Hefermehl) § 138 Bem. 65.

[34] Ulmer 325.

[35] Siehe Rintelen (N. 15) 277.

[36] Bis zum Inkrafttreten dieser Bestimmung waren Vorrechtsverträge grundsätzlich unbeschränkt zulässig, auch wenn der Verfasser dem Verleger an sämtlichen zukünftigen Werken zum gleichen Preis ein Vorrecht eingeräumt hatte (oder hatte einräumen müssen): Siehe die Nachweise bei Desbois, D. Rép. Dr. civ. IV, v. Propriété littéraire et artistique, 334. Über die Gründe der Reform (Schutz des Verfassers gegen eine mögliche Ausbeutung durch den Verleger) berichtet Huguet, D. 1957, Chron. 150.

halten dürfen, wenn sie *im Ergebnis einer unbegrenzten und nicht honorierten Bindung gleichkommen* (Bindung für die nächsten 10 Werke oder für die nächsten 20 Jahre!). Ob und wie ein Verfasser sich von ihn belastenden, aber nicht sittenwidrigen Vorrechtsverträgen lösen kann, ist eine andere, später noch zu erörternde Frage.

Zeitlich oder gegenständlich begrenzte Vorrechtsverträge, in denen für die Einräumung des Vorrechts keine Gegenleistung des Verlegers vorgesehen ist, sind deswegen allein noch nicht sittenwidrig. Es müssen hier besondere Umstände hinzutreten, welche die Sittenwidrigkeit indizieren (z. B. festvereinbarte Honorare bei besonders langfristiger Bindung).

IV. Form

Nach allgemeiner Ansicht bedarf der Vorrechtsvertrag zu seiner Gültigkeit der *Form des künftigen, definitiven Vertrages.* Insbesondere soll die Einräumung eines Vorrechts an einem Grundstück nur formgültig sein, wenn sie in gerichtlicher oder notarieller Form beurkundet worden ist (§ 313 BGB)[37]. Den Grund für die Formbedürftigkeit des Vorrechtsvertrages sieht die herrschende Auffassung darin, daß der Vorrechtsvertrag den Grundstückseigentümer – wenn auch nur bedingt – zum Abschluß eines Grundstückskaufvertrages verpflichte. Nun ist aber bereits nachgewiesen worden, daß der Vorrechtsvertrag sich keineswegs immer als potestativ bedingter Vorvertrag darstellt, daß er vielmehr sogar im Regelfall kein Vorvertrag ist. Die regelmäßige Form des Vorrechtsvertrages ist die, daß der Vorrechtsgeber sich verpflichtet, den Gegenstand des Vorrechtsvertrages nicht an einen Dritten zu veräußern, wenn der Vorberechtigte bereit ist, ihn zu den gleichen Bedingungen zu erwerben, die der Dritte geboten hat. Der Vorrechtsgeber ist aber selbst dann nicht verpflichtet, die Sache an den Vorberechtigten zu veräußern, wenn dieser in die Bedingungen des Dritten eintritt. Er kann in diesem Fall immer noch erklären, auf den Vertragsschluß verzichten zu wollen. Es ist ihm dann nur untersagt, die Sache dem Dritten zu veräußern. § 313 BGB schreibt die gerichtliche oder notarielle Beurkundung aber nur für Ver-

[37] RG 169, 65, 70; OLG München HRR 1942, 346; NIPPERDEY 300; LARENZ II 102. Auch in Italien bejaht die h. M. die Formbedürftigkeit eines Vorrechtsvertrages zu einem formbedürftigen Vertrag, sei es in direkter Anwendung des Art. 1351 c. c. (Vorvertrag), sei es in analoger Anwendung dieser Vorschrift: Cass. 28. 6. 1952, n. 1921, Foro it., 1953, I, 1652; Trib. Aosta, 20. 4. 1951, Foro it., 1952, I, 144; DE MARTINI, Adempimento etc. 225; TAMBURRINO 138; a. A. App. Bologna, 30. 3. 1950, Foro pad. 1950, I, 1182 (Vorrechtsvertrag als Vertrag sui generis: Art. 1351 c. c. nicht anwendbar).

träge vor, die den Grundstückseigentümer bedingt oder unbedingt verpflichten, das Grundstück sofort oder zu einem späteren Zeitpunkt an einen anderen zu übertragen. Die Verpflichtung, ein Grundstück nicht zu verkaufen, ist nicht formbedürftig[38].

Daraus folgt, daß in den Fällen, in denen sich der Vorrechtsvertrag *nicht als (potestativ bedingter) Vorvertrag* darstellt, er auch *nicht der Form des definitiven Vertrages* unterliegt, und zwar deswegen nicht, weil er zum Abschluß dieses Vertrages nicht verpflichtet. Aber auch in den Fällen, in denen der Vorrechtsvertrag als *bedingter Vorvertrag* zu qualifizieren ist, bedarf er nicht immer der Form des künftigen Vertrages. Es gelten hier die gleichen Regeln, wie sie für die allgemeinen Vorverträge entwickelt worden sind[39]. Über die Übertragung des Formzwangs vom Hauptvertrag auf den Vor(rechts-)vertrag entscheidet der *Zweck der Formvorschrift*. Danach kann der Vorrechtsvertrag, der bedingt zum Abschluß eines formbedürftigen Vertrages verpflichtet, formlos geschlossen werden, wenn der Formzweck dadurch erreicht werden kann, daß allein der künftige Vertrag die gesetzlich vorgeschriebene Form wahrt. Das ist etwa der Fall bei Vorrechtsverträgen zu Mietverträgen oder zu Lizenzverträgen[40]. Formbedürftig sind dagegen insbesondere Vorrechtsverträge zu Grundstückskaufverträgen, soweit sie als bedingte Vorverträge ausgestaltet sind.

V. Vorrechtsklauseln in Gesellschaftsverträgen

1. Eine außerordentlich wichtige und bedeutende Rolle kommt dem Vorrechtsvertrag im Gesellschaftsrecht zu. Zahlreiche Gesellschaften haben ein großes Interesse an einer ganz bestimmten personellen Zusammensetzung der Gesellschafter, man denke nur an die Familiengesellschaften, aber z. B. auch an Gesellschaften halbpolitischen Charakters, wie etwa an Zeitungs- oder Zeitschriftenverlage. Dieses Interesse kann nur gewahrt werden, wenn es den Gesellschaftern nicht freisteht, ihre Aktien oder Geschäftsanteile an beliebige Personen zu veräußern. Nun kann zwar sowohl die Übertragung von Anteilen an einer Gesellschaft mit beschränkter Haftung als auch von Aktien von der Zustimmung der Gesellschaft abhängig gemacht werden (§§ 15 Abs. 4 GmbHG, 61 Abs. 3 AktG). Bei Aktien ist eine solche Vinkulierung freilich nur möglich,

[38] RG Gruchot 49, 619, 625; RG Warneyer Rspr. 1913, 280; BGH DB 1958, 1070; Planck(-Siber) § 313 Bem. 1 a; Staudinger(-Werner) § 313 Bem. A I 3 b β; Palandt(-Danckelmann) § 313 Bem. 2.

[39] S. oben § 11.

[40] S. oben § 11 IV 1 und Text zu N. 46.

wenn es sich um Namensaktien handelt. Die bloße Einführung eines Genehmigungsvorbehalts vermag aber die Beteiligten nicht immer zu befriedigen. Sie bringt nämlich für die Gesellschafter das Risiko mit sich, daß sie gegen ihren Willen in der Gesellschaft festgehalten werden können. Nicht selten wird darum mit dem Genehmigungsvorbehalt ein Vorkaufsrecht oder ein Vorrecht eines oder mehrerer Mitgesellschafter verbunden, das im Falle der Verweigerung der Veräußerungsgenehmigung ausgeübt werden muß.

2. Fragen dieser Art werden gegenwärtig in der *Schweiz* sehr stark diskutiert. Dort sind es insbesondere die *Aktiengesellschaften,* um deren Schutz gegen eine mögliche Überfremdung man sich bemüht. Dies hängt damit zusammen, daß kleine, insbesondere Familiengesellschaften, in der Schweiz meist nicht die Rechtsform der Gesellschaft mit beschränkter Haftung wählen, sondern die Rechtsform der Aktiengesellschaft[41]. Typisch für diese Aktiengesellschaften ist der Wunsch nach Kontinuität der Einheit von Leitung und Inhaberschaft. Eine Trennung der wirtschaftlichen Kräfte – Kapital und Arbeit – soll, wenn immer möglich, vermieden werden. Dieser Wunsch ist von der Befürchtung beeinflußt, daß im Falle einer Trennung unerwünschte Einflüsse auf das Unternehmen zur Geltung kommen könnten. Als unerwünschten Einfluß sieht man beispielsweise die Beteiligung von Ausländern, von juristischen Personen und Investmentgesellschaften an. Ganz allgemein fürchtet man in vielen Fällen, daß ein Aktionär, der nicht mehr im Unternehmen tätig ist und der auch keine Nachkommen hat, die als künftige Unternehmensleiter in Betracht kommen, eines Tages die Aktien veräußern könnte[42].

Zu den Bedenken, die gegen eine bloße Vinkulierung der Namensaktien ganz allgemein sprechen, kommt in der Schweiz ein besonderes hinzu: Nach einer sehr umstrittenen Entscheidung des Bundesgerichts vom 11. 6. 1957[43] kann die vinkulierte Namensaktie grundsätzlich wirksam durch Indossament übertragen werden. Verweigert die Gesellschaft die Eintragung des Erwerbers in das Aktienbuch, dann tritt eine *Spaltung der Mitgliedschaftsrechte* ein. Die Vermögensrechte (insbesondere das Recht auf Dividende) gehen auf den Erwerber

---

[41] In der Schweiz stehen ca. 31 000 Aktiengesellschaften etwa 1500 Gesellschaften mit beschränkter Haftung gegenüber. In Deutschland ist das Verhältnis umgekehrt (ca. 2600 Aktiengesellschaften und 37 000 Gesellschaften mit beschränkter Haftung): Vgl. FROMER ZSR 1961, 129. Den Gründen für diese Divergenz ist hier nicht nachzugehen. Es seien nur zwei erwähnt: Eine Aktiengesellschaft kann bereits mit einem Mindestkapital von 50 000 Franken gegründet werden (mehr als die Hälfte aller schweizerischen Aktiengesellschaften haben nur dieses Mindestkapital); die Abtretung von Stammanteilen einer GmbH bedarf nach einer Entscheidung des schweizerischen Bundesgerichts aus dem Jahre 1938 (BGE 65 I 287 ff.) der Veröffentlichung im Handelsamtsblatt, es besteht damit bei der GmbH eine vermehrte Publizitätspflicht.

[42] FROMER 135 ff.

[43] BGE 83 II 297; ebenso BÜRGI, Art. 686 OR Bem. 7, 95.

der Aktie über, die Herrschaftsrechte (insbesondere das Recht auf Teilnahme an der Generalversammlung) verbleiben dem eingetragenen Aktionär. Daß bei einer solchen Spaltung die Gefahr eines Zusammenspiels zwischen dem eingetragenen Veräußerer und dem nicht eingetragenen Erwerber der Aktie sehr groß ist, liegt auf der Hand. Der eingetragene Aktionär wird sich in aller Regel beim Verkauf seiner Aktien gegenüber dem Erwerber verpflichten müssen, nach dessen Instruktionen zu stimmen[44].

Zur Vermeidung solcher Gefahren empfiehlt man, die Gesellschafter zu verpflichten, Aktien, die sie verkaufen wollen, zunächst den übrigen Aktionären anzubieten. Eine solche Verpflichtung kann statutarisch festgelegt werden. Die Zulässigkeit derartiger Klauseln ergibt sich aus Art. 627 Ziff. 8 und Art. 684 Abs. 1 OR[44a]. Nach der letztgenannten Vorschrift sind Namensaktien übertragbar, wenn nicht die Statuten etwas anderes bestimmen, und gemäß Art. 627 Ziff. 8 OR bedürfen zu ihrer Verbindlichkeit der Aufnahme in die Satzung das Verbot oder die *Beschränkung* der Übertragbarkeit von Namensaktien. Soll eine solche Vorrechtsklausel aktienrechtliche Wirksamkeit entfalten, so muß sie verbunden sein mit einem Recht der Gesellschaft, die Eintragung des unerwünschten Dritten in das Aktienbuch verweigern zu können. Sehen die Statuten dies nicht ausdrücklich vor, sondern sprechen sie nur von einem „Vorhand"- oder „Vorkaufs"recht (meist: des Verwaltungsrats), so wird man mit diesem Recht eine stillschweigende Vinkulierung des Inhalts verbinden dürfen, daß die Gesellschaft einen Erwerber dann (und nur dann) abweisen darf, wenn ein Aktionär bereit ist, die Aktie zu erwerben[44b]. Ist freilich in den Statuten ausdrücklich vorgesehen, daß die Gesellschaft die Eintragung eines unerwünschten Dritten in das Aktienbuch verweigern kann, so ist im Zweifel die Gesellschaft nicht verpflichtet, den Dritten zu akzeptieren, wenn sie von ihrem Vorrecht keinen Gebrauch macht[44c].

Welchen Aktionären gegenüber das Angebot zu erfolgen hat, ist eine Frage des Einzelfalles[45]. Werden alle Aktionäre als Vorberechtigte bezeichnet, so

---

[44] Die Ausübung des Stimmrechts nach den Weisungen eines durch die Vinkulierungsbestimmungen ausgeschlossenen Aktienkäufers ist zwar nach einer anderen Entscheidung des schweizerischen Bundesgerichts unzulässig (BGE 81 II 540); wie will man aber nachweisen, daß eine Stimmabgabe nach einer bestimmten Weisung erfolgt? Wird nicht in vielen Fällen selbst der Verkauf der Aktien verheimlicht werden? Siehe dazu SAG 33 (1960/61) 113 ff.

[44a] LEHNER SAG 26, 194, 200; JÄGGI, Ungelöste Fragen des Aktienrechts, SAG 31 (1958/59) 57 ff., 68; a. A. WIELAND, Haben statutarische Vorkaufsrechte an Aktien obligatorische oder aktienrechtliche (dingliche) Wirkung?, SAG 27 (1954/55) 152 ff.: Eine „Vorkaufs"verpflichtung zu Lasten von (allen) Aktionären verletzt den Grundsatz, wonach der Aktionär über die Kapitalleistung hinaus zu nichts verpflichtet werden darf (Art. 680 OR). Höchstrichterlich ist die Frage noch nicht entschieden.

[44b] JÄGGI (N. 44a) 69 f.

[44c] LEHNER (N. 44a) 201.

[45] Häufig wird das Vorrecht dem Verwaltungsrat oder den Mitgliedern des Verwaltungsrates eingeräumt. In diesem Fall ist natürlich nicht der Verwaltungsrat als Organ der Gesellschaft gemeint, vielmehr sind vorberechtigt die den Verwaltungsrat

kann man den verkaufswilligen Aktionär verpflichten, die Aktien den übrigen Aktionären proportional zu ihrem Aktienbesitz anzubieten, man kann ihm aber auch die Auswahl des Erwerbers überlassen. Der Preis kann entweder auf Grund einer statutarischen oder durch Konsortialvertrag festgelegten Bewertungsvorschrift durch Schiedsgutachten bestimmt werden oder nach einer festen Form ermittelt werden, z. B. Aktienkapital plus offene Reserven plus einen von der Kontrollstelle zu bestimmenden Zuschlag für stille Reserven. Sehr brauchbar erscheint der Vorschlag, mit dem Vorrecht ein Vorkaufsrecht zu verbinden: Macht kein Aktionär von dem ihm zustehenden Vorrecht Gebrauch und verkauft daraufhin der verkaufswillige Aktionär seine Aktien an einen Dritten, so kann jeder Aktionär die Überlassung der Aktien zu den Bedingungen verlangen, die der verkaufswillige Aktionär mit dem Erwerber vereinbart hat[46].

3. Sehr häufig finden sich Vorrechtsklauseln auch in den Statuten *italienischer Aktiengesellschaften*. Auch in Italien gibt es – eine Konsequenz des sehr niedrigen Mindestkapitals, das zur Zeit nur 1 000 000 Lire (weniger als 7 000 DM) beträgt – zahllose kleine Aktiengesellschaften[47]. In jeder dritten Gesellschaft ist die freie Veräußerlichkeit der Aktien eingeschränkt. Eine Untersuchung ergab, daß von 2041 Aktiengesellschaften 248 eine Genehmigungsklausel, 295 eine Vorrechtsklausel und 90 eine Kombination von beiden[48] in ihre Statuten aufgenommen hatten. Etwa die Hälfte der Genehmigungs- und Vorrechtsklauseln waren in den Statuten von Gesellschaften mit einem Aktienkapital von weniger als 5 000 000 Lire enthalten. Keine derartigen Klauseln konnten in den Statuten von Gesellschaften mit einem Kapital von mehr als 100 000 000 Lire aufgefunden werden[49].

Das Vorrecht ist meist den übrigen Aktionären eingeräumt. Gelegentlich wird auch vereinbart, daß der Verwaltungsrat von Fall zu Fall bestimmen kann, welche Personen das Vorrecht haben sollen. Verschiedentlich wird auch

---

bildenden Aktionäre: LEHNER, Die rechtliche Struktur und die Hauptarten der aktienrechtlichen Vorkaufsrechte, SJZ 1954, 73.

[46] FROMER 149 f. Zum ganzen siehe auch oben § 5 III 2.

[47] Insgesamt zählte man im Jahre 1957 in Italien 24114 Aktiengesellschaften! Siehe des näheren HENRICH, Die Aktiengesellschaft im italienischen Recht, Die Aktiengesellschaft 1960, 251.

[48] Die Genehmigung ist zwar erforderlich, sie muß aber immer dann erteilt werden, wenn kein Gesellschafter von seinem Vorrecht Gebrauch macht: STOLFI, In tema di limiti alla trasferibilità delle azioni, Banca, borsa, ecc. 1957, I, 208.

Eine solche Kombination räumt die Bedenken aus, die gegen eine bloße Vinkulierung in den Fällen bestehen, in denen die Verweigerung der Zustimmung zu einer Aktienveräußerung in das Ermessen des Verwaltungsrats gestellt ist. Man hat sich hier nämlich verschiedentlich gefragt, ob eine solche Vinkulierung wirtschaftlich nicht einem nach Art. 2355 Abs. 3 c. c. nicht zulässigen Ausschluß der Übertragbarkeit gleichstehe: Vgl. ASCARELLI, Banca, borsa, ecc. 1953, I, 312; FERRI, Sugli effetti inter partes del mancato gradimento del consiglio di amministrazione nel trasferimento delle azioni, Banca, borsa, ecc. 1954, I, 592 ff., 594; PAVONE LA ROSA, In tema di clausola di gradimento al trasferimento delle azioni, Foro pad. 1955, 1101 ff., 1105 f.

[49] RUSCONI Riv. Soc. 1958, 145.

der Gesellschaft selbst ein Vorrecht zugestanden[50]. Ist das Vorrecht den Mitgesellschaftern eingeräumt, so wird meist bestimmt, daß in den Fällen, in denen mehrere Gesellschafter von ihrem Vorrecht Gebrauch machen wollen, sie die Aktien im Verhältnis ihrer Anteile unter sich aufzuteilen haben[51].

Ob das Vorrecht bei jeder Veräußerung von Aktien bestehen soll oder ob bestimmte Veräußerungen davon ausgenommen sind, ist eine Frage des Einzelfalls. Häufig wird bestimmt, daß die Übertragung von Aktien an Mitgesellschafter keinen Vorrechtsfall darstelle[52]. Gelegentlich wird auch die Veräußerung an nahe Verwandte (Ehegatte, Kinder) von dem Vorrecht ausgenommen[53].

Was den *Preis* betrifft, den der Vorberechtigte zu zahlen hat, so wird meist bestimmt, daß dies der Preis sein soll, den Interessenten dem verkaufswilligen Aktionär geboten haben. Gelegentlich wird die Festsetzung aber auch dem Verkäufer überlassen oder eine objektive Preisermittlung vorgeschrieben, etwa in der Weise, daß der Preis ermittelt werden soll auf der Grundlage des realen Vermögenswertes der Gesellschaft im Zeitpunkt der Veräußerung oder nach der letzten gebilligten Bilanz[54]. Soll die Ermittlung nach dem realen Vermögenswert der Gesellschaft erfolgen, so müssen sich die Parteien über diesen Wert einigen. Kommt eine Einigung nicht zustande, so soll nach den Bestimmungen vieler Gesellschaftssatzungen ein aus drei Personen bestehendes Schiedsgericht entscheiden. Meist wird dabei bestimmt, daß jede Partei einen Schiedsrichter ernennen soll und daß der dritte Schiedsrichter, wenn sich die Parteien auf ihn nicht einigen können, von dem Gericht des Ortes benannt werden soll, an dem die Gesellschaft ihren Sitz hat, oder von einer anderen unabhängigen Instanz[55]. In einigen, aber seltenen, Fällen wird die Festsetzung des Preises auch dem Verwaltungsrat überlassen[56].

---

[50] Rusconi 151 zitiert aus einer Gesellschaftssatzung: „Nel caso di trasferimento per atto tra vivi è riservato alla società il diritto di rendersene acquirente e pertanto il socio che intendesse vendere le sue azioni dovrà informare il consiglio di amministrazione il quale convocherà l'assemblea per deliberare se la società debba valersi del suindicato diritto di prelazione a norma dell'art. 2357 e così, decorsi 90 giorni senza che l'assemblea abbia deliberato e la società provveduto a tale acquisto, il socio potrà trasferire liberamente le sue azioni."

[51] Rusconi 152.

[52] Steht das Vorrecht dem Verwaltungsrat oder einzelnen bestimmten Aktionären zu, so kann auch die Veräußerung von Aktien an nicht bevorrechtigte Aktionäre zum Vorrechtsfall bestimmt werden: In Frankreich war dies lange Zeit bestritten. Erst durch eine Entscheidung des Kassationshofs aus dem Jahre 1956 wurde diese Frage in dem hier vertretenen Sinn entschieden; vgl. Cass. com. 22. 10. 1956: D. 1957, 177 mit zust. Anm. Ripert (= J. Soc. 1957, 133 mit Anm. Cordonnier und J. C. P. 1956, II, 9356 mit Anm. Bastian); Rouen, 18. 11. 1958: D. 1959, 286 mit zust. Anm. Dalsace; a. A. noch Paris, 24. 11. 1954: D. 1955, 236 mit abl. Anm. Ripert (= J. C. P. 1955, II, 8448 mit abl. Anm. Bastian). Dazu auch Cordonnier, Remarques sur la licéité des clauses statutaires restreignant la libre cessibilité des actions entre actionnaires, J. Soc. 1955, 193 ff.

[53] Rusconi 152 f. [54] Rusconi 153. [55] Rusconi 153 f.

[56] Rusconi 154 zitiert aus einer Gesellschaftssatzung: „Prima di vendere le proprie

4. Auch in *Frankreich* sind Vorrechtsklauseln in den Statuten von *Aktiengesellschaften* keine seltene Erscheinung. In der Mehrzahl der Fälle sind diese Vorrechtsklauseln mit einer *Vinkulierung* der Aktien verbunden[57]. Diese Verbindung hat folgenden Vorteil: Die Verweigerung der Zustimmung zum Verkauf der Aktien kann von den Gerichten nachgeprüft werden und muß darum nach einer freilich nicht unbestrittenen Auffassung *begründet* werden[58]. Entschließt sich der Verwaltungsrat, die Aktien anzukaufen, so braucht er diesen Entschluß nicht zu begründen. Bei einer Kombination von Vinkulierung und Vorrecht hat der Verwaltungsrat also die Wahl, ob er die Zustimmmung zu der Veräußerung der Aktien verweigern oder ob er von seinem Vorrecht Gebrauch machen will. Will er die Gründe, die ihn dazu veranlassen, den Kaufinteressenten nicht in die Gesellschaft aufzunehmen, nicht preisgeben, so wird er sich zum Ankauf der Aktien entschließen. Scheut er die Preisgabe seiner Gründe nicht, so kann er sich auf die Verweigerung der Zustimmung beschränken[58a].

Die Einräumung des Vorrechts zugunsten des *Verwaltungsrats* ist die Regel. Der Verwaltungsrat erwirbt die Aktien aber nicht für Rechnung der Gesellschaft, sondern für Rechnung eines oder mehrerer interessierter Aktionäre. Selbstverständlich kann in den Statuten auch den Aktionären unmittelbar oder einem bestimmten Aktionär ein Vorrecht eingeräumt werden. Die Gültigkeit solcher Vorrechtsklauseln ist unbestritten[59].

---

azioni è necessario che il cedente le offra agli altri soci al prezzo che, su richiesta del venditore, verrà fissato dal Consiglio d'Amministrazione entro un mese dalla richiesta. La risposta al cedente va formulata entro il sessantesimo giorno ed il pagamento entro 15 giorni dalla data di accettazione."

[57] Die Vinkulierung der Aktien ist im Gesetz nicht vorgesehen. Die Rechtsprechung hat aber Satzungsklauseln für gültig erklärt, welche die Veräußerung von Namensaktien von der vorherigen Zustimmung des Verwaltungsrates oder der Generalversammlung abhängig machen, sog. clauses d'agrément: vgl. nur Rouen, 18. 11. 1958: D. 1959, 286. Zum folgenden Abschnitt vgl. auch oben § 3 III 4 a.

[58] Ripert 536 f. In Italien ist die Frage, ob der Verwaltungsrat seine Zustimmung nach freiem Ermessen erteilen oder verweigern kann und insbes. ob er gehalten ist, seine die Zustimmung verweigernde Entscheidung zu begründen, ebenfalls sehr umstritten: Gegen eine freie Ermessensausübung und für eine Begründungspflicht haben sich ausgesprochen Ascarelli 314 (arbitrium boni viri) und Ferri (N. 48) 596. Die Gegenmeinung vertritt insbes. Candian, Intorno alla alienazione di azioni con clausola di gradimento (1954) 82; ebenso anscheinend Frè, in Commentario del codice civile a cura di A. Scialoja e G. Branca, Libro quinto, Società per azioni [3](1961) zu Art. 2355 c. c., 218; gegen eine Begründungspflicht auch Bigiavi, La clausola di gradimento al trapasso di azioni, Riv. trim. dir. e proc. civ. 1953, 1 ff., 19.

[58a] Moreau, La société anonyme [2]III 200. S. auch Paris, 7. 7. 1956: Rev. Soc. 1957, 50.

[59] Cass. req. 14. 5. 1895: D. 1895, 1, 467; Cass. civ. 9. 2. 1937 (deux arrêts): D. P. 1937, 1, 73; Rouen (N. 57); Paris, 19. 12. 1958: Gaz. Pal. 1959, 2, 51; Douai, 10. 7. 1959: D. 1960, 618 mit Anm. Dalsace; Houpin et Bosvieux 541 f.; Escarra-Rault II, 3, 303; Ripert 537. Die Zulässigkeit einer Vorrechtsklausel zugunsten des *Verwaltungsrats* bezweifelt Dalsace in seiner Anm. zu der Entscheidung des Appellationshofs Rouen (N. 57).

Der *Kaufpreis*, der bei Ausübung des Vorrechts zu bezahlen ist, wird häufig an das Angebot des Dritten angeschlossen. Oft wird seine Festsetzung aber auch dem Verwaltungsrat[60] oder der Generalversammlung überlassen. Zuweilen findet sich auch eine Klausel, wonach der von dritter Seite angebotene Kaufpreis gelten soll, wenn er nicht den von der Generalversammlung alljährlich nach den Ergebnissen des Jahresabschlusses festzusetzenden Aktivwert („valeur réelle") übersteigt[61].

5. In *Frankreich, Italien* und der *Schweiz* haben sich Rechtsprechung und Doktrin mit dem Problem befaßt, ob eine Vorrechtsklausel von *Anfang an* in der Satzung enthalten sein muß, oder ob sie auch *nachträglich* durch *Beschluß der Generalversammlung* in die Satzung eingefügt werden kann. Der *französische* Kassationshof stand ursprünglich[62] auf dem Standpunkt, ein solcher Beschluß der Generalversammlung sei nichtig, weil er entgegen dem Verbot des Art. 31 des Gesetzes vom 24. 7. 1867 eine Vermehrung der Aktionärsverbindlichkeiten darstelle. Nach dieser Vorschrift darf die Generalversammlung nicht „augmenter les engagements des actionnaires". Diese Rechtsprechung hat der Kassationshof aber unter dem Druck der einstimmigen Kritik durch die Doktrin[63] bereits im Jahre 1937 aufgegeben[64]. Er erklärte nunmehr, Generalversammlungsbeschlüsse der genannten Art „peuvent constituer une diminution des droits des actionnaires", aber „ne constituent cependant pas une augmentation de leurs engagements"[65]. Obgleich ein solcher Beschluß die Rechte der Aktionäre vermindert, kann er auch gegen die Stimmen einer Minderheit gefaßt werden: Es müssen also nicht alle Aktionäre, deren Rechte betroffen werden, ihre Einwilligung erteilen[66]. Allerdings darf der Beschluß nicht mit dem Ziele gefaßt werden, die Rechte der Minderheitsaktionäre auf Veräußerung ihrer

---

[60] Kritisch gegenüber der Festsetzung durch den Verwaltungsrat: Dalsace, D. 1960, 621.

[61] Sehen die Statuten vor, daß der Übernahmepreis alljährlich durch die Generalversammlung nach den Ergebnissen des Jahresabschlusses festzusetzen ist, so kann das Vorrecht nicht unter Zugrundelegung eines anderen Wertes ausgeübt werden. Ist das trotzdem geschehen, so ist nicht nur die Ausübung des Vorrechts unwirksam, sondern auch die Weigerung, den Erwerber als Gesellschafter anzuerkennen: Trib. com. de la Seine, 22. 10. 1959: Gaz. Pal. 1960, 1, 86. Das gilt auch dann, wenn feststeht, daß die dem Verkauf (oder dem Erbfall) und der Weigerung vorangehende jährliche Generalversammlung den Preis nicht festgesetzt hat. Eine nachträgliche Festsetzung durch die Generalversammlung (oder den Verwaltungsrat) ist nicht zulässig: Paris, 19. 12. 1958 (N. 59). Es kann dann in keinem Fall auf eine mehrere Jahre zurückliegende Festsetzung durch die Generalversammlung (oder den Verwaltungsrat) zurückgegriffen werden: Trib. com. de la Seine aaO.

[62] S. z. B. Cass. req. 2. 1. 1924: D. P. 1927, 1, 161.

[63] Escarra, D. P. 1927, 1, 161; Esmein S. 1924, 1, 225; Bosvieux, J. Soc. 1925, 83.

[64] Cass. civ. 9. 2. 1937 (N. 59).

[65] Ebenso Rouen (N. 57); Douai (N. 59); Moreau, La société anonyme ²I 436.

[66] Cass. civ. 9. 2. 1937 (N. 59); Rouen (N. 57); Escarra-Rault II, 3, 316; zweifelnd Ripert 538, nach dessen Auffassung ein solcher Beschluß die „droits individuels" der Aktionäre verletzt und darum wegen „excès de pouvoir" nichtig ist.

Anteile auszuhöhlen (de faire échec au droit de cession des actionnaires minoritaires"). Ein solcher Beschluß wäre wegen Machtmißbrauchs („abus de droit") nichtig[67]. Ausschlaggebend muß stets das Gesellschaftsinteresse sein, hinter dem das Interesse des einzelnen Gesellschafters zurückstehen muß[68].

In *Italien* ist die Diskussion über die Möglichkeit einer nachträglichen Aufnahme einer Vorrechtsklausel in die Satzung noch im Fluß. Von der Vinkulierung heißt es allgemein, daß sie grundsätzlich nur bei der Gründung der Aktiengesellschaft in deren Statuten aufgenommen werden könne, daß sie dagegen nicht später im Wege einer Satzungsänderung beschlossen werden könne, es sei denn einstimmig[69]. Diese Auffassung überwog auch lange Zeit bei der Vorrechtsklausel. Auch von ihr sagte man, daß sie durch Mehrheitsbeschluß weder eingeführt noch abgeschafft werden könne[70]. Nun hat aber der Kassationshof sich in einer ganz neuen Entscheidung für die Gegenmeinung entschieden. Er erklärte die Abschaffung eines satzungsmäßig verankerten Vorrechts der Aktionäre durch Mehrheitsbeschluß für zulässig[71]. In dem konkreten Fall war in der Tatsacheninstanz festgestellt worden, daß das Gesellschaftsinteresse die Beseitigung des Vorrechts erforderte. Der Kassationshof begründete seine Entscheidung im wesentlichen damit, daß das Vorrecht in besonderer Weise dem Interesse der Gesellschaft diene, und darum, wenn das Gesellschaftsinteresse es erfordere, auch wieder müsse beseitigt werden können.

Die Frage, ob statutarische (Vorkaufs- und) Vorhandrechte im Wege der Statutenänderung (Art. 647 OR) auch gegen die Stimmen einer Minderheit[71a] eingeführt werden können, ist auch in der *Schweiz* sehr umstritten. Für ihre Beantwortung kommt es entscheidend darauf an, ob die bei der Gründung vorgesehene freie Übertragbarkeit der Aktien als wohlerworbenes Recht der Aktionäre anzusehen ist. Wohlerworbene Rechte können den Aktionären nämlich nicht ohne ihre Zustimmung entzogen werden (Art. 646 OR). Während man

---

[67] Paris, 2. 11. 1954: D. 1954, 758; bestätigt durch Cass. civ. 20. 2. 1957, unveröffentlicht, erwähnt in J.-Cl. des Sociétés, Fasc. 97, Nr. 20; ROUEN (N. 57): Die Aktionäre müssen die Möglichkeit behalten, ihre Aktien zu normalen Bedingungen verkaufen zu können; MOREAU (N. 65) 433 ff.

[68] ROUEN (N. 57).

[69] App. Genova, 31. 12. 1956, Foro it., 1957, I, 2049; ASCARELLI 316; BIGIAVI (N. 58) 43 f.; PAVONE LA ROSA (N. 48) 1101 ff.; a. A. Trib. Torino, 15. 5. 1954, Foro it., 1954, I, 1387. Diese Frage ist auch in der deutschen Rechtswissenschaft sehr umstritten. Für die Möglichkeit einer Satzungsänderung durch Mehrheitsbeschluß treten ein: LG Kiel, MDR 1949, 697; RITTER § 61 Bem. 5 b; BAUMBACH-HUECK, Aktiengesetz [11](1961) § 61 Bem. 4 A; dagegen: RG 68, 212; SCHLEGELBERGER-QUASSOWSKI § 61 Bem. 6; TEICHMANN-KOEHLER, Aktiengesetz [3](1950) § 61 Bem. 3; GODIN-WILHELMI, Aktiengesetz [2](1950) § 61 Anm. 10; FISCHER in: Großkomm. AktG § 61 Anm. 11.

[70] App. Bari, 4. 12. 1959, Foro it., 1960, I, 1757; vgl. auch ASCARELLI 312.

[71] Cass. 21. 12. 1960, n. 3292, Foro it., 1961, I, 19.

[71a] Daß die Aufnahme einer solchen Klausel in die Satzung durch einstimmigen Beschluß möglich ist, wird nicht bestritten: BÜRGI Art. 686 OR Bem. 50.

früher aus individualistischen Gesichtspunkten den Kreis der wohlerworbenen Rechte sehr weit zog, hat sich in neuerer Zeit die Ein- und Unterordnung der Mitglieder unter das Gesamtinteresse in stärkerem Maße durchgesetzt. Die Folge davon ist, daß heute weniger „absolute" wohlerworbene Rechte anerkannt werden, dafür aber weit mehr ein Schutz aus allgemeinen Rechtsgrundsätzen gewährt wird („relative" wohlerworbene Rechte)[71b]. Dem entspricht es, daß heute ganz überwiegend das Recht auf freie Übertragbarkeit der Aktien nur als „wohlerworbenes Recht von nur relativer Stärke"[71c], d. h. aber praktisch nicht als wohlerworbenes Recht im Sinne des Art. 646 OR angesehen wird[71d]. Das bedeutet aber nicht, daß Minderheitsaktionäre in dieser Frage von der Mehrheit in jedem Fall überstimmt werden können. Die Gesellschaft kann vielmehr die nachträgliche Aktienvinkulierung im Wege der Statutenänderung nur einführen, wenn dies im Interesse der Gesellschaft liegt und die Interessen der Minderheit nicht willkürlich verletzt werden[71e]. Die Frage der Willkür wird insbesondere bei der Einführung eines limitierten Vorhandrechts genau zu püfen sein[71f].

Eine Beseitigung der statutarischen Vorrechtsklausel durch Mehrheitsbeschluß ist jederzeit möglich[71g].

6. In *Deutschland* wird die Bedeutung von Vorrechtsklauseln in der *aktienrechtlichen* Literatur kaum erörtert. Das hat zwei Gründe: Einmal ist die Rechtsform der Aktiengesellschaft in Deutschland den großen Gesellschaften vorbehalten. Familienaktiengesellschaften sind wesentlich seltener als – beispielsweise – in Italien oder in der Schweiz. Und zum anderen ist – wenigstens nach herrschender Auffassung – die *Aufnahme von Vorrechtsklauseln in die Satzung einer Aktiengesellschaft ausgeschlossen.* Man sagt, § 61 Abs. 3 AktG bezeichne die Rechte der Gesellschaft erschöpfend. Nach dieser Vorschrift kann die Satzung die Übertragung von vinkulierten Namensaktien an die Zustimmung der Gesellschaft binden. Sie kann ferner bestimmen, daß die Zustimmung nur aus wichtigem Grund verweigert werden darf. Daraus leitet man ab, daß – jedenfalls in der Satzung – ein Vorkaufsrecht ebensowenig vorgesehen werden könne wie eine Bestimmung, wonach die Übertragung nur zulässig sein

---

[71b] SIEGWART Art. 686 OR Bem. 18. [71c] SIEGWART, Art. 646 OR Bem. 35.

[71d] BÜRGI, Art. 686 OR Bem. 51; LEHNER SAG 26, 201 f.; SCHUCANY Art. 646 OR Bem. 6 D a (entgegen der in der 1. Aufl. vertretenen Meinung); a. A. noch F. v. STEIGER, Das Recht der Aktiengesellschaft in der Schweiz [2](1952) 169; ebenso für die GmbH: JANGGEN-BECKER, Die Gesellschaft mit beschränkter Haftung, in: [Berner] Kommentar zum Schweiz. ZGB, Bd. VII, Abt. 3 (1939) Art. 791 Bem. 14.

[71e] LEHNER 201 f.; SCHUCANY Art. 646 OR Bem. 6 D a; SIEGWART Art. 646 OR Bem. 17; BÜRGI Art. 686 OR Bem. 52.

[71f] LEHNER 202. [71g] LEHNER 206.

soll, wenn bestimmte näher bezeichnete Berechtigte die Aktie nicht erwerben wollen[72]. Den Aktionären steht es aber frei, ein wechselseitiges Vorrecht durch *besonderen Vertrag* zu vereinbaren[73]. Wählen die Aktionäre diesen Weg, so treten die Probleme, mit denen sich die ausländische Judikatur und Doktrin beschäftigen, nicht auf. Es gibt weder die nachträgliche Aufnahme noch die nachträgliche Abschaffung von Vorrechtsklauseln durch Mehrheitsbeschluß. Für die Festsetzung des Kaufpreises gelten die allgemeinen Regeln. Es bleibt allein die Frage, ob sich die vertragliche Einräumung eines Vorrechts, zu dessen Ausübung die Gesellschaft verpflichtet wird, wenn sie die Zustimmung zur Aktienveräußerung verweigert, nicht empfiehlt, um dem Namensaktionär die freie Übertragbarkeit seiner Mitgliedschaft zu gewährleisten. Ein solcher Vertrag ist für die Aktionäre namentlich dann von Vorteil, wenn die Satzung nicht bestimmt, daß die Zustimmung nur aus wichtigen Gründen verweigert werden darf. In diesem Fall muß man nämlich aus dem Wortlaut des § 61 Abs. 3 AktG folgern, daß die Zustimmung völlig in das freie Ermessen des für die Zustimmungserteilung zuständigen Gesellschaftsorgans gestellt ist[74]. Dieser Wortlaut schließt die Bedenken aus, die in der französischen und der italienischen Doktrin gegen eine solche Ermessensentscheidung geltend gemacht worden sind[75]. Die einzige Grenze, die dem Zustimmungsorgan gesetzt ist, ist die des § 242 BGB.

---

[72] STAUB(-PINNER) Kommentar zum HGB [14]II (1933) § 222 Anm. 6; DÜRINGER-HACHENBURG(-FLECHTHEIM) § 222 Anm. 7; RITTER § 61 Bem. 5 a; SCHLEGELBERGER-QUASSOWSKI § 61 Bem. 9; a. A. MAKOWER, Handelsgesetzbuch [13]I (1906) § 222 Bem. V a; NIETZOLD, Vorkaufsrecht an Namensaktien, JW 1926, 531 f.; GOLDSCHMIT, Die Aktiengesellschaft (1927) § 222 Bem. 12; FRIEDLÄNDER, Konzernrecht [2](1954) 91.

[73] Vgl. z. B. den vom Reichsgericht in JW 1927, 670 entschiedenen Fall, in dem freilich die Frage des Vorrechts nur gestreift wird. Die Reichsregierung beabsichtigte, die in Familienhand befindliche Aktienmehrheit der Ilseder-Hütte-AG zu enteignen. Es kam zu Verhandlungen zwischen dem für das Reich handelnden Reichsschatzministerium und der Gruppe der Familienaktionäre. Das Ergebnis war ein im August 1919 abgeschlossener Vertrag, in dem das Reich eine Sperrminorität von 25 % plus einer Aktie erwarb, sich aber verpflichtete, die erworbenen Aktien der Gemeinschaft der freien Aktionäre anzubieten, wenn es aus irgendeinem Grunde seine Aktienbeteiligung aufgeben sollte. Außerdem wurde der Gemeinschaft der freien Aktionäre ein Vorkaufsrecht eingeräumt. Siehe dazu auch FRIEDLÄNDER (N. 72) 80.

Während Vorrechtsverträge zwischen den Aktionären einer Aktiengesellschaft sehr selten sind, finden sich solche Abmachungen relativ häufig in Konsortialverträgen.

[74] SCHLEGELBERGER-QUASSOWSKI § 61 Bem. 7; FISCHER in Großkomm. AktG § 61 Anm. 15.

[75] S. oben N. 58. Auch bei einer englischen private company kann die Zustimmung zu einer Veräußerung in die „absolute discretion" der Direktoren gestellt werden: PALMER(-SCHMITTHOFF AND CURRY) Company Law [20](1959) 340.

Die Zustimmung darf nicht wider Treu und Glauben versagt werden[76]. Eine solche Gestaltung des Zustimmungsrechts kann – insbesondere, wenn nach der Satzung die Verweigerung der Zustimmung nicht begründet werden muß[77] – es dem Aktionär praktisch unmöglich machen, aus der Gesellschaft auszuscheiden. Dieser Gefahr entgeht er nur, wenn die Gesellschaft durch besondere vertragliche Abmachungen, insbesondere in der Art des hier vorgeschlagenen Vorrechts, verpflichtet wird, die Aktien zu einem bestimmten Preis zu erwerben, wenn sie die Zustimmung zu ihrer Veräußerung versagt[78].

7. Eine ungleich größere Rolle spielen – wenigstens in Deutschland – die Vorrechtsklauseln im Bereich der *Gesellschaft mit beschränkter Haftung*. Auch hier möge der Erörterung des deutschen Rechts ein rechtsvergleichender Überblick vorangehen.

Nach *französischem* Recht können Anteile an einer GmbH an gesellschaftsfremde Personen nur übertragen werden, wenn die Mehrheit der Gesellschafter, die wenigstens $^3/_4$ des Kapitals repräsentiert, dieser Übertragung zustimmt. Diese Vorschrift darf weder durch eine Satzungsbestimmung, die den Gesellschaftern die freie Abtretbarkeit ihrer Anteile zusichert, noch durch eine im voraus erteilte Blanko-Einwilligung aller Gesellschafter in die Veräußerung umgangen werden[79]. Wollen die Gesellschafter sich die Möglichkeit eines jederzeitigen Ausscheidens aus der Gesellschaft sichern, so nehmen sie in die Satzung eine Vorrechtsklausel auf, welche die Gesellschaftermehrheit nicht nur berechtigt, im Vorrechtsfall die Anteile zu erwerben, sondern sie für den Fall, daß sie die Zustimmung zur Veräußerung der Anteile verweigert, auch zur Ausübung des Vorrechts verpflichtet[80].

---

[76] SCHLEGELBERGER-QUASSOWSKI § 61 Bem. 7; FISCHER in Großkomm. AktG § 61 Anm. 15; BAUMBACH-HUECK (N. 69) § 61 Bem. 4 B.

[77] Schweigt die Satzung, so wird man in der Regel davon ausgehen dürfen, daß die Entscheidungen des Zustimmungsorgans zu begründen sind: RITTER § 61 Bem. 5 e. FISCHER in Großkomm. AktG § 61 Anm. 15, hält eine Begründung grundsätzlich nicht für erforderlich. Daß damit die Gefahr willkürlicher Entscheidung nicht unwesentlich vergrößert wird, liegt auf der Hand.

[78] Wird die Gesellschaft im Falle der Verweigerung der Zustimmung nicht nur berechtigt, ihr Vorrecht auszuüben, sondern zu dieser Ausübung auch verpflichtet, so handelt es sich bei diesem Vorrechtsvertrag nicht um einen potestativ bedingten einseitig verpflichtenden Vorvertrag, sondern um einen zweiseitig potestativ bedingten Vorvertrag. Der Gesellschafter ist, wenn er sich zur Veräußerung seiner Aktien entschließt, verpflichtet, der Gesellschaft ein Angebot zum Abschluß eines Kaufvertrages zu machen, die Gesellschaft ist, wenn sie die Veräußerung an den Dritten verweigert, verpflichtet, dieses Angebot anzunehmen.

[79] S. oben § 3 III 4 b, insbes. N. 91, 92.

[80] Die Gültigkeit solcher Klauseln ist unbestritten: s. oben § 3 N. 94. Zur Rechtsnatur eines solchen Vertrages vgl. N. 78. Steht das Vorrecht mehreren Gesellschaftern gemeinschaftlich zu, dann kann es auch nur gemeinsam geltend gemacht werden. Der

Im *italienischen* Recht ist die Veräußerung von Anteilen an einer GmbH ebensowenig grundsätzlich von der Zustimmung der Gesellschaftermehrheit abhängig wie im deutschen Recht. Die Zustimmung kann aber – ebenso wie im deutschen Recht – von der Satzung vorgeschrieben werden[81]. Ist die Veräußerung zustimmungsbedürftig, dann hat die satzungsmäßige Vereinbarung eines Vorrechts Vorteile sowohl für die Gesellschaft (sie kann statt der – möglicherweise – begründungspflichtigen Versagung der Genehmigung den Ankauf der Anteile wählen) als auch für die Gesellschafter (Erleichterung der Loslösung von der Gesellschaft).

Besonders entwickelt worden sind die Vorrechtsklauseln im Bereich der *englischen* „private companies", deren Wesensmerkmal darin besteht, daß ihre Mitglieder in der freien Veräußerung ihrer Anteile auf irgendeine Weise beschränkt sein müssen. Hier sind in der Praxis folgende Klauseln gebräuchlich:

a) Kein Anteil kann an eine Person übertragen werden, die nicht Mitglied der Gesellschaft ist, solange ein Gesellschafter (oder eine andere von den Direktoren ausgewählte Person, deren Zulassung zur Mitgliedschaft im Interesse der Gesellschaft liegt) bereit ist, den Anteil zu einem angemessenen Preis (at the fair value) zu übernehmen[82].

b) Will ein Gesellschafter Anteile verkaufen, so hat er sie zuerst den Direktoren anzubieten (es sei denn, daß die Direktoren eine andere Person benennen, deren Aufnahme in die Gesellschaft wünschenswert erscheint). Machen die Direktoren von ihrem Vorrecht keinen Gebrauch, so sind die Anteile den anderen Mitgliedern der Gesellschaft anzubieten (gegebenenfalls in einer bestimmten oder zu bestimmenden Reihenfolge). Die Personen, denen die Anteile hiernach anzubieten sind, haben das Recht, die Anteile entweder zu dem in der transfer notice genannten Preis oder „at the fair value" zu übernehmen. Den fair value der shares bestimmen die Auditors[83].

c) Will ein Gesellschafter Anteile verkaufen, so hat er sie zunächst den „principal shareholders", d. h. denjenigen Gesellschaftern anzubieten, die wenigstens 10 % des Aktienkapitals besitzen. Machen mehrere von diesen principal shareholders von ihrem Vorrecht Gebrauch, so richtet sich die Verteilung der zu kaufenden shares unter sie nach der Höhe ihres Kapitalanteils. Machen die principal shareholders von ihrem Vorrecht keinen Gebrauch, so sind die Anteile

---

veräußerungswillige Gesellschafter ist also nicht gehalten, einen Teil seiner Anteile zu veräußern und den Rest zu behalten: Cass. civ. 10. 12. 1957: J.-Soc. 1958, 22; Moreau (N. 58a) 203.

[81] Art. 2479 Abs. 1 c. c.: Le quote sono trasferibili per atto tra vivi e per successione a causa di morte salvo contrario disposizione dell'atto costitutivo.

[82] Gelegentlich werden bestimmte Gesellschafter (insbesondere die Gründer der Gesellschaft) von dieser Beschränkung ausgenommen oder die Beschränkung nur auf einen Teil ihrer Anteile erstreckt. Zuweilen werden auch nur bestimmte Arten von shares dieser Beschränkung unterworfen, z. B. die shares, die an die Arbeitnehmer ausgegeben worden sind: Palmer's Company Precedents I 707.

[83] Palmer's Company Precedents I, 723.

den anderen Gesellschaftern anzubieten, gegebenenfalls in einer bestimmten oder zu bestimmenden Reihenfolge [84].

d) Schließlich finden sich auch Vereinbarungen, wonach der veräußerungswillige Gesellschafter seine shares zuerst allen anderen Gesellschaftern gemeinsam anzubieten hat, sei es als gleichberechtigt oder nach dem Maß ihrer Anteile, oder daß der Gesellschafter berechtigt sein soll, seine Anteile an die Gesellschafter seiner Wahl veräußern zu können. Gelegentlich ist auch nur den Gründungsmitgliedern ein Vorrecht eingeräumt [85].

Mit diesen Beispielen sind aber die Möglichkeiten nicht erschöpft. In der Regel werden diese Vorrechtsklauseln verstärkt durch eine Bestimmung, wonach die Direktoren das Recht haben, die Veräußerung der Anteile an einen Dritten abzulehnen.

Auch der technische Ablauf eines Vorrechtskaufes pflegt in den Gesellschaftssatzungen festgesetzt zu sein. Meist wird bestimmt, daß jeder Gesellschafter, der seine Anteile veräußern möchte, von dieser Absicht der Gesellschaft schriftlich Mitteilung machen muß. In der Mitteilung soll er den Preis angeben, den er als „fair value" ansieht. Er soll ferner der Gesellschaft Vollmacht geben, seine Anteile an die vorberechtigten Personen zu veräußern, und zwar entweder zu dem von ihm festgesetzten Preis oder zu dem vom auditor als „fair value" bestimmten Preis [86]. Wichtig ist auch die Regel, wonach eine Anzeige („transfer notice"), die mehrere shares umfaßt, so behandelt werden soll, „as if it were a separate notice in respect of each share" [87].

Von besonderem Interesse ist schließlich noch eine Regelung, die das *österreichische* GmbH-Gesetz getroffen hat. Nach österreichischem Recht können die Geschäftsanteile an einer GmbH grundsätzlich frei übertragen werden. Der Gesellschaftsvertrag kann die Übertragung aber auch von der Zustimmung der Gesellschaft abhängig machen. Ist dies der Fall und wird die Zustimmung versagt, so kann gemäß § 77 des Gesetzes dem betreffenden Gesellschafter von dem Handelsgericht des Sitzes der Gesellschaft die Übertragung des Geschäftsanteils gestattet werden, wenn ausreichende Gründe für die Verweigerung der Zustimmung nicht vorliegen und wenn die Übertragung ohne Schädigung der Gesellschaft, der übrigen Gesellschafter und der Gläubiger erfolgen kann. Die Übertragung kann aber von der Gesellschaft selbst dann noch verhindert werden, wenn das Gericht ihr zugestimmt hat. Sie hat dazu lediglich dem Gesellschafter innerhalb eines Monats nach Rechtskraft der Entscheidung mitzuteilen, daß sie

[84] Palmer's Company Precedents I, 724.

[85] Palmer(-Schmitthoff) (N. 75) 342.

[86] Setzt der auditor den „fair value" „improperly or at a wrong principle of law" fest, so ist gegen diese Festsetzung der Rechtsweg gegeben: Johnstone v. Chestergate Hat Co., [1915] 2 Ch. 338.

[87] Ist freilich in den articles nur vorgesehen, daß der Gesellschafter die Anzahl der shares angeben soll, die er veräußern möchte, sowie deren Preis usw., dann kann dieses Angebot nicht teilweise angenommen werden: Ocean Coal Co. v. Powell Duffryn Steam Coal Co., [1932] 1 Ch. 654.

die Übertragung des Geschäftsanteils zu den Bedingungen, die der Kaufinteressent geboten hat, an einen anderen von ihr bezeichneten Erwerber gestatte. In dieser Regelung liegt ein Vorrecht beschlossen. Der Gesellschafter darf seinen Geschäftsanteil nicht an einen Dritten veräußern, wenn die Gesellschaft einen anderen Erwerber (als Vorberechtigten) bezeichnet hat. Damit wird kein Vorkaufsrecht geschaffen[88]. Der von der Gesellschaft bezeichnete Erwerber kann nicht durch einseitige Erklärung ein Kaufverhältnis zustande bringen. Der Gesellschafter ist nicht verpflichtet, dem „nominee" der Gesellschaft den Geschäftsanteil zu veräußern. Er darf nur nicht den Anteil auf einen anderen übertragen[89].

8. Was nun das *deutsche* Recht angeht, so ist zwar im Zusammenhang mit dem Schutz einer GmbH gegen Überfremdung nur selten von einem Vorrecht oder einer Vorhand, um so häufiger aber von einem Vorkaufsrecht die Rede[90]. Das heißt aber nicht, daß in den Satzungen von Gesellschaften mit beschränkter Haftung stets nur Vorkaufsrechte vereinbart würden und niemals Vor- oder Vorhandrechte. Vielmehr ist es so, daß die Gesellschafter zwar in der Regel von einem Vorkaufsrecht sprechen, dieses „Vorkaufsrecht" aber in vielen Fällen so ausgestaltet haben, daß es sich als Vorrecht in dem hier verstandenen Sinne darstellt[91].

Gegen die *Aufnahme solcher Vorrechtsklauseln* in die *Satzung* bestehen *keine Bedenken.* Eine dem § 61 Abs. 3 AktG entsprechende Vorschrift fehlt im GmbH-Gesetz. Nach § 15 Abs. 5 GmbHG kann die Abtretung der Geschäftsanteile „an weitere Voraussetzungen geknüpft, insbesondere von der Genehmigung der Gesellschaft abhängig gemacht werden". Danach ist es also zulässig, die Abtretung eines Geschäftsanteils auch davon abhängig zu machen, daß kein Gesellschafter sich bereit erklärt, die Geschäftsanteile seinerseits zu übernehmen[92]. Die Aufnahme einer solchen Vorrechtsklausel in die Satzung kann sowohl bei der *Gründung* der GmbH als auch später durch eine *Satzungsänderung* erfolgen. Ob der Beschluß einer solchen Satzungsänderung *einstimmig*

---

[88] Auch das österreichische ABGB versteht unter dem „Vorkaufsrecht" in Wahrheit ein „Vorrecht" in dem hier gebrauchten Sinn. S. oben § 20 N. 21.

[89] Gellis, Kommentar zum GmbH-Gesetz (1960) § 77 Bem. 3.

[90] Gottschling, Schutz der GmbH vor Überfremdung – Die Gestaltung des Gesellschaftsvertrages, GmbHRdsch 1953, 20; Schilling in Hachenburg, GmbH-Ges. § 15 Anm. 63; Vogel § 17 Bem. 8; Baumbach-Hueck, GmbH-Gesetz § 15 Bem. 5 A; Scholz § 15 Bem. 41.

[91] Auch Feine spricht in EhrenbergsHdb des gesamten Handelsrechts III, 3 (1929) 376 von einem „Vorkaufsrecht", meint aber offensichtlich ein „Vorrecht" (Pflicht zur Mitteilung des Kaufangebots!).

[92] Schilling in Hachenburg, GmbH-Ges. § 15 Anm. 63; Grothus, Das Vorkaufsrecht an GmbH-Anteilen, GmbH Rdsch 1959, 24; Scholz § 15 Bem. 41.

erfolgen muß, ist fraglich, aber wohl zu bejahen. Das ergibt sich aus § 53 Abs. 3 GmbHG, wonach eine Vermehrung der den Gesellschaftern nach dem Gesellschaftsvertrag obliegenden Leistungen nur mit Zustimmung sämtlicher beteiligter Gesellschafter beschlossen werden kann. Unter „Leistung" ist auch die Übernahme einer Unterlassungspflicht zu verstehen (§ 241 S. 2 BGB). Es spielt darum keine Rolle, in welcher Weise die Gesellschafter die Vorrechtsklausel ausgestalten wollen, ob als bedingte Verpflichtung zum Vertragsschluß oder als bloße Unterlassungspflicht. In jedem Fall werden durch die Einführung einer solchen Klausel die „Leistungen" der Gesellschafter vermehrt. Gemäß § 53 Abs. 3 GmbHG müssen darum alle Gesellschafter der Aufnahme der Vorrechtsklausel in die Satzung zustimmen[93].

Auffällig ist freilich, daß der *französische* Kassationshof die Einführung einer solchen Klausel *nicht* als „augmentation des engagements des actionnaires" wertet[94]. Die Verbindlichkeiten der Aktionäre sollen nur vermehrt werden durch solche Beschlüsse, die „entraînent une aggravation de la dette contractée par eux envers la société ou envers les tiers". Noch deutlicher bestimmt Art. 31 des französischen GmbHG vom 7. 7. 1925: „Toutefois, dans aucun cas, la majorité ne peut obliger un des associés à augmenter *sa part sociale.*"

Ins Deutsche übersetzt heißt das: Der Gesellschafter kann nicht gegen seinen Willen zu einer Erhöhung seiner *Einlage* gezwungen werden. In der Tat kann man fragen, ob der Gesetzgeber bei der Formulierung des § 53 GmbHG den Begriff der „Leistung" ebenso verstand wie er in § 241 BGB gebraucht ist. Wäre es nicht denkbar, daß er unter dem Begriff „Leistungen" nur positive Leistungen verstanden wissen wollte? In § 3 Abs. 2 GmbHG stellt er der „Leistung von Kapitaleinlagen" „andere *Verpflichtungen* gegenüber der Gesellschaft" gegenüber, nicht andere „Leistungen".

Auf der anderen Seite kommt freilich die Auslegung, welche die herrschende Meinung dem § 53 Abs. 3 GmbHG gibt[95], der gegenwärtigen Tendenz entgegen, den Rechten der Gesellschafter vor den Rechten und Interessen der Gesellschaft den Vorrang zu geben. Man wird darum in

---

[93] Ebenso für die Einführung eines Vorkaufsrechts: OLG Celle, GmbHRdsch 1959, 113, 114; Schilling in Hachenburg, GmbHG § 53, Anm. 29; Scholz § 15 Bem. 26; Römer, Die Gestaltung der GmbH, in: Deutscher Notartag 1961, Sonderheft der DNotZ (1961), 47 ff., 72, 74; a. A. Baumbach-Hueck, GmbHG § 15 Bem. 5 A.

[94] S. oben N. 64.

[95] Vgl. Schilling in Hachenburg, GmbH-Ges. § 53 Anm. 10; Scholz § 53 Bem. 25; ebenso für die Einführung eines Wettbewerbsverbots RG JW 1931, 2975.

absehbarer Zeit nicht mit einer Änderung der gegenwärtigen herrschenden Auffassung rechnen können.

Für die *Beseitigung* eines satzungsmäßig vorgesehenen Vorrechts durch Gesellschafterbeschluß kann die Einstimmigkeit nicht aus § 53 Abs. 3 GmbHG hergeleitet werden. Die Verkürzung statutarischer Rechte steht der Leistungsvermehrung nicht gleich[96]. Die Zustimmung der bevorrechtigten Gesellschafter kann auch in der Regel nicht mit der Begründung verlangt werden, daß es sich bei den Vorrechten um Sonderrechte handle. Diese Begründung ist jedenfalls dann unrichtig, wenn das Vorrecht allen Gesellschaftern zusteht; denn Sonderrechte sind stets nur Vorzugsrechte einzelner, nicht aller Gesellschafter. Sie mag dagegen richtig sein, wenn das Vorrecht nur einigen wenigen Gesellschaftern eingeräumt war[97]. Die Auslegung des Gesellschaftsvertrages kann aber ergeben, daß das den Gesellschaftern satzungsmäßig eingeräumte Vorrecht von den Gesellschaftern als unentziehbares Recht gewollt war. Das wird namentlich bei Familiengesellschaften häufig der Fall sein. Hier bedarf es zur Beseitigung des Rechts der Zustimmung aller betroffenen Gesellschafter. Handelt es sich dagegen bei dem Vorrecht nicht um ein unentziehbares Recht der Gesellschafter, so ist eine Abschaffung auch durch *Mehrheitsbeschluß* möglich (§ 53 Abs. 2 GmbHG). Denn in diesem Fall diente das in der Satzung vorgesehene Vorrecht in erster Linie dem Interesse der Gesellschaft. Es muß darum auch gegen die Stimmen einer Minderheit wieder beseitigt werden können, wenn das Interesse der Gesellschaft die Beseitigung verlangt[98].

Die Vorrechtsklausel kann sowohl bestimmen, daß der für die Geschäftsanteile zu zahlende *Preis* sich nach dem Angebot des Dritten bestimmen soll, als auch, daß der Preis nach einem objektiven Maßstab ermittelt werden soll. Die Preisbestimmung kann aber auch dem verkaufswilligen Gesellschafter, einem Organ der Gesellschaft oder einem Dritten übertragen werden. Wird der Preis oder die Art seiner Ermittlung von vornherein festgesetzt, so stellt sich die Frage, ob diese Festsetzung bestimmten *Mindestanforderungen* genügen muß oder ob auch ein Übernahmepreis festgesetzt werden kann, der in keinem Verhältnis zum wirklichen Wert des Anteils steht. Die Frage ist deswegen berechtigt, weil nach zu Recht herrschender Auffassung dem Gesellschafter das Recht, aus der

---

[96] SCHILLING in HACHENBURG, GmbH-Ges. § 53 Anm. 11 gegen SCHOLZ § 53 Bem. 21.

[97] SCHILLING in HACHENBURG, GmbH-Ges. § 53 Anm. 27; SCHOLZ § 53 Bem. 21.

[98] S. oben N. 71, a. A. für das Vorkaufsrecht SCHILLING in HACHENBURG, GmbH-Ges. § 53 Anm. 29; BAUMBACH-HUECK, GmbH-Ges. § 3 Bem. 8 A.

Gesellschaft auszuscheiden, nicht gänzlich genommen werden darf. Kann man aber sagen, einem Gesellschafter, der vor der Wahl steht, seinen Anteil entweder um einen Bruchteil seines wahren Wertes an einen vorberechtigten Mitgesellschafter zu veräußern oder in der Gesellschaft zu bleiben, sei die Möglichkeit des Ausscheidens aus der Gesellschaft nicht genommen? Ich glaube, daß es Fälle gibt, in denen dem Gesellschafter die Veräußerung seines Anteils nicht mehr zugemutet werden kann, etwa weil der wirkliche Wert des Anteils das Zehnfache des in der Satzung vorgesehenen Preises beträgt. Diese wirtschaftliche Unmöglichkeit muß der rechtlichen Unmöglichkeit gleichgesetzt werden. In einem solchen Fall muß der Gesellschafter das Recht haben, von der Gesellschaft zu verlangen, daß sie entweder seinen Geschäftsanteil entgeltlich (gegen eine angemessene Entschädigung) einzieht oder für dessen Verkauf (zu einem angemessenen Preis) sorgt[99].

Ebenso kann sich der Gesellschafter wehren, wenn die Festsetzung des Preises einem Gesellschaftsorgan übertragen worden ist, dieses aber einen Preis festsetzt, der nur einen Bruchteil des wahren Wertes des Geschäftsanteils ausmacht und sich aus diesem Grund als offenbar unbillig darstellt. Der betroffene Gesellschafter kann in einem solchen Fall die Festsetzung des Preises durch ein Urteil verlangen (§§ 315 Abs. 3, 319 Abs. 1 BGB)[100].

---

[99] FISCHER, Das Recht der OHG als ergänzende Rechtsquelle zum GmbH-Gesetz, GmbHRdsch 1953, 131, 135, 137; SCHOLZ § 15 Bem. 42, 65; vgl. auch VOGEL § 15 Bem. 2 und SCHILLING in HACHENBURG, GmbH-Ges. § 15 Anm. 2. BRODMANN, GmbH-Gesetz § 15 Bem. 5 a und GOTTSCHLING (N. 90) 20 halten einen wirtschaftlichen Ausschluß der Veräußerlichkeit offenbar nicht für gegeben, wenn den Mitgesellschaftern ein „Vorkaufsrecht“ zum Nennwert eingeräumt ist. Hier kommt es doch wohl auf den Einzelfall an. Wenn der Nennwert die Hälfte des wirklichen Wertes beträgt, mag man eine solche Klausel noch für gültig halten. Kann man aber noch von einer Veräußerlichkeit sprechen, wenn der Nennwert nur ein Zehntel des wahren Wertes beträgt? Gegen den völligen Ausschluß jeder Veräußerlichkeit haben anscheinend keine Bedenken RG 80, 175, 179; FEINE (N. 91) 370 und WIELAND, Handelsrecht II (1931) 323.

Siehe dazu auch § 77 des österreichischen GmbH-Gesetzes (oben N. 88).

[100] Noch strenger ist hier das französische Recht. Es läßt (zwar im Bereich des Aktienrechts: Für die GmbH kann aber nichts anderes gelten) eine Preiskorrektur durch den Richter nicht nur in den Fällen zu, in denen sich die Preisfestsetzung als offenbar unbillig darstellt, sondern schon dann, wenn die Preisfestsetzung dem Gesellschafter die Möglichkeit nimmt, seine Anteile zu einem gerechtfertigten Preis („juste prix“) zu verkaufen. Ob ein Preis nur dann als gerechtfertigt („juste“) angesehen werden kann, wenn er dem wahren Wert des Anteils entspricht, ist zwar bestritten, aber wohl herrschende Auffassung: RIPERT 538; Cass. civ. 9. 2. 1937: D. P. 1937, 1, 73; Cass. req. 21. 12. 1937: D. H. 1938, 67; Paris, 25. 11. 1938: D. H. 1939, 91; Douai, 10. 7. 1959: D. 1960, 618; Moreau (N. 65) 434; siehe aber auch LECOMPTE, J. Soc. 1948, 382 und ESCARRA-RAULT II, 3, 311, die darauf hinweisen, daß die Begriffe „juste prix“ und

§ 23: DIE AUSÜBUNG DES VORRECHTS

I. Der Vorrechtsfall

1. Die Frage, die den Vorberechtigten am meisten interessiert, ist die nach dem *Zeitpunkt*, zu dem er sein Vorrecht ausüben kann. Mit anderen Worten: Welche Situation muß gegeben sein, damit der Vorberechtigte vom Vorrechtsgeber entweder den Abschluß eines Vertrages oder die Unterlassung des Vertragsschlusses mit einem Dritten verlangen kann? Sicher ist der „Vorrechtsfall" gegeben, wenn der Vorrechtsgeber dem Vorberechtigten seine Veräußerungsabsicht mitgeteilt hat. Wie aber, wenn der Vorrechtsgeber eine solche Mitteilung unterläßt? Es leuchtet ein, daß der Vorberechtigte nicht den Vertragsschluß mit einem Dritten abwarten muß; denn das Charakteristikum des Vorrechtsvertrages besteht ja gerade darin, daß das Vorrecht vor Abschluß eines anderen Vertrages ausgeübt werden soll.

Auszugehen ist von dem konkreten Vertrag. Ist – was sich immer empfehlen wird – der Vorrechtsfall genau umschrieben, so gilt die Vereinbarung der Parteien. Ist – wie in der Mehrzahl aller Fälle – der Vorrechtsfall nicht genau umschrieben, so ist er durch *Auslegung* zu ermitteln.

Meist verpflichtet sich in einem Vorrechtsvertrag der Vorrechtsgeber, für den Fall, daß er einen bestimmten Gegenstand veräußern wolle, ihn zuerst dem Vorberechtigten anzubieten. Behauptet der Vorberechtigte, daß der Vorrechtsfall eingetreten sei, ohne daß er vom Vorrechtsgeber eine entsprechende Mitteilung erhalten hat, so muß er den Veräußerungswillen des Vorrechtsgebers nachweisen. Das kann nur geschehen, wenn der Veräußerungswille in irgendeiner Weise erklärt worden ist, sich also in einer Handlung oder Äußerung manifestiert hat[1]. Nicht jede Äußerung, die auf einen Veräußerungswillen schließen läßt, manifestiert aber einen solchen Willen. Von einem Veräußerungswillen kann nur dann die Rede sein, wenn der Vorrechtsgeber sich *fest entschlossen* hat, den Gegenstand des Vorrechtsvertrages zu veräußern. Eine gesprächsweise Äußerung, die auf die Absicht baldiger Veräußerung schließen läßt, wird darum noch nicht den Vorrechtsfall auslösen, wohl aber die Aufnahme ernsthafter

„valeur réelle" sich nicht notwendig decken müssen. Der Beschluß, den Anteil zum Nennwert zu übernehmen, ist in jedem Fall ungerechtfertigt, es sei denn, daß der wahre Wert des Anteils dem Nennwert entspricht oder ihn unterschreitet: Cass. req. 21. 12. 1937 (s. o.) und Burgard, A propos de la cessibilité des actions, Rev. Soc. 1957, 138 ff.

[1] Larenz, DB 1955, 210; Lehner, SJZ 1954, 73, 78.

Verhandlungen mit einem Kaufinteressenten[2]. Nach einer Formulierung von LARENZ muß sich der Wille des Verpflichteten, nunmehr zu veräußern, entweder in einer Erklärung gegenüber dem Berechtigten oder in einer Handlung geäußert haben, die als Anfang der Verwirklichung des Entschlusses anzusehen ist[3]. Eine präzisere Formel wird man schwerlich finden können, wenngleich auch nach ihr offenbleibt, welche Handlungen nun eigentlich als Anfang der Verwirklichung des Veräußerungsentschlusses anzusehen sind. Kann nicht der Vorrechtsgeber sagen, mit seiner Aufforderung an den Drittinteressenten, ein Angebot abzugeben, habe er nur den Markt sondieren, aber nicht zum Ausdruck bringen wollen, daß er den Gegenstand nunmehr zu veräußern beabsichtige? Entscheidend muß m. E. sein, wie sich die Erklärung oder die Handlung des Vorrechtsgebers dem unbefangenen Beobachter darstellt. Mußte er aus ihr schließen, daß der Vorrechtsgeber willens war, hic et nunc mit einem bestimmten Interessenten zu kontrahieren, dann kann der Vorrechtsgeber nicht einwenden, daß er sich nicht habe festlegen wollen. Erforderlich, aber auch genügend ist die Aufnahme *ernsthafter Vertragsverhandlungen.* Was diesen Vertragsverhandlungen vorausgeht, beispielsweise eine Schätzung der Kaufsache durch einen Sachverständigen zur Feststellung ihres Wertes oder eine allgemeine Sondierung, ob im Verkaufsfall überhaupt Interessenten vorhanden sind, begründet nicht den Vorrechtsfall. Andererseits wird man in der Regel nicht so weit gehen dürfen, den Vorrechtsfall erst dann eintreten zu lassen, wenn ein bindendes Angebot eines Dritten vorliegt[4]. Ist der Vorrechtsfall eingetreten, so wird er durch spätere Erklärungen des Vorrechtsgebers nicht wieder beseitigt. Der Vorrechtsgeber kann also nicht den Vorrechtsfall dadurch wieder aus der Welt schaffen, daß er erklärt, er habe es sich nunmehr anders überlegt und wolle die Sache doch nicht veräußern[5].

All dies gilt freilich nur, wenn sich aus dem Vorrechtsvertrag nichts anderes ergibt. Soll nach der Vereinbarung der Parteien beispielsweise der Kaufpreis sich allein nach dem *Angebot eines Dritten* bestimmen, so wird man den Vorrechtsfall erst dann eintreten lassen, wenn ein bindendes Angebot eines Dritten vorliegt. Das bindende Angebot allein genügt allerdings in einem solchen Fall nicht, um den Vorrechtsfall entstehen

---

[2] LARENZ II 102 und DB 1955, 210; NIPPERDEY ZBlHR 1930, 301; LEHNER 78.

[3] LARENZ, DB 1955, 210.

[4] So aber das österreichische Recht: OGH SZ XVI 468 f.; anscheinend auch – für das deutsche Recht – KRESS II 50.

[5] LARENZ, DB 1955, 210; LEHNER 78.

zu lassen. Hinzutreten muß der ernsthafte Veräußerungswille des Vorrechtsgebers[6]. Der ist vorhanden, wenn der Vorrechtsgeber entweder das Angebot initiiert hat oder auf Grund des Angebots mit dem Offerenten in Vertragsverhandlungen tritt.

Auf einen besonderen Nachweis des Veräußerungswillens kann verzichtet werden, wenn der Veräußerungswille von vornherein feststeht oder sich aus den Umständen ergibt. Man denke an den vom OLG Hamburg entschiedenen Fall, in dem A dem B das erste „Anrecht" auf den Knochenanfall in seinem Betriebe zusicherte unter der Voraussetzung, daß B in das dem A von dritter Seite gemachte Angebot eintrete[7]. Daß A den Knochenanfall verwerten wollte, stand von vornherein fest. Es ging allein um die Frage des Preises. Hier begründete jedes Angebot, aber auch nur ein Angebot, den Vorrechtsfall[8].

Haben die Parteien einen Vorrechtsvertrag über ein erst zu schaffendes Werk abgeschlossen, so begründet die bloße *Fertigstellung* des Werkes noch nicht den Vorrechtsfall. Hat sich ein Autor einem Verleger gegenüber verpflichtet, ihm sein „nächstes Werk" anzubieten, so kann der Verleger gegen den Autor nicht auf Abschluß eines Verlagsvertrages klagen mit der Begründung, der Autor habe ein neues Werk fertiggestellt. Diesen Anspruch hat er erst, wenn der Autor seine Absicht, das fertiggestellte Werk verlegen zu lassen, ernstlich bekundet hat. Eine solche Bekundung liegt etwa in der Erklärung, das Werk sei nunmehr „druckreif"[9]. Ernsthafter Verhandlungen mit dritten Verlegern bedarf es zur Annahme eines Vorrechtsfalles in der Regel nicht, weil der Wille zum Abschluß eines Verlagsvertrages meist feststehen wird. Der Autor wird in fast allen Fällen seine Werke verlegen lassen müssen, weil er mit den Einkünften, die ihm daraus zufließen, seinen Lebensunterhalt bestreiten muß. Ob neben den „Veräußerungswillen" noch Angebote Dritter treten müssen, ist eine Frage des konkreten Einzelfalles.

2. Der Vorrechtsfall ist selbstverständlich nur gegeben, wenn der Vorrechtsgeber über den Gegenstand des Vorrechtsvertrages verfügen will, nicht, wenn er über einen anderen Gegenstand verfügen möchte. Ein *Teil des Gegenstandes* ist freilich kein „anderer" Gegenstand. Beabsichtigt der

---

[6] Das gilt auch dann, wenn nach dem Vertrag der Vorrechtsgeber verpflichtet sein soll, „jede ihm gemachte Ankaufsofferte" dem Vorberechtigten zu unterbreiten: so im Fall OLG München, JW 1919, 257. Siehe auch KRESS II 50 und RÖSER 52.

[7] OLG 33, 288.

[8] Das gleiche gilt auch für den Fall RG WarnRspr. 1919, 241 (oben § 20 N. 10).

[9] BGH 9, 237, 241.

Vorrechtsgeber, einen Teil des Vorrechtsgegenstandes zu veräußern, so ist hinsichtlich dieses Teiles der Vorrechtsfall gegeben[10].

Ebenso ist der Vorrechtsfall gegeben, wenn der Vorrechtsgeber über eine *Sachgesamtheit* verfügen möchte, zu der u. a. auch der Gegenstand des Vorrechtsvertrages gehört. Insoweit wird man § 508 BGB für analog anwendbar halten dürfen. Das bedeutet, daß das Vorrecht nicht nur ausgeübt werden kann, wenn der Sachkomplex teilbar ist[11], sondern auch, wenn die mit dem Vorrechtsgegenstand verbundenen Sachen nicht ohne Nachteil von ihm getrennt werden können[12]. Der Vorrechtsgeber kann allerdings, wenn die wirtschaftliche Einheit nicht schon bei Abschluß des Vorrechtsvertrages bestand (in diesem Fall wird angenommen, daß sie durch den Vorrechtsvertrag beseitigt worden ist) und auch nicht zu dem Zweck hergestellt wurde, das Vorrecht zu vereiteln, vom Vorberechtigten verlangen, daß er die Sachgesamtheit erwirbt (§ 508 S. 2 BGB analog)[13].

3. Hat der Vorrechtsgeber dem Vorberechtigten das Vorrecht nur für den Fall eines beabsichtigten *Verkaufs* des Vorrechtsgegenstandes eingeräumt, so ist die Verschenkung oder die Einbringung in eine Gesellschaft oder ein Tausch kein Vorrechtsfall[14], es sei denn, daß die Vertragsauslegung ergibt, daß die Parteien den Vorrechtsfall für jedes oder gerade auch für das besondere Veräußerungsgeschäft begründen wollten[14a]. Freilich ist in einem solchen Fall stets zu prüfen, ob die vom Vorrechtsgeber gewählte Veräußerungsart nicht einen verschleierten Verkauf darstellt,

---

[10] Ebenso für das französische Recht VASSEUR, D. Rép. Dr. civ. IV 3. Für das Vorkaufsrecht vertritt die gleiche Auffassung ENNECCERUS-LEHMANN 474; im österreichischen Recht OGH SZ XXVI, 784.

[11] Nur in diesem Fall läßt das französische Recht die Ausübung des Vorrechts zu: VASSEUR, D. Rép. Dr. civ. IV 3; für das deutsche Recht vgl. KG OLG 17, 26.

[12] Nach italienischer Auffassung ist ein Sachkomplex, der u. a. auch den Vorrechtsgegenstand umfaßt, stets ein „anderer" Gegenstand, seine beabsichtigte Veräußerung darum kein Vorrechtsfall: Cass. 25. 5. 1956, Foro it., 1956, I, 1297; App. Napoli, 15. 2. 1956, Foro it., Rep. 1956, v. Vendita, n. 48; Trib. Savona, 14. 5. 1958, Giur. it., Rep. 1959, v. Obbl. e Contr., n. 487.

[13] Vgl. dazu STAUDINGER(-OSTLER) § 508 Bem. 3; KUHN in: BGB-RGRK § 508 Anm. 4.

[14] KRESS II 51; für das französische Recht siehe Cass. civ. 5. 3. 1951: J. C. P. 1951, II, 6496 mit Anm. LAURENT; BAUDRY-LACANTINERIE et SEIGNAT 53 f.; PLANIOL-RIPERT (-HAMEL) X 217; VASSEUR, D. Rép. Dr. civ. IV 3; für das italienische Recht: App. Messina, 11. 7. 1957, Foro it., Rep. 1958, v. Società, n. 423; Trib. Brindisi, 31. 7. 1953, Giur. it., Rep. 1955, v. Società, n. 303. Vgl. ferner § 1078 ABGB: „Das Vorkaufsrecht läßt sich auf andere Veräußerungsarten ohne eine besondere Verabredung nicht ausdehnen." Eine beabsichtigte Leistung an Zahlungs Statt steht einem beabsichtigten Verkauf dagegen gleich: OGH SZ XXVIII 125.

[14a] OLG München, JW 1919, 257.

der Vorberechtigte also fraudulös um seine Rechte gebracht werden soll[15]. Ein solcher Umgehungsvertrag kann sittenwidrig sein[16], zumindest wird er für den Vorberechtigten Schadensersatzansprüche begründen[17]. Ist der Umgehungsvertrag noch nicht geschlossen oder ist er nichtig, so wird der Vorrechtsfall ausgelöst.

Haben die Parteien den Vorrechtsfall an eine beabsichtigte „*Veräußerung*" geknüpft, so löst grundsätzlich jede geplante Veräußerung den Vorrechtsfall aus. Dieser Grundsatz wird allerdings in vielen Fällen dadurch eingeschränkt, daß das Vorrecht dem Vorberechtigten nur für den Fall zugestanden wird, daß er bereit ist, die gleichen Gegenleistungen zu erbringen, die der Dritte angeboten hat. Das wird ihm bei einem Tauschvertrag beispielsweise nur selten möglich sein. Steht es von vornherein fest, daß der Vorberechtigte die von dem Dritten gebotene Gegenleistung nicht erbringen kann, dann ist der beabsichtigte Vertragsschluß mit dem Dritten auch kein Vorrechtsfall[18].

Kein Vorrechtsfall ist ferner die Verschenkung des Vorrechtsgegenstandes, wenn der Vorrechtsfall davon abhängig gemacht ist, daß der Vorberechtigte in das *Angebot des Dritten* eintritt. Ist freilich für den Vorrechtsfall dem Vorberechtigten ein Anspruch auf käuflichen Erwerb des Gegenstandes zu einem bestimmten oder bestimmbaren Preis eingeräumt, so kann das Vorrecht auch bei einem Tausch oder einer Schenkung ausgeübt werden. Dieser Fall ist von besonderer Bedeutung, wenn in der Satzung oder dem Gesellschaftsvertrag einer Gesellschaft einigen oder allen Gesellschaftern ein Vorrecht eingeräumt ist; denn hier ist meist ein fester oder bestimmbarer Übernahmepreis festgesetzt. Man wird aber selbst in den Fällen, in denen der Übernahmepreis sich nach dem Angebot des Dritten bestimmen soll, nach der ganzen Zielsetzung der Vorrechtsklausel (Schutz vor Überfremdung) annehmen müssen, daß im Fall der Verschenkung die vorberechtigten Gesellschafter einen Anspruch darauf

---

[15] Cass. civ. 5. 3. 1951 (vorige Note); Bordeaux, 13. 1. 1955: Gaz. Pal. 1955, 2, Table analytique, v. Vente (en général), Nr. 19 ff.; Trib. civ. Périgeux, 25. 3. 1952: J. C. P. 1954, II, 7899; Vasseur, D. Rép. Dr. civ. IV, 3.

[16] Kress II 52; Staudinger(-Ostler) § 504 Bem. 5; Kuhn in: BGB-RGRK § 504 Anm. 18.

[17] Kress II 52; Larenz II 99.

[18] Ist der Vorberechtigte zwar zu der von dem Dritten angebotenen Hauptleistung imstande, nicht aber zu einer gleichfalls angebotenen Nebenleistung, so gilt § 507 BGB analog: Läßt sich die Nebenleistung in Geld schätzen, so hat der Vorberechtigte ihren Wert zu errichten. Ist eine solche Schätzung nicht möglich, so kann das Vorrecht nicht ausgeübt werden, es sei denn, daß der Vorrechtsgeber den Vertrag mit dem Dritten auch ohne die Nebenleistung geschlossen hätte. Siehe dazu auch Kress II 53.

haben, daß ihnen die Gesellschaftsanteile zum inneren Wert angeboten werden[19]. Machen die Gesellschafter dann von ihrem Vorrecht keinen Gebrauch, so kann der veräußerungswillige Gesellschafter die Anteile an den Dritten verschenken. Allerdings wird man hier fordern müssen, daß den vorberechtigten Gesellschaftern nicht nur die Veräußerungsabsicht, sondern auch die Schenkungsabsicht mitgeteilt wird. Die vorberechtigten Gesellschafter können sonst im Falle einer gemischten Schenkung (teilweise unentgeltlich) die Abtretung der Anteile zu den Bedingungen dieses Vertrages fordern[20].

Schließlich ist keine Veräußerung die *Eigenverwertung*. Wenn sich beispielsweise ein Unternehmen verpflichtet hat, die Bewirtschaftung einer im Bau befindlichen Kantine einem bestimmten Kantinenwirt vor anderen Bewerbern zu übertragen, dann löst die Übernahme der Kantine in eigener Regie durch das Unternehmen den Vorrechtsfall nicht aus[21].

Um eine Eigenverwertung handelt es sich nicht nur in den Fällen, in denen der Vorrechtsgeber den Vorrechtsgegenstand allein verwertet, sondern auch in jenen Fällen, in denen er den Vorrechtsgegenstand in Gemeinschaft mit anderen Personen verwertet. So war in dem Knochenverwertungsfall des OLG Hamburg[22] der Vorrechtsgeber in eine GmbH eingetreten, die ihn mit anderen Berufsgenossen zusammenschloß und nach deren Statuten alle Gesellschafter verpflichtet waren, den Knochenanfall ihrer Betriebe der Gesellschaft zur gemeinsamen Verwertung zu überlassen. Das Oberlandesgericht sah in diesem Eintritt keinen Vorrechtsfall.

Endlich löst nur eine beabsichtigte *freiwillige* Veräußerung den Vorrechtsfall aus, nicht eine erzwungene Veräußerung. Darum begründet zwar die Absicht einer freiwilligen Versteigerung den Vorrechtsfall, nicht aber eine bevorstehende Zwangsversteigerung oder ein Konkurs.

4. Vorrechtsverträge oder Vorrechtsklauseln in Gesellschaftsverträgen sind den damit Belasteten oftmals lästig. *Umgehungsversuche* sind darum nicht selten. Über einen solchen Umgehungsversuch hatte vor nicht allzu

---

[19] LEHNER, SAG 26, 223 f.; CORDONNIER, J. Soc. 1959, 71 f.; a. A. Rouen, 18. 11. 1958, D. 1959, 286 (= S. 1959, 64 mit insoweit zust. Anm. von AUTESSERRE); HOUPIN et BOSVIEUX I 542: Das Vorrecht kann nicht geltend gemacht werden, doch bleibt das Zustimmungsrecht selbst dann unberührt, wenn nach dem Gesellschaftsvertrag die Gesellschafter verpflichtet waren, im Fall der Zustimmungsverweigerung von ihrem Vorrecht Gebrauch zu machen.

[20] LEHNER, SAG 26, 223 f.

[21] County Hotel and Wine Company v. London and North Western Railway, [1921] 1 A. C. 85 (H. L.). Zu den näheren Umständen dieser Entscheidung s. oben § 6 N. 22.

[22] OLG 33, 288.

langer Zeit das House of Lords zu befinden[23]. Es ging dabei um die Auslegung folgender Satzungsklauseln einer private company: „Any such ordinary shareholder who is desirous of transferring his ordinary shares shall inform the secretary in writing of the number of ordinary shares which he desires to transfer." In dem konkreten Fall hatten verschiedene Gesellschafter mit einem dritten „take-over bidder" „agreements for sale" ihrer Anteile geschlossen und waren dafür auch bezahlt worden. Die Anteile wurden dadurch zwar nicht übertragen, der Erwerber erlangte aber ein „beneficial interest" an ihnen, indem die shareholders ihm gegenüber in die Stellung von „trustees" eintraten. Als die Gesellschaft ihr Vorrecht geltend machte, erwiderten die Gesellschafter, ein „shareholder desirous of transferring his shares" sei nur „one desirous of registering an instrument of transfer". Eine solche Absicht hätten im Moment aber weder sie noch der Käufer.

In der Entscheidung des House of Lords sagte Viscount Simonds[24], durch den Vertrag seien die Gesellschafter verpflichtet, alles in ihren Kräften Stehende zu tun, um dem Käufer den vollen Rechtstitel zu verschaffen. Sie könnten zwar die Gesellschaft nicht zwingen, den Erwerber als Gesellschafter zu registrieren, aber alles andere müßten sie tun. Insbesondere seien sie verpflichtet, ihre Stimme nach den Wünschen des Erwerbers abzugeben. Ein shareholder, der sich zu einem bestimmten Tun verpflichtet habe, könne nicht behaupten, daß er es nicht wolle. Lord Keith of Avonholm sagte: „A shareholder who has transferred, or pretended to transfer, the beneficial interest in a share to a purchaser for value is merely endeavouring by a subterfuge to escape from the peremptory provisions of the article." [25] Das House of Lords kam zu dem Schluß, daß mit dem Abschluß der „agreements for sale" der Vorrechtsfall eingetreten sei.

Ein solcher Fall kann sich zwar nach *deutschem* Recht nicht ereignen, da im deutschen Recht der Vorrechtsfall niemals an die beabsichtigte Übereignung, sondern stets an die beabsichtigte Veräußerung – die bereits mit dem Kaufvertrag beginnt – angeknüpft wird. Wohl aber sind andere Fälle denkbar, in denen nach deutschem Recht ein Gesellschafter mit einem Dritten Vereinbarungen trifft, die wirtschaftlich gesehen einer Veräußerung gleichkommen, ohne es rechtlich zu sein. In diesem Zusammen-

---

[23] Lyle & Scott, Ltd. v. Scott's Trustees, Same v. British Investment Trust, Ltd., [1959] A. C. 763. S. dazu auch Rice, Take-over Bids for Private Companies, J. B. L. 1961, 260.

[24] AaO 774. [25] AaO 785.

hang ist insbesondere der *Stimmenkauf* zu erwähnen. Verträge, in denen sich ein Gesellschafter von einem Dritten besondere Vorteile dafür versprechen läßt, daß er seine Stimme in einem bestimmten Sinne abgibt, sind zwar nichtig, weil sie gegen die guten Sitten verstoßen. Eine gebundene Stimmabgabe zu beweisen, ist aber zuweilen recht schwierig. Wie, wenn der Gesellschafter behauptet, seine eigene Einsicht veranlasse ihn, seine Stimme in einem bestimmten Sinne abzugeben? Um diesen Schwierigkeiten und der aus einem solchen Vertrag für die Gesellschaft resultierenden Gefahr einer Überfremdung zu entgehen, sollte die Gesellschaft das Recht haben, entgeltliche Stimmrechtsbindungen nicht nur als nichtig, sondern zumindest dann, wenn sie auf eine Umgehung der Vorrechtsklauseln hinzielen, auch als Vorrechtsfälle behandeln zu können. Der Gesellschafter, der einem Dritten mittelbar gegen Entgelt Herrschaftsrechte einräumt, die normalerweise nur einem Gesellschafter zustehen, zeigt damit, daß er auch willens wäre, dem Dritten seine Anteile zu veräußern, und daß er die Veräußerung nur (im Einverständnis mit dem Dritten) deswegen unterläßt, um der Gesellschaft oder seinen Mitgesellschaftern keine Handhabe für die Ausübung ihres satzungsmäßigen Vorrechts zu geben. Eine solche Absicht genügt aber für die Annahme eines Vorrechtsfalles[26].

II. Die Pflichten des Vorrechtsgebers beim Eintritt des Vorrechtsfalles

1. Die Pflichten des Vorrechtsgebers beim Eintritt des Vorrechtsfalles ergeben sich aus dem konkreten Vorrechtsvertrag. Eine Verpflichtung trifft ihn aber immer: die Pflicht, dem Vorberechtigten den Vorrechtsfall *mitzuteilen.* Diese Mitteilung kann ausdrücklich oder konkludent erfolgen (man denke an die Übersendung eines druckfertigen Manuskripts

[26] Wie sehr bei der Prüfung des Vorrechtsfalles der Zweck des Vorrechtsvertrages berücksichtigt werden kann, zeigt die Entscheidung RG 169, 65: Eine Gemeinde hatte einer Gemeinnützigen Bauvereinigung verschiedene Grundstücke übertragen, sich bei der Übertragung aber ein Vorrecht einräumen lassen für den Fall, daß die Bauvereinigung oder ihre Rechtsnachfolger die Grundstücke „veräußern wollen". Die Bauvereinigung wurde später in ein Privatunternehmen umgestaltet, die Gemeinnützigkeit wurde ihr aberkannt. Das Reichsgericht sah den Zweck des Vorrechtsvertrages darin, daß der der Gemeinde zugute kommende gemeinnützige Zweck, dem die Grundstücke nach der Satzung der Bauvereinigung gewidmet waren, sichergestellt werden sollte. Unter diesen Umständen, so meinte das Reichsgericht (aaO 72 f.), sei die Möglichkeit nicht von der Hand zu weisen, erscheine es sogar naheliegend, den Vorrechtsvertrag sinngemäß dahin auszulegen, daß die Voraussetzung, unter der das Vorrecht sollte ausgeübt werden dürfen, mit der Umwandlung des Unternehmens eingetreten sei.

an den vorberechtigten Verleger), sie kann bloßen Mitteilungscharakter haben, aber auch bereits ein Angebot in sich schließen. Meist wird sich ihre Rechtsnatur aus ihrem Wortlaut entnehmen lassen. Wenn beispielsweise der Vorrechtsgeber dem Vorberechtigten schreibt: „Ich teile Ihnen mit, daß Herr X für den Vorrechtsgegenstand 10000 DM geboten hat. Falls Sie sofort zusagen, bin ich bereit, Ihnen den Gegenstand zu dem gleichen Preis zu überlassen", dann enthält die Mitteilung des Vorrechtsfalles zugleich ein Angebot[27]. Fehlt dagegen in der Mitteilung die Erklärung, zum Vertragsschluß bereit zu sein, dann wird in der Regel davon auszugehen sein, daß der Vorrechtsgeber vom Vorberechtigten zunächst nur wissen will, ob dieser sein Vorrecht auszuüben gedenkt[28].

Man kann also nicht, wie das italienische[29], aber auch das französische und das schweizerische[30] Recht dies überwiegend tun, in der Mitteilung bereits ein Angebot sehen. Die Mitteilung kann ein Angebot enthalten. In der Regel enthält sie aber keines.

Die Mitteilung kann, wenn die Parteien nichts anderes bestimmt haben, *formlos* geschehen. Enthält die Mitteilung ein Angebot, so gelten für die Form dieses Angebots und für die Bindungsdauer die allgemeinen Vorschriften[31]. Das Angebot kann – wenn der Vorrechtsgeber keine Frist für die Annahme bestimmt hat (§ 148 BGB) – nur bis zu dem Zeitpunkt angenommen werden, in welchem der Vorrechtsgeber den Eingang der Antwort unter regelmäßigen Umständen erwarten darf (§ 147 BGB).

Im *italienischen* und im *englischen* Recht, in welchen beiden ein einfaches Angebot bis zu seiner Annahme widerrufen werden kann, der Antragende also nicht zunächst einmal gebunden ist, ist die Frage erörtert worden, ob auch der

---

[27] RG WarnRspr. 1919, 241. [28] RG OLG 17, 26 N. 1.

[29] Cass. 30. 6. 1949, Giur. it., 1950, I, 1, 417; Cass. 16. 4. 1957, n. 1294, Foro it., Rep. 1957, v. Enfiteusi, n. 29; wohl auch Cass. 30. 7. 1954, n. 2783, Giust. Civ. 1955, I, 435; Rubino 58 f.; teilweise wird sogar behauptet, die Mitteilung gelte als unwiderrufliches Angebot, als Option: Cass. 9. 3. 1948, Riv. dir. comm. 1948, II, 231; Trib. Verbania, 8. 10. 1947, Giur. it., 1948, I, 2, 88; Ferri, Riv. trim. dir. proc. civ. 1951, 243; als bloße Aufforderung zur Abgabe eines Angebots betrachtet die Mitteilung Mirabelli 154; dagegen wollen Greco, Sul patto di prelazione per la cessione di una quota di accomandante, Riv. dir. comm. 1948, II, 231 ff., 238 ff., De Martini, Profili della vendita commerciale e del contratto estimatorio (1950) 108 und Corrado 265 die Rechtsnatur der Mitteilung – wie ich – jeweils durch Auslegung unter Berücksichtigung des Wortlauts und der Umstände ermitteln.

[30] Vasseur D. Rép. Dr. civ. IV, 4; Lehner, SJZ 1954, 77.

[31] Die in Italien herrschende Auffassung, die in der Mitteilung stets ein Angebot sieht, verlangt konsequenterweise für die Mitteilung die Form des gewollten Vertrages: Cass. 30. 7. 1954, n. 2783, Giust. civ. 1955, I, 435; Trib. Rieti, 23. 2. 1952, Giust. civ. 1953, I, 152; s. aber auch Corrado 264: Enthält die Mitteilung nur die Aufforderung zur Abgabe eines Angebots, so kann sie auch formlos geschehen.

Vorrechtsgeber sein Angebot widerrufen kann. In beiden Ländern hat man die Frage bejaht, in England allerdings mit der Maßgabe, daß der Vorrechtsgeber zum Widerruf nur berechtigt ist, wenn er den schlüssigen Beweis erbringt, daß er nicht mehr verkaufswillig ist[32]. Diese Auffassung ist deswegen interessant, weil sie sogar für den Fall, daß der Vorrechtsvertrag als bedingter Vorvertrag ausgestaltet ist, die unbedingte Pflicht zum Vertragsschluß bei Eintritt der Bedingung verneint. Im *deutschen* und im *schweizerischen* Recht muß der Vorrechtsgeber, wenn der Vorrechtsvertrag sich als bedingter Vorvertrag darstellt, im Vorrechtsfall den Vertrag schließen, wenn der Vorberechtigte es so will. Eine nachträgliche Meinungsänderung kann nicht berücksichtigt werden[33]. Diese Diskrepanz macht eine gewisse Schwerfälligkeit des deutschen und des schweizerischen Rechts in diesem Punkt offenbar. Sie ist ein Grund mehr dafür, als Regelfall des Vorrechtsvertrages denjenigen Vertrag anzunehmen, der nur zur Mitteilung des Vorrechtsfalles, nicht aber zu einem Angebot oder zu der Annahme eines Angebots verpflichtet.

2. Ebenso wie die Rechtsnatur ergibt sich auch der *Inhalt* der geschuldeten Mitteilung in erster Linie aus dem Vorrechtsvertrag. Hat der Vorrechtsgeber in dem Vorrechtsvertrag es lediglich übernommen, dem Vorberechtigten im Vorrechtsfall den Vorrechtsgegenstand „anzubieten", dann erfüllt er seine Pflicht, wenn er dem Vorberechtigten seine Veräußerungsabsicht mitteilt und ihm zugleich ein billiges (§ 315 Abs. 1 BGB) Angebot macht oder ihn zur Abgabe eines Angebots auffordert[34]. Ist dagegen im Vertrag das Vorrecht davon abhängig gemacht, daß der Vorberechtigte in das Angebot eines Dritten oder in das Höchstangebot von mehreren Angeboten Dritter eintritt, dann muß der Vorrechtsgeber dem Vorberechtigten auch die Angebote mitteilen, die ihm gemacht worden sind[35]. Zu einer Vorlegung der Angebote ist der Vorrechtsgeber nicht

---

[32] Lyle & Scott, Ltd. v. Scott's Trustees, Same v. British Investment Trust, Ltd., [1959] A. C. 763 (s. oben N. 23 ff.). In dieser Entscheidung des House of Lords sagte Viscount SIMONDS, der Beweis, nicht mehr verkaufswillig zu sein, könne so lange nicht geführt werden, wie der Vorrechtsgeber (der Gesellschafter) noch durch einen Veräußerungsvertrag (agreement to sell) mit einem Dritten gebunden sei.

Für das italienische Recht siehe die Nachweise in N. 29.

[33] LARENZ, DB 1955, 210; LEHNER, SJZ 1954, 78.

[34] RG SeuffA 81, 360, 363. Eines Angebots oder der Aufforderung zur Abgabe eines Angebots bedarf es natürlich nicht in den Fällen, in denen die Parteien für den Vorrechtsfall bereits einen bestimmten Übernahmepreis vereinbart haben.

[35] RG JW 1930, 3766; HOFFMANN 224; KRESS II 51. Man kann also nicht generell sagen, bei einer Vorhandeinräumung bestehe keine Pflicht, dem Vorberechtigten den Inhalt eines beabsichtigten Vertrages mit einem Dritten mitzuteilen. Es kommt vielmehr auf die konkrete Ausgestaltung des Vorrechtsvertrages an. Zu weitgehend darum RG Recht 1907 Nr. 1807; STAUDINGER(-OSTLER) § 510 Bem. 8; KUHN in BGB-RGRK § 510 Anm. 8. Richtig RÖSER 51 f.

verpflichtet, doch muß seine Auskunft nicht nur über die Haupt-, sondern auch über die Nebenbedingungen des von dem Dritten angebotenen Vertrages Aufschluß geben; denn oft hängt der Wert eines Angebots auch von den Nebenbedingungen (Zahlungsbedingungen, Ratenzahlung, Verzinsung usw.) ab[36].

In den Fällen, in denen der Vorrechtsgeber zur Mitteilung der Angebote Dritter nicht verpflichtet ist, hat er die Chance, vom Vorberechtigten einen *höheren Preis* zu erzielen als ihm ein Dritter geboten hat. Man kann nicht sagen, daß nur solche Angebote „billig" seien, die von Drittinteressenten geboten sind. Der Vorrechtsgeber kann darum dem Vorberechtigten zunächst ein bestimmtes Angebot machen, auch wenn er von vornherein entschlossen ist, einem Dritten günstigere Bedingungen zu bieten[37]. Der Vorberechtigte ist dadurch geschützt, daß der Vorrechtsgeber die Sache nicht einem Dritten zu günstigeren Bedingungen veräußern darf, als er dem Vorberechtigten geboten hat.

Nun kann folgende Situation entstehen: D bietet dem Vorrechtsgeber E für ein bestimmtes Grundstück, an dem B ein Vorrecht hat, 50 000 DM. Daraufhin teilt der E dem B mit, er beabsichtige, das Grundstück zu verkaufen, und fragt den B, ob er bereit sei, es für 70 000 DM zu erwerben. B lehnt ab. Nunmehr ermäßigt E sein Angebot auf 50 000 DM. B weiß, daß E das Grundstück nicht zu günstigeren Bedingungen veräußern darf, als er ihm geboten hat, er weiß aber nicht, ob E ein Angebot von 50 000 DM in Händen hat. Nimmt er das Angebot an, so riskiert er, einen höheren Preis zu zahlen, als E von einem Dritten erhalten würde, lehnt er das Angebot ab, so riskiert er, daß E das Grundstück um den gleichen Preis an einen Dritten veräußert. Seine Verhandlungsposition würde sehr verbessert werden, wenn der Vorrechtsgeber verpflichtet wäre, bei dem Angebot darauf hinzuweisen, daß er das Grundstück zu den gleichen Bedingungen auch einem Dritten veräußern kann.

Die Frage ist also: Muß der Vorrechtsgeber dem Vorberechtigten ein *„gardez!"* zurufen, wenn sein „billiges" Angebot zugleich dem Angebot eines Dritten entspricht? Ich glaube, man wird die Frage *bejahen* müssen. Durch den Vorrechtsvertrag wird zwischen den Parteien ein Vertrauens-

---

[36] Vgl. VASSEUR D. Rép. Dr. civ. IV 3. Siehe auch oben § 6 N. 19, 20. Auch die Person des Dritten kann gelegentlich eine Rolle spielen. So werden insbesondere veräußerungswillige Gesellschafter den vorberechtigten Gesellschaftern in der Regel den Namen des Interessenten mitteilen müssen: LEHNER, SJZ 1954, 80. Siehe auch OGH ÖJZ 1957, 547, 548.

[37] Vgl. KG OLG 17, 26. Hier ist das englische Recht anscheinend anderer Auffassung: s. o. § 6 N. 20.

verhältnis geschaffen, das den Vorrechtsgeber verpflichtet, alles zu tun, was zur Verwirklichung dieses Vorrechts erforderlich ist. Vorrecht heißt Vorzug unter sonst gleichen Bedingungen. Eine Verwirklichung des so verstandenen Vorrechts ist nur möglich, wenn der Vorrechtsgeber weiß, daß er Konkurrenten hat, welche die gleichen Bedingungen bieten. Diese Aufklärung kann ihm aber nur der Vorrechtsgeber verschaffen [38].

III. Die Ausübung des Vorrechts

1. Hat der Vorrechtsgeber dem Vorberechtigten den Vorrechtsfall mitgeteilt, dann liegt die Entscheidung über die Ausübung des Vorrechts beim Vorberechtigten. Entschließt er sich, sein Vorrecht auszuüben, dann muß er für die Art und Weise, in der das Vorrecht auszuüben ist, auf die Form und die Rechtsnatur der Mitteilung Bedacht nehmen. Enthält die Mitteilung ein Angebot, so muß er das Angebot annehmen, enthält die Mitteilung ausdrücklich oder konkludent die Aufforderung, ein Angebot abzugeben, so muß er dieser Aufforderung nachkommen.

Häufig ist im Vorrechtsvertrag eine *Frist* vorgesehen, innerhalb derer der Vorrechtsgeber sich zu erklären hat [39]. Haben die Parteien darüber nichts vereinbart, so kann der Vorrechtsgeber dem Vorberechtigten in der Mitteilung des Vorrechtsfalles eine angemessene Frist für die Erklärung setzen [40]. Ist auch das nicht geschehen, so kommt es auf die Rechts-

---

[38] Hillig, 385 Gutachten über urheberrechtliche, verlagsrechtliche und verlegerische Fragen I (1928) 227; Bappert-Wagner 157; s. auch RG JW 1930, 3766 und Staudinger(-Ostler) § 433 Bem. 83; a. A. anscheinend Hoffmann 224 f.

[39] S. z. B. KG OLG 17, 26; OLG München JW 1919, 257. Muß das Vorrecht innerhalb einer bestimmten Frist ausgeübt werden, dann ist seine Geltendmachung nach Ablauf der Frist ausgeschlossen, es sei denn, die Parteien hätten in beiderseitiger Übereinstimmung die Frist verlängert: Dibbins v. Dibbins, [1896] 2 Ch. 348; Brunner v. Moore, [1904] 1 Ch. 305; Morrell v. Studd and Millington, [1913] 2 Ch. 648. Zu beachten ist freilich, daß in den Fällen, in denen der Vorrechtsgeber dem Vorberechtigten die Angebote Dritter mitzuteilen hat, die Frist erst zu laufen beginnt, wenn der Vorrechtsgeber dieser Verpflichtung nachgekommen ist: OGH SZ XXIV 226.

[40] A. A. Kress II 51, der neben der vereinbarten nur die durch Auslegung (§ 157 BGB) zu ermittelnde Frist anerkennt. Welche Frist im Einzelfall angemessen ist, bestimmt sich nach den Umständen. Die Entscheidung über den Ankauf von Handelswaren kann schneller getroffen werden als die Entscheidung über die Inverlagnahme eines Buches. Zu dieser sagt Art. 34 Abs. 3 des französischen Urhebergesetzes vom 11. 3. 1957: „L'éditeur doit exercer le droit qui lui est reconnu en faisant connaître par écrit sa décision à l'auteur, dans le délai de trois mois à dater du jour de la remise par celui-ci de chaque manuscrit définitif." Auch der Wert des Objekts spielt bei der Fristsetzung eine Rolle. Nach einer Entscheidung des italienischen Kassationshofs ist bei einem Objekt von einigen Millionen Lire eine Frist von wenigen Stunden nicht angemessen: Cass. 5. 3. 1954, n. 617, Giust. civ. 1954, I, 469. Eine unangemessen kurze

natur der Mitteilung an. Enthält die Mitteilung ein einfaches Angebot, so kann die Annahme nur bis zu dem Zeitpunkt erfolgen, in welchem der Vorrechtsgeber ihren Eingang unter regelmäßigen Umständen erwarten durfte (§ 147 Abs. 2 BGB)[41]. Für ein befristetes Angebot gilt § 148 BGB. Enthält die Mitteilung kein Angebot, sondern nur die Aufforderung zur Abgabe eines Angebots, so ist der Vorberechtigte grundsätzlich nicht verpflichtet, innerhalb eines bestimmten Zeitraumes ein Angebot abzugeben. Säumt er zu lange, so kann ihm der Vorrechtsgeber aber auch noch nachträglich eine Frist für die Ausübung des Vorrechts setzen. Gelegentlich mag sich eine bestimmte Erklärungsfrist auch aus den im Handelsverkehr geltenden Gewohnheiten und Gebräuchen ergeben (§ 346 HGB)[42].

Für Vorrechtsklauseln in *Gesellschaftssatzungen* oder -verträgen gelten diese Grundsätze freilich nur mit Einschränkungen. Nicht ohne Grund hält das französische Recht eine Vorrechtsklausel in einer Gesellschaftssatzung für unwirksam, die keine Bestimmung darüber enthält, innerhalb welcher Frist das Vorrecht ausgeübt werden muß[43]. Die Schwierigkeit liegt hier im folgenden: In der Mehrzahl der Vorrechtsklauseln ist für den Vorrechtsfall ein nach bestimmten Grundsätzen zu ermittelnder Übernahmepreis festgesetzt. Zur Ermittlung dieses Preises bedarf es in aller Regel eines besonderen Bewertungsverfahrens. Die Frage ist nun: Muß das Vorrecht u. U. ausgeübt werden, ehe das Bewertungsverfahren abgeschlossen ist und damit der Übernahmepreis feststeht? Eine solche Möglichkeit könnte sich dann ergeben, wenn der veräußerungswillige Gesellschafter eine Frist für die Erklärung bestimmt hat, die vor Abschluß des Bewertungsverfahrens abläuft, ferner dann, wenn der veräußerungswillige Gesellschafter zwar keine Frist bestimmt hat, mit der Mitteilung des Vorrechtsfalles aber ein Angebot verbunden hat. Muß die Annahme des

---

Frist kann in analoger Anwendung des § 315 BGB vom Richter verlängert werden. Ebenso für das italienische Recht: Rubino 58.

[41] Es gilt also nicht die Wochen- bzw. Zweimonatsfrist des § 510 Abs. 2 BGB; im Vorkaufsfall ist eine sofortige Antwort nicht nötig, weil für den Verkäufer der Verkauf auf alle Fälle gesichert ist. RG WarnRspr. 1919, 241; Kuhn in BGB-RGRK § 504 Anm. 8; Röser 54 f. Das österreichische Recht schreibt die „Einlösung" beweglicher Sachen binnen 24 Stunden, die „Einlösung" unbeweglicher Sachen binnen 30 Tagen „nach der geschehenen Anbietung" vor (§ 1075 ABGB). Siehe auch Hoffmann 225.

[42] Die italienische Doktrin entnimmt diesen Satz aus der analogen Anwendung des Art. 1566 c. c., der insbesondere für den Vorrechtsvertrag im Bereich der „somministrazione" vorschreibt: „... il somministrante deve dichiarare, sotto pena di decadenza, nel termine stabilito o, in mancanza, in quello richiesto dalle *circostanze* o dagli *usi*, se intende valersi del diritto di preferenza." Vgl. dazu auch Corrado 265.

[43] Trib. civ. Lyon, 13. 5. 1893, J. Soc. 1893, 517; Moreau, La société anonyme I 438.

Angebots vor Abschluß des Bewertungsverfahrens erklärt werden? Mit der letzten Frage hat sich insbesondere – für das *schweizerische* Recht – LEHNER beschäftigt[44]. Er hält, wenn der Vorrechtsvertrag als bedingter Vorvertrag ausgestaltet ist, eine Analogie zum Vorkaufsrecht für möglich und damit eine Übertragung der für das Vorkaufsrecht vorgesehenen Überlegungsfrist von einem Monat auf das Vorhandverhältnis[45]. Diese Frist, so meint LEHNER, müsse genügen, da schließlich auch der Aktionär verpflichtet sei, die Aktien zu einem Preis, der erst nachträglich zahlenmäßig berechnet wird, abzugeben. Es könne dem Verwaltungsrat zugemutet werden, die Wertfrage innerhalb der Monatsfrist so weit abzuklären, daß er seinen Entschluß über Ablehnung oder Annahme fassen könne. Wolle man freilich die Monatsfrist auf das Vorhandverhältnis nicht übertragen, erkläre man also die kurze Annahmefrist von Art. 3 OR für anwendbar, dann führe die Berechnung der Annahmefrist von der Offertstellung an zu einem unhaltbaren Ergebnis. Der Verwaltungsrat, der unvorbereitet eine wertmäßig nicht bestimmte Offerte erhält, müßte sich, wenn er sein Vorhandrecht nicht verlieren wolle, in einem Tempo entschließen, das eine Vorausberechnung praktisch ausschließe. Die Annahmefrist könne daher nicht von der Offertstellung an zu laufen beginnen, sondern erst von dem Tage an, an dem das Bewertungsverfahren abgeschlossen ist[46]. In den Fällen, in denen sich der Vorrechtsvertrag nicht als bedingter Vorvertrag darstellt – LEHNER spricht hier von einem abgeschwächten Vorhandverhältnis –, hält LEHNER die Ausdehnung der Annahmefrist auf einen Monat nicht für möglich, da eine direkte Analogie zum Vorkaufsverhältnis hier nicht bestehe. Er meint, es könne aber auch hier gesagt werden, daß die Annahmefrist erst nach erfolgter Festsetzung des Wertes zu laufen beginne[47].

Die Situation ist für LEHNER deswegen so kompliziert, weil er die Mitteilung des Vorrechtsfalles stets nur als Angebot wertet. Die Lösung des Problems ist wesentlich einfacher, wenn man die Mitteilung als das nimmt, was sie im Regelfall sein wird: als Aufforderung zur Abgabe eines Angebots oder als bloße Ankündigung eines Angebots für den Fall der Ausübung des Vorrechts. Hier besteht nicht die Zeitgrenze des § 147 BGB. Die vorberechtigten Gesellschafter können mit der Ausübung ihres Vorrechts so lange warten, bis das Bewertungsverfahren abgeschlossen ist. Eine Fristsetzung durch den veräußerungswilligen Gesellschafter ist nur

---

[44] SJZ 1954, 73 ff.
[45] LEHNER 78 f.
[46] LEHNER 79.
[47] LEHNER 81.

dann angemessen, wenn sie die normale Dauer eines Bewertungsverfahrens berücksichtigt[48].

Für den Fall freilich, daß der veräußerungswillige Gesellschafter mit der Mitteilung zugleich ein Angebot verbunden hat, gewinnen die Ausführungen LEHNERS Bedeutung. Ich teile seine Auffassung, daß die vorberechtigten Gesellschafter nicht sofort nach Erhalt des Angebots oder innerhalb der vom veräußerungswilligen Gesellschafter gesetzten möglicherweise zu kurzen Frist ihre Annahme erklären müssen. Andererseits wird die Übertragung der Frist des § 510 Abs. 2 BGB auf den Vorrechtsfall in Deutschland allgemein abgelehnt[49]. Die Lösung dieses Problems ergibt sich m. E. daraus, daß dem Angebotsempfänger stets eine *angemessene Überlegungsfrist* zuzubilligen ist[50]. Diese Überlegungsfrist soll insbesondere auch dem Angebotsempfänger die Möglichkeit geben, sich über die Preiswürdigkeit des Angebots klarzuwerden. Daß für die Ermittlung des ungefähren Wertes eines Gesellschaftsanteils ein gewisser Zeitraum erforderlich ist, liegt auf der Hand. Diesen Zeitraum muß der Offerent den Angebotsadressaten zur Verfügung stellen. Eine Annahme des Angebots innerhalb dieses Zeitraums ist rechtzeitig erfolgt[51].

Eine große praktische Bedeutung hat dieses Problem freilich nicht, weil mit der Vorrechtsklausel in aller Regel eine Zustimmungsklausel verbunden ist. Setzt der veräußerungswillige Gesellschafter eine zu kurze Frist, so kann die Gesellschaft die Übertragung der Anteile an den Dritten ablehnen. Dem Gesellschafter wird es darum kaum gelingen, die Gesellschaft unter Zeitdruck zu setzen. Als beste Lösung bleibt natürlich die Aufnahme einer Erklärungsfrist in die Satzung oder den Gesellschaftsvertrag.

Eine bestimmte *Form* ist für die Ausübung des Vorrechts nicht vorgeschrieben, kann aber im Vorrechtsvertrag vereinbart werden[51a]. Soll

---

[48] Dieser Zeitraum läßt sich nicht einheitlich festlegen. Er wird wesentlich von der Größe der jeweiligen Gesellschaft beeinflußt werden. RUSCONI 152 berichtet für das italienische Recht, daß Fristen von 15 oder 30 Tagen üblich sind.

[49] S. oben N. 41.

[50] ENNECCERUS-NIPPERDEY 990; PALANDT(-DANCKELMANN) § 147/48 Bem. 5.

[51] Die Länge des Zeitraumes hängt von den Umständen ab. Ist beispielsweise dem Angebot ein Bewertungsverfahren unmittelbar vorausgegangen, etwa weil ein anderer Gesellschafter ebenfalls seine Anteile veräußern wollte, so kann die Frist sehr kurz bemessen werden.

[51a] Solche Vereinbarungen empfehlen sich aus Beweisgründen; vgl. z. B. LG Wien, ÖJZ 1948, 234: Sowohl die Mitteilung des Vorrechtsfalles als auch die Ausübung des Vorrechts haben – nach der getroffenen Vereinbarung – mittels eingeschriebenen Briefes zu erfolgen.

die Ausübung des Vorrechts freilich zugleich ein Angebot oder die Annahme eines Angebots sein, dann ist die für den beabsichtigten Vertrag vorgeschriebene Form zu wahren. Wird die Form nicht gewahrt, dann ist zwar das Vorrecht ausgeübt, aber kein wirksames Angebot abgegeben oder ein Angebot nicht wirksam angenommen worden[52].

Ist ein Vorrecht an *mehreren Gegenständen* (z. B. an verschiedenen Grundstücken) eingeräumt und will der Vorrechtsgeber alle diese Gegenstände veräußern, so ist es grundsätzlich zulässig, daß der Vorberechtigte erklärt, sein Vorrecht nur hinsichtlich eines Gegenstandes ausüben zu wollen. Ist der für die Gesamtheit der Gegenstände zu erwartende Preis allerdings höher als die Summe der für die einzelnen Gegenstände zu erwartenden Gegenleistungen oder ist die Veräußerungschance für einen Gegenstand geringer als für die Gegenstände insgesamt, so kann der Vorrechtsgeber verlangen, daß der Vorberechtigte sein Vorrecht nur hinsichtlich aller Gegenstände ausübt oder auf die Geltendmachung hinsichtlich aller Gegenstände verzichtet[52a].

2. Die *Mitteilung des Vorrechtsfalles* ist zwar der regelmäßige Anlaß für die Ausübung des Vorrechts, *nicht* aber deren *Vorbedingung*[53]. Die Rechte, die der Vorberechtigte im Vorrechtsfall hat, kann er auch ausüben, wenn der Vorrechtsgeber ihm den Eintritt des Vorrechtsfalles nicht mitgeteilt hat[54]. Er kann darum sowohl dem Vorrechtsgeber unter Hinweis auf den eingetretenen Vorrechtsfall ein Angebot machen als auch ihn zur Abgabe eines Angebots auffordern. Gegebenenfalls kann er vom Vorrechtsgeber die Mitteilung der Angebote Dritter verlangen.

---

[52] Larenz, DB 1955, 210; Röser 53. Eine formlose Ausübung des Vorrechts ist (bei einem formbedürftigen Vertrag) dem Vorberechtigten nur dann schädlich, wenn die Mitteilung des Vorrechtsfalles ein formgültiges Angebot enthält; weil die formlose Ausübung keine Annahme sein kann, besteht die Gefahr, daß die Annahme nicht mehr rechtzeitig erklärt werden kann.

[52a] Nach Lehner, SAG 26, 207 können z. B. die Aktionäre des Verwaltungsrats einer Aktiengesellschaft nicht erklären, von ihrem Vorrecht nur hinsichtlich so vieler Aktien Gebrauch machen zu wollen, wie ihnen zur Erreichung einer bestimmten Majorität noch fehlen. Das hätte nämlich oft zur Folge, daß der veräußerungswillige Aktionär für die restlichen Aktien keine Interessenten mehr fände. S. auch oben § 22 N. 80 und N. 87.

[53] Ebensowenig wie die Mitteilung von dem Kaufabschluß nach § 510 BGB eine Voraussetzung für die Ausübung des Vorkaufsrechts ist: Staudinger(-Ostler) § 504 Bem. 13.

[54] Kress II 51.

IV. Die Durchsetzung des Vorrechts

Ist der Vorrechtsfall eingetreten, dann hat der Vorberechtigte verschiedene Möglichkeiten, seine Rechte auch gegen den widerstrebenden Vorrechtsgeber durchzusetzen, nämlich: einen Aufklärungsanspruch, einen Unterlassungsanspruch und einen Erfüllungsanspruch.

Den *Aufklärungsanspruch* hat der Vorberechtigte in den Fällen, in denen der Vorrechtsgeber zur Mitteilung der Angebote Dritter verpflichtet ist[55]. Zwar legte das OLG Dresden eine Vertragsklausel, in der ein Verlag sich verpflichtet hatte, das Recht der alleinigen Inseratenannahme erst dann an eine andere Firma zu vergeben, wenn seine Vertragspartnerin, eine Anzeigengesellschaft, die Übernahme der Inseratenannahme unter den von den anderen Bewerbern angebotenen Bedingungen abgelehnt hätte, dahin aus, daß der Verlag nicht verpflichtet sei, die ihm von anderen Bewerbern angebotenen Bedingungen der Anzeigengesellschaft mitzuteilen. Vielmehr sei der Verlag nur gehalten, wenn er die von anderen Bewerbern angebotenen Bedingungen der Anzeigengesellschaft nicht mitgeteilt habe, das Recht der alleinigen Inseratenannahme nicht an eine andere Firma zu vergeben. Diese Auslegung bezeichnete das Reichsgericht aber als unmöglich[56]. Nach Ansicht des Reichsgerichts verstößt sie gegen § 133 BGB, weil sie am buchstäblichen Sinne des Ausdrucks haftet und nicht den wirklichen Willen der Vertragsschließenden erforscht. Denn, so meinte das Reichsgericht, wenn jemand einem anderen ein Recht einräume, dann räume er ihm in aller Regel auch nach Treu und Glauben mit Rücksicht auf die Verkehrssitte die Mittel ein, um das Recht zu verwirklichen. Demzufolge habe die Anzeigengesellschaft gem. § 242 BGB in Verbindung mit den vertraglichen Vereinbarungen der Parteien ein Recht auf Auskunftserteilung, das sie im Wege der Klage durchsetzen könne.

Den *Unterlassungsanspruch* hat der Vorberechtigte in den Fällen, in denen der Vorrechtsvertrag ihm kein potestativ bedingtes Recht auf Abschluß eines Vertrages gibt, sondern den Vorrechtsgeber nur daran hindern soll, mit einem Dritten zu Bedingungen zu kontrahieren, die der Vorberechtigte zu akzeptieren bereit ist. Erfährt der Vorberechtigte, daß der Vorrechtsgeber den Gegenstand des Vorrechtsvertrages an einen Dritten veräußern will, so kann er auf Unterlassung des Vertragsschlusses klagen. Ob es sich bei dieser Klage um eine Klage auf künftige Lei-

---

[55] S. oben N. 35.

[56] RG JW 1930, 3766; die Entscheidung des OLG Dresden hob das Reichsgericht auf.

stung handelt[57] oder ob sie auf eine gegenwärtige Leistung gerichtet ist[58], ist bestritten. In jedem Fall setzt sie die Gefahr einer Vereitelung der Rechte des Klägers voraus. Diese Gefahr ist gegeben, wenn die Veräußerung an den Dritten unmittelbar bevorsteht. Besteht noch keine unmittelbare Gefahr einer Vereitelung der Rechte des Vorberechtigten, dann ist seine Klage auf Unterlassung, hält man sie für eine Klage auf künftige Leistung, unzulässig, sonst unbegründet[59]. Die Vollstreckung eines solchen Urteils richtet sich nach § 890 ZPO.

In der Praxis werden solche Unterlassungsklagen freilich kaum vorkommen. Der Vorberechtigte wird der riskanten Unterlassungsklage in aller Regel den *Schadensersatzanspruch* vorziehen.

Handelt es sich bei dem Vorrechtsvertrag um einen potestativ bedingten Vorvertrag, so hat bei Eintritt der Bedingung, also im Vorrechtsfall, der Vorberechtigte die gleichen Rechte wie jeder Partner eines Vorvertrages. Das heißt, er kann von dem Vorrechtsgeber den *Abschluß des Hauptvertrages* verlangen, ihn entweder auf Abgabe oder auf Annahme eines Angebots verklagen[60]. Eine unmittelbare Klage auf Leistung des Vorrechtsgegenstandes ist dagegen, entgegen NIPPERDEY[61], nicht möglich[62]. Allerdings kann der Vorberechtigte mit seiner Klage auf Abgabe

[57] So BGH LM § 242 BGB (2); ENNECCERUS-NIPPERDEY 1376; ENNECCERUS-LEHMANN 18.

[58] So ROSENBERG 401; STEIN-JONAS(-SCHÖNKE-POHLE) Bem. IV 2a vor § 253.

[59] WIECZOREK, ZPO II, 1 (1957) § 259 Bem. A II b.

[60] S. oben § 12 I; ferner LARENZ II 102; DERS., DB 1955, 210; GREULICH, DB 1955, 90; RÖSER 55 f.; für das österreichische Recht LG Wien, ÖJZ 1948, 234. Eigentümlich ist die italienische Auffassung. Konsequenterweise müßte sie, die den Vorrechtsvertrag als bedingten Vorvertrag ansieht, dem Vorberechtigten die Klage nach Art. 2932 c. c. geben, wenn der Vorrechtsgeber einem Dritten ein Optionsrecht auf käuflichen Erwerb des Vorrechtsgegenstandes einräumt oder auf andere Weise, etwa durch Abschluß eines Vorvertrages, seinen Veräußerungswillen bekundet. In Wirklichkeit vertreten aber nur wenige Stimmen diese Ansicht (so insbesondere RUBINO 60 und D'ORAZI FLAVONI, Prelazione e inadempimento, Giust. civ., 1953, 190 ff. [bei Verletzung der Mitteilungspflicht]; in der Rechtsprechung App. Milano, 26. 6. 1953, Riv. dir. comm., 1954, II, 116; Trib. di Lecco, 8. 7. 1958, Riv. dir. comm., 1959, 464). Überwiegend wird die Anwendbarkeit des Art. 2932 c. c. im Bereich des Vorrechtsvertrages verneint (s. etwa Cass. 11. 3. 1946, n. 252, Foro it., 1944–1946, I, 445; Trib. Palermo, 25. 2. 1955, Foro it., Rep. 1955, v. Vendita, n. 85; DE MARTINI, Profili 98; TAMBURRINO 141; CORRADO 269) oder doch auf den Fall beschränkt, daß der Vertrag mit einem Dritten geschlossen worden ist, seine Wirkungen aber noch nicht eingetreten sind (der Mieter ist noch nicht eingezogen, die Veräußerung des Grundstücks ist noch nicht eingetragen usw.): DE MARTINI, Adempimento ecc. 232 ff.; s. auch DE MARTINI, Esecuzione in forma specifica dal patto di prelazione riguardante il trasferimento di azioni nominative, Riv. dir. comm., 1954, II, 116 ff. Auch hier kann man wieder die Frage stellen: Ist der bedingte Vorvertrag wirklich die Hauptform des Vorrechtsvertrages?

[61] NIPPERDEY 301.

[62] S. oben § 12 I 3.

einer Willenserklärung die Klage auf Erfüllung des Hauptvertrages verbinden. Die Erfüllungsklage gilt für den Fall erhoben, daß dem ersten Klageanspruch, nämlich dem Anspruch auf Abgabe der Willenserklärung, stattgegeben wird. Man spricht hier von einer eventuellen Klagenverbindung oder einer uneigentlichen Eventualhäufung[63]. Bei der Erfüllungsklage handelt es sich nicht um eine Klage auf künftige Leistung[64]. Sie kann erhoben werden, auch wenn die Voraussetzungen des § 259 ZPO nicht vorliegen. Eine besondere Klage auf künftige Leistung zuzulassen, besteht kein Bedürfnis[65], weil – anders als bei einem Vorvertrag[66] – bei Eintritt des Vorrechtsfalles sofort auf Abschluß des definitiven Vertrages (und dessen Erfüllung) geklagt werden kann.

V. Die Sicherung des Vorrechts

Die Sicherung eines Vorrechts an einem Grundstück durch eine *Vormerkung* wird allgemein für zulässig gehalten[67]. Diese Auffassung ist aber nur teilweise richtig. Eine Vormerkung ist nur zulässig, wenn sie einen Anspruch auf Einräumung oder Aufhebung eines Rechtes an einem Grundstück oder auf Änderung des Inhalts oder des Ranges eines solchen Rechtes sichern soll (§ 883 Abs. 1 BGB), wobei sie auch zur Sicherung eines künftigen oder eines bedingten Anspruches eingetragen werden kann (§ 883 Abs. 1 Satz 2 BGB). Wie gezeigt worden ist, ist aber der Anspruch aus einem Vorrechtsvertrag in der Regel nicht auf Abschluß eines Kaufvertrages und damit auf eine künftige Übereignung gerichtet, sondern lediglich auf ein Unterlassen. Der Vorrechtsgeber hat dem Vorberechtigten zwar den Vorrechtsfall mitzuteilen, er ist aber (regelmäßig) weder unbedingt noch bedingt verpflichtet, mit dem Vorberechtigten einen Vertrag zu schließen. Der Vorberechtigte hat somit in der Mehrzahl der Fälle weder einen bedingten noch einen künftigen Anspruch auf Eigentumsübertragung, der durch eine Vormerkung gesichert werden könnte. Aus diesem Grund ist in solchen Fällen die Eintragung einer Vormerkung nicht zulässig[68].

---

[63] S. oben § 12 N. 13, 14; dagegen Röser 56.

[64] Das scheint Greulich aaO anzunehmen.

[65] Für Röser 56ff. ergibt sich ein solches Bedürfnis daraus, daß er die hier vorgeschlagene eventuelle Klagenverbindung nicht zulassen will.

[66] S. oben § 12 I 5.

[67] RG 154, 355, 359; Larenz II 102 und DB 1955, 210; Pritsch in BGB-RGRK § 883 Anm. 56; Röser 61.

[68] Staudinger(-Seufert) § 883 Bem. 17a.

Handelt es sich dagegen bei dem Vorrechtsvertrag um einen potestativ bedingten Vorvertrag, so ist eine Vormerkung zur Sicherung des (hier: bedingten) künftigen Eigentumsverschaffungsanspruches grundsätzlich ebenso zulässig wie bei einem Vorvertrag[69]. Aber auch das gilt nicht in allen Fällen: Man denke an das früher erwähnte Beispiel des Mannes, der einem Freund verspricht, ihn für den Fall, daß er eines seiner Seegrundstücke veräußern sollte, anderen Kaufinteressenten vorzuziehen. Hier scheitert die Eintragung einer Vormerkung daran, daß das Grundstück, hinsichtlich dessen sie eingetragen werden soll, erst durch die freie Entschließung des Eigentümers bestimmt wird. Fest steht nur der Kreis der Grundstücke, aus denen der Vorrechtsgeber seine Wahl treffen wird. Es geht aber nicht an, auf allen diesen Grundstücken eine Vormerkung einzutragen[70].

VI. Das Erlöschen des Vorrechts

1. Vorrechtsverträge sind häufig *befristet.* Die Befristung eines Vorrechtsvertrages bedeutet, daß das Vorrecht nur ausgeübt werden kann, wenn der Vorrechtsgeber sich innerhalb der vereinbarten Frist zu einer Veräußerung des Vorrechtsgegenstandes oder zum Abschluß desjenigen anderen Vertrages, den die Parteien als Vorrechtsfall benannt haben, entschließen sollte. Nach Ablauf der Frist gewinnt der Vorrechtsgeber seine volle Veräußerungsfreiheit zurück[71].

Die Befristung muß nicht notwendig ausdrücklich geschehen. Die Parteien können eine Befristung auch *stillschweigend* vereinbaren. Eine stillschweigende Befristung wird insbesondere dann anzunehmen sein, wenn die Vorrechtsklausel Bestandteil eines anderen, zeitlich begrenzten Vertrages ist, etwa eines Miet- oder Pachtvertrages. Hier wird man in aller Regel annehmen dürfen, daß nach dem Willen der Parteien das Vorrecht nur solange ausgeübt werden kann, wie das Miet- oder Pachtverhältnis (vereinbarungsgemäß) währt[72]. Ebenso kann ein Vorrecht auf Grund einer gesellschaftsrechtlichen Vorrechtsklausel nicht mehr ausgeübt werden, wenn der gebundene Gesellschafter bereits aus der Gesellschaft ausgeschieden ist[72a].

---

[69] S. oben § 12 N. 23.

[70] S. oben § 19 N. 36.

[71] KRESS II 51; vgl. auch PLANIOL-RIPERT(-HAMEL) X 218; VASSEUR, D. Rép. Dr. civ. IV 3; MALAURIE, D. Rép. Dr. civ. V 643.

[72] OGH JBl 1956, 586. S. auch oben § 17 N. 1.

[72a] Das ergibt sich für Personalgesellschaften aus der zwingenden Vorschrift des § 738 BGB; vgl. BGH WM 1961, 943.

Ebenso wie eine Optionsklausel beruht aber auch eine Vorrechtsklausel auf einer vollkommen selbständigen Vereinbarung. Sie ist nicht notwendigerweise Bestandteil (z. B.) eines Miet- oder Pachtvertrages. Aus dieser rechtlichen Selbständigkeit ist – ebenso wie für das Optionsrecht – zu folgern, daß das Schicksal des Miet- oder Pachtvertrages den Vorrechtsvertrag nur im Rahmen des § 139 BGB berührt. Eine Verlängerung des Miet- oder Pachtvertrages erstreckt sich darum auf die Vorrechtsklausel grundsätzlich nur, wenn die Parteien sich auch über ihre Verlängerung ausdrücklich geeinigt haben[72b].

2. Haben die Parteien das Vorrecht nicht befristet, so erlischt es, wenn sie es durch einen besonderen *Aufhebungsvertrag* beseitigen. Ein einseitiger Verzicht des Vorberechtigten auf sein Vorrecht ist dagegen nicht möglich[73]; denn das Vorrecht ist kein Gestaltungsrecht, sondern ein Forderungsrecht, der Verzicht auf eine Forderung ist aber nach herrschender Meinung wesensgleich mit dem Erlaß, der nach dem klaren Wortlaut des § 397 BGB nur im Wege eines Vertrages erfolgen kann[74].

3. Haben die Parteien das Vorrecht weder ausdrücklich noch stillschweigend befristet[75] und heben sie es auch nicht auf, so erlangt der Vorrechtsgeber grundsätzlich *niemals* die freie Veräußerungsbefugnis zurück. Zwar unterliegt das Vorrecht wie alle Ansprüche der *Verjährung*. Die Verjährung beginnt aber (wenn der Vorrechtsvertrag auf ein Unterlassen gerichtet ist) erst mit der Zuwiderhandlung (§ 198 BGB) oder (wenn der Vorrechtsvertrag sich als potestativ bedingter Vorvertrag darstellt) mit dem Einritt der Bedingung[76]. Erst der Vorrechtsfall setzt sie in Lauf[77].

[72b] So auch für das französische Recht Trib. civ. Lille, 18. 11. 1953, D. 1954, Somm. 32 und für das italienische Recht Cass. 4. 6. 1956, n. 1885, Foro it., Rep. 1956, v. Obbl. e Contr., n. 59. S. ferner oben § 17 N. 4.

[73] Röser 73.

[74] Löscher in: BGB-RGRK § 397 Anm. 3; Palandt(-Danckelmann) § 397 Bem. 1b.

Auf die bestrittene Frage, ob auf ein Vorkaufsrecht einseitig verzichtet werden kann (bejahend z. B. Oertmann Vorbem. 6 vor § 504; wohl auch Esser 371; verneinend das Reichsgericht in ständiger Rechtsprechung: s. die Nachweise bei Löscher aaO), braucht hier nicht eingegangen zu werden. Denn die Auffassung, die das Vorkaufsrecht für einseitig verzichtbar hält, stützt sich auf die Annahme, daß es sich bei dem Vorkaufsrecht um ein Gestaltungsrecht handle. Da das Vorrecht kein Gestaltungsrecht ist, kann eine Parallele hier nicht gezogen werden.

[75] Über die Vereinbarkeit einer zeitlich nicht begrenzten Bindung mit den guten Sitten s. oben § 22 III.

[76] Enneccerus-Nipperdey 1404.

[77] Ebenso für das franz. Recht Cass. civ. 22. 12. 1959: J. C. P. 1960, II, 11494. Eine Verpflichtung, ein Grundstück nicht zu veräußern, ist nach französischem Recht nur gültig, wenn sie zeitlich begrenzt ist. Sollten Vorrechtsklauseln nicht ebenso behandelt

Macht der Vorrechtsgeber keine Anstalten, den Gegenstand des Vorrechtsvertrages zu veräußern, dann kann das Vorrecht auch nicht verjähren. Aber selbst wenn der Vorrechtsgeber seinen Veräußerungswillen erklärt, kann er sich 30 Jahre später nicht auf die Verjährung des Vorrechtes berufen[78]. Denn wenn er seine Veräußerungsabsicht wieder aufgibt und die Sache für sich behält, setzt ein späterer Entschluß, die Sache nunmehr endgültig verkaufen zu wollen, die Verjährungsfrist erneut in Lauf. Auf die Verjährung könnte er sich nur berufen, wenn der Verkauf die unmittelbare Folge seines 30 Jahre zuvor gefaßten Veräußerungsentschlusses wäre. Daß aber Verkaufsverhandlungen 30 Jahre lang dauern, ist kaum vorstellbar.

4. Nicht möglich ist auch die *Analogie zu § 503 BGB*, wonach ein Wiederkaufsrecht bei Grundstücken grundsätzlich nur bis zum Ablauf von 30 Jahren, bei anderen Gegenständen nur bis zum Ablauf von 3 Jahren nach der Vereinbarung des Vorbehalts ausgeübt werden kann. Die Analogie scheitert schon daran, daß es sich bei dem Wiederkaufsrecht um ein Gestaltungsrecht handelt, bei dem Vorrecht aber um ein Forderungsrecht. Im übrigen ist das Vorrecht viel näher dem Vorkaufsrecht als dem Wiederkaufsrecht verwandt. Wie das Vorkaufsrecht bindet es den Verpflichteten nur, wenn dieser es so will, indem er nämlich den Vorrechtsfall herbeiführt. Das Vorkaufsrecht ist aber – im Gegensatz zum Wiederkaufsrecht – zeitlich nicht begrenzt[79].

5. Diese unbegrenzte Bindung kann für den Vorrechtsgeber besonders dann drückend werden, wenn er dem Vorberechtigten das Vorrecht nicht für einen bestimmten Fall, sondern für eine ganze Serie von Fällen eingeräumt hat. Das bekannteste Beispiel für ein solches Serienvorrecht sind die sogenannten verlagsrechtlichen „Optionsklauseln", in denen der Verfasser verpflichtet wird, „alle künftigen Werke" oder „die nächsten 5 Werke" oder „alle Werke, die in den nächsten 5 Jahren fertiggestellt werden", zunächst einem bestimmten Verleger anzubieten und diesem ein Vorrecht an diesen Werken zu gewähren. Durch Verträge dieser Art wird zwischen dem Autor und dem Verleger ein Dauerschuldverhältnis begründet. Dauerschuldverhältnisse können aber aus wichtigem Grund

---

werden?, fragt CARBONNIER in seiner Anmerkung zu dieser Entscheidung: Rev. trim. dr. civ. 1960, 323; in diesem Sinne auch VASSEUR, D. Rép. Dr. civ. IV 3; dagegen aber (für das italienische Recht) RUBINO 57.

[78] Es sei denn, daß der Vorberechtigte erklärt hat, sein Vorrecht ausüben zu wollen, dann aber 30 Jahre lang nicht auf Abschluß des Vertrages bestanden hat.

[79] Mit dieser Begründung hat auch das OLG Karlsruhe, NJW 1958, 1189, die Anwendung des § 503 BGB auf ein Vorrecht („Rückübernahmerecht") abgelehnt.

gekündigt werden, wenn sie, wie meist, die Interessen der Parteien eng aneinanderknüpfen und eine persönliche Zusammenarbeit und ein gutes Einvernehmen erfordern, gleichgültig, ob im Vertrag ein solches Kündigungsrecht vorgesehen ist oder nicht[80]. Ein wichtiger Grund ist insbesondere dann gegeben, wenn das Vertrauensverhältnis zerstört ist, das die notwendige Grundlage des Vertragsverhältnisses bildete, wobei es nicht entscheidend darauf ankommt, ob eine Partei an der Zerstörung des Vertrauensverhältnisses schuldig ist oder nicht[81]. Verlagsverträge setzen in der Regel ein besonderes Vertrauensverhältnis zwischen dem Autor und dem Verleger voraus, und zwar nicht nur auf wirtschaftlicher, sondern auch auf geistiger und persönlicher Ebene[82]. Auf all diesen Ebenen können sich Störungen des Vertrauensverhältnisses ergeben. Man denke an eine nicht voraussehbare Entwicklung des geschäftlichen Ansehens des Verlages oder des wirtschaftlichen Erfolges des Verlegers oder an den Fall, daß der Autor durch sein Erstlingswerk weltberühmt geworden ist und die im voraus festgelegten Vertragsbedingungen für die künftigen Werke in keinem Verhältnis mehr zu den Gewinnen des Verlegers stehen. Auch eine geistige Entfremdung der Parteien infolge der schriftstellerischen Entfaltung des Autors ist denkbar. – In all diesen Fällen kommt eine Kündigung aus wichtigem Grund in Frage. Ob sie im Einzelfall gerechtfertigt ist, hängt davon ab, ob das Vertrauensverhältnis nicht nur als gestört, sondern als zerstört angesehen werden muß, ob der Fortbestand des Vertragsverhältnisses den Parteien zumutbar ist[83], ob das Schuldverhältnis nicht doch, wenn auch in anderer Form oder zu anderen Bedingungen, fortgesetzt werden kann. Stets sind die Interessen beider Teile sorgfältig gegeneinander abzuwägen. Dabei wird sich beispielsweise ergeben, daß der über Nacht berühmt gewordene Autor sich nicht ohne weiteres von dem Verlag lossagen kann, der sein Erstlingswerk verlegt hat, wenn der Verlag bereit ist, das Honorar in angemessener Weise zu erhöhen[84].

Zweifelhaft ist, ob die *Nichtausübung des Vorrechts* einen *wichtigen Grund* für eine Kündigung des Vertragsverhältnisses darstellen kann. ULMER meint, es könne unter Umständen für den Verfasser eine un-

[80] RG 169, 203, 206 f.; BGH NJW 1951, 836; BGH GRUR 1959, 616 f.; NASTELSKI in BGB-RGRK § 242 Anm. 50; PALANDT(-DANCKELMANN) § 242 Bem. 4 d.

[81] STAUDINGER(-WEBER) § 242 Bem. A 726.

[82] BGH 22, 347, 352.

[83] Danach fragte das Reichsgericht schon in dem Komponistenfall RG 79, 156, 160.

[84] Wobei er nicht verpflichtet ist, das gleiche zu bieten, was andere Verleger zu zahlen bereit sind. Siehe auch PINZGER 595.

zumutbare Härte bedeuten, daß er trotz Ablehnung eines Werkes, das er dem bevollmächtigten Verleger angeboten habe, weiterhin für spätere Werke gebunden bleiben soll: Der Fortbestand der Bindung könne es ihm wesentlich erschweren oder unmöglich machen, für das abgelehnte Werk einen anderen Verleger zu finden[85]. Man wird hier unterscheiden müssen: Hat der Verleger erhebliche Mittel für die Einführung des Erstlingswerkes des Verfassers aufgewendet, so kann der Verfasser nicht bei Ablehnung seines zweiten Werkes den Vorrechtsvertrag aus wichtigem Grund kündigen. Der Verlag hat ein berechtigtes Interesse, auch ein drittes Werk vorgelegt zu bekommen, mit dem er möglicherweise für das Risiko (und die Unkosten) entschädigt wird, das er bei der Publikation des Erstlingswerks übernommen hat. Zahlt der Verlag dem Autor eine sogenannte „Optionspauschale", die dem Autor auch für den Fall verbleibt, daß seine Werke vom Verlag abgelehnt werden, so wird man es dem Autor auch zumuten können, trotz der Ablehnung von zwei Werken durch den Verlag diesem noch ein drittes Werk anzubieten. Dagegen wird man die Ablehnung von drei Werken in jedem Fall als wichtigen Grund für eine Kündigung ansehen können[86].

Vorbildlich formuliert auch hier Art. 34 des französischen Urheberrechtsgesetzes vom 11. 3. 1957 in Abs. 4: „Lorsque l'éditeur bénéficiant du droit de préférence aura refusé successivement deux ouvrages nouveaux présentés par l'auteur dans le genre déterminé au contrat, l'auteur pourra reprendre immédiatement et de plein droit sa liberté quant aux œuvres futures qu'il produira dans ce genre. Il devra toutefois, au cas où il aurait reçu sur ses œuvres futures des avances du premier éditeur, effectuer préalablement le remboursement de celles-ci."

Der bloße *Zeitablauf* ist *kein wichtiger Grund* für eine Kündigung[87]. Das deutsche Recht bietet – noch – keine Handhabe, einen unbefristeten Serienvorrechtsvertrag nach Ablauf einer bestimmten Frist zu kündigen. Demgegenüber läßt das österreichische Urhebergesetz bei allen Vorrechtsverträgen, die für die Lebensdauer des Urhebers oder für eine fünf Jahre übersteigende Zeitdauer geschlossen sind, nach Ablauf von fünf Jahren eine Kündigung durch jeden der Vertragspartner zu (§ 31 österreichisches

---

[85] Ulmer 325.

[86] Die Aufnahme eines solchen Vorbehalts in die Vorrechtsklausel empfiehlt Bappert-Wagner 159. Zur Geltung der clausula rebus sic stantibus im österreichischen Urheberrecht vgl. Peter, Das österreichische Urheberrecht (1954) § 31 Bem. 8 und Rintelen, Urheberrecht und Urhebervertragsrecht nach österreichischem, deutschem und schweizerischem Recht (1958) 277.

[87] Entgegen Pinzger 595.

Urhebergesetz). In ähnlicher Weise bestimmt § 35 des deutschen Ministerialentwurfes eines Gesetzes über Urheberrecht und verwandte Schutzrechte[88], daß ein Vertrag, durch den sich der Urheber zur Einräumung von Nutzungsrechten an künftigen Werken verpflichtet, die überhaupt nicht näher oder nur der Gattung nach bestimmt sind, von beiden Vertragsteilen nach Ablauf von fünf Jahren seit dem Abschluß des Vertrages gekündigt werden kann. Die Kündigungsfrist soll sechs Monate betragen, wenn keine kürzere Frist vereinbart worden ist. Diese Bestimmung, die zwar Vorrechtsverträge nicht erwähnt, wird man, wenn sie in Kraft treten sollte, auch auf Vorrechtsverträge zumindest analog anwenden dürfen, gleichgültig, ob sich der Urheber (bedingt) verpflichtet hat, dem Verlag ein Nutzungsrecht an seinen zukünftigen Werken einzuräumen, oder lediglich, keinem anderen Verleger solche Rechte einzuräumen, wenn sein Vertragspartner die von einem dritten Verleger gebotenen Bedingungen zu akzeptieren bereit ist[89].

6. Regelmäßig erlischt das Vorrecht durch seine Ausübung und den nachfolgenden Vertragsschluß: Der Vorrechtsgeber veräußert das Grundstück, das den Gegenstand des Vorrechtsvertrages bildete, an den Vorberechtigten. Damit ist dieser befriedigt[90]. Dieser Grundsatz ist aber nur Regel, nicht Gesetz. Den Parteien steht es frei, sogenannte *„Serienvorrechtsverträge"* abzuschließen, die dem Vorberechtigten das Recht geben, nicht nur „wenn", sondern „jedesmal wenn" ein Vorrechtsfall eintritt, das Vorrecht auszuüben. Hier erlischt das Vorrecht nicht durch eine einmalige Ausübung, vielmehr kann der Vorberechtigte jedesmal, wenn der Vorrechtsgeber zum Beispiel ein Grundstück verkaufen will oder ein Werk vollendet hat, sein Vorrecht ausüben. Auch ein Vorrecht auf Abschluß eines Miet- oder Pachtvertrages kann (und wird in der Regel) so ausgestaltet sein, daß der Vorberechtigte nicht nur einmal sein Vorrecht ausüben kann, sondern auch nach dem Ablauf des Miet- oder Pachtvertrages erneut vom Vorrechtsgeber verlangen kann, bei der Weitervermietung oder -verpachtung berücksichtigt zu werden.

7. Problematisch ist das Schicksal des Vorrechtsverhältnisses, wenn der Vorberechtigte im Vorrechtsfall erklärt, sein Vorrecht nicht ausüben zu wollen oder sein Vorrecht nicht in der festgesetzten Frist ausübt. Hier wird man folgendes behaupten dürfen: Durch die bloße *Nichtausübung*

---

[88] Abgedruckt in Bd. 16 der Schriftenreihe der Internationalen Gesellschaft für Urheberrecht e. V. (1960) 282.

[89] Vgl. dazu PETER (N. 86) § 31 Bem. 1.

[90] Vgl. dazu RÖSER 72; OGH SZ XXVI 784.

oder Erklärung der Nichtausübung geht das Vorrecht *nicht unter*[91]. Folgt dem Vorrechtsfall nicht ein Vertragsschluß mit einem Dritten, so bleibt das Vorrecht bestehen. Der Grund dafür liegt auf der Hand: Dem Vorrechtsgeber wäre es sonst ein leichtes, sich durch ein hohes Scheinangebot eines Freundes, das der Vorberechtigte nicht akzeptieren will und kann, dessen Scheincharakter aber in aller Regel nur schwer nachweisbar ist, seiner Pflichten gegenüber dem Vorberechtigten zu entledigen[92]. Das übersieht anscheinend KRESS[93], der das Vorrecht mit dem Ablauf der Frist auch dann für erloschen hält, wenn der Vorrechtsgeber das dem Berechtigten mitgeteilte Angebot des Dritten ablehnt[94]. Er meint, es genüge, daß der Vorrechtsgeber durch die Mitteilung des Angebots den Vorberechtigten in den Stand versetzt habe, das Vorrecht auszuüben. Würde man dem beipflichten, so müßte man dem Vorrechtsgeber das Recht geben, nach der Ablehnung des ersten Angebots durch den Vorberechtigten zu beliebigen Bedingungen mit einem Dritten einen Vertrag schließen zu können. Demgegenüber halte ich es für richtig, daß vor der endgültigen Veräußerung des Vorrechtsgegenstandes jede neu gefaßte Veräußerungsabsicht einen Vorrechtsfall begründet. Erst die endgültige Veräußerung des Vorrechtsgegenstandes läßt das Vorrecht erlöschen. Die Erklärung, das Vorrecht nicht ausüben zu wollen, oder die Ablehnung des Angebots des Vorrechtsgebers oder die Nichterklärung innerhalb der festgesetzten Frist gibt dem Vorrechtsgeber nur die Freiheit, zu den Bedingungen, die der Vorberechtigte nicht zu akzeptieren willens war, mit einem Dritten einen Vertrag zu schließen[95]. Macht er von dieser Freiheit keinen Gebrauch, so tritt die Bindung wieder in Kraft[96].

---

[91] Ungenau KG OLG 17, 26 und RUBINO 58.

[92] VOIRIN, J. C. P. 1954, I, 1192; DE MARTINI, Adempimento ecc., 242 ff.

[93] KRESS II 51.

[94] Dies ist übrigens auch der Standpunkt des österreichischen Rechts. § 1075 ABGB bestimmt: „Der Berechtigte muß bewegliche Sachen binnen 24 Stunden, unbewegliche aber binnen 30 Tagen, nach der geschehenen Anbietung, wirklich einlösen. Nach Verlauf dieser Zeit ist das Vorkaufsrecht *erloschen.*“ Vgl. auch KLANG(-BETTELHEIM) ABGB ¹II, 2 (1934) § 1075 Bem. V; OGH ÖJZ 1957, 547.

[95] Ich teile nicht die Auffassung von VASSEUR, D. Rép. Dr. civ. IV 4, daß der Vorberechtigte auch nach Ablauf der Frist sein Vorrecht noch so lange ausüben kann, wie der Vorrechtsgeber den Vertrag mit dem Dritten noch nicht abgeschlossen oder sein Angebot zurückgezogen hat.

[96] Das kann gelegentlich zu schwierigen Beweisfragen führen. LEHNER, SJZ 1954, 80, empfiehlt darum (für die Vorrechtsklauseln in Gesellschaftsverträgen), statutarisch festzulegen, daß die durch die Nichtausübung des Vorrechts bewirkte Freigabe der Aktien für die Dauer eines Jahres gelten soll. M. E. wird hier mehr erreicht, wenn man den Gesellschafter verpflichtet, jeweils auch den Namen des Kaufinteressenten der Gesellschaft mitzuteilen.

Eine andere Frage ist die, ob bei einem Serienvorrechtsvertrag eine einmalige oder wiederholte Nichtausübung des Vorrechts das Vorrechtsverhältnis zum Erlöschen bringt. Das muß man verneinen[97]. Allenfalls kommt in einem solchen Fall eine Kündigung aus wichtigem Grund in Betracht[98].

§ 24: VERLETZUNGEN DES VORRECHTSVERTRAGES

1. Die häufigste Art und Weise, in der ein Vorrechtsvertrag verletzt wird, ist die, daß der Vorrechtsgeber den Gegenstand des Vorrechtsvertrages *an einen Dritten veräußert,* ohne dem Vorberechtigten Gelegenheit zum Vertragsschluß zu geben. Handelt es sich bei dem Vorrechtsvertrag um einen potestativ bedingten Vorvertrag, dann steht der Vorberechtigte ebenso da wie der Partner eines Vorvertrages. Er kann *Schadensersatz wegen Nichterfüllung* verlangen oder vom Vorrechtsvertrag *zurücktreten* (§§ 280, 325 BGB)[1].

Die gleichen Rechte hat er auch, wenn in einem normalen Vorrechtsfall der Vorrechtsgeber seiner Unterlassungspflicht zuwiderhandelt. Dem Vorrechtsgeber ist hier die Erfüllung seiner Unterlassungspflicht infolge des Vertragsschlusses mit dem Dritten aus einem Grund unmöglich geworden, den er zu vertreten hat[2]. Die Nichterfüllung seiner Mitteilungspflicht ist demgegenüber nur von sekundärer Bedeutung. Sie gibt keine zusätzlichen Schadensersatzansprüche. Für nicht richtig halte ich es darum, wenn die Schadensersatzansprüche auf die Unterlassung der Mitteilung gestützt werden. Insbesondere die verlagsrechtliche Literatur gründet in den Fällen, in denen der Autor unter Bruch eines Vorrechtsvertrages mit einem dritten Verleger einen Verlagsvertrag geschlossen hat, den Schadensersatzanspruch des vorberechtigten Verlegers zuweilen darauf, daß der Autor das Werk nicht vorgelegt habe[3]. Wirkliche Schadensursache ist aber nicht die unterbliebene Vorlegung, sondern der Vertragsschluß

---

[97] Nach einer Entscheidung des österreichischen OGH (SZ XXV 735) erlischt auch ein Vorrecht auf Abschluß eines Pachtvertrages nicht, wenn es bei einer an sich möglichen Gelegenheit nicht ausgeübt wurde.

[98] S. oben Ziff. 5.

[1] S. oben § 12 IV 2c und Text zu N. 101.

[2] Zur Problematik der Unmöglichkeit einer Unterlassung vgl. LEHMANN, Die Unterlassungspflicht im Bürgerlichen Recht (1906) 232 ff., zur schuldhaften Unmöglichkeit einer Unterlassung insbesondere: S. 257. Siehe auch Art. 1222 c. c. it.: Jede Handlung, die eine vertragliche Unterlassungsverpflichtung verletzt „costituisce di per sè inadempimento".

[3] BAPPERT-WAGNER 160.

mit dem Dritten. Erst durch ihn entsteht dem Verleger (möglicherweise) ein Schaden[4].

Dies gilt auch dann, wenn der Vorberechtigte zwar erklärt hat, sein Vorrecht nicht ausüben zu wollen, der Vertrag mit dem Dritten dann aber zu günstigeren Bedingungen zustande kommt, als sie der Vorrechtsgeber dem Vorberechtigten genannt hat. Auch hier ist die eigentliche Schadensursache nicht die bewußt falsche Preisangabe oder deren spätere Korrektur, sondern der Vertragsschluß mit dem Dritten[5].

Hat der Vorberechtigte dem Vorrechtsgeber für die Einräumung des Vorrechts eine Gegenleistung gewährt, etwa in Form der im Verlagsrecht üblichen „Optionspauschale", so kann er, statt bei dem Vertrage stehenzubleiben und Schadensersatz zu verlangen, auch vom Vorrechtsvertrag zurücktreten[6]. Der Vorrechtsgeber hat in diesem Fall dem Vorberechtigten die empfangenen Leistungen zurückzugewähren (§§ 327, 346 BGB).

2. War das Vorrecht nicht für einen Veräußerungsfall, sondern für einen *Erwerbsfall* eingeräumt (dem vorberechtigten Unternehmen sind bestimmte Lieferungen zu übertragen, wenn es das günstigste Angebot oder ein dem günstigsten Gebot gleiches Angebot abgibt), dann wird durch einen unter Bruch dieser Vereinbarung geschlossenen Vertrag mit einem Dritten die Erfüllung des (nunmehr unbedingten) Vorvertrages in der Regel nicht unmöglich. Der Vorrechtsgeber hat mit dem Vorberechtigten einen weiteren Vertrag abzuschließen und die Lieferung, die er bereits von dem Dritten erhalten hat, ein zweites Mal abzunehmen. Freilich sind auch hier Fälle denkbar, in denen eine zweite Leistung infolge des vereinbarungswidrig geschlossenen Vertrages unmöglich geworden ist. Man denke beispielsweise an den Fall, daß ein Grundstückseigentümer sich von dem Dritten ein Haus bauen ließ, ohne zuvor das Angebot des vorberechtigten Bauunternehmers einzuholen, oder obgleich der vorberechtigte Bauunternehmer ein ebenso gutes oder besseres Angebot abgegeben hatte als der Dritte. Hier kann der Grundstückseigentümer nicht auf dem gleichen Grundstück noch ein zweites Haus bauen

[4] Zur Schadensersatzpflicht des vertragsbrüchigen Vorrechtsgebers s. auch Nipperdey 301; Hillig, Gutachten über urheberrechtliche, verlagsrechtliche und verlegerische Fragen I (1928) 227; II (1934) 201; Hoffmann 225; Voigtländer-Elster, Verlagsgesetz [3](1939) 31; Larenz II 102; für das franz. Recht s. oben § 3 N. 83; für das italienische Recht s. oben § 4 N. 94; für das österr. Recht OGH SZ XXIII 812.

[5] S. dazu Cass. 20. 6. 1953, n. 1889, Giust. civ., 1953, II, 2096. Zur Haftung auf Schadensersatz wegen unrichtiger Angaben beim Abschluß eines Vertrages nach Ausübung des Vorkaufsrechts vgl. Staudinger(-Ostler) § 504 Bem. 15 mit Nachweis der Rechtsprechung.

[6] Siehe z. B. Hoffmann 225.

lassen. In solchen Fällen ist der vorberechtigte Bauunternehmer auf Schadensersatzansprüche beschränkt (§§ 280, 325 BGB)[7].

3. Für die Ermittlung der *Schadenshöhe* gelten folgende Grundsätze: Handelt es sich bei dem Vorrechtsvertrag um einen potestativ bedingten Vorvertrag, so hat der Vorrechtsgeber durch die vertragswidrige Veräußerung das Interesse des Vorberechtigten auf Abschluß des Hauptvertrages verletzt. Dieses Interesse ist dem Interesse auf Erfüllung des Hauptvertrages gleich[8]. Der Vorberechtigte ist so zu stellen, wie er stehen würde, wenn der Vorrechtsgeber den Vertrag zu den im voraus festgesetzten oder zu den mit dem Dritten vereinbarten Bedingungen geschlossen hätte[9]. Weist der Vorberechtigte nach, daß ihm ein solcher Vertragsschluß einen bestimmten Vermögensvorteil eingebracht hätte, so kann er diesen Schaden ersetzt verlangen[10]. Gelingt es freilich dem Vorrechtsgeber nachzuweisen, daß der Vorberechtigte von seinem Vorrecht keinen Gebrauch gemacht hätte, auch wenn er ihm den Vorrechtsfall mitgeteilt hätte – beispielsweise, weil er den Kaufpreis nicht hätte aufbringen können –, dann ist die Geltendmachung eines Schadensersatzanspruches ausgeschlossen[11].

Die gleichen Grundsätze gelten auch in dem regelmäßigen Vorrechtsfall. Der Vorrechtsgeber kann sich hier nicht darauf berufen, daß er den Gegenstand dem Vorberechtigten nicht veräußert hätte, selbst wenn dieser die Bedingungen des Drittangebotes akzeptiert oder überboten hätte. Der Vorberechtigte muß nur nachweisen, daß er in der Lage gewesen wäre, den Vertrag zu den Bedingungen des Drittangebotes zu schließen. Er muß nicht nachweisen, daß er dem Vorrechtsgeber solche über jedes von anderer Seite ergangene Gebot hinausgehende und ihm gleichwohl noch Gewinn ermöglichende Angebote gemacht hätte, die den Vorrechtsgeber zum Abschluß mit ihm gebracht hätten[12]. Würde man den Vorberechtigten zu einem solchen Nachweis zwingen, so würden

---

[7] Vgl. dazu Greulich DB 1955, 90.

[8] S. oben § 12 V 2.

[9] Nipperdey 301; Greulich 90.

[10] So auch Trib. Palermo, 25. 2. 1955, Foro it., Rep. 1955, v. Vendita, n. 85; De Martini, Adempimento ecc. 248. Bei einer zwischenzeitlich eingetretenen Geldentwertung ist derjenige Betrag zu zahlen, der den Berechtigten so stellt, wie er stehen würde, wenn der Vorrechtsvertrag nicht verletzt worden wäre: Cass. 20. 6. 1951, Giust. civ., 1953, I, 125; Cass. 30. 7. 1954, Giust. civ., 1955, I, 435; De Martini aaO 251 f.

[11] OGH SZ XXVIII 704.

[12] Diese Voraussetzungen nannte das Reichsgericht – ob zu Recht, mag hier dahinstehen – für Schadensersatzansprüche wegen Verletzung der Verpflichtung, dem Partner „das letzte Wort" zu geben: RG HRR 1933, 913; s. oben § 21 N. 4.

seine Schadensersatzansprüche in der Regel scheitern. Außerdem würde man ihn durch eine solche Anforderung in eine Position bringen, die schlechter wäre als die Stellung, die er auf Grund des Vorrechtsvertrages hat. Auf Grund des Vorrechtsvertrages ist der Vorrechtsgeber nämlich verpflichtet, entweder mit dem Vorberechtigten zu bestimmten oder zu vereinbarenden oder zu den Bedingungen eines Drittangebotes zu kontrahieren oder auf den Vertragsschluß gänzlich zu verzichten, es sei denn, daß der Vorberechtigte ihn aus seiner Verpflichtung entläßt. Der Möglichkeit einer freien Vereinbarung hat sich der Vorrechtsgeber begeben, als er mit dem Dritten den Vertrag schloß, ohne dem Vorberechtigten zuvor eine Mitteilung zukommen zu lassen. Die Verteidigung, er hätte auf den Vertragsschluß lieber gänzlich verzichtet, als daß er einen Vertrag mit dem Vorberechtigten geschlossen hätte, ist ihm gleichfalls genommen. Rechte aus einem Vertrag kann nur geltend machen, wer sich selbst vertragstreu verhalten hat. Danach kann also der Vorberechtigte verlangen, so gestellt zu werden, wie er stehen würde, wenn der Vorrechtsgeber den Vertrag zu den im voraus bestimmten oder zu den Bedingungen des Drittangebotes mit ihm geschlossen hätte.

Wegen der Schwierigkeiten, die bei der Schadensfeststellung in vielen Fällen bestehen, wird es sich meist empfehlen, für den Fall einer Zuwiderhandlung gegen das Unterlassungsgebot eine *Vertragsstrafe* zu vereinbaren (§ 339 Satz 2 BGB). Der Vorberechtigte hat dann die Möglichkeit, wenn der Vorrechtsgeber den Vertrag verletzt, die verwirkte Strafe als Mindestbetrag seines Schadens zu verlangen, ohne daß er einen Schaden in dieser Höhe nachweisen müßte (§ 340 Abs. 2 BGB).

4. Schwierig zu beantworten ist die Frage nach dem *Ersatzberechtigten,* wenn der Vorrechtsgeber mehreren Personen ein Vorrecht eingeräumt hat. Können alle diese Vorberechtigten Schadensersatzansprüche geltend machen, wenn der Vorrechtsgeber den Vorrechtsgegenstand an einen Dritten veräußert? Die Frage ist zu bejahen, wenn die Vorberechtigten nichts voneinander wußten. Stand dagegen das Vorrecht von vornherein verschiedenen Personen gemeinschaftlich zu, so ist nur ein Schadensersatzanspruch gegeben. Wenn im Vertrag nichts anderes bestimmt ist, wird man annehmen müssen, daß das Vorrecht nur gemeinschaftlich ausgeübt werden kann (wobei, wenn ein Vorberechtigter von seinem Vorrecht keinen Gebrauch machen will, die übrigen Vorberechtigten die Gemeinschaft bilden: siehe § 513 BGB). Gemeinschaftlich ist darum auch der Schadensersatzanspruch geltend zu machen. Steht nach dem Vorrechtsvertrag das Vorrecht mehreren in einer bestimmten Reihenfolge zu,

so bestimmt sich auch die Person des Schadensersatzberechtigten nach dieser Reihenfolge. Macht der Erstberechtigte Schadensersatzansprüche geltend, dann können die Nächstberechtigten keine Ansprüche mehr geltend machen. War nach dem Vorrechtsvertrag der Vorrechtsgeber befugt, aus mehreren Berechtigten einen auszuwählen und mit ihm den Vertrag zu schließen, so wird man im Falle des Vertragsabschlusses mit einem Dritten demjenigen Berechtigten den Schadensersatzanspruch zuerkennen müssen, der als Erster seine Schadensersatzforderung geltend macht. Des Rechts der freien Auswahl hat sich der Vorrechtsgeber mit dem Vertragsbruch begeben[13].

5. Gegen den *Dritterwerber* hat der Vorberechtigte in der Regel keine Rechte. Der Dritterwerber hat die Sache vom Berechtigten und darum grundsätzlich rechtswirksam erworben, auch wenn er von dem Vorrecht Kenntnis hatte. Eine Ausnahme gilt nur in dem Fall, in dem der Dritte und der Vorrechtsgeber planmäßig zusammengewirkt haben, um die Ansprüche des Vorberechtigten zu vereiteln. Hier gibt § 826 BGB dem Vorberechtigten gegen den Dritten einen Schadensersatzanspruch, der grundsätzlich auf Naturalherstellung gerichtet ist, d. h. auf Rückgängigmachung des Rechtsgeschäfts mit dem Vorrechtsgeber[14].

War das Vorrecht durch eine *Vormerkung* im Grundbuch gesichert – in welchen Fällen dies möglich ist, ist oben § 23 V gezeigt worden –, dann kann der Vorberechtigte bei einer Veräußerung des Vorrechtsgegenstandes an einen Dritten von seinem Vorrecht so Gebrauch machen, als ob der Gegenstand nicht veräußert worden wäre. Er kann den Vorrechtsgeber auf Abschluß des Hauptvertrages verklagen und nach Rechtskraft dieses Urteils die Auflassung verlangen. Der Dritterwerber hat dann der zur Übertragung des Eigentums erforderlichen Eintragung des Vorberechtigten im Grundbuch zuzustimmen (§ 888 BGB)[15].

---

[13] So auch Cass. 5. 5. 1959, n. 1307, Giur. it., 1960, I, 1, 345.

[14] S. oben § 19 II 2a; für das franz. Recht ebenso Lyon, 16. 2. 1959, Gaz. Pal. 1959, Table analytique, v. Vente (en général), n. 7. Das franz. Recht gibt aber darüber hinaus dem Vorberechtigten auch dann (deliktische) Ansprüche, wenn der Dritte ohne Schädigungsabsicht, aber in Kenntnis des Vorrechtsvertrages den Gegenstand erworben hat. In einem solchen Fall kann das Gericht, muß aber nicht, den Kaufvertrag mit dem Dritten annullieren: Cass. civ. 12. 6. 1954: J. C. P. 1954, II, 8225; s. auch oben § 19 N. 29. Zum italienischen Recht s. oben § 4 N. 93.

[15] S. oben § 19 II 2b; ferner Greulich 91. Für das österreichische Recht vgl. OGH ÖJZ 1957, 389.

§ 25: DIE RECHTE UND PFLICHTEN AUS DEM VORRECHTSVERTRAG IM RECHTSVERKEHR

I. Ansprüche aus dem Vorrechtsvertrag im Rechtsverkehr

1. Ob die Ansprüche aus einem Vorrechtsvertrag wirksam *abgetreten* werden können, ist bestritten. Im französischen und italienischen Recht wird die Abtretbarkeit grundsätzlich bejaht. Eine Ausnahme soll nur dann gelten, wenn sich aus dem Vertrag oder aus den Umständen ein anderes ergibt[1]. Im deutschen Recht hat sich HENSE für die Übertragbarkeit des Anspruches aus einem Vorrechtsvertrag ausgesprochen[2]. Indessen wird man auch hier – ebenso wie bei dem Vorvertrag[3] – § 415 BGB berücksichtigen müssen. Soll durch die Abtretung des Vorrechts der Zessionar nicht nur neuer Gläubiger, sondern auch – im Vorrechtsfall – neuer Schuldner des Vorrechtsgebers werden, so hängt die Wirksamkeit der Abtretung von der Genehmigung des Vorrechtsgebers ab. Für das deutsche Recht muß man daher formulieren: Die Ansprüche aus einem Vorrechtsvertrag sind *grundsätzlich nicht übertragbar*, es sei denn, daß sich aus dem Vertrag oder aus den Umständen (stillschweigende Genehmigung) ein anderes ergibt[4].

Aus diesem Grunde können übrigens solche Ansprüche auch grundsätzlich weder *verpfändet* noch *gepfändet* werden (§§ 1274 BGB, 857 Abs. 3 ZPO)[5] oder vom Konkursverwalter zur *Konkursmasse* gezogen werden[6].

2. Für die *Vererblichkeit* der Ansprüche aus einem Vorrechtsvertrag spielt § 415 BGB keine Rolle. Hier kommt es darum allein darauf an, ob der Vorrechtsvertrag intuitu personae geschlossen wurde, m. a. W., ob der Vorrechtsgeber das Vorrecht einer bestimmten individuellen Person und nur ihr einräumen wollte oder nicht. Im ersten Fall erlischt das

---

[1] Vgl. für das franz. Recht: Cass. soc. 14. 1. 1955 und (sur renvoi) Colmar, 21. 12. 1960: J. C. P. 1961, II, 12106 mit zust. Anm. LAURENT; VOIRIN, J. C. P. 1954, II, 1192; CARBONNIER, Rev. trim. dr. civ. 1954, 323; VASSEUR, D. Rép. Dr. civ. IV, 3; J.-Cl. civil: Art. 1589, Nr. 134; Groslière, J. C. P. 1963, I, 1769; a. A. (der Vorrechtsvertrag wird stets intuitu personae vereinbart): PLANIOL-RIPERT(-HAMEL) X 218; LALOU, Le pacte de préférence, D. P. 1949, Chr. 41, 42. Für das italienische Recht s. Trib. Palermo, 25. 2. 1955, Foro it., Rep. 1955, v. Vendita, n. 84.

[2] DNotZ 1951, 132. [3] S. oben § 13 I 1.

[4] Die gleiche Regel gilt auch für die Übertragbarkeit eines Vorkaufsrechts: § 514 BGB.

[5] Ebenso für die Pfändbarkeit eines Vorkaufsrechts ROSENBERG 1016 f. S. auch oben § 13 N. 2, § 19 N. 26.

[6] S. für das Vorkaufsrecht JÄGER-LENT § 1 Anm. 33.

Vorrecht mit dem Tode des Vorberechtigten, im zweiten Fall geht es auf seine Erben über[7]. Die gleichen Grundsätze gelten auch für andere Fälle der Gesamtrechtsnachfolge[8].

II. Der Übergang der Pflichten aus dem Vorrechtsvertrag

1. Stirbt der *Vorrechtsgeber*, so ist dies auf den Bestand des Vorrechts grundsätzlich *ohne Einfluß*. Führen die Erben den Vorrechtsfall herbei, dann kann der Berechtigte auch ihnen gegenüber sein Vorrecht geltend machen. Auf die Ausgestaltung des Vorrechtsvertrages kommt es dabei in der Regel nicht an. Denn selbst wenn er intuitu personae geschlossen war, sollte dies doch meist nur heißen, daß das Vorrecht nur dem Vorberechtigten persönlich zustehen sollte, nicht einem anderen. Darum kann in einem solchen Fall nur ein Wechsel in der Person des Berechtigten das Vorrecht zum Erlöschen bringen, nicht ein Wechsel in der Person des Verpflichteten. Das wird übrigens auch im Falle des Vorkaufsrechts als selbstverständlich bezeichnet[9]. Ein anderes gilt nur dann, wenn der Vorrechtsgeber das Vorrecht im Vertrag auf die Zeitdauer seines Lebens beschränkte[10] oder sich eine solche Beschränkung aus den Umständen ergibt. So ist natürlich der Sohn eines Schriftstellers nicht verpflichtet, seine eigenen Werke dem Verlag anzubieten, dem sein Vater ein Vorrecht auf alle seine Werke eingeräumt hatte. (Wohl aber muß er die Werke seines Vaters, die er aus dessen Nachlaß herausgeben will, zuerst dem vorberechtigten Verlag anbieten[11].)

---

[7] S. oben § 13 I 2. Für die grundsätzliche Vererblichkeit des Vorrechts: Hense (N. 17) und das französische Recht: Poitiers, 20. 1. 1954: J. C. P. 1954, II, 8064 mit zust. Anm. Laurent; Aubry et Rau(-Esmein) V11; Voirin und Vasseur (N. 1).

Im Vorkaufsrecht gilt – wohl aus Rechtssicherheitsgründen – eine gröbere Unterscheidung: Ist das Vorkaufsrecht zeitlich nicht begrenzt, so geht es im Zweifel nicht auf die Erben über; ist es auf eine bestimmte Zeit beschränkt, so ist es vererblich (§ 514 BGB).

[8] Das Reichsgericht nahm in einem Fall, in dem einer Brauerei ein Vorrecht („Rückkaufsrecht") eingeräumt war, ohne weiteres an, daß dieses Vorrecht auch von der Gesamtrechtsnachfolgerin ausgeübt werden konnte (RG 154, 355).

[9] Staudinger(-Ostler) § 514 Bem. 4; Palandt(-Gramm) § 514 Bem. 1.

[10] S. für das Vorkaufsrecht Kuhn in: BGB-RGRK § 514 Anm. 4. Im italienischen Recht war es einige Zeit umstritten, ob die Bindung des Vorrechtsgebers mit seinem Tode erlischt oder nicht. Heute geht die h. M. dahin, daß die Verpflichtung aus dem Vorrechtsvertrag grundsätzlich, d. h. wenn die Parteien nichts anderes bestimmt haben, auf die Erben des Vorrechtsgebers übergeht: Cass. 16. 10. 1954, n. 3791, Foro it., 1955, I, 328; D'Orazi Flavoni, Prelazione e inadempimento, Giust. civ. 1953, 190 ff., 195 ff.; a. A. noch Cass. 20. 6. 1951, Giust. civ., 1953, I, 125.

[11] Zur Vererbung von Unterlassungspflichten im allgemeinen s. Gaa, AcP 161, 433 ff., 443 ff.

2. Gelegentlich wird der Vorberechtigte daran interessiert sein, daß nicht nur ein Gesamtrechtsnachfolger des Vorrechtsgebers, sondern auch ein *Sonderrechtsnachfolger* durch das vereinbarte Vorrecht gebunden wird. So erwerben zum Beispiel gelegentlich Architekten oder Bauunternehmer große Ländereien und veräußern sie nur unter der Bedingung, daß der Käufer ihnen für den Fall, daß er sich zur Bebauung des Grundstücks entschließen sollte, die Bauplanung oder Bauausführung „zu Konkurrenzpreisen" überträgt[12]. Veräußert der Erwerber die Grundstücke an einen Dritten, so erlischt das Vorrecht, wenn es der Vorrechtsgeber dem Dritten nicht vertraglich überbürdet[13]. Wollen die Vorberechtigten sich die Ausübung des Vorrechts in jedem Falle sichern, so wird es sich darum für sie empfehlen, den Käufer zu einer solchen Überbürdung des Vorrechts im Falle der Weiterveräußerung des Grundstücks zu verpflichten. Handelt der Vorrechtsgeber dann dieser Verpflichtung zuwider, so kann zwar das Vorrecht nicht gegenüber dem Erwerber ausgeübt werden, wohl aber ist der Vorrechtsgeber schadensersatzpflichtig, wenn der Erwerber das Grundstück bebaut und mit der Bauplanung oder Bauausführung nicht das vorberechtigte Unternehmen betraut[14].

In der *Schweiz* haben sich die Gerichte in zwei Fällen mit Verträgen dieser Art beschäftigt. In einem ersten Fall[15] hatte sich der Käufer eines Aufbaugrundstückes der Verkäuferin gegenüber verpflichtet, einem mit der Verkäuferin liierten Bauunternehmen „zur Ausführung und zu Konkurrenzpreisen, wie sie im Zeitpunkt der Arbeitsausführung gelten, sowie nach den einschlägigen Bestimmungen des SIA zu übertragen: sämtliche Erd-, Maurer- und Verputzarbeiten, die Gipser- und Malerarbeiten, die Wand- und Bodenbeläge- und Kunststeinarbeiten". Als sich später herausstellte, daß der Bauplatz einen felsigen Baugrund besaß, der Sprengungen nötig machte, sah der Käufer wegen der damit verbundenen erheblich höheren Baukosten von der Erstellung des Baues ab und verkaufte das Grundstück einem Dritten, ohne diesem die Verpflichtung aus dem Vorrechtsvertrage zu überbürden. Der Neuerwerber ließ den Bau durch eine andere Firma errichten. Die Klage der Erstverkäuferin gegen den Vorrechtsgeber auf Schadensersatz wurde abgewiesen. Das Gericht stellte fest, bei dem Vertrag handele es sich um einen bedingten Vorvertrag. Durch die Veräußerung des Grundstücks sei dem Vorrechtsgeber die Erfüllung seiner Verpflichtung un-

[12] Für Architekten werden Verträge dieser Art freilich in der Regel als standeswidrig angesehen: BGH WM 1961, 978.

[13] Vgl. dazu auch BayObLG 28, 651, 656.

[14] Gegebenenfalls kann der Vorberechtigte fordern, daß der Vorrechtsgeber von dem mit dem Dritten geschlossenen Vertrag zurücktritt. Zum Rücktrittsrecht des Vorrechtsgebers vgl. BGH WM 1961, 978.

[15] Bern.App.hof, ZBJV 1957, 323 ff.

möglich geworden. Schadensersatz könne von ihm nur verlangt werden, wenn er den Eintritt der Bedingungen wider Treu und Glauben verhindert habe (§ 156 OR). Daß er es unterlassen habe, dem Erwerber des Grundstücks die Pflicht zur Arbeitsvergebung an das bevorrechtigte Bauunternehmen zu übertragen, sei ihm nicht vorzuwerfen, denn es fehle eine vertragliche Abmachung, die ihn zu einem solchen Tun verpflichtet hätte.

In einem ähnlichen Fall kam die Cour de justice civile Genf zu einem gegenteiligen Ergebnis[16]. Hier hatte sich der Käufer verpflichtet, dem Verkäufer zu übertragen „les travaux de maçonnerie des constructions qui seront élevées sur cette parcelle... au prix de l'honnête et moyenne concurrence". Der Käufer, ein Architekt, hatte das Gelände jedoch verkauft und sich dem neuen Käufer gegenüber lediglich ausbedungen, daß ihm die Ausarbeitung der Pläne übertragen werde. Das Gericht stellte fest, die Erfüllung seiner Verpflichtung sei dem Vorrechtsgeber durch sein Verschulden unmöglich geworden, weil er den neuen Käufer nicht verpflichtet habe, die Vorrechtsstellung des Verkäufers zu akzeptieren. Der Fall lag freilich insofern besonders, als der Verkäufer nachweisen konnte, daß der Käufer schon vor Abschluß des Kaufvertrages willens war, das Grundstück weiter zu veräußern. Hier ist es durchaus vertretbar, den Käufer, der von vornherein weiß, daß er eine vertraglich übernommene Verpflichtung nicht erfüllen wird, nach Treu und Glauben für gebunden zu halten, diese Verpflichtung auf den neuen Käufer zu übertragen. Aber die Regel bleibt: Bei einer Weiterveräußerung des Grundstücks ist der Vorrechtsgeber nur dann gehalten, die Pflichten aus dem Vorrechtsvertrag auf den Käufer zu überbürden, wenn ihn der Vorrechtsvertrag dazu ausdrücklich verpflichtet.

3. Wird der Gegenstand des Vorrechtsvertrages von einem Gläubiger des Vorrechtsgebers *gepfändet* oder wird er im Verlauf eines Konkursverfahrens von dem *Konkursverwalter veräußert*, so kann der Vorberechtigte keine Rechte geltend machen. Das ergibt sich a fortiori aus § 512 BGB, wonach in einem solchen Fall sogar ein Vorkaufsrecht ausgeschlossen ist[17].

---

[16] Sem. Jud. 1957, 234 ff.

[17] RG 154, 355, 359; STAUDINGER(-OSTLER) § 433 Bem. 83.

LITERATURVERZEICHNIS

ACHILLES-GREIFF, BGB, 21. Aufl. 1958.

ADLER, Realcontract und Vorvertrag: JheringsJ 45 (1903) 1 ff.; zitiert: ADLER.

AEBY, Les divers aspects de la promesse de vente: J. d. T. 1948, I, 546 ff.

ANDREOLI, La rendita vitalizia, 3. Aufl. 1958.

ANDRIOLI, Commentario al Codice di procedura civile, 3. Aufl. Bd. III 1957.

ANGELONI, Imprese e Società, Corso di diritto commerciale, Bd. I 1952.

ANSON, Principles of the English Law of Contract, 22. Aufl. 1964.

ARNDTS, Lehrbuch der Pandecten, 1852.

ASCARELLI, Sui limiti statutari alla circolazione delle partecipazioni azionarie: Banca, borsa, ecc. 1953, I, 281 ff.; zitiert: ASCARELLI.

AUBRY et RAU, Droit civil français, 6. Aufl. Bd. III 1938; Bd. V 1947; Bd. VI 1951; zitiert AUBRY et RAU III, V, VI.

AULETTA, Clausole di continuazione della società coll'erede del socio personalmente responsabile: Scritti giuridici in onore di A. Scialoja, Bd. II 1953, 63 ff.

AUTESSERRE, S. 1959, 62 ff.

AVANZATO, Mutuo: Enciclopedia forense, Bd. IV 1959, 1177 ff.

BANDMANN, JW 1938, 1331 ff.

BAPPERT, Zum verlagsrechtlichen Optionsvertrag: JZ 1953, 753.

BAPPERT-MAUNZ, Verlagsrecht, 1953; zitiert: BAPPERT-MAUNZ.

BAPPERT-WAGNER, Rechtsfragen des Buchhandels, 2. Aufl. 1958; zitiert: BAPPERT-WAGNER.

BARTIN s. AUBRY-RAU.

BASTIAN, J. C. P. 1955, II, 8448.

BASTIAN, J. C. P. 1956, II, 9356.

BASTIAN, J. C. P. 1961, II, 12135.

BAUDRY-LACANTINERIE et BARDE, Traité théorique et pratique de droit civil, Des obligations, 3. Aufl. Bd. I 1906.

BAUDRY-LACANTINERIE et DE LOYNES, Du nantissement des privilèges & hypothèques et de l'expropriation forcée, 3. Aufl. Bd. II 1906.

BAUDRY-LACANTINERIE et SEIGNAT, De la vente et de l'échange, 3. Aufl. 1908; zitiert: BAUDRY-LACANTINERIE et SEIGNAT.

BAUDRY-LACANTINERIE et WAHL, De la société, du prêt, du dépôt, 3. Aufl. 1907.

BAUMBACH-HUECK, Aktiengesetz, 11. Aufl. 1961.

BAUMBACH-HUECK, GmbH-Gesetz, 11. Aufl. 1964.

BAUR, Lehrbuch des Sachenrechts, 2. Aufl. 1963.

BAUR, JZ 1961, 335.

BAUR s. SOERGEL-SIEBERT

BECHMANN, System des Kaufs nach Gemeinem Recht, Bd. II 1884; zitiert: BECHMANN.

BECKER, Obligationenrecht (Bd. VI des [Berner] Kommentars zum Schweiz. Zivilgesetzbuch) 1. Aufl. Bd. II 1934; 2. Aufl. Bd. I 1941; zitiert: BECKER.

BECKER s. JANGGEN-BECKER.
BECKER s. SCHLEGELBERGER-VOGELS.
BECQUÉ, E., J. C. P. 1946, II, 3301.
BECQUÉ, E., J. C. P. 1948, II, 4388.
BECQUÉ, E., J. C. P. 1948, II, 4403.
BECQUÉ, E., J. C. P. 1950, II, 5501.
BECQUÉ, E., J. C. P. 1958, II, 10836.
BECQUÉ, E., J. C. P. 1958, II, 10843.
BECQUÉ, E. s. PLANIOL-RIPERT.
BECQUÉ, J., J. C. P. 1950, II, 5554.
BERNHARDT, Die Verfolgung von Konkursforderungen außerhalb des Konkursverfahrens, NJW 1961, 808.
BETTELHEIM s. KLANG.
BETTI, Parere per la verità – Sulla natura giuridica del patto di rinnovazione del contratto di locazione: Temi 1949, 567 ff.
BEUDANT et LEREBOURS-PIGEONNIÈRE, Cours de droit civil français, 2. Aufl. Bd. VIII: Les contrats et les obligations, 1936; zitiert BEUDANT et LEREBOURS-PIGEONNIÈRE VIII. Bd. XI: La vente, le louage des choses, 1938; zitiert: BEUDANT et LEREBOURS-PIGEONNIÈRE XI.
BIERMANN, Sachenrecht, 3. Aufl. 1914.
BIGIAVI, La clausola di gradimento al trapasso di azioni: Riv. trim. dir. proc. civ. 1953, 1 ff.
BING, JW 1929, 645 ff.
BING s. DÜRINGER-HACHENBURG.
BIQUEZ, Les promesses de vente de fonds de commerce, 1958.
BISCHOFF, Promesses de société: J.-Cl. des Sociétés, Fasc. 7 bis.
BLAISE, Donations entre vifs: J.-Cl. Civil: Art. 931.
BLOMEYER, La promesse de vente vaut vente: Festschrift für Leo Raape zu seinem 70. Geburtstag, 1948, 269 ff.
BLOMEYER, Allgemeines Schuldrecht, 3. Aufl. 1964; zitiert: BLOMEYER, Schuldrecht.
BLOMEYER, JR 1958, 63 f.
BLUNDELL s. WOODFALL.
BÖHLE-STAMSCHRÄDER, Konkursordnung, 7. Aufl. 1964, zitiert: BÖHLE-STAMSCHRÄDER,
BÖHLE-STAMSCHRÄDER s. ERMAN.
BOEHMER, Grundlagen der bürgerlichen Rechtsordnung, Bd. II 2, 1952.
BOEHMER s. STAUDINGER.
BÖTTCHER-MEILICKE, Umwandlung und Verschmelzung von Kapitalgesellschaften, 5. Aufl. 1958.
BÖTTICHER, Die Wandlung als Gestaltungsakt, 1938.
BONFANTE, L' „opzione“ nei contratti di vendita: Riv. dir. comm. 1930, I, 129 ff.
BORUTTAU-KLEIN, Grunderwerbssteuergesetz, 7. Aufl. 1963.
BOSELLI, Patto di opzione ed eccessiva onerosità sopravvenuta: Foro pad. 1954, 867 ff.
BOSVIEUX, J. Soc. 1925, 83 ff.
BOSVIEUX s. HOUPIN-BOSVIEUX.
BOULANGER s. RIPERT-BOULANGER.
BOURCART, S. 1922, 1, 17.
BOYER, Les promesses synallagmatiques de vente, Contribution à la théorie des avants-contrats: Rev. trim. dr. civ. 1949, 1 ff.; zitiert: BOYER.
BRÄNDL s. STAUDINGER.
BRANCA, Contratto condizionato e patto d'opzione, Foro it. 1961, I, 1642.
BREIT, Die Willenserklärung als Äußerung und Leistungsgegenstand nach dem deutschen Bürgerlichen Gesetzbuche: Gruch. Beitr. 55 (1911) 1 ff.

BRETHE DE LA GRESSAYE s. BEUDANT ET LEREBOURS-PIGEONNIÈRE.
BRINZ-LOTMAR, Lehrbuch der Pandekten, 2. Aufl. Bd. IV 1892.
BRODMANN, Aktiengesetz, 1928; zitiert: BRODMANN.
BRODMANN, GmbH-Gesetz, 2. Aufl. 1930.
BRÜGGEMANN s. ACHILLES-GREIFF.
BÜRGI, Die Aktiengesellschaft (Bd. V/5 b des [Züricher] Kommentars zum Schweiz. ZGB), 4. Lief. 1953; 5. Lief. 1956; zitiert: BÜRGI.
BURGARD, A propos de la cessibilité des actions: Rev. Soc. 1957, 138 ff.

CALLMANN, Das deutsche Kartellrecht, 1934.
CANDIAN, Nozioni istituzionali di diritto privato, 2. Aufl. 1949.
CANDIAN, Intorno alla alienazione di azioni con clausola di gradimento, 1954.
CANDIAN, Temi 1960, 490.
CARBONNIER, Rev. trim. dr. civ. 1948, 347 ff.
CARBONNIER, Rev. trim. dr. civ. 1953, 341 ff.
CARBONNIER, Rev. trim. dr. civ. 1954, 320 ff.
CARBONNIER, Rev. trim. dr. civ. 1960, 323.
CARIOTA-FERRARA, L'enfiteusi, 2. Aufl. (Neudruck) 1951.
CARRARO, La mediazione, 1952.
CARRESI, Il comodato, Il mutuo, 2. Aufl. (Neudruck) 1957.
CARRESI, Comodato (Diritto Civile): Nov. Dig. it. Bd. III 1959, 692 ff.
CARTELLIERI, Die Option: BB 1948, 162 ff; zitiert: CARTELLIERI.
CARUSI, In tema di contratto preliminare e sentenza costitutiva: Riv. dir. civ. 1955, 861 ff; zitiert: CARUSI.
CASTELLE s. DESCHENAUX-CASTELLE.
CHAUVEAU, M. & P., J.-Cl. Commercial – Annexes: Ventes Commerciales.
CHESHIRE AND FIFOOT, The Law of Contract, 6. Aufl. 1964.
CHIARIELLO, In tema di prelazione (forma): Giur. Cass. civ. 1952, II, 807 ff.
CHITTY, On Contracts, 22. Aufl. Bd. I 1961.
CICU, Successioni per causa di morte, Bd. I/1, 1954.
COING, s. STAUDINGER.
COLIN et CAPITANT, Cours élémentaire de droit civil français, 10. Aufl. Bd. II 1948.
COLIN et CAPITANT, Traité de droit civil, Bd. II 1959; Bd. III 1958; zitiert: COLIN-CAPITANT II, III.
CORBIN, On Contracts, Bd. I 1950.
CORDONNIER, Remarques sur la licéité des clauses statutaires restreignant la libre cessibilité des actions entre actionnaires: J. Soc. 1955, 193 ff.
CORDONNIER, J. Soc. 1957, 133 ff.
CORDONNIER, J. Soc. 1959, 65 ff.
CORRADO, La somministrazione, 2. Aufl. 1954; zitiert: CORRADO.
COSACK, Lehrbuch des Bürgerlichen Rechts, 7. Aufl. Bd. I 1922.
COSACK-MITTEIS, Lehrbuch des Bürgerlichen Rechts, 8. Aufl. Bd. I 1927.
COVIELLO, Contratto preliminare: Enciclopedia giuridica, Bd. III/3/2, 1902.
COVIELLO, Delle successioni, Parte generale, 3. Aufl. 1932.
CURRY s. PALMER.

DALSACE, D. 1959, 287 ff.
DALSACE, D. 1960, 618.
DANCKELMANN s. PALANDT.
DASSLER s. REINHARD-MÜLLER-DASSLER-SCHIFFHAUER.
DEGENKOLB, Zur Lehre vom Vorvertrag: AcP 71 (1887) 1 ff.; zitiert: DEGENKOLB.

DEMOGUE, Traité des obligations en général, Bd. I, II 1923; zitiert: DEMOGUE I, II.
DESBOIS, Propriété littéraire et artistique: D. Rép. Dr. civ. Bd. IV 1954, 305 ff.
DESCHENAUX-CASTELLE, La Nouvelle Procédure Civile Fribourgeoise, 1960.
DUDEN, DRZ 1947, 375 f.
DUDEN, AP § 242 BGB (9).
DÜRINGER-HACHENBURG, HGB, 3. Aufl. Bd. II/1, 1932; Bd. III/1, 1934; Bd. IV 1932; zitiert: DÜRINGER-HACHENBURG.

ECCIUS s. FÖRSTER-ECCIUS.
EHRENZWEIG, System des österreichischen allgemeinen Privatrechts, 2. Aufl. Bd. II/1, 1928.
EICHLER, Institutionen des Sachenrechts, Bd. II/2, 1960.
ELSTER s. VOIGTLÄNDER-ELSTER.
ENDEMANN, Lehrbuch des Bürgerlichen Rechts, 8. Aufl. Bd. I 1903.
ENNECCERUS-LEHMANN, Recht der Schuldverhältnisse, 15. Aufl. 1958; zitiert: ENNECCERUS-LEHMANN.
ENNECCERUS-NIPPERDEY, Allgemeiner Teil des Bürgerlichen Rechts, 15. Aufl. 1960; zitiert ENNECCERUS-NIPPERDEY.
ENRIETTI, Contratto per persona da nominare: Nov. Dig. it., Bd. IV 1959, 666 ff.
ERDSIEK s. SOERGEL-SIEBERT.
ERMAN, Handkommentar zum Bürgerlichen Gesetzbuch, 3. Aufl. 1962; zitiert: ERMAN.
ESCARRA, D. P. 1927, 1, 161 ff.
ESCARRA, Cours de droit commercial, 1952.
ESCARRA, J. & E. et RAULT, Traité théorique et pratique de droit commercial, Bd. II: Les sociétés commerciales 1, 1950; 3, 1955; zitiert: ESCARRA-RAULT II, 1, 3.
ESMEIN, S. 1924, 1, 225 ff.
ESMEIN, J. C. P. 1949, II, 4961.
ESMEIN s. AUBRY et RAU.
ESMEIN s. PLANIOL et RIPERT.
ESSER, Schuldrecht, 2. Aufl. 1960; zitiert: ESSER.

FALQUI-MASSIDDA, Contratto preliminare: Enciclopedia forense, Bd. II 1958, 670 ff.
FARIBAULT, Traité de droit civil du Québec XI: De la vente, 1961.
FEINE, Die GmbH: Ehrenbergs Handbuch des gesamten Handelsrechts, Bd. III/3, 1929.
FERID s. STAUDINGER
FERIOLI, Società anonime di fatto, Foro pad. 1950, I, 1090 f.
FERRI, Locazione novennale prorogabile e sua trascrizione, Riv. trim. dir. proc. civ. 1949, 733 ff.
FERRI, Riv. trim. dir. proc. civ. 1951, 221 ff.
FERRI, Sugli effetti inter partes del mancato gradimento del consiglio di amministrazione nel trasferimento delle azioni, Banca, borsa ecc. 1954, I, 592 ff.
FERRI, Delle società, Commentario del Codice civile a cura di A. Scialoja e G. Branca, 1955.
FISCHER, Das Recht der OHG als ergänzende Rechtsquelle zum GmbH-Gesetz, GmbH-Rdsch. 1953, 131 ff.
FISCHER, Ist der Vorvertrag bei Errichtung einer GmbH formbedürftig?, GmbHRdsch. 1954, 129 ff.
FISCHER, Großkomm. z. AktG., 2. Aufl., Bd. I 1957 ff.; zitiert: FISCHER in Großkomm z. AktG.
FISCHER, BGB-RGRK, 11. Aufl. Bd. II, 2, 1960.
FISCHER s. LÜDECKE-FISCHER

FISSOTTI, Patto di prelazione e negozi di cortesia, Riv. dir. comm. 1956, II, 1 ff.
FLAD s. PLANCK
FLECHTHEIM s. DÜRINGER-HACHENBURG
FÖRSTER-ECCIUS, Preußisches Privatrecht, 7. Aufl. Bd. I 1896.
FORCHIELLI, Patto d'opzione e condizione potestativa, Riv. trim. dir. proc. civ. 1948, 796 ff.
FORCHIELLI, Giur. it. 1948, I, 1, 109 f.
FORCHIELLI, Contratto preliminare, Nov. Dig. It., Bd. IV 1959, 683 ff.; zitiert: FORCHIELLI.
FOX, Options, Austr. L. J. 24 (1950/51) 7 ff.
FOX-SMITH, Hire-Purchase, Credit and Finance, 1962.
FRAGALI, Commentario del Codice civile a cura di A. Scialoja e G. Branca, Bd. IV, Art. 1754–1860, 1953; zitiert: FRAGALI.
FRÈ, Società per azioni, Commentario del Codice civile a cura di A. Scialoja e G. Branca, 3. Aufl. 1961.
FRÉJAVILLE, D. C. 1944, 37 f.
FRÉJAVILLE, J. C. P. 1945, II, 2797.
FRIEDEL, Prêt, Dalloz, Répertoire de droit civil, Bd. IV 1954, 81 ff.; zitiert: FRIEDEL.
FRIEDLÄNDER, Die Rechtspraxis der Kartelle und Konzerne in Europa, 1938.
FRIEDLÄNDER, Konzernrecht, 2. Aufl. 1954.
FROMER, Schutz der Aktiengesellschaft vor fremdem Einfluß, ZSR 1961, 127 ff.; zitiert: FROMER.
FUNAIOLI, Locazione novennale prorogabile per volontà del'inquilino e trascrizione, Riv. trim. dir. proc. civ. 1950, 1084 ff.

GAA, Die Vererbung von Unterlassungspflichten, AcP 161 (1962) 433 ff.
GADOW s. STAUB
GALLETTA, Sulla prescrizione dell'azione rescissoria del contratto commutativo stipulato in esecuzione del relativo contratto preliminare, Archivio di Ricerche Giuridiche, 1961, 15 ff.
GALLO, Trattative precontrattuali e perfezionamento del contratto, Giur. compl. Cass. civ. 1954, II, 160 ff.
GEILER s. DÜRINGER-HACHENBURG
GEILER s. STAUDINGER
GELLER, Vorvertrag und Punktation, Versuch einer Überprüfung der Lehre von den vorbereitenden Verträgen, Österr. Centralblatt für die juristische Praxis 1 (1883) 133 ff.
GELLIS, Kommentar zum GmbH-Gesetz, 1960.
GERBER, System des deutschen Privatrechts, 6. Aufl. 1858.
GERNHUBER, Formnichtigkeit und Treu und Glauben, Festschrift zum 70. Geburtstag von Walter Schmidt-Rimpler, 1957, 151 ff.; zitiert: GERNHUBER.
GERWIG, Schweizerisches Genossenschaftsrecht, 1957.
GESSLER s. SCHLEGELBERGER.
GIANNATTASIO, L'opzione per persona da nominare, Giur. Cass. civ. 1947, III, 336 f.
GIANNATTASIO, Rassegna di giurisprudenza sul codice civile, diretta da Rosario Nicolò, libro quinto, titoli V–XI, 1955.
GIORGI, Foro it. 1903, I, 797 ff.
GIORGIANNI, Contratto preliminare, esecuzione in forma specifica, e forma del mandato, Giust. civ. 1961, I, 64 ff.
GODIN-WILHELMI, Aktiengesetz, 2. Aufl. 1950.
v. GODIN, RGRKomm. z. HGB, 2. Aufl. Bd. III 1. Lief. 1953, 3. Lief. 1956.
GÖPPERT, Zur Lehre von den pacta de contrahendo, KrVJSchr. 14 (1872) 400 ff.

GOLDBAUM, Urheberrecht und Urhebervertragsrecht, 3. Aufl. 1961.
GOLDMANN-LILIENTHAL, Das Bürgerliche Gesetzbuch, 2. Aufl. Bd. I 1903.
GOLDSCHMIT, Die Aktiengesellschaft, 1927.
GOTTSCHLING, Schutz der GmbH vor Überfremdung – Die Gestaltung des Gesellschaftsvertrages, GmbHRdsch. 1953, 20 ff.
GRAMM s. PALANDT.
GRASSUS, De pacto futuri contractus praeparatorio, 1688.
GRAZIANI, Diritto delle società, 1957.
GRECO, Sul patto di prelazione per la cessione di una quota di accomandante, Riv. dir. comm. 1948, II, 231 ff.
GRECO, Formazione di contratto nullo e responsabilità extracontrattuale, Temi 1952, 467 ff.
GRECO, Le società nel sistema legislativo italiano, 1959.
GREULICH, Eintritt in fremdes Angebot, DB 1955, 90 ff.; zitiert: GREULICH.
GREVEN, DStZ (A) 1955, 191 ff.
GROEPPER s. ERMAN.
GROSLIÈRE, Le droit de préemption, J. C. P. 1963, I, 1769.
GROTHUS, Das Vorkaufsrecht an GmbH-Anteilen, GmbHRdsch. 1959, 24 ff.
GSCHNITZER s. KLANG.
GÜTHE s. JÄCKEL-GÜTHE.
GUHL, Das Schweizerische Obligationenrecht, 5. Aufl. 1956; zitiert: GUHL.
GULDENER, Schweizerisches Zivilprozeßrecht, 2. Aufl. 1958.

HAAB, Das Sachenrecht (IV. Bd. Teil 1 des [Züricher] Kommentars zum Schweiz. ZGB), 2. Aufl. 5. Lief. 1935; zitiert: HAAB.
HAAGER, BGB-RGRK, 11. Aufl. Bd. II, 2, 1960.
HABSCHEID, Behörden als Schiedsgutachter, MDR 1954, 392 ff.
HACHENBURG, Kommentar zum Gesetz betreffend die Gesellschaften mit beschränkter Haftung, 6. Aufl. Bd. I 1956, Bd. II 1959.
HACHENBURG s. DÜRINGER-HACHENBURG.
HACHENBURG s. STAUB-HACHENBURG.
HAEGELE, Zum Ankaufsrecht am Grundbesitz, Rpfleger 1963, 142 ff.
HAGELBERG, JW 1932, 190 f.
HALSBURY's Laws of England, 3. Aufl. Bd. XXIII 1958; Bd. XXXVI 1961.
HAMEL et LAGARDE, Traité de droit commercial, Bd. I 1954.
HAMEL s. PLANIOL-RIPERT.
HAUPT, Über faktische Vertragsverhältnisse, 1941.
HAUSSMANN, Das Recht der Unternehmenzusammenfassungen, Bd. II 1932.
HÉBRAUD, J. C. P. 1944, II, 2576.
HEFERMEHL s. ERMAN.
HEFERMEHL s. SOERGEL-SIEBERT.
HELDRICH, Die Form des Vertrages, AcP 147 (1941) 89 ff.; zitiert: HELDRICH.
HÉMARD, Théorie et pratique des nullités de sociétés et des sociétés de fait, 2. Aufl. 1926.
HENCKEL, Die ergänzende Vertragsauslegung, AcP 159 (1960) 106 ff.
HENRICH, Die Aktiengesellschaft im italienischen Recht, Die Aktiengesellschaft 1960, 251 ff.
HENRICH, Die unbewußte Irreführung, AcP 162 (1963) 88 ff.
HENSE, DNotZ 1951, 129 ff.
HERMINGHAUSEN, Formlos bindende Hofzusagen, DNotZ 1958, 115 ff.
HIEBER, Vormerkung eines bedingten Anspruches, DNotZ 1960, 97 ff.
HILLIG, 385 Gutachten über urheberrechtliche, verlagsrechtliche und verlegerische Fragen, Bd. I 1928.

HILLIG, Gutachten über urheberrechtliche, verlagsrechtliche und verlegerische Fragen, Bd. II 1934.
HOCHE s. PALANDT.
HOFFMANN, Beiträge zum Verlagsrecht, Ufita 1933, 215 ff.; zitiert: HOFFMANN.
HOLZSCHUHER, Theorie und Casuistik des gemeinen Civilrechts, 2. Aufl. Bd. III 1858.
HOMBERGER, Das Sachenrecht (IV. Bd. Teil 3 des [Züricher] Kommentars zum Schweiz. ZGB), 2. Aufl. 1938.
HOUPIN-BOSVIEUX, Traité général théorique et pratique des sociétés civiles et commerciales, 7. Aufl. Bd. I 1935; zitiert: HOUPIN-BOSVIEUX.
HUBMANN, Urheber- und Verlagsrecht, 1959.
HUBRECHT, Bail (en général), J.-Cl. Civil: Art. 1708–1762.
HUECK, Das Recht der offenen Handelsgesellschaft, 3. Aufl. 1964.
HUECK-NIPPERDEY, Lehrbuch des Arbeitsrechts, 6. Aufl. Bd. II 1957.
HUECK s. BAUMBACH-HUECK.
HUGUET, D. 1957, Chron. 149 ff.
HUMBERT, Die formlose Bestimmung des Hoferben, NJW 1956, 1857 f.

IMHOF s. MEIKEL-IMHOF.

JÄCKEL-GÜTHE, Kommentar zum Zwangsversteigerungsgesetz, 7. Aufl. 1937.
JAEGER, LZ 1911, 606 f.
JAEGER, LZ 1911, 770.
JAEGER-LENT, Konkursordnung, 8. Aufl. Bd. I 1958; zitiert: JAEGER-LENT.
JAEGER s. WILLISTON(-JAEGER).
JÄGGI, Über das vertragliche Vorkaufsrecht, ZBGR 39 (1958) 65 ff.
JÄGGI, Ungelöste Fragen des Aktienrechts, SAG 31 (1958/59) 57 ff.
JANGGEN-BECKER, Die Gesellschaft mit beschränkter Haftung (Bd. VII, 3 des [Berner] Kommentars zum Schweiz. ZGB), 1939.
JANUZZI, Proposta irrevocabile e patto di opzione, Foro it. 1949, I, 179 ff.
JOSSERAND, Cours de droit civil positif français, 3. Aufl. Bd. II 1939.
JOWITT, EARL, The Dictionary of English Law, 1959.
JULLIOT DE LA MORANDIÈRE, Droit Civil, Bd. III 1958.
JULLIOT DE LA MORANDIÈRE s. COLIN-CAPITANT.
J.-Cl. Civil.
J.-Cl. Commercial.

KÄSER, Der Vertrag zugunsten Dritter im englischen Recht, RabelsZ 21 (1956) 418 ff.
KAPFER, ABGB, 26. Aufl. 1960.
KASER, Das römische Privatrecht, 2. Abschnitt: Die nachklassische Entwicklung, 1959.
KESSLER s. STAUDINGER.
KIEFERSAUER s. STAUDINGER.
KIPP s. WINDSCHEID.
KISCH, KritVJSchr 61 (1931) 356 ff.
KLANG-BETTELHEIM, Kommentar zum Allgemeinen bürgerlichen Gesetzbuch, 1. Aufl. Bd. II, 2, 1934.
KLANG, Kommentar zum Allgemeinen bürgerlichen Gesetzbuch, 2. Aufl. Bd. IV 1951 bis 1954, Bd. VI 1951; zitiert: KLANG.
KLEIN s. BORUTTAU-KLEIN.
KLEINE, Zur Gültigkeit von verlagsrechtlichen Optionsklauseln, JZ 1957, 303 f.; zitiert: KLEINE.
KOBLER, Der Bestand des Rechtsgeschäfts im Genehmigungsverfahren, DNotZ 1957, 171 ff.

Koehler s. Teichmann-Koehler.
Kohler, Über das Konsensualdarlehen, ArchBürgR 2 (1889) 211 ff.
Korintenberg-Wenz-Ackermann, Kostenordnung, 5. Aufl. 1959.
Kréher s. Pic et Kréher.
Kress, Lehrbuch des Allgemeinen Schuldrechts, 1929; Lehrbuch des Besonderen Schuldrechts, 1934; zitiert: Kress I, II.
Krüger-Nieland, BGB-RGRK, 11. Aufl. Bd. I, 1, 1959.
Kubierschky, Die Bedeutung des Konkurses für Wiederkauf und Option, Diss. Erlangen 1936; zitiert: Kubierschky.
Kuhn, BGB-RGRK, 11. Aufl. Bd. II, 1, 1959.

Lacour, D. 1900, 2, 369 f.
La Forest, Can. B. R. 38 (1960) 595 ff.
Lagarde s. Beudant et Lerebours-Pigeonnière.
Lalou, Des promesses unilatérales de ventes d'immeubles: cessions actives et cessions passives, D. H. 1928, Chron. 1 ff.
Lalou, Le pacte de préférence, D. P. 1949, Chron. 41 ff.
Lalou, D. 1949, 502.
Larenz, Derogierende Kraft des Gerichtsgebrauchs, NJW 1951, 497 ff.
Larenz, Die rechtliche Bedeutung von Optionsvereinbarungen, DB 1955, 209 ff.
Larenz, AP § 74 HGB (2).
Larenz, Geschäftsgrundlage und Vertragserfüllung, 3. Aufl. 1963; zitiert: Larenz, Geschäftsgrundlage.
Larenz, Lehrbuch des Schuldrechts, 6. Aufl. Bd. I 1963, Bd. II 1964; zitiert: Larenz I, II.
Laurent, Principes de droit civil français, 3. Aufl. Bd. XXVI 1878.
Laurent, J. C. P. 1951, II, 6496.
Laurent, J. C. P. 1954, II, 8064.
Laurent, J. C. P. 1961, II, 12106.
Lecompte, J. Soc. 1948, 381 ff.
Lehmann, Die Unterlassungspflicht im Bürgerlichen Recht, 1906.
Lehmann Allgemeiner Teil, 14. Aufl. 1963.
Lehmann s. Enneccerus-Lehmann.
Lehner, Gemeinsame Charakterzüge und Wirkungen der aktienrechtlichen Vorkaufsrechte, SAG 26 (1953/54) 189 ff.
Lehner, Die rechtliche Struktur und die Hauptarten der aktienrechtlichen Vorkaufsrechte, SJZ 1954, 73 ff.
Lener, Foro it. 1954, I, 1275 ff.
Lenoan, D. 1948, 421 f.
Lent s. Jaeger-Lent.
Leonhard, Besonderes Schuldrecht des BGB, 1931.
Leuch, Die Zivilprozeßordnung für den Kanton Bern, 3. Aufl. 1956.
Levinsohn, Der Vorvertrag, 1931; zitiert: Levinsohn.
Liver, Die privatrechtliche Rechtsprechung des Bundesgerichts im Jahre 1959, ZBJV 1960, 393 ff.
Löscher, BGB-RGRK, 11. Aufl. Bd. I, 2, 1960.
Lorenz, Das Problem der Aufrechterhaltung formnichtiger Schuldverträge, AcP 156 (1957), 381 ff.
Lorenz, Vorzugsrechte beim Vertragsabschluß, Dölle-Festschrift (Vom deutschen zum europäischen Recht). Bd. 1 1963, 103 ff.
Lotmar s. Brinz-Lotmar.
Loussouarn s. Planiol-Ripert.

LUDEWIG, Der Vorgründungsvertrag im Aktienrecht, ZBlHR 7 (1932) 121 ff.
LÜDECKE-FISCHER, Lizenzverträge, 1957.
LUKES, Der Kartellvertrag, 1959.

MAKOWER, Handelsgesetzbuch, 13. Aufl. Bd. I 1906.
MALAURIE, Promesse de vente, D. Rép. Dr. civ., Bd. IV 1954, 268 ff.; zitiert: MALAURIE.
MALAURIE, Vente, D. Rép. Dr. civ., Bd. V 1955, 587 ff.
MALAURIE, D. 1955, 713 ff.
MALAURIE, D. 1958, 581 ff.
MAROI, Codice civile, Commentario diretto da M. D'Amelio, Libro delle Successioni per causa di morte e delle Donazioni, 1941.
MAROI s. RUGGIERO-MAROI.
DE MARTINI, Opzione, proposta ferma, patto di prelazione, pactum de contrahendo, Giur. Cass. civ. 1947, III, 403 ff.; zitiert: DE MARTINI, Opzione etc.
DE MARTINI, Profili della vendita commerciale e del contratto estimatorio, 1950.
DE MARTINI, Adempimento, inadempimento ed esecuzione specifica della promessa di prelazione, Scritti in onore di A. Scialoja, Bd. III 1953, 215 ff.; zitiert: DE MARTINI, Adempimento etc.
DE MARTINI, Esecuzione in forma specifica dal patto di prelazione riguardante il trasferimento di azioni nominative, Riv. dir. comm. 1954, II, 116 ff.
DE MARTINI, Rassegna di giurisprudenza sul codice civile, libro quarto, titolo II, 1956.
MATTHIESSEN, JW 1938, 2426 f.
MAUNZ s. BAPPERT-MAUNZ.
MAURENBRECHER, Lehrbuch des heutigen gemeinen deutschen Rechts, 1834.
MAZEAUD, H. & L. et J., Leçons de droit civil, Bd. III 1960; zitiert: MAZEAUD.
MEIER-HAYOZ, Vom Vorkaufsrecht, ZBJV 92 (1956) 297 ff.
MEIKEL-IMHOF-RIEDEL, Grundbuchrecht, 5. Aufl. Bd. II 1958.
MEILICKE, Das Options- und Vorkaufsrecht auf den Erwerb von Aktien bei der formwechselnden Umwandlung einer Aktiengesellschaft in eine GmbH, BB 1961, 1069.
MEILICKE s. BÖTTCHER-MEILICKE.
MENGONI, Riv. dir. comm. 1953, I, 411 f.
MERTEN, Das Ankaufsrecht, DRiZ 1928, 383 ff.
MESSINEO, Dottrina generale del contratto, 3. Aufl. (Neudruck) 1952; zitiert: MESSINEO, Dottrina generale.
MESSINEO, Enciclopedia del diritto X 1962, v. Contratto preliminare; zitiert: MESSINEO, Enciclopedia del diritto X.
MESSINEO, Manuale di diritto civile e commerciale, 8. Aufl. Bd. III, 1, 1953; 9. Aufl. Bd. V 1958; Bd. III 1959; zitiert: MESSINEO, Manuale III, 1, V, III.
METZDORF, Die Grundfragen des Vorvertrages nach deutschem und österreichischem Recht, Diss. Breslau 1939; zitiert: METZDORF.
MEZGER s. SOERGEL-SIEBERT.
MICHELI, Commentario del Codice civile a cura di A. Scialoja e G. Branca, Bd. VI, Artt. 2900–2969, 1953.
MIELE, Patto di opzione e forma, Giur. Cass. civ. 1952, II, 272 ff.
MIELE, Sulla distinzione fra opzione e prelazione, Giur. Cass. civ. 1952, III, 978 ff.
MIELE, Opzione ed eccessiva onerosità sopravvenuta, Giur. Cass. civ. 1954, I, 129 ff.
MIRABELLI, La rescissione del contratto preliminare, Dir. e Giur. 1952, 177 ff.
MIRABELLI, Commentario del Codice civile, Bd. IV, 2: Dei contratti in generale, 1958; zitiert: MIRABELLI IV, 3: Dei singoli contratti, 1960.
MITTEIS s. COSACK-MITTEIS.
MITTEIS s. SOHM-MITTEIS-WENGER.
MOHNEN s. STAUDINGER.

MOLITOR, Zur Theorie des Vertragszwangs, IheringsJ 73 (1923) 1 ff.
MONTESANO, Contratto preliminare e sentenza costitutiva, 1953; zitiert: MONTESANO.
MOREAU, Lo société anonyme, 2. Aufl. Bd. I, o. J. (1955); Bd. III. o. J. (1961).
MOREAU, Manuel pratique de la société à responsabilité limitée, o. J. (1955).
MOREAU, Les sociétés civiles, 1957.
MOREL, La violation d'une promesse de vente, Études de droit civil à la mémoire de Henri Capitant, 1939, 541 ff.
MORRIS-LEACH, The Rule Against Perpetuities, 1956.
MOSCONE, Esecuzione forzata in forma specifica, Enciclopedia forense, Bd. III 1958, 543 ff.; zitiert: MOSCONE.
MOSSA, Diritto commerciale, Bd. I 1957.
MÜLLER-GRIES, Kommentar zum GWB, 1958.
MÜLLER s. REINHARD-MÜLLER-DASSLER-SCHIFFHAUER.
MÜLLER s. STAUDINGER.
MUGDAN, Die gesammten Materialien zum Bürgerlichen Gesetzbuch, Bd. II 1899.

NASTELSKI, BGB-RGRK, 11. Aufl. Bd. I, 2, 1960.
NATH s. STUMPF-NATH-SCHILLING.
NATOLI, Commentario del Codice civile, Bd. VI, 1, 1–2: Della tutela dei diritti, 1959.
NEUMANN s. STAUDINGER.
NEUMANN-DUESBERG, Gerichtliche Ermessensentscheidungen nach §§ 315 ff. BGB, JZ 1952, 705 ff.; zitiert: NEUMANN-DUESBERG.
NIETZOLD, Vorkaufsrecht an Namensaktien, JW 1926, 531 f.
NIPPERDEY, Kontrahierungszwang und diktierter Vertrag, 1920.
NIPPERDEY, Vorhand, Vorkaufsrecht und Einlösungsrecht, ZBlHR 1930, 300 ff.; zitiert: NIPPERDEY.
NIPPERDEY s. ENNECCERUS-NIPPERDEY.
NIPPERDEY s. STAUDINGER.
NIRK, Rechtsvergleichendes zur Haftung für culpa in contrahendo, RabelsZ 18 (1953) 310 ff.

OERTMANN, Allgemeiner Teil, 3. Aufl. 1927; Recht der Schuldverhältnisse, 5. Aufl. Bd. I 1928, II 1929; zitiert: OERTMANN.
OPPIKOFER, Maßnahmen zum Schutze schweizerischer Auslandswerte in Fällen internationaler Konflikte, SAG 31 (1958/59) 225 ff.
D'ORAZI FLAVONI, La prelazione legale e volontaria, 1950.
D'ORAZI FLAVONI, Prelazione e inadempimento, Giust. civ. 1953, 190 ff.
OSER-SCHÖNENBERGER, Das Obligationenrecht (V. Bd. des [Züricher] Kommentars zum Schweiz. Zivilgesetzbuch), Bd. I 1929, Bd. II 1934; zitiert: OSER-SCHÖNENBERGER.
OSTI, Contratto, Nov. Dig. It., Bd. IV 1959, 462 ff.
OSTLER s. STAUDINGER.

PACCHIONI, Delle promesse di vendita con la cosidetta clausola di opzione e di alcuni limiti di ammissibilità dell'azione di rescissione per lesione, Foro it. 1927, I, 1111 ff.
PACIFICI-MAZZONI(-VENZI), Il Codice Civile Italiano commentato, 6.–8. Aufl. Bd. XII 1929.
PALANDRI, Appunti in tema di formazione dei negozi giuridici, Giur. Cass. civ. 1948, II, 670 ff.
PALANDT, BGB, 23. Aufl. 1964; zitiert: PALANDT.

PALMER(-SCHMITTHOFF and CURRY), Company Law, 20. Aufl. 1959.
PALMER, Company Precedents, 17. Aufl. Bd. I 1956.
PAVONE LA ROSA, In tema di clausola di gradimento al trasferimento delle azioni, Foro pad. 1955, 1101 ff.
PERROUD, S. 1912, 1, 217 ff.
PETER, Das österreichische Urheberrecht, 1954.
PFEIFFER, Vormerkung für künftige Ansprüche im Konkurse, LZ 1911, 606.
PFEIFFER, Können Rechte aus einem Vertragsantrag übertragen werden?, LZ 1912, 374 ff.
PIC, Société, D. Rép. Prat., Bd. XI, 1925, 1 ff.
PIC, D. P. 1934, 2, 129 ff.
PIC et KRÉHER, Des sociétés commerciales, 7. Aufl. Bd. I 1940; zitiert: PIC-KRÉHER.
PIKALO, RdL 1954, 193 ff.
PINNER s. STAUB.
PINZGER, Der verlagsrechtliche Optionsvertrag, GRUR 1930, 589 ff.; zitiert: PINZGER.
PIOTET, Des effets de l'annotation au registre foncier de rapports de droits personnels, ZSR 1960, 401 ff.
PLANCK, Kommentar zum BGB nebst Einführungsgesetz, 4. Aufl. Bd. I 1913; Bd. II, 1, 1914; Bd. II, 2, 1928; 5. Aufl. Bd. III, 1, 1933; zitiert: PLANCK.
PLANIOL-RIPERT, Traité pratique de droit civil français, 2. Aufl., Bd. V: Donations et testaments, 1957; Bd. VI: Obligations, 1952; Bd. X: Contrats civils, 1956; Bd. XI: Contrats civils, 1954; Bd. XII: Sûretés réelles, 1953; zitiert: PLANIOL-RIPERT V, VI, X, XI, XII.
POHLE, ZgGenW 10 (1960) 334 ff.
POHLE s. STEIN-JONAS-SCHÖNKE-POHLE.
POLLOCK-WINFIELD, The Principles of Contract, 13. Aufl. 1950.
POOLE, Option Clauses in Leases, The Conveyancer 1961, 116 ff.
POTHIER, Œuvres, hrsg. und mit Anm. versehen von BUGUET, Bd. III 1847.
POTRYKUS, Bestimmung der Angemessenheit des Ersatzraumes bei Räumungsvergleichen, NJW 1950, 897 ff.
PRITSCH, BGB-RGRK, 11. Aufl. Bd. II, 1, 1959.
PROVINCIALI, Lezioni di diritto fallimentare, 1958.
PUCHTA, Pandekten, 3. Aufl. 1845.
PUCHTA, Vorlesungen über das heutige römische Recht, 4. Aufl. Bd. II 1855.
PUFENDORF, De jure naturale et gentium, 1744.
PUGLIESE, Giur. it. 1950, I, 1, 339 ff.

QUASSOWSKI s. SCHLEGELBERGER-QUASSOWSKI.

RAAPE, Die Wollensbedingung, 1912.
RABEL, Das Recht des Warenkaufs, Bd. I 1936.
RAISER s. WOLFF-RAISER.
RASCH, Wettbewerbsbeschränkungen, 2. Aufl. 1958.
RAULT s. ESCARRA et RAULT.
RAYNAUD, Hypothèque conventionnelle, D. Rép. Dr. civ., Bd. II 1952, 946 ff.
REGELSBERGER, Civilrechtliche Erörterungen, Bd. I 1868; zitiert: REGELSBERGER.
REGELSBERGER, in: Endemanns Handbuch des deutschen Handels-, See- und Wechselrechts, Bd. II 1882.
REHBEIN, Das Bürgerliche Gesetzbuch mit Erläuterungen, Bd. I 1898.
REICHEL, Zur Behandlung formnichtiger Verpflichtungsgeschäfte, AcP 104, 1 ff.

RGR-Kommentar, Kommentar zum BGB, herausgegeben von Reichsgerichtsräten und Bundesrichtern, 11. Aufl.; zitiert: BGB-RGRK.
REINEKE, DNotZ 1953, 210 ff.
REINHARD-MÜLLER-DASSLER-SCHIFFHAUER, Kommentar zum Zwangsversteigerungsgesetz, 9. Aufl. 1958.
REINICKE, G. und D., Formvorschrift, Treu und Glauben und Schadensersatz, MDR 1954, 641 ff.
REINICKE, G. und D., NJW 1954, 1236 f.
REUSS, Die Intensitätsstufen der Abreden und die Gentlemen-Agreements, AcP 154 (1955) 485 ff.
RHEINSTEIN, The Law of Decedents Estates, 1954.
RICE, Take-over Bids for Private Companies, J. B. L. 1961, 260 ff.
RIEDEL s. MEIKEL-IMHOF-RIEDEL.
RIEDEL s. STAUDINGER.
RIEDEL s. STEINER-RIEDEL.
RIEZLER, Die Geschäfte des Buch- und Kunsthandels, in: Ehrenbergs Hdb. Bd. V, 2, 1915.
RIEZLER s. STAUDINGER.
RIEZLER, Zum Verlagsvertrag im deutschen Recht, Deutsche Landesreferate zum II. Internationalen Kongreß für Rechtsvergleichung im Haag 1937, Sonderheft der Zeitschrift für ausländisches und internationales Privatrecht, 1937, 254 ff.
RINTELEN, Urheberrecht und Urhebervertragsrecht nach österreichischem, deutschem und schweizerischem Recht, 1958.
RIPERT, D. 1950, 309 f.
RIPERT, D. 1955, 237 f.
RIPERT, D. 1957, 177 f.
RIPERT et BOULANGER, Traité de droit civil d'après le traité de PLANIOL, Bd. II 1957; Bd. III 1958; zitiert: RIPERT-BOULANGER II, III.
RIPERT, Traité élémentaire de droit commercial, 4. Aufl. 1959; zitiert: RIPERT.
RIPERT s. PLANIOL et RIPERT.
RITTER, Aktiengesetz, 2. Aufl. 1939; zitiert: RITTER.
ROEMER, Zur formlosen Hoferbenbestimmung in der Rechtsprechung des BGH, DNotZ 1957, 283 ff.
RÖMER, Die Gestaltung der GmbH, in: Deutscher Notartag 1961, Sonderheft der DNotZ (1961) 47 ff.
RÖSER, Ankaufsrecht, Vorhand, Einlösungsrecht und Option, Diss. Bonn 1938; zitiert: RÖSER.
ROQUETTE, Fernwirkung von Mietevorverträgen auf abgeschlossene Mietverträge, JW 1937, 3206 ff.
ROQUETTE, Mietrecht, 5. Aufl. 1961.
ROSENBERG, Lehrbuch des deutschen Zivilprozeßrechts, 8. Aufl. 1960; zitiert: ROSENBERG.
ROTH, Der Vorvertrag, 1928.
ROUAST, D. P. 1928, 1, 33 ff.
ROUAST s. PLANIOL et RIPERT.
RUBINO, La compravendita, 1952; zitiert: RUBINO.
RUGGIERO, Istituzioni di diritto civile, 7. Aufl. Bd. III 1935.
RUGGIERO-MAROI, Istituzioni di diritto privato, 8. Aufl. Bd. II 1951.
RUNGE, Urheber- und Verlagsrecht, 1948–1953.
RUSCONI, Clausole di gradimento e clausole di prelazione nella recente prassi societaria, Riv. Soc. 1958, 145 ff.; zitiert: RUSCONI.
RUTH, JW 1927, 577 ff.

SALMOND and WINFIELD, Principles of the Law of Contracts, 2. Aufl. 1945.
SATTA, Doppia locazione novennale e trascrizione, Giur. it. 1950, I, 1, 335 ff.
SATTA, L'esecuzione forzata, 2. Aufl. 1952.
SATTA, Istituzioni di diritto fallimentare, 5. Aufl. 1957.
SAVATIER, D. 1929, 2, 141.
SAVATIER s. PLANIOL-RIPERT.
SAVIGNY, Das Obligationenrecht als Teil des heutigen römischen Rechts Bd. II, 1853.
SCALFI, La forma nei contratti di società di capitale, Temi 1950, 521 ff.
SCHEFFLER, BGB-RGRK, 11. Aufl. Bd. II, 2, 1960.
SCHIFFHAUER s. REINHARD-MÜLLER-DASSLER-SCHIFFHAUER.
SCHILLING s. HACHENBURG.
SCHILLING s. STUMPF-NATH-SCHILLING.
SCHLEGELBERGER-QUASSOWSKI, Aktiengesetz, 3. Aufl. 1939; zitiert: SCHLEGELBERGER-QUASSOWSKI.
SCHLEGELBERGER-VOGELS, Erläuterungswerk zum BGB, Loseblattausgabe 1939 ff.; zitiert: SCHLEGELBERGER-VOGELS.
SCHLEGELBERGER, HGB, 3. Aufl. Bd. II 1955.
SCHLOSSMANN, Über den Vorvertrag und die rechtliche Natur der sogenannten Realkontrakte, IheringsJ 45 (1903) 1 ff.; zitiert: SCHLOSSMANN.
SCHMIDT, R. s. SOERGEL-SIEBERT.
SCHMITTHOFF s. PALMER-SCHMITTHOFF.
SCHÖNENBERGER, Obligationenrecht (Bd. V, 3 des [Züricher] Kommentars zum Schweiz. Zivilgesetzbuch), 2. Aufl. 21. Lief. 1943.
SCHÖNENBERGER s. OSER-SCHÖNENBERGER.
SCHOLZ, Kommentar zum GmbH-Gesetz, 5. Aufl. 1964; zitiert: SCHOLZ.
SCHOPP s. ERMAN.
SCHRAMM, GRUR 1958, 566 f.
SCHREIBER, Die Kommanditgesellschaft auf Aktien, 1925; zitiert: SCHREIBER.
SCHUCANY, Kommentar zum Schweizerischen Aktienrecht, 2. Aufl. 1960; zitiert: SCHUCANY.
SCHULTE, Formlose Bestimmung des Hoferben, RdL 1956, 177 ff.
SCHUMANN, Handelsrecht, Bd. I 1956.
SEGRÈ, Il c. d. diritto d'opzione e l'azione di rescissione per lesione enorme, Riv. dir. comm. 1928, II, 559 ff.
SEMIANI BIGNARDI, Esecuzione specifica dell'obbligo di concludere un contratto e fallimento, Giur. it. 1958, I, 1, 1005 ff.
SEUFERT s. STAUDINGER.
SEUFFERT, Wiederkaufsrecht und Wiederverkaufsrecht während des Konkurses, LZ 1907, 20 ff.
SIBER, Die schuldrechtliche Vertragsfreiheit, IheringsJ 70, 223 ff.
SIBER s. PLANCK.
SIEBERT s. SOERGEL.
SIEG, Korrektur von Rechtsgeschäften durch den Prozeßrichter, NJW 1951, 506 ff.
SIEGWART s. v. TUHR-SIEGWART.
SIEGWART, Die Aktiengesellschaft (Bd. V, 5a des [Züricher] Kommentars zum Schweiz. Zivilgesetzbuch), 1945; zitiert: SIEGWART.
SINTENIS, Das practische gemeine Civilrecht, 3. Aufl. Bd. I, II, 1868; zitiert: SINTENIS.
SIZAIRE, J. C. P. 1962, II, 12448.
SOERGEL-SIEBERT, BGB, 9. Aufl. Bd. I 1959; Bd. II 1962; III 1960; zitiert: SOERGEL-SIEBERT.
SOHM-MITTEIS-WENGER, Institutionen, Geschichte und System des römischen Privatrechts, 17. Aufl. 1928.

Soussan, J.-Cl. Civil: Art. 1832, Fasc. V.
Stachels, Über die Pfändung und Verwertung eines Wiederkaufsrechts an einem Grundstück, JR 1954, 130 ff.
Stampe, Aus einem Freirechtslehrbuch, AcP 108 (1912) 42 ff.
Staub, Kommentar zum Gesetz betreffend die Gesellschaften mit beschränkter Haftung, 1. Aufl. 1903.
Staub-Hachenburg, Kommentar zum Gesetz betreffend die Gesellschaften mit beschränkter Haftung, 2. Aufl. 1906.
Staub, Kommentar zum HGB, 14. Aufl. Bd. II 1933; III 1933.
Staudinger, Kommentar zum BGB, 9. Aufl. Bd. I 1925; II, 1, 1930; 10. Aufl. Bd. 1 1936; 10./11. Aufl. Bd. V, 2, 1960; 11. Aufl. Bd. I 1957; Bd. II, 1 b, 1961; Bd. II, 2, 1955; Bd. II, 3, 1958; Bd. II, 4, Lief. 1, 1958; Bd. III, 1, 1956; Bd. V, 1, 1954; zitiert: Staudinger.
v. Steiger, F., Das Vorkaufsrecht und Kaufsrecht an Aktien, SAG 16 (1943/44) 1 ff.
v. Steiger, F., Das Recht der Aktiengesellschaft in der Schweiz, 2. Aufl. 1952.
v. Steiger, F., Pactum de ineundo societate (Vorgründungsvertrag), SAG 30 (1957/58), 174 ff.
v. Steiger, W., Die Gesellschaft mit beschränkter Haftung (Bd. V, 5 c des [Züricher] Kommentars zum Schweiz. Zivilgesetzbuch), 3. Lief. 1956; zitiert: v. Steiger.
Stein-Jonas-Schönke-Pohle, Kommentar zur Zivilprozeßordnung, 18. Aufl.; zitiert: Stein-Jonas-Schönke-Pohle.
Steiner-Riedel, Zwangsversteigerung und Zwangsverwaltung in der deutschen Bundesrepublik und in Berlin-West, 7. Aufl. 1956.
Stella-Richter, In tema di vendita con patto di riscatto, Foro it. 1949, I, 859 ff.
Stintzing, Die Vorverpflichtung im Gebiet der Schuldverhältnisse, 1903; zitiert: Stintzing.
Stolfi, Teoria del negozio giuridico, 1947.
Stolfi, In tema di opzione per persona da nominare, Foro it. 1947, I, 439 ff.
Stolfi, In tema di limiti alla trasferibilità delle azioni, Banca, borsa, ecc. 1957, I, 208 ff.
Storch, Der heutige, insbesondere landrechtliche Darlehens-Vertrag und die Bedeutung der 1.20 D XII, 1, 1878.
Strecker s. Planck
Stumpf-Nath-Schilling, Formularbuch für Verträge, 3. Aufl. 1960.
Sudhoff, Der Gesellschaftsvertrag, 1959.

Talassano, Proposta irrevocabile di contratto e patto di opzione, Foro pad. 1949, 761 f.
Tamburrino, I vincoli unilaterali nella formazione progressiva del contratto, 1954; zitiert: Tamburrino.
Tamburrino, Comodato (dir. civ.), Enciclopedia del diritto, Bd. VII, 1960, 994 ff.
Teichmann-Koehler, Aktiengesetz, 3. Aufl. 1950.
Teofilato, Intorno alla natura giuridica del patto di riscatto e del patto di opzione, Giur. Cass. civ. 1951, III, 492 ff.
Thieme, MDR 1961, 586.
Thöl, Das Handelsrecht, 3. Aufl. Bd. I 1854; 6. Aufl. Bd. I 1879.
Torrente, Contratto preliminare, opzione ed eccessiva onerosità, Riv. dir. comm. 1955, II, 376 ff.
Torrente, Manuale di diritto privato, 4. Aufl. 1960; zitiert: Torrente.
Trasbot s. Planiol-Ripert.
v. Tuhr, Allgemeiner Teil des Bürgerlichen Rechts, Bd. II, 1, 1914; Bd. II, 2, 1918; zitiert: v. Tuhr.

v. Tuhr, Der 86. Band der Entscheidungen des Reichsgerichts in Zivilsachen, DJZ 1916, 582 ff.
v. Tuhr-Siegwart, Allgemeiner Teil des Schweizerischen Obligationenrechts, 2. Aufl. 1942; zitiert: v. Tuhr-Siegwart.
Tuor, Das Schweizerische Zivilgesetzbuch, 6. Aufl. 1953.

Ulmer, Urheber- und Verlagsrecht, 2. Aufl. 1960; zitiert: Ulmer.

Vasseur, Préemption, Dalloz, Répertoire de droit civil, Bd. IV 1954, 1 ff.; zitiert: Vasseur.
Verdier, Les droits éventuels, 1955.
Viénot, J. Soc. 1922, 402 ff.
Vignale, Brevi osservazioni in tema di eccesiva onerosità, caparra e contratto preliminare, Dir. e Giur. 1960, 529 ff.
Visco, Trattato delle case in locazione, 6. Aufl. 1959.
Vogel, GmbH-Gesetz, 2. Aufl. 1956; zitiert: Vogel.
Vogel s. Wilhelmi-Vogel.
Voigtländer-Elster, Verlagsgesetz, 3. Aufl. 1939.
Voirin, Le pacte de préférence, J. C. P. 1954, I, 1192; zitiert: Voirin.
Vouin, J. C. P. 1949, II, 4962.

Wabnitz, Der Vorvertrag in rechtsgeschichtlicher und rechtsvergleichender Betrachtung, Diss. Münster 1962.
Wagner s. Bappert-Wagner
Walford, Options of Purchase and Perpetuities, The Conveyancer 12 (1947/48), 258 ff.
Walsmann, Iherings J 54, 273 ff.
Weber s. Staudinger.
Wedderburn, Collateral Contracts, C. L. J. 1959, 58 ff.
Weimar, Bedarf der Vorvertrag zu einem langjährigen Grundstücksmietvertrag der Schriftform? MDR 1961, 289.
Weipert, RGRKomm. z. HGB, 2. Aufl. Bd. II 1950; zitiert: Weipert in RGRK z. HGB.
Weisensee, Die Bedeutung von Optionen für das Grunderwerbssteuerrecht, BlStA 1959, 357 f.
Wellings s. Woodfall.
Wendt, Lehrbuch der Pandekten, 1888.
Wenger s. Sohm-Mitteis-Wenger.
Wenz s. Korintenberg-Wenz-Ackermann.
Werner s. Staudinger.
Werner s. Düringer-Hachenburg.
Westermann, Lehrbuch des Sachenrechts, 4. Aufl. 1960.
Wieacker, Zur rechtstheoretischen Präzisierung des § 242 BGB, 1956.
Wieacker, Stillschweigende Hoferbenbestimmung, DNotz 1956, 115 ff.
Wieczorek, ZPO, Bd. II, 1, 1957; Bd. IV, 2, 1958.
Wieland, Handelsrecht, Bd. II 1931.
Wieland, Haben statutarische Vorkaufsrechte an Aktien obligatorische oder aktienrechtliche (dingliche) Wirkung?, SAG 27 (1954/55) 152 ff.
Wilburg s. Klang.
Wilde, BGB-RGRK, 11. Aufl. Bd. I, 2, 1960; Bd. II, 1, 1959.
Wilhelmi-Vogel, Zwangsversteigerungsgesetz, 5. Aufl. 1959.

WILHELMI s. v. GODIN-WILHELMI.
WILLISTON (-JAEGER), Treatise on the Law of Contracts, 3. Aufl. Bd. I 1957.
WINDSCHEID-KIPP, Lehrbuch des Pandektenrechts, 9. Aufl. Bd. II 1906; zitiert: WINDSCHEID-KIPP.
WINFIELD s. SALMOND-WINFIELD.
WOLFF-RAISER, Sachenrecht, 10. Aufl. 1957.
WOODFALL (-BLUNDELL AND WELLINGS), Law of Landlord and Tenant, 26. Aufl. Bd. I 1960.
WÜRDINGER, RGRKomm. z. HGB, 2. Aufl. Bd. IV 1961.

ZASIUS, Responsa, 1539.
ZEILLER, Commentar über das allgemeine bürgerliche Gesetzbuch, Bd. III, 1, 1812.
ZELLER, Erfindervertragsrecht, 1953.
ZUNFT, Werkförderungsverträge, NJW 1958, 1330 f.

SACHVERZEICHNIS

VORVERTRAG

OPTIONSVERTRAG

VORRECHTSVERTRAG

Kolibri 360 GmbH
Ferdinand-Jühlke-Straße 7
99095 Erfurt, Deutschland
produktsicherheit@kolibri360.de